中文社会科学引文索引（CSSCI）来源集刊

民间法

2017年下卷·总第二十卷

主编：谢晖 蒋传光 陈金钊

执行主编：彭中礼

上海师范大学
中南大学法学院 主办

图书在版编目(CIP)数据

民间法.第二十卷/谢晖,蒋传光,陈金钊主编.—厦门:厦门大学出版社,2018.6
ISBN 978-7-5615-6928-3

Ⅰ.①民… Ⅱ.①谢…②蒋…③陈… Ⅲ.①习惯法-中国-文集 Ⅳ.①D920.4-53

中国版本图书馆 CIP 数据核字(2018)第 069397 号

出 版 人	郑文礼
责任编辑	甘世恒
美术编辑	张雨秋
技术编辑	许克华

出版发行 厦门大学出版社

社　　址 厦门市软件园二期望海路 39 号
邮政编码 361008
总 编 办 0592-2182177　0592-2181406(传真)
营销中心 0592-2184458　0592-2181365
网　　址 http://www.xmupress.com
邮　　箱 xmupress@126.com
印　　刷 厦门市万美兴印刷设计有限公司

开本　787 mm×1 092 mm　1/16
印张　28.5
插页　2
字数　600 千字
版次　2018 年 6 月第 1 版
印次　2018 年 6 月第 1 次印刷
定价　88.00 元

本书如有印装质量问题请直接寄承印厂调换

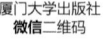
厦门大学出版社　　厦门大学出版社
微信二维码　　　　微博二维码

总　序

自文明时代以来,人类秩序,既因国家正式法而成,亦借民间非正式法而就。然法律学术每每所关注者为国家正式法。此种传统,在近代大学法学教育产生以来即定制。被谓之人类近代高等教育始创专业之法律学,实乃国家法的法理。究其因,盖在该专业训练之宗旨,在培养所谓贯彻国家法意之工匠——法律家。

诚然,国家法之于人类秩序构造,居功甚伟,即使社会与国家分化日炽之如今,前者需求及依赖于后者,并未根本改观;国家法及国家主义之法理,仍旧回荡并主导法苑。奉宗分析实证之法学流派,固守国家命令之田地,立志于法学之纯粹,其坚定之志,实令人钦佩;其对法治之为形式理性之护卫,也有目共睹,无须多言。

在吾国,如是汲汲于国家(阶级)旨意之法理,久为法科学子所知悉。但不无遗憾者在于:过度执着于国家法,过分守持于阶级意志,终究令法律与秩序关联之理念日渐远离人心,反使该论庶几沦为解构法治秩序之刀具,排斥法律调节之由头。法治理想并未因之焕然光大,反而因之黯然神伤。此不能不令人忧思者!

所以然者何? 吾人以为有如下两端:

一曰吾国之法理,专注于规范实证法学所谓法律本质之旨趣,而放弃其缜密严谨之逻辑与方法,其结果舍本逐末,最终所授予人者,不过御用工具耳(非马克斯·韦伯"工具理性"视角之工具)。以此"推进"法治,其效果若何,不说也知。

二曰人类秩序之达成,非唯国家法一端之功劳。国家仅借以强制力量维持其秩序,其过分行使,必致生民往还,惶惶如也。而自生于民间之规则,更妥帖地维系人们日常交往之秩序。西洋法制传统中之普通法系和大陆法系,不论其操持的理性有如何差异,对相关地方习惯之汲取吸收,并无沟裂。国家法之坐大独霸,实赖民间法之辅佐充实。是以19世纪中叶、20世纪以降,社会实证观念后来居上,冲击规范实证法学之壁垒,修补国家法律调整之不足。在吾国,其影响所及,终至于国家立法之走向。民国时期,当局立法(民法)之一重大举措即深入民间,调查民、商事习惯,终成中华民、商事习惯之盛典巨录,亦成就了迄今为止中华历史上最重大之民、商事立法。

可见,国家法与民间法,实乃互动之存在。互动者,国家法借民间法而落其根、坐其实;民间法借国家法而显其华、壮其声。不仅如此,两者作为各自自治的事物,自表面看,分理社会秩序之某一方面,但深究其实质,则共筑人间安全之坚固堤坝。即两者之共同旨趣,在构织人类交往行动之秩序。自古迄今,国家法虽为江山社稷安全之必备,然民间法亦为人类交往秩序所必需。故人间秩序者,国家法与民间法相需而成也。此种情形,古今中外,概莫能外。因之,此一结论,可谓"放之四海而皆准"。凡关注当今国家秩序、黎民生计者,倘弃民间法及民间自生秩序于不顾,即令有谔谔之声、皇皇巨著,也不啻无病呻吟、纸上谈兵,终其然于事无补。

近数年来,吾国法学界重社会实证之风日盛,其中不乏关注民间法问题者。此外,社会学界及其他学界也自觉介入该问题,致使民间法研究蔚然成风。纵使坚守国家法一元论者,亦在认真对待民间法。可以肯定,此不唯预示吾国盛行日久之传统法学将转型,亦表明其法治资源选取之多元。为使民间法研究者之辛勤耕耘成果得一展示田地,决定出版《民间法》年刊。

本刊宗旨,大致如下:

一为团结有志于民间法调查、整理与研究之全体同人,共创民间法之法理,以为中国法学现代化之参照;

二为通过研究,促进民间法与官方法之比照交流,俾两者构造秩序之功能互补,以为中国法制现代化之支持;

三为挖掘、整理中外民间法之材料,尤其于当代特定主体生活仍不可或缺、鲜活有效之规范,以为促进、繁荣民间法学术研究之根据;

四为推进民间法及其研究之中外交流,比较、推知相异法律制度的不同文化基础,以为中国法律学术独辟蹊径之视窗。

凡此四者,皆需相关同人协力共进,始成正果。故鄙人不揣冒昧,吁请天下有志于此道者,精诚团结、互为支持,以辟法学之新路、开法制之坦途。倘果真如此,则不唯遂本刊之宗旨,亦能致事功之实效。此乃编者所翘首以待者。

是为序。

谢　晖

目 录

学理探讨

地方法规制定与民间规范介入
　　——以天津为例 ………………………………………………… 于语和　秦启迪（2）
迈向正式规范的新型权利
　　——以三个祭奠纠纷案例为视角 ……………………………… 尹训洋　吴大华（15）
作为传统知识构成的少数民族资源保护习惯法 ……………………………… 尚海涛（25）
法治文化视域中民族习惯法的流变及其进路 ………………………………… 井凯笛（38）
宋教仁思想中的法治因子及其现代意义
　　——基于一种传统中国国家法民间法化视角 …………………………… 姚选民（49）
刍议民族地区民间规范立法的现实困境与路径设计 ………………………… 崔　超（62）
从独白的价值到共识的价值
　　——民间规范价值建构的基础与纬度 …………………………… 李　杰　王　亮（73）
论国家治理体系视野中的民间法 ……………………………………………… 邹　涛（82）

经验解释

瑶族习惯法在瑶族聚居地政府治理中的作用及其局限性
　　——以广西瑶族习惯法为例 ……………………………………………… 周世中（94）
交换分享与分配裁判：清代苗疆永佃制 ……………………………………… 程泽时（105）
民间规范、法律移植与制度化
　　——以刑事和解为视角 …………………………………………………… 刘　毅（123）
彝族传统法文化对凉山彝区乡村治理的影响与对策 ………………………… 张邦铺（134）
民国基层刑事审判中的民间规范
　　——以新繁档案中的"个人""权利"和"国家"等观念为例 …………… 王有粮（155）

论惩罚性赔偿制度的社会功能
　　——兼谈惩罚性赔偿金的判罚 ··· 李　洁　杨馨德（168）

制度分析

古代民间借贷关系及其法律调整
　　——以广西史料为基础分析样本 ··· 卢明威　汤伶俐（184）
"城中村"改造与合作治理 ··· 李大勇（196）
刑事和解中民间规范的困与思 ··· 汪家宝（205）
"你的姓名谁做主"
　　——对散居少数民族姓名权保护的困惑及思考 ·························· 范景萍（217）
自治县的自治权在城市化进程中的困境与出路 ···························· 李　雷（228）
法律原则的民间法论辩
　　——以离婚案件"感情确已破裂"切入 ····································· 陈肇新（241）
环境侵权赔礼道歉责任探究 ··· 黄娅琴　邹　瑶（258）
从女性地位的变迁看"彩礼"性质与规则的流变 ························· 孙梦娇（269）

社会调研

地方知识与地方立法
　　——从地形和地质条件看《消防法》与《防洪法》之立法目的在兰州市区的
　　　实现问题 ··· 王　勇　贾　晨（284）
村规民约在民族地区基层社会治理中的作用研究
　　——以郎德上寨为例 ··· 田　艳（296）
转型时期农村社会的纠纷解决机制研究
　　——基于青岛莱西夏各庄镇调研的分析 ····························· 李　鑫　多丽平（306）
生活中的《婚姻法》：藏族骨系等级内婚制研究
　　——以当代安多藏区的田野调查为例 ····································· 刘军君（321）
穆斯林习惯法在青海人民调解中的价值与调适
　　——基于海北藏族自治州的调研 ································· 宋海彬　郑志泽（337）
游牧社会如何化解债务危机？
　　——藏族"偿债宴"习惯法的现实社会背景及其机理 ··············· 多杰昂秀（348）
司法裁判文书中商事习惯的实证研究
　　——以《民法总则》第10条中"商事习惯"的适用为视角 ············· 王伟臣（357）

藏族青少年文化认同及其与藏区社会治理关系的

  实证研究 ………………………………………… 王　爽　傅　敏(380)

域外视窗

"旷世新政"与"天佑国事"：论美国宪法政治的

  宗教之维 ………………………………………… 钱锦宇　吴佳芮(400)

美国部落法庭刑事判决记录在联邦法庭程序中适用的争议

  ——基于美国联邦最高法院 2016 年 United States v. Bryant 案的

  分析 ……………………………………………… 曹兴华　王　亮(411)

学术评论

民间法的域外经验

  ——评《一个泰国府立法院的法典与习惯》 ……………… 王伟臣(428)

追寻法治建设的本土资源

  ——当下民间法研究评述和反思 ………………………… 谢冰莹(437)

征稿启事 …………………………………………………………………… (448)

学理探讨

◎地方法规制定与民间规范介入
◎迈向正式规范的新型权利
◎作为传统知识构成的少数民族资源保护习惯法
◎法治文化视域中民族习惯法的流变及其进路
◎宋教仁思想中的法治因子及其现代意义
◎刍议民族地区民间规范立法的现实困境与路径设计
◎从独白的价值到共识的价值
◎论国家治理体系视野中的民间法

地方法规制定与民间规范介入
——以天津为例

于语和[*]　秦启迪[**]

摘要: 民间规范作为本土资源在法治建设中有着独特的魅力与价值,不仅就司法而言,于立法活动同样如此,尤其是在地方法规制定中。地方法规和民间规范的共通属性决定了两者息息相关、互相呼应,地方法规的制定完善需要民间规范介入补充,民间规范的拓展适用也需要地方法规襄助引导。地方法规从计划立项到表决公布,每一环节都彰显着民间规范的深入影响,每个过程都需要民间规范的广泛介入。天津市作为地方法规建设较为完备的地区之一,诸多地方法规制定中都融入了民间规范因素,起到了良好作用,但仍然不够全面深入,很多方面介入程度尚显不足,未能完全发挥出民间规范的应有功用,还需进一步研究与探索。

关键词: 地方法规;民间规范;本土资源;天津

随着我国经济社会的快速发展,单纯依靠西方法治资源已难以解决深入发展面临的问题,作为本土法律文化的民间规范日益受到重视。民间规范的地域属性使其在法治建设中有着独特的魅力与价值,特别是在地方法规中格外明显,于我国地方法规的制定和发展意义重大。天津市作为地方法规发展较为完备的地区之一,民间规范之影响尤为显著,值得认真关注思考。

一、地方法规与民间规范

(一)地方法规

所谓地方法规,通常是指地方权力机关依据本地实际和相关经验经过论证而制定的地方性法律规范条例。根据我国法规体系,可分为国家层面和地方层面。国家层面包括全国人大及其常委会制定的法律、国务院制定的行政法规、国务院各部委制定的部门规章;地方层面包括地方人大及其常委会制定的地方法规(自治条例和单行条例)、地方政

---

[*] 于语和,南开大学法学院教授,博士生导师,法学博士后。
[**] 秦启迪,南开大学法学院博士研究生。

府制定的政府规章。另外还有一般行政部门制定的规范性文件,就某些具体问题做出说明和规定。其中,地方法规又可分为省级地方法规(包括省、自治区和直辖市)和市级地方法规(包括省会市、经济特区市、较大的市、自治州、盟和其他设区的市)。本文主要以省级地方法规为研究内容。

通过上述内容,我们对地方法规的层级定位和体系架构有了较为清晰的认识,从中不难发现各类法律规范的位阶与其制定主体息息相关,制定主体的地位直接决定了法律规范的位阶。地方法规由地方人大及其常委会制定,省级地方法规由省级人大及其常委会制定,也就是说省级地方法规的制定主体包括省级人大和省级人大常委会两者。那么哪些地方法规由省级人大制定,哪些由其常委会制定,是一个值得探讨的话题。肖巧平教授曾以各省级人大立法法规为视角进行分析,指出很多省份在人大和常委会立法事项分配上不甚明确,现实中绝大多数省级地方法规是由人大常委会制定的,人大自己少有制定。相比人大常委会,人大显然更具广泛性、代表性和民主性,对当地民间规范的认识了解更为深入具体,因此加强人大自身立法建设,明确人大立法事项,对于促进民间规范与地方法规的互动和发展颇具价值。①

作为省级地方法规应当充分体现省域特色和实际,根据创设性质划分,省级地方法规可以分为实施性立法、自主性立法和先行性立法。实施性立法主要结合本省实际来具体细化执行法律和行政法规的规定,如果法律和行政法规已经较为详细且地方未有特殊情况,则无需重复创设实施性法规,如果法律和行政法规过于抽象,制定地方细则时须立足本省实际,细化出适应本省发展需要的法规内容。相较实施性立法,自主性立法和先行性立法更能体现省域特色与实际。"自主性立法针对地方特有事务或独具地方特色的事务;先行性立法则属于尚无国家法律和行政法规时,地方先行先试的产物"。② 例如天津滨海新区既非经济特区,也不是普通经济开发区,而是天津市为加快区域发展,优先开发的特殊经济区。针对滨海新区,国家不可能专门制定法律法规,而这一区域又迫切需要法律规范,故天津市人大常委会制定了《天津滨海新区条例》,以推动和保障滨海新区健康快速发展。③ 这就要求在进行自主性立法和先行性立法前,必须充分了解研究地方政治、经济、文化等各方面实际状况和发展态势,深入基层一线真切感受风土人情、历史文化和社情民意,摸清地方特色和需求,制定出适合本地发展的地方法规。省级地方法规不能为了攀比跟风而随意制定,必须经过认真细致地考察论证,形成一套符合实际、富有实效、可操作性强的规范体系。④ 省级地方法规的本土化和特色性自然离不开当地民间规范的影响和渗透,民间规范作为一方风土文化的载体,对地方法规的制定和发展意

---

① 肖巧平.省级地方人民代表大会立法事项述评——以省级人民代表大会立法法规为例[J].人大研究,2013(3):16-19.
② 田学丽.天津地方立法史述论(1980—2014年)[D].天津:南开大学,2015:18-22.
③ 田学丽.天津地方立法史述论(1980—2014年)[D].天津:南开大学,2015:18-22.
④ 田学丽.天津地方立法史述论(1980—2014年)[D].天津:南开大学,2015:41-42.

义重大。

(二)民间规范

民间规范不同于国家法律、地方法规、政府规章等官方规范,它存乎于民间社会,彰显于百姓生活,也许并不成体系,也许缺乏强制力后盾,但千百年来却深入人心,影响着社会生活方方面面。民间规范亦不同于民间法、习惯和习惯法。并非所有民间规范都能成为民间法,只有那些在一定范围内具有稳定性、可请求性、普遍规范性等特质的规范才称其为民间法。① 而民间规范与习惯则属于两种层面的不同概念,民间规范强调的是创制主体,与国家规范或官方规范相对应,突出其创制于民间社会,既有自发性也有自觉性;习惯强调的是产生方式,自生自发自然而出,与理性建构方式相对应。② 习惯也不等同于习惯法,"习惯法是经国家认可和国家强制力保证实施的习惯,具有法的效力和约束力"。③ 由此可见,民间法的内涵范围要明显大于习惯法。目前民间规范的准确内涵仍莫衷一是,但通过相关概念辨析使我们对它的基本特征有所认识。具体而言,(1)民间性。民间规范来源于民间,发展于民间,并非出自官方认可或制定,具有浓烈的乡土化色彩。(2)地域性。民间规范源于民间社会的特点决定了它的地域属性。我国国土辽阔,文化丰富多元,所谓"十里不同音,百里不同俗",社会地理环境决定了创制于人民群众的民间规范不可能整齐划一,不同地区的地理文化背景造就了不同的民间规范。相比之下,由官方统一颁行的国家规范更容易实现统一齐整。(3)相对稳定性。民间规范作为规范,体现出一定的稳定性,虽然尚未达到成为民间法的要求,但一定区域内的相对稳定还是存在的,它是一段时间内某区域共同遵守的规范内容。同时,相比其他法律规范,民间规范更富变化性,非官方属性使它程序限制较少,更易于变动更新。(4)相对强制性。民间规范在一定区域内获得人们的认可和尊重,从而具有一定的心理和道德强制力,很多民间规范并没有国家强制力的保障实施,只具有相对的强制性。(5)便捷性。民间规范的非正式属性使它在纠纷解决和规制行为等方面更加灵活迅捷,能够简便有效地处理和规范民间社会常见问题,以最低的成本和最简单的方式赢得人们信服,维护人际关系稳定和谐。

民间规范上述特性反映出它独具的价值与魅力,近年来民间规范司法适用开始倍受关注,人们希望引入民间规范这一本土资源来解决调和当前司法审判中的诸多问题。然而,在着眼司法实践的同时,民间规范对于立法工作之意义同样不可忽视,其价值与意义主要表现为如下方面。(1)民间规范是"本土资源"的集中体现。民间规范植根于民间社会,承载着本土文化和社会心理,展现了中国式实用理性与方法,为人们普遍认同和信服。(2)民间规范是法治发展不可或缺的重要因素之一。在人类社会早期,民间规范就

---

① 谢晖.民间规范与习惯权利[J].现代法学,2005(2):3-11.
② 张晓萍.论民间法的司法运用[D].济南:山东大学,2010:13-16.
③ 于语和.民间法[M].上海:复旦大学出版社,2008:21-26.

发挥着重要的调整和裁判作用,为后来成文法发展积累了文化因素,在法治建设的今天,民间规范并未消失,而是潜移默化地渗透和影响着国家规范的制定和完善,并以其蕴含的丰富多样性内容助力法治中国建设。①(3)民间规范是社会心理和社会秩序的客观要求。民间规范是民族情感的流露,是社会心理的寄托,更是构建和谐秩序,实现最优社会效果的必然要求。(4)民间规范是实现法律全球化和中国话语权的核心要件之一。随着人类交往日益紧密,法律全球化成为当今法律发展的总趋势,"虽然西方国家的法律治理理念与结构在全球化过程中占据先机,甚至主导话语权,但法律的文化属性决定了法律全球化不应当是法律西方化"。中国作为世界大国应当积极参与全球法律对话,参与世界秩序创造,拥有自主话语权,彰显中国法律文化与思想,而这些都离不开本土法律资源的支持和研究,民间规范作为本土资源的核心要件自然难以或缺。②

二、地方法规制定与民间规范介入

民间规范作为本土资源对地方法规制定意义重大,同时地方法规基本属性要求民间规范的支持与介入。以天津为例,在天津地方法规立法计划、草案起草、法规案提出、审议、表决公布以及立法的公众参与等一系列环节中都离不开民间规范的介入和影响。

(一)地方法规立法计划

目前全国还没有统一的地方法规制定程序,很多地方依据本地实际出台了一些程序性规则和惯做法。天津市第十三届人民代表大会于2001年通过《天津市地方性法规制定条例》,并于2008年和2016年对其进行修正。天津市第十四届人民代表大会常务委员会分别于2003年、2006年通过《天津市人民代表大会常务委员会公示地方性法规案办法》《天津市制定地方性法规听证办法》,并于2014年对这两个法规进行修订。根据上述立法法规规定,"天津市人民代表大会常务委员会编制年度立法计划,应当认真研究代表议案和建议,广泛征集意见,充分开展论证评估,根据经济社会发展和民主法治建设的需要确定立法项目,提高立法的及时性、针对性和系统性。"这就对立法计划编制提出了要求:听取意见建议、充分论证评估、结合天津实际需要是编制立法计划的必备工作。然而现实中,立法计划编制存在诸多问题,立法项目多由政府申报提议,路径单一且受限于部门利益,忽视了群众关切和诉求,天津市地方法规中行政管理类较多,事关民生经济和社会保障的较少,年度计划中大部分为政府提案,少有其他来源。

现实问题的解决和立法计划的要求呼吁民间规范介入,民间规范不仅规制民间生活,还承载着天津人民的权益诉求和利益关切,代表着地方发展需要和民生建设重点,是

---

① 刘作翔.习惯的价值及其在中国司法中面临的问题[J].法律适用,2008(5):2-5.
② 谢晖.民间规范与法律的全球对话[J].山东大学学报(哲学社会科学版),2011(4):30-38.

论证评估和地方特色的重要依据。只有审慎考虑民间规范的内容与价值,才能理解和摸清意见建议的真实意蕴,实现立法计划基本要求。具体而言,民间规范介入立法计划编制可从如下方面着手。(1)立法提议项目公开征集。为解决提议来源单一问题,应积极广泛向社会公开征集项目建议,听取群众呼声,深入调查了解民间规范的具体内容与适用情况,发掘项目来源,拓宽建议渠道,把握民生发展实际。(2)计划项目评估论证。在编制立法计划阶段应当聘请专家学者对计划项目进行充分论证评估,也可邀请天津各界代表共同研讨座谈,其中应包括相关民间法专家和熟悉民间规范的群众代表,以保证计划项目的专业性、公正性和广泛性。同时,民间规范应作为评估的准则和依据之一,参照民间规范中积极有效的内容来衡量计划项目的合理性与可行性,使立法计划更加民主科学、切合天津实际。(3)计划项目听证。依据《天津市制定地方性法规听证办法》第2条规定,"市人民代表大会专门委员会和市人民代表大会常务委员会有关工作机构在起草、审议地方性法规草案或者对法规草案提出修改意见的工作过程中,可以召开听证会,听取社会各方面的意见。"这里只提到起草、审议和修改过程中可以召开听证会,并未扩展到立法计划阶段,而该阶段举行听证会是十分必要的,它可以为民间规范提供一个陈述和展示的平台,让熟悉民间规范的公众充分表达观点,传递社情民意,使民间规范与立法计划互动交融。

(二)地方法规草案的起草

法规草案起草是立法过程的基础阶段,是"有关机关、组织或人员将拟提交审议表决的法的原型按一定要求形之于文字的活动"。① 目前我国地方法规草案起草工作还不甚规范,许多地区尚无具体规定,制约了立法质量和效果,《天津市地方性法规制定条例》也未对草案起草工作作出具体规定。草案起草是一个系统性工程,涉及诸多环节和部门,要始终坚持合法、民主、科学原则和立法机关主导、专门机关结合群众的总路线,这就要求我们大力引入民间规范,在起草主体、起草方式、起草程序等方面发挥积极作用。虽然天津尚无起草工作具体规定,但由于在实践中注意引入民间规范,起草工作取得了一定成效。例如在起草人员安排上,注重选择精通民间法的专家学者,或邀请熟悉民间规范的专业人士顾问指导,极大促进了起草工作与民间规范的交流互动。在起草《天津市盐业管理条例》时,充分考虑天津盐业现状和行业规范,以此为依据制定出契合盐业发展的法规草案。还有如《天津市宗教活动场所管理办法》《天津市农民专业合作社促进条例》等法规起草均参酌借鉴了宗教规则、乡规民约等规范内容。

肯定成效的同时,应当看到目前起草工作存在的不足,民间规范介入草案起草还不

---

① 肖子策.论地方立法起草方式改革[J].法学,2005(1):43.

够充分,亟须加强。虽然《天津市地方性法规制定条例》第48条作了相应规定[①],但实践中并不尽如人意。例如天津市人大常委会2013年度计划安排审议的10件地方法规中,有9件是由天津市政府相关部门起草的。由此看出,起草主体依然较为单一,而且主管部门起草难免偏向部门利益,不利于维护群众权益,后续审议程序通常又难以有效监督制约,大大影响了地方法规的立法质量。综合起草工作中存在的问题和民间规范的深化介入,提示我们应深入研究民间规范,全面把握天津实际和社会动向,提高起草工作水平。同时,努力改变起草主体单一的局面,拓展专门机构起草、代表起草、合作起草等多种方式,让更多主体参与进来,倾听各方建议,使民间规范得到全面表达和阐释,起草完毕后向社会公开,接受群众评议和民间规范对接,这样有助于加强立法监督,保证草案中立权威。最后,还要加快制定天津市地方法规草案起草工作规定,规范起草工作各项内容,开通民间规范介入起草工作的有效途径,使天津市法规草案起草工作更加科学、严谨和权威。

(三)地方法规案的提出

《天津市地方性法规制定条例》第二、三、五章对法规案的提出做出了较为详细的规定,提出主体包括市人民代表大会主席团、市人民代表大会常务委员会、市人民政府、市人民代表大会专门委员会、市人民代表大会代表十人以上联名,以上主体可以向市人民代表大会提出地方法规案;而主任会议、市人民政府、市人民代表大会专门委员会、常务委员会组成人员五人以上联名可以向常务委员会提出地方法规案。第49条规定,"提出地方性法规案,应当具备下列内容:(一)提请审议地方性法规草案的议案;(二)地方性法规草案;(三)关于地方性法规草案的说明。关于地方性法规草案的说明应当包括制定或者修改地方性法规的必要性、可行性和主要内容,以及起草过程中对重大分歧意见的协调处理情况。对地方性法规提出的修正案,还应当附修改前后的对照文本。"[②] 上述规定主要围绕提出主体和提出内容两方面,提出主体涉及范围较广,既有立法机关和人民政府,也包括普通代表,能够有效涵盖天津各界,充分吸纳各县区各行业民间规范。提出内容除了草案本身和提请手续外,关键还有草案说明,草案说明是对草案精华的总结和意义的诠释,民间规范作为起草工作的核心资源之一,自然是说明的重点内容之一,通过对民间规范介入情况的分析介绍,能够让审议者更加直观有效地认识到草案的合理性和优

---

① 《天津市地方性法规制定条例》第48条规定,"市人民代表大会有关的专门委员会、常务委员会工作机构应当提前参与有关方面的地方性法规草案起草工作;综合性、全局性、基础性的重要地方性法规草案,可以由有关的专门委员会或者常务委员会工作机构组织起草。专业性较强的地方性法规草案,可以吸收相关领域的专家参与起草工作,或者委托有关专家、教学科研单位、社会组织起草"。

② 《天津市地方性法规制定条例》第50条规定,"地方性法规草案与其他地方性法规相关规定不一致的,提案人应当予以说明并提出处理意见,必要时应当同时提出修改或者废止其他地方性法规相关规定的议案。法制委员会和有关的专门委员会审议地方性法规案时,认为需要修改或者废止其他地方性法规相关规定的,应当提出处理意见。"

越性。以《天津市大气污染防治条例（草案）》的说明为例，2015年1月27日天津市十六届人大三次会议上市人大常委会副主任李亚力就该草案做出说明。他详细阐述了制定必要性、起草过程及草案主要内容，具体说明了天津市大气污染防治的现实状况和对相关行业和地区民间规范的吸纳借鉴情况等，涉及天津市大气颗粒物源解析、京津冀协同发展优先领域、大气环境地方质量标准和污染物排放标准等，充分表明了在草案起草和提出过程中对民间规范的高度重视。当然，也有部分草案说明对民间规范介绍尚不到位，关注度不足，在今后提出过程中应认真调研、深入探究，全面细致地展现出民间规范在起草和提出工作中的积极意义。

（四）地方法规案的审议

依据《天津市地方性法规制定条例》第二、三章之规定，法规案审议主体包括市人民代表大会会议、常务委员会会议、市人民代表大会法制委员会及其他专门委员会（内务司法委员会、财政经济委员会、教育科学文化卫生委员会、城乡建设环境保护委员会、农业与农村委员会、民族宗教侨务委员会）。

1.人代会审议。天津市人民代表大会审议是法规案审议的基础形式，一般列入议程的法规案在全体会议听取提案人说明后由各代表团进行审议，审议时，提案人和有关机构派人介绍情况、听取意见、回答问题。与此同时，市人大有关专门委员会可同时开展审议，向主席团提意见，印发会议。必要时，主席团常务主席可召开代表团团长会议，就重大问题听取意见、展开讨论，也可就重大专门性问题召集有关代表讨论，结果均报告主席团。人大闭会期间，法规案可先向常委会提出，由常委会审议并决定是否提请人大审议。① 简言之，市人大审议工作大体分为三条主线，即各代表团审议、有关专门委员会审议、主席团常务主席单独召集审议，且每一种审议方式都可向主席团反馈意见。另外，闭会期间人大能否审议法规案由常委会决定。由此可见，天津市人大在审议中注重提案说明解答和意见讨论，使审议各方能较好了解法规案相关情况，但真正由市人大本身审议的内容不多，人代会审议一定程度上被弱化，三线并进的审议方式使得代表团审议作用降低。民间规范来源于人民，植根于基层一线，这就要求加强人大主导权，增强代表团审议实效，对于部分复杂疑难的法规案应当加强调研，实行二审或三审，使熟悉民间规范的广大代表可以有效行使民主权利，将民间规范切实融入审议工作。

2.常委会审议。常委会在地方法规案的审议中发挥着重要作用，填补着人大审议内容之不足。常委会审议时应征求人大代表意见，立法调研时可邀人大代表参加，并安排合理的时间，保证充分发表意见，可安排公民旁听。提案人和有关机构应介绍情况、听取意见，回答询问。常委会根据需要，可召开审前会议，由有关部门说明情况并解答提问。审议人员会前可先行调研，准备意见。法规案一般经两次审议后交付表决，第一次审议

---

① 依据《天津市地方性法规制定条例》中相关规定总结概括。

听取提案人说明后,一般再分组审议,第二次审议听取法制委员会就草案修改情况汇报或审议结果报告后,由全体会议或分组会议对修改稿进行审议,内容单一、异议不大的可一次审议完毕。① 相比人代会审议,常委会审议规则较为完善,从审议前的准备工作、审议中的人员参与、时间安排及两审模式等均有明确规定。广泛参与、充足准备、互动研讨这些对于在常委会审议层面引入民间规范无疑具有积极意义。具体而言,人大代表和公民的广泛参与有助于扩展审议的社会基础,更加全面地涵盖各类民间规范;充足的会前准备有利于各方认真调研相关民间规范,了解草案情况;安排合理时间充分互动研讨有利于各方系统完整发表意见观点,依据民间规范来阐释和衡量法规案的适当性。以《天津市养老服务促进条例(草案)》说明和审议报告为例,各方结合天津养老服务实际和民间规范,指出随着家庭小型化和空巢老人的增多,传统家庭养老模式难以维系,迫切需要立法来逐步解决涉及百姓切身利益的养老问题。此外,考虑到常委会人员规模较人代会小,可以适当引入辩论制度,分组展开,进一步提升审议实效。

3. 法制委员会统一审议和有关专门委员会审议。法制委员会统一审议是指列入人大议程的法规案,由法制委员会根据各方审议意见,对法规案统一审议,向主席团提出审议结果报告和草案修改稿;列入常委会议程的法规案,由法制委员会根据各方面意见,对法规案统一审议,提出修改汇报或审议结果报告。法制委员会审议时,应召开全体会议审议,邀请人大有关专门委员会主任委员或者其他组成人员列席会议,发表意见;根据需要可邀请常委会工作机构负责人、市人大代表和有关专家列席会议,发表意见;也可要求有关机关、组织派负责人说明情况。② 可以看出,法制委员会统一审议主要起到汇总各方意见、统一修改完善的作用。如在《天津市海洋环境保护条例修正案(草案)》审议结果报告中,市人大法制委员会副主任委员高绍林指出,"法制委员会召开第三十六次会议对修正案草案进行了审议,有关部门负责同志列席了会议。会议认真研究了常委会审议意见和法工委修改建议,修改形成了《天津市人民代表大会常务委员会关于修改〈天津市海洋环境保护条例〉的决定(草案)》(表决稿)。"从民间规范介入的角度出发,就要求法制委员会博采各方意见,熟悉民间规范,能够提炼归纳各方涉及的民间规范内容,同时拾遗补阙,将更多优秀的民间规范融入统一审议和修改之中。

根据相关规定,有关专门委员会审议可归纳为六种情况③,从中可以看出有关专门委员会审议不同于法制委员会审议,它更多是为主席团和主任会议决策提供一种审议参

---

① 依据《天津市地方性法规制定条例》中相关规定总结概括。
② 依据《天津市地方性法规制定条例》中相关规定总结概括。
③ 经过总结归纳,有关专门委员会审议包括:(1)人大主席团事先交由有关专门委员会审议,根据意见决定是否列入人大议程。(2)主席团决定不列入议程的,交由有关专门委员会在大会闭会期间先期审议,再提请常委会审议。(3)在人大各代表团审议时,有关专门委员会可同时审议并向主席团提意见。(4)主任会议决定事先交有关专门委员会审议,根据意见决定是否列入常委会议程。(5)列入常委会议程的法规案,由有关专门委员会审议,提出意见印发常委会会议。(6)有关专门委员会审议时,应当邀请提案人列席会议,发表意见,可以邀请有关机关、组织负责人说明情况,也可邀请其他专门委员会成员、市人大代表和有关专家列席会议,发表意见。

考,具有预审性质,通过它的审议为天津市人大和常委会审议奠定了基础,相比法制委员会事后的统一审议修改,有关专门委员会则是事先审议。这一属性决定了有关专门委员会在引入民间规范方面亦不同于法制委员会,而是要广泛考察调研,尽可能多地搜集和整理相关民间规范,为法规案提供理论铺垫和智力支持,为人大主席团和常委会主任会议决策拓展选择空间。人代会审议和常委会审议正是通过有关专门委员会和法制委员会的前后支持,才能更有效地发挥作用,必须要注意的是不能过分强化有关专门委员会和法制委员会的职权,以免架空和侵夺人大和常委会审议功能,进而不利于民间规范的有效介入。

(五)地方法规案的表决和公布

法制委员会提出地方性法规草案表决稿,由主席团提请大会全体会议表决,由全体代表的过半数通过。市人大通过的地方性法规,由市人大主席团发布公告,予以公布。法制委员会提出地方性法规草案表决稿,由主任会议提请常委会全体会议表决,由常委会全体组成人员的过半数通过。交付表决前,主任会议可决定将个别意见分歧较大的重要条款提请常委会会议单独表决,之后主任会议可以决定是否将地方性法规草案表决稿交付表决。常委会通过的地方性法规由常委会发布公告,予以公布。① 通过人大和常委会表决方式的不同可以发现常委会的表决更为科学有效,考虑到整体表决和条款表决的区分,单纯的整体表决往往难以精准反映代表对个别条款的意见,不利于草案的审议修改和民间规范的表达介入,只有让代表充分发表看法,才能畅通民间规范介入审议表决的渠道。天津市人大常委会的做法着实值得肯定但仍需加强,不仅是分歧较大的重要条款,而是所有存在不同意见的重要条款都应实行单独表决,使每一条都得到充分论证研究,使表决工作真正体现代表真意。当然,对于尚未建立单独表决制度的人大表决而言,鉴于人代会人数多、时间短,可以先实行意见分歧较大的重要条款单独表决模式,最大程序上倾听民意、落实表决。另外,针对公布,还应进一步规范公布内容,理清通过之日、修改之日、公布之日、生效之日、施行之日,明确生效和废止的对象和时间,使群众能够更加清楚地了解和掌握。

(六)地方立法中的公众参与

地方立法中的公众参与是"各类社会公众在地方立法机构的指引和组织下,依法定程序和形式有序参与地方立法机构制定、修改、废止规范性法律规则活动,充分表达民意和利益诉求,并对地方立法机构实施全过程监督"。② 公众参与地方立法是社会主义民主的基本要求,是各地方人民保障权益的需要,也是落实立法人民参与原则和加强地方立

---

① 依据《天津市地方性法规制定条例》中相关规定总结概括。
② 吴兴国.论我国公众参与地方立法的完善路径[J].江西社会科学,2013(7):155-159.

法科学性与可行性的必由之路。《天津市地方性法规制定条例》①、《天津市人民代表大会常务委员会公示地方性法规案办法》和《天津市制定地方性法规听证办法》均有相关规定。天津市的上述规定有利于提高公民参与立法工作的积极性，有利于民间规范介入地方立法之中。地方立法不能仅依靠立法者本身，而是要建立多通道的信息传输机制，过于单一片面的信息传输容易产生偏差和失真，公众参与是多通道信息传输机制的表现，它拓宽了信息来源，弥补了单一通道之不足。② 同时，多元的信息通道也在最大程度上吸纳了各类民间规范，为民间规范介入立法开辟了路径，极大提高了地方立法的科学性和特色性。如《天津市预防未成年人犯罪条例（草案）》的说明中所言，"市人大常委会内务司法办公室承担起草工作，会同市人大常委会法工委、团市委、法院、检察院、司法局和高校等单位，通过调查问卷、发送信函和召开座谈会等形式广泛听取社会各方面的意见和建议，多次深入学校、社区、未成年犯管教所等开展立法调研"，体现出意见征求和公众参与的广泛性。

  天津市关于公众参与地方立法的相关规定发挥了积极功效，促进了天津市地方法规的制定与完善。当然，现实中仍有一些不足需要改进提高。例如缺乏统一详尽的规则制度、公众参与程度和积极性还不高、参与成效不够显著等，这些问题也实际阻碍了民间规范的有效介入。针对上述问题可以考虑从如下方面着手。（1）建立具体而统一的公众参与地方立法规则，从制度上保障参与的实际落实和民间规范的介入路径。（2）构建完整的体系化参与模式。在地方法规制定的全过程和各个环节中都可以考虑公众参与问题，借助民情民意的充分介入来表达和阐明民间规范的内涵与价值。（3）提高参与观念和专业性。不仅要激发和培养公众的参与意识，还要提升地方立法机构的参与观念，切实重视参与问题并将其专业化、制度化。（4）广泛利用多种形式来实现公众参与。可以组织座谈会、研讨会广泛听取公众意见，包括立法建议项目、法规草案、法规审议程序等诸多方面，在一些主要环节和领域可以召开听证会。此外，还可适当安排公众旁听常委会相关会议，发挥监督作用的同时还能教育引导公众，立法过程中各项信息也应公开公示，让公众清楚明了。

三、地方法规与民间规范的关系

（一）民间规范是地方法规的源头活水之一

  "人类的整部法制历史就是一部民间法上升为国家法的历程的历史，因而可以说，民

---

① 《天津市地方性法规制定条例》明确规定，"地方性法规应当体现人民意志，发扬社会主义民主，坚持立法公开，保障人民通过多种途径参与地方立法活动。地方立法可以召开听证会听取社会有关方面意见，也可以通过网站或媒体向社会公示征求意见，征求意见情况应向社会通报"。

② 方世荣.论公众参与地方立法的理论基础及现实意义[J].湖北行政学院学报，2005(5):23-27.

间法是国家制定法的重要渊源"。① 地方法规作为彰显本地实际和经验的地方性规范,自然离不开民间规范的支持。民间规范本身就是一个地区实际和经验的代表,它源于民间社会,传承着地方特色文化和社会心理。地方法规不同于全国范围的法律和行政法规,它的制定不仅要符合法律法规的一般属性,更要契合地域特性,寻求与本地实际相结合的正确道路,民间规范作为"本土资源"的重要载体,自然成为地方法规创制和发展的重要来源和参考之一,缺乏民间规范支撑的地方法规注定是不完整的。民间规范作为地方法规的源头活水之一体现在地方法规创制发展的各个环节之中,从计划立项、起草审议到最后的补充修订都离不开民间规范的参与和影响。在我国现行的法律法规中,无论是宪法、法律,还是行政法规、地方法规,对民间规范的法源地位都有所涉及,苏力教授[②]、杜宇教授[③]曾对现行法律大全进行过分析统计,发现大量与"民间规范"词条相关的条文规定,此外还有更多涉及民间规范的内容间接存在于法律法规之中,难以精确统计。以天津地方立法为例,《天津市少数民族权益保障规定》第十五条、第十六条规定,"少数民族的丧葬习俗应当受到尊重。市和区、县人民政府及其相关部门,应当采取措施加强规划和管理,妥善安排具有特殊丧葬习俗的少数民族的墓地,做好少数民族的殡葬服务。各级人民政府对少数民族公民自愿实行丧葬改革的,应当给予支持。报刊、电视、广播等媒体,影视、戏剧、曲艺等文艺创作和各类出版物,应当尊重少数民族风俗习惯、宗教信仰和民族感情"。还有如《天津市医疗纠纷处置条例》《天津市基本菜田保护管理条例》等地方法规无一不吸纳显露着天津本地乡规民约、行业规则等规范内容,其创制和完善均充分考虑到天津本地的社情民意、风土人情和民俗习惯等,彰显了民间规范在天津地方法规中的渊源地位。

(二)民间规范是地方法规合理性、合法性根据之一

衡量地方法规是否合法合理,民间规范是根据之一。这主要取决于两者共通的属性,地方法规和民间规范虽分属不同的规范形式,却有着共通的民间性和地域性,都需要与本地实际水乳交融。而这正好成为两者相互呼应对证的依据和方式,符合民间规范良善内容的地方法规一般有着较好的民间性和地域性,因而更为合法合理,同样广泛为地方法规吸纳借鉴的民间规范大多积极反映民间特色和实情,是为良善有效的社会规范。当今中国正处于社会转型阶段,法治化是社会治理的必由之路,民间规范也应与法治接轨,法律法规要尊重民间规范,看到其生成发展的合理性内容。地方法规不是一个封闭系统,而是一个开放体系,要积极接纳融入民间规范,发挥民间规范独特的优势与空间,发掘和利用其中有效且正当的规则资源,加以普适转化,补充地方法规之不足,以获得更

---

① 于语和.民间法[M].上海:复旦大学出版社,2008:120.
② 苏力.当代中国法律中的习惯——一个制定法的透视[J].法学评论,2001(3):22.
③ 杜宇.刑事制定法视域中的习惯法——一种被压制的知识传统[J].法商研究,2004(6):82.

高的合理性与科学性。①

所谓地方法规的合法性,要解决的是地方法规真假问题,它是否对人们有法律效力,人们是否认可和遵守它,这是形式上的合法性,实质上的合法性就要上升到合乎天理道德之范畴,是否合乎规律逻辑,是否合乎正义性,是否适应社会公认的价值和公德,这样又与合理性一脉相承、融会贯通,②而其间的天理道德和社会效果均表现于民间规范之中,需要我们认真参详考证。以《天津市少数民族权益保障规定》为例,第十三条规定,"有清真饮食习惯的少数民族人员较多,需要集体就餐的学校、养老机构及其他机关、团体、企业事业单位和组织,应当设立清真食堂或者清真灶。本市机场、车站、客运码头等场所以及三级甲等医疗机构,应当提供日常基本的清真食品。"这里充分考虑到了少数民族的民间规范和习俗传统,符合少数民族的社会公德和民众信仰,其合理性与合法性不言而喻。

(三)民间规范是地方法规实施的社会文化基础

民间规范作为社会文化和传统法律的载体,是民族情感和社会心理的文化根基,有着广泛的群众基础和认可度。地方法规的有效实施必须依赖民间规范的保障与支持,通过民间规范营造的良好文化氛围,地方法规实施才能顺畅展开。地方法规的实施指它在社会生活中被实际施行,是使地方法规由书本中的法变为行动中的法,由应然状态到实然状态,包括执法、司法、守法和法律监督等一系列环节,这每一个环节都是建立在社会文化的环境和积淀之上。③我国幅员辽阔、民族众多、文化多元,各地域、各民族在漫长的历史发展中形成了各具特色的地域文化和与之相适应的社会调控规范,构成了一个地区最基本的文化底色,任何法律制度都不能脱离于此而独立生存。地方法规实施的本质就是适应地域文化的产物,就是制定法与地方特色融合的结果,这样的实施方能走入民心,获得民众的信奉和推崇,才能真正内化于心、外化于行,成为人们行动中的实然规则。以《天津市宗教活动场所管理办法》为例,它的实施必须建立在天津市宗教文化基础之上,必须以天津市宗教活动规范为前提,丧失了这一社会文化基础,它将成为无本之木、无源之水,终为一纸空文。还有《天津市大气污染防治条例》第六十条、第六十一条对于焚烧秸秆、燃放烟花爆竹的规定,都是考虑到民间有燃放烟花爆竹的传统以及焚烧秸秆的习惯,针对这一民情实际,制定出切实可行的地方法规,从而保证法律法规的有效实施。

结　语

如前所述,民间规范作为本土法治资源,价值与意义自不待言,不仅就司法而言,于

---

① 于语和.民间法[M].上海:复旦大学出版社,2008:118-120.
② 严存生.合法性、合道德性、合理性——对实在法的三种评价及其关系[J].法律科学,1999(4):14-20.
③ 夏锦文.法律实施及其相关概念辨析[J].法学论坛,2003(6):27-32.

立法活动同样如此,尤其是在地方法规制定中。地方法规和民间规范的共通属性决定了两者息息相关、互相呼应,地方法规的制定完善需要民间规范介入补充,民间规范的拓展适用也需要地方法规襄助引导。地方法规从计划立项到表决公布,每一环节都彰显着民间规范的深入影响,每个过程都需要民间规范的广泛介入,立法过程中如何具体体现和引入民间规范是需要不竭探究的重点问题。天津市作为京津冀协同发展的核心之一,地方法规建设较为进步完备,诸多地方法规制定中都融入了民间规范因素,起到了良好作用,但仍然不够全面深入,许多方面介入程度尚显不足,未能完全发挥出民间规范的应有功用,还需进一步研究探索,以期助力地方法规和法治天津的建设与完善。

The Formulation of Local Regulations and Intervention of Folk Norms
—Take Tianjin as an Example

Yu Yuhe　Qin Qidi

Abstract：As local resources, folk norms have the unique charm and value in the construction of ruling-by-law, not only in judicial terms, but also in legislative activities, especially in the formulation of local regulations. The common attributes of local regulations and folk norms decide that they are closely related and echo each other, the formulation and perfection of local regulations require the involvement of folk norms, expanding of folk norms also needs the help and guide of local regulations. From the plan to announcement, local regulations show deep impacts of folk norms in every link and each process requires extensive involvement of folk norms. Tianjin is one of the areas where local regulations are well established, many folk norms have been incorporated into local regulations, playing a good role, but it's still not comprehensive enough, the involvement degree in many aspects is still insufficient, it can't give full play to the proper function of folk norms, further research and exploration are needed.

Key Words：local regulations; folk norms; native resources; Tianjin

迈向正式规范的新型权利
——以三个祭奠纠纷案例为视角

尹训洋* 吴大华**

摘要："祭奠权",作为一种法律未明文规定的新型权利,在人们的日常生活中普遍存在。我国是一个非常注重传统观念和传统文化的国家,近年来,随着人们法治观念不断进步,因"祭奠权"引起的法律纠纷呈现出数量多、类型丰富的特点,对于这种在新的社会环境中变化而产生的案件应如何处理,是司法实践中亟须解决的问题。本文以新型权利中的"祭奠权"为突破口,通过三个案例,着重分析"祭奠权"能否被创设为法定权利、如何行驶"祭奠权"以及祭奠纠纷案例的判决依据,主张对"祭奠权"进行法律保护应当遵循公序良俗原则、死者遗嘱优先原则、互通一致原则、权利义务对等原则,对侵害"祭奠权"案件进行诉讼上的救济的同时,还需要关注其他救济或者解决纠纷的方式,试图为新型权利迈向正式规范提供借鉴。

关键词：正式规范；祭奠权；新型权利

正式规范,即国家法层面的规范,具备国家意志性、认可性、权利义务性和强制保障性,是原始社会进入阶级社会不可或缺的产物。与正式规范相对应的自然是非正式性规范,也就是我们所谓的民间法或习惯法,民间法中民族习惯法又较为典型,民族习惯法是由少数民族或民族地区的社会组织商定的一种民族性、区域性的人们的行为规范。① 而新型权利则是从习惯或传统习俗中产生出来,在社会生活或司法实践中广泛存在,但却没有上升到国家立法层面的权利。新型权利是在国家实在法上没有规定但在司法实践中因当事人向法院提起诉讼而经司法裁判认可或者尽管未经其认可却被社会普遍默认和接受的权利。② 本文通过祭奠纠纷的三个案例为视角,在有限的能力范围内粗浅讲述新型权利迈向正式规范的坎坷不平之路,意欲通过案例分析的方式为迈向正式规范的新型权利寻求一种科学的分析思路与合理的过度方式。

祭奠,首先是一种行为,主要是生者对死者悼念的一种仪式,是潜藏于生者的内心深处的一种精神权益,通过一定的外在形式展现出来。我国正式规范体系中,尚不存在有关"祭奠权"的明确规定,但也并不否认它作为一种新型权利逐步向正式规范迈进的步

---

* 尹训洋,云南大学法学院博士研究生。
** 吴大华,贵州省社会科学院院长,法学博士,博士生导师,二级研究员。
① 吴大华.论民族习惯法的渊源、价值与传承——以苗族、侗族习惯法为例[J].民族研究,2005(6).
② 谢晖.论新型权利生成的习惯基础[J].法商研究,2015(1).

伐。这项权利之所以引人关注，是由于在当下社会中出现了就缅怀故人、祭祀祖先发生纠纷并诉诸人民法院的现实案例，且数量呈上升趋势。洞察司法裁判的背后，关于祭奠的一系列问题之所以驱使大众投注感情、人力和财力诉讼至法院，归根结底是其存在广泛的传统和习惯基础。新型权利的界定假如我们以国家法作为衡量准则，国家法上明文规定的规范，尽管它的传统或习惯基础尚浅，也是既定权利；国家法上没有规定，但经过诉讼形式上升到司法路径，被肯定或被接受的规范，尽管它有深厚的传统习惯基础，却也只能是新型权利。

一、案例简介

案例一：李某、谭某诉王某（岳父岳母告女婿）"祭祀权"案

被告王某与原告（李某、谭某）之女李某某是夫妻，李某某后病逝，火化后一直由被告保管骨灰。其间老夫妇多次询问女婿：女儿骨灰是否得以安葬？安葬于何处？女婿不予置理。老夫妇遂将女婿告至法院，要求女婿及时告知女儿安葬情况，并要求赔偿他们精神损害费2万元。一审法院认为：在祭奠或祭祀上原告应与被告同等享有对于李某某的权利，在骨灰存放地点或安葬地点上被告有义务将李某某死后具体情况告知原告，被告未履行告知义务，并且主观上存在过错，在公序良俗上更不被社会所认可，种种被告的行为着实让原告精神上受到损伤。最终法院判决：被告应告知原告之女李某某的安葬状况；被告赔偿原告精神损害抚慰金4000元。一审宣判后，被告上诉，被二审法院驳回。[①]

案例二：崔灵诉崔芬（侄女告姑姑）"祭奠权"纠纷案

崔浩（化名）与李娟（化名）系夫妻关系，婚后生育二女一子，长女崔某，次女崔芬（本案被告），儿子崔凯（化名）。原告崔灵为崔凯之女。1990年前，崔灵一家与崔浩与李娟在一起共同生活。1990年，平房拆迁改造工作，崔灵及其父母搬至××区蒲黄榆5巷2号楼1单元202号，崔芬与崔浩与李娟搬至××区蒲黄榆5巷3号楼6门502号。此后，崔芬与崔浩与李娟长期在一起共同生活，并尽到了赡养父母的义务。2001年12月6日，崔浩死亡。2006年8月27日，李娟死亡。李娟生前于2006年6月2日立下遗嘱，指定其居住的××区蒲黄榆5巷3号楼6门502号房屋由崔芬继承，并写明因其无生活来源，在2001年12月崔浩去世后，完全由崔芬赡养。李娟在遗嘱中写道，自己的其他子女多年来从没有来看望过自己，也没给一分钱，所以决定不给其余子女任何财产。在崔浩与李娟死亡后，被告没有通知原告。原告以被告未尽到通知义务为由将被告姑姑告上了法庭，

---

① 最高人民法院.人民法院案例选（2007年第4辑）[M].北京：人民法院出版社，2008：126.

主张一家的"祭奠权"受到了侵害,要求损害赔偿,原告亦没有提供充分有力的证据证明其在崔浩与李娟生前曾探望过他们,亦没有提供证据证实崔芬有阻拦探望之情形。法院认为,从我国现行法律规定来看,在崔浩与李娟去世后,与其共同生活的崔芬并没有法定义务通知崔灵一家,因此,崔灵以崔芬在崔浩与李娟死亡后未尽通知义务主张崔芬侵犯了其祭奠权,理由不能成立。①

案例三:墓碑署名纠纷案

原告胡甲、熊某、胡乙诉称,原告胡甲系死者谢某某的亲生儿子,原告熊某与胡乙分别系谢某某的儿媳与孙子,被告谢某系谢某某的养女,第三人孙某系谢某某的再婚妻子。胡甲在生母与谢某某离婚后虽与生母生活,但谢某某在胡甲年幼时一直探望胡甲,之后双方也长期保持往来,胡甲一家逢年过节也去探望谢某某,在谢某某患病期间,胡甲也曾接送谢某某看病并为谢某某购买了轮椅,故胡甲实际已对谢某某尽到了赡养义务。谢某某去世后,胡甲虽未承担丧事费用,但主持了谢某某的追悼会,但谢某在此后为谢某某购买墓穴与立墓碑时,将墓碑上的立碑人立为谢某而没有胡甲一家三口。虽然墓穴为谢某某与孙某的合穴,且孙某目前尚在世,但谢某与孙某的做法无论是基于公序良俗还是根据民间的普遍传统,都损害了胡甲、熊某、胡乙祭奠亲人的权利,故胡甲、熊某、胡乙现要求在谢某某的墓碑上署名,并愿意承担墓穴费用与更改墓碑的费用的一半。② 法院最终支持了原告的诉讼请求。

二、案情分析

以上三个案件,我们简要分析下争议焦点。案例一争议焦点有两个:(1)原告是否享有"祭奠权";(2)原告能否主张精神损害抚慰金。案例二争议焦点有两个:(1)被告是否侵害了原告的"祭奠权";(2)原告的精神损害赔偿请求能否得以支持。案例三争议焦点是原告胡甲墓碑上署名的诉讼请求能否得以支持。前两个案例,争议焦点相似,都涉及有无"祭奠权"问题与是否应获精神损害赔偿问题,然判决结果却截然相反。第三个案例是墓碑上署名的权利,无非是"祭奠权"内容的延伸。让我们根据以上焦点具体分析一下"祭奠权"所涉及的一系列问题。

---

① 最高人民法院.人民法院案例选(2009年第1辑)[M].北京:人民法院出版社,2009:120及以下。
② 《谢某等与胡甲等婚姻家庭纠纷民事判决书》,载中国裁判文书网,http://www.court.gov.cn/extension/simple Search.html,最后访问日期:2017年5月4日。

三、法理分析

(一)"祭奠权"能否被创设为法定权利

针对前两个案例,我们可以看出原告都是以"祭祀"或"祭奠"的权利为基础向法院提起诉讼,然"祭奠权"在我国的民法总则或是民法相关法中并没有涉及,是否就一定表示在类似法律纠纷案件中相关诉讼请求法院会不予置理,驳回起诉?答案是"否"。"祭奠权"无疑是一种新型权利,所谓新型权利,是在国家实体法上没有规定但在司法实践中因当事人向法院提起诉讼而经司法裁判认可或者尽管未经其认可却被社会普遍默认和接受的权利。① 当下法学界对新型权利的研究,还处于一个比较初级的阶段,研究层面无外乎这种新型权利的定义、类型、存在形式、保障措施之类,对于新型权利产生的传统基础和群众需求以及内在衍化的关注远远不够,例如"祭奠权"这种包含大量传统习惯与风俗在内的权利。同时,尽管有不少学者主张凡法律未禁止者皆可推定为权利的"权利推定说"②,似乎新型权利的生成无须考虑社会现实因素,而仅仅依靠法理上的推定原理即可,然而事实上,这种类似于先验主义做法的推定,并未从根源上分析新型权利存在的社会基础,同时该学说也无助于依照新型权利的习惯根源来推进正式规范的变革。

祭奠,原意是为死去的人举行的仪式,表示追念,引申意义为表示对过去的人或者事情的一种缅怀或者思过。祭奠或祭祀在中国历史上有悠久的历史传统,无论在原始社会、礼治社会或封建社会,祭祀的对象非常广泛,例如对天子圣人的祭拜,对先祖亲人的祭祀、对革命烈士的祭奠等等;祭奠的形式也非常丰富,繁如中原各地传统的礼仪丧葬,简若新兴的网上祭奠,万变不离其宗,祭奠蕴含着共同的含义,即通过祭奠形式,表达生者对死者的怀念和哀悼,怀抱一颗虔诚之心,希望死者的灵魂得以安息和超度。因此,祭奠活动,主要是生者对死者悼念的一种仪式,是潜藏于生者的内心深处的一种精神权益,通过一定的外在形式展现出来。在我国固有的正式规范下,关于"祭奠权"并无明文规定,然这项新型权利之所以近年来广受关注,是因为当下社会中因祭祀亲人、缅怀祖先或是其他形式的祭奠纠纷频频发生,并上升到诉讼的层面。洞察司法裁判的背后,关于祭奠的一系列问题之所以驱使大众投注感情、人力和财力和诉讼至法院,归根结底是其存在广泛的传统和习惯基础。新型权利失去司法的眷顾就犹如一棵摇摇欲坠的树苗,在通往正式规范的道路上何以成材,何以开枝散叶?这种存在广泛的传统基础和民间认同的权利,在正式规范和非正式规范之间,在实例中有大量存在,应当尽快提上立法日程,根据国情地情的需要予以明确并进一步实施的规范,我们可称之为新型权利。新型权利在

---

① 谢晖.论新型权利生成的习惯基础[J].法商研究,2015(1).
② 谢晖.价值重建与规范选择——中国法治现代化沉思[M].济南:山东人民出版社,1998:183-221.

一定的人文地域有深厚的土壤,甚至在一个民族历史发展进程中发挥着不可替代的作用。以上三案例,国家法上虽然没有作规定,但是存在丰厚的传统习惯基础,理应经诉讼被肯定或被接受,民法中有"法无禁止即自由"的原则,如合同拟定过程中的双方合意、市场交易过程中的意思自治、日常生活中的公序良俗等等,国家的经济活动需要"有形的手"和"无形的手"来调控,同样,新型权利滋生的土壤也需要"双手"的配合。

参照国际社会经验(因传统习俗的不同欧美国家大可不必详谈),"祭祀"的传统在东亚国家存在已久,特别是日本和韩国——受大中华文化圈影响深远的两个国家。在日本,虽然法律没有对"祭奠权"作直接具体的规定,但是很多判例却给祭奠利益的保护提供了借鉴意义,祭奠纠纷方面的较为出名的案件有很多,比如:自卫官合祀诉讼案以及宗教团体"幸福的科学"的信徒的诉讼等知名案件。其中最有意义的就是自卫官合祀诉讼案,此案件使"宗教上的人格权"被作为一种新的人格权被保护。[①] 在韩国,有一项非常重要的活动就是丧葬祭祀活动,此活动一般都会要花费巨额费用,并且有隆重的祭祀仪式,丧葬公司在韩国有广泛的市场,因为专门的丧葬公司需在祭祀仪式中承办各项程序。早在2000年1月,韩国国会就通过立法,专门对祭奠活动进行有效管理,同时全面修订《葬事等有关法令》。韩国国内的《侵权法》等有关法律,也有对人格利益损害进行相关保护的规定。在我国台湾地区,也是有相关法律对侵犯"祭奠权"进行相关保护,例如2008年7月1日正式施行的"祭祀公业条例"便是其中之一。之前台湾地区存在一个特殊的社会团体叫作"祭祀公业",又称为"祭田",这个团体以祭祀祖先为存在目的,团体设有独立的财产。其实,祭祀公业最早渊源于我国宋代时期的"祭田",至明清时期盛行并有一套相对成熟的模式:先辈们在生前留下一笔财产或土地,由后代共同持有,并推选类似于"监管委员会"的机构进行管理,以财产或土地每年产生的租金或利息收益作为祭祀的经费。台湾地区"祭祀公业条例"出台后,对祭祀公业相关事宜的法律关系进一步调整,使得祭奠活动有法可依、有法可循,祭祀公业内部人员权利得到更有力的保障。综上,祭奠权利益在域外的保护,甚至立法明确都是有迹可循的。因此,将祭奠权法定化并不是凭空妄谈,是可以取得成功的,是十分可行的。

(二)如何行使"祭奠权"

谈到如何行使"祭奠权"问题,我们不得不对"祭奠权"的构成要件做一下分析。结合本案例,我们研究的祭奠权是一种狭义的祭奠。"祭奠权"可以归为一种民事权利,多为生者对其已故亲人通过各种形式表达思念缅怀之情的权利。司法判例中之所以从广义的祭奠行为中具体抽象出这一权利实施保护,一是通过对死者的祭奠行为,达到对死者近亲属精神的慰藉安抚的效果,二是使生者获得一定的社会评价。当然,对死者近亲属"祭奠权"的侵权行为,主要是在精神层面而言,给生者造成精神痛苦,伴随着社会的不断

---

① 五十岚清,铃木贤.人格权法[M].葛敏,译.北京:北京大学出版社,2009:12-15.

变迁与发展,《民法总则》和民法相关法对于侵害死者近亲属"祭奠权"从而使其遭受精神痛苦的行为主张予以救济。

1."祭奠权"的主体:祭奠权的主体应当限定为死者的近亲属

法律关系的主体是指法律关系中的参加者,权利主体与义务主体两方面构成法律主体要素,他们分别指在法律关系中享有权利与履行义务的人。① 不少学者认为凡是与死者有亲属关系(不论远近)的自然人都应作为"祭奠权"的主体来对待,此种观点笔者认为不妥,不仅与现行我国立法精神不符,而且可能会造成诉讼资源的浪费。《最高人民法院关于确定民事侵权精神损害赔偿责任若干问题的解释》中将自然人死亡后,精神损害赔偿的请求主体也仅限定于近亲属②,说明我国法律仅认可死者近亲属对于侵权行为产生的精神利益损失,而不宜将此精神利益的保护扩大至其他亲属,因为近亲属与死者关系密切,其受到侵害所导致的精神痛苦比其他人更严重、更应受法律保护。而如果将保护范围扩大,不仅造成诉讼资源的浪费,也使法律的触角越过了道德的边界。因此,以上三个案例的原告都是适格主体。

2."祭奠权"的客体:是指权利人对其近亲属所享有的在其近亲属死亡后能够去祭奠的精神利益

"祭奠权"的客体是指"祭奠权"的主体所指向的权益,在这一点上,笔者更倾向于一种无形的利益,是一种精神利益。精神利益,是与物质利益相对应的概念,正如某些人喜欢棋艺,某些人喜欢木艺,某些人有喜欢园艺,某些人视爱情为信仰,某些人为了爱情而殉情,类似这样的活动和事情在很多人看来并不是追求利益,而事实上都是在追求利益,即精神利益。这种利益无论是在祭奠形式还是情感哀思上都占有重要的作用,这是一种存在于生者内心深处或者说是良知层面上的精神利益,是精神的寄托或是慰藉。无论是国外的哲学大家或是社会学大家所强调的理性的作用,还是国内心学主义者或是唯心主义者所强调的"心"或"思"的作用,这都是从精神层面出发强调一种精神利益。"祭奠权"客体理应指向权利人内心深处的精神利益,下文中精神损害赔偿无非基于此。

3."祭奠权"的内容

"祭奠权"的内容理应包含对已故亲人进行祭奠的一系列相关活动产生的权利义务,具体权利包含对死者死亡事实的知情权(如案例二),对遗体或骨灰埋葬地点的知情权及占有权(如案例一),选择不同方式安葬已故亲人的权利,以不同的形式对已故亲人进行悼念的权利,墓碑署名的权利(如案例三)等等。祭奠权的义务既包括作为的义务,如通知死者近亲属死者死亡事实的义务、在墓碑上对死者近亲属署名的义务、保持墓葬完整的义务,也包括不作为的义务,如不得侵害遗体、骨灰的义务、不得擅自安葬死者的义务、不得阻碍其他近亲属行使祭奠权的义务等等。当然,随着社会的日益进步与发展,祭奠

---

① 张文显.法理学[M].北京:北京大学出版社,2011:23-25.
② 《最高人民法院关于贯彻执行〈中华人民共和国民法通则〉若干问题的意见(试行)》第12条规定:民法通则中规定的近亲属,包括配偶、父母、子女、兄弟姐妹、祖父母、外祖父母、孙子女、外孙子女。

权所包含的内容可能会相应发生新的变化,例如大数据背景下网络祭英烈、祭祖获祭事件的盛行,利用软件开发工具和数据库技术,实现在线留言、在线创建纪念馆、写祭祀文章、提供各种网络祭奠品、模拟烧香、点烛和呈上供品等传统祭奠活动,通过先进的信息技术和信息工具的辅助来表达哀思追忆之情。

4."祭奠权"的救济方式

"祭奠权"的救济方式,即权利人的"祭奠权"受到侵犯时,如何采取合法的方式维护自身的权益。我国法律并没有关于祭奠或祭祀明文规定,是否意味着当公民切实的祭奠权利受到侵害时而无救济方式,求助无门,答案同样是"否"。平日里的祭奠、祭祀活动应严格遵守宪法(如关于集会、游行的规定)、民法(如继承法)、行政法(治安管理处罚法),侵权行为严重、情节恶劣、危害社会时我们可以适用刑法(如侮辱尸体罪、盗窃尸体罪等)的有关规定,对号入座惩罚侵权者。

(三)判决的法律依据

"祭奠权"是基于人身关系而产生的权利,是近亲属对死者寄托哀思的一种权利,归根结底,属于一种精神利益,因此,其判决的法律依据是基于一般人身利益的保护。人身权包括人格权和身份权,在具体"祭奠权"案件中笔者认为不宜将祭奠严格归为人格或身份的明确的类别,因为祭奠既包括死者人格方面的内容,也包括死者与近亲属身份方面的关系,所以它是一种人身权。我们需要留意的一个问题是"祭奠权"案件精神损害赔偿问题。前两个案例的精神损害赔偿问题,从两个法院的判决来看,法院是支持"祭奠权"纠纷案件主张精神损害赔偿的,可依据《侵权责任法》第22条规定:"侵害他人人身利益,造成他人严重精神损害的,被侵权人可以请求精神损害赔偿。"《最高人民法院关于确定民事侵权精神损害赔偿责任若干问题的解释》第1条第2款明文规定:"违反社会公共利益、社会公德,侵害他人隐私或其他人格利益,受害人以侵权为由向人民法院请求赔偿精神损害的,人民法院应当依法予以受理"。此外,相关案件的判决还可依据习惯法的规定或是民法的基本原则作补充。

四、研究结论

"祭奠权"是一种新型权利,可被创设为一种法定权利。在迈向正式规范的进程中,需要进行有效的法律保护,进行法律保护应当遵循下列四个原则:公序良俗原则、死者遗嘱优先原则、互通一致原则、权利义务对等原则。

(一)公序良俗原则

公序良俗原则是民法的一项基本原则。民法作为国家正式规范,当然不能忽略公序良俗原则的规定和社会影响,更何况,"祭奠权"作为一种事关传统、伦理、道德密切相关的权利,当然应该受到国家公序良俗原则的制约,"祭奠权"的行使首先要尊重民法的基本原则,尤其是公共秩序和善良风俗,否则就不能上升为这是规范。其次,"祭奠权"的行使不能违背社会上大多数人内心对于公序良俗的理解和判断,具体案件的当事人应将公序良俗原则作为一项基本准则,合法行使自身权利。案例一中两原告作为李某某的父母,与被告应享有对李某某平等的祭祀权,被告在行使自己权利和自由的时候,不得损害原告的合法权益。被告应将李某某骨灰存放地方或安葬何处告知李某某父母。被告未履行告知义务,致使原告无法祭奠,侵犯了原告的合法祭祀权,有悖于社会善良风俗,主观上具有过错,应承担过错责任。

(二)死者遗嘱优先原则

在现实案例中,死者安排"身后事",在生前订立丧葬遗嘱的现象并不少见,对于这种特殊遗嘱法律效力的处理,即在具体行使"祭奠权"的时候到底是生者还是死者的意愿为主,出现了两种不同的观点:一种观点认为应当保护近亲属的相关"祭奠权";另一种观点认为应当保护死者的意愿。笔者更倾向于后者,《继承法》中有"遗嘱优先原则",同样,引申到祭奠中,当死者生前已经对以后关于自己死亡时近亲属的祭奠权行使作出安排时,理应将死者的意愿放在首位,尊重死者生前的意愿,遵循死者遗嘱优先原则,"祭奠权"的行使应该考虑死者遗嘱的规定。"祭奠权"是存在于死者近亲属之间的,基于亲属身份——这一身份关系产生的一种法益,尽管我国法律不保护逝者的利益,但祭奠行为仍然涉及社会公众对死者的评价,相当于死者的人格利益,从某种意义上还被视为生者的一种"间接利益"。因此,在行使"祭奠权"时应当遵循死者遗嘱优先原则。

(三)互通一致原则

死者近亲属在一般情况下为多人,因此涉及数个近亲属就共同享有对死者关于祭奠的一系列权利,由此看来,"祭奠权"是一种"共有人格权",人格权不存在份额情形。在实例中祭奠纠纷案件多发生在众近亲属之间,所以关于这种"共有人格权"如何行使的问题,笔者认为众近亲属之间应该遵循互通一致的原则。即众近亲属之间,应当以一种合情合理的姿态,以寄托哀思为首要目的,对死者进行安葬、悼念、祭奠为主要形式,互通一致地去行使"祭奠权"。还有一个方面需要引起注意:众近亲属之间原则上享有平等的"祭奠权",但近亲属与死者之间也有"亲疏远近"之分,因此笔者建议参照我国《继承法》对于法定继承顺序的规定,即将配偶、子女、父母作为第一顺序的权利人,将兄弟姐妹、祖父母、外祖父母作为第二顺序的权利人。据此,互通一致原则就有了具体的适用规定:同一顺序的近亲属应共同协商,如果协商不成,任何一个近亲属可以向法院起诉,由法院来具体确定。此外,如果存在第一顺序的近亲属,则第二顺序近亲属无权参与协商,只有在第一顺序近亲属不存在的情况下,才能由第二顺序的近亲属共同协商。

(四)权利义务对等原则

根据"权利、义务一致"的原则,"祭奠权"的享有除了来自生者对逝者所具有的近亲属的身份之外,还与其对逝者生前所尽的诸如赡养、照顾等义务直接相关。假如说一个负有赡养义务的晚辈对长辈没有尽到任何赡养、关心、照顾的义务,那么应不应该考虑一下对其"祭奠权"行使作权利的限制。毕竟,与遗体祭奠相比,在逝者生前对其进行赡养、关心、照顾,对其身体上的照料和精神上的慰藉更具现实意义。在案例二中,在崔浩与李娟去世后,与其共同生活的崔芬并没有法定义务通知崔妍,因此,崔灵以崔芬在崔浩与李娟死亡后未尽通知义务主张崔芬侵犯了其"祭奠权",理由不能成立。从公序良俗的角度看,直系亲属之间生活上相互关心,精神上相互慰藉,应为善良风俗的应有之义。但是,崔灵并没有在崔浩与李娟生前对其进行探望和关心。法院认为,对崔浩与李娟生前予以关心、照顾,与遗体告别相比,前者对崔浩与李娟更有意义。最后,值得指出的是,祭奠死者,寄托哀思,除遗体告别之外,也可以选择其他方式。这就是原告败诉的原因。

结　语

随着社会的全面进步和法治进程的深入推进,中国公民的权利意识不断增强,大量性质各异的权利作为新型权利不断涌现。社会上不断出现新型权利,可否主张是道德权利、自然权利和应有权利等多种权利形态交织的复合体,基于正式规范与非正式规范紧密相连性,游走于实在法与应然法之间,这些都值得探讨。寻求多元化治理机制,不能故步自封,草率依据现有条文将其否定甚至抹灭,在具体司法判决中我们应当倡导以社会转型为背景深入分析其成长的土壤。新型权利主张的内容、主体、客体、救济方式等元素之所以一步步完善成体系,根本原因在于社会的转型使新型权利的传统基础发生了巨大改变。新型权利在迈向正式规范的过程中总要经历恬退隐忍,时机成熟进而厚积薄发。由于我国法律对"祭奠权"未作相关规定,虽然近些年相关案件频频发生,但作为研究的资料还太少,因此关于"祭奠权"侵权纠纷中的享有"祭奠权"的亲属范围、负有通知义务的亲属通知的时间、内容与具体方式、免责事由的范围、精神损害赔偿的额度等等,都没有统一可供参照的范本,这就需要法官根据各案的具体情况酌情考虑,不断进行摸索。日后,随着民法典的编纂,"祭奠权"有必要被创设为法律权利上升为正式规范。我们在对侵害"祭奠权"进行诉讼上的救济的同时,还需要关注其他救济或者解决纠纷的方式,比如:道德说理、行政救助、调解等等,以节约有限诉讼资源。公民可以依据自己的实际情况来选择方式,诉讼并不是唯一,也往往不是最佳的解决方式。因为"祭奠权"侵权纠纷多发生在近亲属之间,相对严肃冷漠的诉讼方式会损害当事人之间的亲情。新型权利因其独有的调控方式逐步发光发热,在相对真空的地带理应发挥其特有的作用。无论是新型权利还是非正式性规范,作为调控人们的行为、规范社会秩序的合理方式理应得到国家和社会的认可,根据国情地情形成特色的多元化调控机制,促进社会治理手段的不断完善。

A New Right to a Formal Norm
—From the Perspective of Three Cases of Memorial Disputes

Yin Xunyang　Wu Dahua

Abstract：The "right of sacrifice", as a new right not expressly provided for by law, is prevalent in people's daily life. China is a country with great emphasis on traditional ideas and traditional culture. In recent years, with the continuous improvement of the concept of people's legal system, the legal disputes caused by "sacrifice rights" show a large number of types, rich in the characteristics of this new society, How to deal with the changes in the environment should be dealt with, is the judicial practice in urgent need to solve the problem. In this paper, the "right of sacrifice" in the new right, as a breakthrough, in view of the memorial in our country tradition and foreign excellent practice, through three cases, focus on analysis of "sacrifice right" can be created as legal rights, how to as well as to pay the dispute case, put forward the legal protection of the "sacrifice right" should follow the principle of public order and good faith, respect the principle of the will of the deceased, the principle of common consultation, the principle of restricting rights, against the "sacrifice right" case litigation relief, but also need to focus on other relief or dispute resolution, trying to provide a reference for new rights to formal norms.

Key Words：formal specification；sacrifice right；new right

作为传统知识构成的少数民族资源保护习惯法[*]

尚海涛[**]

摘要：基于知识学的立场，所谓传统知识是指土著民族、部落和地方社区的民众在适应自然环境的过程中所形成的并经世代相传不断演化而发展的集体智慧结晶。习惯法属于习惯类传统知识中的传统制度，少数民族资源保护习惯法既包含保护植物和动物的习俗内容，又有保护其他资源的具体制度，它们共同的哲学基础包括万物有灵的观念、人与万物和谐共生的观念和宗教中环境保护的观念。

关键词：传统知识；资源保护习惯法；少数民族；哲学基础

在对传统知识习惯法保护的探寻中我们发现，传统知识与习惯法之间不单是保护与被保护的关系，即习惯法为传统知识的延续和传承保驾护航，而且习惯法本身即是传统知识的重要组成部分，属于习惯类传统知识中传统制度的范畴。传统知识与习惯法之间水乳交融、和谐共处，它们共同派生于中国传统文化和中国传统社会结构。对于习惯法与传统知识的保护关系，拙文已有介绍[①]，本文就以少数民族资源保护习惯法为例重点论述习惯法作为传统知识的重要组成部分。

一、知识学视野下传统知识的法律界定

(一)传统知识概念的提出

虽然此前关于传统知识已有诸多探讨和争论，但这一概念的最初成形和提出却源自于《生物多样性公约》(CBD)，公约是1992年于里约热内卢召开的联合国环境与发展大

---

[*] 本文系作者主持的司法部国家法治与法学理论研究"新型城镇化进程中乡—村关系法治化研究"(15SFB3003)，天津市哲学社会科学规划课题"新型城镇化进程中乡—村关系法治化研究"(TJFX15-011)的阶段性研究成果。

[**] 尚海涛，天津师范大学法学院副教授，法学博士，硕士生导师。

[①] 尚海涛.论传统知识习惯法保护的制度建构[C]//谢晖,蒋传光,陈金钊.民间法:第十六卷.厦门:厦门大学出版社,2015:312-323.尚海涛.论传统知识的习惯法保护[C]//谢晖,蒋传光,陈金钊.民间法:第十四卷.厦门:厦门大学出版社,2014:331-347.

会的成果之一。公约的第 8 条(J)款明确规定,"依照国家立法,尊重、保存和维持土著和地方社区体现传统生活方式而与生物多样性的保护和持久使用相关的传统知识、创新和做法,并促进其广泛应用,由此等知识、创新和做法的拥有者认可和参与其事并鼓励公平地分享因利用此等知识、创新和做法而获得的惠益。"①此后,世界粮农组织在1994年缔结的一项关于植物遗传资源的国际条约中也提出了传统知识的保护问题,并最终在2001年通过的《粮食和农业植物遗传资源国际条约》第9条第2款第1项中提出了制定保护传统知识的各类措施。CBD进一步的努力体现在1997年于马德里达成的"传统知识与生物多样性"文件。在这份文件中,CBD具体阐释了传统知识的概念。传统知识是用来描述这样的知识的,即它是由某个群体通过世代传授,在与自然界的实践中所建立的,这些知识包括一个分类体系、一套关于当地自然界的经验观察结果,以及一套管理资源利用的自我管理制度②。

除 CBD 外,世界知识产权组织(WIPO)为传统知识的界定也做出了不懈努力。传统知识作为一个专门术语被 WIPO 正式使用,开始于 1999 年 11 月在日内瓦举行的"知识产权与传统知识"圆桌会议。WIPO 认为,传统知识是指"基于传统产生的文学,艺术或科学作品、表演、发明、科学发现、外观设计、标志、名称及符号、未公开的信息,以及一切其他工业、科学、文学或艺术领域内的智力活动所产生的基于传统的创新与创造。"③由于这一概念系 WIPO 首次提出,因此界定地较为粗略,有些术语没有进一步的解释。此后,2003 年 7 月在 WIPO-IGC 第 5 次会议上对传统知识进行了进一步解释,传统知识的概念一如之前,但对"传统"做了解释,指出所谓"基于传统",是指世代相传,基于特定族群或地域,并随环境不断变化而发展的知识体系、创造、创新和文化表达。这次会议会传统知识的界定范围较宽,从而传统知识就包括技艺、传统文学知识和民俗知识。

2006 年 11 月底召开的 WIPO 第 10 次会议上,主办方提交了 WIPO/GRTKF/IC/3/8 的文件,在这份文件中 WIPO 改变了以前对传统知识外延的界定,从而使用比较特定或严格概念来阐述传统知识,这主要是将民俗知识排除出传统知识的范畴。在这次会议上,WIPO 指出:传统知识仅指传统背景下作为智力成果和见识的知识,它包括专有技术、技能、创新、实践和学问,并包括反映社区居民传统生活方式的知识,和编辑成文的世代相传的知识。

此外,联合国也在《在发生严重干旱及或荒漠化的国家,特别是非洲国家,防治荒漠化的公约》中解释了传统知识的含义,即传统知识主要是指那些关涉生态环境、社会经济环境和文化环境的具有实用性和规范性的知识体系。且这一知识体系是以人为本的、系统的、先验的和世代相传的。

---

① 《生物多样性公约》中文本。韩德培,万鄂湘.中华人民共和国法库国际法卷:第二编[M].北京:人民法院出版社,2002:10903.
② See UNEP/CBD/TKBD/1/2 pp.17-20.
③ See WIPO/GRTKF/IC/3/9. p25.

(二)知识学中知识的认知

传统知识是知识的下位概念。若要界定传统知识的概念,首先需要厘清知识的概念、特征和必要分类。研究知识的学科被称之为知识学,它是"关于知识与知识活动的科学,是研究知识的本质与功能,知识的形成与演化规律,知识生产、加工、组织、传播、利用等一系列知识活动的理论与方法,为人类社会的知识记忆与创新提供保障,并作用于科学技术与社会发展的一门综合性科学"。①

对于知识的概念,学者们的界定大致相同。D. 贝尔认为,知识是"一组对事实或概念的条理化的阐述,它表示了一个推理出来的判断或者一种经验性结果,它可以通过某种通信工具以某种系统的方式传播给其他人"。②鲍丁认为:"知识即想象和存在,它是可以被观察的或者至少是可以通过语言工具被描述的,并且可与主体的想象相结合。"③马克卢普认为,"知识是关于以一切新的科学技术、文化艺术、信息管理、美感、善德等等具体知识的一般抽象形式。"④此外,其他学者也有类似的界定。总体而言,学者们皆认为知识是人类实践的一种产物,知识既包括真理和信念,观点和概念,也包括判断和展望,方法和诀窍等。基于知识概念的界定,阿利·V认为知识有12种特征,分别是:知识是零乱的;知识是自组织的;知识需要一种共同体;知识需要语言来描述;知识约束越多,损失也越多;试图牢固控制知识是徒劳无功的;不存在一劳永逸的解决办法;知识是进化而非永生的;个人不能控制集体知识;人们不能为知识设立规则与系统;可用不同方式在多种层次促进知识发展;如何定义知识决定了如何管理知识⑤。依照不同的标准,知识有着不尽相同的分类。最为主要,也是最先发展的是知识的原始分类,借鉴弗里茨-马克卢普的观点,我们可以将知识分为实用知识、学术知识、闲谈与消遣知识、精神知识、不需要的知识五类⑥。在这五类知识中,传统知识主要体现为实用知识和精神知识。

(三)传统知识内涵和外延的厘清

当前学界对传统知识的界定主要有两类意见。第一类意见认为,在当前情况下,由于大家众说纷纭,因此没有必要对传统知识进行界定,核心观点有三:一是传统知识的"传统"无法确定,如英国的"知识产权委员会"在其《整合知识产权与发展政策》报告中认为,"如何定义传统知识呢?虽然大部分知识都是一代一代传下来的,并且都是古老的,

---

① 柯平.知识学研究导论[J].图书情报工作,2006(4).
② 王通讯.论知识结构[M].北京:北京出版社,1986:1.
③ BOULDING K. E. the Economics of Knowledge of Economics[J]. American Economic Review. 1996(156):2.
④ MACHLUP FRITZ. Knowledge:Its Creation,Distribution and Economic Significance[J]. Knowledge and Knowledge production,1980(1):158-159.
⑤ See ALEE V. 12 Principles of Knowledge Management Training & Development,1997,51(11):71-74.
⑥ 郭睦庚.知识的分类及其管理[J].决策杂志,2001(14).

但其却是不断地被精炼并发展出新的知识。这就如同现代科学进程是通过持续不断的改进而前进,而不是通过几个主要的跳跃来前进一样"。二是传统知识的"保护"无法确定。之所以无法对传统知识进行定义,或者虽然已经有诸多定义,但学界还没有达成一致,其根本原因在于"对传统知识的'保护'究竟意味着什么以及该保护的目的是什么都还存在令人困惑之处"。① 三是当前传统知识概念纷繁芜杂。就当前传统知识的研究实际而言,虽然教科文组织和世界知识产权等国际组织对于传统知识进行了大量的界定,且此种界定随着认识的增加和深入也在不断地演化和完善过程中,但不可否认的是两大组织之间和各个国家的学者之间,甚至于一国内部不同的学者对于传统知识的界定也是不同,甚至是相异的,由此界定一个能够为多数学者所认可的概念就是困难的或不可能的。

第二类意见认为,传统知识的概念不仅有必要界定,而且也是可能界定的,只是各位学者和各个组织在具体的界定形态和界定范围上又有着不同。在界定的形态方面,主要有两种观点:一种是在界定传统知识的概念时,将界定地重点放在传统知识的外延方面,尤其是传统知识保护的客体方面。"关于传统知识之保护,可以将重点放在事前决定的保护客体上,但未必需要一个明确的定义,因为对于传统知识的保护而言,它并不是一个重要的必要条件。"②基于此类想法,这些组织和学者对传统知识的界定主要是罗列和描述传统知识所包含的对象,如"传统知识包括,为医疗和农业使用的生物或其他材料的信息,生产方法、设计、文学、音乐、宗教仪式和其他技术和工艺。这一宽泛的内容也包括功能和美学性质的信息,即所有可以用于农业或工业的方法和产品以及无形的文化价值等"③。第二种观点是在界定传统知识时将界定地重点放在概念的内涵方面。如 CBD 第 8 条 J 款就认为,传统知识是指那些土著和地方社区体现传统生活方式而与生物多样性的保护和持久使用相关的知识、创新和做法。"'创新'指的是土著与地方群落的一种特征,是以传统活动作为过滤器而实现的创新。从此意义上说,它是一种传统的研究与应用方法,而不一定是特定知识的应用。"④"传统",是指世代相传,基于特定族群或地域,并随环境不断变化而发展的知识体系、创造、创新和文化表达。

在界定的范围方面,也主要有两类意见:一类是广义界定的传统知识;第二类是狭义界定的传统知识。学界和各国际组织对于传统知识的认识存在着一个渐进的过程,以 WIPO 为例,在初始的时候所认定是广义的传统知识,即传统知识是基于传统产生的文学、艺术或科学作品、表演、发明、发现、设计、标志、称号或象征、未披露信息,以及其他一

---

① 英国知识产权委员会. 整合知识产权与发展政策[J]. 信息空间,2004(4).
② Nuno Pires de Carvalho. The TRIPS Regime of Patent Rights[M]. Kluwer Law International,2002:192-193.
③ 文希凯. 传统知识与知识产权[EB/OL]. Carlos Correa. http://www.biodiv-ip.gov.cn/zsjs/ctzs/ctzsyzscq/default.htm.
④ What Is Traditional Knowledge[EB/OL]. http://www.Native science.org/html/traditional knowledge html,2006-04-19.

些在工业、科学、文学、艺术领域内以传统为基础的智力活动中产生的一切创新和创造①。但是在近期召开的会议和学术研究中,WIPO逐渐趋向于采用狭义的传统知识的概念,即所谓传统知识是传统部族在千百年来的生活实践中创造出来的知识、技术、诀窍和经验的总和。狭义的传统知识主要是指传统的科学技术知识,这包括农业知识、医学知识和生态知识等。就现今学界的动态而言,狭义的传统知识的概念更为学者们所认可,其原因主要在于两个方面:一是传统知识和民间文学艺术所包含的内容是不同的,它们所对应的知识产权的保护模式也是不一样的,一者侧重于著作权,而另一者则更接近于专利保护;二是狭义的传统知识和民间文学艺术的具体保护措施上有所不同,狭义传统知识的保护措施主要是私法保护,而民间文学艺术的保护措施更主要依赖于公法的保护。

基于上述学界的动态,并将传统知识置于知识学的视野下,本文认为,传统知识的概念是可以界定的,且在界定的时候应当注意内涵和外延的并重。基于此,本文认为所谓传统知识是指土著民族、部落和地方社区的民众在适应自然环境的过程中所形成的并经世代相传不断演化而发展的集体智慧结晶,它是人类为了生存和发展所形成的、反映其对社会及自然环境所施加挑战的人类活动的知识总和。

二、少数民族资源保护习惯法的内容

我国少数民族地区的资源保护习惯法众多,且种类多样,形式不一,依据不同的标准有着不尽一致的分类。如以民族为标准,则资源保护习惯法可分为藏族习惯法、苗族习惯法、回族习惯法和侗族习惯法等。以民族为标准的划分,优点在于能够体现出各个民族保护环境习惯法的独特性,如藏族习惯法的佛教影响、回族习惯法的伊斯兰印记、侗族习惯法的侗款特色、苗族习惯法的榔规特点等。而其缺点则是此类区分不甚清晰明了,原因在于各少数民族多混杂聚居在一起,如青海地区是藏、回、土和蒙古等民族聚居,而云南、贵州则是苗、侗、土家和布依等少数民族混居,从而导致这些聚居区的各民族习惯法相互影响,大家所遵从的习惯规范也渐趋一致。更为主要的是,各个少数民族中的资源保护习惯法本身内容即多数相同,如苗族、侗族和土家族等皆有封山育林的习惯规范,从而若分民族挨个进行介绍,则相关的论述就会多有重复和雷同,且我国的少数民族众多,也无法面面俱到一一论述。无论法律规则还是习惯规则,二者对行为的规制皆是建立在行为模式的基础上。以规制视角观,则行为模式可分为"可以为""不得为"和"必

---

① See Traditional Knowledge-operational Terms and Definitions, WIPO/GRTKF/IC/3/9, May 20, 2002, paragraph. 25.

须为"三种类型①,相应的习惯规则模式就划分为授权性规则、禁止性规则和必为性规则三类。以习惯法的规则模式为标准,则资源保护习惯法就区分为禁止性习惯法,这主要表现为各类禁忌;必为性习惯法,这主要表现为保护环境资源需要承担的各类个人义务、社区义务和族群义务等;授权性习惯法,这主要表现为保护环境资源的个人或社区的各项选择性权利。以习惯法的规则模式为标准,此类划分的优势在于使得我们可以清晰地看到,我国少数民族地区的各类资源保护习惯法主要是禁止性习惯法,即融合了世俗规范和宗教规范的习惯禁忌。此类划分的劣势在于只见树木,不见森林,即我们只看到了对习惯规则的分析,但对各族习惯法的整体却无法做到全面观。

民族和规则模式之外,习惯法的内容也是划分资源保护习惯法的一个重要标准。以习惯法的内容为标准,则资源保护习惯法可分为保护植物的习惯法,如对于林木、植被等的保护;保护动物的习惯法,如各族对于自己本族图腾、神兽等的保护;保护其他资源的习惯法,如对于高山、湖泊、土地和水源等的保护。以习惯法的内容为标准进行分类,其优势在于大小兼顾,大处我们可以看到资源保护习惯法的整体,小处我们也可以微观透视习惯法的各类要素;同时,以此为标准还可以克服民族标准划分的弊端,从而整合各民族的习惯法整体进行论述。基于以上两点,本文就以习惯法的内容为标准对资源保护习惯法进行论述。当然,还需注意的是,在以习惯法的内容为主要标准的前提下,本文也兼采了民族标准和规则模式标准。

(一)保护植物的习惯法

我国少数民族地区的植被普遍保护较好,这既与少数民族地区的经济发展模式相关,更为主要的是这些植被受到少数民族地区的习惯法所保护。我国幅员辽阔,但森林资源较少,且地区差异较大。全国绝大部分森林分布于东北、西南山区和东南丘陵,西北地区森林资源贫乏。此种特点就决定了我国少数民族地区保护林木的习惯法主要集中于贵州、云南和广西等地的少数民族。在这些少数民族中,苗族、侗族和壮族等对于林木保护的习惯法最有特色,下面择其要点进行介绍:

1. 苗族榔规中的林木保护规则。议榔是苗族传统社会中的一类重要组织,它是由一个村寨或若干个村寨集体决议,共同制定某类规范并共同遵守的一种社会组织,议榔所制定的就是榔规。议榔对于苗族社会和民众具有极其重要的作用,虽然1949年后议榔逐渐取消,但榔规却在苗族社会中存留下来,对于当今苗族地区的社会秩序具有重要的规范作用。在榔规中就有着诸多保护林木的习惯规范。如雷山县西江千户苗寨榔规规定:"村寨公有山林、田土不准村内外私人侵占,违者令其退出,风景树被砍,令其补栽,以

---

① 魏治勋.禁止性法律规范的概念[M].济南:山东人民出版社,2008.喻中.论授权规则:以"可以"一词为视角[M].济南:山东人民出版社,2008.周赟.应当一词的法哲学研究[M].济南:山东人民出版社,2008.钱锦宇.法体系的规范性根基[M].济南:山东人民出版社,2011.

上处罚不服,另罚一只鹅或鸭。"①凯里市三棵树镇南花村榔规规定:"偷砍他人林木的,按所盗林木的价值予以罚款,情节严重或数量较大的还将另罚偷盗者拾粪、修桥、补路。"②"偷砍护寨树、风水树,罚银九两",等等③。苗族榔规重要的表现形式是理词,苗族理词言:"议榔育山林,议榔不烧山;大家不要砍树,人人不要烧山;哪个起歪心,存坏意,放火烧山林,乱砍伐山林,地方不能造屋,寨子没有木料,我们就罚他十二两银。"④壮族村落中的山林禁忌大体相同,这主要体现为,任何人不得砍伐村口的树木,因为这关系到全村落的风水;墓地中的树木和寺庙中的树木也不得砍伐,否则就会惊扰和侵犯到祖宗和神灵;此外,村落前后高岗上的林木也不得砍伐,否则有碍村落的风景。傣族对于林木保护的习惯法主要体现于《布双郎》和《土司对百姓的训条》中,如"不要砍菩提树""不要砍龙树""寨子边的树木要保护""寨子上和其他地方的龙树不能砍""龙山上的树木不能砍"等。为了维系自身的生存环境,侗族民众会定期封山育林,被封的高山被称为"禁山",封山有"封约",封约的执行人是管山员。"凡属封山地区,均立有禁碑标明,周围树上捆好草标,或挂上涂以鸡血的白纸,以示此山已封禁,众人盟誓,不得有犯"。除此之外,侗族民众对于风水林也非常重视,在黎平县长春村有石碑,碑文曰:"吾村后有青龙,林木葱茏,四季常青,乃天工造就之福地也。为子孙福禄,六畜兴旺,五谷丰登,全村聚集于大坪饮生鸡血酒盟誓:凡我后龙山马笔架山上一草一木,不得妄砍,违者,与血同红,与酒同尽。"⑤

2. 保护植被的习惯法。青海少数民族地区蓄养的牛羊等牲畜较多,为了保证村落内部的庄稼和高山的植被不受到牲畜和村民的践踏及破坏,当地就设立了守青制度。守青之人被称为"守青的",一般由村委会和寺管会推举。守青的内容主要是由守青之人看护村民的庄稼和高山上各个田地之间的无主植被,守青日期一般自春天庄稼种植直至秋季庄稼收获。对于违反守青制度,即村民或牲畜践踏破坏村民庄稼的,由守青之人根据情节给予劝告、罚款、罚粮或罚工,当然此处罚也可以由村委会或寺管会作出。

3. 藏族的药材保护。青海和西藏草原上有着种类繁多的中药材,为了防止人们破坏性挖掘,藏族习惯法就增设了许多保护药材的习惯规范。如理塘藏区部落法规定:"木拉地区禁止人们挖药材,不论挖多少,是否挖到,也不管在自己的地里或他人的地里挖,都要罚款。双人挖药罚 30 元藏洋,2 人罚 60 元,余类推。"⑥

(二)保护动物的习惯法

与植物保护相类似,少数民族地区也通行着各类保护动物的习惯法。相比植物(除粮食外),动物与人类的饮食关系更为密切,从而动物的保护也就更为艰难,由此我国少

---

① 侯天江.中国的千户苗寨——西江[M].贵阳:贵州民族出版社,2006:28.
② 沈堂江.贵州苗族习惯法的历史、现状及发展[J].贵州民族学院学报,2000(3).
③ 覃光广.中国少数民族宗教概览[M].北京:中央民族学院出版社,1988:336.
④ 苏庆华.黔东南环保习惯法及其现代价值研究[J].红河学院学报,2012(1).
⑤ 洪运杰.黔东南苗侗民族环境保护习惯法研究[D].重庆:西南政法大学,2010:4.
⑥ 张济民.青海藏族部落习惯法资料[M].西宁:青海人民出版社,1993:49.

数民族地区的动物保护习惯法更多地体现为各类禁忌规则。

1. 藏族捕猎动物的禁忌。基于万物有灵和灵魂不灭的观念,藏族民众认为许多动物是神兽,是诸多部落灵魂的寄魂物,因此禁止捕猎杀害。如葬礼习俗中的鹫鸟,被认为是帮助人们灵魂升天的神鸟,所以禁忌打杀。"丹顶鹤、乌鸦和喜鹊是整个岭部落的寄魂物,野牦牛、熊、蛇和鸟是江部落的寄魂物等,从而对其特意加以保护。"①在藏族地区还有"放生"的习俗,被放归神山的牛、羊、马等被视为"神物",禁忌捕猎杀害。同样,神山和草原中的兔、虎、熊、野牦牛等野生动物亦被视为神兽,禁忌打猎。甘加思柔、仁青部落法规定:"禁止在甘加草原上捕捉旱獭,如发现外部落成员捕捉旱獭,罚钱10至30元。部落内部,郭哇到年终挨家查问,是否捉了旱獭,如果说没捉则让他吃咒发誓,不敢吃咒即罚青稞30小升(每升5市斤)。"②

2. 侗族的捕猎禁忌。在流传千年的习俗中,侗族民众将诸多动物视为神兽和吉祥物,从而就生出禁止捕猎这些动物的古老禁忌。如禁止捕猎在家做窝的燕子就是一例,燕子在自己家做窝被侗族民众视为一种吉利,预示着自家风水好,因此家家户户都会打扫干净,做好燕窝等燕子入住,反之若自家今年没有燕子居住,则会预示着自家今年诸事不顺,因此捕猎燕子就成为侗族民众的一项禁忌。

(三)保护其他资源的习惯法

1. 除植物和动物外,还有诸多其他资源也受习惯法的保护,如高山、湖泊、水源和草原等,对这些资源保护的习惯法体现在下述几个方面:

藏族的"水""土"敬仰。藏族民众通常会在新年的第一天将"新水"和"新土"供奉于自家的神龛上,烧香、叩头以示对"水"和"土"的敬仰,并表达对养育自己水土的深厚感情。与之相对,藏族民众对破坏草原和水源的行为,处罚极为严重。如莫坝部落规定:"引起草山失火者,罚其全部财产的三分之二"③;西藏当雄宗规定:"失火烧草原者属大案,罚款很重,一马步罚1.5块银元。"④按照藏族习惯法的规定,"青苗出土至收割结束前,不准在河里洗澡洗衣服,以防因污染河水而触怒神灵招致天罚"。⑤

2. 藏族的"活地"禁忌。藏族的游牧民众认为,是土地和草原养育着牲畜和家人,因此要敬畏和敬仰土地和草原。他们认为,草原和土地不应受到破坏,一旦被挖掘,土地和草原将被剥去皮肤,从而失去了自然和圆满,而土地和草原也将由"活地"变为"死地"。因此,藏族的游牧民众严守"活地"禁忌,不在草原和土地上胡乱挖掘。

3. 藏族的神山、神湖禁忌。基于万物有灵的观念,藏族民众认为高山和湖泊皆有灵

---

① 甘措,彭毛卓玛.论藏族民间环保习惯法之思想渊源[J].青海民族研究,2008(3).
② 张济民.青海藏族部落习惯法资料[M].西宁:青海人民出版社,1993:172.
③ 张济民.青海藏族部落习惯法资料[M].西宁:青海人民出版社,1993:64.
④ 张济民.青海藏族部落习惯法资料[M].西宁:青海人民出版社,1993:168.
⑤ 华热·多杰.藏族古代法新论[M].北京:中国政法大学出版社,2010:98.

魂,每一个区域内皆有一座高山,它俯视大地,保护这一区域内的人和牲畜,湖泊也是如此,由此藏族民众认定这些高山和湖泊为神山和神湖。

4. 羌族的祭山会。为了保护山川及山川中的树木和动物,羌族会在每年的四五月份举行祭山会,祭山会一般以村落为单位,通常是在村落的神林中举行。祭山会的目的在于通过庄严隆重的仪式让村民盟誓,以便封山育林和禁猎、禁伐、禁樵采等。"有的羌区还在集体盟誓中当众把一只狗吊死在'吊狗树'上,村民轮流上前向死狗吐口水且痛骂死狗,并宣誓谁违犯封山誓约必遭死狗一样的下场。"[1]

5. 纳西族的水源保护。纳西族的东巴经规定:"不得在水源地杀牲宰兽以免污血秽水污染水源;不得丢弃污物于水中;不得在水源旁大小便;不得在水流中洗涤小孩的尿片、妇女的衣裤等不洁之物等,否则将触犯水署神。"[2]

(四)违反习惯法的惩罚措施

借鉴法律规则内部要素的相关论述,则上文所论述的主要是习惯规则的行为模式,而行为模式的实施有赖于法律后果的施行,因此下文主要阐述习惯规则的法律后果。少数民族资源保护习惯法的法律后果主要是财产性惩罚。这点在藏族、苗族和侗族习惯法中有着明显的体现,如青海藏族刚察部落的习惯法规定:"一年四季禁止狩猎,捕杀一匹野马,罚白洋 10 元;打死一只野兔或哈拉(旱獭),罚白洋 5 元。"[3]毛垭地区习惯法规定:"不能打猎,不准伤害有生命的东西,否则罚款。打死一只公鹿罚藏洋 100 元,母鹿罚 50 元,雪猪(或岩羊)罚 10 元,獐子(或狐狸)罚 30 元,水獭罚 20 元。"[4]贵州施秉县高坡苗寨的榔规规定:"在古巴山只能捡干柴或砍马桑树和小米树,其他树种不能砍,砍一捆罚大洋 5 块。"[5]从江县高增侗族的《高增寨款碑》规定:"凡进入封禁的山林砍柴一排,伐杉、松木一株,罚黄牛一头,白银五十两,大米一百斤,泥鳅一百二十斤"。

财产性惩罚在水族和畲族习惯法中也有典型体现,这主要是对违反封山育林公约的惩罚性措施。水族对违反封山育林公约的村民会处罚一定的罚款,并"将罚款尽数用来邀请当地的文化演出单位或放映队为村民演出或放映电影,一方面对违规者进行惩罚,一方面对村民进行护林育林的宣传教育"。[6]畲族的此种处罚被称为"罚酒禁林",但却将处罚的罚款"用来置办酒席,邀集全体村民聚餐,并由犯事者在席间当众赔礼道歉,保证不再重犯,较好地起到了惩前毖后的教育和警示作用"。[7]

布依族也有类似的惩罚措施,但规定更为细致,"砍护路树一棵罚款 10 元,失火烧山

---

[1] 古开弼.我国历代保护自然生态环境的民间规约及其形成机制[J].北京材业大学学报(社科版),2005(1).
[2] 兰元富,陈小曼.丽江纳西族的习惯法与环境保护[J].贵州民族学院学报,2008(2).
[3] 娄方生.雪域高原的法律变迁[M].拉萨:西藏人民出版社,2000:76.
[4] 张济民.青海藏族部落习惯法资料[M].西宁:青海人民出版社,1993:38.
[5] 余贵忠.少数民族习惯法在森林环境保护中的作用[J].贵州大学学报(社会科学版),2006(5).
[6] 古开弼.我国历代保护自然生态环境的民间规约及其形成机制[J].北京材业大学学报(社科版),2005(1).
[7] 古开弼.我国历代保护自然生态环境的民间规约及其形成机制[J].北京材业大学学报(社科版),2005(1).

罚款 50 元以上,伤古树、毁坟山罚款 100 元以上,并罚杀猪一头封山。偷瓜果菜等罚款 10 元,牛马遭害照赔,毒害一只猫罚款 3 元,纵容违约不报者罚款 3 元。对有功人员给予奖励:对举报毁林事件者,每次奖 20 元;抓获毁林者,一次奖 40 元。每年元月 6 日颁奖一次,对文明家庭给予表扬奖励,对不文明行为给予批评处罚。"①

少数民族资源保护习惯法的有些法律后果是人身性惩罚。如藏族的史诗《格萨尔王》中就有相关描述:"觉如(注:格萨尔王)上山捕鹿,取鹿茸,拿石块打黄羊,用绳索捕野马,打杀周围山上的野兽,然后用尸肉垒屋墙,拿兽头围院落,使兽血汇成海子。"觉如打猎虽是生活所迫,但仍为此受到被驱逐的严厉惩罚。同样,苗族对于违反榔规和榔约的行为,"既有经济上的处罚,也有肉体上的惩治,还有剥夺名誉乃至开除寨籍的处分"等。

三、保护生物资源习惯法的哲学基础

"无论分析法律还是其他人类社会的现象,必须关注人类文化本身的多样性,事实上,在文化多样性背景下解释法律,就是对法律多元性、地方性的基本尊重和基本态度。"②基于此,下文重点分析少数民族资源保护习惯法背后的制度理念和哲学基础。

(一)万物有灵的观念

少数民族资源保护习惯法的首要哲学基础是万物有灵的观念。所谓万物有灵,是指万事万物皆有生命,皆有其灵魂。万物有灵的观念是原始人类社会普遍共有的一种观念,是原始人类的哲学基础。"我们看来没有生命的物象,例如,河流、石头、树木、武器等等,蒙昧人却认为是活生生的有理智的生物,他们跟它们谈话,崇拜它们,甚至由于它们所作的恶而惩罚它们";"每一块土地、每一座山岳、每一面峭壁、每一条河流、每一条小溪、每一眼泉水、每一棵树木以及世上的一切,其中都容有特殊的精灵。"③万物有灵观念之所以产生,与原始人类对自然界的认识手段和反思性知识密切相关:由于认识手段的有限,在见识到自然界火山、地震、暴雨和雷电等的庞大威力后,原始人类就生发出对自然界中万事万物的信仰、崇敬,或恐惧、憎恨,这些感情最终逐渐演化为对自然事物的崇拜,并将它们予以神化,"在原始宗教里,物品被看作是赋有像人一样的生命的"。"人如此经常地把人的形象、人的情欲、人的本质妄加到自己的神的身上,因而我们能够称它为与人同性同形之神,与人同感同欲之神,最终是与人同体之神。"④反思性知识的有限体现

---

① 古开弼.我国历代保护自然生态环境的民间规约及其形成机制[J].北京材业大学学报(社科版),2005(1).
② 谢晖.族群—地方性知识、区域自治与国家统一——从法律的"普适性知识"和"地方性知识"说起[J].思想阵线,2016(6).
③ 爱德华·泰勒.原始文化:神话、哲学、宗教、语言、艺术和习俗发展之研究[M].连树声,译.南宁:广西师范大学出版社,2005:390,519.
④ 爱德华·泰勒.原始文化:神话、哲学、宗教、语言、艺术和习俗发展之研究[M].连树声,译.南宁:广西师范大学出版社,2005:553,559.

为,人类认识自然事物总是从自身出发,"把自己当作权衡一切的标准"①,由此原始人类就将自身人类的诸多特性加诸自然界的万物身上,从而赋予万物以生命和灵魂,且认为人类的灵魂和万物的灵魂是不灭的,循环的。

正是持有万物有灵的观念,因此原始人类生发出要认真对待自然界的万事万物。万物有灵观念在我国少数民族中有着极大的影响,而其典型体现则是藏族和土家族。

藏族的万物有灵观念与苯教密切相关。苯教产生于原始社会时期,而那是人类社会产生万物有灵观念的共同时期,因此苯教中在阐述自然界事物时皆围绕万物有灵观念予以展开。"苯教从内容上看,是一种原始宗教,或者说是一种万物有灵的信仰,它所崇拜的对象包括天、地、日、月、星辰、雷电、冰雹、山川,甚至土石、草木、禽兽,包括一切万物在内。"②藏族先民认为,万物皆有灵魂,万物皆为神,这些神具有超出人类的非凡力量,是神圣不可侵犯的。由此人类只有顶礼膜拜、奉献供品,才能保持与万神之间的良好关系,也方能得到诸神的庇护。在人和自然界万物的中,人是神的奴隶,神是人的保护主,神的地位由人维护,而人的生活由神引导和庇护。由此形成了藏族原始的"人境共存,境毁人亡"的环保意识。此种意识客观上极大保护了藏民族所处的自然环境及其中的动植物等。

土家族也持有万物有灵的观念,典型体现是对于树神和植物的崇拜,这从一则乌杨古树的传说中可以看出:相传很久以前,有个土家寨子中流行一种眼痛病,所有医生都束手无策,这时寨子中来了两位姑娘,取出绿色的树叶为患者医病,患者很快康复。大家询问姑娘的姓名,姑娘只说姓乌,随后飘然而去。寨民为了报答姑娘的恩情,便四处寻找两位姑娘,后在梵净山找到,但正欲前去询问,两位姑娘纵身跳上了乌杨树上即不见了。寨民始明白是乌杨古树救了大家的性命。从这一传说中我们可以看到土家族的树神崇拜,他们认为乌杨古树是神灵,具有超凡的治病救人的能力,人类受乌杨古树的恩惠而得以解除疾病,因此人类也要敬奉古树,祭祀古树,与树木和睦相处。"从现象上看,老百姓对大山上的动物、植物、大石、岩崖、山洞、山峰等都视为崇拜对象,山神便具体地化为山石草木。……梵净山地区土家族、苗族、侗族和仡佬族人民的图腾崇拜即来自于对梵净山的动物和植物的崇拜,所以这些动物、植物图腾与梵净山山神的崇拜合而为一。"③

(二)人与万物和谐共生的观念

既然万物有灵,那么人类除了不随意伤害万物之外,还要与万物和谐共生。此种人与万物和谐共生的观念在各民族中都有着重要体现。藏族民众与万物和谐共生观念的典型体现是在藏族民间广为流传的"六长寿图"。所谓六长寿是指有六类事物是长寿的,即岩长寿、人长寿、水长寿、树长寿、鸟长寿和兽长寿。藏族民众认为,岩、水、树、人、鸟和兽,这六类事物代表了自然环境要素的整体,六长寿图告诉民众,人类要想长寿,就要与

---

① 维柯.新科学[M].朱光潜,译.北京:商务印书馆,1989:98.
② 王辅仁.西藏佛教史略[M].西宁:青海人民出版社,1982:15.
③ 章海荣.梵净山神:黔东北民间信仰与梵净山区生态[M].贵阳:贵州人民出版社,1997:118.

自然界中的其他事物和谐共处。

苗族社会中人与万物和谐共生观念的典型是岜沙苗族。在岜沙苗族中人与万物和谐共生的观念主要体现在下述几个方面：一是对于苗寨内部的生物资源均衡消费，而非超额消费。所谓均衡消费是指苗寨民众会根据苗寨内部植物和动物的数量进行消费，哪些植物和动物的数量多即消费多，哪些数量少的植物和动物消费少，而其中某些稀缺生物资源则完全不消费，如对品种较少的野生鱼类赋予神性后完全放生。二是尽可能利用生物间相生相克的原理维系生态平衡，尽量减少人类的干涉。三是主张人与万物平等，人与万物和谐相处。在岜沙苗族内部有拜树神的习俗，之所以如此是因为在岜沙苗族民众的心中，树就是自己的祖先，树也是他们的亲人。

(三)宗教中环境保护的观念

所谓宗教中环境保护的观念，是指我国少数民族信仰的宗教中所具有的保护环境资源的诸多良好观念。这些观念或者以传说的形式出现，或者以史诗为载体得以历代流传。总之，由于少数民族的民众基于对自身信仰宗教的信赖，从而信仰并遵从这些宗教观念，由此起到了保护环境资源的美好效果。就此而言，上文所阐述的"万物有灵"和"和谐共生"也属于此类宗教观念，但由于这两类观念的影响甚大，且宗教之外它们还受世俗思想的影响，因此就将它们独立出来进行论述了。

在藏族民众中，苯教和佛教的影响甚大，因此苯教和佛教诸多保护环境资源的观念就对藏族民众产生了重要影响。下面各举一例予以说明。藏族的苯教认为，人死之后，人的灵魂或者升入天界，或者托生为人，或者堕入地狱，但无论进入何界，自身的行为都要受到清算，这也包括保护或破坏环境资源的诸多行为。在藏族史诗《格萨尔王传》的《地狱救妻之部》中，描述了地狱情形，"手持凶器的众多狱吏，将无数的男女亡灵打得死去活来千百次，是因为他们活在人间时，野兽自由自在走野地，动刀动枪去袭击；野兽筑巢在树枝，捉鸟掏蛋乱石击；山间林中设圈套，捕捉麋鹿麝虎豹；鼠兔相戏草丛间，放出猎狗捕捉还；各色鱼蛙水中游，投毒下钩把命收，这些恶业得报应。"佛教中对环境资源保护影响最大的观念是戒"杀生"。戒"杀生"既是藏传佛教的第一条，同时也是藏传佛教戒律中最为重要的一条。佛教认为，众生平等、万物皆有生命，且因果循环。杀生是一种罪过，是万恶之首，不仅杀人为杀生，践踏一株植物也为杀生。戒"杀生"就要求藏族民众爱护一切生命，不随便伤害一草一木。"对藏族人来说，有关对神山神水的禁忌以及'不杀生'的禁忌，已不仅仅是一种外在的社会规范或公约，而是心理上的一种坚定信念。这种禁忌被一种不可抗拒的力量控制着，成为一种内化了的观念和行为，一种道德规范。就是说，只要触犯它，就会导致灾难。因此，严守此类禁忌是自然的行为，成为人们一种自觉的习惯行为。"[①]此外，佛教的"十善法"对于藏族民众的影响也较大，以"十善法"为基础的民间规约规定："要相信因果报应，杜绝杀生；

---

① 南文渊.高原藏族生态文化[M].兰州：甘肃民族出版社，2003：27.

严禁猎取禽兽,保护草场水源;禁止乱挖药材,乱伐树木"。

四、结语

自 CBD 提出传统知识的概念至今已有二十余年的时间,在这其中传统知识的概念随着我们认识的扩展和深入而不断变化,只是无论怎样变化,传统知识都无法逃脱其作为知识的本质属性,由此基于知识学的立场对传统知识的界定就不仅是可欲的,也是必要的。当然,传统知识的界定还必须注意到当前学界的研究动态,即是否有必要界定、界定的形态和界定的范围。在此两者的基础上,笔者界定了本文传统知识的概念,即所谓传统知识是指土著民族、部落和地方社区的民众在适应自然环境的过程中所形成的并经世代相传不断演化而发展的集体智慧结晶,它是人类为了生存和发展,所形成的、反映其对社会及自然环境,所施加挑战的人类活动的知识总和。传统知识和习惯法紧密相关、密切相连,两者间的关系表现有二:一是种属关系,即习惯法属于传统知识;二是保护关系,即习惯法为非物质文化遗产和传统知识提供保护,是保护非物质文化遗产和传统知识的一种重要手段。以涉及要素为标准,可以将传统知识区分为科技类传统知识、习惯类传统知识和艺术类传统知识,习惯类传统知识又包括传统习俗和传统制度,而习惯法就隶属于习惯类传统知识中的传统制度。

Minority Customary Law of Resources Protection as the Composition of Traditional Knowledge

Shang Haitao

Abstract:Based on the position of epistemology, traditional knowledge refers to the indigenous peoples, tribes and local communities of people to adapt to the natural environment in the process of formation and the generations of evolution and development of the collective wisdom crystallization. Customary law as part of the habit of traditional knowledge in the traditional system, minority customary law of resources protection contains both protecting the custom content of plants and animals, and having the concrete system of protecting other resources, the common philosophical basis of which including all things have spirit idea, with the idea of harmonious coexistence of all things and in the religious ideas of environmental protection.

Key Words:traditional knowledge, customary law of resources protection, minority, philosophical basis

法治文化视域中民族习惯法的流变及其进路*

井凯笛**

摘要： 民族习惯法是中国特色社会主义法治体系的重要组成部分，为中国法治发展持续供给养分。如何在全面推进依法治国的战略部署中发挥更大的作用，如何应对法治文化发展所提出的新要求，是民族习惯法当下发展所面对的新命题。民族习惯法是由民族习惯进一步发展而产生的一种社会规范的总称，法治文化是一种文化现象与法治状态的统一，民族习惯法与法治文化之间有融合与冲突的二元属性。两者的二元统一，取决于民族习惯法价值理念与运行模式等方面的现代转型，而这一转型过程必须要嵌入以宪法、法律为中心的社会主义法治体系之中。

关键词： 民族习惯法；法治文化；融合与冲突；现代转型

一、依法治国进程中的民族习惯法

党的十八届四中全会指出，全面推进依法治国最终有两个目标，一是要建设中国特色社会主义法治体系，二是建设社会主义法治国家。这两个目标的提出，与法治国家、法治政府、法治社会一体化建设一脉相承，目标的实现必须要借力于一体化建设。四中全会强调，弘扬社会主义法治精神，建设社会主义法治文化，是法治社会建设的关键所在，同时指出，总目标的实现必须要做到依法治国与以德治国相结合。当前我国社会改革发展已进入攻坚期和深水区，在面对复杂多变的国际局势，法治文化是凝聚社会发展共识的内在需要，是解决当前社会发展问题的客观必然选择。善良风俗是法治文化的重要支点，是道德建设的重要内容，在很大程度上影响着道德教化作用的发挥。

2013年12月中共中央办公厅印发了《关于培育和践行社会主义核心价值观的意见》，是党中央针对国际国内情况审时度势而提出的。社会主义核心价值观，是凝聚全党全社会国家共识与民族共识的有力保障。法治文化作为核心价值观的重要组成部分，迎来了新的发展契机。依法妥善处理涉及民族、宗教等因素的社会问题，是四中全会明确指出的，一方面表明了该类问题的敏感性与复杂性，另一方面也表明了国家对此类问题

---

* 本文由西北政法大学青年学术创新团队"兵团与新疆社会稳定发展法律问题创新团队"资助。
** 井凯笛，西北政法大学行政法学院研究员，法学博士。

一直以来的高度重视。对该类问题的妥善处理,是社会稳定发展的重要保障,特别是在民族地区,近些年民族地区突发事件发生率有所上升。此类问题的妥善处理更具现实考验,深入研究民族风俗习惯,无疑是处理此类问题的突破口。

"在中国的法治追求中,也许最重要的并不是复制西方的法律制度,而是注重中国社会中的那些起作用的,也许并不起眼的习惯、惯例……否则的话,正式的法律就会被规避、无效……"①,我国是统一的多民族国家,56个民族都是历史较为悠久的民族,独特的民族风俗与文化吸引着世人的目光。民族习惯法与民族文化、民族法律文化相互影响,相互作用,共同塑造了丰富多样的中华法律文化。许多特有的民族文化节日,都是当地民族文化的重要表现形式(如雪顿节、肉孜节、春社节等),在国家的鼓励和支持下,这些民族文化焕发了勃勃生机。民族地区的传统手工技艺,新疆的西王母神话、《玛纳斯》,西藏的藏戏、"格萨尔"等众多文化项目,被列为国家级非物质文化遗产。其中新疆维吾尔木卡姆艺术"玛纳斯""麦西热甫",西藏的藏戏和"格萨尔"已成为世界非物质文化遗产,布达拉宫、大昭寺、罗布林卡是世界文化遗产。民族传统文化是民族习惯法的重要来源,对民族习惯法的研究,离不开对民族文化、民族风俗习惯的认知。

民族习惯法,是在民族地区社会发展过程中逐渐形成,依托于特定的历史和文化等因素,将传统的习俗以"规则"的方式加以确认。民族习惯法在化解当地社会纠纷、缓和社会矛盾、调整局部社会关系等方面,都发挥着重要作用,但也有诸多问题需要解决,如"赔命价"是以一定的旧有封建等级制为基础,进行"赔偿"的社会规则。"藏族等少数民族习惯法和民间法的数量众多,形式多种多样,历史悠久,特色鲜明,密切联系社会生活,服务社会生活,具有深厚的群众基础,在该族中起着相当有效的调整作用"。② 民族习惯法的重要性日益突出,民族习惯法具有自己独立的存在价值,这已成为学界研究的共识。③ 民族习惯法,对当前法治文化建设有着强有力的推动作用,法治文化建设是全面推进依法治国战略的重要组成部分,是社会主义法治国家建设的关键一环。

二、民族习惯法与法治文化的内涵演变与界分

(一)关于民族习惯法

对于习惯与习惯法的讨论由来已久,不同国度、不同时期、不同领域的专家学者,对此问题都有较多研究,但还未有形成统一认识。法社会学认为,多元性是任何社会法律制度所共有的属性,前国家法和后国家法是其基本的类型,即便在国家形成之后,一个社会中也不应只存在国家法,非国家的存在和发展仍占有较大的空间。法人类学认为,法

---

① 朱苏力.法治及其本土资源[M].北京:中国政法大学出版社,1996:36.
② 隆英强.社会主义法治建设与藏族法律文化的关系研究[M].北京:中国社会科学出版社,2011:2.
③ 吴大华,潘志成,王飞.中国少数民族习惯法通论[M].北京:知识产权出版社,2014:79-81.

律多元性存在于所有的人类社会,而非西方人类学家认为的那样,法律多元状态最初产生并存在于早期的非洲和美洲殖民地社会。社会的文化多元化,深深影响着一个社会法律的形成与变迁,习惯是一个社会文化的重要组成部分,"礼""仪""道德"与"习惯"等构成了中国传统社会的自然法则。

通过对现有研究成果梳理,关于习惯与习惯法的界分主要有两类观点:一种观点认为二者含义相同,无必要进行区分,以避免烦琐的概念循环;第二种观点认为,二者含义不同,应严格区分,不应盲目一概视之。英国学者哈特兰德认为,习惯法实际就是部落习惯的总体,二者并无不同。① 凯尔森则认为,法院的承认是习惯与习惯法的区别所在,并认为习惯是法律的重要渊源。② 奥斯丁也认为习惯的司法适用才具有法律效力,否则只是一种社会道德规则。③ 霍贝尔与凯尔森、奥斯丁的观点相同,认为习惯和习惯法是截然不同的,必须相互区分,否则就会陷入所有生活习惯都会成为法律的荒谬境地。④ 国外学者大多认为习惯与习惯法是不同的,但对区分标准有着不同的认识。国内学者对二者的认识也并不一致。冉继周等人认为,习惯与习惯法在某种程度来说是相等同的,习惯虽缺少文字等载体的固定,但在调整社会关系,维护社会秩序等方面发挥着重要作用,所以习惯也可称为习惯法。⑤ 更多的国内学者认为,二者有着较为明显的区别,而非等同关系。一类观点认为,习惯是人们在长期实践生活中形成的,是一种行为模式;另一类观点认为,习惯是一种社会规范或行为准则。⑥

在《中国大百科全书·法学卷》中,将习惯和习惯法分别定义为"习惯是社会生活中,长期实践而形成的为人们共同信守的行为规则",习惯法是指"国家认可并由国家强制力保证实施的习惯,是法的渊源之一"。⑦ 不难看出,该定义的区分标准是国家立法的认同。梁治平教授认为,"习惯法乃是不同于国家法的另一种知识传统,是在乡民长期的生活与劳作过程中逐渐形成,被用来分配乡民之间的权利、义务,调整和解决他们之间的利益冲突,并且主要在一套关系网络中被予以实施的地方性法规"⑧,在这里可以看到,梁先生的观点中并没有强调国家的立法确认。高其才教授认为,"习惯法是独立于国家制定法之外,依据某种社会权威和社会组织,具有一定强制性的行为规范的总和"⑨,这一观点被国内很多学者所引用。

---

① 霍贝尔.原始人的法[M].严存生,译.贵州:贵州人民出版社,1992:18.
② 凯尔森.法与国家的一般理论[M].沈宗灵,译.北京:中国大百科全书出版社,1996:144.
③ 约翰·奥斯丁.法理学的范围[M].刘星,译.北京:中国法制出版社,2002:37-39.
④ 霍贝尔.原始人的法[M].严存生,译.贵州:贵州人民出版社,1992:18.
⑤ 冉继周,等.西盟佤族社会形态[M].昆明:云南人民出版,1980:98-99.
⑥ 田成.乡土社会中的民间法[M].北京:法律出版社,2005:21.谢辉.民间法:第3卷[M].济南:山东人民出版社,2000:84;沈宗灵.比较法研究[M].北京:北京大学出版社,1998:132.李卫东.民初民商事习惯调查之研究[M].北京:法律出版社,2005:13.
⑦ 中国大百科全书·法学卷[M].北京:中国大百科全书出版社,1984:87.
⑧ 梁治平.清代习惯法:社会与国家[M].北京:中国政法大学出版社,1999:1.
⑨ 高其才.中国少数民族习惯法研究[M].北京:清华大学出版社,2003:8.

笔者认为,从法学视角而言,习惯是指人们在长期的社会实践中所形成的,对化解社会纠纷与维持社会秩序有很大影响力的,较为固定的行为方式的总和。习惯法是指经第三方权威组织(代表)所承认的,由习惯进一步发展而产生的,一种社会规范的总称。这里所说的习惯法,主要着眼于其产生与功能视角,普通日常的生活及生产方式、方法并不包含其中。习惯可以经由国家立法加以确认,上升到国家的法律规范,习惯法是连接二者的桥梁与运行轨迹。习惯与习惯法都是在人类社会发展过程中逐渐形成得,与人类社会生产、生活息息相关,都在调整社会关系和维护社会秩序方面,发挥着重要的作用,但二者的区别却不容忽略。在表现形式上,习惯法较习惯表现形式更为严谨;在内容上,习惯比习惯法的内容丰富,是习惯法的重要来源;在效力层级上,习惯法比习惯的效力更加稳固,规范作用的发挥更具有效性;在来源形式上,习惯来源于社会实践,习惯法来源于习惯。

每个民族习惯法的形成,都是与该民族的发展变化密切相关的,这也就决定了民族习惯法也有着不同的特征。如壮族习惯法主要有六个方面的特征,地域民族性、更直接的强制性、跨越时空的稳定性、较强的实用性、程序不完整性、不成文性与成文性相结合[①];穆斯林习惯法主要有五个方面的特征,与伊斯兰教密切相关、有大量道德规范、多元化形态、独特的审判与处罚规定、长期的稳定性。[②] 在这里,我们主要介绍下藏族习惯法。

藏族习惯法是最有代表性的民族习惯法之一,与回族习惯法、穆斯林习惯法等构成了民族习惯法的主要框架。藏族习惯法是一种社会规范,是藏民族生活习俗与生活观念的抽象集合。藏族习惯法形成于藏民族的社会生产生活过程中,是长时期社会发展的结果。藏族习惯法较之普通习惯法,有着更为丰富的内涵,浓烈的宗教文化是藏族习惯法的重要来源,从古代的吐蕃王朝到近现代的西藏噶厦政府的政策律令,都有着藏族习惯法的身影,独特的历史发展模式为藏族习惯法的发展提供了生存的土壤。另外我们也应该看到,藏族习惯法的产生与发展,长期处于落后的封建农奴制社会时期,这就决定了藏族习惯法有其历史存在的合理一面,也有其封闭落后一面。

吐蕃王朝(公元618年—842年)是西藏历史上第一个成立的政权,《十善法》《法律二十部》是该时期的立法典范,在两部法律规范中藏族习惯法的身影清晰可见。在此后西藏社会发展的过程中,藏族习惯法不断得到完善,其调整社会关系和维护社会秩序的作用日益突出。藏族习惯法在长期的社会发展中,在内容和形式上都形成了较为明显的特点,所调整的社会内容也越加广泛。藏族习惯法的内容非常丰富,涉及政治、经济、文化、乡规民约等各个方面,比较全面反映了藏族传统生产生活习惯及法制观念,藏族习惯法与佛教教义、伦理道德、风俗习惯紧密结合,丰富了其内容。藏族习惯法,主要由涉及刑事类习惯法和民事类习惯法两大部分,在前者中,主要受藏传佛教影响,公众在很大程度

---

① 陈新建,李洪欣.壮族习惯法研究[M].南宁:广西人民出版社,2010:230.
② 姜歆.中国穆斯林习惯法研究[M].银川:宁夏人民出版社,2010:15-19.

上相信生死循环、因果报应,原始的复仇模式有很大的生存空间,在现实生活中典型的代表是"赔命价"。

从吐蕃王朝到西藏民主改革,在这期间"赔命价"一直发挥着重要作用,但也延续了血亲复仇的原始封建习俗,即便在现代社会,这种"赔偿"方式在个别地区仍以一定方式继续存在;在后者中,民事类习惯主要集中在财产权所有权、债权、婚姻等方面。如在借贷方面,如果是物品的借用(如面粉、酥油等),春借秋还使用费为原物品的二分之一增额,如果是货币借贷,一年的使用费为原借款额的四分之一到二分之一之间。①;藏族习惯法的形成、发展深受宗教(特别是藏传佛教)影响,其宗教文化内涵较为丰富。

如伯尔曼所言,"法律最终以道德为基础,道德最后则建立于宗教之上"②,同样,藏族习惯法的形成过程,就是对佛教文化吸收、借鉴的过程,藏族习惯法通过佛教哲理丰富自己的内涵,佛教文化借助于藏族习惯法得以广泛传播。藏传佛教是佛教在西藏社会发展过程中逐步形成的,礼善仁义是其基本教义,因果报应的理念引导人们避恶趋善,这些教义与理念对藏族习惯法有着深远的影响;藏族习惯法有着较为明显的原始社会及奴隶制社会印记,等级制度比较明显。如在原始社会中的血亲复仇、同态复仇等习俗,当有本部落的人员被其他部落的人员侵犯,不论受伤或死亡,本部落的其他人都会让对方部落的人也收到相应的制裁,"以牙还牙,以眼还眼"是其复仇的真实写照。这种习俗在藏族习惯法仍有所体现,"所以藏区以前复仇不已,戒斗不止,兵连祸结,损失巨大"③。等级制度在赔偿及财产占有、使用等方面都有所体现,如在刚察的习惯法中就有这样描述:"千百户"对其所辖区域,既有草山、资源的调整权及优先使用权,又有纠纷的裁决权。④

(二)关于法治文化

党的十八大报告明确指出法治是治国理政的基本方式,从科学立法、严格执法、公正司法、全民守法四个方面,阐述了全新的社会主义法治观。理解法治是理解法治文化的前提和基础,当前一个阶段我国法治建设的目标,就是全面建设社会主义法治国家,在此背景下,重新审视当前的法治理念是理解法治内涵的必经程序。

西方学者对法治的研究不可谓不早,亦不可谓不深,如亚里士多德所言,"法治应该包含两重意义:已成立的法律获得普遍的服从,而大家所服从的法律又应该本身是制订得良好的法律。"⑤,亚氏对法治的概括从立法与法律实施两个关键点进行了概括,与"良法是善治的前提"这一公认的法治理念紧密契合。国内著名公法学家李步云教授认为,法治有十条标准:法制完备、主权在民、人权保障、权力制衡、法律平等、法律至上、依法行

---

① 丁国艳.甘孜州藏族习惯法的特征与功能分析[J].内江师范学院学报,2008(S1).
② 伯尔曼.法律与宗教[M].梁治平,译.北京:三联书店,1991:154.
③ 徐晓光.藏族法制史研究[M].北京:法律出版社,2001:364.
④ 张继民.藏族部落习惯法法规及案例辑录[M].西宁:青海人民出版社,2002:84.
⑤ 亚里士多德.政治学[M].吴寿彭,译.北京:商务印书馆,1965:199.

政、司法独立、程序正当、政党守法。① 李老从立法、执法、司法、法律监督等环节,对法治进行了阐述,其中也包含了对法治的价值理念的关注,这一观点被学界广泛引用,影响较大。笔者认为,法治应该从理念、制度和运行三个层面来理解,法治是国家治理的一系列理论、思想与意识的统一,包含法律规则、法律原则与法律程序等各种制度,是法律秩序与法律实现的有效结合。

关于"文化",学界的探讨也比较多,泰勒(Edward Burnett Tylor)在1871年出版了巨著《原始文化》(*Primitive Culture*),奠定了其文化进化论的代表人物身份。泰勒认为,"所谓文化或文明乃是,包括知识、信仰、艺术、道德、法律、风俗以及其他人类,作为社会成员而习得的种种能力、习惯在内的一种复合整体"。② 泰勒对文化的定义是基于他对文化的深入理解,认为宗教和社会才是最具普遍性的事务,这一定义影响深远,是国内外学者研究此类问题不可不加以引用的权威阐释。钱穆先生对文化学的研究较有代表性,"一切问题,由文化问题产生;一切问题,由文化问题解决"③ 是其一直坚持的理论观点,对文化学的研究奠定了良好的理论基础。对"法治"和"文化"内涵的简单梳理,为我们理解法治文化的内涵打下了基础。对法治文化的理解学界并未有统一的认识,这主要源于对"法治"与"文化"内涵的不同理解,泰勒对文化的界定虽然影响深远,但却贴有强烈的"等级"标签。对法治的理解也并非一成不变,由"法律的统治"(rule of law)到"良法善治",在时间的推移中和不断的争辩中,对其内涵理解才能越加深入。国内学者梁治平、李德顺、刘作翔、李林等对法治文化问题研究较多,也较有代表性,如李林教授认为,法治文化主要由三部分组成:知法、守法、用法等行为方式,法律规范、法律制度等制度文明成果,法治精神、法治价值、法治理念等精神文明成果。④ 该定义从广义和狭义两个方面,对法治文化进行了区分,注重对其层级属性的分析。

笔者认为,法治文化是指,在人们对自由、平等、公正等价值目标追求的过程中,形成的一种文化现象和法治状态。法治文化包括显性制度文化与隐性精神文化,是法治意识、法治规则与法律制度的有效统一。

三、民族习惯法与法治文化的融合

(一)民族习惯法中的部分观念与现代法治理念高度契合

美与丑,善与恶,是与非等观念,是藏族习惯法中几个非常重要的观念,民族习惯法虽然带有明显的封建残余因素,但上述基本观念却与现代法治理念较为契合。在上文介

---

① 李步云.法治国家的十条标准[J].中共中央党校学报,2008(1).
② 泰勒.原始文化[M].连树声,译.上海:上海文艺出版社,1992:1.
③ 钱穆.文化学大义[M].台北:中正书局,1981:3.
④ 李林.中国语境下的文化和法治文化概念[M].中国党政干部论坛,2012(6).

绍民族习惯法的基本特征时谈到,宗教对民族习惯法的形成与发展影响深远,宗教的教义往往是民族习惯法的重要渊源。藏传佛教中的"五戒""十善"在藏族习惯法中体现得更为明显,所谓"五戒"即:不杀生、不偷盗、不奸淫、不妄语、不饮酒;"十善"即:不杀生、不偷盗、不奸淫、不妄语、不两舌、不恶口、不绮语、不悭贪、不嗔恚、不邪见。如在德格习惯法中就规定了,打死人者,罚命价款;打伤人者,赔偿血价及诵经费用等。① 神明裁判是民族习惯法的特征之一,"五戒""十善"是神明裁判的基础,在化解社会矛盾和解决社会纠纷的过程中都有所体现,这与诚信友善、自由平等等法治理念,在很大程度上是较为契合的。在现代法治社会,民主、法治与人权保障,是衡量一个社会法治发展的重要标尺,社会的多元化发展对社会规则(法律规范)提出了更高的要求,明确性、公开性、全面性与稳定性是社会规则的核心内涵。民族习惯法的某些伦理观念和行为,一直以来都是人们恪守的准则,这为民族地区法治发展奠定了良好的基础,为地方社会规则的形成、发展与改良,并发挥其积极作用,提供了理念支持。

(二)民族习惯法中的纠纷调节机制,是法治文化的重要内容

民族习惯法中纠纷解决机制,是民族习惯法的主要内容之一,针对特定的民间纠纷,主要依托于第三方调节力量的介入,根据民族习惯法的其他内容,是化解当事人之间纠纷的一系列环节的总称。部落头人或部落长老是部落的领袖,一般而言,在部落中享有较多的特权,在纠纷解决的过程中处于中间人的地位,往往具有较高的话语权。在纠纷调解的过程中,调解人往往是被动介入,依据国家制定法和习惯法,尽量对纠纷当事人各方的利益均有照顾,从而开展调解活动。基于调解人的权威及利益均衡考量,民族习惯法中的调解效力较高,这种权威主要来源于各自部落成员的自觉尊重和自觉履行,而这又从另一方面推动了民族习惯法的发展。赔命价是藏族习惯法中一个重要的纠纷调解方式,在其他民族习惯法中也有类似的制度。赔命价的历史渊源较为久远,最早出现在公元655年吐蕃王朝的《狩猎伤人赔偿律》等律令中,从其产生之初,对社会纠纷的化解就起到了重要作用。简言之,赔命价就是在发生人身伤害案(多为刑事案件)之后,加害人一方通过一定的方式,向受害人一方支付一定的财物或金钱,以达成纠纷和解或减免法律制裁。在我国法治文化发展中,赔命价在弥补国家制定法及司法适用等方面,发挥着重要的作用,促进了法治文化的多样性。

(三)民族习惯法的司法适用,推动了法治文化的发展

法律的生命在于法律的适用,司法适用是法律适用的最终表现形式,是维护法律权威的重要保障。基于宗教教义、伦理道德的不断发展,民族习惯法的内涵也越加丰富,经过漫长的历史发展,民族习惯法的稳定性也日渐稳固。民族习惯法的司法适用,主要体

---

① 吕志祥.藏族习惯法及其转型研究[M].北京:中央民族大学出版社,2014:79.

现在诉讼中的调解,在诉前调解及庭外和解等方面,也有藏族习惯法司法适用的身影。在四川甘孜自治州孚县法院,近十年审结案件的统计中,杀人、伤害案件共41件,但只有3件提起了刑事附带民事诉讼;在新龙县法院审结的260余件刑事案件中,提起刑事附带民事诉讼的共3件。① 通过这一数据统计可见,在人民法院审理的重大刑事案件中,绝大多数案件的受害人并未提起民事赔偿请求,但这并不代表没有民事赔偿发生,相反,加害人的民事赔偿责任可能早已积极履行。在普通的民事纠纷中,赔偿内容大多通过调节的方式解决,往往由审理案件的法官,依照法律规定及参考民族习惯法进行调节,在调节的过程中,既要严格遵守国家的法律规范,同时又要考虑藏族习惯法中的一般模式,这是司法实践中遇到的最大难题。通过扩大人民陪审员的方式,将部分威望较高的人员纳入其中,在法律的平台上,充分考虑民族习惯法的实用性,最终实现案结事了。在民族习惯法向现代法治文化转型的过程中,在法治的前提下推进其司法适用,无疑是一个有效的方式,一方面可以促进地方法治建设,另一方面又促进了社会长治久安与稳定发展。

四、民族习惯法与法治文化的冲突

(一)民族习惯法神学色彩浓厚,缺乏对以"人"为中心的法治观念阐释

宗教文化是民族习惯法的重要来源,如伊斯兰教是回族习惯法的重要来源,藏传佛教是藏族习惯法内涵的来源之一。宗教文化以其丰富的内涵,推动民族习惯法的形成与发展,因果报应、生死轮回是一些宗教的核心思想,积善行德弘扬了中华民族的优秀文化。同时我们也应该清醒地认识到宗教对民族习惯法的负面影响。在封建农奴制时期,一些民族地区社会资源完全由当地的上层掌控,如"三大领主"控制着西藏当时社会几近全部的社会资源。僧侣阶层作为"三大领主"之一,为了维护自身的权威和统治,通过各种方式来控制农奴,假借"神意"对其进行精神控制,致使占据社会绝大多数的广大农奴,长期遭受其剥削和压迫。

(二)民族习惯法长期受宗教文化的影响,神明裁判在其中亦有较大影响

受神明裁判等宗教文化的影响,民族习惯法模糊了"人"的社会主体地位,作为社会生产生活最主要的创造者和享有者的"人"被忽视,在很长的时间里,"公民"的社会身份转而被"神"所取代。民族习惯法在很长的时间里,既受益于宗教的发展,同时也受制于宗教的发展,"人"的社会主体地位缺失,背离了现代法治文化的发展。民族习惯法浓重的神学色彩,在很大程度上阻碍了法治文化的发展,抑制了权利本位、以人为本等思想的

---

① 周世中,周守俊.藏族习惯法司法适用的方式和程序研究——以四川省甘孜州地区的藏族习惯法为例[J].现代法学,2012(6).

传播。权利本位是现代法治文化的基本内涵,是对"人"的社会主体地位回归的呼应,亦是对"公民"社会主体地位的确认,这也恰恰是民族习惯法发展过程中的一大缺陷。

(三)民族习惯法有着严格的等级制度,对妇女权利保护严重不足

等级制度是封建社会的重要标志,封建农奴制的等级色彩则更为浓厚,而这恰恰是民族习惯法形成过程中所面对的社会环境。政教合一是封建农奴制主要管理模式,人治思维与人治方式是其典型表现形式,这也严重阻碍了平等、自由等法治理念的传播,法律面前人人平等的基本法治理念却显得遥不可及。官僚、贵族、上层僧侣从其产生之初,就在该时期占据着社会的主体地位,而处于社会底层的农奴、农牧民从其出生之日起,就注定了一生被奴役的命运,严格的等级制度,也在民族习惯法中烙下了深深的印记。

由于民族习惯法诸法合体的特点,加之诸多封建残余因素,致使其衡量权利边界的能力极为有限,并且任意性极大,极大自由裁量空间的背后,是对封建等级制度的维护。如在纠纷调解的过程中,调解人首先会根据当事人的社会地位主持调解,依照"三等九级"的标准来划分当事人的身份,根据不同等级来确定赔偿或支付的数额。总的来说,社会等级越低的当事人,获取的赔偿越低或支付的对价越高,相反则获取的赔偿越高或支付的对价越低,这也足以说明封建等级制对民族习惯法的平等观念有着很大的负向影响。

除严格的等级制度之外,民族习惯法特别不注重妇女权利的保护。整体而言,在民族习惯法中,妇女的社会地位要低于男子,在一个家庭中,丈夫往往具有绝对的权威,在赔命价中妇女的命价与男子的命价并不相等,往往妇女的命价只有男子命价的一半。在很长一段时期,由于民族习惯法对妇女权利保护不足,导致涉及侵犯妇女人身权利的案件逐年增多,因对妇女权益保护的冷漠,很多受害人不敢去报案或报案后因为种种压力迫使其要求司法机关不追究加害人的法律责任①。民族地区曾一度盛行"抢婚",即在未征得女子本人及其亲族同意的情况下,男子通过武力抢夺的方式,将其作为自己的妻子。② 此种任意侵犯妇女权益的行为,是与法治文化向背离的,并在很大程度上影响着当地社会的稳定与发展。

(四)民族习惯法冲击着宪法、法律的权威

民族习惯法在社会纠纷化解的过程中,发挥了重要作用,同时也冲击着宪法、法律权威。在回族刑事习惯法中,习惯法主要来源于伊斯兰刑法,《古兰经》是其主要依据,主要分为三类:法定罪行、抵偿罪行与酌定罪行。③ 其中,有一些"抵偿罪行"仍保留了原始的"血亲复仇"模式。在民族习惯法中,赔命价现象并未随时间而消退,反而有愈发普遍之

---

① 张济民.藏族部落习惯法法规及案例辑录[M].西宁:青海人民出版社,2002:218-225.
② 吴大华,潘志成,王飞.中国少数民族习惯法通论[M].北京:知识产权出版社,2014:115.
③ 杨经德.回族伊斯兰习惯法研究[M].银川:宁夏人民出版社,2006:83-85.

趋势,但这并不代表民族习惯法完美无瑕,其与国家法治建设相冲突的一面是我们所应该重点关注的。

首先,赔命价冲击着法律的权威。赔命价的组织程序、处理方式等方面,在很大程度上都背离了我国的立法规定,如在故意伤害或杀人刑事案件中,被害人一方在很多时候,并非第一时间求助于司法机关,而是会寻求亲属救助进行"血亲复仇"。即便案件进入审理阶段,涉及民事赔偿部分,往往由部落长老、头人或瑶长①主持进行调节,调节的进程及赔偿数额等核心问题都由其决定,这也在很大程度上违反了我国法律规定,造成司法受制于民族习惯法的窘境。

其次,赔命价影响着法治建设的良性发展。在一些刑事案件中,部分当事人只关注赔命价或赔血价的处理,只要该问题处理好了,很少再去考虑法律规定和司法程序,对司法机关的取证、质证等程序进行造成很大影响,破坏了法治应有的秩序。

最后,赔命价影响着社会稳定,对法治建设的环境有着很强的冲击力。赔命价在一定层面具有化解社会纠纷的作用,但这种化解纠纷的方式,往往容易产生恶性循环的不良后果,赔命价往往要由一方支付高额对价,少则几万,多则数十万、上百万,其中的一些物品成为纠纷化解过程的消耗品。法治建设需要平和有序的社会环境,赔命价容易引发社会冲突,使简单的纠纷上升成为更为复杂的家族纠纷、部落纠纷。从此方面而言,赔命价对法治建设有着较为明显的负向作用。

五、民族习惯法的现代转型

民族习惯法是在民族地区社会发展过程中逐步形成的,其产生、发展也有着明显的历史规律,但面对现代法治发展,民族习惯法要在现代法治文明中发挥更大的作用,就必然要积极推进其现代转型。民族习惯的现代转型,关键在于要维护现代法治秩序,必须要落实以宪法法律为核心的治理理念,处理好民族习惯法与国家制定法之间的关系。当前,全面推进依法治国,建设社会主义法治国家,已成为我国当前社会发展的绝对主题。在这个背景下,民族习惯的现代转型必须要"审时度势",顺应时代发展步伐,以主动转型取代被动消解。这就要求,民族习惯法在今后的发展过程中,要在价值观念、运行理念与模式等方面,作出积极而又必要的调整。要以依法治国的理念为指导,摒弃与法治文明相冲突之处,这样才能充分发挥其民族地区社会纠纷化解,社会秩序维护之功能。

民族习惯法的现代转型,首先体现在价值理念的转变层面。价值理念是外在行为的灵魂,平等、民主、自由等要素是现代法治理念的集中体现。众所周知,民族习惯法在其产生之初,就有着较为明显的阶级属性,即便在当前,民族习惯法的一些内容仍有明显的等级色彩,如前文提到的"赔命价"等问题。民族习惯法的这种阶级属性,是明显违背现

---

① 高其才.瑶族习惯法[M].北京:清华大学出版社,2008:75.

代法治理念,这就需要积极采取各项举措,通过外在社会规范与内在引导相结合,重塑平等、自由等理念。

除此以外,民族习惯法的现代转型,还要注重转变其运行模式,释放其积极的社会调节功能。法律的生命在于鲜活的社会生活经验,而非在于严谨的逻辑。①民族习惯法形成于民族地区社会生活实践,这也是其之所以长期以来,能发挥社会调节作用的重要原因。同时,在民族习惯法运行过程中,也会出现一些与现代法治文明冲突之处。如关于通奸问题的解决,一些民族习惯法的规定会违背现有相关法律,有明显的违法性、滞后性。如瑶族习惯法规定,对通奸人,可剥衣游街,招众观看;壮族习惯法规定,则可以对其进行任意殴打,死伤在所不问。②如民族习惯法都以这样的方式运行,任意侵犯公众的基本权利,结果只能会被现代法治所遗弃。

在民族习惯法的现代转型过程中,必须要以宪法、法律为中心,充分吸取传统习惯法中的现代法治文化要素,结合现代法治理念,才能充分发挥其社会调节作用。同时,这也是现代法治发展对民族习惯法的必然要求。

The Change and Approach of National Customary Law in the Perspective of Legal Culture

Jing Kaidi

Abstract:National customary law is an important part of the socialist system of the rule of law with Chinese characteristics, for the development of China's rule of law continued to supply nutrients. How to play a greater role in the overall promotion of the strategic deployment of the rule of law, how to deal with the new requirements of the development of the rule of law culture, is a new proposition of the current development of national customary law. National customary law is a kind of social norm which is produced by the further development of national custom. The rule of law culture is a cultural phenomenon and the unity of the state under the rule of law. National customary law and the rule of law culture with the fusion and conflict between dual attributes. And the transformation process must be embedded in the constitution, the law as the center of the system of socialist rule of law.

Key Words:National customary law; The rule of law culture;Fusion and conflicts; Modern transformation

---

① 张乃根.西方法哲学史纲[M].北京:中国政法大学出版社,1997:278.
② 高其才.中国习惯法论[M].北京:中国法制出版社,2008:338-441.

宋教仁思想中的法治因子及其现代意义*
——基于一种传统中国国家法民间法化视角

姚选民**

摘要：宋教仁思想中的现代法治论述有着浓墨重彩的一笔：揭露了清政府"预备立宪"骗局，主张以宪立国，"依法行政"，法制必须统一，等等。他全面、系统、深刻的现代法治思想对于当今时代发展中国特色社会主义法治仍有重要借鉴意义。作为传统中国（晚清时期）出生和成长起来的文人政治家，宋教仁对现代法治思想的"舍命"倡导和实践，对传统中国（如晚清时期）社会中法秩序的现代批判和积极重构，亦在一定程度上引发了传统中国国家法（秩序）民间法（秩序）化的非意图后果。

关键词：宋教仁；现代法治；民间法

宋教仁，字钝初，湖南桃源人，1882年4月22日生。早年与黄兴在长沙创立华兴会，积极筹划起义，后因事泄东渡日本。③ 留日期间，先后在日本法政大学、早稻田大学学习法律，并与孙中山、黄兴等创立同盟会，任同盟会司法部检事长。1910年底回国，担任上海《民立报》主笔，以"渔夫"为笔名发表系列时评文章，蜚声全国。辛亥革命后，任南京临时政府法制院院长、中华民国临时政府农林部总长。1912年7月，与孙中山、黄兴等改组同盟会为国民党，并任国民党代理理事长。1913年3月20日，宋教仁在上海火车站遇

---

* 基金项目：湖南省社科基金湘学研究专项资助课题（编号：15ZXC14）；湖南省社科基金重点项目（编号：2016WTB13）；第59批中国博士后科学基金面上资助（编号：2016M590750）。感谢中南大学法学院博士生周俊光对本文写作提供的宝贵帮助，文责自负。

** 姚选民，法学博士，中南大学法学院法学博士后流动站在站博士后、湖南省社会科学院期刊社副研究员。

③ 宋教仁日记[M].长沙：湖南人民出版社，1980：10,47.

刺,①22日不治离世,终年31岁。② 终其一生,宋教仁都在为建立民主共和国家的现代法治③理想而努力奋斗。④ 宋教仁深厚的法学功底、鲜明的法治主张,以及对现代法治理想的矢志追求使他成为民国早期革命家和政治家中现代法治思想最为全面、系统、深刻的代表性人物之一。宋教仁遇害后,孙中山为其致诔词:"为民权做保障,谁非后死者,为宪法流血,公真第一人。"⑤基于一种民间法学思维,作为传统中国(晚清时期)出生并成长起来的文人政治家,宋教仁对法秩序认识的全面现代化,或对西方现代法秩序的"舍命"式倡导和实践,亦是传统中国国家法(秩序)开始全面民间法(秩序)化的一个典型缩影。

一、破"伪立宪"

中日甲午海战后,晚清中国政府陷入了内外交困的境地:外有资本主义列强从经济到政治的全面侵略,内有国民此起彼伏的革命斗争。为缓解政治统治危机,晚清政府主动进行立宪改革,希图继续主导社会民众舆论。

(一)"预备立宪"骗局

在预备立宪之初,宋教仁就业已认识到晚清政府绝不会真正立宪。宪政主张国民都享有平等国民权利、履行相同国民义务,清政府作为维系特权的政府,绝不可能"轻易就范"。国民义务中最要紧的莫过于纳税之责,权利则无外于选举与财政监督。但现实情况是,依清制,中国素无所谓财政监督惯例,地丁漕粮诸税亦皆由汉人承担,满人未有丝毫加焉;并且,"只居汉人二百分之一"的满人在官吏的选拔与任职中还享有特权。在这种情况下,"满政府必不能实行立宪也明矣;即能行之,亦必非真正立宪。"⑥

1908年晚清政府颁布的《钦定宪法大纲》证实了宋教仁的看法。面对这样一部"欲假之已实行专制者也"的《宪法大纲》,宋教仁讽刺其所规定的君主专制、皇权至上相比"古

---

① 张永.民初宋教仁遇刺案探疑[J].史学月刊,2006(9).朱怀远.宋教仁被刺案真相考辨[J].民国档案,2010(3).

② 吴相湘.宋教仁传[M].北京:中国大百科全书出版社,2016.陈旭麓,荷泽福.宋教仁[M].南京:江苏古籍出版社,1984.

③ 江泽民.高举邓小平理论伟大旗帜,把建设有中国特色社会主义事业全面推向二十一世纪(1997年9月12日[M]//江泽民文选:第二卷.北京:人民出版社,2006:28-29.李步云.论法治[M].北京:社会科学文献出版社,2015:1-129.王家福,等.论依法治国[J].法学研究,1996(2).[古希腊]亚里士多德.政治学[M]//颜一,秦典华,译.苗力田.亚里士多德全集:第Ⅸ卷.北京:中国人民大学出版社,1994:135(1294a5-7).郑永流.法治四章——英德渊源、国际标准和中国问题[M].北京:中国政法大学出版社,2002:1-277.谢晖.法治讲演录[M].桂林:广西师范大学出版社,2005:1-326.夏恿.法治是什么——渊源、规诫与价值[J].中国社会科学,1999(4).柯林·穆恩罗.法治(Rule of law)[M]//邓正来.布莱克维尔政治制度百科全书.北京:中国政法大学出版社,2011:586-588.

④ 刘晓民.治之"理"与国之"势"的相互掣肘——对宋教仁案的法治视角解读[D].重庆:重庆大学,2007:1-160.兰彩霞,谢晓晖.宋教仁法治理论与实践[J].华东理工大学学报(社会科学版),2008(4).

⑤ 孙中山.挽宋教仁联(一)[M]//孙中山集外集.上海:上海人民出版社,1990:615.

⑥ 宋教仁.太后之宪政谈[M]//陈旭麓.宋教仁集(上册).北京:中华书局,1981:16.

今史上第一专制君主秦始皇帝之大一统"及"近世史上第一荒淫君主明武宗之威天下"①,亦不遑多让。见晚清政府借《宪法大纲》抑制国民舆论诉求,宋教仁指出《宪法大纲》有"五谬",不值得遵守:一是"抄袭东邻岛国半专制之宪法条文而又谬以己意增减之,处处卤莽灭裂,做外行语";二是"宪法大纲今日并未有施行之效力";三是宪法大纲所谓议员不得干预之文,于其时之适用实乃文不对题;四是宪法大纲应当"固为君民上下所应共守",但晚清政府却是"躬自薄而厚责于人";五是晚清政府所谓臣民不得请愿的说法,既不符合"君主立宪之本旨",亦违背清朝原有国法准许人民上书言事的惯例。宋教仁厉声质问:"大纲第十条所谓司法权不以诏令随时更改者,今何如耶?第十条所谓臣民言论、著作、出版、集会、结社均准自由者,今何如耶?第十七条所谓臣民非按照法律不加以逮捕监禁处罚者,今何如耶?第十九条所谓臣民之财产居住无故不加侵扰者,今何如耶?"在此情况下,"立宪者,决非现政府之所得成者也;现政府之所谓立宪,伪也"。②

(二)"依宪立制"异化

在预备立宪的过程中,晚清政府仿行西制建立了一些看似颇有新意的现代政府机构,如资政院和勘议局,但宋教仁指出,这些政府机关的设立本质上仍是晚清政府"欲其本族永世执政权以压制汉人之策也"。宋教仁大声疾呼:"今而后吾乃益知政府之不能开明专制与立宪矣;今而后吾乃益知异族的政府虽能开明专制与立宪,亦吾国民之不利矣!今而后吾乃益知民族的革命与政治的革命不可不行于中国矣!"③

晚清政府以条件不成熟为理由,设资政院以为代议院。宋教仁指出,资政院的设立,虽无立法机关之名,但仍有"议决国家岁出入预算决算事件及税法公债""议决新定法典及嗣后修改""奏陈行政大臣侵夺权限违背法律之事"等权力事项。然而,晚清政府对日本、丹麦等四国借款,并没有一字通告资政院,并任意修改资政院院章,专以内阁总协理与正副总裁任其事,限制资政院弹劾权,这些行为无一符合立宪国的基本法治精神。④ 果如此,晚清政府不过是将资政院当作一个行政法上的机关而非宪法上的机关,其总裁的任命或罢免,跟传统帝制时代的普通大臣任命没有差别,随意招来挥去。国民希望通过资政院来养成宪政、选举议员、协赞立法、预备政党、监督政府等美好愿景,不过是"真做梦矣"。⑤

1911年5月,晚清政府下令裁撤旧设内阁及军机处,成立由十三名大臣组成的新内阁,十三人中,庆亲王奕劻为总理大臣,那桐、徐世昌为协理大臣。该内阁中满洲贵族占九人,满洲贵族中皇族又占七人,史称"皇族内阁"。宋教仁指出,世界上没有这样的宪

---

① 宋教仁.中国古宪法复活[M]//陈旭麓.宋教仁集(上册).北京:中华书局,1981:215.
② 宋教仁.希望立宪者其失望矣[M]//陈旭麓.宋教仁集(上册).北京:中华书局,1981:252-255.
③ 宋教仁.我之历史[M]//陈旭麓.宋教仁集(下册).北京:中华书局,1981:669.
④ 宋教仁.希望立宪者其失望矣[M]//陈旭麓.宋教仁集(上册).北京:中华书局,1981:252.
⑤ 宋教仁.宪政梦可醒矣[M]//陈旭麓.宋教仁集(上册).北京:中华书局,1981:196.

法,规定由皇族来充任总理大臣,更何况"满清之皇族普通知识皆未一有,甚者则至于不通汉文,游荡淫乱,何能执政权乎!"①这种内阁官制,"其全文大抵皆抄译日本之内阁官制,已不成体制,而稍有增减者,则无不成为笑柄";这种皇族内阁,职权不统一、责任不分明,"将永蹈前此军机处之覆辙,为彼满人盘踞政权倒行逆施之伏魔殿,委弃国是而不顾,昧于政策而不知,非苟且敷衍以卸责咎,即滥作威福以擅权势,其结果必至国事益坏,民心益失,危亡之祸益不可救药而后止。"②

可以说,在宋教仁看来,以西方国家现代法治模式及其实践(如英国的君主立宪制)为判准,晚清政府的任何现代国家法治改革和实践尝试都充满了欺骗的意味。

二、以宪立国

明治维新后,日本面上看是个立宪国家,但"号称立宪几三十年,而犹不能脱少数人垄断专制之习",国家的实际权力落入了萨、长、土三藩人士之手,本质上仍未脱"武人政治""藩阀政治"的藩篱,远不能称之为立宪国家。③ 为避免"重蹈覆辙",宋教仁主张,在革命之后即应制定宪法,以宪法法律的形式框定国家政权组织的基本模式,实现真正共和政体。

(一)推崇议会制度

宋教仁特别重视议会制度及其作用,在他看来,凡立宪国家,必有议会为监督政府的机关,行决议、质问、弹劾等国家权力。议会作为国家最高权力机关和立法机关,其构成的科学与否,既是确保国家走向民主共和的基本制度构造,也是国家制定良好宪法的重要前提。

以英国为例,宋教仁说明了现代议会制度对于保障一国民主共和的重要作用。英国国体虽号称"君主制",但实际上贯通了民主精神。1911年8月10日,国会法案在英国上院通过,是民主政治在世界将有大普及的征兆。"英国皇帝,宪法上称为国会之国王,为国会之一部分,其于统治权原与上下两院共同总揽之者也……兹者制限上院否决权之法律既经成立,此后下院既可自由决定财政与立法,则国会之权必独操于下院。下院之多数党依例有组织内阁之习惯,虽皇帝不能违之,则政府与下院即谓为一体焉亦无不可","夫英国者,世界君主立宪之母国也,君主立宪母国乃变为民主的实质,是亦不可以见世界政治之趋向乎? 故由此次政变观之,又可谓民主政治将普及之征候也。"④宋教仁称赞英国君主立宪制,实际上是赞赏英国立宪制度中的民主精神和权力制衡原则,在他看来,

---

① 宋教仁.我之历史[M]//陈旭麓主编.宋教仁集(下册).北京:中华书局,1981:669.
② 宋教仁.论近日政府之倒行逆施[M]//陈旭麓.宋教仁集(下册).北京:中华书局,1981:216-228.
③ 宋教仁.日本内阁更迭感言[M]//陈旭麓.宋教仁集(上册).北京:中华书局,1981:305-307.
④ 宋教仁.英国之国会革命[M]//陈旭麓主编.宋教仁集(上册).北京:中华书局,1981:301.

只要坚持国民选举的议会制度,中国的民主共和便可期矣。

由此,宋教仁坚决主张在中国施行议会制度,依中国国情还对相关制度给予了详细筹划。在由他起草的《中华民国鄂州约法及官制草案》中,设专章规定议会制度。议会计有决议法律案,预算募集公债,审理决算,弹劾、提出条陈、质问政务委员,受理人民陈情,自定内部法规,选举议长等十余项权限;同时,议员的言论自由和人身安全亦受法律特别保护,"议员在会内之发言表决提议,在会外不负责任""议员除关于内乱外患之犯罪及现行犯外,在会期中,非得议长许诺,不得逮捕"。①

从《中华民国鄂州约法及官制草案》可以看出,宋教仁本意是在中国实行完全民选的一院制议会,中华民国国会组织最终却采用了两院制。虽然如此,针对上院的组织构成,宋教仁亦提出了自己的看法,也就是,在中国实行两院制,上院的组织远比下院困难,为此应开一新例,即上院议员应由国会公共团体(公法人)选出。因为商会、工会、农会、学会,皆为国家公共团体而有公法人人格,且都是由各特别职业人士组成。这样一来,上院议员可既包括地方议会在内(因为地方议会也可看作公共团体),又复寓有代表社会各阶层的意蕴,还可一并解决当时颇为棘手的华侨代议权问题(华侨代议权可直接由公共团体的商会代议权囊括)。②

(二)施行制衡良宪

宋教仁主张议会制度,是因为议会制能制定出一部好宪法,真正实现建立民主共和国家的目标。立法归国会,国会初开第一事则为宪法,宪法是共和政体的保障。"中国为共和政体与否,当视诸将来之宪法而定,使制定宪法时为外力所干涉,或为居心叵测者将他说变更共和精义,以造不良宪法,则共和政体不能成立"。③ 欲造民主共和,不仅得有宪法,还必须是一部制定得良好的宪法。关于一部好宪法,宋教仁着重强调两点:一是宪法需要重点关注权利,必须以明文形式确定国民基本权利;二是须以宪法形式确定立法、行政、司法三权分立,造成高效规范的共和政府。

就国民基本权利而言,宋教仁认为,人民是国家的主人,人民应享有平等、自由、及管理国家的权利:"其在共和立宪国,之成以共和立宪国者,法律上国家之主权,在国民全体,事实上统治国家之机关,均中国民之意思构成之。"④在《中华民国鄂州约法》中,宋教仁专设"人民"一章置于总纲之后,在中国历史上首次开诚布公"人民一律平等",并详细规定人民享有言论、结社、通信、信教、居住迁徙、保有财产、身体、家宅、营业等九项私人权利,及提起诉讼、陈请议会、应任官考试、选举被选举等五项公共权利。当《中华民国临时政府组织大纲》没有关于人民权利的规定时,宋教仁表示了相当的不满,认为"其失处

---

① 宋教仁.中华民国鄂州约法及官制草案[M]//陈旭麓主编.宋教仁集(上册).北京:中华书局,1981:353.
② 宋教仁.致友人书[M]//陈旭麓.宋教仁集(下册).北京:中华书局,1981:401.
③ 宋教仁.国民党沪交通部欢迎会演说辞[M]//陈旭麓.宋教仁集(下册).北京:中华书局,1981:460.
④ 宋教仁.国民党宣言[M]//陈旭麓.宋教仁集(下册).北京:中华书局,1981:747.

也",希望该草案能"反复审定,不使贻笑大方也"。①

就国家权力制衡而言,在辛亥革命胜利之初,宋教仁就说,自武汉事起,各省响应,共和政治已为全国舆论所公认,但要想真正实现,仍需具体的制度计划,唯独"美利坚合众之制度,当为吾国他日之模范"。② 关于美利坚宪政诸制,宋教仁最为欣赏三权分立政治架构。宋教仁认为,推翻专制政体,不过是政治革命的第一步,更为要紧的是,建立真正确实的共和政体,而共和政体建设首推三权分立政府架构:"夫政府分三部,司法可不必言,行政则为国务院及各省官厅,立法则为国会"③。《中华民国鄂州约法》充分体现了宋教仁三权分立的宪政法治构想。该法第3—6章分别规定了都军、政务委员(此二者为政府的行政权力代表)、议会(立法权力代表)以及法司(司法权力代表)三部的权力和职责。都军代表鄂州政府,总揽政务;政务委员由都军任命执行政务,发布命令,担负责任;议会享有决议法律、制定预算、审议决算诸权;法司编制以及法官资格的认定等皆由法律厘定。尔后的《中华民国临时组织法草案》,是对《中华民国鄂州约法》的一种补充和强化。这两部法律文献是宋教仁宪政法治思想的集中体现,其基本精神直接为中国历史上第一部宪法性文件《中华民国临时约法》所继承。《中华民国临时约法》明确规定:"中华民国之主权,属于国民全体","以参议院、临时大总统、国务院、法院行使其统治权。"其中,参议院行使立法权,临时大总统由参议院选举,法院享有独立审判自由,这些是三权分立原则在宪法中的直接体现。

可以说,帝制结束后,宋教仁在民国新时代对当时中国的国家制度进行顶层设计时,力图综合西方现代国体和政体设置(尤其是英、美国家的国体政体设置)的优长,全面改造传统中国的国家制度架构,说是颠覆式改革或"推倒重来"也为不过。

三、"依法行政"

除《中华民国鄂州约法及官制草案》中有关军谋府、参议都督府,及各部官职、地方官职行政职权的规定外,在任中华民国南京临时政府法制局局长期间,宋教仁还陆续主导制定了包括《法制院官职令》《中华民国内务部官职令》《各部官职令通则》等系列法律文件,这些文件对行政机关的职权事项做出了明确规定,以利依法行政、各司其职。"廿世纪之中国,非统一国家、集权政府不足以图存于世界"④,围绕这一目标,宋教仁主张落实责任内阁制,采折中的地方自治制度。⑤

---

① 宋教仁.《中华民国临时政府组织大纲草案》按语[M]//陈旭麓.宋教仁集(上册).北京:中华书局,1981:371.
② 宋教仁.组织全国会议团通告书[M]//陈旭麓.宋教仁集(上册).北京:中华书局,1981:365.
③ 宋教仁.国民党沪交通部欢迎会演说辞[M]//陈旭麓.宋教仁集(下册).北京:中华书局,1981:459-460.
④ 宋教仁.复孙武书[M]//陈旭麓主编.宋教仁集(下册).北京:中华书局,1981:405.
⑤ 曹军.宋教仁与清末民初政治权力配置模式的转型[D].长春:吉林大学,2010:61-66,94-96.张继才.论宋教仁的国家结构观和地方制度观[J].船山学刊,2003(3).

(一)力主责任内阁

赞赏美国三权分立政治架构,但宋教仁并不青睐美国总统制,而力主英国内阁制。宋教仁的内阁制主张最早可追溯至辛亥革命前的《论近日政府之倒行逆施》一文:"国势之盛衰强弱,全视其运用国家权力机关组织为准,而内阁则尤众机关之总汇,行政之首脑也。"①在《中华民国鄂州约法》中,宋教仁选择了总统制,不过,这是在革命特殊时期,他为团结旧官僚势力不得已而为之。嗣后《中华民国临时政府组织大纲》出台,同盟会在商讨政府组织方案时,宋教仁仍一力坚持责任内阁制,即便孙中山、黄兴多次劝说也不改初衷。②宋教仁之所以力主责任内阁制,与他一贯坚持的民主共和理念息息相关,亦离不开他对当时中国政局的实际考量。在宋教仁看来,内阁制有总统制难以比拟的优点,如可以防止总统专权、尾大不掉:"盖内阁不善而可以更选之,总统不善则无术变易之,如必变易之,必致摇动国本,此吾人不取总统制,而取内阁制也。"③也就是说,责任内阁制,一方面会对将获得大总统权力的袁世凯具有相当的限制作用,另一方面也有助于在适当时机将封建旧官僚势力从新政制中驱逐出去,捍卫辛亥革命胜利果实。

与责任内阁制主张密不可分的是宋教仁的政党政治思想。1912年3月10日,袁世凯就任中华民国大总统,任命唐绍仪为内阁总理,并组民国首届国会,宋教仁在唐氏内阁中担任农林部长一职。但"人自为战,互相掣肘,不复成为有系统、有秩序之政见;加以当见纷歧,心意各别,欲成和衷共济,更难所得"④的政治生态,致使唐氏内阁"有责任内阁制之名,而无责任内阁制之实",匆匆三个月即告垮台。宋教仁将唐氏内阁的倒台归咎于内阁诸君因政见不一致而不能"全体一致,志同道合,行大决心,施大毅力,负大责任,排大困难,坚忍以持之,忠诚以赴之"。⑤因此缘故,宋教仁试图通过组织单纯的政党责任内阁来取代此种难于形成合力的"混合、超然内阁"。⑥在他看来,民国之始,当务之急在于完善政府,而"欲政府完善,须有政党内阁"。⑦即是说,建设中华民国良好政府的首要步骤,端在召集志同道合的同志,组织政党,发布政见,并以此党纲挈领,为一致之行动,通过国民选举获得优势议会席位,组织政党内阁,以图贯彻施行益国利民的政策。1912年8月,宋教仁与孙中山、黄兴等人一起,以同盟会为基础,联合统一共和党、国民共进会、共和实进会改组为国民党,力争在全国选举中获得胜利,以期"进而在朝,就可以组织一党的责任内阁;退而在野,也可以严密的监督政府,使它有所惮而不敢妄为,应该为的,也使它有

---

① 宋教仁.论近日政府之倒行逆施[M]//陈旭麓.宋教仁集(上册).北京:中华书局,1981:216-228.
② 马海峰.宋教仁民主宪政法律思想刍议[J].船山学刊,2008(4).
③ 宋教仁.国民党沪交通部欢迎会演说辞[M]//陈旭麓.宋教仁集(下册).北京:中华书局,1981:460.
④ 宋教仁.复孙武书[M]//陈旭麓.宋教仁集(下册).北京:中华书局,1981:405.
⑤ 宋教仁.复孙武书[M]//陈旭麓.宋教仁集(下册).北京:中华书局,1981:405.
⑥ 宋教仁.国民党宁支部欢迎会演说辞[M]//陈旭麓.宋教仁集(下册).北京:中华书局,1981:467.
⑦ 宋教仁.代草国民党之大政见[M]//陈旭麓.宋教仁集(下册).北京:中华书局,1981:489.

所惮而为"。① 在他看来,政党政治是落实责任内阁的不二选择,"吾人只求制定真正的共和宪法,产出纯粹的政党内阁,此后政治进行,先问诸法,然后问诸人",②国民党"如不能达政党内阁,甘宁退让;如可改组政党内阁,虽他党出为总理,亦赞助之"。③

(二)倡导地方自治

在央地关系上,宋教仁主张折中的地方自治。④ 在他看来,单一国制下,立法权固当属中央,但中国地方辽阔,各省情形各异,不能不做变通处理。各省除省长所掌官治行政外,还应当有若干行政权力为地方自治团体掌握,以行地方自治行政。宋教仁主张契约自治类型的地方立法,地方自治团体可拥有立法权,但地方立法不得与中央立法相抵触,其可涵盖事项亦当以与地方关系密切的积极行政为限,且需"明定法律,列举无疑,庶地方之权得以保障"。⑤ 宋教仁指出,地方自治团体不同于美利坚联邦制各邦。联邦国的各邦,虽属中央之下,然中央政府实由各邦组成,各邦不由中央组织:"国家主权实操于各邦,各邦同时并有其自主权。"⑥地方自治团体则相反,组织及成立的全权操于中央政府,地方唯有自治权而止,两者性质不同。

宋教仁将地方行政主体依其成立之不同划分为两类:一是地方官治行政主体,一是地方自治行政主体。地方官治行政主体,其地方官由中央委任,地方自治行政主体即地方自治团体,由地方人民公共组织而成。之所以同时设二种官制,"盖因一国行政,中央必不能无巨细皆直接处理之,不得不有分理之机关。然此分理之机关,苟不悉以属中央指挥,则与地方民意或不合,苟悉以由民意组织,则又与中央政策或难同,故同时设此二制,以必不可不与中央政策相同之事归之地方官,又以必不可不与民意相合之事归之地方自治团体也。"⑦

关于中央与地方行政权限划分,宋教仁指出,一国政务何者宜归中央,何者宜归地方,须以其政务的性质与施行便宜为标准。即是说,"大抵对外的行政,多归之中央;对内的行政,多归之地方;消极的维持安宁之行政,多归之中央;积极的增进幸福之行政,多归之地方。至其审择分配,则尤当视其国内之情状而定之也。"⑧宋教仁将中央地方的行政条目做了详细划分,中央负责的行政,包括外交、军政、国家财政、司法行政、重要产业行政、国际商政、国营实业、国营交通业、国营工程,及国立学校十项;地方行政则分地方官治行政和地方自治行政,地方官治行政项目包括民政(警察、卫生、宗教、户口等)、产业行

---

① 宋教仁.国民党鄂支部欢迎会演说辞[M]//陈旭麓.宋教仁集(下册).北京:中华书局,1981:456.
② 宋教仁.国民党交通部公宴会演说辞[M]//陈旭麓.宋教仁集(下册).北京:中华书局,1981:487.
③ 宋教仁.同盟会本部一九一二年夏季大会演说辞[M]//陈旭麓.宋教仁集(下册).北京:中华书局,1981:409.
④ 马海峰.宋教仁民主宪政法律思想刍议[J].船山学刊,2008(4).
⑤ 宋教仁.代草国民党之大政见[M]//陈旭麓.宋教仁集(下册).北京:中华书局,198:489.
⑥ 宋教仁.中央行政与地方行政分划之大政见[M]//陈旭麓.宋教仁集(下册).北京:中华书局,1981:470.
⑦ 宋教仁.中央行政与地方行政分划之大政见[M]//陈旭麓.宋教仁集(下册).北京:中华书局,1981:470.
⑧ 宋教仁.中央行政与地方行政分划之大政见[M]//陈旭麓.宋教仁集(下册).北京:中华书局,1981:470.

政,及教育行政三项,地方自治行政则包括地方之财政、实业、交通业、工程、学校、及慈善公益事业六项。其中,中央行政与地方官治行政经费由国家税支付,地方自治行政由地方税支付。宋教仁还针对地方制度做了详细规划,中国应实行二级制,"省下即直承以县,省县皆设地方官,掌官治行政,并同时设为自治团体,置议会、参议会,掌自治行政。县之外,大都市设府,当外国之市,直接于省。县之下设镇乡,即直接于县,皆为纯然之自治团体"。①

可以说,宋教仁在对民国进行顶层设计时,不仅主张要向西方国家取经,撷取他们政体特别是政府形式设置的各自优长,而且主张对西方国家(如英、美)政治设置的借鉴要考虑中国的国情和实际情况,构建适合中国这一特定时空的政府、国家结构等政体形式。

四、"司法独立"

立法、行政、司法三权分立制衡机制中,司法权占有非常重要的作用。在西方宪政体制中,司法权既是捍卫宪法、监督政府的重要保证,也是实现社会公平正义的最后一道防线。与其丰富的立法、行政法治主张相比,宋教仁有关司法权力、司法组织、司法活动的法治思想略显单薄,这与他当时的关注重点落在制定宪法、建设政府、组建政党,还未有太多时间关注司法制度建设这一境况有关。但是,在短暂一生中,宋教仁仍提出了统一法制、设置专门行政裁判法院等司法独立主张。②

(一)力推"司法独立"

司法权独立是司法监督行政、捍卫宪法的基本前提。③ 从学理上说,司法权独立的基本要求就是其在运作过程中不受立法权和行政权的干预,法官能够严格依据法律对案件进行裁判。④ 在辛亥革命期间,宋教仁就提出了司法必须独立的主张,并在《中华民国鄂州约法》中予以明确规定。《中华民国鄂州约法》专设"法司"一章,规定"法司之编制及法官之资格以法律定之",这就从制度上明确了司法权之于立法权和行政权的独立特征。并且"法官非依法律受刑罚宣告,或者是免职之惩戒宣告,不得免职"⑤的规定,也表明宋教仁意图通过法官终身任职方式,将立法机关和行政机关干扰统统排除在外,从而在制度上保证法官的独立性,确保法院审判工作不受干扰,真正实现"司法独立"。在《中华民国鄂州约法及其官制草案》基础上,宋教仁主稿的《中华民国临时约法》同样规定法官需

---

① 宋教仁.中央行政与地方行政分划之大政见[M]//陈旭麓.宋教仁集(下册).北京:中华书局,1981:470.
② 马海峰.宋教仁民主宪政法律思想刍议[J].船山学刊,2008(4).
③ 姚选民.司法独立再审视——一种民间法哲学思考[M]//谢晖,等.民间法:第十五卷.厦门:厦门大学出版社,2015:217-227.
④ 杨小敏.晚晴司法权概念考——以宪法学为视角[J].政法论坛,2014(5).
⑤ 宋教仁.中华民国鄂州约法及官制草案[M]//陈旭麓.宋教仁集(上册).北京:中华书局,1981:353.

依法产生,依法免职,并依法独立进行审判活动。此后民国历部宪法、约法均有与此类似之规定。

司法权独立必然要求司法统一,司法统一对于国土面积广大、人口众多的中国尤为重要,地方化倾向是对司法统一目标的重大破坏。① 宋教仁曾对司法统一问题予以高度关注:"司法为三权之一,亟宜统一。"在他看来,司法统一的方法需着重关注三方面内容。一是划一的司法制度。"现今各省司法制度,并不一律,应当实行四级制,使各省归于统一,其未设裁判所地方,必须增设"。二是培养法官律师。"盖增设裁判所,则今之法官尚行缺乏,一面培养法官,并设法保持法官地位,裨司法得以独立,一面培养律师,以保障人权"。三是改良监狱。"中国监狱制度极为野蛮,今宜采仿各文明国监狱制度,极力改良"。② 这就是后来国民党统一司法计划的雏形。不仅如此,宋教仁在国民党鄂省支部欢迎会的演说辞中曾明确指出,宪法一经制定出来就必须得到严格的遵照和执行,"容或有撕毁约法背叛民国",那将是"自掘坟墓,自取灭亡"③,表达了他坚持司法独立、维护法律权威的严正立场。

(二)专设行政裁判所

从学理上说,司法独立要求司法权不受行政权的干预、破坏,进而其才可对行政权起到相应的监督和制约作用。④ 宋教仁认为,为防止行政权对司法活动的干预、加强司法机关对行政机关活动的监督,必须设立专门的行政裁判机关。⑤ 他指出,凡立宪政体国家,必有裁判所为司法机关,行普通裁判之权,这是通例,但仅仅有普通裁判机关是不够的,立宪国还需有行政裁判制度,"所以正行政官署违背法规损害人民权利之失者"。⑥ 人民对于违背法规损害权利的政府行政行为,应当有权提起诉讼于特别机关,请求取消变更。这种裁判事项,称之谓行政裁判,其特别机关是行政裁判所。行政裁判实为一种司法审查,表明行使公权力的国家机关和公民一样,在法律面前一律平等。

宋教仁以当时社会所争议之都察院的存废为切入点,指出依立宪政治的通例,并认为中国自古设立都察院的精意,唯有将都察院改为官吏惩戒裁判所一法较为妥当。具言之,政府官吏作为分掌国家政务的自然人,有种种职权与义务,当其不尽职权义务,或为其职权外的不法行为时,须在国家特别公法范围内,为其定责惩处,司此审决制裁的特别机关,便是惩戒裁判所。古中国君主专制时代,因无监督政府、宣达民意的机关,亦无纠察官吏、整饬行政的部门,乃设都察院司掌风宪、监察官吏;立宪之后,既有议会行监察官

---

① 陈光中,魏晓娜.论我国司法体制的现代化改革[J].中国法学,2015(1).
② 宋教仁.代草国民党之大政见[M]//陈旭麓.宋教仁集(下册).北京:中华书局,1981:489.
③ 宋教仁.国民党鄂支部欢迎会演说辞[M]//陈旭麓.宋教仁集(下册).北京:中华书局,1981:457.
④ 胡峻.不良行政行为的司法监督[J].理论探索,2015(3).
⑤ 马海峰.宋教仁民主宪政法律思想刍议[J].船山学刊,2008(4).
⑥ 宋教仁.论都察院宜改为惩戒裁判所[M]//陈旭麓.宋教仁集(上册).北京:中华书局,1981:282.

吏、纠弹官方邪正之职,还有裁判所行受理京控、谳平冤狱之职,而余此监察官吏、施行惩戒之责,正可由都察院来继承:"兹既因行立宪之故,而议改革之法,则辨其性质,别其统系,去其与议会裁判所权限冲突者,而只存其关于行政法上监督官吏之处,并增以审决制裁之事,以定为转向官吏不尽职掌与义务之责任之机关,赴岂非调和新旧一举两得之事乎","今试以吾人之意,假拟其组织及权限之大略,以为将来之立宪时代之参考,先以京师都察院改为中央惩戒裁判所之组织,定名曰'察吏院'或'吏事审判院',即仍名都察院亦可"。①

与此同时,宋教仁认为,都察院作为专司行政裁判的国家机关,其在实践中亦必须与其他司法机关一般,要以司法独立为目标构造具体制度,表达了他对于司法独立目标的不懈追求:"(改良后的都察院)其位置比于审计院行政审判院,掌审判官吏不尽职掌与义务之罪而惩戒之,置院长一人,其下仿普通裁判所法,置部长、检察长、判事、检事等官","检察长以下,对于判事而得独立,有检查及公诉之权,行政官署之长官,可为告发与检事。"②

可以说,宋教仁基于其所欣赏的西方现代司法理念,主张对传统中国的司法制度进行现代化的创造性转换,以与民国的现代国家建设相匹配。

五、余论:宋教仁现代法治思想的当代启示

随着上海火车站入站检票口的一声枪响,宋教仁以西方现代法治思想构造法治中国的尝试宣告失败。宋教仁的遇刺留下了一个问题:为什么他的法治理想及其实践在当时中国以失败告终?为什么在西方被证明是有效的、并促成了西方世界现代崛起的现代法治主义,没有能够在辛亥革命后的中华民国得到实施?整个社会对现代法治实践的准备不足,加之传统帝制观念的影响,或许是宋教仁现代法治主张及其实践走向失败的根本原因。具言之,一方面,二十世纪初的中国,上层官僚和贵族或有变法图存的意识,但只是在工具层面上尝试借鉴运用西制改良中制,变法之"法"自始至终都未曾上升到文化层面,加之普通民众没有机会了解所谓民主共和,当辛亥革命的枪声匆匆为中华民族推开了新时代的大门时,广大国民还没有做好接受这个社会理想的准备,民主法治不可能在当时中国整个社会范围内形成一种制度认同。另一方面,民国初年,传统帝制时代的文化观念仍深深影响并支配着人们的政治行为,革命在大多数国民眼里,不过是又一个王

---

① 宋教仁.论都察院宜改为惩戒裁判所[M]//陈旭麓.宋教仁集(上册).北京:中华书局,198:283.
② 宋教仁.论都察院宜改为惩戒裁判所[M]//陈旭麓.宋教仁集(上册).北京:中华书局,1981:284.

朝时代的更替,甚至清帝的退位诏书,也仍以儒家的"天命禅让"为其立论之本。① 作为文明秩序的法治,从一开始就没有成为社会权威系统的理想目标,更遑论社会大众对法律之治的信仰和服从。虽然宋教仁和部分传统贵族、上层官僚强行推动了宪政法治在中国的施行,使得当时中国看上去好像也有了完备的概念体系和制度安排,但却最终因为没有社会整体上执行和遵守的动力而宣告失败。

宋教仁对现代法治思想的倡导和践行,一方面,其当时的挫折启迪我们,西方现代法治理论不是"灵丹妙药"、"包治百病",法治中国实践不能照搬西方现代法治理论及其模式,必须走自己的路,发展出与中国这一特定时空相适应的中国特色社会主义法治道路②。另一方面,宋教仁实践现代法治思想在现实社会中失败了,但是,他扛起了倡导和践行现代法治思想的大旗,在他的示范和鼓舞下,出现了无数前仆后继的宋教仁式人物,形成了我们今天的法治局面和成绩。就后一方面而言,我们同时还要认识到,在源出于西方之现代法治思想的引导和该思想所引领之传统中国社会中进步政治力量的持续努力下,传统中国(如晚清时期)国家法(秩序)被重写,昔日的国家法(秩序)成为了当今时代中国社会中"上不了台面的东西",即一种只在日常社会生活中盛行或流传的法(秩序)或民间法(秩序),而在传统中国(如晚清时期)"上不了台面"的现代法治思想及其制度经验成为了当今时代中国社会中的国家法(秩序)③。或许可以这么说,正是因为宋教仁或像他一样的在传统中国(晚清时期)出生和成长起来的政治法律家对现代法治思想持续不断的"舍命"倡导和实践,才开启了传统中国国家法(秩序)全面民间法(秩序)化的伟大征程。

On Song Jiaoren's Thought of Modern Rule of Law and Its Modern Significance
—Based on the Perspective of Folk Law

Yao Xuanmin

Abstract:There are some discussions in Song Jiaoren's thought of modern rule of law, which include "constitutionalism" scheme of the Qing government, constitutional government, "administration according to law", the legal system must be unified, and so on. His comprehensive, systematic and profound thought of modern rule of law is of great significance to the development of the rule of law with Chinese characteristics. As

---

① 1912年2月12日清政府颁布的《清帝逊位诏书》曰:"今全国人民心理,多倾向共和,南中各省既倡议于前,北方各将亦主张于后,人心所向,天命可知,予亦何忍以一姓之尊荣,拂兆民之好恶? 是用外观大势,内审舆情,特率皇帝,将统治权公诸全国,定为共和立宪国家,近慰海内厌乱望治之心,远协古圣天下为公之义⋯⋯仍合满、汉、蒙、回、藏五族完全领土,为一大中华民国⋯⋯"依诏书措辞,清政府政权所遵循的仍是传统禅让程序:君主察觉到天命已经发生了转移,而将自身的权力交给新的得天命者。这里的差异仅仅是,新的天命承担者不再是另一个君主,而是国民整体。但是,国民整体并不能行动,组织新的共和政府仍需要具体承担者,这个重任,清政府最终交给了袁世凯。

② 习近平.习近平谈治国理政[M].北京:外文出版社,2014:135-150.

③ 姚选民.法律全球化背景下的中国法治二元观——基于一种民间法哲学主体视角[M]//谢晖,等.民间法:第十七卷.厦门:厦门大学出版社,2016:37-50.

a civilian politician in traditional China (late Qing Dynasty), Song Jiaoren led to unintended consequences of the folk law (order) for his "to give" advocacy and practice of modern rule of law, and his positive criticism and reconstruction of traditional China legal order.

Key Words：Song Jiaoren；modern rule of law；folk law

刍议民族地区民间规范立法的现实困境与路径设计

崔 超**

摘要：立法是一项极为严肃而审慎的法律活动，相较国家法的立法，民间法的立法具有自身条件、个体痛点和针对策略。民族地区民间规范的立法既有有益因素，又有现实困境。民族自治地方的多层立法权、民间传统习俗惯性和现实纠纷解决需要是推动力，立法权限制、民间规范多重复杂和地域快速变迁是困难点。借鉴民族地区民间规范立法史，正视民族地区民间规范立法地位，厘定民族地区民间规范立法步骤，强化民族地区民间规范立法监督保障，是我国民间规范地方立法的积极探索。

关键词：民族地区；民间规范；地方立法；现实困境；路径设计

学界尽管对民间规范的基本问题还未形成较为系统一致的学术观点，但业已认可民间规范是法律规范之外重要的规范形式，在行政与司法实践中发挥填补法律缺漏、弥合调整不能、缓解纠纷升级、互补国家法律等功能。"法律的生命不仅在于逻辑，更在于经验。"面对现代社会高速发展、人口聚集日趋庞大、纠纷冲突不断扩展、行政司法成本加剧的现实情况，尤其是国家法有效供给不足，纠纷的多元性、复杂性、利害性让行政主体和司法主体负荷沉重、难以调试，甚至成为"法律的自动售货机"，仅以落实行政职责和司法裁判结案为追求，并未真实深入民间生活，亦未广泛运用民间规范，更未站在民间视域考量国家权力运作中合法合理的民间因素。从法理而言，任何纠纷都应当有一一映射的治理机制，无论采用何种解决机制，其目的就是回应纠纷与诉求，判断是否与曲直，衡量利益与分配，协调权利与义务。当下我国的行政管理和司法制度逐步从以规范为中心到解决问题和裁处纠纷为中心，作为回应型的法律不应当仅仅站在"法律一元论"的工具主义中抱残守缺，而应该积极从法律产生的历史基因——民间法中寻找到符合当下所需有效供给和互补国家法的民间规范。于是乎，民间规范走到立法舞台的前沿，尽管屡遭非议，但不可否认，民间规范不仅在行政和司法的实践层面中广泛适用，而且在《民法总则》《物权法》《合同法》《婚姻法》等诸多国家法中确立了"适用习惯"的准据，足以表明地方立法

---

* 本文系贵州省教育厅高校人文社会科学研究基地项目"贵州民族民间传统廉政文化研究"（项目编号：2015JD048）的阶段性研究成果。

** 崔超，厦门大学法学院博士研究生，贵州师范大学法学院讲师。

活动吸纳民间规范入法的大趋向。

一、民族地区民间规范立法的有益因素

(一)授权:民族地区民间规范立法的权力来源

立法权是立法之源,民族地区民间规范立法的首要条件和前提基础就是立法权限,民族地区没有立法权也就无从谈起民间规范的立法活动。我国系"一元二级多层次"的立法体制,在维护国家统一法治的前提下,在遵循宪法、法律、行政法规的基础上,赋予民族地方极为广阔的立法权限,包括地方立法权、立法变通权、变通执行权和停止执行权。[1] 对于民族自治地方的立法权,《立法法》第七十二条规定,自治区人民代表大会及其常务委员会有权根据本行政区域的具体情况和实际需要,在不同宪法、法律、行政法规相抵触的前提下,可以制定地方性法规。《立法法》第七十二条第五款规定,自治州的人民代表大会及其常务委员会有权依照设区的市制定地方性法规。《立法法》第八十二条规定,自治区、自治州的人民政府有权根据法律、行政法规和本自治区的地方性法规制定规章。《民族区域自治法》第十九条和《立法法》第七十五条规定,民族自治地方的人民代表大会有权依照当地民族的政治、经济和文化特点,制定自治条例和单行条例。对于民族自治地方的立法变通权,《立法法》第七十五条第二款规定,自治条例和单行条例可以依照当地民族的特点,对法律和行政法规的规定作出变通规定。对于民族自治地方的变通执行权和停止执行权,《民族区域自治法》第二十条规定,上级国家机关的决议、决定、命令和指示,如有不适合民族自治地方实际情况的,自治机关可以报经该上级国家机关批准,变通执行或者停止执行。当然,应当注意到民族地区的立法权、立法变通权、变通执行权和停止执行权不是无限扩张的,而是在程序、事项、条件、范围等方面受到法定规范和前置约束。

(二)地域:民族地区民间规范立法的现实维度

地方立法不同于中央立法之处就在于地方立法主要立足地方实际,着眼于解决地方现实需要,界域于地方行政管辖范围内,民族地区的地方立法很大程度上需要考虑民族因素和民族问题,尤其是充分考量民族民间政治、经济、文化、社会与生态的现实需要,不得不正视民族地区民间规范的现状、适用、效果等基本情形,特别是细致调查研究和精准把握民族地区少数民族对国家法律和民间规范的基本态度和认知情况,尤其是民族民间规范长期对当地少数民族的惯性动能,以及少数民族对传统民族民间规范的信仰程度和

---

[1] 民族地区具有广泛的立法权,除体现在多种类型的立法权力外,还体现在覆盖广泛的地域范围上,基于我国独具特色的民族区域自治制度,目前共建有5个民族自治区,30个民族自治州,120个民族自治县(旗)。其中,5个民族自治区、27个民族自治州和83个民族自治县(旗)在西部地区。

价值取向。另外,现实中出现民族习惯法或民间规范与国家法冲突,民族地区的居民更偏好选择民族民间规范解决纠纷争议的事实,促使立法者不得不从民族地区的地域维度考虑民间规范纳入地方立法的现实维度。比如:西部一些少数民族存在的"抢婚""偷婚"现象,对待结婚的合法形式多采用"宗教婚""民俗婚""摆婚宴"等仪式。又如:西部回族村落中也存在在被继承人死亡,没有继承人和受遗赠人的情况下,通常将死者的个人财产归入并非集体组织的清真寺,而不是由国家所有或集体所有。又如:贵州苗族、侗族的民族民间规范常常对一些严重违反习惯法的情形,惩处方式在罚物的内容和数量上有特殊规定,罚物多为米、酒、鱼、肉、钱,数量即学者徐晓光教授归结的"罚3个100"或"罚3个120"。再如:在回族等信奉伊斯兰教的民众中,受害方常常用侵害方交来的赎金用于"亡人"的施舍,以期通过施舍救赎"亡人"身前的小罪。① 众观我国法律史,除正统法律制度史和法律思想史外,在某种程度上也是一部以民族民间习惯和民族民间习惯法为内容的民族法律史,各民族法律文化构成了"多元一体"的中华法律文化,比如苗族的议榔制、侗族的款约法,瑶族的石牌法、傣族的村社制、景颇族的山官制、赫哲族的哈拉莫昆制、藏族的等级制、彝族的家支制等。在历史进程的岁月中,高速发展的自然科学技术、日新月异的网络数字经济、快速推进的城镇化发展道路,让一部分民族民间规范和习惯习俗退出历史舞台,但仍旧有许多民族民间规范和民族民俗文化保持旺盛的生命力,在行政管理服务和司法裁判调处中发挥解决问题和裁处纠纷的实际功能,这些民族民间规范在历史激荡的岁月中日久弥新,焕发出勃勃生机。比如清水江流域的契约制度,仍旧是当地少数民族对林地、土地、房屋等客体确权的重要依据和规制保障,尤其是清水江文书背后的诚信互助、严守诺言、遵从自然的民族文化心理可谓治理现代社会纠纷和争端的一剂良方。因此,民族地区的民间规范具有深厚的民族历史、民族心理、民族认同和民族实践基础,经过历史大浪淘沙的民族习惯法为民族地区吸纳民间规范进入立法活动提供了丰富的"地方性知识"。

(三)需要:民族地区民间规范立法的内生动力

人类社会产生至今,无论何种定分止争的方式,既源起于现实社会的需要,又回溯到纠纷冲突的场景,在国家和国家法产生之前的习惯和习惯法如此,在国家和国家法产生之后的官方法和民间法亦如此,"法律不是僵硬的教条",而是有血有肉的生命体,无论是"现实的法律"还是"看不见的法律"抑或是"行动中的法律"均来自于人类、组织、社会与国家的现实需要,需要是立法的内生动力。清代是少数民族建立的多民族统一政权,面对极为复杂的民族问题,尊重民族风俗习惯和宗教信仰,针对东西南北中的各个少数民族采取因地制宜、因俗而治的立法策略,专门设置管理民族事务的国家机关——理藩院,管辖蒙古、西藏、回疆、青海等地的民族事务,根据统治需要和民族实际,制定了一系列的民

---

① 王作权,马天山,马旭东.中国西部区域特征与法制统一性研究[M].北京:法律出版社,2009:194.

族单行法规,①甚至针对贵州苗疆等民族聚居地,制定并吸收民族民间规范进入国家法之中,②在国家大法中确立了"苗例"的合法地位。彼时的地方没有立法权,但中央政权基于统治需要,直接将苗例或改造后的苗例上升到国家根本大法之中。③ 这些无不体现和说明各种需要是地方立法的内动力。现代社会不同于清代,但历史上的民族民间规范是否随着历史潮流而全部进入记忆的故纸堆,仅仅成为史料供学界研究呢? 历史无法割裂,抽刀断水水更流,历史的影子依旧能够在当下发挥作用,民族民间规范在现代及未来社会中依旧会存在并发挥功用,实际上,现代复杂的社会纠纷、利益冲突、思潮激变,在"差序格局"的现实国情下,无论是行政管理还是司法审理,面对"书本上法律"的先天缺陷和调整不能,无时无刻不再寻思历史上可供使用、互补国家法的规则、习俗、精神、法理、道德、文化。众多案件通过民间规则进行裁处恰恰给立法者一个极大的命题:民间规范是否能立法? 如何立法? 痛点为何? 出路在哪? 既然现实需要民间规范,这就给民间规范进入立法活动创生了内在刚需,学界不应再纠结"习惯法是不是法""习惯法是不是良法"等"一元化法律思想"的桎梏,而应该探求民间规范进入立法的必然性、可行性和有效性。近年来,民族地区发生的纠纷与冲突案件,尤其是涉及民族习俗文化的案件,最后大多数在遵循国家统一法治前提下,通过恰当引入民族民间规范,才得以顺利圆满结案,取得了政治效果、法律效果、民族效果、社会效果的统一,行政管理和司法审理的现实需要倒逼立法者慎思考量民间规范地方立法的内在动因,为民族地区民间规范立法创造动力条件。

二、民族地区民间规范立法的现实困境

(一)地方立法权力的限制性

就立法前提而言,我国《立法法》和《民族区域自治法》规定民族自治地方享有地方立法权、立法变通权、变通执行权和停止执行权。但应当注意到民族地区的地方立法权并不能无限扩张,而是遵循国家统一法治前提下附条件的立法权。民族地区的民间规范进入地方立法必须既要遵循民族地区的特殊性和灵活性,更要坚持国家法治的统一性和完整性,民间规范作为下位法,不能与处于上位法的宪法、法律、行政法规的基本规定和基

---

① 例如,针对青海蒙藏民族地区制定《禁约青海十二事》《番例条款》;又如,针对新疆制定《回疆则例》《新疆条例》;再如,针对西藏制定《西藏善后章程》《钦定西藏章程》等。
② 清政府对南方苗族并未制定单行专门法规,而是在国家大法《大清律例》(乾隆五年版)专门制定 24 个条例,清人薛允升所著《读例存疑》记载有关苗疆地区的条例为 36 个,其中 12 个是乾隆五年后增加的规定。《大清律例》有关苗族的专门条例实际上就是对南方苗族少数民族聚居区民族民间规范的转换立法,其动因便是清代中央政权极力加强苗疆控制力,扩大实际统治的立法需要与司法需求。
③ 乾隆五年本《大清律例·断罪不当·条例》规定:"凡苗夷有犯军流徒罪折抑责之案,仍从外结,抄招送部查核。其罪应论死者,不准外结,亦不准以牛、马、银两抵债,务按ค定拟题结。如有不肖之员,或隐匿不报,或捏改情节,在外完结者,事发之日,交部议处。其一切苗人与苗人自相争讼之事,俱照苗例归结,不必绳以官法,以滋扰累。"

本原则相冲突,否则,即使立法通过,亦可以根据《立法法》第九十七条的规定,对其进行改变或撤销。如果国家法能够规范和解决的问题和事项,就由国家法统一规范,没有必要对民族地区民间规范进行单独特殊立法,即只有在国家法的确有缺漏,无法顾及民族地区特殊实际情况和现实需要下,民族自治地方才具备行使地方立法的实质条件,同时,民族地区民间规范的立法必须针对本地域范围内特殊的政治、经济、文化、社会、生态等现实特点和地域需要,不能任意扩展立法界别和立法论域。

就立法形式和立法程序而言,根据《立法法》第七十二条第一款、第五款和第九十八条第一款第二项的规定,如果民族地区民间规范采用地方性法规的立法形式,其制定主体是民族自治区或自治州的人民代表大会及常务委员会,程序采用双备案制,即同时报全国人民代表大会常务委员会和国务院备案。根据《立法法》第八十二条第一款、第九十八条第一款第四项的规定,如果民族地区民间规范采用地方规章的立法形式,其制定主体是民族自治区或自治州的人民政府,程序采用双备案制,同时向权力机关和行政机关备案。根据《立法法》第七十五条、第九十八条第一款第三项的规定,如果民族地区民间规范采用自治条例或单行条例的立法形式,其制定主体是民族自治区、自治州、自治县的人民代表大会,而非人民代表大会常务委员会,批准程序较为复杂,自治区的自治条例和单行条例由全国人大常委会批准,自治州和自治县的自治条例和单行条例先由省、自治区、直辖市的人民代表大会常务委员会批准,后报全国人民代表大会常务委员会和国务院备案。采用自治条例和单行条例比地方性法规和地方规章更为复杂,其批准生效权并未在民族自治地方的权力机关,而是在全国人民代表大会常务委员会之中。更为诟病的是,自治州和自治县制定的自治条例和单行条例要由省、自治区、直辖市的人民代表大会常务委员会批准生效,严重制约了自治州、自治县发挥地方立法的能动性,故一些学者提出将此"批准制"改为"备案制"的建议。①

就立法内容而言,针对地方性法规和地方政府规章,根据《立法法》第七十三条和第八十二条的规定,民族自治区享有三种类型的立法内容,其一是执行性立法内容,即为执行法律、行政法规、地方性法规并结合本行政区域实际情况而作出具体的立法内容,此种类型难以成为吸纳民族民间规范"入法"的形式。其二是创设性立法内容,即针对地方性事务而创制设立的立法内容,此种类型是民族民间规范"入法"的基本形式。其三是先行性立法内容,即除去只能由全国人民代表大会及其常务委员会制定《立法法》第八条规定的十项立法内容外,其他事项国家尚未制定法律或者行政法规的,自治区、自治州根据本地方的具体情况和实际需要,可以先行制定地方性法规,此种类型是民族民间规范"入法"的创新形式,当然,此种立法内容是附条件附期限的,即如果国家制定的法律或者行政法规生效后,地方性法规同法律或者行政法规相抵触的规定无效,制定机关应当及时修改或者废止。针对自治条例和单行条例,自治条例的内容涉及民族区域自治的基本组

---

① 王允武.中国少数民族自治地方自治立法研究[M].成都:四川人民出版社,2005:70-71.

织原则、机构设置、自治机关的职权、活动原则、工作制度等重要问题,可谓民族自治地方的"小宪法"。单行条例的内容涉及民族自治地方的某一方面的具体问题。就内容而言,自治条例较为宽泛概括,主要涉及民族区域自治的基本主体、基本原则、基本制度,就较为细化具体的民族民间规范而言,采取自治条例的立法形式不太适宜,单行条例较为具体专一,主要针对民族自治地方的某一类问题进行立法,较为适合民族民间规范的立法需要。①

(二)民族民间规范的复杂性

民族民间规范不同于成文法典和成文法律规范,具有历史性、地域性、民族性、多样性、变化性、相对性等基本特点。我国自古就是一个统一的多民族国家,各民族共同创造了灿烂的中华文明,产生了诸多民族法文化。1949年后,党和政府高度重视民族问题和民族工作,1953年,全国人大民族委员会和中央民族事务委员会组织进行全国性的民族识别调查,1956年又开始少数民族语言、少数民族社会历史调查。在开展民族识别时,曾经提出我国有两千多个民族类别。尽管最终确立五十六个民族,但亦反映我国民族文化的博大精深,体现民族民间习惯的复杂多样。其一:就形式而言,我国民族民间规范的形式有文字型、口述型、纸质型、碑刻型、契约型、图画型、歌曲型、故事型等。② 其二,就内容而言,我国民族民间规范的内容可谓无所不包,囊括了生产、生活、交往、贸易、环保等方方面面,构成了"意义之网"下的民间法则,涉及物权、债权、婚姻、家庭、继承、契约、劳动、犯罪、诉讼等多种法律关系。其三,就民族而言,各民族在社会发展历史进程中,根据现实需要和外在因素,自发或被动产生各具自身特色的民族民间规范,这些民间规范具有浓郁的民族属性,凝集了民族自身的历史、宗教、文化、风俗、习惯、心理等因素。其四,就地域而言,可谓"十里不同风,百里不同俗",东西南北中各个地域的民族民间规范差异性较强,既源自于民族民间规范产生的自然地理环境,又根植于民族文化基因和生产发展需求,正如孟德斯鸠所言:"法律还应该顾及气候的寒冷、酷热或温和,土地的质量,地理的位置,疆域大小,以及农夫、猎人或牧人等民众的生活方式等等。法律还应顾及基本政治体制所能承受的自由度,居民的宗教信仰、偏好、财富、人口多寡,以及贸易、风俗习惯等等。"③尽管孟氏所指法律主要是国家法,但民间法亦具有上述特性。其五,就宗教而言,民族民间规范与民族所信奉宗教的教种教义息息相关,实际上,我国民族民间规范是与民族所信仰宗教交织为一体,尤为突出的是以回族为主信奉伊斯兰教的民族规范,几

---

① 根据统计,截至2011年,我国有137个自治地方制定了自治条例,民族自治地方颁布的单行条例共565件,变通规定和补充规定75件。五大民族自治区均尚未制定施行区一级的自治条例。说明单行条例是民族自治地方主要采用的立法形式。李鸣.中国民族法制体系的构建[M].北京:中国政法大学出版社,2012:70.
② 我国55个少数民族中,除回族一直使用汉语、满族在近代多专用汉语外,其他53个民族都有自己的语言。55个少数民族中,有21个民族有自己的文字系统。李鸣.中国民族法制体系的构建[M].北京:中国政法大学出版社,2012:82.
③ 孟德斯鸠.论法的精神:上[M].许明龙,译.北京:商务印书馆,2012:15.

乎就是将圣训《古兰经》作为民间规范的法源,从而衍生出众多具有伊斯兰教特色的民间规范。比如:阿訇诵读"尼卡哈"便是婚姻关系成立,得到众多亲友认可的关键仪式。又如:清真寺阿訇每周五"主麻日"进行"卧尔兹"演讲,通过演讲阐释伊斯兰教与民族习惯法。① 再如:元代蒙古习惯法创制"征偿制度",元代政府还试图将其变为通行全国的法律,主要受到佛教教义和儒家思想的影响,其主要形式为"烧埋银",《元史·刑法志》:"诸杀人者死,仍于家属征烧埋银五十两给苦主"。基本意思是罪犯为弥补罪过罪行,向被害人或其家属作出物质赔偿,金额一般为白银五十两,用于被害人的丧葬费用。就心理而言,各个民族对民间规范的心理差别是客观存在的,包括各个民族对民间规范的认知、态度、了解、支持、反对、情感、需求等心理要素,导致民族民间规范日趋复杂,比如:清水江流域的苗族就极为重视契约精神,明清以降,均主张通过民间契约规范调整各种纠纷争议。又如:清水江流域的侗族就极为重视石头法和款碑的效力,栽岩埋岩成为其信奉民间习惯规则的心理取向。再如:清水江流域的瑶族长期信奉并依靠"油锅"组织发挥社会职能作用,通过"油锅"组织实现部族之间、成员之间相互关怀、互相帮助、共渡难关,时至今日,仍为广大瑶族群众竭力拥戴,显示出古老的"油锅"组织具有顽强生命力。②

(三)国家社会流动的糅合性

现代世界的发展速度超过了人类历史上的任何时期,我国更是取得举世瞩目、国际公认的"中国速度"。国家迅速发展和社会快速流动不断促进自然地域的融会贯通,不断促进人群族际的交往交流,不断催生边际文化的互动融合。二十世纪之前,我国民族地区之间相对独立,地域性民族特色极为突出,进入现代后,尤其是我国正在进行人类历史上规模最宏大、影响最深远的城镇化为国家社会人群之间的流动交往提供了强大动力,"十三五"期间我国常住人口城镇化率将达到60%,户籍人口城镇化率将达到45%。未来20年,我国近七亿农业人口将市民化,西部民族地区积极实施城镇化带动战略,大量农村人口逐步转移到城镇,改变着传统城乡"二元化"结构,影响到经济结构、产业形态、生活方式、社会管理等诸多方面,打破民族地域旧有秩序和社会结构,影响民族地域法文化与民族民间规范。一方面就是"走出去",即民族地区的少数民族逐步走出世居赖以为生的地域范围,走到多元文化聚集的城镇之中,民族法文化和民族民间规范深深受到国家统一法律制度和法治文化的影响,一定程度上改变或修正着少数民族沿袭许久的民间规范意识态度和民间规范适用准则;另一个方面就是"引进来",即外来多元一体的制度和文化逐步扩展到少数民族世居的地域范围,国家法与统一法文化逐步扩充到少数民族地区,通过依据国家法而进行的立法活动、行政管理、司法裁判逐步更新和取代传统的民族民间法则。乡土社会是传统而典型的礼治社会,民族地区从古至今多处于乡土社会之

---

① 王作权,马天山,马旭东.中国西部区域特征与法制统一性研究[M].北京:法律出版社,2009:199.
② 邹渊.贵州少数民族习惯法调查与研究[M].北京:中央民族大学出版社,2014:372.

中,实际上民族地区的"准据法"是融合了民族民间规范与礼治规范的统一体。所谓礼治就是对传统规制的服膺,行为者对这些规则从小就熟习,不问理由而认为是当然的,长期的教育已把外在的规则化成了内在的习惯,维持礼俗的力量不在身外的权力,而是内心的习惯。① 因此,习惯为主的民族民间规则是乡土民族社会的秩序保证和裁判依据。但现代高速发展的社会进程,族际民族人口的快速流动变迁,已经使这一套规范受到影响甚至挑战,给民族民间规范的地方立法带来诸多冲击与影响,留给理论界和实务界思考的选择题是,要么抱残守缺,要么盲目保守,要么与时俱进。

三、民族地区民间规范立法的路径设计

(一)顶层设计:正视和明确民族民间规范的立法地位

民族地区的民间规范真包含于民间法,交叉于习惯法,具备民间法和习惯法的基本属性,当下理论界和实务界对民间法和习惯法的地位属性尚未达成一致意见,但不可回避的是民族民间规范从古至今都客观存在,在当代行政管理和司法裁处中依旧发挥积极的作用,尤其在涉及民族事务、宗教事务,在国家法缺漏和调整不能的情况下,突显民族民间规范的适法地位,既然如此,为何还要固执己见的抱着"法律一元论"贯穿于我国的现代化法治进程?对于包括民族民间规范在内的民间法和习惯法在顶层设计上,我们既要反对对现代文明绝望的复古主义思想,又要反对极端民族主义和西方文化中心思想。反对民族民间规范纳入立法的主要理由包括:其一是认为如果将民族民间规范纳入立法活动,成为国家立法的正式组成部分,会影响和冲击到国家法治统一体制。其二是认为民族民间规范尽管在历史上发挥一定的定分止争功能,但其同样有血腥、残酷、低俗、不公、野蛮的一面,以致难登"高大上"的现代法律体系之中。其三是认为民族民间规范已经落后于现世社会需要,难以入法,即使纳入立法之中,也仅仅是备而不用。反对论者的理由有一定的道理,但其背离了民族民间规范地方立法的定位和界定。首先,民族地区民间规范立法的前提就是在遵循宪法、法律、行政法规的前提下,维护国家法治统一的基础下,探索民族民间规范纳入地方立法的可能性、可行性、可用性,我国历史上无论汉族政权还是少数民族政权都极为重视民族地区的立法,甚至吸纳民族民间规范纳入国家大法之中,确立民族地区适法的特殊原则,就施行效果而言,并未冲击到国家法治统一,相反,在一定程度缓和了中央政权与少数民族地区之间的冲突,实现了"和平治理"的效果,达到了"法治统一"的目的。我国的《宪法》《民族区域自治法》《立法法》都赋予了民族自治地方广阔的立法权,同时以给民族自治地方吸纳民族民间规范进入立法的机会和可能,立法并未明确规定禁止采用民间规范进入立法活动。其次,任何事物都具有两面性,

---

① 费孝通.乡土中国[M].北京:人民出版社,2008:68.

不可否认,民族民间规范是有不符合当下社会发展需要的陋俗陋规,甚至存在与国家一体化法律制度相出入和相冲突的民间规范,但基于立法的严肃性、规范性、合法性,对于已经不符合当下需要的民族民间规范自然也就不再纳入立法活动的考量范围,同时,民族民间规范依旧有不少合法合理,甚至优于国家法的概念、制度、规则、习惯,可供立法需要,以便补充国家法之不足。最后,对于所谓民族民间规范即便纳入立法,也仅仅是备而不用的观点,笔者不敢苟同,立法是国家法治体系运作机制的起点,科学立法直接关系到依法行政、公正司法和全民守法,因此,凡是纳入立法活动,经过立法机关和立法程序成为立法内容的民族民间规范肯定是有其现实和未来的存在需求,能够为行政、司法和守法作出积极作用,《民事习惯调查报告录》和《中国民事习惯大全》已经在历史实践中证明了民间规范发挥了极为广泛的积极作用,而不仅仅是象征主义和"泛法律工具主义"。

(二)关键步骤:厘定和明晰民族民间规范的立法步骤

2010年我国已经形成具有中国特色的社会主义法律体系,意味着具有我国特色的立法制度基本形成,我国的立法层次、立法程序、立法技术、立法解释、立法质量、立法规划、立法监督等方面已经取得长足的进步。党的十八届四中全会提出全面推进依法治国,建设社会主义法治体系,一方面意味着我国的立法宗旨已经由"有法可依"转变为"科学立法",另一方面意味着党和国家将会对民间规范采取更为包容开放的态度。对于民族地区民间规范的立法步骤,其一是广泛充分做好民族地区民间规范的调研工作,开展类似于二十世纪30年代和50年代进行了民族习惯和民族社会历史的调查工作,彻底精准把握我国各个民族自治地方民间规范的历史、现状、概念、种类、内容、特点、性质、地位,为民族地区民间规范立法准备好基础素材。其二是充分论证民族民间规范纳入地方立法的必要性、可行性和计划性,在立法规划和年度立法中考量某些或某类民族民间规范纳入立法项目的基础条件和效果评价,论证中不仅仅是书面论证,还需要进行大量细致卓有成效的田野调查,对民族地区少数民族和非少数民族,对非民族地区的少数民族和非少数民族做好问卷调查,总之,作为立法论证必须征求方方面面的意见和建议,采取云计算、大数据等技术手段进行采集、汇总与解析。其三是依法科学编制立法文本,在立法文本中,详细阐释民族民间规范特有的概念、制度、习惯、原则,明确立法的基本原则和适法的基础条件,采纳适当的列举法、归纳法、结合法进行法条构建,对立法文本的结构体系、语言表达、逻辑层次等立法技术开展深入研究和论证。其四是明确民族地区立法形式,在充分比较自治条例、单行条例、地方性法规、地方性政府规章几种立法权限和立法内容的基础上,针对所立民族民间规范的内容、适用、范围、条件、性质等因素确定最佳的立法形式。其五是采取形式多样的渠道和方式征集立法文本的意见、建议、批评,举办听证会、论证会、座谈会等形式进行交流、商谈、沟通,尤其是注重专家意见和民间意见。最后就是对立法文本进行修改完善,按照所采立法形式的法定程序进行通过、公布、批准、备案等活动。

(三)机制措施：监督和保障民族民间规范的立法质量

立法是一项最为考验民族智慧的活动,立法不可能尽善尽美,也不可能一蹴而就,对立法的监督和保障必不可少,以期实现立法质量的最大化。就监督机制而言,其一是强化人民代表大会及其常务委员会的立法监督地位,做好事前、事中和事后的立法监督工作,建议人大及常委会设置立法监督机构和立法监督人员,实现民族地区民间规范立法的监督专职化与专业化。其二是形成上下级人民代表大会及其常务委员会的立法纵向监督机制,同时强化行政机关、军事机关、司法机关等主体对立法活动的横向监督机制。其三是设计好、实施好、保障好公民、法人、社会团体、社会组织等民间力量监督民族地区民间规范立法活动,确保做到"传递好人民声音""表达好人民意见""扩大好立法朋友圈"。其四是运用好法定的立法监督方式,通过备案、批准、审查、改变或撤销的监督方式实现对立法文本的全程监督、全领域监督、全方位监督,避免出现"挂一漏万"。其五是协调好各民族地区民间规范立法的监督工作,处理好立法内容相同而因地区差异出现的立法纠纷,处理好民族民间地方立法与国家立法之间的冲突差别,处理好民族民间规范入法后非入法民族民间规范的地位界定。就保障机制,其一是在立法机关建立一支专职化、专业化、专门化的立法机构和立法队伍,提高民族民间规范地方立法的专业水准。其二是完善补充《立法法》和地方《立法条例》,明确民族民间规范立法的合法地位。其三是制定明确具有我国特色的地方立法质量标准体系和测评标准,探索一套合法合理,更符合地方实际需要的立法质量保障程序和评判数据体系,实现"第三方测评"和"用大数据说话"。[①] 其四是思考探索民族地区区域性一体化民间规范立法制度,打破地方行政区域限制,实现跨区域民族民间规范的立法路径。其五是思考运用包括规范性文件在内的"软法"扩大民族地区民间规范的立法形式。

结　语

立法是一个极为严肃、极为规范、极为审慎的法律实践活动,民族地区的立法活动基于浓厚的民族因素而更加特殊,尤其是面对民族民间规范这一特殊对象,因其具有形散神聚、纷繁复杂、地域有别、民族特色、历史溯源等特点,进一步加大了民族地区民间规范立法的难度、程度、准度、信度,面对民族地区民间规范的立法需要,我们既不能一蹴而就地盲目冒进,亦不能视而不见地消极对待,而应该在维护国家法治统一前提下,采取因地制宜、因需而用、因俗而治的立法策略,有的放矢地启动民族地区民间规范的立法活动,

---

[①] 重庆市人大常委会在地方立法质量评价方面进行了积极有益的探索,对多个已施行或纳入立法规划的立法项目进行了立法评价工作,同时制定了较为严密、科学的地方立法质量指标体系,实现了地方立法质量评价工作的制度化建设。重庆市人大常委会委托西南政法大学俞荣根教授领导的课题组已经完成地方立法质量评价指标体系研究。俞荣根.地方立法质量评价指标体系研究[M].北京:法律出版社,2013.

不断推进民族地区民间规范有序科学立法,健全民族地区立法体系,实现民族地区民间规范有效补充国家规范的目的,构建民族地区纠纷解决和社会治理的多元协调性有机法源体系。

The Realistic Dilemma and Path Design of Folk Law Legislation in Ethnic Minority Areas

Cui Chao

Abstract:Legislation is a very serious and prudent legal activity. Compared with the legislation of the national law, the legislation of folk law has its own conditions, individual pain points and strategies. The legislation of folk law in ethnic minority areas has both beneficial factors and practical difficulties. The multi-level legislative power, the folk tradition, the custom inertia and the realistic dispute resolution need to be the driving force in the national autonomous areas. It is difficult to restrict the legislative power, regulate the civil norm, complicate the complex and change the region rapidly. From the legislative history of folk norms in ethnic minority areas, ethnic minority areas face the norms of civil legislation status, civil norms in minority areas determined legislative steps, strengthen civil norms in minority areas legislation supervision, actively explore China's civil norms of local legislation.

Key Words:minority areas; folk norms; local legislation; realistic dilemma; path design

从独白的价值到共识的价值[*]
——民间规范价值建构的基础与纬度

李 杰** 王 亮***

摘要: 价值构建是法治建设的重要内容,但是目前的价值研究呈现出"独白式"的特点,忽视价值体验,其理性人的假设造成了对真实的人的消解,进而导致价值体验虚无而价值失序。现代社会治理的价值构建必须从独白的价值论转向共识的价值论,才能真正构建深入人心的共识的价值体系。本文认为,民间规范具有实践性、历史性、程序性的根本性质,是共识的价值构建中的主要载体和核心力量。具体来说,在秩序、自由、正义的构建中民间法发挥着不可替代的作用。

关键词: 民间规划;社会治理;共识价值

一、法治社会的价值构建困境

(一)价值研究的一个疑问

近年来,诸如"扶不扶""中国式过马路"等公民道德缺失的事件不断出现在基层社会中,印证了"社会生活日趋多元化、碎片化和无中心化,个体主义几乎成为一种最具广泛共识的信仰"[①]的论断,值得追问的是,在经过几十年的法治建设和普法教育,在社会主义法治体系基本形成的情形下,为什么会出现这样的情形?法治作为主导社会的制度形式,其价值构建的理念和实践出现了什么问题?这是我们不得不反思的。

1.价值教化多于价值体验,价值体验缺失导致价值的虚无

首先值得反思的是价值体验的缺失。在实践中,社会主义核心价值观停留在宣教层面,公民接收到的是抽象的概念,而没有良好的价值体验;在学术研究中,价值论的研究围绕价值的本质、价值的属性、价值的表现形式类型化和价值的冲突等问题展开,往往从主客体关系的角度研究价值,这独白式的价值论导致的就是法价值的纸面化,法的价值

---

* 基金项目:国家社科基金重大项目"民间规范与地方立法研究"(项目编号:16ZDA069)。广东省教育厅青年创新人才类项目"基层治理法治化背景下的社会自治规范研究"(2017WQNCX038)。
** 李杰,法学博士,广东外语外贸大学广东省地方立法研究评估与咨询服务基地研究员。
*** 王亮,法法硕士,中共湖南省委直属机关党校讲师。
① 江必新,王红霞.法治社会论纲[J].中国社会科学,2014(1).

止步于认知层面而不能进入体验层面,静止的应然的价值体系理论研究陷入自说自话的独白,"社会主义核心价值体系因独白的传播方式而陷入认同困境"。体验不同于认知,"体验在客观把握之外更根本的特性是对事物的经验感受,价值未经过体验对于主体来说就是一个'虚值',只有经过认知、感受、反思的体验过程,才能使价值成为主体的'实值'"①。价值研究在范畴、分类等"静态"层面的概念严密性的研究,事实上是一种涂尔干式的集体意识对个体意识的压制,尤其表现为移植的现代法价值对传统文化及价值的压制,事实上"强求在我国文化传统中从来无本无源的自然法信仰,构建某种意识形态"②。在现代社会的情景下,价值应当正当性不应来源于传统继承或者某种强势话语的压制,而应当是基于个人的内在需求的价值体验。

随着法治建设的不断深入,法不得不在日常生活行为结构中脱去意识形态色彩,浸润入人的生活实践的细节,愈来愈体现为"人类交往结构的表象"③,与革命的意识形态相配合的法律哲学与"法治"的要求是不相容的④。普遍的法价值必须通过特定的形式表现出来,脱离具体情景、只能认知而无法体验的法价值是难以扎根社会的。这就要求我们反思对于现代法价值理论范式的认识和定位。

2. 价值论形塑了"理性人",消解了真正的人

如果我们进行更加深入的思考就会发现,价值论深层困境在于谁是法治价值体验的主体?主体的价值论,而不是人的价值论。价值作为主体需要的表达,通过价值人才与对象世界发生联系或者互相作用,而"真正弄清价值或者'需要'的特点及实质,以及'需要'的产生、变迁和实现过程,必须从完整的、具有丰富规定性的人本身出发,而不能只从人作为'主体'的存在方式或功能身份出发"⑤。法的价值理论将人预设为理性启蒙之后的理性人,实际上消解了真正的"人"。这种以人为"主体",客观世界为"客体"的主客二分为基础构建的价值论隐含的一个问题就是人不再是年龄、身份、性格等因素共同构建的一个生命体,而只是经过抽象化概括而成为"人的某种由特点关系所规定的存在方式或功能身份(角色)"⑥,这种存在只是人的存在方式之一,而不是一个完整的人。是一个从整体到部分、从完整到片面的过程,造成的是对真实的人本身的拒斥和消解。古典自然法将人假设为霍布斯式"丛林之狼",卢梭式"道德公民",经济分析法学的基本逻辑起点是经济理性人,实证分析法学的人化作了逻辑"范畴"。但是人不能用一些假想的理论来简单描述,人是处于"生活世界"中的活生生的生命,既非绝对的道德人亦非绝对的理性人。一旦离开上面的理论假象的模式,回到社会实践中,人不再是理性人而是一个完

---

① 谢晖. 心理体验与法律价值的整合[J]. 宁夏大学学报(社会科学版),1997(1).
② 季卫东. 程序比较论[J]. 比较法研究,1993(1).
③ 谢晖. 法律的意义追问——诠释学下的法哲学[M]. 北京:商务印书馆. 2003:13.
④ 薛军. 良法何在?——论法治的价值基础[J]. 比较法研究,2001(4).
⑤ 赖金良. 哲学价值论研究的人学基础[J]. 哲学研究,2004(5).
⑥ 赖金良. 哲学价值论研究的人学基础[J]. 哲学研究,2004(5).

整的人,基于人独立于世界的自由、基于效益成本分析而构成的秩序、以"无知之幕"蒙蔽为前提的公正等价值就失去场域了,也失去了价值引导的作用或者价值引导的力度大打折扣,所以才会出现价值虚无导致的最终不良社会现象。

(二)从独白的价值论到共识的价值论

教化式的价值建构忽视了人的整全性,无法实现价值体验,导致"个体价值渐次遮蔽社会主义核心价值最终社会价值共识虚无的状态"[①]。因此必须在静态的从范畴、类型、作用上的价值建构之外开辟一个新的在实践的历时性行动中价值体验、交往中的价值共识价值论维度。不同主体通过交流协商而形成共同规则、达成一致,在这种规则的达成、执行、反思等实践让个人对价值的同化和内化,将抽象的人还原成真实的人,将价值认知深入价值体验中,社会价值共识才能为法治提供稳固的和权威的价值基础。这样的价值规范才能真正构建公正合理的价值体系和社会秩序。

价值观不是通过某种先验的抽象的原则演绎出来的,它生成于历史之中,价值建构不可能在"无知之幕"的遮蔽下靠教化式的呼唤和启蒙能够完成的,它是"沉浸了悠久的历史智慧后所组成的关于自我与他者、个体与群体的共识"[②]。首先,价值构建的历程中,社会成员是平等参与其中而不是被教化的,尊重不同群体的不同价值,共识以尊重异见为前提。其次,价值构建"不是直接裸露的、某种现成的存在,它是需要人们积极澄清或追求而'形成、达致'的结果"[③],必须经过以共识为目的的交流、批判、妥协、反思、改进等历程。最后,价值不是凝固不变的而是历时的变化的,每一种观念都会被人们依据自己的生活世界形态并随着生活实践形态的变化进行不同的表述。

"法治国家、法治社会、法治政府一体建设""树立法治信仰"等等法治话语的变迁凸显了国家治理从"系统整合"向"社会整合"迈进,"经由法治国家向法治社会的衍生"[④]的急迫需求。法治体系远远没有达到凝聚社会需要的的程度,实在法规范之外的价值构建已经成为社会复杂性提高后国家治理能力完善的紧迫任务。但是我们回到问题本身审视就可以发现,法的价值必然体现为自由秩序公正等这些源于西方近现代革命的话语,但并非必然局限于这些话语,这些话语往往是"超验的、抽象的自然法理论无法在保持价值多元的前提下证明其自身的妥当性,因而不得不将某种隐蔽的特定的价值观立场宣称为具有普遍性的价值。"[⑤]中国语境中的现代社会价值构建必然与中国情境中,结合我们正在进行中的实践因素的价值构建。"真正意义上的抽象价值与伦理实践,需要远为复

[①] 秦小建.价值困境核心价值与宪法价值共识[J].法律科学,2014(5).
[②] 薛军.良法何在?——论法治的价值基础[J].比较法研究,2001(4).
[③] 沈湘平.价值共识是否以及如何达成[J].哲学研究,2007(2).
[④] 卓泽渊.论法治国家[J].现代法学,2002(5).
[⑤] 赖金良.哲学价值论研究的人学基础[J].哲学研究,2004(5).

杂的本土参与的文化建构"①,而也正是在这里,我们可以看到民间法的价值构建的必要性。

二、民间法价值构建的基础

(一)实践性

民间法不再把法的价值视为绝对的孤立的存在物,而将法的价值的探索深入日常生活中。法的价值构建就不在是一个认识问题,而是一个实践问题,民间法在运作过程中让参与者体验价值,使价值摆脱现成固定的理念的存在方式,通过反复践行并进行反思重构进而真正实现其动态的、过程性的价值共识构建。

在这里所指的实践并不是指一般的吃饭睡觉等日常行动,而是一个交往性的行动,②民间法的实践过程是自发的与他人交往的活动,它与一般的行为的重要的不同在于它的后果不仅仅取决于行动者,而且也共同取决于行动对象。民间法就是这样一个交往的过程民间法是民众的生活规则,与居民日常生活实践紧密结合,民间法在于对民众日常实践的需求满足,通过共同的参与来实现秩序,通过沟通的方式将民众组织成为一个共同体,在共同规则中集体实践,形成集体行动,"民间法与国家法的最大区别即在于国家法是先有法再有执行,而民间法是先有实施,直到成为习惯并具有法的效力才成为了'法'"③,在这里,民间法的产生、实施、执行都是基于人的交往共识的实践行为。在民间法的视野中,价值就不再是思维的产物,在日常生活中孕育的生产并作用于日常生活的,"无论是主体把自身的欲望、需要和目的对象化到客体的身上,还是客体通过自身的属性和功能来影响和改造主体,最终都要在动态的过程当中来显现。"④也只有在这样的一种实践中,社会成员才能真正获得良好的价值体验。例如在社区治理中,产生于邻里互动中,在运作发展中的民间法允许每个人都能直接参与意见表达,同时规则也在随着交往结构的转变而修订,在这个过程中,居民所体验规则给他们带来的秩序井然、行为自由⑤。已有研究表明,民间组织和民间规范健康繁荣的小区往往是居民在自由、秩序、公平正义等方面满意的社区。而相反,缺乏民间组织和民间规范的小区往往居委会、政府的治理成本较高,并且居民缺乏良好的价值体验。因此社区治理中纠纷解决、社区服务、流动人口治理等工作不得不指向重建民间组织和民间规范。

---

① 李猛.论抽象社会[J].社会学研究,1999(1).
② 阿伦特将行动分为劳动、生产和行动三种模式,正是看到了这一点。劳动和生产这两种活动都涉及的是人与自然的关系,而只有行动才涉及人与人的关系,阿伦特所谓的"行动",就是亚里士多德意义上的"理论、实践、生产"分类中的实践。张汝伦.作为第一哲学的实践哲学及其实践概念[J].复旦学报(社会科学版),2005(1).
③ 王文.为民间法辩护[J].社会中的法理,2013(1).
④ 朱晓东.实践价值论与价值哲学的变革[D].长春:吉林大学,2009.
⑤ 黄晓星.社区运动的'社区性'——对现行社区运动理论的回应与补充[J].社会学研究,2011(1).

(二)历时性

历时性和共时性,是索绪尔提出的一对术语,指对系统的观察研究的两个不同的方向。索绪尔语言学中的共时性是指审美意识能够在撇开一切内容意义的前提下把历史上一切时代的具有形式上的审美价值的作品聚集在自身之内,使它们超出历史时代、文化变迁的限制。这种共时性在法治中体现为超越语境的排除历史因素的法治形态,如伏尔泰所言:"如果你想要好的法律,那么就烧掉现有的一切法律,成为全新者。"而法律价值的共识性就表现为预设人的理性超越历史,相信只凭借理性可以为自己立法。而民间法与此相反,是在不断在发展的,是一个重视每个人、每种文化的"前见",通过协商而形成的共识规范。它吸纳不同主体的价值取向,是一个通过不断反思整合这些"前见"而不断再生形成价值共识得过程。

历时性的特点为民间法提供了新陈代谢的机制,在与历史变迁中不断地再生产过程,自然淘汰旧的落后的规范,生产新的符合当下需要的规范,也吸收新的价值、淘汰已经落后于集体共识的价值,这就为传统价值与现代法治价值的融合提供了空间。这就为本土文化与现代价值观念共同参与而构建出本国本地特色的价值形式开辟了空间。在民间法的视角看来,文化没有等级,中西文化的融合在于民间法的再生过程。例如在城市社会治理中的社区民间组织,在激发自由民主意识的同时实现传统集体伦理的再生,将独立自主为根基的现代法治与服从秩序为核心的中国文化结合。在这样的治理实践中,参与者的自我意识的觉醒并不会破坏交往秩序,反而会激发更大的秩序需求,同时感受体验现代独立意识与传统文化和谐秩序。民间法的历时性特点也使民间法的价值体验发生于纠纷和解过程中,如前面举的社区治理的例子,社区民间规范让居民能够及时表达意见,将自己的理解融合如集体共识中,而且其适用过程是开放的,允许不同意见的表达,纠纷分歧都可以及时反思整合吸纳进入规则之中,这样民间法就与参与者的实际需求和价值体验保持动态的一致,为价值的共识奠定了基础。

(三)程序性

程序性是民间法的生成、运作的基本特点。民间法的程序性往往简略、易于变通,"程序简单、便于操作是其最大的优势,程序简单进而亲民、令人没有压迫感,纠纷解决方法符合人们日常行事逻辑和惯例,能够更快地解决纠纷,也能较好地令人们能从心理上接受处理结果,从而节约纠纷解决成本,提高纠纷解决结果的执行力。"但是,程序简单不等于程序虚无,这一点我们通过民间法"以言行事"的语言特点可以看到。

现代语用学的视角来看,语言是可以达成理解并实际发生作用的。英国语言哲学家奥斯汀(J. L. Austin,1911—1960)①将语言分为了"话语行为"(locutionary act)、"话语施事行为"(illocutionary act)和"话语施效行为"(perlocutionary act),这就为"以言取效"的命令话语之外的"以言行事"的交流话语展示了的可靠的规则性的一面,"这种语用学的发现向人们昭示,语言不仅可以描摹自然状态和表达胸臆,而且可以用来'做事',即协调人际关系和建构社会事实。反过来说,我们一直以为许多'客观的'社会关系和社会事实,实际上不过是我们通过言语建构起来的,而只有以言行事的言语行为所建构的社会关系和社会事实才对我们不具有异己和压迫的性质。"②在这里我们可以看到,相较语言达到命令的指涉和强制的效果的"以言取效"是实在法的特点。而"以言行事"是民间法的基本特色,即以交往为目的,以达成共识为手段,通过言语达到指向完成事物的共识。虽然民间法与实在法二者所有不同,前者是以言行事而后者是以言取效,但都没有摆脱"言"的形式,而形成语言的过程必然是反思的过程。因此,民间法源于具体的生活经验但并不等于民间法就是生活经验本身。民间法并不是故意捏合散落在社会中的生活碎片,而以一种理性的态度规范人所处的社会生活,只是其秉持的理性思维是与国家法目的理性所不同的交往理性。因此,民间法与生活经验间有一个逻辑、修辞的反思过程,存在一个通过反思进行交往主体规则再生的程序,对各个参与者进行行为选择,限制恣意,而达到参与者"作茧自缚的效应"③的程序性过程,民间法的这种程序性、规范性是民间法能够形成价值共识的根基。

三、民间法价值构建的维度

法的价值必然体现为自由秩序公正等这些源于西方近现代革命的话语,但并非必然局限于这些话语,现代社会治理要求法价值观不是通过某种先验的抽象的原则演绎出来的,它生成于历史、实践之中。实践中的价值共识不可能在"无知之幕"的掩盖下约定而成,而是要通过社会主体在以自生的民间法为依据进行交往行为而达成。

(一)秩序

秩序是法的首要价值,无规矩不成方圆,定纷止争以稳定人的行为期待。亚里士多德指出"法治即法律普遍被遵守",霍布斯指出法律即对"利维坦"的服从,奥斯丁则直接

---

① 奥斯汀把这三层意义的做些什么分别称为"话语行为"(locutionary act)、"话语施事行为"(illocutionary act)和"话语施效行为"(perlocutionary act)。大体而言,话语行为相当于说出某个具有意义的语句;话语施事行为是指以一种话语施事的力量(illocutionary force)说出某个语句,如做陈述、提疑问,下命令、发警告,做许诺,等等;话语施效行为则是经由说些什么而达到某种效果行为,如使相信,使惊奇,使误导,劝的服,制止等。J. L. 奥斯丁. 如何以言行事——1955年哈佛大学威廉·詹姆斯讲座[M]. 杨玉成,译. 北京:商务印书馆,2012.
② 高鸿钧. 走向交往理性的政治哲学和法学理论(上)——哈贝马斯的民主法治思想及对中国的借鉴意义[J]. 政法论坛,2008(5).
③ 季卫东. 程序比较论[J]. 比较法研究,1993(1).

了当地指出法律就是主权者的命令。在我国目前的法治话语中法律就是统治阶级的意志,这种法的意志性也从服从国家法的角度强调秩序的重要性。但是我们返回法律规则分析中就会发现,法律条文中的"应当"的背后隐含的是"否则","假定条件—行为模式—法律后果"的逻辑模式中,秩序的构造的关键在于"法律后果",法律秩序源自国家强制力的威胁。那么这就为秩序留下了一个隐患,在威胁尚未覆盖或者无力覆盖的区域中,秩序就无依无靠,"无家可归"了。法律的局限性[1]警告了我们这种危险状态的必然发生。更加糟糕的是这实际上引导着社会成员在行为之前的考虑的是自己是否会受到惩罚,惩罚代替良心成为行为动机,逃避制裁成为幸运,这无疑在销蚀着我们千呼万唤的法治精神的基础,也是民族文明传承和国家建设的悲哀。

现代国家治理中,秩序的构成不仅管制的秩序,更需要共识的秩序。我们固然需要国家力量的干预而形成的秩序,但是也需要基于社会成员互相承认而形成的秩序,而后者需要的正是民间法的规则治理。民间法是"基于主体需要自发形成的规则,认可和接受是民间法得以生存的基础"[2],"以言行事"的根本特点在于交流的各方采取"达到某种效果行为,如使相信,使惊奇,使误导,劝服,制止等"[3]的句式,以理解沟通之言,行共同旨向之事,在接受规则的时候已经隐含了对规则的共识。

因此,在民间法的运作中,社会主体遵守规则不是因为外在的强制力,而是因为对规则的接受和内化,不是因为惩罚的后果,而是行为者本身对违反规则的行为持否定态度。在这里,我们可以发现民间法的规则基于互相承认而获得了正当性,也构建出了共识的秩序。秩序就此建立在了对秩序本身的承认和内化上,遵守秩序受到其他社会主体普遍的正面评价以及行为者自身发自内心的积极评价。

(二)自由

自由是现代法治孜孜以求,付出巨大代价的斗争而获得的权利。作为法律价值的自由有无数的理论解释,但是一个共同的假设就是人的理性。自由已经成为现代社会的标签,缺乏实践基础的抽象自由会最终却会走向冲突和无序。在法的视野下,自由以个人独立、责任自负是共生的,例如在民事法律中完全民事行为能力是一个人行为自由的前提,否则行为自由就必须要置于监护人的管理之下,而获得完全民事行为能力的同时也获得完全责任能力。在这里我们必须注意的是基于这种个人主义的自由的扩张本性,主体独立、竞争、责任自负形成了扩张欲望的生产机制。冲突与纠纷就会随着自由的释放

---

[1] 例如,博登海默认为,"法律的缺陷部分源于它所具有的守成取向,部分源于其形式结构中所固有的刚性因素,还有一部分则源于与其控制功能相关的限度"。E. 博登海默.法理学—法律哲学与法律方法[M].邓正来,译.北京:中国政法大学出版社,2004:419.

[2] 李杰.论民间法在社会治理中的作用及介入途径[J].甘肃政法学院学报,2015(1).

[3] J.L.奥斯丁.如何以言行事——1955年哈佛大学威廉·詹姆斯讲座[M].杨玉成,译.北京:商务印书馆,2012.

而迅速产生,这就是为什么伴随国家法治建设而来的不是和谐社会而是"诉讼社会"。更值得注意的是,个人主义的自由理念在解放人性的同时也释放了人性的恶。所谓"自由自由,多少罪恶假汝以行"。在现实生活中食品安全监管法规尚未明确的情况下的严重食品问题,知识产权制度不完善的情况下四处横行的盗版问题,都是缺乏价值共识而形成的社会失范。

但是,当我们换一个视角来思考时就会发现,人们需要的不是绝对的自由,而是实践自由的方式。民间法基于实践性与程序性能够给人提供一种自由的实践技术,通过实践中的沟通、妥协而形成一个共同的自由空间,"我们之所以自由,是因为治理我们的法是我们自己的……我们的自由不是因为我们拥有它、支配它,有权使其为我所用,而是我们感觉完全与之融汇在一起,它成为我们生活的一部分,我们完全参与了它。"①个人视角的自由转换为共同体视角的自由时,自由的获取就从扩张中斗争转变为共识中协商。共同体规则成为人的行为准则时,自由就成为融化在社会交往中的事实。在民间法的视角下,自由不是个人与他人隔离为基础,而是与他人的沟通为基础,价值共识构建需要这样的规则支撑,一方面消除了隔离主体的紧张关系,一方面增强了自由的实践能力,消解了恶意竞争的动力来源,增强了处理自由冲突的实践技术。例如食品行业协会的规则足够丰富而有效时,食品安全问题就能够在国家法律成本支出最小化的情形下得以解决。这样一种基于民间法的共识的自由才是现代社会的法治秩序的内在支撑。

(三)正义

形式逻辑学认为,一个命题内涵愈是单一,其外延就愈是复杂。正义正是这样一个命题。尤其在中国社会中,以形式正义为主要特点的法治理念,与实质正义为主要特点的道德理念不断的冲突,社会主体的价值迷茫的来源。

总体来说,现代法治的正义观是建立在道德剥离之上的。随着人的理性认识范围不断扩展,超验道德在现代社会的"祛魅"中逐渐褪色。而在道德本身存在的其超验含义使它无法通过程序的检验的缺陷往往导致"本意在保障私人自主,最终却妨碍了私人自主"②,最终不可避免地在历史实践中上演的一次次"通往奴役之路"中充当了主要角色。因此,现代法治理论中无论是实证主义还是自然法学事实上"都坚持了法律的形式理性,而对法律的实质理性保持了警惕。"③。然而,法治真的可以摆脱伦理吗?答案无疑是否定的,在功能性结合之外,社会治理的伦理诉求或者说道德情感层面的诉求永恒的。人的行为必然受自己伦理立场的指引,这是任何秩序,神明秩序、君主秩序还是法治秩序都

---

① 布莱斯克斯通语,萧然.法律下的自由何以可能——对哈耶克法律理论特别是其"普通法"研究的一个批判性阅读[EB/OL]. http://www.aisixiang.com/data/8968.html.
② 高鸿钧.走向交往理性的政治哲学和法学理论(上)——哈贝马斯的民主法治思想及对中国的借鉴意义[J].政法论坛,2008(5).
③ 强世功.法律的现代性剧场:哈特与富勒的论战[M].北京:法律出版社,2006:82.

不能回避的。"离开道德正义及其规范作用,法律正义有可能像断线的风筝,不但飞不高,而且要栽跟头"①。

正义不仅仅是一个停留在纸面或者冥想中的彼岸世界的美梦。我们应当将这个宏大的命题落实在微观的生活实践中。只有回到生活本身,从实践的角度去体验正义才是真正有价值的。当我们把视角转换到社会生活本身的时候,就会发现,正义最终要具象化到日常生活情境中,在特定的历史传统、特定的文化认同、特定人群的价值共识中,正义才能找到它真正的归宿。

在民间法的视野中,正义不是抽象的概念,不是绝对精神更不是合理分配的利益,而是融化在社会交往中的事实。正义的实践需要的不是斗争而是交往沟通中的实践,在民间法的规则形成、遵守和修订中不但不要求参与者放弃自己的历史、传统、伦理观念等"前见",相反,这些"前见"是形成民间法的要素。民间的实践性、程序性决定了人们在它的规则运作中体验到正义不是源于某个人或某些人的主观意志的规定或恩赐,而是源于在实践与交往中的集体认同。在民间法的运作过程中,参与者提出有理由的批判、而被参与者理性的回应,在理性的批判与回应中形成正义体验的再生产,进而形成社会参与者行为自省,催生正义精神,形成正义的社会价值共识。

From the Value of Monologue to the Value of Consensus
—the Foundation and Latitude of the Construction of Folk Law Value

Li Jie Wang Liang

Abstract:How to build the value of law is an urgent task which the contemporary social governance faces. However, some research about this topic presents the characteristic of "monologue", which neglects the value experience. The hypothesis of "rational person" has caused the elimination to the real person, and caused the value disorder. The value construction of modern social governance must shift from the value theory of monologue to the value theory of consensus, in order to truly construct the value system of the consensus. This paper holds that the folk law has the basic nature of practicality, historicity and procedure, and it is the main carrier and core power in the value construction of consensus. In particular, the folk law plays an irreplaceable role in the construction of order, freedom and justice.

Key Words:folk law; social governance; consensus value

---

① 窦炎国.法律正义与道德正义[J].伦理学研究,2008(1).

论国家治理体系视野中的民间法

邹 涛[*]

摘要:国家治理体系的核心是法治,同时还需吸收其他多元的治理规则。民间法作为其他多元治理规则中最重要的一种,在国家治理中起着举足轻重的作用,一是有利于使国家治理达致善治,二是有利于增强民众对国家治理活动的可接受性,三是有利于填补法律漏洞增强法律权威。民间法在国家治理体系中发挥作用是通过立法、司法和民众的自觉遵守与运用这三条途径来实现的。但是民间法自身还存在一些不足,要想进一步发展还需与国家法进行良性互动,增强规范化整理并健全审查机制。

关键词:治理;国家治理体系;法治;民间法

党的十八届三中全会通过的《关于全面深化改革若干重大问题的决定》明确提出了全面深化改革的总目标是"完善和发展中国特色社会主义制度,推进国家治理体系和治理能力现代化"。十九大报告也在多处强调了国家治理体系与治理能力现代化的重要性,表明了国家对治理体系的重视。改革开放以来,我国在政治、经济以及文化等各个方面的建设都取得了巨大的成就,但同时我们的社会也存在着各种各样的矛盾,如不同地区发展不平衡,贫富差距大,官民矛盾激化,群体性事件多发等,正是在这样的背景下国家开始重视国家治理体系。在结合我国的具体国情以及借鉴世界上其他国家先进的治国经验的前提下,我们可以得出这样一个结论:国家治理最主要的手段是依法治国,以法治为核心兼采其他多元治理规则,最终形成一个和谐稳定以及文明的社会秩序。在党的十八届四中全会通过的《关于全面推进依法治国若干重大问题的决定》指出了依法治国是实现国家治理体系和治理能力现代化的必然要求,法治体系是国家治理体系的核心。但是我们必须明确的是,国家治理体系作为一种体系绝对不仅仅只是法治,而应当是治理规则的多元。法治又可以被称为"法律之治",其核心在于用国家制定法来规范和管理我们的社会日常生活,但国家制定法因其自身僵硬性、滞后性等缺陷,并不能解决我们社会生活中丰富多彩、千变万化的所有问题,除了国家制定法之外,我们还需要利用其他多元的治理规则,而民间法就是这多元治理规则中最重要的一种,在国家治理体系中发挥举足轻重的作用。民间法作为我们社会生活中自生的一个规范体系,对我们的行为发挥

---

[*] 邹涛,中南大学法学院硕士研究生。

着潜移默化的引导作用,对国家治理有着其独特的功能,对社会秩序起着重要的维系作用,民间法是一种能促进我国治理体系和治理能力的现代化的重要治理规则。

一、国家治理体系下的国家法与民间法

"治理"是一个源于拉丁文和古希腊文的古老词汇,原意是控制、引导和操纵。一直以来,"治理在近现代社会科学领域基本是一个被遗忘的词汇,只是偶尔作为'统治'的替代词出现"。①1989年世界银行在其报告《撒哈拉以南:从危机到可持续发展》中提出的治理危机,而后,《国际社会科学杂志》又出版了以"治理"为题的专刊,至此"治理"可以说是正式进入了学者们研究的视野,并对其内涵与外延进行了不断地发展与丰富。关于治理的定义,比较权威和有代表性的是全球治理委员会在《我们的全球伙伴关系》的研究报告中认为的"是各种公共的或私人的个人和机构管理其共同事务的诸多方式的总和。它是使相互冲突的或不同的利益得以调和并且采取联合行动的持续的过程。这既包括有权迫使人们服从的正式制度和规则,也包括各种人们同意或以为符合其利益的非正式的制度安排。"②而关于国家治理,有学者认为其是指"执掌国家治权的人处理国务的一系列活动和制度的总称。"③还有学者认为国家治理是国家政权系统按照某种既定的秩序和目标,运用国家权力,通过制度、法律、政策等方式对全社会进行自觉的有计划的控制、支配、规范和引导、组织、协调的活动与过程。④ 总的来说,国家治理就是国家运用一定的方式或手段对社会进行管理,从而维护社会秩序所进行的活动。关于国家治理体系应松年认为是主权国家治国理政制度体系的总称。⑤ 莫纪宏认为国家治理体系是管理国家的制度体系,包括经济、政治、文化、社会、生态环境和党的建设的各领域体制机制、法律法规安排。⑥ 两位学者关于国家治理体系的看法也是现今学界比较主流的看法,即国家治理体系就是国家治理社会生活的一系列制度的总和,而法治是国家治理中最基本也是最重要的方式。法治与国家治理体系是紧密相连的,甚至有学者认为法治体系就是国家治理体系的另一种表达,国家治理体系与法治体系是一体两面的关系。⑦ 由此可见,在国家治理体系中,法治发挥着基础、不可或缺的作用。在我国传统的国家治理方式中,苏力认为传统中国的国家治理方式是"人治型"治理,"一些对中国传统法律文化的研究指出,传统的中国社会具有强烈的清官意识,民间有相当数量的清官戏,表现了一种司法上的人治

---

① 王诗宗.治理理论及其中国适用性[M].杭州:浙江大学出版社,2009:3.
② 全球治理委员会.我们的全球伙伴关系[M].伦敦:牛津大学出版社,1995:23.
③ 江必新,邵长茂.论国家治理商数[J].中国社会科学,2015(1).
④ 丁志刚.如何理解国家治理与国家治理体系[J].学术界,2014(2).
⑤ 应松年.加快法治建设促进国家治理体系和治理能力现代化[J].中国法学,2014(6).
⑥ 莫纪宏.国家治理体系和治理能力现代化与法治化[J].法学杂志,2014(4).
⑦ 喻中.作为国家治理体系的法治体系[J].法学论坛,2014(3).

模式。"①梁治平则认为传统中国的国家治理方式是"礼治型"治理,"根据一般流行的见解,传统的中国社会……从社会学方面看,是一个礼治的社会。"②由此可以看出在我国古代的国家治理中,无论是苏力认为的"人治型"国家治理还是梁治平认为的"礼治型"国家治理,在当时的社会经济基础与其他客观条件下,国家的治理都不可能由法治来主导。然而到了清朝末年,随着西方资本国家的殖民入侵,以及社会社会经济文化的变迁,这种"非法"的治理已难以为继,不能有效地回应政治和社会的现实需要了,所以以梁启超为代表的有识之士率先提出了"法治主义"的主张。新中国成立后,我国的法治建设先是取得了一些成就,但是随着当时国家领导人的决策失误,错误地发动了诸如文化大革命等运动,对我国的法治建设进行了可以说是毁灭性的打击,但随着改革开放,国家将重心转移到经济建设中来,我国的法治建设开始慢慢恢复,特别是在 2004 年的宪法修正案中,正式确认了依法治国、建设社会主义法治国家的原则。在国家治理中用宪法、法律等国家制定法来进行国家治理、建构文明秩序,这对于传统的"人治"或礼治无疑是一个巨大的跨越式进步,国家高度重视法律在治理国家、维护社会秩序的作用。但是我们也应当清醒地认识到,国家制定法并不能解决我们社会生活中的所有问题,国家制定法作为一种理性建构、高度抽象归纳的产物,有其自身的局限性,国家治理体系所要达到的最终目标是和谐稳定文明的社会秩序,但国家法对社会某些方面的关照不足可能会导致无法可依的尴尬境地,这可能会导致社会的失序。所以我们应当清醒地认识到,法律不是万能的,法治也不可能是万能的,国家治理必须依靠多元的治理规则,这样才能形成一个完善的治理体系,民间法因其自身的独特性是多元治理规则中最重要的一种。民间法在梁治平看来就是"生自民间,出自习惯,由乡民长时间生活、劳作、交往和利益冲突中显现,因而具有自发性和丰富地方色彩"的一种知识传统。③ 苏力则认为民间法是"活生生地流动着的、在亿万中国人的生活中实际影响他们行为的一些观念,当代人的社会实践中已经形成或正在萌芽发展的各种非正式制度。"④民间法从不同的视角来看有不同的定义,但学者们对民间法的研究既有其各自的特色也在许多方面存在着共识,普遍认为民间法是一个对交往主体具有拘束作用的规范体系,正如谢晖所认为的那样,民间法是指官方法或国家法的对称,泛指官方法或国家法之外一切具有对人们分配权利义务功能,且具有现实强制效力的交往行为规范。⑤ 在我们的现实社会生活中,除了国家法律对社会秩序起着作用外,民间自身的一些规范也对社会秩序起着举足轻重的作用。我国是一个人口众多、地域广阔的多民族国家,不同个人、不同民族的多元性使得国家制定法不可能对我们生活的方方面面都作规定,这样就会不可避免地出现规范空白,但是我们的生活还是

---

① 苏力.传统司法中的"人治"模式——从元杂剧中透视[J].政法论坛,2005(1).
② 梁治平.从"礼治"到"法治"?[J].开放时代,1999(1).
③ 梁治平.清代习惯法:社会与国家[M].北京:中国政法大学出版社,1996:431.
④ 苏力.法治及其本土资源[M].北京:北京大学出版社,2015:15.
⑤ 谢晖.民间法的视野[M].北京:法律出版社,2016:95.

那么有序地运行,这就说明在我们的社会生活中存在着大量的民间规范来支撑着我们的社会秩序,维系着国家的治理体系。当然国家制定法与民间法也并不是截然对立的,如有学者认为国家法是由民间法逐步发展起来的,国家法是在民间法的基础上提炼出来的。① 尽管两者不是截然对立的,甚至在一定程度上还存在着共通性,但民间法相对于国家法而言却具有更广泛的适用范围,在特定地区和特定人群中往往具有支配主体日常交往行为的功能,因此,在我国的国家治理体系中,我们不仅要关注国家制定法,同时也要注重民间法的重要作用。

二、国家治理体系中民间法的价值功用

(一)有利于在国家治理中达致善治

国家运用国家权力对社会进行治理时,要想达到的和谐稳定以及文明的社会秩序,一个重要的前提就是要在法治的框架下达致善治,因为有法治并不意味着必然会有善治,然而何为善治? 有学者认为善治就是"使公共利益最大化的社会管理过程和管理活动。善治的本质特征,就在于它是政府与公民对公共生活的合作管理,是政治国家与公民社会的一种新型关系,是两者的最佳状态"。② 本文在这里所要探讨的善治也是这样一种以社会公众利益为中心的良好的治理,在理想的状态下,只要存在完备的法律制度,通过制定完善的法律就可以形成一个完整的公众利益保护机制,但现实却是,法律是不可能事无巨细地对所有事项都予以规定。换言之,法律并不能在各个方面都切实维护公众的利益,因此国家治理中往往需要多元的治理机制的组合才能实现这一目标,其中民间法作为这多元治理中的一元,就发挥着维护社会公众利益的重要作用。在我国目前的现实情况下,保障社会公众利益的一些比较基本的法律已经陆续出台并不断处在完善的过程中,但离完备的法律体系还有一定距离,一些部门法中还存在着一些不符合社会发展趋势的规范,还有一些领域存在着法律的空白,为了避免法律的这种不完备而使损害公众的利益,同时也合理、有效率地利用社会中的各种资源来进行国家治理,民间法可以说是一种最佳的选择。在善治的目标下,国家治理不仅需要自上而下的管理过程,同时也需要自下而上的管理过程,如果单靠法律的强制力来对社会进行单向度的治理,势必会与善治的理念相背离,故而一个上下互动的管理过程才是切实可行的。而民间法能够发挥作用的土壤正是在自下而上的管理过程中,这种自下而上的管理过程真正发挥作用是因为其秩序的内在生长,即使外在力量不去干涉,这种秩序依旧可以存在。一个健康的法治社会要想达成善治,不仅需要国家制定法同时也需要利用民间的规范资源来进行国

---

① 严存生.民间法与国家制定法互动关系的法社会学思考[M]//民间法:第十六卷,厦门:厦门大学出版社,2015:6.
② 俞可平.论国家治理的现代化[M].北京:社会科学文献出版社,2014:59.

家治理,保持国家法与民间法的均衡发展,在法治的框架内,为民间法的进一步发展提供合理空间,让其对社会的稳定秩序发挥更大的效用,来使国家治理达致一种善治。

(二)有利于增强民众对国家治理活动的可接受性

"接受"一词在我们的日常用语中通常包含着肯定、认同、服从等这样几种意思。我们一般通过自己的知识体系跟价值观来对一个事物或者行为来进行评价,如果认为这一对象是对自己有利或者是美好、善良的,我们通常就会接受它,并且自觉地通过自己行为来配合这个对象从而使其发挥更大的功效,而可接受性在于"主要是衡量某一对象是否以及在多大程度上可以获得肯定和认同"。① 国家在进行治理的活动中一个重要的因素就在于要考虑民众对其行为的可接受性,具体来说,主要是以下几个方面:在立法过程中要多吸收社会公众的意见,对法律调整的社会关系主体的行为习惯进行深入的调研和了解。作为行为的尺度,过高或过低的法律规范都可能引发公众对规范的拒绝和排斥,甚者会沦为"恶法",这样的话对法治秩序和国家治理秩序的损害无疑是巨大的,因而在立法中需要通过对民间规范的识别与利用来创制科学的、可接受的法律。在执法领域中也同样要重视受众的接受能力和程度。在执法活动中,掌握国家权柄的执法者与执法相对人天然处于不平等的状态,如果执法者完全以"高压"的姿态,表现出单方的恣意性,完全无视民间法的存在,就只会加剧"官民矛盾"。这完全是一种对国家治理体系的解构,正如魏德士所认为的:一个人有了刺刀可以做很多事情,但是要长久地依靠它是不行的。②所以在执法过程中,一定要尊重行政相对人的可接受性,如果存在着极度的不可接受性,则很容易引发群体性事件。在司法活动中,民众最为关心的就是法院的司法判决的一个可接受性的问题,我们很多人也许会想,只要法官严格适用法律,不枉法裁判那么法院的判决就是公正的、可接受的,然而事实却不是那么简单。比如在近期发生的"于欢案"中,一审法院的判决结果尽管有法可依,但是却处在了舆论的风口浪尖,原因就在于普遍的社会大众觉得法院的判决是不可接受的,时间再往前一点的话可以追溯到"彭宇案",一审法官同样综合案件的事实和法律,并且也进行了深入的论证,但判决结果一出,同样不能被公众所接受。但是在山东青岛的"顶盆继承案"中,法官在严格适用国家法会导致不公跟不可接受的时候,选择适用民间风俗来裁判案件,达到了一个良好的社会效果。从以上案例中我们可以看出,民间法在司法中的适用与否直接影响着司法裁判的可接受性,正如有的学者所说的:"有限度地放开对民间法的适用,不仅不会损害司法的权威,反而会增加司法的功能性作用。"③从以上几个方面可以看出民间法因其独有的特点可以使得国家治理活动具有可接受性,它通过社会公众对国家治理活动的广泛接受从而形成一

---

① 孙光宁.可接受性:法律方法的一个分析视角[M].北京:北京大学出版社,2012:3.
② 魏德士.法理学[M].丁小春,吴越译.北京:法律出版社,2003:155.
③ 彭中礼.当前民间法司法适用的整体样态及其发展趋势评估[J].山东大学学报(哲学社会科学版),2010(4).

种文明稳定的社会秩序。

(三)通过填补法律漏洞来增强法律权威

任何事物都不可能尽善尽美,法律亦不例外,国家法只能尽可能使自己体系完备,但却不可能囊括所有对象而使之毫无漏洞,正如谢晖所认为的法律漏洞的产生的原因主要基于:"一方面,人类理性对当下事物的全面把握能力有限而导致法律漏洞的出现,另一方面,人类对未来事务洞察能力的有限性,也决定了法律漏洞之不可避免。"[①]从逻辑的角度而言,在国家治理中,法律的不完备可能会使得人们在处理一些事务上会面临无法可依的尴尬境地,这会导致社会秩序的一种极不稳定状态。但从我们的社会现实中可以看到,尽管我们的法律存在着漏洞,这些漏洞既可能是部门法总体的缺位,也可能是部门法中一些具体规则的缺位而导致的漏洞,但是我们的社会生活似乎还是那么有条不紊地运行着,并没有出现社会秩序的失序,究其原因,很大程度上就在于民间法在发挥着它的功能。当国家法缺位或者存在着法律漏洞时,我们的"民间社会"并不会坐以待毙,而是通过一些自发形成的行为规范,人们用一些自古以来一直遵行的善良风俗、公正的理念来解决社会交往活动中的一些争端或不和谐因素,由此而形成一个稳定的秩序,如果仅是单纯地依靠国家法来进行治理从而维持一个秩序,那么当国家法存在漏洞而导致对相关事件的处理无能为力时,民众就会质疑国家法的权威,就会导致以法治为核心的国家治理体系不能达到预期的目标。特别是在法院在司法活动中处理存在法律漏洞的案件时更是如此。西方法谚有云:"法官不能拒绝裁判",尤其是在民事审判中法官不能简单地以法律没有规定为由而拒绝裁判。我们都知道司法是维护社会公正的最后一道防线,如果在这最后一道防线都不能守住的话,社会公正就会坍塌,从而挑战整个的国家治理体系。那么当我们法官在司法中对纠纷进行处理而又没有明确的法律规定可以适用时,就需要法官发挥其自由裁量权,通过在民间的规范资源中寻找解决争端双方的依据,定分止争、案结事了,通过守护社会正义的最后一道防线的方式使得法律的权威得以显现。当然,在法官行使自由裁量权的过程中,一定要注意行使的标准跟界限,因为自由裁量权从来就不是绝对的,如果运用得不好的话不仅不会增强法律的权威反而会起到反作用,自由裁量权不注意方式和界限的话,很可能会造成同案不同判的后果,从而影响着法的安定性。自由裁量权行使的标准和界限其实也可以在民间法中进行寻找,通过将民间法的标准迁移至司法中,真正使当事人心服口服。面对法律漏洞只要我们有民间法的思维,善于运用民间法,不仅不会减损国家法的权威,反而会增进国家法的权威,让社会大众普遍养成法治思维。

---

① 谢晖.法律哲学[M].长沙:湖南人民出版社,2009:283-285.

三、民间法在国家治理体系中发挥功用的途径

(一)立法的认可与授权

民间法因其"自生自发"性对规范人们的行为和国家治理中有着不可忽视的作用,民间法对国家治理体系发挥作用的途径之一就是国家立法的认可与授权,如在我国新颁布的《民法总则》第十条就规定:"处理民事纠纷,应当依照法律,法律没有规定的,可以适用习惯,但是不得违背公序良俗。"《合同法》第六十一条规定:"合同生效后,当事人就质量、价款或者报酬、履行地点等内容没有约定或者约定不明确的,可以协议补充;不能达成补充协议的,按照合同有关条款或者交易习惯确定。"《物权法》第八十五条:"法律、法规对处理相邻关系有规定的,依照其规定;法律、法规没有规定的,可以按照当地习惯。"从以上条文中我们可以看出,我国法律对民间法的授权与认可在民事法律中的总则、物权法、债法均有体现,当然这只是中央一级比较粗放型的立法授权与认可。事实上,民间法通过地方立法认可来进入国家治理体系,更具有现实意义,因为作为整个国家立法的重要组成部分,地方立法立足于地方实际,上通中央立法,下达基层百姓生活,而且地方立法更加接近民间法的生长土壤,与基层百姓息息相关的民间法为地方立法提供了可以利用的丰富资源。在谢晖看来,国家(中央)立法与地方立法是两种结构于正式秩序的重要方式。[①] 这种分析确实不无道理,毕竟在中央层面的立法更具有全局统筹性,而地方立法则是更应当契合当地实际,但在笔者看来,无论是中央立法还是地方立法对民间法的认可与授权,两者是存在共通性的,实际上可以统一归纳为国家立法活动,因此民间法通过立法的认可与授权可以使其更好地在国家治理体系中发挥影响力。

(二)司法的适用

除了国家立法的认可与授权之外,民间法在司法过程中的适用也是发挥其在国家治理体系中作用的重要途径之一。在司法的场域中,因其自身话语权以及它背后的社会权利的支持,民间法并非毫无力量可言。如果不适当地在司法中予以回应,可能会对我们的国家治理产生消极的影响,特别是在我们司法过程中面对具体的个案时,除了要注重个案的形式正义之外还要注重个案的实质正义,一般而言,形式正义着眼于形式和手段的正义性,关注的是形式平等和起点平等,实质正义着眼于内容和目的的正义性,关注的是事实平等和结果平等。国家在社会治理中实行法治,意味着在治理活动中首先维护的是形式正义,但是形式法治并不是法治所追求的唯一宗旨。正如亚里士多德所认为的那样,法治应当包含两重意义:已成立的法律获得普遍的服从,而大家所服从的法律又应该

[①] 谢晖.论民间法结构于正式秩序的方式[J].政法论坛,2016(1).

是制定得良好的法律。① 在国家制定法由于其目标跟现实的局限只能尽可能地去追求形式正义,但在我们的司法过程中,我们除了追求形式正义之外,我们也要在个案中注重实质正义。而要想达致这样一种实质正义,就需要在民间法中寻求裁判的依据。在有国家制定法的情形下,我们需要严格依照国家法裁判案件,但是当适用法律会产生明显的实质不公或者存在法律出现漏洞的情况时,我们就不得不开始寻求民间法的规范支撑。由此可见,民间法通过在司法中的适用,可以使案件达到一个实质的正义,国家司法机关通过在裁判案件的过程中充分利用民间法来弥补国家法僵硬缺陷,通过吸收习惯法、村规民约、自治章程等民间规范来作为司法适用的渊源,使民间法通过司法的途径在国家治理体系中更好地发挥作用。

(三)民众的自觉运用与遵守

我们都知道徒法不足以自行。以国家法为例,法律制定了不是立刻就能自动发挥效果的,除了国家运用执法、司法的方式来使法律发挥功效外,更重要的还需要民众的自觉遵守和运用法律,这样才能完整地体现法律的生命力。民间法亦是如此,甚至在某种程度上比国家法更需要民众的自觉遵守与运用,这是由民间法自身的特点所决定的。民间法作为民间自生的一种规范,在强制执行力远没有国家法那么强的情况下,必须靠主体自觉遵守与维护,否则它对社会交往主体而言就是无关紧要的。也正因如此,民间法在这个环节相比于国家法有着更得天独厚的优越性。人们在社会交往中,如果不遵守自己明示或默示答应遵守的民间规范,那么可能就会受到其他规则缔结方的排挤,这会对不遵守规则的人以后的社会交往活动产生极大的阻碍作用,古语云:"人无信则不立",当我们认可一个规则时,我们就要自觉地遵守它、维护它,不然的话就是一种不诚信的行为,而这种不诚信行为的后果就是在接下来的交往中会受到排挤。当然,从理性经济人的角度来看,人总是趋利避害的,人们自觉遵守一种行为准则,那么这种行为准则一定是于自己有利的,除了不遵守会受到"惩罚"外,更重要的是这个行为准则是自己理所应当遵守的或者这个行为准则是契合自己的价值观的。民间法之所以能够被民众自觉地接受和遵守,很重要的一个原因就在于此。同时还需要强调的是,人们对这种民间规范会自觉产生一种接受的观念,这种观念可以说是一种内心的确信。民间法通过主体的自觉遵守与运用来维护一种社会交往秩序,而且这种途径对国家治理来说成本是最低但效率却是最高的。

四、国家治理体系中民间法存在的可能问题与完善

尽管在前文中我们已经充分讨论了民间法在国家治理体系中的重要性,民间法应当

---

① 亚里士多德.政治学[M].吴寿彭,译.北京:商务印书馆,1983:199.

与国家法一同为国家治理体系服务,两者不可偏废来共同维护一个和谐稳定的文明秩序。但在现实中,民间法与国家法在一些领域还存在着紧张关系,存在着一些不和谐的因素,国家法在实际适用过程中会遭到来自民间法的各种阻力和抵抗。当国家法在遭遇与民间法的冲突时,依靠其国家强制力使不具有正式效力的民间法作出"无可奈何"的让步,这说明了民间法与国家法并不像我们理想中那样和谐并存,甚者有人认为民间法与国家法之间的对立、对抗已经成为我国当下法律生活的基本样态。[1] 此外,民间法自身的不确定性以及欠缺规范化整理使得法院在司法适用中无所适从,并且民间法中还存在着一些为人们所诟病的"恶俗"问题,所以民间法想要进一步发展的话,还需要从以下方面来进行完善。

(一)国家法与民间法的良性互动

针对民间法与国家法存在着紧张关系这种情况,有学者认为引导民间法同国家法之间的良性互动,是当代民间法研究的重要使命。[2] 如果国家法完全不顾特定地域、行业以及民族长期以来形成的民间法,这就存在着国家法调整对象扩大并与民间法调整的场域发生冲突,也势必会导致一种国家法与民间法之间的紧张态势,招致地方群众的强烈抵制。所以我们要注重民间法与国家法的良性互动,化解冲突态势,相互促进。这是具有可行性的,因为注重两者的良性互动不但能减缓国家法在适用过程中的阻力,使国家法更好、更有效的发挥作用,而且可以达成一种有效的互补,国家法可以吸收民间法中的合理成分,民间法则可以借鉴国家法中的理性构建成分,使两者相互融合,达致一种和谐的状态。国家治理最基本、最重要的方式就是法治,即国家通过制定法来对国家进行治理,但在整个的国家治理体系中是需要民间法的力量予以支持的,国家法与民间法应当互相认可和尊重,这样才能促进两者的共同进步与发展,切实维护广大群众的切身利益,同时更好地回应新形势下社会不断变化的规范需要。当然民间法要想进一步发展并消除现存的一些不和谐因素,其发展应当契合宪法、法律的基本原则,并且借鉴和参考国家法的规范体系和理论体系,为民间法与国家法的对话和互动打下坚实的基础。在国家的治理体系中,民间法的存在,代表和满足了一定区域、一定人员的规范需求,有其合理的价值和生存的时间、空间基础,结合我国的现实情况,民间法在社会秩序中发挥作用是应当的,国家法要通过与民间法的互动相互促进,消除两者在一些领域存在的冲突对立,这样才会形成一个良好的国家治理环境。

(二)加强民间法规范化整理和建立健全审查机制

民间法如果要在司法中进行适用的话,往往会存在着很多的困境,主要是由于民间

---

[1] 周俊光.论法治进程中民间法与国家法的二元并立[J].甘肃政法学院学报,2015(5).
[2] 胡平仁,陈思.民间法研究的使命[J].湘潭大学学报(哲学社会科学版),2012(2).

法自身的不确定性,程序法上欠缺相应的程序保障,法官对民间法的认识存在差异以及自由裁量权的标准不统一,造成了民间法在类似案件中却有不同遭遇,同案不同判的现象时常发生。这不仅影响到了法的安定性,而且还严重损害了司法权威。所以对民间法进行必要的规范化整理是很有现实意义的,这可以使民间法在司法过程中更加具有可操作性。那么怎么样来对民间法进行一个规范化的整理呢?笔者认为可以由地方人大牵头组织,并由司法机关以及司法行政机关参与组成的一个联合部门,来对本辖区的民间法进行调查与汇编,对本辖区涉及面广和对全国立法与司法有借鉴意义的民间规范进行深入的归纳总结,为以后的立法以及司法裁判提供资料参考,为民间法更好地融入国家治理体系搭建一个平台。当然,我们也应当注意到民间法中还存在着一些不合时宜甚至与法律的基本精神相背离与对人权极大践踏的"恶俗",对这一部分的民间法我们要予以剔除。为应对和防范这种"恶俗"所产生的消极效果,我们需要建立健全一个民间法的审查机制,当这种起着消极效果的民间法对当事人的合法权益进行侵犯时,我们要有相应的救济途径。针对这种民间法对民众产生的侵害,有学者指出:"(民间规范)出现违背当事人意愿、强制、欺诈、显失公平、重大误解或违反国家强制性禁止规范、违反公共道德、侵害第三方或公共利益的情况,相关当事人或权利人应有权提出异议或申请撤销,国家亦可主动干预,由法院承担司法审查的责任。"[①]通过这个审查机制把与时代发展脱节的民间法过滤掉,而那些经过审查符合民众利益、有利于社会文明的民间法应当予以推广,让民间法在国家治理中充分发挥良好的效果。由此我们可以看出,民间法要想在国家治理体系中克服自身的一些弊端并进一步发展与完善的话,就必须要对其进行规范化整理以及建立健全一个民间法的审查机制来对那一部分会产生消极意义的民间法进行剔除。

总之,在世界全球化的今天,尽管和平与发展是时代的主题,但是我们也应当居安思危。一个国家如果没有强大的综合国力,在国际舞台就没有话语权,而一个国家要想具有强大的综合国力,就必须要有一个良好的、有效的国家治理体系。这样一个国家治理体系需要多元的治理规则。在国家治理中,我们除了坚定不移推行法治,关注国家制定法对治国理政的重要性之外,也要重视民间法这种治理规则,立足于我们的现实国情,给予民间法充分的发展空间,充分利用民间的规范资源,广泛集中民智,倾听民众的声音,对民间法自身存在的一些不足进行完善,让国家法跟民间法一起来为国家治理体系服务,最终达成一个和谐稳定文明的社会秩序,为建设社会主义现代化国家、实现伟大复兴的中国梦提供最重要的基础保障。

---

① 范愉.纠纷解决的理论与实践[M].北京:清华大学出版社,2007:624-625.

On the Application and Perfection of Folk Law in the View of State Governance System

Zou Tao

Abstract: China is now in the critical period of the Chinese socialism into a new era and the great rejuvenation of the Chinese dream, the most important task is to form a perfect system of governance. The core of the national governance system is the rule of law, and it also needs to absorb other diversified governance rules. Folk law is one of the most important rules in other plural governance rules, folk law plays an important role in the governance of the country, firstly, it is beneficial to the national governance to good governance, secondly, it is conducive to enhancing national governance activities to public acceptability, finally, is conducive to to fill loopholes in the law to enhance the authority of law, folk law plays a role through legislative, judicial and public consciously abide by themselves and use the three ways to realize the system of governance in the country, However, the folk law itself still has some shortcomings. To further develop the folk law, it is necessary to make a positive interaction with the state law, strengthen the standardized arrangement and perfect the examination mechanism.

Key Words: governance; national governance system; rule of law; folk law

经验解释

○瑶族习惯法在瑶族聚居地政府治理中的作用及其局限性
○交换分享与分配裁判：清代苗疆永佃制
○民间规范、法律移植与制度化
○彝族传统法文化对凉山彝区乡村治理的影响与对策
○民国基层刑事审判中的民间规范
○论惩罚性赔偿制度的社会功能

瑶族习惯法在瑶族聚居地政府治理中的作用及其局限性*
——以广西瑶族习惯法为例

周世中**

摘要： 少数民族由于历史的发展，在民族内形成成文或不成文的习惯法，而且都曾经起过重要的社会作用。瑶族不仅历史上有过习惯法，而且一直残存至今，并且同当代农村的乡规民约相互渗透、结合，规范瑶族的社会生产与社会生活活动。广西的瑶族也是如此，在广西瑶族的聚居地，瑶族习惯法在政府治理中发挥着积极的作用并已成为我国法律的一种补充，有助于实现地方政府行政执法，但瑶族习惯法也有造成政府行政执法消极的一面。在瑶族聚居地的地方政府行政执法中如何正确对待瑶族习惯法，关系到瑶族地区与国家的和谐问题，同时也关系国家法律的统一实施，所以在瑶族地区政府行政执法更注意掌握一些原则和方法。

关键词： 瑶族习惯法；瑶族聚居地；政府治理；法治化

一、问题的提出

瑶族是中国较大的少数民族之一，瑶族人口为285.3万，主要分布在广西、湖南、广东、云南、贵州。广西瑶族人口170多万，主要聚居在金秀、巴马、都安、富川、大化、恭城等6个瑶族自治县，其余散居在灌阳、龙胜、三江、防城港、全州、八步、南丹、凌云、西林等60多个县（市、区）。国土总面积约为2.93万平方公里，约占广西国土总面积13%。

近年来，在广西瑶族地区民族事务治理体系和治理能力现代化建设的进程中，瑶族习惯法始终是瑶族区域治理结构中的重要问题，是影响瑶族地方政府治理民族事务成效的关键因素之一。一方面，瑶族地区的地方政府在治理民族事务时，必须依法行政，维护法制的统一，实现瑶族地区经济社会的发展；另一方面，地方政府又要考虑瑶族的习惯法，利用瑶族习惯法来搞好民族团结，实现瑶族地区的繁荣和稳定，这是一种对立统一的

---

* 基金项目：2014年国家社科基金重大项目《全面推进依法治国与促进西南民族地区治理体系和治理能力现代化研究》（项目号：14DC026）阶段性成果；广西民族大学"民族法与区域治理研究协同创新中心"项目（项目号：2015H018）的研究成果之一。

** 周世中，法学博士，广西师范大学法学院教授，博士生导师。

关系,需要认真研究和对待。

改革开放三十多年来,随着市场化、城镇化和全球化的进程的加快,改变了原来的民族习惯法作用的实践环境,提出了许多的新情况和新问题:理论上如何全面认识和评价瑶族习惯法?实践中如何建设符合法治化要求的瑶族地方政府治理体系?如何实现瑶族地区政府治理的法治化?

围绕着这些问题,我们以广西瑶族聚居地瑶族习惯法在政府治理中的作用为考察和研究对象,对政府治理进行分析。运用治理的理论、从法治化的三个向度展开研究:从历时性方面,系统地总结广西瑶族习惯法在瑶族地区治理中的有效经验以及教训,从中把握瑶族地方政府治理模式形成的规律;从现实方面观测该地区政府治理过程出现的新变化以及对治理体制、治理方法所构成的挑战;从瑶族地方政府治理法治化的要求出发,提出完善广西瑶族地区政府治理的具体的对策性意见。

二、广西瑶族习惯法的主要内容

广西瑶族习惯法凭借其独特的优势,在瑶族地区的政府治理过程中有着重要的推动作用,其习惯法的内容都是根据本地区特点,因地制宜产生的,有着肥沃的生存土壤。加上瑶族大都生活在偏远山区,与外界联系甚少,其主要内容涉及经济生产生活、婚姻家庭、维护社会稳定、物权债权等方面。

(一)生产生活习惯法

广西瑶族聚居地主要在红水河流域,①地处偏远山区。长期以来,瑶民的生产和生活相对落后,生产主要集中于农业、林业、狩猎等,在日常生活中瑶族习惯法对其都有明确的规定。

在农业方面,广西瑶族地区的农事生产均由各寨老、社老牵头组织农业生产。在广西南丹等地的白裤瑶,其农事活动都是由其庙老或者油锅头人带头先做,然后其本寨其他人随后进行。"油锅"组织,每年春耕之时都要召开"油锅"会议,讨论并安排本年度的农事生产问题,并带头鼓励大家适时农耕。在广西南丹白裤瑶的庙老组织,本地区的生产由庙老负责带头搞,但凡涉及犁田、割菁、播种、插秧、收割等农事,都要由庙老择日并带头先做,然后由他"喊寨",村民方可动工。这一习惯法,任何人不得违反,否则遇到农作物歉收,违反者将受到众人谴责,甚至罚物祭神,以求宽恕。在广西金秀地区,共社居民的农业生产活动,在立夏之前都是由社老负责管理,在每年的二月、八月金秀地区分别会举行春天的"祭社"和秋天的"吃社"活动,届时社老将会对众人进行"料话"即宣布和解

---

① 仅在红水河流域就有巴马、都安、大化、金秀等4个瑶族自治县。这一流域是中国岩石发育较集中的典型地带,地瘠水缺,灾害频繁,经济落后,人民贫困。毛殊凡.瑶族历史文化与现代化[M].北京:中国戏剧出版社,2000:28.

释有关农事活动的规定,并要求大家严格遵守。二月"祭社"料话的主要内容有:宣布由社老预先择定的浸稻谷种、做巧田等先关农事活动的日期,要求各户同一天进行;割菁那天,要听到放炮之后,人们才能出口,全村同去,不许争先;放水进田要按照原先旧有的田巧曰,不允许随便开挖;举田、把田时牵牛过田,要依据原来的老路走,不许随便经过不应走的田基;过了清明节,各家不得再放鸡、鸭、猪等外出等。① 八月"吃社"料话的主要内容有不准到别人的老山随便走动;不准放鸡、鸭、猪下田吃禾;不准乱拿放在路边的禾把和饭包;不准乱拿别人放在田边的扁担和竹箩;不准偷桐子、茶子等。广西十万大山的山子瑶,指挥农事生产、分配是其村老的首要职责,凡砍山、播种、防治病虫害及鸟兽对庄稼的破坏、收割等均由他组织、指挥或者指定领头人;按其习惯法,每年的二月初二为社日,由村老在祭神之后,主持改选下一届村老。新当选的村老和大家商量当年生产、防盗、村内团结等相关事项,当大家共同遵守、执行。农业方面除了其农事生产有各寨老牵头外,因瑶族的生产力比较落后,生产工具、耕种技术与现代社会都有很大的差距,在农业生产中为克服环境的压力,瑶族往往都是以"共耕"的集体进行农业生产,或者互相帮助共同生产。共耕的方式多样,有家族共耕、村社共耕、伙有共耕;互助协助的方式多元,有打锡挖地、凑工、打会等。在林业方面,瑶族基本都生活在大山深处,可以说是大山里的民族,在山里生活,林业对他们的生活环境、生活质量有着至关重要的影响。凭借对大自然的崇拜,瑶族地区每个村寨都会对林业有一定的规定。

在广西金秀瑶族自治县,有3个镇7个乡80个村民委员会,总面积2518平方公里,森林面积319.35万亩,森林覆盖率87.34%。在金秀每个村的村规民约中都对破坏国家或私人的林木有着详细的惩罚措施。三角乡兰冲村明确规定了偷砍他人杉木每株罚款20元;带人进山乱砍或乱卖、偷卖林木,勾生吃熟的除罚款外还要进行"惩戒酒"的处罚。六巷村对砍伐林木或者其他经济林的惩罚规定的更为细致。如对破坏集体或者私人经济林的,除将原物归还后并一律罚款十元,另按所偷赃物折款加罚两倍;对偷砍集体、个人杉木、杂木的除退回原物后还需按照树木根部直径每寸加罚五元的处罚,对毁林开荒的也有着详细的规定。广西上思县瑶族习惯法中对偷砍树木的处罚规定是按照枝长、口径大小来确定处罚措施,并规定村民需用木材的,必须向村委会提出申请,经批准后方可按需砍伐。在广西恭城瑶族自治县的习惯法中已经明确指出各村民不得违反国家对林业的各项政策,使其林业发展纳入新体系。

(二)婚姻、家庭与继承习惯法

家庭是社会的细胞而婚姻则是建立家庭的前提。人类社会的生存与发展离不开物

---

① 《二月采青料话》中社老是这样向大家料话的:"我是社老呃,我向大家宣布啊——布谷鸟叫了,树枝头绿了,青山草高了,田水淹足了,是采青的时候了,是整秧田的日子了。现在我决定,明天我去采青,明早我去整田。大家要听呃,行动要统一,步调要整齐,枪声就是令,无令不准出。谁先出,谁犯法。民众犯,罚银一两四,甲头犯,罚银二两四,社老犯,罚银三两六,希望大家共监督。"莫金山.瑶族石牌制[M].南宁:广西民族出版社,2000:109.

质资料——财产。继承只不过是具有一定身份的财产转移的转移。婚姻家庭问题,与每个人息息相关,因而自古至今一直成为最引人注目、思考和探讨的重大社会问题之一。瑶族倡导男女平等,因此特殊的生存环境,孕育了其独特的婚姻、家庭和继承习惯法。瑶族的婚姻习惯法,包括结婚、离婚、夫妻关系、婚姻形式等方面。在结婚方面的习惯法,主要涉及了通婚的范围、婚龄、婚姻缔结程序等方面。瑶族是族内通婚,当广西部分地区对通婚的范围也存在一定的差异。广西金秀的山子瑶,过去由于经济落后、生活贫困,再加上其习惯法的规定,山子瑶只能是族内通婚,解放后随着经济的发展、社会的进步、人民思想意识的不断提高,山子瑶还是在遵循原有的体系大多数还是实行族内通婚。

广西的白裤瑶,严格遵循"四不通婚"原则,即不与外族通婚,不与其他支系通婚,不与同宗同祖的人通婚,不与姨表通婚。并对违反者其习惯法将给予严厉的惩罚。在适婚年龄上各地瑶族情况不一,但总体上偏向于早婚。在广西金秀的盘瑶村寨,因其散布在大瑶山各处,但他们的婚姻制度,各处完全一致,单以适婚年龄来说,一般都是在16岁到20岁之间。在广西都安瑶族地区,早婚现象更甚普遍。在习惯法中对结婚的次数没有做限制,所以在一些瑶族地区他们离婚现象较为普遍,如广西大瑶山茶山瑶、花篮瑶。在近代以前瑶族奉行一夫一妻制,并命令禁止纳妾或者一夫多妻制度,到了现代瑶族习惯法中对于男子或者女子出轨都是有严格的处罚方式,这一习惯法在瑶族婚姻家庭生活中对于维系家庭生活有着重要的作用。另外,瑶族的婚姻形式多样,根据婚姻基于何方的意志,可分为自由婚、安排婚、抢婚;基于嫁娶双方的特殊关系,可以分为有招赘婚、姑舅表婚、收继婚、"扁担"婚。这些在习惯法上都有明确的规定。如在广西富川、恭城、昭平、平乐等县的平地瑶,在习惯法上将"招郎入赘"分为全招和半招半嫁。所谓全招即买断,意味着男方上口后永久落户女家,改女方姓,子女随母姓;半招半嫁,"买半"男方不需改姓,子女分别随父母双姓,若干年后,留下一子继承女方宗嗣,男方可带妻子回男方家住。①在恭城招郎入赘还需签订入赘合同,规定双方的权责及违约责任。在夫妻关系上,瑶族习惯法对其要求主要有忠实义务、不落夫家、"点火把"等,意在维护夫妻双方的关系,促进社会和谐稳定。

(三)物权债权习惯法

瑶族族群的物权分主要由不动产与动产,因瑶族是一个山居民族,其不动产主要包括山地、山田、山林、河流等方面,在其习惯法上对不动产的归属主要以先占作为取得的方式。以广西金秀大瑶山为例,现居住在大瑶山的茶山瑶、坳瑶、花篮瑶、盘瑶、山子瑶这五个瑶族支系均非土著,而是从贵州、云南等地先后迁入,那对于原本的无主地大瑶山,其不动产土地的取得只能是以先占的方式取得。如在金秀六段、兰片村,苏姓人家入山较早,先占了青山大河,陶姓人家入山较晚,只能占有茅草地,故当地有这样的民谣"青山

---

① 广西区编辑组.广西瑶族社会历史调查:第九册[M].南宁:广西民族出版社,1987:162.

有苗是苏家,茅草向天是陶家"。在不动产所有、占有、使用上习惯法也有着明确的规定。如水田的占有,习惯法上都是规定各家私有,只有极少数为全村或数户人家公有,以滴水村为例,根据史料记载公有水田仅有9.75%。在山地占有上根据习惯法规定基本上分成了数村公有、一村公有、数户公有、一户私有。这样的情况在大瑶山表现得淋漓尽致。在水田占有上,也是实行先占取得。著名的金秀河就是如此,被金秀等千个村分段占有,彼此之间不得越界捕鱼。对于物权的公示,在瑶族习惯法中主要规定了打标为记、中保人及在场人两种方式。"标"系指"草标"是用一束或者几根长的野草打成的结子,在瑶族是一种以物代言的工具,在各地瑶族只要见到物上插有这种草标,大到禽畜小到稻轩,贵如庆香,廉如干柴,绝不会有人起有歹意。如在广西大瑶山茶山瑶有这样的歌谣:初初进入大瑶山,一片荒凉大青山,先把大树砍倒下,后再砍木来开荒,有水地方开田巧,无水地方种旱田,插标为界各占山。草标为示,男女老少皆能遵守,鲜有违反者。①

对于债权,瑶族习惯法也有着明确的规定,主要有买卖、借贷、雇佣等类型,但无论何种类型在瑶族习惯法中都有自己的一套自有体系,并凭借其独特的认同感在瑶族地区发挥着重要的作用。

(四)环境保护习惯法

瑶族是生活在大山里的民族,自然环境的好坏决定了整个民族的生活质量,因此,自古以来瑶族特别注重对环境资源的保护,特别是水资源和森林资源。在广西金秀各乡、各村的石牌中都有对环境保护的规定。如在金秀忠良乡有着封山育林的公约,在公约中明确规定了在封山育林区边缘必须执行"五不烧"(即不经批准不烧,未开防火线或防火线不合格的不烧,没有组织领导、人员不足和打火工具准备不好不烧,天气干燥超过三级风不烧。),在封山育林区内严格执行"六不准"(即不准毁林开荒,除成活的松树按照规定有计划砍伐,不准毁林摘副业,不准放牧毁坏幼林,不准过度砍枝取柴,不准在幼松林采脂,不准在林区点火行路或乱丢烟头),这有利于保护森林资源并防止地区火灾的发生。在金秀六巷村的村规民约中规定:凡是老山、水源山、柴山、牛场地及其他林地一律都不准毁林开荒做地,违反者砍了的不准烧,每亩罚款30元,不听制止烧了的不准种作物,每亩罚款60元,责成违反者砍什么林要造什么林,还要他除草护理3年,包种恢复原状。在水资源的保护上,广西瑶族地区各瑶族都有自己的规定,在金秀大棒乡就规定了严禁毒、炸河鱼,违者每人罚款15元。各个村寨都有类似的规定,目的在于保护水资源的清洁,保护水源。

---

① 金秀六段村一带流传的《历史故事歌》手抄本记载:初初进入大瑶山,一片荒凉大青山,先把大树砍倒下,后再砍木开荒田。有水地处开田峒,无水地处种旱田,插标为号各占山,姓苏的是苏显贵,姓陶的是陶善保,还有莫家莫金一。这样各管各山场。

三、瑶族习惯法在瑶族聚居地政府治理中的积极作用

在广西瑶族聚居地,政府在治理民族事务时,或多或少都会涉及瑶族的习惯法,利用好瑶族习惯法,可以因势利导,发挥瑶族习惯法的长处,达到治理的目的。

瑶族习惯法在很多方面有利于政府行政执法目的的实现,这些方面包括:

(一)勤劳勇敢、忠诚老实的为人准则,有利于维护家庭和睦及社会稳定,也有利于行政执法和社会制度的维护

在瑶族社会中,勤劳勇敢、忠诚老实是瑶族为人民为人处世的重要准则,诚实的人都会受到尊敬和称赞,反之,懒汉懦夫则被人看不起,受到公众的谴责。部分瑶区在选择配偶的时候,首要条件时考虑对方是否善良忠诚。广西金秀的茶山瑶,瑶族男性要举行成人礼,即度戒。在度戒阶段,知识丰富的文师给度戒男性拟制戒文,戒文大致内容要求青年驱恶扬善、分辨是非,互助协作,不欺老辱幼,不调戏妇女,不打骂他人,不挥霍浪费,不偷闲懒惰,不辱骂师长,不贪财好色,为人要厚道,尊老爱幼,诚实、正直、勇敢,树立上进心等等,成人礼目的是为了发扬光大互助合作,团结友爱的精神。① 所以,瑶族的勤劳勇敢、忠诚老实的为人准则和成人礼是一种传统的美德,有利于维护家庭和睦及社会主义精神文明建设,也有利于政府依法行政。

(二)有些禁忌对瑶族社会行为的限制有助于执法目的的实现

有些禁忌如禁止赌博、偷窃等等,有助于瑶族人民自觉约束自己的行为,对维护社会治安起到积极作用。禁忌时禁戒普通人接触的事、物或人,以及对此所具有的观念。保护生态资源是国家的一项重要政策,也是环境保护行政执法的一项重要的内容。而在瑶族地区由于历史的各方面原因,瑶族这个民族相对封闭,有生活在深山老林地区,河流相对少,长期形成靠山吃山,靠水吃水的生活习惯。在捕鱼方面通过禁忌对捕鱼方式做出严格的限制,瑶族人民不仅能在规定的捕鱼时期进行捕鱼,而且捕鱼方式仅能只用垂钓式,不允许撒网和使用农药进行毒鱼,从而保证了与资源的持续性,使瑶族山民能细水长流地常年吃上鱼。如在广西金秀县坳瑶,开春以后,必须过了清明才能吃泥鳅和黄鳝,否则,认为眼睛会矇。这事实上也是为了保护鱼类繁衍生存,保证一年四季都能有鱼捕捉的有效措施。正因为瑶族禁忌的限制,有利于"生态资源保护法""环境保护法"执行,生态环境的保护改善了瑶族地区人民的生存状况,维护生态的平衡。同时,禁忌对瑶族社会行为的限制有助于执法目的的实现,如禁止赌博、偷窃等等,有助于瑶族人民自觉约束自己的行为,对维护社会治安起到积极作用。

---

① 赵琳.广西金秀茶山瑶度戒仪式调查及其意义初探[J].太原城市职业技术学院学报,2012(10).

(三)传统教育的习俗有利于守法观念的形成

由于瑶族常年居山中,过着居无定所的有耕农业生活,加上瑶族人民长期受压迫和剥削,瑶的传统教育主要是依靠家庭传统教育和社会传统教育两种形式进行。

1.家庭传统教育。家庭传统教育既是瑶族教育的重要组成部分,也是瑶族传统教育的基础。家庭传统教育主要对瑶族后代进行民族基本日常礼仪、生产和生活习俗、生产技能,树立基本的道德观、人生观、价值观的教育,使其继承和掌握其中重要方式和途径。同时,进行生产知识教育、道德礼仪教育、生活常识教育和家庭历史教育。除此之外,母亲或嫂嫂还要教育成年女孩在社交要保持贞洁,婚前绝对禁止两性关系。生活常识教育,是随着子女的成长,瑶族循序渐进对子女进行生活常识的教育,例如教育子女认识动植物,教育子女基本的算术知识,辨认方向、计量、观测天气等更为复杂的常识。家庭教育,为了使儿女了解家族的来源、发展、发奋情况,而对家族后代进行的历史教育。①

2.社会传统教育。社会传统教育是在各种社会活动中进行的一种教育行为它既是民众进行民族优秀文化教育和传统道德教育的主要方式,也是瑶族传统教育的另一重要组成部分。社会传统教育主要从生产活动、社会组织活动、宗教活动、节日庆典活动方面来教育。生产活动,瑶族在生产劳动不仅要给后代传授基本的生产知识,还要向后代传授一定社会教育内容,例如瑶族的集体围猎活动中,青年人既学到狩猎的技能,又学到长辈们的机智勇敢和集体主义精神。社会组织活动,是各个瑶族在各种组织活动中接受本民族的伦理道德关、生产知识、习俗礼仪、族规民约教育的重要途径。宗教活动,瑶族通过宗教信仰产生诸多崇拜,也相应产生诸多的宗教活动,依靠神的力量和以用人们害怕神灵惩罚的心理来教育社会成员要遵守行为规范和道德准则。节日庆典活动,瑶族人民通过历史传承下来的各种民族节日,进行各种各样的节日的社会教活动、宗教活动、文娱活动、生产活动、纪念活动等,让瑶族民族传统物质文化和精神文化的融会、交流、展现等,也助于瑶族传统文化一代代地传承下去。②

瑶族传统教育即是家庭传统教育和社会传统教育,即是瑶族传统文化的传承、发展的重要手段,也是要族传统文重要组成部分部分。同时,在当代在对瑶族传统教育加以改造和发展,对现今瑶族的教育事业、社会发展具有重要的意义。

四、瑶族习惯法在瑶族聚居地政府治理中的局限性

(一)消极的传统思想

由于瑶族分布广,地域差异大,所以瑶族各支系物质生产水平的不平衡比较突出。

---

① 玉石阶.瑶族文化变迁[M].北京:民族出版社,2005:171.
② 玉石阶.瑶族文化变迁[M].北京:民族出版社,2005:172.

瑶族大多数居住在交通极为不便的高山密林中,地理环境的封闭,这不仅限制了瑶族的生产、生活方式,也对他们的思想观念产生了一定影响。由于历史原因,瑶族主要从事刀耕火种的有耕农业的民族,注重自给自足的小农经济。所以,瑶族人民的传统观念,自然认为以土地发财致富的人为榜样,对其他形式发财致富的人不屑。导致瑶族人民安于现状的原因,主要是来自各瑶区有不同程度的原始社会遗留的平均分配制度残存着,致使瑶族人民闭关自守,安于现状,不愿打开寨门,引进先进的技术和设备,组织跨地区、跨县、跨省的经济协作;更不愿在国家政策的响应下走出寨门,离开农田,到经济发达城市去开展第一、第二产业。这种观念不利于瑶区经济的发展。因此,政府在对瑶族人民实施扶贫救困和发展瑶族地区经济发展等社会职能方面遇到阻碍,致使行政执法难,或者无法执行,造就瑶族地区经济发展缓慢,瑶族大多数人民生活水平低下。

(二)落后的婚姻习俗

在瑶族中,仍有不少落后的婚姻习俗,如,抢婚制、早婚早成家、族内婚和姑舅婚等,这些习俗与国家婚姻法规定结婚年龄及禁止三代以内有血缘关系的男女结婚相违背,从健康科学的角度出发,瑶族人民传统婚俗不利于人民的优生优育,造福子孙后代及社会;抢婚制是瑶族人民违背妇女的意愿强迫结成夫妻,发生性关系,这样的婚姻无效,而且还触犯刑法,给社会造成负面的影响;而瑶族男女结婚根据瑶族婚姻习俗包办结成夫妻,并非按照国家规定的婚姻法的规定到民政部门登记结婚,并发给结婚证书。从法律的角度看,瑶族习俗结婚并非成为法律规定的夫妻,因而夫妻关系不受法律保护。而在瑶族离婚,离婚时备一斤酒到中人家并向中人诉说离婚理由和条件,再由中人了解有关情况,然后经过一些简易仪式即告离婚。这样的离婚方式虽然很自由,但也存在许多不合理及不合法的因素,致使行政执法人员在执法中无从下手。由于瑶族人民世世代代依照着风俗习惯结婚,但这种守旧的结婚制度不健康又不利于子孙后代,同时与国家婚姻法及政策相冲突,行政机关在法律的适用上存在争议,造成行政机关执法难或无法执行的困扰。

(三)有的处理治安案件的习惯法违反国家法律

由于瑶族所居住的地区经济落后,生活贫困,人民对盗窃等不劳而获的人最为痛恨。所以在对待偷盗者与强奸者的惩罚中,惩罚偷盗者轻则赔偿罚款,重则殴打。而对于强奸,则认为不损害其利益,因人而异,从宽处理。① 部分瑶区对于偷盗和债务发生纠纷,可诉至神明审判,以神的名义判断瑶族人民之间的纠纷。瑶族习惯法是瑶族群组自发性制定的一种原始法律,因而还存在许多不科学、不完善的地方,还带有历史残存的糟粕,而

---

① 例如:瑶族习惯法规定强奸未婚妇女的,若在屋内被发现,赶走了事。强奸已婚妇女的,被捉后要受毒打,并罚72元白银(所罚的钱由捉好者领);不顺从的,罚240元;再不顺从引起公愤,便有倾家荡产的危险。若强奸寡妇,寡妇只能自卫,别人不管。在这方面,习惯法的保护是因人而异的。见:高其才.中国习惯法论[M].长沙:湖南出版社,1995:368.

且习惯法的制定随意性大,程序不完善,处罚过轻或过重,容易造成冤假错案,有的甚至与国家制定的法律有很大的出入和冲突,无视国家法律和国家司法机关的权威,在一定程度上影响了国家法制的统一和威严,干扰了国家司法机构的正常活动。

五、在瑶族聚居地政府治理中对待瑶族习惯法的原则与方法

在瑶族地区行政执法中,应该如何对待瑶族习惯法,关系着民族的团结和民族地区的社会稳定,同时也关系到国家法律的统一的实施。瑶族这个民族又具有历史的特殊性,直接由原始社会进入封建社会,残存着原始社会的遗俗。我们认为,在瑶族地区行政执法中要坚持尊重和保护瑶族风俗习惯的原则。尊重少数民族的风俗习惯、是党和国家的一贯政策,也是构建和谐社会的重要方面。

(一)以民族特色的行政文化为指导,保证政府行政改革的彻底性和完整性

党和国家的政策是:少数民族有保持、也有改革自己风俗习惯的自由,但这种改革由少数民族决定并实施,政府不予强迫和干涉。瑶区政府在执法中发现一些不符合社会主义精神文明建设,阻碍瑶族生产发展的习俗,绝不能采取暴力的方法进行干预,而是在瑶区建立行政观念与文化,在瑶族价值取向、风俗习惯、感情观念等方面综合而成的文化背景下,形成具有瑶族特性的行政文化,并体现行政系统的发展目标和价值取向。从而使瑶族地区以具有民族特色的行政文化作为指导方向,才能保证政府行政改革的彻底性和完整性。

(二)坚决制止明显违法的习俗,维护国家法律的权威

政府在行政执法中发现明显违法的习俗,必须坚决制止。我国为了保障国家法律在少数民族地区的有效实施,在立法中规定坚持民族平等,尊重少数民族的风俗习惯,维护民族地区自治权,在诉讼中实行民族语言平等原则,并赋予民族自治地区的法律变通权。以下从两方面来对瑶族风俗习惯进行分析。

一方面是对民族地区的法律变通。由于瑶族社会具有封闭性,原始风俗习惯的残存,瑶族具有外出群体狩猎和砍伐树木的风俗习惯。根据国家法的规定,狩猎和滥砍伐树木都违反国家相关的法律,但由于与瑶族传统生产、生活方式及生存条件有关,在变通立法时,应该从这一实际情况出发,适当放宽定量刑标准,一般不以犯罪处理。只有危害情节严重的,如大量贩卖猎物和毁林数量巨大,才作为犯罪,但原则上也应当从宽处理。另一方面,对严重违反法律法规的应当制止。瑶族社会中残存着不少原始婚姻遗俗,如"抢婚""不落夫家"、招郎入赘、姑舅表婚等,对于违反国家婚姻法和地方自治条例结婚年龄规定的婚姻,政府就要批评教育,宣布无效。对使用暴力干涉婚姻自由的,无论是什么婚俗,应该制止,情节严重的应该依法追究其法律责任。同时,石牌制度在瑶族人民心中

是至高无上的权威,比一般村规民约更有权威。石牌制是在瑶族历史上自然形成的,维护着瑶族社会制度,曾在瑶族历史发展上起过积极的作用。但石牌制度存在不合法现象,对其不合法现象政府应当协助瑶区领导人予以改革。石牌制度不能与国家法律相冲突。而国家在制定法律法规及其民族自制条例的同时,要考虑到瑶族人民文化程度和瑶族人民风俗习惯的特殊性,应以理性方式对瑶族自治地区瑶民实施的某些危害行为做出特殊的规定。除此之外,也避免有些违法犯罪者利用法律的变通性规避法律,恶意危害社会。只有这样才能在瑶族地区和其他少数民族地区实现刑事司法工作方面的有法可依、有法必依、执法必严、违法必究,促进瑶族民族地区刑事法制的完善,并增强瑶族群众的法制观念。

(三)发展瑶族地区经济,实现瑶族文化的传承和保护

当前,在瑶族社会发展的进程中,政府往往把促进瑶族地区的经济发展作为首要的目的,这是无可非议的。但是,我们在发展经济时,也要保护和传承瑶族的风俗习惯及其文化,使本民族所具有的精神文明得以延续、传播和传承。以在瑶族地区发展旅游业为例,发展旅游业既能给瑶族地区人民带来经济利益和外来地区文化,也给瑶族地区带来负面影响。有些人为了盲目的追求经济利益,对民族地区生态环境和人文环境带来极大破坏。同时,瑶区人民在接受外来事物时,易摒弃原来民族特色的文化,而使瑶区传统文化出现断裂的现象。所以,应在民族地区推崇双文化教育,以保证民族地区传统文化的延续和传承。一方面使民族地区人民具备更多的知识,有利于培养他们的综合素质,提高他们鉴别两种文化的能力,克服现代社会中不良的现象。另一方面,增强民族精神和民族文化自豪感,有利于其积极投身于本民族的经济、社会、文化建设中。

(四)配备精通瑶族语言的行政执法工作人员

为了更好地贯彻国家的政策于瑶族地区,政府在行政执法过程中,必须配备精通瑶语的行政执法工作人员。一方面,用民族语言告知、说明理由,能更好地维护瑶族相对人的合法权益,严格遵守法定程序。另一方面,可以防止语言障碍引发的对抗性矛盾。最后,政府行政执法人员掌握好当地的语言,不仅能与瑶族人民相互沟通,有助于了解当地习惯及问题,同时还可以拉近瑶族人民与行政人员的距离,增进亲切感、信任感,有利于问题的解决,有利于构建社会的和谐。

The Role and Limitations of Yao's Customary Law in the Governance of the Yao Ethnic Group
—to Customary Law of Yao Nationality as an Example

Zhou Shizhong

Abstract:Due to the development of the history of the ethnic minorities,forming a written or unwritten law within the nation,and has played an important role in society.

Yao not only had a common law in history, and has been surviving, and with the local rules of contemporary rural mutual penetration, and standardizing the social production and social life activities of the Yao. Of Yao nationality in Guangxi, Guangxi Yao, Yao nationality customary law plays a positive role in governance and has become a supplement of the our country law, help promote local government administrative law enforcement, but Yao used method also has caused the government administrative law enforcement and the negative side. In the local government administrative law enforcement of Yao nationality settlements how to correctly treat the customary law of Yao nationality, relationship to the harmony of Yao nationality region and the national problem, but also the unity of the relationship between the national laws, so Yao in the government administrative enforcement of law pay more attention to master some principles and methods.

Key Words：Yao nationality common law；Yao minority；government；rule of law

交换分享与分配裁判:
清代苗疆永佃制*

程泽时**

摘要:清代苗疆永佃制,有着不同于内地的发展逻辑和历史脉络。它既是苗疆官府"分配裁判"的产物,又是清朝统治者的制民恒产的治国方略、寓汉防苗的治边策略,以及满人、苗人共享的族群团体土地所有权观念,汉民的交换分享的市场意识相互碰撞和调和的产物。永佃制中的"市场悖论",也预示其被改造的命运。

关键词:永佃制;苗疆;清代;分配裁判;交换分享

哈特提出:"探究文辞的深意并非只在于了解文字本身。各类型的社会情境或社会关系之间,有许多重要的差别并非昭然若揭"。① "法律概念"是具有开放性结构(open texture)的。② 运用"标准事例"所建构起的具有统一性的法律概念,去涵摄社会事实时,要注意不同类型社会情境中的"边缘事例"。边缘地带是存在不确定性的。在此意义上,笔者提出"清代苗疆永佃制"的边缘研究命题,③试图去对永佃制的既有研究,提出一些补充性意见,并由此引申至传统中国的地产、市场观念等根源问题。

一、中国永佃制的研究前见之简单检讨

永佃制的研究,最初以日本汉学家为主,④中国学者开始于20世纪30年代左右,⑤

---

* 基金项目:国家社科基金重大招标项目:"清水江文书整理与研究"(项目编号:11&ZD096)阶段成果;国家社科基金一般项目:"清代苗疆社会转型期理讼研究"(项目编号:13BFX017)阶段成果。

** 程泽时,贵州师范大学法学院教授,法学博士。

① 哈特.法律的概念[M].许家馨,李冠宜,译.2版.北京:法律出版社,2006:2.

② 哈特.法律的概念[M].许家馨,李冠宜,译.2版.北京:法律出版社,2006:123.

③ 本文对苗疆的界定,采用广义,指清代南方少数民族聚居区。清代的苗、夷、瑶等,不应与20世纪50年的民族识别意义的少数民族混淆与等同。马廷玉.中国租佃关系通史[M].长春:吉林文史出版社,1992.在"第三编现代租佃关系"描述了"湘黔桂三省的租佃关系",在"第三编第五章边疆少数民族地区的租佃关系"中,描述了西藏、新疆、广西壮族地区、云南西双版纳傣族地区的农奴。但是,没有聚焦讨论清代苗疆的租佃关系及其永佃制。清代苗疆是一个独特的政治经济文化单元,官府对其有一套系统的治理政策。另外,刘克祥.清代热河的蒙地开垦和永佃制[J].中国经济史研究,1986(3).集中讨论了清代旗地永佃制这样的"边缘事例"。

④ 赵冈.永佃制研究[J].北京:中国农业出版社,2005:2.

⑤ 费孝通.江村经济:中国农民的生活[M].北京:商务印书馆,2001:156-167.

主要以经济史学者、社会经济史学者为主。

其所依据的材料主要有四:一是20世纪20至30年代农村调查,比如,卜凯的《中国农家经济》和《中国土地利用》,其结论是中国农村问题的关键在于技术进步,改善经营方式,提高农业生产技术水平,而非土地兼并,被称为"技术派";而陈翰笙的《中国的地主和农民》,则认为中国农村的问题的根本解决之道在于土地分配问题,被称为"分配派",①该派主张称为日后的土地革命的重要理论基础。二是契约文书,比如,杨国桢的《明清土地契约文书》;②三是刑科题本,比如,周远廉、谢肇华的《清代租佃制研究》。③ 四是鱼鳞册,比如,章有义的《康熙初年江苏长洲三册鱼鳞簿所见》,从鱼鳞册上挑出或认定享有永佃权的农户,与普通佃户相区别,④似乎表明地方官府注意到永佃权的现象。

从研究方法上看,大体分为两类:一是制度性描述,大多数学者均进行此类定性分析,支持以陈翰笙为代表的"分配派"主张。杨国桢研究永佃制、一田二主的结论是:"在地权分化的形式下,中国的农民不可能摆脱封建剥削的枷锁,只有共产党领导的土地改革运动,才使他们真正成为土地的主人。"⑤但是,在地权分化日益普遍的情况下,所谓的"封建剥削"是加重了,还是减弱了呢?杨国桢并没有给出明确的结论。二是计量分析,则以赵冈的《永佃制研究》为代表,其研究在一定程度上继承和支持了卜凯的结论。

下面主要检讨其中的几个争议问题:⑥

(一)永佃制的起源途径是否完全归纳

永佃制的起源,经济史学者的描述,往往非常具体,而法学者的描述较为抽象。杨国桢归纳清代佃农获得永佃权的途径,有开垦永佃、改良永佃、认定永佃、分与永佃、保留永佃和买受永佃六种。⑦ 有经济史学者归纳为:一是垦荒成永佃;二是农民贱卖土地议成永佃;三是因押租而成永佃;四是不欠租谷也可成永佃;五是世代耕种变成永佃;六是因佃农出银买得永佃权。这是主要途径。⑧ 还有学者进一步归纳为三个途径:一是押租制;二是开荒加工取得的永佃权;三是典卖田地或价购永佃权。⑨ 学者们的归纳大多受到所见资料的局限,笔者以为还存在"边缘事例",比如,清代苗疆,就大量发生违反律例所规定的禁止汉苗(夷、瑶)交产、私卖土司官田的现象,官府往往勒令取赎、清退而不能,官府允许其设定永佃权。

---

① 赵晓阳.解决农村经济问题的路径差异与思想根源——陈翰笙与卜凯经济思想比较研究[J].经济学动态,2014(1).
② 杨国桢.明清土地契约文书研究[M].北京:人民出版社,1988.
③ 周远廉,谢肇华.清代租佃制研究[M].沈阳:辽宁人民出版社,1986:299-337.
④ 章有义.康熙初年江苏长洲三册鱼鳞簿所见[J].中国经济史研究,1998(4).
⑤ 杨国桢.明清土地契约文书研究[M].北京:人民出版社,1988:133.
⑥ 永佃制研究中的争议问题较多,不是本文的篇幅所能综述完成的。
⑦ 杨国桢.试论清代闽北民间的土地买卖——清代闽北土地买卖文书剖析[J].中国史研究,1981(1).
⑧ 周远廉,谢肇华.清代租佃制研究[M].沈阳:辽宁人民出版社,1986:295-300.
⑨ 赵冈.永佃制研究[J].北京:中国农业出版社,2005:16-24.

罗马法上永佃权取得的方法,则抽象和类型化为三种:一是契约之订定;二是遗赠或遗嘱之记载;三是"分配裁判",即以司法机关之裁判,为取得永佃权之方法者。① 罗马法上,分配裁判是指裁判官在共有人间对共有物予以分割的裁判,它构成一个传来取得的法律原因,是所有权取得方式之一。它包括共有物分配之诉(actio communi dividundo)、划定地界之诉(actio finium requndorum)、继承权分配之诉(action familiae erciscundae)。② 划定地界之诉,也称地界调整之诉,是指相邻不动产的所有主,据以要求确定地界的诉讼。因为在对相邻土地的地界进行划分时,通常需要对原本归属关系不清的中间地带(在划界前,往往由相邻的不动产所有主共同使用)加以分割,从而结束原有的、事实上的共有关系。③ 古代罗马法院系统所作的判决书,已经全部佚失。迄今唯一可见的划定地界之诉的仲裁裁决书,就是公元前117年罗马共和国作成的并记录在青铜碑上的"热那亚判决"。④ 清代官府处理汉苗、汉夷、汉瑶交产、土司私卖官田的违禁案件时,勒令取赎清退,因无力取赎,被迫承认永佃权,类似于罗马法上的"分配裁判"。详见后文。

(二)永佃权是债权还是物权?⑤

对于当今法学者而言,根据罗马法、《大清民律草案》《中华民国民法》,永佃权是物权,这似乎是常识。但在清代律例中,债权和物权的区分,是没有的。而在罗马法上,存在一个从债权到物权的转变。⑥ 陈朝璧就指出:"永佃权……系由债权性质而变为物权之权利者也。""直至优帝时,始将希腊永佃权之制度及罗马公地之租田制度,冶于一炉,而成罗马法上永佃权之完备制度也"。⑦ 当代的经济史、社会经济史学者,在界定永佃权时,常常没有作这种前提性反思的。

部分学者对永佃权的界定就属于债权性质。比如,有学者认为:"所谓永佃权,就是佃农向地主支付某种代价以后,所换取对地主土地的'永久'佃耕的权利。"⑧ 即永佃权是

---

① 周枬把"永佃权"翻译为"永借权",把"分配裁判"称为"裁判设定",即由司法机关以分割裁判方式设定永借权。周枬.罗马法原论[M].北京:商务印书馆,2001:417.
② 江平,米健.罗马法基础[M].北京:中国政法大学出版社,2004:196-197.
③ 黄风.罗马法词典[M].北京:法律出版社,2001:10-11.
④ 威格摩尔.世界法系览:上册[M].何勤华,等译.上海:上海人民出版社,2004:308.
⑤ 梁治平不使用"永佃权""分割所有权""部分所有权"等语词,主要是因为它们已经带来的混淆和混乱,至少和它在描述"永佃"关系时所具有的说明力一样大。同时,也不使用"永佃制"等语词,只使用了经其明确界定的"永佃"一词。梁治平.清代习惯法:社会与国家[M].北京:中国政法大学出版社,1996:88-91.笔者以为,权利话语已经成为了无法避免的时代趋势,使用权利话语时,作出必要的说明和界定,也未尝不可。本文使用永佃权,但已区分了债权意义上和物权意义上的永佃权、中国固有法意义上的永佃权和继受法意义上的永佃权。
⑥ 关于罗马法上永佃权的沿革,可参见奥里维娄罗,蒂里柏尔托.罗马法中的公共土地所有权与私人使用[M]//陈汉,译.江平.罗马法、中国法与民法法典化(文选):罗马法与物权法、侵权行为法及商法之研究.北京:中国政法大学出版社,2008:131-139.
⑦ 陈朝璧.罗马法原理[M].北京:法律出版社,2006:296-297.
⑧ 周远廉,谢肇华.清代租佃制研究[M].沈阳:辽宁人民出版社,1986:288.

一种佃农对地主的对人权或相对权。

　　有学者坚定地坚持债权性质的永佃权概念,并否定"田面权"是永佃权。杨国桢就认为:所谓地权分化,指的是在原有的地主土地所有权中,不断分离出使用权——永佃权和分割出部分所有权——田面权,在租佃制度上形成永佃关系,在土地制度上形成"一田两主"的形态。① 显然,他认为永佃权和田面权是地权分化两种表现形式,永佃权不同于田面权。他认为,19世纪30年代的学者把"田面权"等同于"永佃权",是对"永佃权"概念的误用。比如,1934年何梦雷的《苏州无锡常熟县之佃租制度调查》提出:"田底面制为永佃制之一种";1936年段萌寿《平湖农村经济之研究》提出:"所谓田面权即永佃权,亦即永久耕作之权。……永佃权为所有权之一部分,与田底权同样可以自由移转让与,不受业方之限制"。1937年李若虚《江苏省地政局实习日记》提出:"田面权则系指土地之永久耕作权而言"。② 1930年代的民国经济学者,认为田面权就是永佃权,应该是受到《中华民国民法》所规定的继受法意义上的永佃权的影响。

　　陈翰笙没有采用西方罗马法传统的永佃权话语,在《无锡田权分析表》中采用传统中国话语将田权的内质划分为永业田、田底属领权和田面耕作权,还考察了田权的外形与其俗称、田权的所有者及其相互关系等,③力图既避免"偏倾于社会现象之一种无意义的分类",又避免"自封于种种哲学观念的一个抽象体系",去"了解具体的社会实质",④保持了对继受西方近代法律理论体系的审慎和警醒。

　　梁治平也避免采用继受法意义的"永佃权"语词,采用"永佃"的语词,将其基本特征界定为:佃户负有按约定交租之义务;在履行其义务的前提下,佃户能够"不限年月"、"永远耕作"地主土地,地主则不得"增租夺佃";地主的变动并不影响佃户地位,即法谚所谓"换东不换佃"、"倒东不倒佃";⑤佃户可以随时退佃,但不得自行转佃。⑥ 但是,魏金玉认为,不欠租地主无权撤佃,是明清时代租佃关系的一个传统;佃农有自由退佃权,也是摆脱了土地附属物地位的佃农所普遍享有的;不许自行转佃他人,也是一向如此;都不是永佃制下租佃关系中的新鲜事物,不构成与其他租佃关系不同的特征。永佃制下的租佃关系的基本特征是地权与佃权的分离,转佃日益成为佃农的一项地主不能干涉的权利。⑦ 梁治平也认为,"永佃"关系中的佃户能否将其"佃业"(包含上述"永佃"关系中佃户的全

---

① 杨国桢.明清土地契约文书研究[M].北京:人民出版社,1988:91.
② 杨国桢.明清土地契约文书研究[M].北京:人民出版社,1988:125-126.
③ 陈翰笙.中国农村经济研究之发轫[M]//汪熙,杨小佛.陈翰笙文集.上海:复旦大学出版社,1985:36.
④ 陈翰笙.中国农村经济研究之发轫[M]//汪熙,杨小佛.陈翰笙文集.上海:复旦大学出版社,1985:43.
⑤ 有学者认为,按照现代民法的观点,由于永佃具有对抗新业主的效力,因而属于一种物权。李玉生.中国古代法与现代民法物权制度比较研究——兼及《中华人民共和国物权法(草案)》的相关规定[J].南京师范大学学报(社会科学版),2005(6).笔者以为,现代合同法有"买卖不破租赁"规则,并不能据此就认定承租权属于物权,物权所具有的对世效力,而不仅仅是对抗新业主而已足。
⑥ 梁治平.清代习惯法:社会与国家[M].北京:中国政法大学出版社,1996:81-82.
⑦ 方行,经君健,魏金玉.中国经济通史·清代经济卷:下卷[M].北京:经济日报出版社,2000:1774-1775.魏金玉为永佃制专章的执笔人。

部利益,或简单地说"田面利益")自由、独立地转让于他人乃是"永佃"与"一田二主"之间最根本的不同。① 显然,梁治平是在债权意义上界定永佃权的,魏金玉是在物权意义上界定永佃权的。

社会经济史学者、经济史学者也注意到永佃权从债权关系到物权关系的转变过程。杨国桢专门讨论了"从永佃权到'一田二主'的转化"。② 赵冈则把永佃制分为三种形态:初始形态,即只有耕作权,不是完整产权,限于特定农户,不得转让;过渡性安排(形态),即逐渐可以自由转让,私相授受;最终形态,是独立产权,称为田皮业主与田骨业主,合称一田二主。③ 即描述了永佃权从债权到物权的转变。赵冈采用的定义是永佃制的最终形态,即物权性质的永佃权定义。当然,这种物权是乡例惯行所支持的习惯权利,而非清代律例成文法所保障的法定权利。

清代官府一般只保护债权意义上永佃权,并不支持其向物权意义上的永佃权发展。清雍正十二年(1734年)七月初三日《严禁卖索赎暨顽佃踞耕逋租告示》曰:"佃户如有拖欠租课及盗卖主业者,即照律分别治罪;所欠之租及所得之花利,俱照追给主;其田勒令退还业主,另行召佃批耕,不许借称顶手、粪质名色,恃强占据。"④

如果在债权意义上使用"永佃权",则清代苗疆既有"官田"上的永佃权,又有"民田"上的永佃权。传统的永佃权研究集中地讨论了后者,而极少讨论前者。⑤ 苗疆屯田就是建立官府与屯军军户之间永佃契约之上的,可以有条件地继承,不同的是屯军无退佃的自由。清初的屯田,多为叛苗逆产没官而来,云贵总督鄂尔泰就讲:"逆苗绝产例应归官,今以之安设屯军,令其且耕且守,既所以巩固地方,又可以养赡家属,子孙相承,奉为世守。若该屯军或因年老辞退,或因病故缺出,即于该屯军子孙内选择人材壮健者承顶。若该屯军子孙内无人承顶,许其于嫡亲弟侄或宗党姻亲,情愿养赡该军家口者,自行举报。该卫弁验明,准其顶补。倘该屯军并无子弟亲属,该卫弁另行招募充补,总不许将屯田私行典卖。如有屯军人等将屯田私自典卖与人,应照盗卖他人田,一亩以下笞五十,每田五亩加一等,系官田加二等,罪止杖八十,徒二年,系官田加二等律分别定拟,仍革退屯军,另行招募,其出银私行当买者与同罪,追价入官。百户、总旗、小旗失于觉察,应比照守把仓库以致盗物出仓库而不觉察者,减本犯罪二等律治罪,或互相徇隐者,与犯人同罪。若通同作弊分赃者,计赃照枉法律从重论,仍割去百户、总旗、小旗。如该卫弁不行清查,应比照此县之引卖与别县者,未经查报之府厅官例,罚俸一年。"⑥云南巡抚石琳《进

---

① 梁治平.清代习惯法:社会与国家[M].北京:中国政法大学出版社,1996:91.
② 杨国桢.明清土地契约文书研究[M].北京:人民出版社,1988:91-99.
③ 赵冈.永佃制研究[J].北京:中国农业出版社,2005:2.
④ 张传玺.论中国封建社会土地所有权的法律观念[J].北京:北京大学学报(哲学社会科学版),1980(6).
⑤ 有学者讨论了清至民国时期的青阳县和绩溪县官田地权的双层分化现象。张明.清至民国时期皖南官田、学田和义田地权的双层分化考察[J].安徽史学,2013(2).
⑥ 中国第一历史档案馆,中国人民大学清史研究所,贵州省档案馆.清代前期苗民起义档案史料:上册[M].北京:光明日报出版社,1987:263-264.

呈编辑全书疏》对明清时期的云南屯田就评价道:"盖当年以军养军,原非上仓粮米,犹之佃民之纳租於田主也。"①即把屯田当作屯军的永佃田。

(三)永佃制是否促进地权平均分配

关于中国历史上地权分配的演变,在20世纪六七十年代有一个很流行的说法,认为地权的转移都是不同方式的土地兼并,地权是愈来愈集中于少数人手中,地权分配是愈来愈恶化。章有义称之为"不断集中论"或"无限集中论"。②赵冈对比北宋与清末民初的土地分配资料,发现宋明以后中国由于人口快速增长,地权转移呈现出逐渐分散的倾向。③曹幸穗也认为:"租佃制的扩展并不意味着地权越来越集中。土地的使用权与占有权的分离,和土地的高度集中是两个互相联系而又有所不同的概念"。④

魏金玉研究清代永佃制认为,假如把剩余产品视同地租,则享有佃权的直接生产者,也就享有或大或小的部分土地所有权。这时的永佃关系就是享有大部分地权的地主与享有小部分地权的佃户,甚至,享有大部分地权的佃户与享有小部分地权的地主,所结合成的一种新的租佃关系形式。⑤即从地权分享意义上看,应该是促进了相对意义上的地权平均分配。但是,魏金玉认为,直接生产者一旦失去佃权,出现了只是收租而不事生产的"一田两主"制度,则是一种倒退。⑥至于为什么倒退,则没有进一步阐明。

赵冈依据清代的鱼鳞册、契约文书等,计算田皮价和田骨价,考虑田皮产权因素,土地集中的基尼系数约减少一半,⑦并明确地指出:"永佃制的另一个重大的社会功能是使得社会上地权分配更趋平均"。⑧"我们以往计算地权分配只着眼于田骨所有权之分配,而完全忽略了田皮所有权之分配。我们既然知道田皮是独立的产权,占有田皮的农户就不算是无产农户,所以我们应该将田骨产权之分配与田皮产权之分配合而观察,计算皮、骨两张产权相加的综合产权"。⑨赵冈认为,决定地权分散力度的主要因素是中国多子均分继承遗产的传统制度。在土地市场条件下,地权平均的目标是无法实现的。⑩

后人对永佃制的研究和评价存在着歧见,那么回到清代苗疆的具体历史场景去看看当时统治者及官员对永佃制的评价,就具有十分重要的意义了。这也是本文的重要问题意识之一。

---

① 范承勋,张毓碧,修谢俨.云南府志:卷十八[M]//中国方志丛书:第26号.台北:成文出版社,1967.
② 章有义.本世纪二三十年代我国地权分配的再估计[J].中国社会经济史,1988(2).
③ 赵冈.地权分配的长期趋势[J].中国社会经济史研究,2002(1).
④ 曹幸穗.商品经济与小农生产——旧中国苏南农家经济研究导论[J].农业考古,1991(1).
⑤ 方行,经君健,魏金玉.中国经济通史·清代经济卷:下卷[M].北京:经济日报出版社,2000:1813.
⑥ 方行,经君健,魏金玉.中国经济通史·清代经济卷:下卷[M].北京:经济日报出版社,2000:1813.
⑦ 赵冈.永佃制研究[J].北京:中国农业出版社,2005:59-60.
⑧ 赵冈.永佃制研究[J].北京:中国农业出版社,2005:12.
⑨ 赵冈.永佃制研究[J].北京:中国农业出版社,2005:11-12.
⑩ 赵冈.永佃制研究[J].北京:中国农业出版社,2005:51-52.

二、违禁典卖田土案的"分配裁判"是清代苗疆永佃制的起源之一

笔者之所以称其为"分配裁判",是因为:其一,汉苗交产,如果不是清律例、则例的禁止,完全是属于交换分享的范畴,几乎不需要官府的干预。正是例禁汉民交产,且要求苗人备价取赎,汉人退地,当苗人无力取赎,或汉人不愿退地时,才需要官府的"分配裁判"。其二,苗人典卖田土给汉人,多为苗人所占有的瘠薄、荒芜等有待开垦、改良的土地,经过汉人劳作培肥,土地价值提高了。官府要求取赎时的田土,已经不是当初典卖时的田土了。此时,苗人与汉人已经形成了一种事实上的共有关系。当苗人无力取赎时,官府也只能按照按份共有土地来处理,予以分割。因此,非常类似于罗马法上的共有物分配之诉。其三,即便是汉苗自愿交产,按照平价进行,交换双方均没有告知官府,但是年湮日久,其承继后人可能会牵涉到地界划定的问题。在此意义上,划定地界之诉,无论古今中外,都是会发生的。按照古罗马法的诉讼分类,划定地界之诉,属于"分配裁判",我们不妨把之统称为"分配裁判"。其四,汉人承佃土司、苗人荒地,多无契纸为凭,后将其开垦成熟,常常与土司、苗人田土界限混淆,也会发生争端,也需要"分配裁判"。

(一)变通例禁的"分配裁判"之一:取赎、断卖须平价

汉夷违例交产,依例允许夷人取赎,但未设期限。但是,苗疆官府变通例禁的"分配裁判",则是夷人取赎,必须限期;逾期不取赎,必须平价断卖给汉民。

1.云南苗疆的"分配裁判"

道光元年(1821年),云南省迤西道永北厅的北胜土司所管夷地,[①]就发生夷人因汉民承典夷田,而发生仇杀汉民的恶性事件,清廷派呢玛善为钦差大臣,负责善后。呢玛善发现,自乾隆二十年(1755年)后,北胜土司及夷人,因图得价银,将田陆续典卖折准与汉民,有的典出十之七八者,有的典出十之三四,夷人无田可耕,因与汉民为仇。

呢玛善认为,汉民典买夷地,实属违禁。若令汉民退地他徙,土司和夷人将更悻为得计,自应持平区断,以服其心。呢玛善建议,除汉民现居夷地者,自愿退地归籍外,余俱暂令照原典买之地土,耕种糊口,饬令土司等,将历年典卖折准的地土,分别清查,造册报官。遴派公正明干的官员,会同该厅,逐寨确勘,分别等差,按照初限、二限、三限,设法取赎,以便汉民陆续归籍。如过期不能取赎,则将原地,断归汉民执业。[②]

但是,御史张圣愉,严格坚持汉夷之辨,认为夷民穷苦,若不能依限取赎,夷地竟成汉业,必又将积怨成仇,应将不能依限取赎之地亩,或割半均分,或给还十之三。道光帝将张圣愉的建议,交都察院左御史史致光、云南巡抚韩克均,详查核办。[③]

---

① 迤西,明清时称云南西部地区,大致包括现在大理与丽江和永昌等地。
② 清实录:第33册[M].北京:中华书局,1986.
③ 清实录:第33册[M].北京:中华书局,1986.

史致光支持呢玛善的意见,认为夷民逞凶图占之心,不可不加遏抑。分限取赎,限满不赎,断归汉民,即便突破了汉夷交产例禁,也是因时制宜,且已出示晓谕,自不便朝令夕更。

史致光同时建议,要区别对待。确系盘剥折准的,无论杜卖、典押,核计汉民所出本息,将应得田土分予执业,余田给还土司,与夷民耕种。确系平价交易的,除杜卖无庸议外,典押之田,令该管流土各官,公同勘估,核计汉民原典价银,将应得的田土分给汉民执业,余田给还土司,与夷民耕种。既不可使汉民剥削夷民,又不可使夷民以为焚掠得计,长其构乱之心,总使两得其平,方能日久相安。其建议得到道光帝的批准①。

需要注意的是:土司或夷人向汉民取赎,退还典价是要计算本息的;无论断卖或是典押,必须按平价;流官和土司公同评估地价,也应按平价;如果土司、夷人无力退还典价,则将典价加利息,当做绝卖部分田土的价钱,汉民取得部分田土的所有权,剩余田土退还土司或夷人。这里的利率、地价的"平价"是以借贷市场、土地买卖市场的存在为前提的。官府要做到两得其平,必须以市场平价为基准。

土司、土目及夷人是否有能力取赎呢?道光九年(1829年),云南巡抚伊里布上奏,云南省永北土司、土目及夷人,先年典卖田地,分三限取赎。因土司贫乏,夷民拮据,限满后,尚有未赎的契价银达十万四千九百余两,确系力有未逮。建议将前项未赎田土,不再勒限,准其随时措价,陆续取赎。如日久仍有未能回赎,情愿将田土找卖与汉民的,即令汉民找价管业。如有愿将田土计价,划归汉民执业,余田退还土司、夷民耕种的,均听其便。道光帝批准其建议②。即既允许汉民找价,将典卖变成断(杜)卖,又允许汉民以典价,折买夷人的部分田土。此例的"分配裁判",似乎没有涉及永佃制,但是,须知汉民在土司、土目、夷人没有取赎前,一直耕种着田土,久耕成事实上的永佃。

2.贵州苗疆的"分配裁判"

根据清代的立法例,苗疆督抚的裁判决定,一般事先得到皇帝批准才生效,而后经编纂进入条例或则例。因此,贵州省苗疆的"分配裁判",可以从户部则例中"管中窥豹":

其一,反复申明汉苗不许交易田产及其惩罚措施。比如,"贵州汉苗杂处地方,饬令地方官及苗弁稽查,不许汉民置买苗田,并放债盘剥,藉端驱使苗人,亦不得承买民地。倘有违犯隐漏,将田地给还原业,追价入官,仍治以应得之罪。"③"贵州省汉苗呈控典卖田土事件,该地方官查其卖业年分远近,是否盘剥折责,秉公定断,仍查禁汉苗不许交易田产。倘汉民再行引诱侵欺,一经告发,田地给苗人,追价入官,并治以应得之罪,查禁不力之地方官严参究办。"④

其二,清查时若苗人无力取赎才准售与汉民。比如,"清查以后,凡系黔省汉民,无论

---

① 清实录:第33册[M].北京:中华书局,1986.
② 清实录:第35册[M].北京:中华书局,1986.
③ 钦定户部则例:卷十[M].刻本,1874(同治十三年).
④ 钦定户部则例:卷四[M].刻本,1874(同治十三年).

居黔年分久暂,相距苗寨远近及从前曾否置有苗产之事,倘敢违禁私置苗产,许乡约禀究。地方官查明,立时驱逐,田产给还苗民,追价入官,仍照违制律治罪。其所置苗产系土目管辖,私相授受者,应将土目一并严惩。如有客民迁移回籍,其所遗产苗民无力收买,方准售与有业汉民。其所当苗产,许苗民呈明取赎。地方官秉公查勘。如系客民垦荒成熟,酌断工本。倘有苗民诬告及当主勒掯情弊,照例究治。其营卫兵丁违禁射利及邻省汉民越境私置苗产,责成地方官会同邻省该管官及营卫各弁稽查惩办。"①

(二)变通例禁的"分配裁判"之二:取赎须永佃

汉夷违例交产,依例必须无条件地取赎。但是,苗疆官府变通例禁的"分配裁判",则是夷人取赎时,必须订立契约,给予汉人永佃权。前文所述北胜土司汉夷争地仇杀事件处理后的十年,迤西道永昌府腾越厅又发生了汉夷争地事件。

清代云南省永昌府腾越厅的盏西,在厅西南部,距离厅城约六十里,田赋不多,汉夷杂处。盏西与南甸土司的领地,犬牙交错。有土司将其田土私自典卖给汉人;有汉人开垦荒地,为逃避粮税,向土司交租,而自认土司的佃户。典卖一般有契纸为凭据,而佃种多无凭据,地界不清。乾隆三十五年(1770年)曾经奉旨查办,土司典卖田地一概给还,此后内地民人不敢再向土司典买。但是,盏西地方不能禁绝。监生戈从周于嘉庆年间,典受南甸前土司刀维周一处地名叫蛮仑的寨脚田,立有印券,但不载亩数。生员萧振的祖人旧种南甸、蛮仑等田二处,因无凭据,田数、租数也无可稽查。早年汉夷俱尚朴实,纳租者从不短欠,收租者亦无他意。且时值野匪肆掠,田多荒芜,土司无暇过问。但是,到了道光年间,地方渐靖,人皆复业,田土需求增长,时有争竞。

道光十年(1830年)间,南甸土目掌猛秤弄,招来干崖、盏达两土司境内无业夷人数十户,于距离蛮仑很近的布绿树地方立寨,意图夺取戈从周、萧振的田土。腾越厅同知周澍饬令速撤。土司以招夷立寨系为堵御野匪辩解,并未撤去。且招来之野夷,源源不断。周澍又会同腾越镇严厉申饬,南甸土司仍以立寨堵野匪为由。

道光十年(1830年)十二月,周澍派最熟边情的署右营都司李正荣酌,带弁兵、土练,以年例巡防边界为名,亲赴盏西,相机筹办。经查,绿树地方,新立夷寨,仅有草棚数十间,夷民八十余人,当即谕令不准稍滋事端。随后传唤土司掌猛秤弄与监生戈从周、生员萧振讯明:戈从周故父先年典受土司蛮仑脚田亩,萧振等祖人旧种蛮仑、蛮布等田,土司欲令退还,恐其不允,是以招夷立寨,意图霸种。

李正荣责问土司:蛮仑寨脚田亩,是早年南甸土司刀维周得受戈姓典价,并非无故霸种,何得混欲夺回其蛮仑、蛮布等田?如果萧姓欠租,责令照数上纳,便即了事,亦不得恃众恶夺,滋生事端,饬令将招来干崖、盏达夷人遣回。

1.土司援例坚决要求汉民退还田土

---

① 钦定户部则例:卷四[M].刻本,1874(同治十三年).

土司以例禁汉民典买夷田,定要官府断还,方肯干休。而戈、萧等姓,则以田种日久,若被夺田而无处安身,两造各执一词,势难遵结。而干、盏夷人陆续而来,大有聚众相恃之意。

李正荣向同知周澍报告,请求带回厅城审讯。道光十一年(1831年)二月二十二日,两造带至厅城,但是声立土目人等坚不赴城,同知周澍在对野夷犒赏了盐、布、牛、羊等物后,才肯赴案。同知周澍,传集两造,详加查讯。土司掌猛秤弄等力称,汉民典买土司土亩,本属违例,且乾隆年间曾蒙官府裁断,将汉民典买夷田退回土司,今戈、萧二姓典买承种之田,自应照例退还,因恐汉民掯勒,因此招夷立寨,欲图霸种。

2. 腾越厅同知提出援例须审情酌理

周澍认为:汉民典买土司田亩,本属违例,原应照例断还。但边地情形不同,盏西汉夷交涉田亩甚多,尤不可开此端,致滋纷扰而生边衅。汉夷典买土司田亩,虽属违例,其中亦有分别。永北汉民,典买土司田亩,即经奏明,令土司备价取赎。乾隆三十五年(1770年)之案,系因征缅土司运粮有功,因此定限八年归还,土司不得援以为例。况此田典于嘉庆年间,明系南甸土司故违定例,更属不合。要秉公酌断,惟有将戈姓得典蛮仑寨脚田亩,准土司照价赎回;萧姓承种的蛮仑、蛮布等田,系汉民垦种数代,上纳土司租谷。若断还土司,则汉民未免向隅。从前收租、纳租,并无凭据,令萧姓等写立租帖交与土司收执,土司仍给执照,以昭信守,永不准起佃、短租,如此定案,实属两得。

土司开始未允,戈、萧二姓也不愿放赎纳租。同知周澍告知:汉夷典买承种土司田亩,本应照例治罪,将田退给土司,而断令取赎并准永远佃种纳租,系属破格之恩。于是,生监与土司,各具遵依息结。同知周澍,当堂明立文案,令土司照数备价赎田,汉民照数立佃纳租,均各欣允。所招来干、崖穷夷,情愿归土司安置管束。

3. 在交换分享与寓汉防苗之间酌中定断

周澍的"分配裁判",显然是没有严格遵守禁例的,却得到巡抚批示赞赏,其正当性在于:盏西为厅城西南门户,夷多汉少,且逼近野山,夷民与野匪较为联络。若该练有夷无汉,则勾野为患,边地永无安枕之日。今得汉民世居其地,为之监察,则勾野之事,自可较少。汉民等所种田亩,一再与土司胶葛,不能不酌中定断,使夷汉两得相安。土司不占便宜,免致复萌故智;汉民得以安业,方能固我藩篱。一言蔽之,寓汉防苗。周澍的禀词,可谓一语道破天机。

周澍认为,土司世受国恩,袭替土职,绥靖边疆,是其职责,如田土事宜,稍有屈抑理,应禀请地方官,秉公查办。土司不先行禀诉,辄即私招外境穷夷立寨,欲行恃众夺田,实属谬妄无理,姑念究系无知土夷,且其田亦实系该土司夷产,并无捏冒情弊。且断给放赎、纳租之后,便出具遵依印结,与始终胶执抗违者不同。汉民违例典买承种土司田亩,本有不合,但均系该监生等祖父所为之事,历时久远,无从查办。且就该地情形而论,亦不能不变通办理,使汉夷并处,形势得以相维。

道光十一年(1831年)三月二十一日,周澍的禀文,报到云南巡抚伊里布,①伊里布批示:"据禀南甸土目与盏西土民争田会商剖断完结缘由,以办理妥速,实属可嘉"②,并让布政司会同按察司、迤西道核实报告,等候总督阮元的批示。③

需要指出的是,此次南甸土司与盏西土民争田案的处理,是不同于道光元年北胜土司、夷人与汉民争田案的处理方案的,即允许土司取赎,但必须订立契约,给汉民永佃权,而不是取赎,让汉民退籍。

本案既属于典型的"划定地界之诉",又是共有权分配之诉。因为此案关键在于田亩之清与不清,不在夷寨之立与不立。田亩清,虽立寨亦不致滋事。田亩不清,即不立寨,亦终必肇生衅端。戈、萧二姓垦种数代,培肥田土,已经成为事实上的共有人之一。

(三)变通例禁的"分配裁判"之三:不取赎则永佃与山场永佃

汉瑶违禁交产,依例勒令取赎。但是,如果瑶人无力取赎,如何处理,清律例和则例均无明文规定,这就给苗疆督抚创设新的规则留下空间。或减价取赎,或延期取赎。如果仍不能取赎,则令汉民分一半田土给瑶人永远佃种。

道光十三年(1833年),湖广总督讷尔经额、④湖南巡抚吴荣光⑤会同奏准《湖南瑶地善后事宜章程》六条,抄转至湖南江华理瑶直隶军民府,姚知府出示晓谕。

1. 瑶人无力取赎时酌分一半给瑶人佃种分租

《湖南瑶地善后事宜章程》的第一条:"准赎顶山场,以复瑶业也。查瑶人地亩山场,除从前售与民人者,其仍旧执业外,嗣业(后)瑶人户业,只准瑶户互相买卖,不准与民人交产。……至于从前瑶人与民人交产,有顶契、当契及永批之契,并非售卖可比,均准瑶人取赎。若瑶人无力取赎,准其按年月之远近,分定取赎之章程。凡契在十五年以外者,酌令减原价三分之一;二十年以外者,准其半价取赎。若原主实在赤贫无力,又无田可种者,令典主佃种,酌分一半与原主佃种分租。俟其有力时,再照现定章程取赎。至此之后,如有不遵令仍交产者,应请广东善后章程,将田继续归原主,不准追价,仍将两造场照违令律责惩"。⑥ 这里的"典主"是典卖瑶产的民人,"原主"是指出典田亩山场的瑶人。这条实际上赋予瑶人在不能取赎时可从汉民手中获得一半田亩山场的永佃权。不过,瑶人减价取赎是原则。

《钦定户部则例》也规定:"客民所招佃户本系苗民者,仍令照旧承佃,不准另招流民耕种。其租谷均照原契数目,不得额外加收。随田陆地如系未耕平土,先尽苗佃开垦,所

---

① 钱实甫.清代职官年表[M].北京:中华书局,1980:1678.
② 楚雄彝族文化研究所.清代武定彝族那氏土司档案史料校编[M].北京:中央民族学院出版社,1993:26-30.
③ 钱实甫.清代职官年表[M].北京:中华书局,1980:1458.
④ 钱实甫.清代职官年表[M].北京:中华书局,1980:1458-1459.
⑤ 钱实甫.清代职官年表[M].北京:中华书局,1980:1678-1680.
⑥ 张冠梓.中国少数民族传统法律文献汇编:第2册[M].北京:中国社会科学出版社,2014:126-127.

出租谷照苗寨旧规酌分。至荒山箐林,仍听苗民樵牧其栖止,栽种杂粮,业主不得征收颗粒。如有加租逐佃等事,一经查出,立予重惩。所招新佃概行递籍,其苗民承佃客田捐不纳租,准客民控官究追",①确认了苗人永佃汉产的权利。

2. 瑶人典买民产,亦准照民置瑶产章程办理,承佃山场的民人、瑶人均享有永佃权

《湖南省瑶地善后事宜章程》的第四条:"严禁匪瑶,使知畏敬也。查瑶人之蠢陋,空苦固多,而狡黠匪瑶,强占民地,以及欠债不偿,持凶计殴,逞刁兴讼者,往往有之。若不严加管束,恐滋骄纵。且民人既不准典买瑶户,则瑶人亦不容擅置民人田户。其从前典批民地,悉照前条所议民置瑶产章程办理,比照平允。惟承佃山场,业经用[工]开垦成熟者,准其照旧耕种交租。无论民人、瑶人,均不能依恃山主,勒退加租。倘瑶人敢在民地讹赖,滋生事端,除应治重罪,为地方官办理外,如罪止枷杖发落,押令迁回瑶地,交瑶总严加管束,不准再令出山滋扰"。② 承佃山场,无论民人、瑶人,一律享有永佃权,不准加租勒退。

民瑶交产是难以禁绝的,清代则例不得不迁就既成事实。《钦定户部则例》就规定:"湖南衡州、永州、广东连州等处瑶人地亩山场,除道光十二年以前售卖与民人者,准其照旧执业外,嗣后民瑶不准交产,违者将田产断归瑶人,将买主照违令例责罚。"③

综上,清代苗疆违禁典卖田土案的"分配裁判",大体有以下情形:一是夷人逾期不能取赎则平价断卖给汉民;二是夷人取赎须汉民永佃;三是允许瑶人减价延期取赎;四是瑶人不取赎,汉民分一半田土给瑶人永佃;五是汉瑶互佃山场,均享有永佃权。可见,"分配裁判"是苗疆永佃制的起源之一。

三、永佃制是实现汉苗共享田土、两得其平的次优制度安排

清代,汉民流寓苗疆由此带来的田土资源共享与争夺问题,是清廷及苗疆官府必须面对的一个棘手的问题。按照清政府的意志和大清律例,汉苗(夷、瑶)不交产,各管各业,各守各业,是最优的制度安排。即使发生典卖,也应取赎,回复苗人旧业。

最优的制度安排终归只是理想,无法变成现实。道光二年(1822年),贵州布政使糜奇瑜曾奏报,苗疆汉苗交涉田土事件,或因借欠准折,或因价值典买,历年既久,积弊已深。建议查明实系盘剥准折,利过于本者,令苗人照原借之数赎回。其出价承买,如田浮于值,以汉民应得田土若干,划分执业,余田断还苗民耕种。俟备价取赎时,全归原户。地方官将审断过起数,按月册报,以杜衅端。④ 苗疆地方官府无力监督和阻止近乎海量的苗汉交产行为。道光、同治年间,先后历任安顺、镇远、思南、黎平知府、贵东道道台的清

---

① 钦定户部则例:卷四[M].刻本,1874(同治十三年).
② 张冠梓.中国少数民族传统法律文献汇编:第2册[M].北京:中国社会科学出版社,2014:127.
③ 钦定户部则例:卷四[M].刻本,1874(同治十三年).
④ 清实录:第33册[M].北京:中华书局,1986.

代名臣胡林翼,也不无困惑道:"苗民之刁诈者须加严处。而江西、四川、湖广客民之百端盘剥,实为大害,何以两得其平,共知感惧?"①

清代官府明知律例禁止汉苗交产,②是禁而不止,为何还要坚持该原则呢?苗疆地方官府的变通"分配裁判",为何最终选择了永佃制作为实现汉苗共享田土,两得其平的方案?则还需要从儒家、理学的价值观、经济思想究其根源。

(一)禁止汉苗交产的思想根源

1.孟子的恒产恒心论是清朝官府维护苗人田土,要求土司督率苗人慎守耕管的重要理据

孟子曰:"民之为道也,有恒产者有恒心,无恒产者无恒心。苟无恒心,放辟邪侈,无不为已。及陷乎罪,然后从而刑之,是罔民也"。"明君制民之产,必使仰足以事父母,俯足以畜妻子,乐岁终身饱,凶岁免于死亡;然后驱而之善"。孟子这番言论,是给滕文公、梁惠王等统治者讲的治国之道,对后世影响深远。

清初理学家李塨就提出:"非均田则贫富不均,不能人人有恒产。均田,第一仁政也。但今世夺富与贫,殊为艰难。"③李塨认识到,凭借官府力量实现"夺富与贫",十分艰难,除非暴力革命,但是革命会打乱既定的统治秩序。李塨没有分析艰难的原因,其实就在于市场上买卖、典押、借贷等交易行为,是自愿进行的,且一般遵循了平价原则,有其正当性,因此,贫富差距的最终形成有其合理性。

清初理学家王源则提出均田的具体方案,即"有田者必自耕""不为农则无田",主张田土逐渐收归国有,再分配给农民。其《平书》讲:"孟子以制民恒产为王政之本,然则民产不制,纵有善治,皆无本之政也。……自秦开阡陌,尽天下皆私田,人君何由制民之产,以立王政之本哉!汉限田矣,限之一时,不能限之百年也;魏均田矣,均之一时,不能均之后世也。尤不可者,夺民田以入官,本欲养之,乃先夺其所以自养,凡有田者能不怨咨骇扰,致离叛之忧乎?坐视之既不忍,欲养民又无策,仁者将何道以处此?曰:吾有收田之策六,……一曰清官地。如卫田、学田之原在官者,清之使无隐。一曰辟旷土。凡地在官而污莱者开之,不弃之无用。一曰收闲田。兵燹之余,民户流亡而田无主者收之,有归者分田与之,不必没其全业。一曰没贼产。凡贼臣豪右,田连阡陌者,没之入官。四策行,

---

① 胡林翼.胡林翼集:第2册[M].长沙:岳麓书社,1999:7.
② 有学者,依据清前期苗民起义档案史料,提出汉族地主、富豪用欺骗的手法,侵夺苗民的土地,是雍乾苗民起义即包利、红银起义等苗民起义的具体原因之一。乾嘉苗民起义中,也以"焚杀客民,夺回田地"为口号。这似乎表明,禁止汉苗交产的政策,是向苗人妥协以维护对苗疆统治的需要。但是,从供词看,为清军剿灭死难的众多苗人同胞报血海深仇的思想,是起义更为重要的原因之一。仇富劫富思想,也是众多参与者的直接动机。因此,苗民起义的原因是多方面的,既有表面的,又有深层次的,尚有深究和商榷的余地。中国第一历史档案馆,中国人民大学清史研究所,贵州省档案馆.前言[M]//清前期苗民起义档案史料:上册.北京:光明日报社,1987:3-4,9-10.
③ 李塨.拟太平策[M]//徐世昌.颜李丛书.刻本,1923:1.

田可得什二三矣。其二策,一曰献田;一曰买田。明告天下以制民恒产之意。"①

清初礼部尚书张英就讲:"典质、贸易权子母,断无久而不弊之理。始虽乍获厚利,终必化为子虚;惟田产、房屋二者可以持久远。二者较之,房舍又不如田产"。②

苗疆督抚多秉持此恒产观念,故主张禁止汉苗交产,以维护苗人恒产。毕沅、姜晟、鄂辉等镇压了乾嘉苗民起义后,就善后事宜奏准认为:"从前滋事逆苗,多系素无产业之人,装癫惑众,即有一二薄有产业之徒,或其父从贼而其子投诚,……即令承管旧业。……现在清查汉民侵占苗地,一一归还苗民"。③

2. 清朝统治者所固有的族群团体土地所有权观念,是禁止汉苗交产、允许苗苗交产的重要原因之一

清朝统治者出身游牧民族,其传统地权观念是土地必为公有,共同使用之;迨至其建立国家,土地所有权遂属于部落,使用权则属于家庭。乾隆初年,张广泗新辟苗疆六厅,建议将已经剿灭了反叛苗人所遗留田产,分授给屯军耕种。依据大清律例,叛产没官,收归国有。可是乾隆帝的上谕确说:"苗疆议以绝田安屯,绝田亦是苗人之物。"④可见,乾隆帝是坚守部落族群的团体所有权观念的。

乾隆十九年(1754年),乾隆帝准两广总督班第所奏,广东合浦县永年司巡检所辖地方,与广西横州、贵县、兴业、郁林、博白等州县,为獞、瑶出没之所。明成化年间,令狼、猺兵丁,分守要隘,拨田耕种,蠲徭薄赋,名曰狼田、猺田。各兵后人,承田充兵,不费粮饷,足资捍御。本朝初年。尚存狼猺田一百四十四顷一十八亩零,存兵二百四十二名,阅年久远稽查有疏,致田亩多被土人诱骗典当,兵数渐缺。并建议自本年起,如有民人向狼猺私典授受,照盗买盗卖官田例治罪。倘狼、猺内,有贫不能守业者,田归本族本地之狼猺承买,务令按田当兵,不得外售与民。⑤ 即维护族群团体的土地所有权。

其实,在苗人族群内部,也无法确保地权平均,尽管清朝统治者曾多次授田分配给苗人。嘉庆元年平苗善后,将所查出的逆苗叛产,和客民插花地亩,分给无业穷苗耕种,以杜奸民煽惑之渐,而坚苗民感畏之忱。当时并未逐一查明,分别授给。前项田悉为强苗侵霸,穷苗未得稍沾余润。永绥八里逆苗石宗四名下,侵占各寨田地一千余亩。桀骜凶苗,辄恃其田多粮广,力能勾结穷苗,每生反侧之心,其无业苗人衣食无资,往往私出抢劫,并易听其纠集滋事。⑥ 换言之,即使清朝统治者,分别授给贫穷苗户,户户暂时拥有"恒产",也难以保证苗苗交产后,不会再次导致苗户之间的地权不均。

---

① 王源.平书[M]//徐世昌.颜李丛书.刻本,1923:1. 李塨.平书订[M]//徐世昌.颜李丛书.刻本,1923:1.
② 张英.恒产锁言[M]//王云五.孝友堂家规及其他五种.北京:商务印书馆,1939:2.
③ 中国第一历史档案馆,中国人民大学清史研究所,贵州省档案馆.清前期苗民起义档案史料:上册[M].北京:光明日报社,1987:426.
④ 中国第一历史档案馆,中国人民大学清史研究所,贵州省档案馆.清前期苗民起义档案史料:上册[M].北京:光明日报社,1987:253.
⑤ 清实录:第14册[M].北京:中华书局,1986.
⑥ 中国第一历史档案馆,中国人民大学清史研究所,贵州省档案馆.清前期苗民起义档案史料:下册[M].北京:光明日报社,1987:541-542.

(二)允许永佃制的思想根据

除了苗人无力取赎、汉民不愿清退的客观条件外,清朝官府允许汉民永佃苗产的思想根据,有三:一是前文提及寓汉防苗,二、三根据分述如下:

1. 颜元的"天地间田,宜天地间人共享之"观点,是苗疆推行汉苗永佃制,共享田土资源的理据之一

颜李学派是清初北方一个重要理学流派,对社会产生过重要影响。其创始人颜元就提出:"天地间田,宜天地间人共享之。……况一人而数十百顷,或数百人而不一顷,为父母者,使一子富而诸子贫,可乎?"①这就突破了朝统治者所固有的部落族群的团体土地所有权观念,也因应了当时中国人口急速增长的现实。清代曾在旗地、蒙地实行过"借地养民"的措施,以赈济关内遭遇饥荒的汉民。②

颜元还提出共享分配方案,即所谓"佃户分种之说"。"如一富家有田十顷,为之留一顷,而令九家佃种九顷,耕牛子种,佃户自备,无者领于官,秋收还。秋熟以四十亩粮交地主,而以十亩代地主纳官,纳官者即古什一之征也。地主用五十亩,则今日停分佃户也,而佃户自收五十亩。过三十年为一世,地主之享地利终其身,亦可已矣,则地全归佃户。若三十年以前,地主、佃户情愿买卖者听之。若地主子弟众,情愿力农者,三顷两顷可以听其自种,但不得多雇佣以占地利。每一佃户,必一家有三四人可以自力耕锄,方算一家。无者,或两家、三家共作一家。地不足者,一家五十亩亦可。无地可分者,移之荒处"。③清代一顷即100亩。富家有田1000亩,将100亩分给9家佃种,佃户以40亩的收成交租,即四成交租;将10亩的收成交税,即一成的税收,余下的50亩收成,留作自用。佃户佃耕30年后,100亩归佃户所有,从永佃权变成所有权。但是,颜元的主张没有考虑到富家的意愿,试图国家法令的强制,去实现均田目标。其主张违背了市场交换的自愿精神,注定是行不通的。不过,苗疆通过"裁判分配"确立永佃制,约略可见颜元思想的踪影。颜元、王源的均田思想,还可以看作陈翰笙等"分配派"观点的历史先声。

2. 苗疆督抚意识到交换分享的市场化进程,是律例无法禁阻的历史潮流,也是"制民(苗)恒产"的政策目标无法实现的根本原因

古人早就意识到,以有通无,交换分享的市场法则,故把货币称之为通货。赵冈认为,北宋以来的租佃制是生产要素的市场交易。在定额租制度下,地主是从土地所有权市场上买进所有权,然后在使用权市场上出让使用权;佃农买入土地使用权,独负盈亏。分益租佃制则是一种合伙经营,双方共分收益,分担风险。日本学者寺田浩明和草野靖,不称之为租佃制,而称之为"合种制"或"共同经营体"。④南宋著名词人辛弃,约在绍熙五

---

① 颜元.存治篇[M]//颜元集:上册.北京:中华书局,1987:103.
② 刘克祥.清代热河的蒙地开垦和永佃制[J].中国经济史研究,1986(3).
③ 李塨.拟太平策[M]//徐世昌.颜李丛书.刻本,1923:1.
④ 赵冈.历史上的土地制度与地权分配[M].北京:中国农业出版社,2003:235.

年(1194年)福建安抚使任上,"拟乞归,犬子以田产未置止我,赋此骂之",所赋《最高楼》中有名句"千年田换八百主,一人口插几张匙?",①可见,中国内地的土地市场至南宋已经相当成熟,并由此形成了自愿、平价交易的牢固市场观念。张传玺就认为,与西欧中世纪的农奴制比较,中国自战国以来,使用契约的租佃关系的双方应当是比较自由、平等的。②

苗疆的市场化进程则开始于元朝。乾嘉苗民起义平息之后,历任四川总督、湖南提督、云贵总督等苗疆要职的鄂辉就讲:"汉民承买苗产,本系定例所禁。惟黔省苗地自元明内附,陆续改土归流,数百年来,外省流寓日众,其间置卖田土,招佃收租,原非近年之事。但苗民既经杂处,则彼此交易,恐所不免。且汉人于种植居积之道,自较苗民灵便,日久相沿,未免汉富苗贫,随成嫌隙。"③苗疆封臣已经意识到,苗汉交易是不可避免的历史潮流。外省流寓汉民,也将内地的自愿、平价交易的市场观念传播至苗疆。道光二年,贵州巡抚麋奇瑜奏请编察通省客户,④"当经委员逐细编查,各属买、当苗人田土客民,共三万一千四百三十七户;佃种苗人田土客民,共一万三千一百九十户,贸易、手艺、佣工客民,共二万四百四十四户。住居城市、乡场及隔属买、当苗人田土客民,一千九百七十三户,并住居城市乡场买、当苗民全庄田土客民及佃户,共四千四百五十五户。"⑤苗人与客民之间的买卖、典当、货物贸易、手艺劳务、普通佣工等市场交换已经十分频繁。

鄂辉指出,汉富苗贫的根本原因在于生产经营能力的差异,这是靠固守恒产所无法消除的。汉民的农耕生产传统悠久,能力优于苗人。而苗人即使占有田土,也不能地尽其利。胡林翼在黎平知府任上就发现:"黎郡四乡田土,每岁于播种粳糯以外,于春花一事,绝无见闻。推原其故,非地利之不宜,实农人之好懒;且为其田主者,多因春花不得予分,亦各置之不问。本府志在教养……为尔农民立定章程,所有种子,均令田主购买发给,或种大麦、小麦,或种胡豆、豌豆,各随地之所宜,不拘一定。俟成熟后,田主准分十分之三,不得多取。尔等田主,务于本年闰八月初一日购买种子,佃户于九月初一日以后,各赴田主家,承领种子,一律播种。本府于秋冬间查阅卡棚,考验练丁,点查户口之便,即亲赴乡间,履堪田亩。如田主不董率佃户,给发种子,将田主责罚;佃户领种而耕作不力,并将佃户责比。"⑥鄂辉、胡林翼的观点,类似于卜凯的"技术派"观点。所不同的是卜凯将民国时期的农村与欧美的农场比较,而鄂辉、胡林翼则将清代苗疆与内地进行比较。

的确,在苗疆市场化进程中,存在汉民盘剥苗人的现象。比如,"瑶山之不能开垦荒场,系种植杉木、松、桐、茶等树,卖与民人抵债贷债,议明年限砍伐,及至砍伐之时,内有滋生小树,名为脚树,向归买主管业,瑶不过问。及至脚树长成,砍伐之时,又有脚树,仍

---

① 朱德才,等.辛弃疾词新释辑评[M].北京:中国书店,2006:839.
② 张传玺.论中国封建社会土地所有权的法律观念[J].北京大学学报(哲学社会科学版),1980(6).
③ 中国第一历史档案馆,中国人民大学清史研究所,贵州省档案馆.清前期苗民起义档案史料:下册[M].北京:光明日报社,1987:428.
④ 杜文铎,等.前言[M]//黔南识略·黔南职方纪略.贵阳:贵州人民出版社,1992:3.
⑤ 杜文铎,等.黔南识略·黔南职方纪略[M].贵阳:贵州人民出版社,1992:20.
⑥ 胡林翼.胡林翼集:第2册[M].长沙:岳麓书社,1999:36.

系买主管禁。脚脚相生,藉以巧占山场"。为此,官府出示晓谕:"嗣后民人承买瑶山树木,至远近之期,以二十五年为限,只准砍伐一次,即将契据涂销,山场付还原主。"①这些均是苗疆市场化进程中,苗人等必须付出的代价,且有救济途径。

于是,苗人占有的田土,与流寓汉民的劳动力及农耕技术,通过市场交换的结合,就成了苗疆永佃制。综观有清一朝,是允许外来客民在苗疆租山种地的。户部则例就规定:"外来客民租山种地,责令该业户确查,实系良民,方许佃种"②,基本无限制。

四、结论与悖论

(一)关于清代苗疆永佃制的初步结论

清代苗疆永佃制,有着不同于内地的发展逻辑和历史脉络。它既是苗疆官府"分配裁判",逐步制度化、规范化的产物,又是清朝统治者的制民恒产的治国方略、寓汉防苗的治边策略,以及满人、苗人共享的族群团体本位的地权观念,汉民的交换分享的市场意识相互碰撞、博弈和调和的产物。交换分享是市场之手,分配裁判是政府之手,二者相互角力,市场之手更为有力,永佃制也是交换的产物。

在清朝统治者及苗疆官员的观念中,与其汉苗典卖田土,不与汉民租佃苗人田土,这样更趋于社会公平。

(二)清代苗疆永佃制中的市场悖论

1.需要市场发现"平价"却反对市场化的悖论

清代官府清理汉民典卖苗产时,以市场平价作为基准来衡量是否存在汉民盘剥苗人的现象。另一方面,禁止汉民交产,妨碍土地市场局部均衡价格的形成,妨碍市场平价的形成。或许有人会说,允许苗苗交产、瑶瑶交产、夷夷交产,会形成一个内部市场,也会产生一个较低水平的市场平价,可供准据。按此衡量,汉民的典买价格可能是较高的,合理的。但是,不要忘了流寓汉民的需求量的加入,会抬高苗疆土地价格,让苗人田土增值,对苗人也是有利的。官府判断苗汉交产是否两得其平,必须以市场存在为前提,但是又是禁止苗汉交产,反对市场化,这是悖论之一。

2.永佃制租额的绝对恒定与市场波动的悖论

市场平价,只是过去某一较短时段的价格,但是市场化是一个持续时间过程,市场地域范围也会扩展,土地交易会持续下去。汉民与苗人订立永佃契约,约定不得增租夺佃,是基于经济上通常状况为决定意思之基础,但是市场波动是常态,如果发生经济状况变

---

① 张冠梓.中国少数民族传统法律文献汇编:第2册[M].北京:中国社会科学出版社,2014:127.
② 钦定户部则例:卷四[M].刻本,1874(同治十三年).

更，使得苗人足以认为原约的租额太轻，并以邻近地方的租额平价为标准，要求增租，会致苗汉复起衅端。这就是恒产不恒价的悖论，内在地要求永佃制租额恒定的相对化。①

这两个悖论的存在，既表明清代统治者对于市场规律认识的局限性，又预示了清代苗疆永佃制需要进一步的完善和发展，需要从习惯权利向法定权利升华，从债权关系向物权关系的转变，需要借鉴和吸收新的来自罗马法传统的法权理念。而这一改造过程要到民国北京政府时期的大理院司法裁判，以及北京政府时期的立法来逐步实现。② 这就是经济史学者章有义所谓的中国传统"永佃制走向崩溃"。③

Share by Exchange and Adiudicatio: Permanent Tenancy System in Miao Areas during the Qing Dynasty

Cheng Zeshi

Abstract: The permanent tenancy system in Miao areas during the Qing dynasty, was very different from the hinterland one in logic and progress. It resulted from not only the adiudicatio of the local governments, but also the mutual collision and reconciliation with Qing ruler's general plan for the people's constant means of support, frontier guideline to transfer the Han to guard against struggle by the Miao, the Manchus' and Miao's concept of race group ownership of the land, the Han's market consciousness of share by exchange. Its market paradox led to its transform.

Key Words: permanent tenancy system; Miao areas; Qing Dynasty; adiudicatio; share by exchange

---

① 《中华民国民法·债编》第四百四十二条规定："租赁物为不动产者，因其价值之升降，当事人得声请法院增减其租金"。

② 马寅初对中华民国民法物权编关于永佃权的规定，有十分精到的阐释。他认为永佃权，非法律特为创造，不过承认其存在而已。在江苏、浙江、安徽、江西、湖南五省，最为通行。浙江产米谷的田，全为永佃制。永佃权制是使耕者有其地之最和平的方法。马寅初.中国租佃制度之研究[J].经济学季刊,1931(1).

③ 章有义.中国近代农业史资料：第二册[M].北京：生活·读书·新知三联书店,1957:84-87.

民间规范、法律移植与制度化
——以刑事和解为视角

刘 毅[①]

摘要：在法律全球化的话语背景下，当法律移植已然成为中国法律建设必然选择的方式时，将民间规范与法律移植融合，以多值逻辑为基础，选择实用主义立场进行制度化，是一条更为优化的建构之路。刑事和解制度确立的进路，对于探讨民间规范、法律移植与制度化之间的关联，具有学术研究与预判的积极价值。

关键词：刑事和解；民间规范；法律移植；制度化

起初，刑事和解[①]在司法实践中适用时，并没有制度的规范力量加以推导和保障，刑事和解的实践探索是一种非规范结案方式，游离于基本刑事诉讼制度之外，它看起来更像是基于中国传统法律文化中"和为贵""厌讼息讼"等民间规范而进行的探索，严格来说这种实践是对国家法律统一性、稳定性和权威性的挑战，因而存在着一定的违法风险。诚然，因为制定法具有一定程度的滞后性，在法律领域里先有实践而后形成正式制度的情形，刑事和解并非孤证，但是此种现象更多见于私法领域，在刑事司法领域并不常见。而且，刑事和解的理论基础借鉴了域外的"恢复性司法"理念，从而使这一制度的正式化，带有浓厚的移植色彩。从法律移植的角度而言，公法领域内的移植难度远甚于私法领域，法律理念的移植更难于法律制度的移植，应该已经是主流的共识。因此，刑事和解从探索实践到制度化的过程，无疑有三个重要的面相值得关注：一是刑事和解的适用司法实践探索与制度化过程中，民间规范运用和价值呈何种样态；二是作为恢复性司法理念的重要制度，刑事和解与域外理念从法律移植的角度而言是否具有高度的契合性；三是刑事和解从实践探索到制度化的过程，民间规范、法律移植与制度化三者之间是否存在普遍意义的事实与逻辑上的关联性，并可运用至全体法律制度的建构。

[①] 刘毅，湘潭大学法学理论专业2016级博士研究生。
[①] 本文所称刑事和解是特指始于21世纪初的中国司法实践探索领域里的刑事和解，应与域外的刑事谅解、刑事和解制度区别开来。

一、刑事和解制度化过程中民间规范的价值分析

(一)实践价值:刑事纠纷中运用民间规范的普遍性

笔者在1996年曾起诉过一件强奸案,被告人陈某与被害人李某于1995年初按照乡村习俗订婚,随后陈某去深圳打工。年底回来筹备第二年的婚礼期间,陈某在李某不情愿的情况下使用了一定的暴力,与之强行发生性关系。李家父亲得知此事后,非常气愤,遂威胁男方多支付5000元彩礼钱,不然他就报警。而按照传统乡村社会的观念,陈某家人认为本来就是已经订婚的准夫妻,而且"生米煮成熟饭",便拒绝了李某父亲的要求。①李某父亲一气之下选择了报警。一旦纠纷进入到司法程序,公权力的介入便具有了绝对的权威,此纠纷便转化为公诉案件。虽然事后李某以及李某父亲表示后悔,但是在当时的司法环境下,被告人陈某被判处了一年半有期徒刑,两家解除了婚约,李某事后感觉颜面丧尽,无法在村里继续生活,遂外出打工。

这类案例在中国社会比比皆是,不仅仅是乡村,甚至在城市也是如此。即使随着社会文明程度的提高,随着全球化语境的建立,人们的法律意识有了明显的改变,但是基于传统社会文化基因的传承,面子、关系、和气乃至利益,依然是人们在纠纷发生后首要考量的标准,人们在对待和处理公共生活领域里的冲突和纠纷时,区域内的规范依然是优先选择的方式,从某种程度上而言,依靠官方法律解决纠纷乃是一种不得已的选择。正如上述案件的解决结果,当事人两受其害,各方利益都没有得到满足,甚至破坏了原有的社群秩序,这种社群秩序的基础就是人们对民间规范的普遍认同与自觉接受。基于此,这类案件常常并未进入司法程序,而是由当事人双方或者在第三方主持下②以"私了"的方式结案,这样的方式与结果不仅仅是被双方当事人所认可,而且也被绝大多数社区成员认可。

因此,在刑事和解的司法实践探索过程中,民间规范的普遍适用使刑事和解具有实践意义上的可行性,而且刑事和解制度化之后,有了制度支撑的刑事和解更发挥了它的解决纠纷的功能价值。笔者对近两年湖南省某基层检察院办理的55件刑事和解案件③进行了分析,观察到刑事和解在制度化之后呈现出案件范围大、处理结果轻微等特点。虽然从这些数据中,难以看出各主体的情感、满意程度等主观要素,但是可以看出民间规

---

① 这种观念在中国乡村社会至今依然是一种被普遍接受的民间规范,因此被告人陈某的父亲觉得被害人李某父亲的要求是无理取闹,不应当被支持。

② 这种由第三方主持解决的方式,通常在乡村社会更为普遍,往往是由村内权威甚至是村委会或妇女主任参与调解,达到双方都认可的一个结果。

③ 这55件案件包括:非法吸收公众存款、盗窃、抢夺、故意伤害、非法拘禁、拒不支付劳动报酬、妨害公务、故意毁坏公私财物、诈骗、寻衅滋事、敲诈勒索、交通肇事、非法入侵他人住宅等13个罪名,其中30件案件判处缓刑、1件案件判处拘役6个月、1件单处罚金、11件不起诉、4件起诉未判决、另有8件已达成和解,尚在审查起诉期间。

范在案件中的广泛适用以及基于被害人谅解使刑罚轻缓化。

(二)工具价值:刑事纠纷中各利益主体的权衡

依然以笔者调研收集的湖南某基层检察院刑事和解案件中的一个典型案例说明,在刑事案件中,简单的适用刑法远远不如刑事和解更能满足各主体之间的利益需求。犯罪嫌疑人余某涉嫌非法吸收公众存款犯罪,检察机关经审查认为,其系初犯,案发后认罪态度较好,有悔罪表现,且该公司已经退还非法吸收的公众存款,被害人对其表示谅解,最后判处余某有期徒刑10个月,宣告缓刑1年。从这个案件的处理过程来看,全案从轻处理的基础是因为全款退赔使双方达成谅解,从处理的结果上看,各方利益得到兼顾,甚至节约了司法资源。

由此,我们可以观察到这样的现象:第一方面,很多有受害人的刑事案件,基于民间规范长期的作用和各方利益权衡的结果,当事人更倾向于和解而非刑罚的适用,从而达到规避法律的不经济,实现民间规范的利益性;第二方面,作为处理此类案件的法官、检察官和警察,也具有同样的倾向,这种倾向并不仅仅是为了追求诉讼效率,更重要的是,"他们本身身处社会习俗的包裹中,法官和检察官在一定意义上,既被结构在国家法律之中,是所谓的法律人,也被结构在社会习惯或者民间规范之中,是所谓的社会人。甚至在更多的情形下,在我国现有的社会构造和制度体系下,在日常生活的耳濡目染中,他们被结构在社会中的角色比他们被结构在法律中的角色更为重要、更为稳定、更能决定他们办事的选择方向"。[①] 尤其对于基层法官、检察官和警察而言,这种选择,既可以满足他们作为法律人达到良好的法律效果,也能满足他们作为社会人实现和谐观念之下的社会效果。第三方面,作为"他者"的社会其他成员,基于对民间规范的接受甚至依赖,他们也倾向于这一类型案件的处理应更多的考量民间惯习,保证民间规范不被破坏,使他们所依赖的秩序得以稳定和持续。

上述现象分析指向这样一个结论:刑事和解之所以会成为司法实践的一个官方探索,乃是因为在处理某一些刑事案件的时候,法律适用的不能或者法律适用的缺陷,不能达到良好的法律与社会效果,民间规范便呈现出强大的功能性,成为刑事和解的实践基础。因此,中国刑事和解实践的出现并非是一项真正意义的创新,也不是直接从域外移植,而是在刑事司法实践中一直就存在的一种个别的、非正式化的现象,之所以逐渐在全国范围内推行这种"法外实践",其实并非基于理念而发生,乃是一种实用主义法律价值观的结果,这种实用主义要求在处理纠纷时官方话语应该关照到民间表达。中国社会的民间表达往往与官方话语之间存在一个间隔领域,这个领域的产生很大程度上是因为作为官方话语最权威表达的法律在有些时候难以做到最优化的解决纠纷,满足各主体的诉求。尤其在刑事司法领域,因为公权力的绝对权威,导致其他主体(特别是加害人和受害

---

① 谢晖.论刑事和解与民间规范[J].现代法学,2011(3).

人)利益被忽视,甚至会出现法律调整不能的情形,而法律制度最核心的生存逻辑恰恰在于最大化的考量并关照到各主体之间的利益平衡和博弈结果。所以,基于制度调整的缺陷,依民间规范解决纠纷便成为民间表达的一种强烈倾向。

(三)制度化进路:基于民间规范与国家法互动形成的"第三领域"[①]

如果刑事和解始终只能存在于实践探索中,始终只能游离于制度之外,不仅对国家法的权威性是一种伤害,反过来,这种实践也会因为没有制度化而出现不稳定性,乃至难以避免不同的地域不同的司法机关对同一类案件的处理出现相互矛盾与冲突。因此,倘若要使刑事和解具有持续的生命力,制度化便是其必由之路。[②] 民间规范如何制度化为国家法,从而成为国家权力所支持的社会秩序的一部分? 这里涉及一个理论预设,即民间规范(民间法)与制度化(国家法)之间二元对立(互动与博弈)的话语体系。有学者认为,国家法与民间法的关系存在三种样态,即转化、共生和中立。[③] 还有学者指出,随着法律多元理论的发展,国家法与民间法的关系研究应更多地强调在具体场景中对二者复杂互动关系进行具体观察。[④] 还有学者认为,在社会转型期,国家法与民间法的冲突与整合始终存在,民间法向国家法的转换成为了一种趋势。[⑤] 综上,学界对于民间规范(民间法)——制度化(国家法)的关系的评价,基本是以二元对立的话语进行叙事,这样的理论预设容易将两者对立,并过分强调两者强弱的博弈,而且这种分析也并没有完全真实地反映出中国社会的真实样态。

按照黄宗智的观点,中国传统法律文化多值逻辑呈现出的其实是官方话语与民间表达并行的情形,并由此种互动而形成新的领域——第三领域。用这种研究进路来分析刑事和解在中国实践探索中的发展过程,能得到更真实的结论:首先,刑事和解并未存在于官方话语的国家法中。但是,刑事和解大量存在于民间表达中。于是,在民间规范与国家法的互动过程中,某些地方官方机构以出台行业性和实验性政策的形式对刑事和解予以认可[⑥],并在刑事案件时适用"和解"这种民间规范,形成法律表达与民间规范之间的

---

① 黄宗智教授在其《〈清代的法律、社会与文化〉之民法的表达与实践》一书中指出,清代的法律制度呈现出官方话语(表达)与司法实践之间的背离和矛盾,同时又存在相互抱合,亦即表达是一套,实践是一套,表达与实践的互动又呈现出一个"第三领域"。

② 笔者强调民间规范的制度化,并非持国家法至上主义观念,而是在中国社会转型时期,在"民间法—国家法"二元对立语境中,民间法(民间规范)并不被视为法律体系的组成,官方虽未绝对排斥,但是非常审慎。所以有一些民间规范的价值最终还是需要通过国家法的认可才能得以持续稳定的实现。

③ 赵斌.民间法研究中的"现代化范式"与"法律多元"[J].江海学刊,2010(4).

④ 张钧.法律多元理论及其在中国的新发展[J].法学评论,2010(4).

⑤ 赵蓬.论社会转型期我国民间法的延续与转换———以民间法的秩序形成功能为切入点,[J].甘肃政法学院学报,2010(2).

⑥ 如湖南省人民检察院在2006年制定了《关于检察机关适用刑事和解办理刑事案件的规定(试行)》。江苏省高级人民法院、江苏省人民检察院、江苏省公安联合出台了《关于办理轻伤害案件的暂行规定》,也规定可以进行刑事和解的范围。

"第三领域"。由此可以看出,所谓刑事和解的司法实践所形成的"第三领域"其实是典型的"奥斯丁困境":一方面刑事诉讼法并没有确立刑事和解制度,另一方面在"和解"这一民间规范在司法实践中又被官方所适用。有学者认为可以通过哈特的理论策略可以解决这一困境,即为法官司法判决行为寻求到事实上的法律根据——承认规则,并把遵守既定的包括司法习惯在内的法律规则作为每一位法官的义务。当然,除了理论策略以外,要解决这种困境的具体路径有多种,譬如通过国家制定法律将民间规范制度化、最高司法机关的解释、地方法院制定指导意见、典型案例指导、法官自由裁量等。因此,2012年,《中华人民共和国刑事诉讼法》正式将刑事和解纳入制定法,刑事和解在诉讼的任何阶段(刑罚执行阶段被排除)都可以适用。如此,刑事和解基于民间规范而在司法实践中的广泛适用,最终以制度化的结果,认可了民间规范在刑事和解中的价值。

二、刑事和解制度化过程中恢复性司法理念的价值分析

(一)恢复性司法的缘起与勃兴

学界在探讨恢复性司法时,大多以20世纪70年代加拿大以及北美对恢复性司法的适用作为起点,但是追溯恢复性司法的起源,它实际上是一种由来已久的古老的纠纷解决方式。几个世纪以前的英国,当地村庄就运用犯罪者赔偿被害人的方式表达正义,并延续成为传统。在其他的社会群体中间,恢复被害人和社区利益也成为正义的核心要素。14世纪殖民时期开始,恢复性解决纠纷机制普遍地存在于殖民地,英国在英属殖民地推行英国普通法,但是各殖民地根据自己的地方性知识发展出自己的"普通法",其中有一些直接与英国普通法和制定法相对抗,淡化英国法规则,强化对地方民众常识的依赖。从这个意义上说,恢复性司法属于国家正式司法体制之外的非正式司法制度,事实上,非正式法律制度是英殖民时期英国的司法官和学者对殖民地居民的习惯和普遍的行为规范的歧视性称谓。他们将殖民地当地居民运用习惯和习俗规范解决纠纷的方式称为非正式司法,以与正统的英国普通法相区别。

促成现代的恢复性司法诞生的主要原因包括对于对传统刑罚制度的批判、非正式司法(Informal Justice)的主张,以及最常为学者所提及的被害人学说的发展,这些因素相互融合,导致对传统刑事司法反思的趋势。自从1974年加拿大安大略省的基奇纳正式实施的被害人—犯罪人和解计划恢复性司法实践活动伊始,类似的实践在北美其他地区、欧洲以及世界的其他地区流行开来。2000年,联合国预防犯罪和罪犯待遇大会的有关决议将恢复性司法作为一种有效的刑事政策向各国成员推广。2002年,《关于在刑事项中采用恢复性司法方案的基本原则》在维也纳联合国预防犯罪和刑事司法委员会第11届会议上获通过。该《基本原则》决议草案是迄今为止对于恢复性司法作出系统规定的第一个国际文件,较系统阐述了联合国预防犯罪和刑事司法委员会在恢复性司法问题上

的立场。至此,恢复性司法这一理念开始在全球范围内勃兴。

(二)刑事和解与恢复性司法的关联

一般认为,刑事和解高度契合了域外恢复性司法理念,但两者之间究竟是何种关联,存在着一定的争议。有学者认为,刑事和解和恢复性司法是同一事物,它不是指一定的具体方法、对策、一定的程序,而是一种哲学,是一系列的原则和价值。也有学者认为,刑事和解制度与恢复性司法在本质上属于不同的司法模式。"中国近年来兴起的刑事和解制度尽管无论在理念上还是在制度设计方面,都可以从'恢复性司法'中找到一些相类似的要素,但两者在本质上还属于不同的两种司法模式。"当然,还有学者持折中论,认为两者既有联系又有区别。基于以上争议,要探究刑事和解与恢复性司法之间的关联,首要是厘清两者的范畴。很显然,刑事和解并不是一种哲学,它恰恰是一种具体方法、对策和模式;而恢复性司法则是一种与报应型司法相对的理念,恢复性司法至今并未有一个统一的定义,它的发展是以实践中各种具体司法项目为认识基础,它体现在制度和实践层面主要有三种类型:刑事和解(victim-offender mediation)、家庭小组会议(family group conferencing)、圆桌会议(sentencing/peace-making circles)。因此,刑事和解与恢复性司法的关联应该是模式与理念的关系。

此外,恢复性司法与刑事和解在源头上也有着明显的区别。恢复性司法源于对传统刑事司法制度和刑罚制度的反思,以及对犯罪性质的重新认识,它建立在对传统刑事法制度的批判基础之上的,并且十分强调社区的参与。而中国的刑事和解实际上是一种处理纠纷的惯习,其源头可以追溯到人类原始社会末期以赎金代替复仇的纠纷解决方式,历史上和现代的许多制度都带有这种纠纷解决方式的印记,如赎刑、罚金、对被害人的损害赔偿令等……因此,严格来说,中国的刑事和解并不是对恢复性司法理念的移植,而是一直就存在于本土资源的实践中,但不可否认的是,在全球化语境的背景下,这种生发于本土的纠纷解决方式也在变化更新,刑事和解与恢复性司法出现了很多相似之处,二者都关注被害人权利保护,都关注纠纷发生后人际关系和社会秩序的恢复,都关注对制定之外的民间规范的适用,因此,吸收西方恢复性司法理论与实践的有益经验成为了构建中国刑事和解制度的题中应有之义。

刑事和解与恢复性司法除了以上所论述的关联和差异之外,还存在着适用范围不同、社会背景和政策依据、制度设计等多方面的差异。恢复性司法属于一种司法理念,不仅适用于刑事司法,也同样适用于其他法律领域,如校园霸凌、社区纠纷等,而我国刑事和解其实只是恢复性司法理念之下的模式之一(victim-offender mediation),仅限于刑事司法领域。基于实用主义的立场,中国的刑事和解更侧重于加害人对被害人的物质赔偿,属于实质正义或结果导向的制度实践,而恢复性司法则更关注受害人心理、社会关系的恢复、社区和公民社会的作用等。

(三)刑事和解制度化与恢复性司法理念的契合

从观念的层面而言,中国和合性文化特质要求制礼以止争,以诉讼为非,追求简诉甚至无诉。这种基于"和合"性传统的"无讼"诉讼文化价值取向,虽然在中国社会近代以降的法律革新中,被官方话语逐渐回避甚至排除,但是其根基一直深植于民间规范的土壤里,当没有国家法予以制度支撑也没有刑事司法政策予以权力支撑时,这种"求和"的观念只能在制定法和官方话语体系之外形成仅被民间规范认可的运作体系,即前文所称"第三领域"。譬如在刑事和解并没有作为司法实践更没有成为制定法之前,人们常常通过不报警、权威人士干预、自行协商达成合意等方式将刑事案件规避于正式法律制度之外。而恢复性司法在殖民时代的作为一种对抗宗主国法律制度的选择,它也是强调本土民间规范的适用,强调地方性常识在处理纠纷中的运用,在后来,恢复性司法成为一种后现代思潮,它对制定法中刑罚的适用、被害人处遇等制度进行反思,强调一种非正式处理纠纷的理念,因而从其观念层面上都与我国的刑事和解具有一定的契合性。

从实践的角度来考察,恢复性司法虽然常常被用于刑事领域,但是它在刑事司法领域之外也有很广泛的实践应用,它可以被运用到对校园内部违纪事件的处理、社区矛盾的解决乃至发生大规模暴力行为以及人权侵害后两大群体之间的关系建设,甚至于有些学者还建议将恢复性司法适用于国家关系的修复中,以此矫正因殖民、战争等原因导致的社会、经济不公。[①] 这些实践的共同点是以被害人为核心,帮助被害人恢复依然造成的损害,作为恢复性司法的最广泛的一种实践模式,刑事和解强调在调解者的主持下,被害人与加害人就如何修复犯罪带来的损害进行协商从而达成谅解,从这个意义上来说,刑事和解对恢复性司法有着积极的吸收,也具有一定的契合性。

最后,从制度设计的视域而言,新刑诉法所增加的"当事人和解的公诉案件的诉讼程序",指在犯罪行为发生后,加害人通过自己的各种行为,表明其真实悔罪,并获得谅解,在此基础上公安司法机关对其进行从宽处理。陈光中教授对刑事和解的定义是:"刑事和解,是指在刑事诉讼程序运行过程中,加害人(即被告人或犯罪嫌疑人)与被害人及其亲属以认罪、赔偿、道歉等方式达成谅解与协议以后,国家专门机关不再追究加害人刑事责任或者对其从轻处罚的一种案件处理方式。"[②]将刑事和解的制度立意理解为以刑事案件当事人为核心主体的,以社会效果和法律效果并进为追求的价值取向,是目前学界的主流观点。在这个意义上来看,刑事和解的制度设计吸收了恢复性司法中关于"恢复"的理念:维护被害人的权益,弥补被害人的损失;恢复被犯罪行为所破坏的社会关系和秩序,捍卫其他社会公众的合法权益,两者也具有一定的契合性。

---

① Vanmala Hiranandani, Restorative Justice in International Relations: A Gandhian Approach in the Post-Colonial Era, available at http://www.aasw-asia net/bk-rest.pdf
② 陈光中.刑事和解再探[J].中国刑事法杂志,2010(2).

三、民间规范、法律移植与制度化的思辨

（一）几点反思

上文分析了刑事和解从民间习惯到制度化过程中，如何与域外恢复性司法契合，如何通过民间规范与官方表达的互动形成纠纷解决的非正式的"第三领域"的进路，其内在的逻辑指向的是民间规范与法律移植与制度化之间具有的关联性。关于法律移植的思辨成为了人们关注中国法律现代化问题的一种具体表达方式，而这种思辨往往集中于法律移植与法律本土论的关联，当下中国学术界的种种论争基本集中在法律移植的概念、移植的可能性与必要性，进而对移植中法律文化的进行分析，在此基础上形成了各自侧重点不同的理论，这些理论的基础性认识大体相同，主要建立历史主义、二元对立以及全球化语境这三个方面。

从历史主义的论者角度而言，法律移植确是一种法律发展历史中较为普遍的现象，尤其近代以来日本、韩国、印度以及土耳其等国家的成功例证，证明了法律移植的可行性。最为典型的是日本的三次大规模的法律移植活动，即大化改新、明治维新和二战后以民主建设为中心进行的法制改造，日本的法律移植实践确实表现出运作良好的价值。但是这种相对成功的移植经验是否也适用于中国，值得推敲。同样以历史分析的角度观察中国近代以来的法律移植经验，我们或许可以看到不一样的面相。近代以降，中国对西方法律的移植从未间断，从清末修法开始，移植其他国家的先进的法律成为是清末修律的一个指导思想，通过体系化地移植西方法律，试图建立一个新的法律体系。这次修律对中国传统法律体系的改变是革命性的，它宣告了封建的中华法系的消亡。但是这些移植来的法律尚未实施，辛亥革命爆发，从此以后，中国对西方法律的移植进入了一个新的时期：宪政成为法律移植的核心，这个时期制定的很多法律广泛参考移植了先进国家的成规，对中国具有创新和进步意义；再从革命时期苏维埃政权到1978年改革开放，中国移植了大量苏联法律，但这些法律制度因为特殊的社会形态，并没有实现法律移植良性运作的价值；1978年是中国当代史上的一个重要转折点，当时中国的法律资源是非常薄弱的，几乎处在一种无法可依的状态，法律移植便成为制度创设的最有效方式。尤其到了20世纪90年代末期，《刑事诉讼法》和《刑法》修改过程中犯罪嫌疑人的权利保护、正当程序等诸多规则和制度的移植突破了以往公法移植的空白。如上所述，在中国近代以来的法律改革与发展过程中，法律移植几乎一直是主旋律，但是这仅仅是在立法层面而言，在"活法"运行的过程中，移植而来的规则与制度并没有达到立法者和社会的预期，反而使得中国固有的秩序遭到了一定程度的破坏，引起了各种新的问题和混乱，这个现象至少说明在法律移植的理论中历史主义以移植成功的国家作为法律移植成功具有普遍性和可参照性结论，是值得商榷的。

再者,在关于法律移植的探讨中,"中国"与"西方""传统"与"现代""域外"与"本土"等关键词出现频率非常高,当然这些都是关于法律移植的核心概念,但是却往往陷入过于强调差异的二元对立的叙事模式里。尤其在进行这样的参照时,又常常是从文化的视域进行比对,强调西方文化与中国文化的差异,传统文化与现代性的差异,域外文化与本土文化的差异,在这种语境中,博弈论就成为了必然的理论倾向。譬如,一般认为"权利"是西方的法律文化的核心特色之一,而中国则强调"义务"本位,在这样的基础上探讨法律移植尤其是具体的制度移植,当然会得出"水土不服"的结论。实际上,如果我们将所谓西方不作为一个模糊的整体而是具化到与中国相似的历史阶段作为参照系的话,会发现虽然中西二元,却未必对立。人类历史发展的过程中,不同族群和地域其实先后经历了相似的历史的阶段,在这些具有相似性的历史时空里,文化也具有一定的共性。再譬如,我们在探讨"传统"与"现代"时尤其容易出现割裂,但其实欧洲在宗教改革、启蒙运动、文艺复兴之前与之后所提供给欧洲现代法律建构的传统是完全不一样的传统,而中国社会自清末以来的法律改革更具有特殊性,经历了"反传统"的革命,甚至发展到论及传统即是落后与糟粕的程度,这种影响至今依然存在,惯性的将西方等同于现代,中国等同于传统,因此,运用这样对立的观点,其实无法真正透过历史的现象观察到真实的社会生活大场景,反而得出法律移植必然与传统本土资源形成排异的结论,所以在法律移植问题上主张博弈论,要么以西方为样本,要么期待本土资源战胜域外理念也就成为一种自然的两分的倾向。

最后,全球化也是我们探讨法律移植的一个极其重要的背景。关于全球化的概念及其价值的争论不是本文要论述的问题,本文要提出的一个反思是在全球化的语境中中国的主体性问题,而且本文的探讨将限定在法律全球化这样的框架之内。在全球化问题研究成为显学的当代,法律全球化也成为法学研究领域的核心关注点,对此有学者持反对态度,也有持赞成态度,还有持折中的态度。无论如何,全球化以及法律全球化正成为一个世界范围内的动态进程却是不争的事实,基于这样的事实,中国法律的建构必然也就身处法律全球化的语境之中。但是法律全球化在当代似乎被习惯的视为法律美国化、法律西方化,尤其在法律移植的实践与研究中,这种观念更为流行。如前文所述,无论是日本、韩国还是印度、中国,近代以来对西方法律文化、法律理念、法律制度的移植历史,似乎更为此提供了现象意义上的例证。但是深入研究其实不难观察到,这些法律移植的结果并非都如同其在被移植国一样适用良好,也有很多失败的证明,日本虽然是比较典型的移植成功范例,但是它的内在特性是因为其被殖民的程度较小,因而移植与本土资源结合程度较高。而中国的法律移植,尤其公法领域内的移植却以失败居多,效果远未达到预期。这至少说明,全球化语境中的所谓普适性既不能理解为西方法律的普适性也不能理解为放之四海而皆准的普适性,故此,笔者认为理解法律全球化至少要注意到三个问题:第一,法律全球化不等于法律西方化;第二,法律全球化并不是用"全球法律一元化"取代"国家法律一元化",而应该建立一种开放式的多元化法律结构;第三,全球化并不是一种静态的目标设置,而是一种动态的发展进程,它会因为主权民族国家在全球结构中的话语权以及相互关系的变化而发生变化,它并非人类社会的终极理想模式。只有在这样的认识基础上探讨中国当代法律建设中法律移植与地方性民间规范的互动,才具有建设性意义。

(二)建构多值法律逻辑基础之上的实用主义移植模式

法学就其根本特质而言,属于经世致用的学问。立法与法在生活中的运行相较,是相对容易的。非洲很多国家在经历了漫长的殖民时代之后,在立法层面通过移植已经建立起相对完备的法律体系,但在实践生活中,书本中的法并没有得到良性的运作,所以"徒法不足以自行"。因此前文所论述的对中国法律移植研究的几点反思,其目的在于理顺本文所要探讨的民间规范与法律移植与制度化的研究背景,从而寻找出一条更为清晰的法律建构之路。

首先,回到本文的切入视角,刑事和解从本土资源上而言,原本是发端于民间的以"和解"解决纠纷的一种方式,按照形式理性的法律逻辑,这种民间规范不容于国家法,因而不具有正当性和合法性。但是,中国传统法律文化中,解决纷争与冲突的情、理、法等法源是多元的,官方审判与民间调解等法律程序也是多元的,它们彼此间形成既矛盾又并存的悖论,这就是中国法律的多值逻辑。法律的生存逻辑在于运行而不是刻于石柱,这种非正式纠纷处理方式恰恰表现出强大的生命力,致使其从民间的运行到官方的探索最后成为制度。而且即使放在全球化背景下,这种处理纠纷的模式也并非中国独有,在任何一个族群、任何历史阶段,"和解"都是人们追求的一种温和的纠纷解决方式,从这个意义上来说,这种解决纠纷的中国民间规范其实具有一定的普适性。即使是以诉讼为解决纠纷惯习的美国,在其正式制度中也存在很多和解的倾向,甚至刑事司法体系里面也是如此,譬如辩诉交易,虽然其制度建构的基础并不是为了和解,而更多的是追求司法成本的降低,但是交易成功的基础也还是控辩双方基于自身利益考量的妥协,也是某种程度的和解。如前文所述,恢复性司法理念被广泛运用到很多国家的正式与非正式制度中,用达成和解的方式以恢复被破坏的秩序也是其中应有之义。由此推论,寻找出域外法律理念、法律制度与本土民间规范、习俗之间的共性而非强调二者之间的二元对立,建立多值逻辑基础,可能是法律移植制度化并得以成功运行的蹊径。

其次,刑事和解制度化为国家法,其实是实用主义法律观的一个必然选择。法律全球化带来一个核心的问题就是"普适性"与"地方性知识"之间的冲突,通常的研究进路是强调二者之间的博弈,甚至不惜以试错的方式加以选择。譬如我国非法证据排除规则的确立,这个规则是一个带有强烈的英美法系特点的被绝大多数现代国家认可的刑事司法证据规则,但是与中国本土法律观一直追求控制犯罪的立场相悖,一面是全球化语境中追求程序正当的呼声,一面是中国本土法律文化与现实中打击犯罪的需求,立法者将该规则入法的结果从目前的司法实践中来看,效果非常不理想,几乎变成了死法被搁置于法典中;再譬如上世纪九十年代刑事诉讼改革中引进的"起诉状一本主义",原本也是来自英美法系的一个典型制度,立法者原本追求的是法官中立,不形成预判。但是无论是中国民间还是法官都没有这样的诉求,恰恰相反的是,中国传统的法律观要求法官能够"明辨是非"。因而当初刑事诉讼法规定只移送主要证据复印件在司法实践中则大部分演变为复印全部卷宗移送法院,这样的法律移植明显没有真正考量过所谓普适性与本土资源的融合,立法者做出的选择是基于功利主义的立场,是为了适应当时全球化的历史背景,因此显得立法者的法律移植和法律改革缺乏诚意,更勿论效果。笔者认为,在法律移植乃至法律改革中,更优的选择应该是实用主义移植模式,跳脱出民间规范与法律移植对立、传统与现代对立、官方话语与民间表达对立的思维模式,以解决中国问题为目标,建构起真正能运用于社会生活大场景中的法律体系。

结　论

法律移植作为当代主权国家法律改革与建设的重要方式之一,已然成为不可避免的一种路径,而民间规范则是一个国家长期的历史发展中被固化的被广泛认可并运行的一套机制,在法律全球化的大前提下,其核心问题在于如何解决域外法律与本土民间规范之间的冲突,从而建立良性运作的制度。本文的观点是应当以中国传统法律文化中的多值逻辑作为基础,以实用主义的立场,对法律移植与民间规范进行最优化的融合,再做出制度化的选择。

Folk Norms, Legal Transplantation and Institutionalization
—in the perspective of criminal reconciliation

Abstract:When legal transplantation has become the inevitable choice for China's legal construction in the context of the globalization of law, it is a more optimized way to construct our law in which folk norms and legal transplantation integrate, and their institutionalization is conducted in pragmatism stance based on many-valued logic. Moreover, the process of establishing the criminal reconciliation system has positive value for academic research and anticipation in exploring the relationship between folk norms, legal transplantation and institutionalization.

Key Words: criminal reconciliation; folknorms; legal transplantation; institutionalization

彝族传统法文化对凉山彝区乡村治理的影响与对策[*]

张邦铺[**]

摘要：运用法学、人类学、社会学、经济学、文化学、民族学等诸多领域的相关理论和方法，主要围绕彝族传统法文化对凉山彝区乡村治理的影响与对策进行研究，以田野调查为研究基础，以凉山彝族地区为文本，采用实证研究方法，对彝族传统法文化对凉山彝区乡村治理的影响状况进行调查，并分析其积极作用与消极影响，提出一些对策建议。

关键词：彝族；传统法文化；乡村治理

当前，对我国少数民族地区乡村治理的研究尤为不足。我国各少数民族都有本族群的独特而丰富的传统文化，在乡村治理的过程中，少数民族乡村治理模式的形成发展与各少数民族的传统文化应该发生特定的联系，甚至有的少数民族的乡村治理可能会受到传统文化的巨大影响。在历经社会变革之后，它们依然共同支撑着该社会的基本结构，依然共同维持着该文化的传统价值。但另一方面，凉山彝区乡村彝族民众的政治和法律生活已实际处于双重或多元状态，却也是不争的事实。乡村的基层行政系统、干部作为正式权威，国家法分别和家支、"德古"及习惯法相互纠葛、相互介入，当然也每每相互抵消，在当前的凉山这几乎是随时随地都在发生着的实际。一般而言，越往基层，人们越倾向于依赖家支、"德古"和习惯法。

当今四川彝区出现的毒品、艾滋病、贫困等社会系列问题与传统文化有着直接和间接的关系。由于各少数民族具有不同的文化特质，传统文化观念在治理过程中影响着各自的制度设计与秩序形成，造就了各具特色的乡村治理类型。家支、"德古"和习惯法文化在凉山彝族文化中具有突出地位。改革开放以后，凉山彝族的家支、"德古"和习惯法文化获得了新的生机，传统的彝族观念迅速活跃于凉山彝族社会中，家支活动逐逐渐频繁，家支的传统治理经验对凉山彝区乡村治理产生了深刻的影响。传统的乡村治理模式

---

[*] 基金项目：四川省社会科学重点研究基地地方文化资源保护与开发研究中心项目"彝族习惯法的法治化研究"（项目编号：17DFWH-018）；四川省高等学校人文社会科学重点研究基地四川省农村社区治理研究中心项目"彝族传统法文化对四川彝区农村社区治理的影响与对策研究"（项目编号：SQZL2016A01）资助。

[**] 西华大学社会纠纷解决研究中心主任，法学系副主任，副教授，硕士生导师，四川省学术和技术带头人后备人选。

(比如村规民约、传统习惯、地方性道德观念、宗族、乡土精英)在乡村治理中仍然发挥不可替代的作用。同时,仅仅依靠国家的各项制度进行村治不能解决乡村社会的一切问题和矛盾,在很多情况下,运用传统治理模式及方式方法往往可以有效解决问题。

如果能充分挖掘传统法文化中的合理内核,促进人们对彝族传统法文化对凉山彝区乡村治理中的积极作用和消极作用的了解和把握,对建构凉山彝区乡村治理的提供对策与可行的建议,有助于为彝区乡村治理提供多元化路径。

一、彝族传统法文化的探讨

彝族历史悠久,其传统文化不仅具有极高的研究价值,且文化是其民族的代表和象征。彝族传统法文化主要包括家支、"德古"和习惯法等方面内容。家支、"德古"和习惯法乃是理解凉山彝族社会的核心范畴。总体上来说,彝族传统法文化有如下几个特点:

第一,可继承性。文化可以通过学习和实际践行某种行为来得以延续,彝族传统法文化在彝族社会里占据重要位置,家支、德古等在重要场合宣讲和普及传统法律文化,实际上是在传播传统文化,从而获得文化的"追随者",使其文化得以继续向前发展,获得社会大众的认同,把传统文化传承下去。就实际来看,彝族传统法文化,从未中断发展,在当今彝族社会里仍然具有相当的影响力,并且被广泛知晓和认同,人们的社会生活中处处都有传统文化的烙印,我们不得不承认,彝族传统法文化有强大的生命力和优良的继承方式。

第二,民族性。各个民族正是由于有不同的文化,才被明显区别开来。彝族传统法文化是极具彝族特色的,是彝族文化的典型代表,也是彝族的一种价值象征,烙着深深的彝族印记。彝族传统法文化,是彝族的内部文化,我们可以说它是民族文化也可以称其为内部文化,因为它仅仅适用于彝族内部社会,解决本民族内部社会矛盾,对其行为的约束也仅仅针对彝族人有效,此外,法律用语也是极具有民族特色的,特别是对于这样一个有自己语言的民族来说,彝族传统法文化处处都体现着浓厚的民族特性,譬如德古、家支等都是彝族社会所特有的用语。

第三,稳定性。文化有其自身的变化发展规律,它可能随着时间的推移愈发茁壮,也可能面临着失传的风险。古往今来,文化失传现象何其多,而彝族传统法文化并没有随着社会的发展变迁而中断,却表现出了蓬勃的生机和极强的生命力,不管是在原始社会、封建社会还是现代社会,任由生活条件、经济状况的改善或是科学技术水平的提高,彝族法文化都一如既往地发挥着它的作用,始终是规范彝族社会秩序的主要准则。

第四,全面性。彝族传统法文化随着彝族社会的发展而发展,其内容也随之丰富起来,包含社会生活的各个方面,小到家庭矛盾,大到刑事纠纷都可以通过内部调解来解决。对于彝族人来说,基本没有不可以通过调解来解决的,对于所有的纠纷,调解都是前置条件。① 所以,在彝族人的生活中,民间调解是解决纠纷的重要途径,遇到任矛盾都会找德古先行调解,调解的事件有大有小,涉及的内容也日益增多,因此,彝族的传统法文化内容全面,具有全局性。

二、彝族传统法文化对凉山彝区乡村治理的积极影响

少数民族传统法文化深深地渗透到他们的生产、生活的方方面面,直到今天,还在不少村寨里起着一定的作用,成为现代的乡村治理制度可借助的本土资源,成为国家法在农村的有益补充。

(一)家支

1. 家支观念强调团结互助,具有社会保障功能

以血缘为纽带而形成的家支关系使得彝族群众对家支具有强烈的认知意识,在凉山彝族社会,开除家支是习惯法所具有的处罚措施。在彝族群众看来,开除家支即意味着自己在遇到困难时得不到家支的帮助,生活会受到排斥,甚至会过不下去。这种现象的出现其实是与家支成员间的团结互助的权利义务是相关的。彝族在家支中无论是生活上还是在生产中都是互帮互助的,特别是解放前经济十分落后的情况下。如果家支中有成员遇到困难需要经济上的帮助时,整个家支便会采用凑份子的方式进行资助,成员提供免费的劳动力也是家支成员的义务。因此,家支组织一直是彝族农村提供社会服务和社会保障较为便捷的组织形式,人们承担其家支的各种摊派,其实质类似于投资各种社会保险。

彝族家支成员间有着团结互助的传统,即家支中一人有事则全家帮助。在旧时,凉山彝族社会生产力十分落后,家支成员间形成的这一传统使得家支中的弱势群体得以生存,凉山彝族社会中的孤儿、孤寡老人、穷人都依靠着自己的家支成员的资助生活着。家支同样有利用习惯法对家支成员中犯错者进行处罚与教育的权利。如果家支中的一个成员被其他家支羞辱或是杀害,其他家支成员便会联合起来帮助其进行反抗或是为其报仇,这也是造成家支间冤家械斗的主要原因。

2. 家支文化具有和谐包容的理念,追求宽松的社会环境

彝族人有着强烈的家支意识,每个彝族人都是生活在家支体系下的个体,都是群体中的一员,在家支制度下,人们对本家支成员往往表现出来宽容、关怀和接纳。因此,家支的内部环境体现的是一种和谐、友善和宽容。在彝族社会里,家支成员是同宗族血亲,除非严重违反家支规范,大多数情况下,家支对其成员表现出来的是宽容和接纳,这就有利

---

① 张晓辉,方慧. 彝族法律文化研究[M]. 北京:民族出版社,2005:271.

于创造宽松的社会环境。家支成员之间相互的认同。在亲情弥漫的家支大家庭中，人们彼此认同，获得感情上的满足。这种满足感、亲和感是彝人特有的凝聚力；这种同家支的亲和力，使人们一见如故，使人与人之间的冲突、矛盾得以控制、得以化解；这种认同心理使人们团结一致，强调和睦相处。

3.家支观念传承民族文化和凝聚力

家支谱系是彝族民众人生观的表现形态。人们背诵家支谱系，主要是让家支成员对本家支出自同一始祖的历史有一个准确的认识，使家支成员知道相互间共同的血缘联系，以及每个人在家支谱系中的确切位置。背诵家支谱系成了凉山彝族民众的习俗，这种习俗从表面看来是狭隘的家支观念，但从彝族历史来看则是彝族文化的民族意识、家支根源感的强烈表现，反映了彝人的追源溯根、永不忘本的情怀，它可以增强群体内成员的归属感、义务感、亲和感，增大群体组合的强度和凝聚力，是家支的文化价值基础。

家支的民间活动是绝对存在的。事实上，这种现象从某种意义上说已经成为社区中彝族文化的承担者，人们借助特有的葬礼和婚礼仪式及传统的组织习惯来纵横传播本民族的文化，继续在新的环境中加固民族的认同意识。由此可见，家支对彝族民众具有深刻的历史感和归属感，从中体现出来的是对彝族民众自身命运的深切关怀。正是家支具有的这种永恒意义，把古今凉山彝族民众的历史和命运联结了起来，也是凉山彝族文化的灵魂所在。

4.有益于乡村的安定团结

广大农村当地家支组织活动也逐渐完善，每个家支都订立了"尔普"规矩，各家支都涌现了一批新老结合的头人，他们凭借自己的综合势力，在家支和当地享有较高的威望。一方面，许多纠纷在他们的主持下，让矛盾双方进行平等对话、争辩，通过面对面的商议，达到了和平处理。不仅简单地评判和处理了矛盾，而且在他们的主持下破裂了的人际关系重新得到修复，缓解了矛盾，解除了隐患。各家支都涌现了一批新老结合的头人，他们凭借自己的综合势力，在家支和当地享有较高的威望。一般头人在本家支内很有号召力。头人们解决问题时，既有效地利用了合理的彝族习惯法，又糅合了许多现代法律，使大家容易接受。这种模式无疑为加速凉山彝族地区的法制提供了一条可以借鉴的思路。

家支都得制定家支习惯法来维护和调整血缘群体内部的社会秩序。家支本着传统习俗处理家支内部和涉及外部家支的民间纠纷，它使得彝族农村百分之六十至八十的民间纠纷息讼，避免了可能因纠纷激化而引起的非正常死亡和物质财富的重大损失，有益于社会的安定团结。

5.有利于促进乡村治理工作的参与

乡村治理工作涉及社会生活的多方面内容，不是机械地执行，单靠国家工作人员的努力是远远不够的，还需要汇集多种社会力量，鼓励全社会共同参与，要从多方面做出努力。这就需要相关民间社会组织、社会志愿者等多方协助。家支头人是不可多得的人选，家支等级制度影响深远，家支头人又拥有诸多事宜的决定权，自然有其影响力。因此,家支头人等作为社会志愿者或民间团体力量加入乡村治理的大队伍中,正是满足了乡村治理对社会团体、民间组织和社会志愿者需求。

(二)"德古"

"德古"作为彝族地区的民间法律服务者,有着很多独特的优势。

1. 及时处理纠纷,方便当事人

只要彝人双方发生纠纷,就可以直接邀请"德古"进行处理。此时,"德古"都会尽最大努力赶到,无论是黑夜还是白天,暴雨还是烈日,不讲价钱也不推辞。这样便能在第一时间控制局面的进一步恶化,平息双方的怒火,使事态不至于扩大。其次,知晓了案情,也为后面的调解做充分思路准备,能更加有序有力地进入下一个具体调解问题的环节。法院距离相对很远,对人们而言无论是时间还是空间都有距离感,还受上下班时间的制约,从而产生抗拒心理。

由于当地基层组织的不健全与难以充分发挥作用,加上交通、通信的不便,民间调解能及时、就地解决纠纷,有效避免矛盾的激化就成为其优势。由于不受成文的程序、规定等规范的约束,能充分考虑当地及当事人的实际情况,调解协议能为双方当事人接受。

2. 收费问题

首先,"德古"收费灵活、合理,针对具体情况还会不收取费用。"德古"调解纠纷后,会收取一定的调解费。收费标准是一定的,但不同的彝族地区的标准又有所不同,具体多少是根据当地人民的接受度演变而来的。一般酬金会按照赔偿金的2%-10%提取,若当事人家实在困难,则不收取费用也是常有的事。欠的人情,会使得当事人更加尊敬"德古"。费用不像法院那样要在立案时就给付,在时间上有一定的宽松度,若没有现金,也是可以用酒、牲畜、粮食等相抵,这些是农户家很普遍的,减轻了当事人的负担,也省去了很多退换过程中的麻烦。

其次,民间调解成本相对较低。"德古"都是本土本乡的人,而且会上门服务,不像法院那样你必须自己去,会让当事人节约很大一笔车费、住宿费、伙食费等开支,也使得纠纷解决的时间大大缩短。纠纷拖得越久,当然相应成本也就越高。

最后,当事人都不了解法律,而请律师的费用又相当昂贵,当事人请不起,而精通彝语的律师更是凤毛麟角,当事人对不懂彝语的律师又心存隔阂,当事人不愿意请,这样当事人不愿意请也请不起律师,增加了诉讼的难度。

3. 纠纷解决过程中体现出的优势

第一,"德古"处理纠纷合情合理。"德古"调解是依据彝族习惯法和以往解决过的案例进行综合考量下的逻辑推理的过程,"德古"会就具体案情,论述习惯法是如何规定的,以往同类案件又是如何解决的,该案件和以往相应案件的异同,加之本案的实际情况,还有为何如此裁决的理由。这些和现阶段法院判决说理论据不够形成鲜明对比,所以法院判决不太能被彝人所接受。

第二，充分全面的参与性。"德古"在两个家支间穿梭的过程中,耐心、镇定地听取了双方阐释事实和提出意见,让双方都有充分的发言权,有时还充当他们的出气筒。在交换意见的同时,对一些不利于调解达成的话语进行处理,采取询问、引导、劝解等方式,并用大家都熟知的习惯法和判例进行说服。此过程中,因为双方家支众多成员的加入,也增加了更多人的意见,使当事人的亲人也有更多的话语权,充分表达意见。在大家都参与后的结果,自然也会拥有更强的接受度,对义务的履行有更强的保障。

第三，方式灵活,易于接受。由于"德古"在当地具有威望,能说会道,通晓人情事理,而且调解中大多采用比喻等间接方式,用原有的调解案例进行说服,加上独特的语言表达能力,因此为彝族地区群众喜闻乐见,易于接受。并且调查了解,达成协议后反悔的极少。成功调解案件后,双方当事人都会在一起喝和解酒、吃和解肉来证明此事已过去,都不会放在心头。双方关系和谐如初。

第四，具有操作性、高效性。一方面,彝族习惯法中有所有彝人都应该普遍遵守的行动习惯或行为模式,这些内容通过"德古断案""毕摩传教"等方式不断地传播和扩散,加深彝人对民族习惯法的了解和遵守。另一方面,习惯法体现出便民、快捷、就近、及时、公正、高效等特点,简便易行、为人熟知并易于接受,这有利于当事人对纠纷解决结果进行预测,同时也有利于修复受损的社会关系,符合地缘、血缘关系影响下形成的"熟人社会"的长远利益需求。

4. 执行得力

因为解决纠纷时,整个家支的人在家支主要头领的主持带动下,充分地发表意见。因此,对结果有一致性的认同。在认同的基础上,执行起来也就有了监督的力量。特别是判决需要赔偿的案件,若当事人无法给付,就会由其家支的所有成员以份子钱的方式一起赔偿,这在赔偿能力上是有力补充。若由"德古"判定的案件,没能履行,会使整个家支蒙羞,这在彝族地区视为最大的耻辱。

5. "德古"公信力强

彝族"德古"调解在彝族地区具有特定的历史性、民族性和地域性,已被彝族群众所认可,并且具有一定的公信度,成为一种民间社会意识和习惯。喜德县的沙马尔铁就是他们的代表人物,沙马尔铁每年要调解一百多件民间纠纷,调解成功率达98%以上,因为他办事公道,在整个彝区树立极高的威信,附近几个县发生了民间纠纷都要找他去调解。①

由于民族地区经济文化落后,许多彝族群众法律意识淡薄,在一些彝族聚居区的乡、村,许多彝族群众不知道法院是干什么的。一方面,法院不能主动地介入民间纠纷的解决;另一方面,由于诉讼都需要一个法定的较长时间和较繁杂的程序,使彝族群众对到法

---

① 由于"德古"调解纠纷,无论多远,都能随请随到;无需繁杂的程序,直接进入矛盾纠纷的实质性问题进行调处;一般收费不高,无钱的还可以用实物作抵;"德古"的威信及当事人的家支作后盾,所调解的纠纷往往都能得到顺利履行,不存在执行难的问题,因而"德古"调解在民间享有极高的公信力。

院打官司有一种畏难心理。民族地区许多案件是由民间"德古"调处无果后才诉讼至法院的,造成法院的调解工作异常困难。作为民族地区的法官,除了掌握专业技能外,还必须在熟练掌握当地民族语言的基础上,以现代法律制度为视角,科学地研究和掌握民族地区的人文历史和习惯,把自己融入当地群众的生产生活中,并把现代法律制度与民族传统习俗有机结合起来,才能胜任法官这一神圣的职责,从而逐渐树立法官的公信力。以离婚案件为例,现行法律强调感情确已破裂为标准。在彝族聚居区因离婚导致一方或其家人自杀的比例相当高,如法官在离婚案件中简单地以感情确已破裂为标准判决离婚,处理不慎往往会导致离异一方自杀,从而导致双方家支间的大规模械斗,引发恶性刑事案件。

6.有利于实现国家法与习惯法的良性互动

彝族多元化调解机制,就是要把"德古"吸纳入人民调解员(陪审员)队伍,将国家法和习惯法相结合。通过调解实现国家法与习惯法的良性互动。

案例:婚约未解另嫁他,"德古"了断前姻缘

峨边县新林镇阿洛某某和大堡镇吉拿某某按彝族风俗结为夫妻。婚后夫妻两人感情不好,阿洛某某想离婚,男方不同意,就回到娘家生活,并找彝族"德古"调解员多次调解未成功。在这种情况下,阿洛某某没有解除婚姻关系,又按彝族习惯改嫁到金口河,吉拿某某家准备纠集人员到阿洛某某家"要人",纠纷进一步升级。

阿洛某某家自知理亏,邀请"德古"出面调解。"德古"受邀后,马上意识到彝族婚姻纠纷的严峻性,分别约定双方当事人及家属在新林镇女方家进行调解。首先向当事人讲婚姻法内容。如果夫妻双方感情确已破裂也就没有必要勉强维持;再通过案例、事实讲解彝族的风俗习惯和处理婚姻纠纷所形成的彝族习惯法,要求女方对男方给予适当补偿。最终,双方愿意按习惯处理纠纷。阿洛某某与吉拿某某到民政部门办理了离婚手续,阿洛某某家补偿吉拿某某家办理婚事等费用开支共计37000元。彝族的婚姻纠纷较为复杂,处理起来也比较棘手,大多采用彝族习惯法来处理婚姻纠纷,一旦处理不好,就容易造成群体性事件。既体现了民间"德古"高超的调解技巧,又突出了"德古"在彝族群众中特殊地位,是有效解决基层纠纷不可或缺的力量。

(三)彝族习惯法

马克斯·韦伯也曾指出:"在共同体中被认为有效的规范不一定都是'法律规范'。构成共通体强制力机制的人所引起的官方功能并不都是与法律强制力有关。"①

1.习惯法是乡村治理创新的文化基因和实现载体

费孝通先生的《乡土中国》对中国基层的社会格局分析得已经比较透彻,将这种基层控制权力称为"教育化的权力,或是说爸爸式的,英文里是 Paternalism"。头人、"德古"民

---

① 马克斯·韦伯.论经济与社会中的法律[M].张乃根,译北京:中国大百科全书出版社,1998:15.

间权威所使用的民族习惯法无疑是一种宝贵的文化基因。

民族习惯法在运用时的有效性除了人们对它的广泛认同外,还有一个重要因素就在于其所体现的地方权威掌握的惩治手段很容易实现:对违背民族习惯法的惩罚往往具有弥散性,这样的地方治权,淡化了规则的刚性,从处理过程到结果都是灵活多变但渗透着权威,这是硬性的国家制度无法简单地废除或取代的。所以,在乡村治理创新中应充分结合民族习惯法这种地方治权实现的有效载体,寻求制度化配置。

2. 习惯法是"德古"调解的主要依据,结合合理的习惯法①,有效化解矛盾

在彝族地区,社会基础、经济基础、交通、通信、教育等与外地发达地区都有很大差异,如果完全按国家法来调解各种纠纷,彝族当事人一时无法适应。法院在案件审理中,主动邀请特邀人民陪审员参加调解,结合习惯法,化解矛盾。

3. 习惯法是彝人日常生活的行为规范模式,对乡村治理发挥重要作用

彝族习惯法在彝族中仍有较深的影响,特别是在边远山区,遇到纠纷不找政府和政法部门调解,而是靠家支、"德古"来调解。从影响的深入程度来看,彝族习惯法在彝族人民中广为流传,家喻户晓。也就是说它在民间有广泛的社会基础。法制宣传、普法教育还有死角。政法部门编制所限、警力不足。由于彝族地区居住分散,交通不便,有了纠纷要找政府或政法部门解决需走一两天的路,不如找当地的家支按彝族习惯法解决方便。

总之,彝族习惯法的积极作用一是在及时调解民间纠纷方面起着不可低估的作用;二是减少民间争讼,维护社会稳定,减轻政法部门的压力;三是防止矛盾激化,推进社会治安的综合治理。

三、彝族传统法文化对凉山彝区乡村治理的消极影响

(一)家支

家支给现代社会带来的负面效应也是突出的,主要表现是:家支成员间的互助在社会纠纷问题上免不了为家支是亲,以强凌弱;坚持固有的等级贵贱;无家支和小家支的群众备受歧视;旧的家支习惯势力维护社会上的包办婚姻;家支调解民间纠纷,群众逐渐与政府疏远,而愈加依附于家支传统势力。

1. 狭隘的家支集体意识可能阻碍其他治理主体发挥作用

血缘认同基础上的家支集体意识具有一定的狭隘性。狭隘的家支集体意识导致乡村治理过程中各家支习惯以家支为单位进行集体行动,可能造成各家支损害公共利益实现家支利益;使得家支阻碍其他治理主体行使治理权利,影响乡村公共权力正常实施。

---

① 彝族习惯法的司法适用方式:一是作为调解的辅助工具;二是判决说理的辅助工具;三是作为判决的证据;四是作为判决的依据。

2. 家支违法活动影响乡村治理

比如,一些家支成员往往纠集在一起从事贩毒活动。"死给"现象往往会引发家支间相互械斗。目前,在基层管理职能弱化的情况下,出现传统势力回归的态势,一些势力强大的家支族群利用民间调解纠纷活动欺压势力弱小的家支,使纠纷调解难以达到公正结案。甚至有家支干预司法,这些需要正确的引导和调控。

3. 家支制度影响基层选举,干预选举公正

彝族地区的村寨都是聚族居住,往往一个或几个家支构成村寨的主体,家支必然在选举中起一定的支配作用。家支头人干政亦时有发生。村委选举由于家支的介入使得民主选举存在着拉票贿选等情况,给农村基层民主选举带来压力。

4. 等级意识制约乡村民主,家支干预婚姻

部分原有的婚姻制度在彝区乡村中仍起着决定性因素。目前同族内婚的规则已经逐渐消失,彝人开始打破这种观念,多数彝人都开始与不同民族的互相通婚。等级内婚和家支外婚仍存在,婚姻双方必须是同一等级。依照习惯法对于跨越了血统的爱情,当事人双方付出的代价是巨大的。事实上在当今彝族对待婚姻的态度并未得到多大改变。它已经由一种制度的强制规定逐渐转变成为了一种意识、习惯。解放至今,虽然凉山彝族社会从原本的奴隶制社会进步到了社会主义制度,但等级观念却始终或明或暗、或强或弱的影响着当地的彝族群众。传统彝族乡村的人们不愿意通婚的原因首先是担心会被双方家支看低,其次便是担心失去家支的支持。

5. 易于助长群体性事件发生

有些家支头人涉及个人或近亲利害关系时,往往缺乏客观公正的立场,凭借自己的威望号召族人按照自己的意图去参与解决纠纷,使一些个人矛盾扩大升级为家支之间或等级之间的矛盾,对当地产生不良的影响。如以势欺人、仗势不理不睬当地政府和干部的正确意见的情况也时有发生。少数人以家支头人自居,联络部分落后的家支成员,拉家支、搞宗派、以众欺寡、以强凌弱,扰乱当地治安。家支制度的团结互助如果过度发挥也会衍变出一些消极影响,这种情况的出现有时会影响到社会秩序的稳定,例如家支聚众滋事已成为彝族地区危害社会治安的原因之一。普通纠纷容易上升为群体性事件,可能演化为家支的械斗①,群体争斗影响团结。

(二)"德古"

从渊源上讲,彝族地区民间调解活动的依据大多来源于彝族的习惯性规范,而这些习惯性规范无不带有落后的奴隶社会的烙印,这是其对彝区产生消极作用的根本原因。

1. 习惯法与国家法相冲突部分,"德古"仍然按习惯法调解

彝族习惯法保留了大部分原始奴隶氏族社会的影响,与国家法存在冲突。究其原

---

① 彝语中称为"打冤家"。

因,其根本的还是由于民族地区滞后的经济与社会发展对现行法律价值观认同存在差异的问题。有的民间调解纠纷活动中,公然宣扬等级观念,维护高等级阶层的利益,如在有些地方"德古"在算人命金时,黑彝、白彝采用不同标准。

2. 没有诉讼时效之说,经济消耗过大

虽然调解的结果能稳固,平息了矛盾。但由于"德古"调解没有诉讼时效的问题,在遇到比较复杂的案件时,如果第一批"德古"未能调解成功,该案不会因为时间的原因而自动消除,当事人会另约时间召集家支请另一批"德古"再次进行调解,而每回调解时间少则几天多则数十天。在这期间,家支的成员、"德古"等衣食住行都由各自当事人来负责,调解期间当事人双方需杀猪宰羊来招待家支成员和"德古"。这样一来经济消耗过大,有时会出现调解的标的额不到所消耗资金的一半。然而,彝族群众并不会因为成本高而放弃这种方式的调解。

3. 刑民不分,刑案民调

彝族地区的矛盾纠纷,无论是民事案件还是刑事案件,解决的方式首先是调解。违反现行法律的调解。主要表现为把诸如故意伤害致人死亡、抢劫案等恶性刑事案件也按彝族传统习惯法作调解私下处理。

4. "德古"素质需要提高,在与时俱进方面存在较大的局限性

对游离于诉讼之外的彝族民间调解资源加以引导管理刻不容缓。彝族"德古"运用传统习惯法调解纠纷,在一定程度上已成为凉山彝区法治进程的阻碍。如果将彝族民间调解资源吸纳融入进诉讼或者非诉讼资源体系,通过现代法律的知识培训,实施专业化管理,不仅能推动现代法治在广大彝区的进步,也能缓解诉非人力短缺的困境,更能根本有效地对彝区实施国家治理和社会治理。

当社会不断地发展,在彝族地区新的格局下,彝人与外界的交往不断增多,产生很多新的问题。当"德古"沿用习惯法和判例不能解决现在的纠纷时,国家法在不断深入人们的行为和思想的同时开始在纠纷解决中占有了一席之地。"德古"只通晓彝族传统习惯法,对于新型的纠纷就有所限制。当国家不断地在彝族地区普及法律知识,人们开始或多或少懂点法律知识。在纠纷解决后,如果"德古"仍旧只按照习惯法来解决纠纷,彝人会觉得自己的权益并未得到充分维护,也会有部分人开始寻求法律的保护。若"德古"调解者不能与时俱进地对国家法和习惯法进行合理综合,对于裁决的角度、方式等会不断受到人们的质疑和挑战,这样将不能更加有效地解决纠纷。

(三)彝族习惯法

1. 乡村治理中不时出现相关彝族习惯法和国家法冲突的情况

彝族习惯法的实施在于人们内心深处的认同,但彝族习惯法与国家法存在一些冲突。个别人利用习惯法的某些内容翻历史老案,算人命金,扬言"同态复仇""子报父仇"。过去受自然环境以及经济等因素,除家支内部恶劣的杀人和不同等级间的杀人案件,"德

古"在调解中都不会要求以命抵命,而是以适当的赔偿受害方来结案。由于受这种思想的影响和束缚,彝族民间发生刑事案件,"德古"会按民事案件来处理,即以被告向原告赔钱了结。

案例:凉山州金阳县四嘎浦乡阿嘎某某和吉克某某因口角发生争执,两人打斗起来,吉克某某当场受伤,后两人被乡亲们劝开。吉克某某回到家后,越想越生气,觉得自己被当众打伤,受了奇耻大辱。于是,吉克某某在深夜潜入阿嘎某某家,趁其熟睡之际将阿嘎某某和他的妻子打成重伤。阿嘎某某的妻子在慌乱之余跑到了阿嘎某某弟弟的家中求救。阿嘎某某的弟弟认为吉克某某在深夜入室打人,不仅打伤了自己的哥哥,连嫂子也被打了(在彝族看来,男人是不能打女人的)。这是吉克某某看不起阿嘎家,并对阿嘎家的严重挑衅,于是阿嘎某某的弟弟立马纠集附近所有阿嘎家支的男性,连夜冲到吉克某某家。吉克家支的不少男性也闻讯赶来,于是两大家族发生械斗。在打斗中,多人受伤,阿嘎某某的弟弟将吉克某某当场打死。械斗在武警赶来镇压后才平息,阿嘎某某的弟弟及多人被当场逮捕。

事后,阿嘎家主动找到当地的"德古"调解纠纷,经吉克家同意,双方达成一致。"德古"认为,本案起因错在吉克某某,他千不该万不该在半夜闯入阿嘎某某家打人,还对阿嘎家的女人也下手,犯了彝族习惯法的两大禁忌。但事后,阿嘎某某的弟弟纠集人到吉克某某家打人,并将阿嘎某某当场打死,出了人命,理当赔偿,但事出有因,可以从轻处罚。因此,判定:阿嘎某某的弟弟赔偿 8 锭古银锭子[①]给吉克某某家支;阿嘎某某的弟弟杀牛、买酒给吉克某某家支的人吃,以示赔罪。杀牛吃酒后,两大家支表示,此事就此结束,永不反悔。

然而,虽然吉克家支宽恕了阿嘎某某的弟弟,但并不代表国家法律也能宽恕阿嘎某某的弟弟,阿嘎某某的弟弟最终被一审法院以故意杀人罪判处死刑,缓期两年执行。审判结果下来后,整个阿嘎家支的人都无法接受。他们认为,首先,他们与吉克家已经达成和解,双方都已承诺不再追究。其次,阿嘎某某的弟弟的确是杀了人,但事出有因,是吉克某某犯下了彝人无法容忍的过错才导致悲剧的发生。就算阿嘎某某的弟弟有错,但也应该罪不至死,判死缓太重了。再次,阿嘎家支的部分人已经怀疑是不是吉克家有人在暗中找司法机关帮忙重判,吉克家的人也觉得很是冤枉,气愤阿嘎家的人竟然怀疑他们。而这显然只会让双方的矛盾进一步激化。

于是,阿嘎家召开家支大会,"莫格"过后,家支大多数人认为阿嘎某某的弟弟杀人是为了捍卫家支的荣誉和利益,决定凡是阿嘎家支的人都必须出钱出力,力图要通过各种方法解救出阿嘎某某的弟弟,大会上作出了详细的规定。根据经济情况的不同,将阿嘎家分为三类,每一类每一家至少得出多少钱都有约定。

本案就是一个很典型的国家法和习惯法冲突的案例。按照习惯法规定,阿嘎某某的

[①] 折合人民币 10 万。

弟弟纠集家支成员与吉克家发生械斗不足为过,甚至还被家支人员看作是捍卫家族荣誉的行为,只是因为打死了吉克某某,出了人命,还是需要赔偿。但是依照习惯法这件命案顶多就是个"花案",双方达成了赔偿协议,杀了牛,喝了赔罪酒就该就此作罢,纠纷就此平息。虽然国家法的规定不是这样,但在纠纷双方看来,他们都更愿意接受习惯法才是公正合理的。而国家法的强行干涉不仅没能让双方平息纠纷,反而让矛盾有愈演愈烈的趋势。

(1)彝族习惯法与刑法的冲突

在彝族习惯法中,无论遇到什么性质的纠纷最主要的解决方式便是家支调解、"德古"调解。遇到疑难案件的时候多使用神明裁判。而国家法对于刑事案件一般都是强制性干预,必须按照国家法律的规定由司法机关依法审判。

(2)彝族习惯法和民法的冲突

彝族习惯法在婚姻家庭纠纷、继承纠纷等方面与民法相比,仍然存在较大冲突。

婚姻家庭纠纷。彝族习惯法在婚姻家庭方面,还存在包办婚姻①、买卖婚姻、转房婚②、家支外婚③等现象。婚姻成立的形式要件上,彝族人普遍早婚且往往不履行婚姻登记手续。实行婚价费。彝区聘金的多少象征着妇女的地位。近些年来,聘金数额越来越高呈不可遏制的恶性流变趋势。

有句谚语"女儿出嫁后,活着是男方家的人,死去是男方家的鬼"。女儿只有在成家时,其父母会按自己家庭的经济情况,给点"莫土莫结"④。给多给少或不给,都可以。所以彝族习惯法中,只有儿子能继承父母的遗产⑤。彝族传统中,如果没有亲生儿子,其遗产都是给侄儿继承的,而不是让自己的女儿继承。

(3)彝族诉讼习惯法和司法的冲突

彝族习惯法在审判无法查明真相的案件,特别是盗窃案方面大多数采取"神明裁判"

---

① 在彝族妇女中从古至今传唱的"哭嫁歌"《妈妈的女儿》中有一段唱词这样唱到:告诉叔伯父兄哟!你们:馋了何不吃狗肉,但狗肉未必能解馋!渴了何不喝狗汤,但狗汤未必能解渴!冷了何不裹狗皮,狗皮却也不御寒!饿了何不出租耕牛当饭吃,但耕牛租粮吃不饱!穷了就卖女儿吧,女儿身价岂能堪久用?叔伯父兄们呀,女儿的血已换成酒喝了,肉已换肉吃尽了,骨头换成钱用了。这正是对侵犯结婚自由的叔伯父兄仅"喝坛酒,杀头猪"订婚约便决定对一对素未谋面的青年男女终身幸福的"一锤子买卖"的生动描述。

② 转房:按彝族习惯法规定,丈夫死后,寡妇不得外嫁,而必须转给亡夫家支中平辈、晚辈或长辈男性亲属,而不问他是否已经娶妻婚配的一种婚姻制度。根据"兄死弟在,牛死厩存"的习惯法,按家门血亲关系的远近,把寡妇转嫁给平辈兄弟,若没有合适的平辈兄弟,可转房给长辈或晚辈,根据"兄死纳妯嫂,父亡妻后母"。亡夫之妻在特殊情况下可转房给前妻之子,甚至以"由于丧病事,翁媳相娶也应该"的原则,把媳妇转房给公公。

③ 只能与家支以外的人通婚。

④ 即嫁妆。

⑤ 对除小儿子之外的成年兄弟之间则在分家时将财产(牛羊、土地、金钱)分给他们,最小的儿子跟随父母生活,剩下的部分财产连同不动产都归其所有,老人的养老送终也就成了他的主要义务。

的方式。神明裁判方式主要有端铧口①、捞沸水②、盟誓③、嚼米④等。彝族习惯法以彝族的传统道德观念和宗教信仰为根基而形成,必然在合法与合理方面和国家法有很多冲突之处,但习惯法的观念根植于每个彝族人的内心深处,执行上又依赖于家支的力量。因此,一旦和国家法冲突,即使国家法更具科学性和理性,也难得到彝族人的认可。

(4)习惯法的普遍适用和国家法的施行相冲突

当彝族群众遇到冲突时,大多数人都是一边倒式地倾向于选择适用习惯法解决纠纷。甚至于在面临一些必须由国家法介入的纠纷案件中,当事人双方都会力求用彝族习惯法来化解双方的矛盾,这也使得当地的司法机关在适用国家法时陷于很多尴尬处境。近年来,不少彝族群众外出务工时出现了因工受伤或因工死亡的情况,但令人惊讶的是,大多数受害者宁愿舍近求远,不远万里地从家乡请"德古"和家支成员到外地区协商解决纠纷,也不愿意就近寻求务工地司法机关的帮助。可以看出,在大多数彝族人的内心深处所信仰和遵循的还只是当地的习惯法而非国家法,他们遵循习惯法甚至还排斥国家法,这无疑给国家法在彝族地区的施行带来了最大阻力。

2.与现行法相冲突的彝族广为盛行的恶俗纠纷仍然难以有效治理

彝族很多风俗长期演化成恶俗习惯(见彝族纠纷类型及与现行法冲突对比表),与现行法律背道而驰。彝族习惯法在彝族人内心的地位早已根深蒂固,早已渗透到他们的婚丧嫁娶、生老病死以及生活的方方面面,甚至是精神领域。他们遵循习惯法就如同遵循生存所必须遵循的基本法则,信仰习惯法就如同信仰本民族崇拜的鬼神之说。但彝族习惯法又和国家法存在必然的冲突,当国家在强行全面推行国家法的同时,转型时期的彝族还固守着传统的习惯法观念。在他们看来有些"合理的诉求""理所应当的诉求"却得不到国家法的回应,加上法律知识的淡薄,使得对他们而言国家法没有预期性,进而转变

---

① 端铧口在彝语中叫"乃克夺",这是判测人命案及盗窃案的取证方法之一,有时用石头来代替铧口。做法是:用一只白公鸡,一面白布,九根带叉的树枝,一碗酒或一坛酒,九斤木炭,一个铧口,一个吹火筒。参加的人是:有威信的证人三名以上、失主或受害者、受害者属、嫌疑人、"毕莫""德古"等。他们一同带上东西上山,除了木炭用来生火烧铧口外,其他东西都要摆上,再由"毕莫"念经。待铧口烧红之后,在嫌疑人手上放九根树枝,上铺白布,用火钳夹铧口放在嫌疑人手上,嫌疑人慢走九步,看白布、树枝是否燃烧以及端铧口人的手是否灼红。如果手被灼红就证明端铧口的人是犯罪人,反之,若手没有被灼红则证明端铧口人没有犯罪。这是一种测验方法。还有一种测验方法是看带上山的九斤木炭烧完后铧口是否被烧红,如果烧红则证明嫌疑对象可能没有犯罪,再接着进行下一步的端铧口裁判;如果九斤木炭烧完后铧口并未烧红,就证明嫌疑人确定为无罪人,胜负已定,不需要再进行下一步的端铧口裁判。

② 以"捞沸水"为例,彝族称其为"依各约",是让人在野外挖一个火坑,再用石头砌起三锅庄,安上一口大铁锅装满水,把一枚鸡蛋或是一枚银戒指捆在用灯芯草编织的小网兜里,放进锅底。由毕摩说明捞沸水是因发生纠纷的双方当事人要求进行,众人站在一旁见证,然后毕摩才开始念经文梵语,等水烧沸时,由被怀疑对象捞出沸水中的物品,众人观察被怀疑对象的手是否被烫伤。如果被烫伤了,他就有罪。如果没有被烫伤,他就是清白的。

③ 盟誓为彝族社会取信于人的举动,它是指被怀疑为有罪的人通过一定方式的发誓诅咒来证明自己没有犯罪。发誓和诅咒往往是联系在一起的。一般盟誓都要杀鸡、羊、狗、猫等,誓言或咒语多是:"如果我干了某件坏事,就像鸡一样死去,就像羊一样死去,就像狗一样死去。"誓毕即作罢,人们就认为他没有犯罪。

④ 嚼米是对比较轻微的犯罪实行的神判方式,主要用在偷盗案上。其做法是:先由毕莫念经作法,然后命嫌疑犯或民事案件中的双方当事人开始嚼米,米量为一两左右。嚼碎之后吐出米,检查米中有无血丝,或是否将米染成红色,如果米中带血,嚼米人被证明有罪或说谎;如果米中不带血,则认为无罪或没有说谎。

为不信任国家法,甚至是抵触。而因为彝族地区的家支特性,又使得个体的不满,极易演变为群体性的反抗或者冲突。

彝族纠纷类型及与现行法冲突对比表

民事纠纷		刑事纠纷	
类型	与现行法的冲突	类型	与现行法的冲突
债权纠纷	可延续三代,无时效限制	故意杀人罪	"赔命价",只要赔偿到被害人家属满意就不追究其刑事责任
婚姻家庭纠纷	存在包办、买卖、转房、家支外婚、等级内婚、姑舅表优先婚等现象	强奸罪	"赔奸价",从保护受害人角度出发,彝族对强奸罪持宽容态度
继承纠纷	女子无继承权,老人生前分家并随小儿子生活,由小儿子继承其余财产。违背男女平等原则	故意伤害罪	不同等级的人采用不同的标准计算赔偿金
彩礼纠纷	索要几万、数十万的身价钱以显现身份的高贵	盗窃罪	"断指"处理
葬礼	过度地铺张浪费,常常造成不少家庭倾家荡产	抢劫罪	彝族认为凡抢劫冤家的财物,是英雄行为,抢得越多越荣耀
群体性事件	个人的纠纷由家族参与讨要说法,往往造成群体性事件	毒品犯罪	彝区是重灾区,有的甚至整个彝族村庄集体贩毒。

3.彝族习惯法缺少关注和研究,对传统法文化认识不足和吸收利用不够

我们对彝区民间演化形成的"自生秩序""内生制度",包括彝族习惯法缺少关注和研究。其实,为了自身的生存和发展,彝区民众作为当地资源的开发者比政府或外来专家更熟知自身赖以生存和发展的资源情况,对关乎子孙后代的家园治理也更加关注和更有感情。村民彼此之间的认同信任和共同愿景,通过协商、合作,更能够创造出适宜自身和当地境况的规则来解决问题。所演化形成的"自生秩序""内生制度",对自身社会的治理和彼此利益关系的协调必然更为有效、更具有约束力。但是,由于我们长期只看重政府的管控,而轻视民间的自主治理,因此,很少去关心民间治理的建设,包括对民间纠纷调解方式长处与短处的研究和优化,以至于国家法与习惯法仍然存在诸多断裂和冲突。

在少数民族地区乡村治理中,对传统法文化认识不足和吸收利用不够是一个不能忽视的问题。由于认识的不足,存在一些观念上的错误,认为所有习惯法都是过时的或与国家法格格不入的,导致在村民自治和乡村治理中看不到习惯法发挥的作用,而没有加以有效地吸收、利用。主要涉及乡村治理、文化事业、精神文明建设、法制建设等方面的彝族传统法文化,在少数民族地区乡村治理中必然具有重要地位。然而,在当前少数民族地区乡村治理中,却忽略了少数民族传统法文化的作用。

4.乡村治理法治化缺失的问题

受习惯法影响的村规民约过于倚重重罚和声誉罚,违背法律的原则。村规民约中习惯性的一些处罚方式实际上变成了超越法律的乱加处罚和代法行罚。

对故意杀人,当事人双方最关心的是"赔命价",他们通过请"德古"进行调解解决,只要价钱赔偿到被害人家属满意,就可以不再惩罚杀人者;对强奸案件,彝族习惯法持比较宽容的态度,一般只要赔"赔奸价"就行了,因为他们认为如果按照法律对强奸案件进行判决后,受害人会受到歧视和嘲讽,出不了门,嫁不了人。对故意伤害案件,不同阶层和等级的人采用不同的标准计算赔偿金。

"德古"调解大多沿用民主改革前的旧法与旧习俗,这不仅有碍国家法制的统一,也阻碍了彝族地区的法治化进程。由于刑事案件也采用民间调解的方式,甚至刑事附带民事诉讼判决后仍要民间调解赔偿才能最后解决纠纷,使得国家有关规定形同虚设,干扰了法院的审判。

已经法院判决后仍按习惯法解决的"二次司法""血亲复仇"、报复式处罚而诱发打砸抢,婚姻家庭方面的结婚不登记、早婚、包办婚姻、嫁出去的女儿不能继承父母遗产等歧视妇女的不平等规定、做法,都是彝区乡村治理中习惯法与国家法冲突的情况。与国家法冲突的习惯法内容,是在我国法治建设过程中没有进行自身改良和扬弃的那部分习惯法,当前一般以习俗、惯例等形式存在于广大农村,在当前的乡村治理中起着消极的作用,要构建农村法治秩序,主要就是消除习惯法中与国家法冲突的消极因素,朝依法治理的方向努力。

四、彝族传统法文化对凉山彝区乡村治理的对策建议

(一)现代法治文化与传统习俗文化的融合

在基层民间微观方面,要从强化民间自治的角度,坚持传统与现代相结合,搞好传统与现代的对接、国家法与习惯法的对接。因此,加强文化建设,包括现代法治文化与传统习俗文化的融合。人具有目标导向性和反应性,并能够与其他行为人进行互动,并从环境中获得信息,识别所处环境的状态,根据目标与环境特征决定采取何种行为。而现代文化与传统文化融合而构建的文化氛围,则是构成个体的场景约束或"行动情景"的主要因素,影响个体的认知与信念以及行为方式的改变。因此,一方面既要积极推进新彝寨建设和扶贫开发,改善彝民生存条件,也要重视精神文明建设,弘扬科学精神,加强人文关怀,注重心理疏导,培育开放包容、理性和平、积极进取的社会心态,为彝区减少纷争、自我调处、解纷止争,打下良好的设计意识形态基础。另一方面既要注重传统美德的传承和弘扬,也要重视对彝族习惯法和调解方式的改造、优化及其与国家法的对接,消除传统解纷文化落后因素的消极影响,构建良好的现代与传统结合的法治文化氛围,逐步把

彝区基层各项社会会管理和民间调解活动纳入法制轨道。

(二)重视和加强对彝区基层组织的培植和民间自治能力的提升

通过深入基层调研,笔者深切地感受到,任何社会的治理都不能离开该社会固有传统的扬弃,只有依据自身传统资源秉性和现实要求来进行制度创新,才能达成涉及纠纷解决代价最低、风险最小、收益最高的效应。决定变化的根本,归根结底只能是自己本身,彝区农村社会状况的改变最终是要依赖于当地的彝民。我们以往在治理思路上,总是喜欢按照自己的设想和意图,急于将先进文化制度强行移植于彝区农村。在投入上,注重输血式的物质资金投入,忽视内生造血功能的培植;在方式上,总是试图依靠外力,通过党政网络系统,采取动员性、任务性、指令性的党政干预,包办、包管和替代,层层落实,靠权力和外力直接作用于服务兑现。这种从上至下、层层推进的方式,呈现出一种单纯的对政治机构负责的线性关系,虽然也能取得一时之效,但却缺乏长效性和持续性。因此,我们必须要转变观念,加大力度培植基层组织,发挥好基层平台作用,使外力能更好地通过这个平台,来推进内生因素的增进、自主治理能力的提升。其基本路径是,在法治基础上,通过强化对基层组织的培植,以基层党组织为主导,以基层村委会为载体,将民间组织和人士纳入其中,通过支部抓村委,村委促成员,成员带家庭,家庭督个人,达成内外、上下、党群、现代与传统之间的有机结合,彼此互动、共同作用。所寻求的效应是,既能有效发挥党政的影响作用,又为民间力量的释放提供可控管道;既可发挥分层活力、终端效能,又能互补协同、有机联动;既有益于民族传统积极因素的开发和弘扬,又有益于民族传统消极因素的改造与更新,真正形成和谐稳定和发展进步的长效机制。这是推进彝区基层多元调解建设和有效治理的一项重要课题。

(三)重视乡规民约的作用

大多数乡规民约都拥有较完整的形式,内容涉及少数民族生活中的常见问题。乡规民约可以说是国家法与习惯法进行融合与对接的一个很好的平台。国家机关可以对制定比较合理的乡规民约予以保护与承认,并在乡规民约里渐渐灌输现代法的东西,这样就更容易实现国家法的"软着陆",实现少数民族习惯法与国家法的良性互动与价值融合。

(四)发挥习惯法对乡村治理的对策,实现国家法与习惯法的良性互动

发挥习惯法对乡村治理功能,可为彝族地区构建社会控制体系,解决当前彝区乡村实际存在的"国家法下不去,习惯法上不来"的社会失控问题。在公权力之外,还有很多其他类型的指导人们行为的准则。习惯法就是国家法律法规以外的很重要的法律形式,特别是在民族地区或者偏远山区,更应当重视习惯法的历史渊源发挥其长久作用,以法律多元化的视角,不断思考以促成更高的效力。凉山彝族地区是彝族习惯法和国家法共存的特别典型的地区。一方面,习惯法到现在仍旧是彝区起重要作用的规范,是他们生产生活中不可缺少的一部分,在社会的微观秩序构建层面发挥了重要作用。另一方面,随着社会的不断发展,彝人与外界交流的不断深入,他们对于国家法的认同感越来越强,因此逐渐有较多的人选择按照国家法来解决纠纷。尽管在国家法和习惯法两者间在一些具体的矛盾处理中会存在冲突的地方,但是这样的冲突是温和型的,可以通过商量、协调解决的,因为它并不是国家法的对立面。

彝族习惯法体系完整、内容丰富,已深深地潜移默化于彝人的日常生活之中,但在乡村治理中还远远没有发挥其应有的作用。在"多元一体"的法律格局中,我们既需反对狭隘民族主义的"分裂"与"多极",又需反对消灭一切差别、敌视一切多元存在的"同一",而应当做到既能够正视、宽容、尊重秩序的多元与文化的多元,同时又不懈追求"多元"之间的沟通、理解与融合。只有在尊重彝族人民的生活习俗、充分利用彝族本土传统文化、结合当地实际、寻求彝族习惯法和国家法平衡点的基础上,才能达到法治和谐的理性状态。

1.观念的更新:对彝族习惯法的尊重和认可

不能忽视国家法具有普遍性,但很难顾及每个地区、每个民族的特殊情况,由于国家法在彝族地区本土化程度较低因此难免会"水土不服"。

彝族司法机关在调解时由法官与"德古"相配合,将法律与传统习惯相结合,以达到更符合彝人预期的效果。如有些案例,当出现困惑时,司法机关不会因为不符合国家法的规定而拒绝受理,也不会因为对习惯法的尊重和认可将定分止争的工作完全推脱给习惯法来解决,而成为国家司法权不作为的借口。因此,"尊重和认可"有个度的问题,既不能由国家法完全窒息习惯法的适用,也不能完全依赖习惯法而导致国家法的不作为,这两种极端都是很有害的。

2.收集、整理、编辑、筛选彝族习惯法

彝族的传统文化是中华民族的传统文化之一,作为"德古"赖以存在的彝族习惯法自成体系,其中不乏独创、独到、优秀的制度和规定。怎样传承和发展这些优秀的传统文化应该是另外一个系统的工程。收集、整理、编辑习惯法,筛选与法律相适应的部分,经法定程序进行立法。

彝族地区应当积极发挥地方授权立法的权力[①],适当地考虑少数民族习惯法。根据《中华人民共和国民族区域自治法》的规定[②],对于那些确实有利于法制实践的习惯法规范,倘若被上级机关不适当的命令、决议等限制适用时,可通过变通补充规定的方式为其"松绑"。

[①] 《中华人民共和国民族区域自治法》第十九条:民族自治地方的人民代表大会有权依照当地民族的政治、经济和文化的特点,制定自治条例和单行条例。

[②] 《中华人民共和国民族区域自治法》第二十条:上级国家机关的决议、决定、命令和指示,如有不适合民族自治地方实际情况的,自治机关可以报经该上级国家机关批准,变通执行或者停止执行。

3."扬弃"中传承习惯法,实现彝族习惯法与国家法的调适

充分考虑到不同文化背景下人们对正义和权利的不同理解和需求,重视习惯法、变通习惯法,逐步地融入国家法。挖掘传统文化,充分发挥习惯法的优势,吸收习惯法的合理部分。由于彝族习惯法是在彝族历史上经过长期的积淀而形成的,其中具有一定的合理部分。

(1)构建习惯法传承的良性机制

法律是一种"地方性知识",它表现出不同民族生活方式和思想观念的特性。而"地方知识的特定持有者通常最善于与专业知识的持有者打交道",专家的知识和群众的观念都有其合理性,专家和社会成员沟通有助于克服相对主义和普遍主义的相互对立。那么在彝区,作为地方知识持有者的"德古"等纠纷解决主体不仅自身价值重大,而且能更进一步让网络其他的纠纷解决主体参与到具体案件的纠纷解决程序中。因此,构建良性的习惯法传承机制,是一个高效整合资源并保护和传承习惯法的好办法。目前,彝族地区的社会纠纷有多种解决方式,这些纠纷解决方式之间并不是平行无涉、互不相关,而是相互之间有着妥协、调适、竞争和互动的关系。

(2)承认合理的习惯法,促进习惯法规范的合理延伸,优先适用某些合理的习惯法

我国属于成文法国家,习惯法不被看作是正式的法源,所以只有对合理的彝族婚姻习惯法予以认可,并以条文的形式呈现出来才能使合理的彝族婚姻习惯法成为正式的法源而作为司法机关解决纠纷的直接依据。此种的直接后果是使以前仅在民间适用的彝族婚姻习惯法可以作为国家正式司法机关判案决断的依据。而从长远的角度来看,则可以不断地丰富国家法的内涵与外延,这无疑对构建国家实质上的法制统一具有积极的作用。

结合彝族特有的文化背景以及社会环境,将彝族家支与习惯法这一已经根植于彝族同胞心目中并且充分反映其地区文化背景与经济发展状况的"地方性法律"与国家法两者进行融合,从而对该地区进行更有效的管理。国家机关在具体案件的处理中可以考虑优先适用某些比较合理的习惯法。彝族习惯法要得以传承和发展,必须在平等与尊重的平台上,实现和国家法的充分沟通与良性互动。充分利用少数民族地区的法律本土化资源,使之与国家法形成二元的调整模式,有利于构建的少数民族纠纷大调解格局。

调查反映出那些经济发展越快的地区以及受教育程度越高、见识越广的彝族群众,他们的法治观念越强,对于家支以及原有习惯法弊端的自我修复改造能力越强。因此,在彝族地区法治建设的过程中,培养彝族地区当地的知晓国家基本法律且熟知彝族原有家支制度及习惯法制度的法律工作者是一个切实有效的方法。这样的法律工作者在处理彝族间纠纷以及当地其他法律事件的过程中能够在不违背国家法律基本原则的情况下寻找到一个传统习惯法这一具有明显地方性与历史性的"法律"与国家现行法律完美统一的处理方法。同时我们应当加大法制宣传,使彝族群众的法律常识逐渐提高,使国家法不远离他们的生活。

(五)重视家支制度力量

家支制度是彝族最重要的社会制度之一,在家支这个大集体中,群体意识是每个人与生俱来的,家支制度下的内部规范是整个家支成员的行为准则。家支就是每个彝人的根,充分认识到家支制度的重要力量。既要利用家支制度的优势,也要尽可能减少家支制度给矫正过程带来的负面影响。

1.合理引导、肯定家支文化中的积极部分

应该辩证看待家支习惯法,将其积极、正面部分作为民族文化保持发扬下来。例如:彝族的家支活动,"蒙格"会议的开展,制定家支成员应该享有的权利和承担的义务,其对家支成员具有约束力,可以合理利用家支的传统约束力来抵制社会的不良风气。又如:家支内部无偿的互帮互助的优良传统。

2.吸收家支头人等参与管理

乡镇干部放弃过去那种简单地批判家支组织,批判家支头人的工作作风,采取和风细雨的方法,主动接触、引导家支头人,让家支头人主动参与村队组织建设,那么,党和政府的方针政策也能充分得到贯彻执行,家支的违法行为也会有效地被控制起来。可见,在彝族地区现代化进程中吸收家支头人参政议政,使许多家支行为及习惯法通过头人调适到政府指导的层面上是利多于弊的。

3.善于引导家支集体意识,积极发挥家支议事制度,推进彝族乡村民主进程

可以利用家支集会、家支会议等集体活动,带领家支成员学习相关文化知识,引导家支集体朝着积极、健康的方向发展,及时制止个别成员的不良行为。减少家支血缘关系的干扰。家支会议与乡村治理机构有共通之处,如现在有村民委员会和村民大会和吉尔吉铁会议与蒙格会议在形式上有相似之处。因此,对家支议事进行良性引导。可将其中的消极因素剔除,保留下积极的形式,构建起与家支会议类似的彝区基层治理机制。如果在乡村治理过程中以此为契机,将适合彝族人生活习惯和价值观念的内容整理为村规民约之类的基层治理规范。

4.优化家支治理功能,发挥多元治理主体作用,加强对乡村精英的培养

要合理利用家支治理经验,发挥家支优势,培养和吸收有才干的家支成员,比如调解能力强的"德古"参与到乡村治理活动中,优化家支自主治理的功能。在乡村治理的多元主体中,村委成员往往都是某家支的重要成员。需要加强对乡村精英的培养教育,帮助他们认识家支的长短处,提高他们理性处理家支问题的能力。

5.充分发挥家支头人和"德古"的权威作用

正确引导家支组织,与家支头人和"德古"签订乡村平安协议。利用民间力量,合理有效利用彝族家支的社会作用。将家支制度融入当地新型村规民约,积极扭转家支观念中的遗风陋俗。试图启动文化的力量,家支组织家支成员以彝族的方式开展禁毒活动。"利用虎日"模式解决吸、贩毒活动和艾滋病问题。

(六)积极发挥"德古"在乡村治理中的积极作用

寻求彝区纠纷解决机制在社会治理中的合理嵌入既是乡村治理的创新,实现乡村社会整合的最佳方式,同时也有利于社会治理资源的最优配置。

1. 强化与传统权威组织的良性互动,注重对彝族"德古"调解的调适

因为特殊的文化环境,彝族人民认为诉至法院,是属于事态扩大化,是无能、丢脸的方式,从而遇到纠纷,更愿意请民间"德古"调解,这也是彝族地区通常情况下人们的选择,从而"德古"具有较高的公信力。于是对"德古"的要求也变得比较高,必须具有丰富的阅历、不断调解的丰富经验、卓越的人格魅力。在国家法律的原则范围内,结合彝族习惯法和善良风俗习惯创造有利于社会稳定的工作机制,改造带有奴隶制社会烙印的传统习惯法,将国家法和彝族习惯法相结合,发挥"德古"知晓习惯法、能言善辩、具有一定声望和权威的特点。通过调解机制的运用及其所具有的制度创新功能,为两者的良性互动提供一个正式制度性对话渠道。

2. 利用"德古"的权威,吸纳"德古"加入治理队伍,推动村民自治

"德古"是一个重要的人物,是民间一切纠纷和矛盾的调解者,其本身在彝族社会就是一种法律权威的象征。在彝族传统社会里,地位最高的莫过于家支头人和"德古",如能够吸纳这两股力量参与其中,乡村治理的效果将大大提高。家支制度作为一种等级制度,是彝族社会的血缘联系,关系密切,影响重大,具有权威性,家支头人对家支成员的影响是绝对的;而"德古"作为民间调解的权威,代表着公平、正义,其社会地位较高;无论是从家支的影响还是"德古"的地位来说,这两类人对每个彝族人来说都是应该遵从的权威,这样一来,乡村治理的关键人物就是其传统社会里的重要人物。

利用德高望重的家族人士,推动村民自治的实施。村落中大多都存在一些德高望重的人,这类人大多受到村民的敬重,在村内具有较高的威望和号召力。此时可以从这些德高望重的人士着手,宣扬村民自治的法治化观念和主张,可以充当监督者和实施者双重身份。

3. 培育新型"德古",发挥"德古"参与社会管理创新

"非法家支活动"、贩毒吸毒、偷牛盗马、铺张浪费等个别伤风败俗的现象,特别是婚嫁中的"高聘金、高礼金"现象对彝人造成极大影响。彝区存在的这些不良现象有的涉及彝族风俗习惯,如果政府直接干预,有可能激发一系列的民族问题;如果放任自流,也会产生民怨,影响民生,破坏稳定,产生一系列的社会问题。为改掉不良社会风气,充分发挥彝族民间力量,特别是"德古"的作用,引导他们依法、依俗,通过特有的彝族文化来创新社会柔性管理。

通过对民间"德古"的"整编",对他们进行角度转换、教育培训、资质再造、监督管理等,把他们改造成为新型"德古",使其既通晓彝族习惯法又懂国家法的人才,成为社会管理创新不可或缺的一支重要力量。民间"德古"在彝人中倡导"坚持婚姻自由,反对高聘

金、高礼金等不良婚俗；抵制邪教组织和非法家支活动；制止吸毒贩毒、偷牛盗羊等违法行为"等内容。

按照彝族的风俗进行，成立彝族民间"社会管理创新"会盟大会。既被彝人所接受，又在潜移默化中对彝区的陈规陋俗进行了变革，必将促进彝区民生的改善和社会稳定。把传统的"德古"通过现代化的老年协会、自治组织等形式吸收进来，再把传统的经验与社会主义核心价值观有机结合，并通过村规民约外在表现出来，这些都是民族地区乡村治理的成功经验。

4. 自行监督执行

一是靠家支力量监督。彝人有一句谚语：诺苏堕讲，汉嘎特日。既然盟约约定了的事，就一定会得到执行，绝不能反悔，如果有人违背，就会被家族、家支所唾弃、孤立，以后有什么事，家族和家支也不会管。所以只要是家支或家族决定的事是一定要执行的。二是由民间"德古"监督。民间"德古"分布在彝家的各个村寨，哪里有婚嫁他们最清楚，如果没遵守约定，他们会在第一时间进行制止。三是村规民约监督。与会彝代代表中有些是村、组干部，他们表示回去后，会把盟约写进村规民约，让全体彝人通过村民自治的方式加强对盟约执行监督。

挖掘传统文化，充分发挥习惯法的优势，吸收习惯法的合理部分。由于彝族习惯法是在彝族历史上经过长期的积淀而形成的，其中具有一定的合理部分。因此，千百年来，彝族社会都不曾因为外来文化的冲击而改变，一如既往的保持其独特的传统和社会结构。彝族社会得以稳定而有序的朝前发展，与其传统法文化有着千丝万缕的联系。在彝区乡村治理应该结合其本土丰富的法文化资源，最大限度地抓住传统法文化中的优势，合理规避其不良影响。要重视彝族传统法文化资源。

Influence of Yi Traditional Law Culture on Rural Governance in Liangshan Yi Area and Countermeasures

Zhang Bangpu

Abstract: Using the theory of law, anthropology, sociology, economics, culture, ethnology and many other fields and methods, mainly around the Yi traditional culture influence on Liangshan Yi area of rural governance and countermeasures are studied, based on field investigation based on the study of Yi people in Liangshan area for the text, using empirical research methods, conduct investigation on the situation of Yi traditional culture influence on Liangshan Yi area of rural governance, and analyzes the positive effects and negative effects, and puts forward some countermeasures and suggestions.

Key Words: Yi nationality; traditional legal culture; rural governance

民国基层刑事审判中的民间规范[*]
——以新繁档案中的"个人""权利"和"国家"等观念为例

王有粮[**]

摘要： 在传统中国，刑事法律规范和刑事司法审判有其悠久而独特的传统。这种根深蒂固的传统在近代法制变革的过程中展现出与民事法律不同的样态：如果说民事法律近代化的过程还可以因其传统"薄弱"而通过相对简单的方法以引进西方民法的方式展开，而刑事法律的现代化虽因外界原因也走上了对西方刑法的借鉴与移植的道路，然而这种"中""西"之间的矛盾却更明显地转化为基层审判中的国家法与民间规范之间的矛盾。如何认识并理解这种矛盾？如何看待中国（刑事）法律近代化的进程和历史效果？如何为反思今日法治的方法和方向提供历史反思？民国基层刑事审判为考察这些问题提供了独特的样本。

关键词： 民国基层刑事审判；民间规范；观念缺失

正如日本学者高见泽磨所言，"19世纪末到20世纪前半叶，为了修改不平等条约，中国引入了权利义务型法，并尝试从法律制度的根源进行转变。虽然如此，功赏罪罚型的法却并没有因此消失，而是潜藏在新修订的法律中，或者是在运用时被融合。"[①]民国所创法典未能在基层社会有效实施，有学者认为是"由于中日战争及其后的国共内战，政局极不稳定，期望这些好不容易制定的近代化法典付诸实施，实际上是相当困难的"[②]，即政局或外部环境的不稳所致。但笔者认为，除此之外尚有观念因素阻碍着近代法律制度在"根源"上与基层社会相融。

一、"个人"观念

余英时曾洞见到：近代由于"赶上西方"这一目标策进，所译书籍主要为"科技和法

---

[*] 基金项目：本文受国家社科基金青年项目"民国川省基层刑事审判中的法律制度与社会变迁研究"（项目编号：15CZS041）资助。
[**] 王有粮，四川大学法学院讲师，史学博士、法学博士后。
① 高见泽磨.将人际关系符号化的法与作为行为定量评价的法[C]//中华法系国际学术研讨会论文集.转引自张中秋.中国法律形象的另一面——外国人眼中的中国法[M].北京：中国政法大学出版社，2012：38.
② 刘得宽.中国的传统法思想和现代的法发展[J].李贵连，译.比较法研究，1992(4)：66-77.

律",而"并没有接触到西方文化的本质",即西方文化中"自我"或"个人"的观念。① 陈廷湘也指出,因"对问题的思想源头缺乏探讨","研究未能深入",导致"中国近代以来'人'的观念的转型探索任务远未完成"。② 而近代西方刑法制度的根基也的确是一套关于"人"的学说,其理论源头是脱胎于康德、黑格尔哲学的古典刑事法学派对"人"的界说③:实施犯罪行为的人是具有意志自由的独立个体,无论犯罪还是守法,均是个体独立自由选择的结果,故而犯罪人当为其选择承担包括刑罚处罚在内的相应法律后果。

但是,在本文所呈现新繁刑事司法中的"模糊性"与特定案件背后,其实隐含着与古典刑事法学派迥异的且又根深蒂固的观念基础。其最明显之一端,即并不认为犯罪人(或刑事诉讼被告人)系一完全独立的"个体"。据一则有趣的史料记载,1936 年 7 月 14 日农民张体之给新繁县长呈交了一份"存状":

  为恳存查以杜后累事,缘民佃耕为业,兼做屠案生理,添补家庭用度,仅能糊口。民长子张平康,年已成童授室,近来不听约束,本年三月内以小资本与邓棉花伙做棉花生理,在半边街摆摊。方两三月即将资本耗尽,停贸。并因衣物与邓棉花互相借用发生口角打架。邓棉花每向人言,必要借事陷害张平康。民唤子现戒,殊子不听教言,仍常外出游荡,且又学吸洋烟,归或窃卖家中米粮器物,民实无可奈何。更恐在外习染败类,致又干犯法律行为,又或被仇诬陷累及,民身只得具文呈恳仁天垂鉴,赏准备案存查。张平康若有犯法行动,请予拘拿究办,伏祈免累民身,实沾高厚。谨呈

  新繁县县长

  (县长批词:)状悉。仰候传案讯夺。此批。七·十五④

办案法官将本应入刑的吸毒当成了民事案件,而办案法警却无意间将之认为是父亲"自首"其子。就自首制度本身的法律效力而言,自首者得减轻刑罚处罚。其法理依凭大致可概括为:既然犯罪人能自发认识到犯罪,并主动投案,说明其有悔罪表现⑤,因而主观恶性较小,"改造"难度相应减小,故得减轻刑罚处罚。民国学者陈瑾昆与之类似,他认为自首"须自发的为之",对照民国刑法的相关规定,"此虽无特别明文,但自首之意义,本应解为自动报告自己犯罪,若受该管机关之询问,或他人之诘问,而后承认自己犯罪者,则谓自白,而非自首"。⑥ 民国时期最高法院的司法判例也持同样观点。⑦ 概言之,在近代刑法看来,无论是犯罪行为还是悔罪行为,独立的个人均应承担其负面或正面的法律后

---

① 余英时.中国文化的重建[M].北京:中信出版社,2011:152-153.
② 陈廷湘.中国文化核心价值观"人"的观念的近代转型[J].史学月刊,2008(12):51-61.
③ 周光权.刑法学中"人"的观念的演变[J].法律科学,2005(1):37-44.米夏埃尔·帕克利夫.人格体、主体、公民:刑罚的合法性研究[M].谭淦,译.北京:中国人民大学出版社,2011.
④ 详见"存状","张平康案",目录号 3,案卷号 474,载于民国新繁县司法档案,四川省成都市新都区档案馆藏。
⑤ 陈兴良.刑法适用总论(下卷)[M].北京:法律出版社,1999:462-463.
⑥ 陈瑾昆.刑法总则讲义[M].吴允锋,勘校.北京:中国方正出版社,2004:308.
⑦ 1935 年 1 月 1 日,民国最高法院 24 年上字第 1162 号判决即认为:"自首只在犯罪未发觉前,自行申告其犯罪事实于该管公务员,而受法律上之裁判为要件,至其方式系用言词或书面,以及系自行投案或托人代行,系直接向侦查机关为之,抑向非侦查机关请其转送,均无限制"。

果。那么办案法警为什么会认为张平康案中的父亲能"自首"其子？究其原委，除对近代法律不熟悉之外，大概仍是中国传统的"君臣父子"观念造成的影响：一来，张体之将其子出事的原因归结为"不听约束"，非普通民众，就连严景耀也将犯罪"看作是在新的社会生活中家庭控制失效的一种症状"；①二来，张体之惧怕其子犯法行为累及其身。在五十岁的张体之看来，他与儿子之间的父子关系可能会导致其卷入刑事处罚，父子在刑罚这个问题上并不是完全独立的。从新繁档案记载的情况来看，还存在着法庭传唤母亲替患精神病儿子作证的情况，②依法精神病患者之言说本无证据效力，但其母亲却可代为作证，进而言之也存在母子间在行为能力上并不独立的例证。

如果说张体之关于"个体"的观念尚显隐晦，那么任三兴案中诉讼当事人关于"个体"的观念则更明显。该案起诉人由被害人任王氏一人变成了其父母与她三人；而邻证等社会舆论也一致认为，"奈王泽光夫妇家贫愚朴，被任三兴谅其不敢兴讼，随任意凌辱，百般毒打"。③正因为被告欺负的对象就是王泽光一家，故"兴讼"来县的才是王泽光一家，而非受害者本人。从社会舆论也可知，在民国新繁这样一个基层社会中个人仍旧与家庭紧密联系，作为法律主体的独立个人却在事实层面上被深深崁入家庭结构之中。

"自首"的父亲主动检举揭发其子，而"兴讼"的家人则意欲通过诉讼保护其亲人，二者的表现形式虽有差别，日本学者所谓的"父亲的温情主义"虽未体现，但其基于血缘的"自然主义基础论"却并未得到本质的改变。④这一切也足见民国基层刑事审判中，"法的本位"仍旧是传统时代的"家族"，而不是近代刑法所制裁的"个人"。⑤

而家庭（族）正是传统中国法的"本位"所在，欲变革传统律典者也正是从此处着眼的。作为清末以来引进西方法律的代表性人物，修律大臣沈家本就曾发明"罪人不孥之古训"，主张在新刑律中将个人的刑事责任独立于其家族成员。⑥如果将沈氏的这种主张视为某种以个体观念取代家族本位的理论努力和现实策略的话，那么应该说直到民国二十四年（1935年）这种尝试在基层社会依然收效甚微。然而与沈氏同时代的大学堂总督刘廷琛就认为，刑法上的家族主义系中国传统，维护传统刑法，就"必施行'缘坐'之制"。⑦足见其时传统社会家族观念之强大，近代西方意义上的个体观念之淡薄。而这种家族观念，在帝制中国后期被赋予了某种当然的政治正当性，主流的学说不仅认为家族是国家

---

① 严景耀.中国的犯罪问题与社会变迁的关系[M].吴桢,译.北京:北京大学出版社,1986:114.
② 详见"侦讯笔录","李二兴案",目录号4,案卷号330,载于民国新繁县司法档案,四川省成都市新都区档案馆藏.
③ 详见"呈状","任三兴、任何氏、任宝生案",目录号3,案卷号615,载于民国新繁县司法档案,四川省成都市新都区档案馆藏.
④ 石川英昭.中国法思想的基础[M]//张中秋,译.载张中秋.中国法律形象的另一面——外国人眼中的中国法.北京:中国政法大学出版社,2012:33-34.
⑤ 张中秋.中国法律文化比较研究[M].北京:中国政法大学出版社,2006:38
⑥ 沈家本.历代刑法考·沈寄簃先生遗书甲编[M].邓经元,骈宇骞,点校.上海:中华书局,1985:3.
⑦ 徐岱.中国刑法近代化论纲[M].北京:人民法院出版社,2003:100.

社会的支撑①,更是把握社会治乱兴衰的关键。②

传统社会虽非完全湮没个人的因素,③但到民国时期,新繁县民众因担心家族成员犯罪而避之不及的所谓"讼累",大致源乎于此。如清人汪辉祖所言,"两造非亲则故,非族则邻,情深累世,衅起一时",则"为之族姻者,必致受害无已"。④为了避免这种祸端,人们当然愿意息讼。而韦伯也深刻洞见到中国传统法中缺乏个体观念的特征,指出这种特征与缺乏(西方)法律概念的关系。⑤

二、"权利"观念

按西方法治理论而言,当事人的诉讼请求原当出于"权利"或赋予权利的"法律"。有美国学者认为,传统中国人有其特有的权利观念,且这种权利观念在本质上与西方的"权利"并无差异。⑥ 如果真是这样,中国基层刑事审判就应当产生或至少接纳某种意义上的出于"权利"的诉讼。

然而在新繁县的刑事案件中,当事人的诉讼请求有相当比例并不出于"权利"或"法律",可见当事人心中原无近代刑法所谓"权利"观念。不仅犯罪嫌疑人如此,连涉案的"具保状人"也是这样。例如,在著名的"毒针刺人"风波中,从什邡赶来新繁试图保释汪白氏、李赵氏二人的张兴润说:

> 呈为具保状人张兴润住什邡县北门外第四区第九保务农为业,存保汪白氏、李赵氏二人,情因不慎嫌疑被逮在案,今蒙钧府台前讯明开恩释放恐后发生不慎之事一并以保实问随传随到,其中不虚,具保是实。
>
> 谨呈
>
> 管狱员转呈,县长唐 公鉴
>
> 具保人:张兴润
>
> 被保人:汪白氏、李赵氏
>
> 中华民国廿五年七月十七日⑦

---

① 所谓"家国同构"即意指于此。
② 明人丘浚认为:"虞廷罚不及嗣,周室罪人不孥。秦法,一人有罪,坐其家室,仁暴既殊,国祚所以分长短也。文帝即为之初,即除秦苛法,汉祚之延,几于三代,未必不基于此也"。见丘浚:《大学衍义补辑要》卷九《定律令之制》。
③ 余英时.中国文化的重建[M].北京:中信出版社,2011:152-153.
④ 汪辉祖:《佐治续言·论治讼》,乾隆五十一年刻本。
⑤ 韦伯认为:"中国的法以典型的方式,表现出家庭和宗族的保持与世袭的王公统治的共同作用,作为个人社会地位的重要保障者的最重要意义。独立于皇帝而作为私人的国家概念是不存在的,同样也没有私人的社团法,没有协会法,更不用说那些受政治制约警察的禁令,禁止一切非家庭式,或者非财政目的或者特殊许可的团体。对于公法来说,社区的存在仅仅是作为承担赋税和负担家庭连带责任的团体……这一事实妨碍了法律概念的形成"。韦伯.经济与社会:下卷[M].北京:商务印书馆,1997:85-86.
⑥ 金勇义.中国与西方的法律观念[M].第四章.沈阳:辽宁人民出版社,1989.
⑦ 详见:"保状","赵李氏、汪白氏案",目录号4,案卷号193,载于民国新繁县司法档案,四川省成都市新都区档案馆藏。

他只是强调嫌疑人原本"不慎"而被逮捕在案,而是希望"府台""开恩释放"人犯。

另,李希隆(按:又作"李兴隆")因窃牛获刑,其父李惠安呈状欲求保释,即以李惠安之母"魏氏现今忧孙成疾,倒榻日久未愈"为由,而罔顾刑期。①

再如,廖雨明窃神案的原告巫丕臣在撤销案件的申请中就对法官说:

> 缘民前以窃神不退等词具诉廖玉明(按:即"廖雨明")一案,沐准传讯,民又何渎?但廖玉明与民旧系同邻友谊,又承保甲邻友再四挽劝慰民息讼和解。民以众议难辞,只得遵从其议,甘愿了息。复于昨日当凭保甲爱集邻友会同民拢场,当众理明,双方俱愿了息,彼此并无异议。民以和息既成,不敢自专,为此具呈来案,并将民理明了息情由具实呈明,恳求
>
> 钧府作主,准将原案注销,以息纷争,免滋(按:原作"兹")讼累,均占德便。谨呈。②

申请注销刑案的理由就是念及"同邻友谊"与"保甲邻友"的劝慰,并非据民国诉讼法提出注销。③

如果将司法过程视为对当事人诉讼请求之回应的话,那么,面对少依法律提起诉求的当事人,新繁的司法官员也鲜有依法表达的"法言法语",如在刁成福案中,法官询问作为嫌疑犯家属的刁福兴,"你今到庭,把他的放毒针说一下,他是愚人,法外还能说的,如果你不实说,就连都脱不倒手了"。④

寺田浩明认为,"情罪相符,归于平允"或"情法之平"是清代刑事审判的基本理念。"这里的'情'指的是每个犯罪行为的犯罪情形/恶性程度,'罪/法'两者都是被处以的刑罚。每个犯罪行为的犯罪情形/恶性程度都必须准确地和其刑罚轻重相对应"。⑤ 在寺田看来,中国古代刑事司法对"情法之平"的追求,在客观上保障了"轻罪轻罚、重罪重罚"的实现,亦可说存在着与近代西方"罪责刑相适应原则"相当的价值取向。近代西方刑法为阐述"罪责相适应原则"构建了"刑事责任"概念,然而传统中国为论证"情法之平"却采取了与不尽相同的论证理路。寺田浩明将之概括为:"如果刑罚太轻,受害者一方不足以申冤的话,则残留的问题会引起下一次争议。而看到刑罚这么轻,其他的人也会争相模仿;相反,刑罚太重的话,则国家刑法自身就会给加害者一方带来新

---

① 详见:"呈状","李希隆案",目录号3,案卷号88,载于民国新繁县司法档案,四川省成都市新都区档案馆藏。
② 详见:"撤销申请","廖雨明案",目录号5,案卷号922,载于民国新繁县司法档案,四川省成都市新都区档案馆藏。
③ 余英时认为,"中国传统社会或文化中并不是没有个人自由,但并不是个人主义社会,也不是绝对的集体主义社会,而是介乎个人主义与集体主义之间"。余英时.中国文化的重建[M].北京:中信出版社,2011:151.
④ 详见:"侦查笔录","刁成福案",目录号5,案卷号777,载于民国新繁县司法档案,四川省成都市新都区档案馆藏。
⑤ 寺田浩明.清代刑事审判中律例作用的再考察——关于实定法的"非规则"形态[M]//曹阳,译.张世明,步德茂,娜鹤雅.世界学者论中国传统法律文化(1644—1911).北京:法律出版社,2009:83-84.

的'冤'情。这样上天就会以干旱或者大雨等形式给皇帝以警告"。①律例追求并"情法之平"的理由,一方面体现为对"天"这一抽象的合理性渊源的敬畏,因为它会为人间带来的旱涝灾害等警示;一方面体现为对刑罚之社会后果的重视,既要实现受害者足以申冤(亦即犯罪人得到当受之惩罚)的特殊预防之结果,也要达致不使一般民众"争相模仿"犯罪行为的一般预防之结果。中国传统律例对刑责问题的考虑体现出明显的现实情怀与"社会"倾向。

虽然在少数情况下,当事人的诉请亦会提及法律。自认被报纸诽谤的潘醴泉虽援引民国刑法,但从其存状"窃念民营业地面,近在钧府咫尺之间,若民平日行为稍有如该登报人所载之处,岂能外本管保甲之举发,与法律之制裁。查刑法第三百十条,……"②但在逻辑结构上言,与其简单将之归纳为依律告诉,不如将之描述为游走于"情法两端"。如,在傅光廷等盗掘坟墓一案中,"刑法朗注掘墓应处罪刑"与"于心于心何安,为此据情状恳钧处鉴核"共同构成了原告提起刑事诉讼的理由,而"彼系侄辈并犯逆灭伦纪重罪"虽有民国刑法第二百五十条、侵害直系血亲尊亲属尸体坟墓罪作为依据,但"依法科处掘墓行窃灭伦各罪"③之说又将"灭伦"这一加重情节与掘墓之正行相混淆,实是当事人诉求中试图阐明"情法两端"的又一例证。更有当事人说:"似此丧心病狂,窃开祖茔,盗取珍物,实禽兽之伍,豺狼之心,以情理言,不孝不义,至此极矣,以法律言,触犯刑章,罪无可逭",④直接将"情理"与"法律"作为论证自己诉讼请求的两大依凭而加以阐述。从上述材料似也可以看出传统司法中"人情"之作用的"两面性",即存在通过"人情"高效了结纠纷的情况,却亦难免在援引"人情"无济于事后当事人因"情理"不容而反复缠讼的状况,这就难怪崔述认为"讼也者,……人情之所断不能免者也"。⑤而在中国文化的大背景下,似乎难以产生出西方那种严格适用法律而不掺杂"天理人情"的观念,故而即使在高扬近代司法制度的民国评论亦以"法""理"之平作为评价基层司法运行的当然标准。⑥

当然,张中秋对中国传统法"本位"的研究提供了一个理论视野。他从费孝通的相关研究得到启示:"如果从中国社会结构的内部出发,如费孝通先生所说,'差序格局'导致

---

① 寺田浩明.清代刑事审判中律例作用的再考察——关于实定法的"非规则"形态[M]//曹阳,译.张世明,步德茂,娜鹤雅.世界学者论中国传统法律文化(1644—1911).北京:法律出版社,2009:84.
② 详见"存状","潘醴泉案",目录号5,案卷号742,载于民国新繁县司法档案,四川省成都市新都区档案馆藏。
③ 《六法全书》,上海会文堂新记书局1935年版,第302页;另见:"呈状","傅光廷等案",目录号3,案卷号180,载于民国新繁县司法档案,四川省成都市新都区档案馆藏。
④ 详见:"呈状","周雁臣案",目录号3,案卷号646,载于民国新繁县司法档案,四川省成都市新都区档案馆藏。。另参考:"起诉状","黄茂卿案",目录号4,案卷号290,载于民国新繁县司法档案,四川省成都市新都区档案馆藏。有时"依法办事"的明确请求也只因"以木本水源祖业攸关阴阳所系"才被提出,参见"刑事亲诉状","石宁安、石伯勋案",目录号4,案卷号230,载于民国新繁县司法档案,四川省成都市新都区档案馆藏。
⑤ 崔述.无闻集(卷二)(讼论)[M]//顾颉刚.崔东壁遗书.上海:上海古籍出版社,1983:701.
⑥ 县长兼理司法之流弊[J].苏衡,1935(1).

公与私的相对化,那么,权利本身也必然是一差序格局"。① 而美国学者包恒就曾直接指出,传统中国诉讼制度很大程度上"依赖于当事人的自发主动,不能向司法官主张权利远胜过其他个别因素而终结民事案件。即使在刑事案件中,也几乎有30%的案件由于原告不能像司法官主张权利而终结"。②

三、"国家"观念

在"限制公权,保障私权"的基本理念下,在近代西方刑法学说发展出一套关于国家的学说。其核心是,刑罚权只有国家才能行使,而犯罪嫌疑人与其他当事人则是在与国家刑罚权打交道。然而中国传统时代却并无近代"国家"观念,③作为基层纠纷的裁断者州县官员心中自然也就不会产生西方式的理念。他们认为:

> 州县为民父母,上之宣朝廷之德化,以移风易俗。次之奉朝廷之法令,以劝善惩恶,听讼者所以行法令而施劝惩者也。明是非,剖曲直,锄豪强,安良懦,使善者从风而向化,恶者革面而洗心,则由听讼以驯致无讼,法令行而德化亦与之俱行矣。④

在传统时代的州县官看来,代表国家行使刑罚权以惩恶劝善固然重要;然而其审判活动并非单纯的刑事刑罚权;他们还要上宣"德化"以移风易俗,并且负责使善者"从风向善"、恶者"洗心革面"的社会教育或犯罪预防工作,并最终实现"无讼"且"德化"的社会理想。在这样的理想下,刑罚权的行使自然具有其鲜明的特征。

这些特征部分在新繁刑事司法档案中依然有所保留。几乎所有当事人均以"民"……"情"……等语自称,如鄢煜富就以民自居"民莫可如何,始向联保处报告,请其裁判",⑤又如被诉人通过"情民性本诚朴,以泥工为业,开工时兼营酱油醋业,于本县城内青草市,并无邪行"⑥等语为自身辩白,这与南部县档案中所反映的情况是一致的。如"情民……"⑦这不仅仅是一种对称谓的简单承袭,而是隐含着老百姓希望父母官做主的心态与强烈愿望,反映出审判者与涉讼人员之间的关系并非近代意义上国家与公民之间的关系。

---

① 张中秋.中国法律文化比较研究[M].北京:中国政法大学出版社,2006:59.
② 包恒.中国民事诉讼的传统与变迁[M]//吕建高,译.张中秋.中国法律形象的另一面——外国人眼中的中国法.北京:中国政法大学出版社.2012:66.
③ 自鸦片战争后,实际经历了"国家危机意识的猛醒与天下观的暂时消隐"到"天下大同观的回归及其与国权意识的混同"。陈廷湘,周鼎.天下、世界、国家:近代中国对外观念演变史论[M].上海:上海三联书店,2008:173.
④ 田文镜:《钦颁州县事宜》卷一,清道光八年刊本.
⑤ 详见:"告状","肖仲卿案",目录号3,案卷号403,载于民国新繁县司法档案,四川省成都市新都区档案馆藏。
⑥ 详见:"辩诉状","徐汪氏案",目录号6,案卷号86,载于民国新繁县司法档案,四川省成都市新都区档案馆藏。
⑦ "为敬子扬换名敬显宗捏耸听三案归一事",目录号13,案卷号983,载于南部县正堂清全宗档案,四川省南充市档案馆藏。"为具告严海童听刁改名诬告妄牵图累事",光绪十九年,目录号11,案卷号885,南部县正堂清全宗档案,四川省南充市档案馆藏。

不仅刑事案件当事人如此,办案法警与法官、检察官之间的称谓亦不例外,大量保留了传统时代的特征。尽管近代警察的人员构成多为人诟病,[①]似乎比起传统时代的胥吏衙役他们更有"需索"的可能性,然而此时的案件审理者不再在传票上多次申明"去役毋得藉签需索,滋延干咎,慎速须签"。[②]虽然时代的新风带来的警察制度,但官员与法警之间却似无严格意义上功能划分和分权制约,而传统时代州县与胥吏之间的传统互动却依然可以觅得踪迹。如从清代南部县反映的情况看,州县虽多次再强调衙役胥吏在办差时不得"需索",但其之间互相的公文一般以礼貌性的"仰"字开头,"为此票仰该役前去"[③]是州县派差办事的一般公文格式,而新繁县的兼理司法者与法警之间亦是如此互动的,如"仰该警立将周驼子带案应讯勿误",[④]此种"仰"的用语也及于乡公所,如兼理检察的县长对乡公所的批词就说:"何行令仰该所遵照,讯将是项卷宗于审期5月20(30)日前检呈来处,以凭侦讯核办为要"。[⑤]此类用语诚然是传统时代乃至民国基层司法过程中的行文习惯;然而除此因素外,仍可瞥见:在民国时期的基层司法活动中,无论是民众与审判者之间,还是"司法权"运行的各个部门之间,实际上并无严格的功能划分,而基于此种划分的"公民社会"或"市民社会"与"政治国家"之间的差别,在这里就不甚明显。

正是由于缺乏个人与家庭(族)的独立,中国传统法律中就缺乏相应的"个人主义的自由主义",而西方法律所追求的平等[⑥]就无法在中国的法律发展史中成为一种经验存在。如接纳包恒将"契约自由"与"法律面前人人平等"设定为"现代国家的基础概念"的原则性主张,[⑦]那么近代中国似乎就难以产生出西方刑法所仰赖的现代国家。当然,如果稍作"乐观"的评估而认为基层社会中或产生,或接纳,或放任了国家观念,那么时人理解的国家观念似乎也与西方刑法史语境中所期许的国家观念大相径庭。毕竟,"西方民主主义制度与各种法治主义制度,在实际上,是对人间相互之间不信任与对国家权力彻底

---

① 关于其时警长、警士的素质和人员构成,曾有史料记载:"贤能者不屑为,而肯愿为肯为者即一般无职之流氓地痞,或商贾走卒等下流人物。即此愿为者,亦因生活之无法维持,或欲望奢求之不能满足"。朱寿朋.光绪朝东华录[M].北京:中华书局,1984:4610.
② "为签役传唤赵元恺赴县接充积谷首土事",目录号12,案卷号957,载于南部县正堂清全宗档案,四川省南充市档案馆藏。"为差役速唤张永年具诉岳朝俸等串谋霸配毛姑案内人证候讯事",目录号12,案卷号957,载于南部县正堂清全宗档案,四川省南充市档案馆藏。
③ "刑房呈状",目录号15,案卷号144,载于南部县正堂清全宗档案,四川省南充市档案馆藏。"为差唤事",目录号13,案卷号976,载于南部县正堂清全宗档案,四川省南充市档案馆藏。
④ 详见:"批词","梅黄氏案",目录号6,案卷号81,载于民国新繁县司法档案,四川省成都市新都区档案馆藏。
⑤ 详见:"训令","肖仲卿案",目录号3,案卷号403,载于民国新繁县司法档案,四川省成都市新都区档案馆藏。
⑥ 李在龙.中国传统法思想与现代法治主义之法哲学根基[J].南京大学法律评论,1997:17-25.
⑦ 包恒.传统中国法律中的契约自由与法律面人人平等的概念及其演变[M]//中华法系国际学术研讨会文集.转引自张中秋.中国法律形象的另一面——外国人眼中的中国法.北京:中国政法大学出版社,2012:51.

怀疑基础上所形成的结果"。①

在西方刑法学中,国家行使刑罚权的前提就是公民当承担刑事责任。而民国基层社会是否存在"刑事责任"观念的问题,答案似乎是否定的。在老百姓看来,对"大干刑章"的违法行为进行处理,其目的并不在于追究"刑事责任",而在于对"目无天理法纪"的处理。②而当"来案"告诉无果后,当事人也更多强调天理人情,"被告等亦逍遥法外,似此生者何慰,死者何安,泉下幽魂,无处依栖,生者案悬,亦为之恨"。③

而涉案刑事被告也大都不从是否应当承担"刑事责任"的角度为自己开脱抗辩,而往往从自身冤枉、被人欺负着手展开法庭答辩。与其从证据入手,他们更愿意从保甲士绅那里获得自己无罪的证明。如一则答辩记载:

> 原诉刘子通居心险恶,不特陷害佃农,更欲进步推翻承买高姓田产也,民受枉屈,在今民治行宪之际,决不畏彼强暴,除请全乡保甲士绅依证证明并登报申明作有力声援外,谨据实陈明,恭请钧处,俯赐查核!并乞照契判明,确定诬枉之罪!④

此外,审判者对刑事"和解"的默许态度也说明,至少有相当数量的当事人(以及保甲长等相关人员)并未将刑事案件视为在与"国家"打交道,而将之看成是"老百姓自己的故事",如若情节并不严重,双方达成和解即可终结业已启动的刑事法律程序。在法治主义看来,司法乃权利最后之救济,刑事司法则属此类救济的最后手段;然在传统中国,"诉讼当事人具结服从法庭裁判"却在"事实上构成了对县官权力的一种制衡"。⑤而在民国时期的基层刑事审判中,人们运用和解来左右刑事审判时,制衡的也仅就是兼理司法者的权力,而不是"国家"权力的运作。从毒针刺人的案件看,不仅老百姓会在传统司法习惯寻找资源"制衡"司法权力,就连县官有时候也是有意让"国家权力"处于"空转"的状态。这至少说明在民国新繁县,"一般社会的知识尚未开发,个性尚未觉醒",而"官尊民卑的思想"的确还有留存。⑥

完整的司法档案对案件的记载往往是"全息"的,它不仅蕴藏着某些相互对立解读的视角和方法,⑦在更为基础的意义上也包含了案件审判的各种内容。具体档案记载而言,不仅为呈现和反思民国时期基层刑事审断活动如何发现事实、如何运用程序及其社会基

---

① 李在龙.中国传统法思想与现代法治主义之法哲学根基[J].南京大学法律评论,1997:17-25.
② 详见:"刑事告诉状","李肖秋等案",目录号5,案卷号493,载于民国新繁县司法档案,四川省成都市新都区档案馆藏。
③ 详见:"刑事催状","李肖秋等案",目录号5,案卷号493,载于民国新繁县司法档案,四川省成都市新都区档案馆藏。
④ 详见:"答辩状","黄茂卿案",目录号4,案卷号290,载于民国新繁县司法档案,四川省成都市新都区档案馆藏。
⑤ 黄宗智.清代的法律、社会与文化:民法的表达与实践[M].上海:上海书店出版社,2001:17.
⑥ 张钰.犯罪之社会的研究[J].法轨,1933(1).
⑦ 王有粮.司法档案、史料与中国法律史研究:以傅斯年"史料学"思想为基本视角的略述[J].社会科学研究,2012(3).

础等问题提供了一种文本依据,也还提示了思考其审断依据的理论维度。① 在程序法的意义上,司法鉴定以及其他"法定"程序在毒针刺人风波平息以后依然空转。而在近现代刑法的视野中,这也可被解读为新式司法鉴定与地方审断活动的脱节。换言之,新式司法鉴定的结果并未如民国制度设计的那样充当基层刑事审断之依据。而依刑法学的话语方式而言,刑事审判依据问题的意义似更重大,已超本文试图论说的范围。② 不过,审判在审断刑事案件时的关怀却是清晰可见的。此时,传统的口供依然在审断活动中起到决定性的作用,而对社会恐慌、抗战前夕政治失序的考虑也是此案中不同审判者所共同关怀的,至于审断的结果——无论是嫌疑人大致无罪还是要论罪处刑,大致都不是单纯为了处罚犯罪行为,而是安靖地方。

可以说,民国基层司法虽然呈现出了与传统时代不尽相同的历史面相,却也与"法治主义"对近现代审判之要求有很大距离。在近现代刑事法(刑法学或刑事诉讼法)的理论视野内,特定行为须经特定的审判程序方可被判定为犯罪。大致而言,前者要求被刑事处罚的行为具备法律规定的犯罪构成要件;后者则是基于客观事实与法律事实之间的内在张力,要求刑事审判必须被依法定程序对犯罪事实的发现与认可并适用恰当法律规则。虽有"法治主义"的形式,但毒针刺人风波中的事实发现与规则运用均与近现代刑事法之精神大相径庭。

在新繁县毒针刺人风波中"小事闹大"的不仅是民众,还包括了联保、政警,直至县长胡彝尊也参与其间;被"闹大"之事也从"细故"变为了臆想中的"重情"。至唐载潘走马上任,他一方面在形式上推动"毒针"的检查化验,另一方面又在实质上"违法"结案,显属"大事化小"之举。可见即使是针对同类甚至就是同一起案件,基层刑事案件的审判者忽而"小事闹大",忽而"大事化小",其裁量空间之大不仅早已超出自由裁量理论的价值预设,③也完全于刑事法律规范无据。此种审判方式对"传统"与"现代"的法律制度与思想资源都有援引的同时亦均有反动,而这也代表了当时基层法律实践的基本特征。在法律

---

① 王有粮.民国时期基层刑事审断问题:从抗战前夕川省新繁县"毒针刺人"案说起[J].南京大学法律评论,2013(2).审断依据问题向是考察传统审断的重要范畴,会否依律而断是此问题的核心,问题的答案也因其基本预设与基本概念的不同而迥异;但它们论说往往在"细故"或"民事"案件意义上展开。参详里赞.晚清州县诉讼中的审断问题[M].北京:法律出版社,2010.

② 依法学界通说,确立"罪刑法定主义"是判断刑法典"走向现代化"的标志。田宏杰.中国刑法现代研究[M].北京:中国方正出版社,2000:27.而顺着这一思路则可以说,在法律社会学的视野中,罪刑法定主义是否在审断实践中获得确立,才是判断该时期刑事审断活动是否"走向现代化"的依据。于是,刑事审判的依据问题则不再仅仅关乎审断是否"依律",而与近代西方刑法学中罪刑法定主义的论域发生了内在勾连,它涉及罪刑法定主义的理论蕴含、规范要求甚至其背后的法律观念等诸多问题。这些问题与民国基层刑事审判的遭际是另一个复杂、生动的历史场景,详见另文。

③ 自由裁量权的行使不仅不能逾越法律的原则和规则,还应受到这二者的限制,此乃现代西方法律制度对自由裁量权的基本限制,参见陈锦辉.原则、自由裁量和依法裁判[J].法学研究,2006(5):121-137.虽然在理论上曾有完全禁止自由裁量的观点,但扩大自由裁量的主张也与之相始终。吕安青.罪刑法定与自由裁量[J].环球法律评论,2004:246-250.本文在此处仅在事实层面上借此概念描述审判者对案件审理(包括罪与非罪、犯罪主体问题、此罪与彼罪、刑期长短、刑事审判程序乃至刑罚执行方式的全面的"自由"裁量)。

社会学的视野中,此类特征的出现有其深刻的社会历史原因。正是国家权力在基层的失范以及传统社会关于陌生人身份的警惕,使案件审判者比任何时候都容易上下其手:无论是"小事闹大"也好,还是"大事化小"也罢,都成为摆平案件的手段。

诚如秦晖总结的:"晚清至民国的乱世国家对乡村基层的缺乏有效控制便被看作'传统'的常态,而国家强化这种控制的努力则被视为由'传统'向'现代化'迈进的'民族国家建构'进程"。① 正是以此种历史书写或叙述的范式为基本背景,从"传统"到"现代"——及其投射到法学领域的从"人治"到"法治"——的线性时空观成为了清末民初知识界的主流,②而朝向"现代性"法治(至少是形式法治)的学术和制度努力获得了某种不言自明的正当性,且至今也未被撼动。笔者并非单纯拒斥"法治"和"现代性",但对西方启蒙话语的当然接受不仅在理论上可能导致对近代中国作为非西方主体的具体历史的"驱散"或"压抑",③而且也会在实践中招致远离我们理论预期的现实困境,此为今日推进法治主义和倡法治建设之"中国特色"者不可不察。

从民众的期许看,通过官司解决现实利益问题才是其主要关怀所在。虽然其关怀可能及于家族关系、风水等等传统价值,但主要是以经济利益为主而不论民、刑之分。不可否认的是这些传统价值在民国时期日渐式微,因而即使在一些以传统价值示人的诉求,也往往隐含着现实利益的纠葛。然而民众虽重视现实经济利益,却鲜有近代司法赖以成立的"权利意识",无论民、刑的法律在他们看来更多就是打官司的工具。兼理司法的新繁官方在回应这些期许的时候表现出了某种"功夫在文外"的特征,民众的期许也许并未被完全正面回应,但产生其问题的社会基础却一再被官方关注。这不仅与当时兼理司法的"法律观念"不无勾连,更重要的是官方无暇顾及。如当时国民党"中央委员"张知本所言,地方上"财政、警察、实业、教育,种种善后事宜,专力设施,犹虞陨越;若兼理民刑诉讼,果能敷政优优,不贻苍生否?"④而为当时四川高等法院院长谢盛堂所再强调的经费短缺问题,⑤也从侧面佐证了特定历史环境中兼理司法者所受到的种种掣肘。尤其在抗战期间,在各级各类机构经费都被紧缩甚或裁撤的大背景下,司法机构虽为必要之常设机构,但其经费却也明显短缺。"应继续存在之机关或事业,依照紧缩办法除照原额支发者外,按原预算发给经费七胫;但其事务不甚繁重而事实上难于遵行者裁并,按原预算发给经费四胫。"⑥实则该时期的审断过程,不论以司法者角度看还是从当事人角度观察,仍保

---

① 秦晖.传统中华帝国的乡村基层控制:汉唐间的乡村组织[M]//秦晖.传统十论.上海:复旦大学出版社,2008:5.
② 按杜赞奇的理解,无论是梁启超、傅斯年、顾颉刚等知识精英,还是孙中山乃至汪精卫等政治人物都受到了线性史观所隐含的某种"进步"的目的论的深刻影响。杜赞奇.从民族国家拯救历史——民族主义话语与中国现代史研究[M].王宪明,等译.南京:江苏人民出版社,2009:33-49.
③ 杜赞奇.从民族国家拯救历史——民族主义话语与中国现代史研究[M].王宪明,等译.南京:江苏人民出版社,2009:49.
④ 《张知本谈整顿司法》,《法令周刊》,1935年第二百七十二期。
⑤ 《四川司法现状》,《法令周刊》,1935年第二百七十二期。
⑥ 《国难时期各项支出紧缩办法实施条例》,1937年10月"国防最高会议常务委员会第十一次会议"通过。

留了明显之实用主义思想特色①,而这一也特征也正是相关研究所揭示的民国新繁县基层民事审判的特点,②这也佐证了本文的观点之一,即:民国时期民刑事审判之间的"模糊性"。

此外,从法律规定与基层社会现实之间的紧张来看,西方近代法律在诸多领域与民国基层社会相冲突。诸如离婚之后,夫妻双方之间的权利义务自然解除而得恢复为平等主体,然而就是这样的"平等"和"自由"的法律地位却不能消弭其时男女之间在社会经济地位上现实鸿沟,因而许多妇女带来最现实最急迫的生存问题。因"旧式妇女,智诚薄弱",故无力脱离夫家生活,而往往要求夫家"给以终身抚养,以资生活"。③而当夫家据婚姻法不给予生活费后,走投无路的妇女必然要与之发生激烈的冲突,刑事案件的大幕亦就此拉开。每每此刻,社会不会因夫家的做法在客观上合符法律规定(其主观上倒也未必清晰知晓这点)而替其开脱,而反以"有坏淳朴风俗"④等为由将之谴责。此大致概括为诉讼当事人的社会责任与法律责任不一致。正因为如此,多数离婚诉讼的女性当事人也通过使用法律工具"获取某种现实利益"。⑤ 民国时期犯罪学研究认为:"犯罪是在新的社会情况中失去适应能力的自然办法,也可以把它认为是犯罪者为了在旧的传统社会方式被破坏的新环境中、满足他们新生活中的最基本的需要而求得生存的最好时刻"。⑥ 即是在犯罪学意义上把社会变迁带来的生存困难作为犯罪者犯罪行为产生的社会原因;而在法律社会史的意义上看,生存困难除造成犯罪的发生外也促使一些行为被"认定"为犯罪。

Folk Regulations in Criminal Trial at the Grassroots Level in the Republic of China
—Taking the Concept of "Individual","Right" and "Nation" in the Archives in Xinfan County as an Example

Wang Youliang

Abstract:In traditional China,criminal norms and criminal judicial trial have a long and unique tradition. This deep-rooted tradition has a different manifestation from civil law in the process of modern legal reform:due to the weak foundation, the modernization of civil law has started based on the introduction of western civil law; for external reasons,the western criminal law has also been introduced in the modernization

---

① 石川英昭.中国法思想的基础[M]//张中秋,译.张中秋.中国法律形象的另一面——外国人眼中的中国法.北京:中国政法大学出版社,2012:30-31.
② 刘昕杰.实用型司法:近代中国基层民事审判传统[J].四川大学学报(哲学社会科学版),2011(2):30-37.
③ 详见:"诉状","吕文祥案",目录号3,案卷号701,载于民国新繁县司法档案,四川省成都市新都区档案馆藏.
④ 详见:"呈状","任三兴、任何氏、任宝生案",目录号3,案卷号615,载于民国新繁县司法档案,四川省成都市新都区档案馆藏.
⑤ 里赞,等.民国基层社会纠纷及其裁断——以新繁档案为依据[M].成都:四川大学出版社,2009:53.
⑥ 严景耀.中国的犯罪问题与社会变迁的关系[M].吴桢,译.北京:北京大学出版社,1986.58.

of criminal law for reference and adoption. Therefore, the collision between China and the West has been turned into a bigger one between the national law and the folk regulations in the grassroots trial. How do we recognize and understand the collision? How do we look at the modernization of China's criminal law and its historical influence? How does such a collision provide a historical basis to reflect the road and ways in the rule of law today? Criminal trial at the grassroots level in the Republic of China has provided a unique sample for these issues.

Key Words: grassroots criminal trial in the Republic of China; folk regulations; absence of concepts

论惩罚性赔偿制度的社会功能
——兼谈惩罚性赔偿金的判罚

李　洁* 　杨馨德**

摘要：本文通过梳理惩罚性赔偿制度的历史和对惩罚性赔偿制度进行两大法系的比较法考察，认为惩罚性赔偿制度的社会功能决定着惩罚性赔偿制度确立的正当性和具体制度的设计。基于此，文章通过分析惩罚性赔偿制度的目的厘清了惩罚性赔偿制度的社会功能，提出惩罚性赔偿制度的社会功能为惩罚、补偿和威慑，其中威慑是主要功能。在此基础上，文章以威慑功能的实现构建惩罚性赔偿金的判罚机制，同时指出应摒弃现行立法中关于惩罚性赔偿金判罚的具体倍数规定。

关键词：惩罚；补偿；威慑

惩罚性赔偿，在英国及英联邦的国家中也称惩戒性赔偿，根据《牛津法律大辞典》，惩戒性赔偿是价值重大的损害赔偿或附加补偿性损害赔偿金的损害赔偿。它时常用以表明法院或陪审团对被告有意的、严重的或野蛮的侵权行为的否定性评价。其不仅是对原告人的补偿，而且也是对故意加害人的惩罚[①]。根据《布莱克法律辞典》（Black's Law Dictionary）第八版，惩罚性赔偿金是指在被告行为具有轻率、恶意或诈欺等情形时，于实际赔偿金之外另外给予的赔偿金，目的在于惩罚被告或吓阻他人[②]。由此可见，惩罚性赔偿具备两个特征，一是体现对不法行为的惩罚和威慑；二是体现对受害人的超额赔偿。

在我国，2017年3月15日通过的《中华人民共和国民法总则》第一百七十九条第二款规定"法律规定惩罚性赔偿的，依照其规定"，这一条款表明《民法总则》虽然肯认了惩罚性赔偿，但并没有对该制度的法律适用问题做出具体规定，而我国现行惩罚性赔偿立法在其法律适用问题上的规定又备受争议，有关惩罚性赔偿适用范围、适用条件及惩罚性赔偿金判罚的争论甚嚣尘上。我们知道，法律制度的具体设计是否合理需要通过检验其是否实现了该制度的社会功能来判断，因此，法律制度的社会功能就成为决定如何设计该制度具体内容的标尺，故而本文拟就惩罚性赔偿制度的社会功能进行探讨。

---

* 李洁，浙江杭州人，上海立信会计金融学院讲师，法学博士。
** 杨馨德，江西丰城人，江西广播电视大学副教授。
[①] 戴维.M.沃克.牛津法律大辞典[M].北京社会与科技发展研究所组织，译.北京：光明日报出版社，1988：322，924.
[②] BRYAN A. GARNER. Black's Law Dictionary[M]. WEST, a Thomson business. 2004：418.

一、惩罚性赔偿制度的历史沿革及两大法系的比较法考察

(一)惩罚性赔偿制度的历史沿革

惩罚性赔偿或惩戒性赔偿最早产生于英国 1763 年的 Wilks v. Wood① 案,虽然该案中并没有使用"惩戒性赔偿金"而是使用"加重性赔偿金",但因此案是法院首度承认陪审团的"超额赔偿金",且具有惩罚和吓阻的目的,所以被后世学者认为是普通法上"惩戒性赔偿金"的先驱。英国普通法上明确使用"惩戒性赔偿金"的案件是继 Wilks v. Wood 案之后的 Huckle v. Money② 案。不久,惩罚性赔偿就被美国所继受。在美国,发生最早的类似于英国普通法上"惩戒性赔偿"的惩罚性赔偿判决,是 1784 年的 Genay v. Norris③ 案。而美国历史上第一次明确表明惩戒性赔偿金目的在于对恶劣或卑鄙的行为建立典范的案件是 1791 年的 Coryell v. Colbaugh④ 案。在本案中,法院在对陪审团的指示中说到,"该被告的行为因具有最恶劣且卑鄙的性质,则可对其课以'惩戒性赔偿金'",且"你们无须根据痛苦或实际损失估算该赔偿金,而是为了建立典范而给予赔偿金,以防止未来此种犯行"⑤。

随后,惩罚性赔偿在英国和美国经历了不同的发展历程。在英国,惩罚性赔偿确立后的两百多年时间里,惩戒性赔偿与加重性赔偿不作区分,而且惩戒性赔偿的适用几乎没有任何限制⑥,适用于所有类型的侵权案件。直至 Rookes v. Barnard⑦ 案,惩戒性赔偿才开始与加重性赔偿相区别,并且惩戒性赔偿的适用也发生了很大的变化。审理该案的 Lord Devlin 首先区别了惩戒性赔偿和加重性赔偿,Lord Devlin 说到,"倘若陪审团欲给予的填补金(包括该被告对原告所做行为的一笔加重性数额在内)不足以去惩罚该被告粗暴的行为、不足以表达对此种行为的非难以及不足以吓阻被告再为该行为时,那么其能裁决若干较高的金额"⑧。其次,Lord Devlin 基于惩戒性赔偿的刑事法属性将惩戒性赔偿的适用范围限制在以下三类案件⑨,第一类是法令授权的情形;第二类涉及政府机关实施"压制的、专横的、违宪的行为"之情形;第三类涉及被告在实施加害行为之前就计算过利润将会超过其所要支出的补充性赔偿之情形。在 Rookes v. Barnard 案之后,英国上

---

① Wilks V. Wood 98 Eng. Rep. 489.(K. B1763).
② Huckle V. Money 95 Eng. Rep. 768.(K. B. 1763).
③ Genay v. Norris. 1 South Carolina Law Reports (S. C. L.)(1Bay)6(1784).
④ Coryell v. Colbaugh. 1 N. J. L 90; 1791 N. J Sup. Ct. LEXIS 36.
⑤ Coryell v. Colbaugh. 1 N. J. L 90; 1791 N. J Sup. Ct. LEXIS 36.
⑥ 这一时期对惩戒性赔偿适用的限制仅是要求原告证明被告的行为是残暴的或者是恣意的。周兆玉,译. 英美侵权法上惩罚性损害赔偿金制度[J]. 王军. 侵权行为法比较研究[M]. 北京:法律出版社,2006:706.
⑦ Rookes v. Barnard.[1964]A. C. 1129.
⑧ Rookes v. Barnard.[1964]A. C. 1129.1228.
⑨ Rookes v. Barnard.[1964]A. C. 1129.1225-1227.

诉法院在 AB v. South West Water Services Ltd. 案的判决中进一步限制了惩戒性赔偿的适用,即对于 1964 年之后新发生的侵权行为,即使属于得判罚惩戒性赔偿的上述三类侵权行为,也不得适用惩戒性赔偿①。但是随后的 Kuddus v. Chief Constable of Leicestershire Constabulary 案则又推翻了 AB v. South West Water Services Ltd. 案中对惩戒性赔偿适用的诉因限制,不再要求得判罚惩戒性赔偿的案件必须是 1964 年以前判罚过惩戒性赔偿的案件。该案之后,惩戒性赔偿在英国的适用只需要满足 Rookes v. Barnard 案中确立的侵权行为类型的要求。对此,英国政府在 2007 年的咨询文件中②也表示认可,并表示不打算扩大惩戒性赔偿的适用。与惩罚性赔偿的适用受到严格限制的英国不同,惩罚性赔偿在美国得到了迅速的发展。对惩罚性赔偿在美国的发展具有重大意义的案件是 1851 年的 Day v. Woodworth③ 案,在该案中美国联邦最高法院首度在判决中确认了惩罚性赔偿的合宪性,并区分了惩罚性赔偿与加重性赔偿。审理该案的法官说到,"在非法侵害诉讼和与侵权行为案件的所有诉讼中,陪审团基于被告犯行的恶性,而非原告的填补,得对之施加所谓的'惩戒性''惩罚性''复仇性'赔偿金,已是普通法上的一种根深蒂固的原则"④,"惩罚性赔偿金不同于填补性赔偿金","惩罚性赔偿金的数额取决于诸如被告道德的邪恶程度和被告行为的残暴程度等因素,用报复比用补偿来形容它更加贴切"⑤。惩罚性赔偿在美国的迅速发展主要表现在惩罚性赔偿在侵权领域中的适用范围不受限制,得适用惩罚性赔偿的案件不因为侵权行为的类型而存在差别,只要其符合惩罚性赔偿的成立要件即可适用。不仅如此,惩罚性赔偿在美国的某些州⑥更被适用于违约责任。直至二十世纪八十年代,在商业团体研究报告所宣称的商业竞争力削弱和失控的惩罚性赔偿金的理由下,美国各州开始逐渐对惩罚性赔偿制度的适用进行改革,改革的内容主要是对惩罚性赔偿的适用进行限制⑦。

---

① AB v. South West Water Services Ltd. [1993]Queen's Bench(QB)507.
② 在 2007 年的咨询文件之前,英格兰和威尔士的法律委员会在 1993 年也发布了一个关于《加重的、惩罚性的和剥夺性的损害赔偿金》的咨询文件,并在 1997 年形成了一份与该咨询文件同名的报告,在该报告中对惩罚性赔偿的适用作出了建议,但是这些建议最终在 1999 年被政府拒绝采纳。See Vanessa Wilcox. Punitive Damages in England,gathered in Punitive Damages:Common Law and Civil Law Perspectives,Tort and Insurance Law[M]. 2009:25. edited by the Institute for European Tort Law of the Austrian Academy of Sciences.
③ 54 U. S. (13 How.) 363 (1851).
④ 54 U. S. (13 How.) 363,371(1851). See Michael Rustad,Thomas Koenig. The Historical Continuity of Punitive Damages Awards:Reforming the Tort Reformers[J]. The American University Law Review,1993(42).
⑤ 54 U. S. (13 How.) 363,371(1851). See Anthony J. Sebok. Punitive Damages in the United States. gathered in Punitive Damages:Common Law and Civil Law Perspectives,Tort and Insurance Law [M]. 2009:25:174. edited by the Institute for European Tort Law of the Austrian Academy of Sciences.
⑥ 如新墨西哥州就不区分合同和侵权都可适用惩罚性赔偿。See Mark Pennington. Punitive Damages for Breach of Contract:A Core Sample Decisions of Last Ten Years[J]. Arkansas Law Review,1989(42).
⑦ 美国有二十七个州在侵权改革法令中提高了原告主张惩罚性赔偿的证明标准,有八个州限制了惩罚性赔偿的判罚数额,有八个州将部分惩罚性赔偿金给予公共机构以为公众利益,还有其他州为惩罚性赔偿的主张设置了程序上的障碍。See Michael Rustad. In Defense of Punitive Damages in Products Liability:Testing Tort Anecdotes With Empirical Data[J]. Iowa Law Review,1992(78).

从上述惩罚性赔偿产生和发展的历史可以知道,惩罚性赔偿制度经历了从确立到发展再到受到限制三个阶段,而每一个阶段的出现都与惩罚性赔偿制度的社会功能密切相关。具体地说,惩罚性赔偿制度在英国的确立是因为其具有的惩罚和吓阻的社会功能;惩罚性赔偿制度在美国的确立和迅速发展也是因为其可对恶劣或卑鄙的行为建立典范也即产生威慑力;惩罚性赔偿自二十世纪八十年代开始在美国各州受到限制又是因为其前期的普遍适用导致的威慑力过度,因此,惩罚性赔偿制度的社会功能决定着惩罚性赔偿制度确立的正当性,也决定着作为惩罚性赔偿制度具体设计的惩罚性赔偿金的判罚。

(二)惩罚性赔偿制度在两大法系的比较法考察

惩罚性赔偿制度的历史沿革表明,英美国家普遍确立了惩罚性赔偿制度,而在大陆法国家方面,虽然大陆法国家并非一概拒绝承认惩罚性赔偿,如菲律宾[1]和南非[2],但作为大陆法传统的典型国家德国和法国时至今日仍然没有明确承认惩罚性赔偿。德国最高法院在1992年就断然决绝承认和执行一起美国的惩罚性赔偿判决,对此法院解释道,"惩罚性赔偿金不仅与损害赔偿法的填补原则有违,而且违背了国家对惩罚性制裁的专属权"[3]。巴黎上诉法院在2006年的一个判决中也说到,"根据法国法,必要的救济限于对遭受的损害的补偿,其只能根据损害的实际价值进行计算,而与过错的程度无关"[4]。

但是,随着社会的发展和经济的全球化,不论是德国法院还是法国法院在某些领域中都出现了不能被严格认定为补偿性赔偿金的损害赔偿金。比如,德国1994年侵犯人格权的Caroline案[5]。在该案中,德国联邦最高法院指出"计算赔偿额时,考虑预防性请求的理论,即考虑作为结果的利润"[6],基于此汉堡上诉法院最终判决了18万马克赔偿金,这一赔偿金成为德国有史以来对人格权侵犯所判决的最高赔偿金。对此,有学者就

---

[1] 《菲律宾民法典》第2229条规定,"在精神损害赔偿、适度赔偿、约定赔偿或补偿性赔偿之外,为了公益,课加惩罚性赔偿或矫正性赔偿,以作为儆戒或矫正"。蒋军洲,译.菲律宾民法典.厦门:厦门大学出版社,2011:298.

[2] 在南非关于个人信息保护的法案中规定,法院可判决除了针对财产损害和非财产损害的填补性损害赔偿金外,还可以本着公平和公正的需要,针对任何违反该法案的行为判决加重性的或惩罚性的损害赔偿金。See Johann Neethling. Punitive Damages in South Africa, gathered in Punitive Damages: Common Law and Civil Law Perspectives. Tort and Insurance Law [M]. 2009:25:123. edited by the Institute for European Tort Law of the Austrian Academy of Sciences.

[3] See Wolfgang Kuhn. RICO Claims in International Arbitration and their Recognition in Germany. 11(2)J. INT'L ARB. 45(June 1994). quoted from John Y. Gotanda. Charting Developments Concerning Punitive Damages: Is the Tide Changing? [J] Villanova University School of Law. 2006(16).

[4] See CA Paris,Ch. 17, Sc. A, 3July 2006. quoted from Thomas Rouhette. The Availability of Punitive Damages in Europe: Growing Trend or Nonexistent Concept[J]. Defense Counsel Journal. 2007(10).

[5] Caroline为摩纳哥王妃,该案以Caroline系列案闻名。See Volker Behr. Punitive Damages in Germany[J]. Journal of Law and Commerce. 2005(24).

[6] 德国联邦最高法院1994年11月15日判决,载NJW1995年第861页。转引自克里斯蒂安.冯.巴尔.张新宝,译.欧洲比较侵权行为法[M].北京:法律出版社2001:744.

认为该判决包含了私法上的惩罚①。又如法国巴黎上诉法院在 1988 年 1 月 4 日判决的一个侵犯人格权的案件。在此案中,巴黎上诉法院依据损害的严重程度以及被告的营利目的判给原告 25 万法郎赔偿金。对此,也有学者指出该判决有威慑及惩罚的目的②。在法国,律师和学者存在一个普遍看法,即法国法院在判决损害赔偿金时有时会以侵权行为人的行为为标准,以惩罚侵权行为人对原告利益的故意地漠视③。值得一提的是,在 Jean-Pierre Catala 教授领衔的民法 36 人委员会于 2005 年 9 月向法国司法部提交的《法国债法改革草案》中第 1371 条④对惩罚性赔偿进行了明确规定,虽然该草案最终并没有成为立法,但却反映出法国学者对惩罚性赔偿的肯定态度。

由此可见,虽然大陆法国家没有像英美法国家那样明确对惩罚性赔偿进行确认,但是从大陆法国家的相关司法判决和学者们的建议可以知道大陆法国家已经基于惩罚性赔偿制度所具有的惩罚和威慑的社会功能承认了超额赔偿,并根据惩罚和威慑功能的实现来确定超额赔偿金的数额,损害赔偿填补原则在大陆法国家受到动摇,由此可知惩罚性赔偿制度的社会功能决定着惩罚性赔偿制度的存废,也决定着作为惩罚性赔偿制度具体设计的惩罚性赔偿金的判罚。

二、惩罚性赔偿制度的社会功能

从上文对惩罚性赔偿制度历史沿革的梳理和对惩罚性赔偿制度在两大法系的比较法考察可以得知,惩罚性赔偿制度的社会功能是惩罚性赔偿制度确立和具体制度构建的正当性基础,因此,在我国已经明确确认惩罚性赔偿,但对惩罚性赔偿制度在我国的具体法律适用问题尚缺乏明确规定和统一认识的情况下有必要对惩罚性赔偿制度的社会功能能进行探讨。

(一)有关惩罚性赔偿制度社会功能的理论及评析

1.有关惩罚性赔偿制度社会功能的理论

---

① 持该观点的有克里斯蒂安.冯.巴尔.张新宝,译.欧洲比较侵权行为法[M].北京:法律出版社 2001;744. 及 Volker Behr,See Volker Behr. Punitive Damages in Germany[J]. Journal of Law and Commerce. 2005(24).

② 转引自[德]克里斯蒂安.冯.巴尔、乌力希.德罗布尼希.吴越等,译.欧洲合同法与侵权法及财产法的互动[M].北京:法律出版社 2007;99-100.

③ quoted from Jean-Sebastien Borghetti. Punitive Damages in France. gathered in Punitive Damages:Common Law and Civil Law Perspectives. Tort and Insurance Law[M].2009;25;62. edited by the Institute for European Tort Law of the Austrian Academy of Sciences.

④ 该草案第 1371 条规定,如果责任人从事明显的故意侵权,尤其是存在借由侵权而获利的过错,那么法官有权在补偿性损害赔偿金之外,另行判决其承担惩罚性赔偿金,其中的部分惩罚性赔偿金可上交国库。法官作出惩罚性赔偿金的判决必须有特定的理由并且其数额应与其他损害赔偿金区分开来。惩罚性赔偿金不可保。See Thomas Rouhette. The Availability of Punitive Damages in Europe:Growing Trend or Nonexistent Concept[J]. Defense Counsel Journal. 2007(10).

研究惩罚性赔偿制度的学者往往不对惩罚性赔偿制度的目的和功能进行区分,而是在同一意义上使用。而对于惩罚性赔偿制度的目的与功能,学者们的概括并不完全一致。以美国法学文献来看,比较有代表性的说法如 Owen,他认为惩罚性赔偿制度的目的与功能有四种[①]:(1)惩罚;(2)吓阻;(3)使私人协助执法;(4)补偿。Ellis 经由整理司法判决与学者意见,归纳出七种关于惩罚性赔偿制度的目的[②]:(1)惩罚被告;(2)吓阻被告再犯;(3)吓阻他人从事相同行为;(4)维护和平;(5)诱导私人执法;(6)补偿原告不能依他法获得填补的损害;(7)支付原告的律师费用。Michael Rustad 和 Thomas Koenig 认为惩罚性赔偿制度的目的有六种[③]:(1)控制权力滥用;(2)惩罚和吓阻;(3)报复;(4)补偿;(5)鼓励私人执法;(6)填补刑法与侵权法之鸿沟。Dobbs 认为惩罚性赔偿制度的目的和功能有五种[④]:(1)应报;(2)特殊吓阻;(3)一般吓阻;(4)通过补偿诉讼费用和律师费用来鼓励私人执法;(5)补偿非物质损害。

我国台湾学者对惩罚性赔偿制度目的与功能的认识与某些美国学者相似,但在具体的理由构成与说明上并不完全相同。陈聪富认为惩罚性赔偿制度的目的与功能有四种[⑤]:(1)损害填补;(2)吓阻;(3)报复、惩罚;(4)私人执行法律。谢哲胜认为惩罚赔偿制度的目的(经济功能)也有四种[⑥],但分别是:(1)惩罚;(2)吓阻;(3)填补损害;(4)报复。何建志认为惩罚性赔偿制度的目的和功能有三种[⑦]:(1)补偿;(2)吓阻;(3)应报。我国大陆学者对此也有不同认识。王利明认为,惩罚性赔偿制度具有赔偿、制裁和遏制三项功能[⑧]。王雪琴认为惩罚性赔偿制度具有补偿、惩罚、威慑和激励等四项功能[⑨]。

2. 对有关惩罚性赔偿制度社会功能理论的评析

首先,学者们对惩罚性赔偿制度的目的和功能未做区分。法律制度的目的与功能是既有联系又有区别的两个范畴。法律目的即立法者的主观意向,是立法者设计法律制度所追求的目标或达到的效果;法律功能,是指法律作为体系或部分,在一定的立法目的的指引下,基于其内在结构属性而与社会单位所发生的,能够通过自己的活动(运行)造成一定客观后果,并有利于实现法律价值,从而体现自身在社会中的实际特殊地位的关

---

① See David G. Owen. Punitive Damages in Products Liability Litigation[J]. Michigan Law Review,1976(74).
② See Dorsey D. Ellis. Fairness and Efficiency in the Law of Punitive Damages[J]. Southern California Law Review,1982(56).
③ See Michael Rustad,Thomas Koenig. The Historical Continuity of Punitive Damages Awards: Reforming the Tort Reformers[J]. The American University Law Review,1993(42).
④ See Dobbs. Ending Punishment in "Punitive Damages": Deterrence-Measured Remedies[J]. Alabama Law Review,1989(40).
⑤ 陈聪富.美国法上之惩罚性赔偿金制度[J].台大法学论丛,31(5).
⑥ ②谢哲胜.惩罚性赔偿[J].台大法学论丛,31(1).
⑦ 何建志.惩罚性赔偿金之法理与应用——论最适赔偿金额之判定[J].台大法学论丛,31(3).
⑧ 王利明.惩罚性赔偿研究[J].中国社会科学,2000(4).
⑨ 王雪琴.惩罚性赔偿制度研究.民商法论丛.第20卷,[M]//梁慧星主编,香港:金桥文化出版有限公司,2001:127.

系[①]。法律制度的目的决定着法律制度应当具备的功能,法律制度目的的实现取决于法律制度功能的发挥,而法律制度功能的发挥在通常情况下也就是法律制度目的的实现。可见,虽然法律制度的目的与法律制度的功能存在着紧密的联系,但是法律制度的目的与法律制度的功能并非完全等同。法律制度的目的是立法者的主观意向,法律制度的功能并非是指这些主观的意向,而是指可见的客观后果;法律制度的客观后果可能与法律制度的目的相合,也可能并不一致,甚至走向反面。我们之所以要区分目的与功能,是因为法律制度的具体设计是以法律目的作为出发点和归宿,同时只有对目的和功能进行区分才能根据法律制度的目的对法律制度的功能做出准确的层次区分,进而对法律制度的具体设计做出合理的安排。

其次,学者们概括的惩罚性赔偿制度的功能或有重复或非为独立功能,具体分析如下。有学者提到"报复"和"应报"功能,本文认为由于惩罚、"报复"和"应报"都是对加害人施加痛苦,都体现出对加害人的道德非难,而且惩罚本身就意味着"报复"和"应报",因此"报复""应报"和惩罚可认为是同一功能。又有学者提到鼓励私人执法的功能、补偿原告律师费用、诉讼费用及根据其他法律不能获得填补的损害的功能,其实都是补偿功能实现的具体效果,都可以归于补偿功能下。还有学者提到的维护和平功能,实际上是威慑(吓阻)、惩罚和补偿功能共同实现的效果,其也非是一项独立的功能。至于有学者提到的填补刑法与侵权法之鸿沟的功能,姑且不论刑法与侵权法之间是否有鸿沟,如果确实存在鸿沟并且得以惩罚性赔偿制度来填补也只能说这是惩罚性赔偿制度威慑(吓阻)、惩罚和补偿功能共同实现的效果,其仍然不构成一项独立的功能。由此看来,除威慑(吓阻)、惩罚和补偿功能之外的其他所谓的惩罚性赔偿制度的功能由于都没有跳出上述三种功能的框架,因此都可以归入上述三种功能之下。

(二)本文对惩罚性赔偿制度社会功能的认识

1.惩罚性赔偿制度社会功能的决定因素——惩罚性赔偿制度的目的

法律制度的功能,是指法律作为体系或部分,在一定的立法目的的指引下,基于其内在结构属性而与社会单位所发生的,能够通过自己的活动(运行)造成一定客观后果,并有利于实现法律价值,从而体现自身在社会中的实际特殊地位的关系[②]。因此,惩罚性赔偿制度的功能就是基于其内在结构属性而与社会单位所发生的客观后果。那么惩罚性赔偿制度的内在结构属性是什么呢?又根据迪尔凯姆所说,"一种社会事实的功能应该永远到它与某一社会目的的关系之中去寻找"[③],因此对惩罚性赔偿制度内在结构属性的确定需要从惩罚性赔偿制度的目的来考察。

惩罚性赔偿制度的目的何在需要从其确立的原因进行考察。我们知道,惩罚性赔偿

---

① 付子堂.法律功能论[M].北京:中国政法大学出版社,1999:35.
② 付子堂.法律功能论[M].北京:中国政法大学出版社,1999:35.
③ E.迪尔凯姆.社会学方法的准则[M].北京:商务印书馆,1995:125.

制度从其确立之初到现在一直备受学者诟病,其原因在于自近代开始侵权行为法中就确立了损害赔偿填补原则,而显然惩罚性赔偿与损害赔偿填补原则相悖。又通过考察法律发展史我们可以知道私罚在私法中消失虽然有其必然性和合理性①,但是由于侵权损害赔偿填补原则从确立之初就只考虑了社会发展的需要和对加害人行为自由的保障,而未充分考虑到对受害人权利的保障,因此其未能实现加害人与受害人之间的纠正公平,从而导致其存在先天不足,而该不足及至现代社会尤为突显,因为在现代社会由于人们出于对经济利益的无尽追求,人和人之间的交往充斥着欺诈,人们的道德沦丧,社会秩序被公然和肆意破坏,传统的损害赔偿填补原则因威慑不足仅不能为受害人权利提供充分保障,并且制约了社会的进一步发展,因此,出于对受害人权利充分保障和维护社会秩序的考虑,人们开始重新关注私法的惩罚性功能,惩罚性赔偿制度就此得以确立。由此可见,惩罚性赔偿制度的目的并非在于对加害人进行惩罚而是在于通过增强威慑力以实现对受害人权利的充分保障,至于惩罚性赔偿制度运行过程中出现的对加害人的惩罚与对受害人的补偿只是惩罚性赔偿制度实现的反射效果。

2.惩罚性赔偿制度社会功能的界定——惩罚、补偿与威慑

根据上文分析,惩罚性赔偿制度是为克服侵权损害赔偿填补原则保障受害人权利不充分的局限而设立的制度,该局限具体表现在由于填补原则在确立加害人责任的时候因出于保障加害人行为自由的考虑只将受害人受到的损害作为责任标准,而不考虑加害人的行为本身,因而当出现加害人的行为可谴责性高,但给受害人造成的损害轻微的情况下,填补原则的侵权责任设计因对加害人行为的威慑力不足而不能为受害人的权利提供充分保障。因此,为克服侵权损害赔偿填补原则的这一局限,惩罚性赔偿制度通过对加害人施加惩罚以增强侵权责任的威慑力从而实现对受害人权利的充分保障。由此可知,对加害人的惩罚和对受害人的补偿与作为该制度目的直接体现的威慑(吓阻)一起全方位反映了惩罚性赔偿制度的内在结构,具备惩罚性赔偿的属性,因此惩罚、补偿与威慑(吓阻)也就当然是为惩罚性赔偿制度的功能。

前文所述学者们对惩罚性赔偿制度社会功能的概括,其要么具有重复性,要么非为独立功能,因而未能跳出威慑(吓阻)、惩罚和补偿的框架,而其之所以不可能跳出威慑(吓阻)、惩罚和补偿的框架是因为法律制度的功能是"基于法的属性、内部诸要素及其结构所决定的某些潜在的能力"②,"法的功能的定义本身就决定了其具有内在性、应然性、有益性的特点"③,因此由于威慑(吓阻)、惩罚和补偿功能的概括正是基于惩罚性赔偿制

---

① 自近代起,社会的经济、政治和思想发生翻天覆地的变化,经济上不再是传统落后的自然经济,而是高度发达的商品经济;政治上强大的资产阶级已经不能再容忍封建的专制统治而要求资产阶级的民主政治、建立资产阶级国家;思想上人们迫切要求个人独立、自由从而脱离家族和宗教的束缚,法律制度的本位从"义务本位"转向"权利本位",由此侵权行为法中惩罚最终为填补原则所代替。
② 卢云.法学基础理论[M].北京:中国政法大学出版社,1994(43).
③ 卓泽渊.法理学[M].北京:法律出版社,1998(56).

度的内在结构属性得出的一个应然的论断,所以除此之外的所谓惩罚性赔偿制度的功能都只能是一个实然的观察,而这些实然的观察只是反映出惩罚性赔偿制度对人们行为和社会生活的影响和实效,简单地说就是这些所谓的惩罚性赔偿制度的功能都只是惩罚性赔偿制度威慑(吓阻)、惩罚和补偿功能的外化和现实化,其并非是惩罚性赔偿制度的独立功能。

3. 惩罚性赔偿制度社会功能的层次区分——威慑为主,惩罚、补偿为次

惩罚性赔偿制度旨在实现对受害人权利的充分保障,其功能在于威慑(吓阻)、惩罚和补偿。由于不同的功能在设计法律制度的具体内容上有着不同的诉求,因此在确定了惩罚性赔偿制度的社会功能后还应对惩罚性赔偿制度的功能进行层次区分,以其最为重要的功能作为设计惩罚性赔偿具体制度的标准。对于何为惩罚性赔偿制度的主要功能学者间存有三种观点:第一种观点认为惩罚和补偿是惩罚性赔偿制度的主要功能,如Owen,他认为吓阻可归于惩罚的功能下,而诱导私人执法可归于吓阻和补偿的功能下,因此惩罚与补偿是惩罚性赔偿制度的主要功能①。第二种观点认为惩罚是惩罚性赔偿制度的主要功能,如陈聪富,他认为"惩罚性赔偿金的主要功能,应在于吓阻与惩罚加害人,尤其报复主义的思想,毋宁是惩罚性赔偿金制度的最主要目的"②。第三种观点认为吓阻是惩罚性赔偿制度的主要功能,如何建志,他认为"吓阻才是实施惩罚性赔偿金的主要目的"③;又如Dobbs,他也认为吓阻才是惩罚性赔偿制度的主要功能④。而何建志与Dobbs的区别在于前者所谓的吓阻不排除一般吓阻,后者的吓阻仅仅是指特殊吓阻。

由此可见学者们对何为惩罚性赔偿制度主要功能的认识大相径庭,那么谁的结论是恰当的呢?这就要从对法律制度功能进行层次区分的依据说起。由于法律制度的目的决定着法律制度应有的功能,又由于法律制度的功能与法律制度的目的存在关系的远近,所以法律制度功能层次区分的标准就是法律制度的功能与法律制度的目的之间的关系。据此我们可以对惩罚性赔偿制度的功能进行层次区分。我们知道惩罚性赔偿制度的目的在于为受害人权利提供充分保障,惩罚性赔偿制度的运作机制表明,为达成充分保障受害人权利的目的惩罚性赔偿制度主要是通过增强侵权责任对加害人行为的威慑力来实现,而为了增强侵权责任对加害人行为的威慑力,惩罚性赔偿制度又采用了对加害人进行惩罚的手段。由此可知,由于威慑(吓阻)功能是惩罚性赔偿制度目的的具体化,是目的的直接体现,与目的直接相关,因而应是惩罚性赔偿制度的主要功能。惩罚功能虽然也是惩罚性赔偿制度应当具备的功能,但由于与威慑(吓阻)功能相比其与惩罚性赔偿制度的目的相对较远,因此只能是惩罚性赔偿制度的次要功能。至于补偿功能则因

---

① David G. Owen. Punitive Damages in Products Liability Litigation[J]. Michigan Law Review,1976(74).
② 陈聪富.美国法上之惩罚性赔偿金制度[J].台大法学论丛,31(5).
③ 何建志.惩罚性赔偿金之法理与应用——论最适赔偿金额之判定[J].台大法学论丛,31(3).
④ See Dobbs. Ending Punishment in "Punitive Damages": Deterrence-Measured Remedies[J]. Alabama Law Review,1989(40).

既非惩罚性赔偿制度目的的直接体现,不能与威慑(吓阻)功能相提并论;又因为其与惩罚性赔偿制度的目的最为疏远,也不能与惩罚功能比肩,所以只能是惩罚性赔偿制度的再次要功能。

综上所述,惩罚性赔偿制度功能的层次区分取决于功能与目的关系的远近,因此,虽然惩罚性赔偿与填补性赔偿都旨在保障受害人权利,但由于惩罚性赔偿是为克服填补原则局限的制度安排,具有与填补性赔偿不一样的运行机制,因此与填补性赔偿的主要功能为补偿不同,惩罚性赔偿的主要功能是威慑(吓阻),次要功能是惩罚和补偿。

三、惩罚性赔偿金的判罚

作为惩罚性赔偿制度具体内容之一的惩罚性赔偿金的判罚事关惩罚性赔偿制度的成败,而从上文对惩罚性赔偿制度历史沿革的梳理和对该制度在两大法系国家的比较法考察可以知道,惩罚性赔偿制度的正当性和惩罚性赔偿金的判罚都决定于该制度的社会功能,又根据上文论述,惩罚性赔偿制度的社会功能在于惩罚、补偿和威慑,其中威慑是惩罚性赔偿制度的主要社会功能,因此,惩罚性赔偿金的判罚机制只能以惩罚性赔偿制度的主要社会功能即威慑功能的实现为依据构建。

(一)惩罚性赔偿金的判罚标准及参考因素

1.惩罚性赔偿金的判罚标准——威慑功能的实现

惩罚性赔偿金的判罚作为惩罚性赔偿制度的具体内容,决定于惩罚性赔偿制度的社会功能,而根据上文分析,惩罚性赔偿制度的社会功能包括惩罚、补偿与威慑(吓阻),其中威慑是为惩罚性赔偿制度的主要功能,而由于惩罚、补偿与威慑三项功能的实现在对惩罚性赔偿金的判罚上有着不同的要求,惩罚功能是通过对加害人施加痛苦得以实现、补偿功能是通过对受害人损害进行补偿得以实现、威慑功能是通过对加害人及他人进行吓阻得以实现,因此要达成惩罚性赔偿制度的目的就应该以其主要的社会功能即威慑功能的实现作为判罚惩罚性赔偿金的标准。

2.惩罚性赔偿金判罚的参考因素

惩罚性赔偿金的判罚应以威慑功能的实现为标准,而由于威慑功能的实现这一标准过于抽象,不利于司法实践的操作和统一;又由于个案的具体情况不尽相同,因此有必要为惩罚性赔偿金的判罚确立可资参考的因素,本文拟以惩罚性赔偿制度最为成熟的美国的做法为参照,并以上文概括的惩罚性赔偿制度的主要社会功能——威慑功能为依据,对美国采用的判罚惩罚性金的参考因素进行逐一甄别,从而为我国司法实践中惩罚性赔偿金的判罚提供合理的参考因素。

在美国,对惩罚性赔偿金的判罚并没有一个统一的标准,而为了缓和因惩罚性赔偿金判罚的不统一导致的对惩罚性赔偿制度的批评和诟病,有若干州通过侵权行为改革法令和司法实务的判决为陪审团裁决惩罚性赔偿金提供可以参考的估算因素,同时还有两个由相关团体提供的全国性的建议方案:一是1992年的《惩罚性赔偿金模范州法》(Model State Punitive Damages Act,MSPDA);二是1996年的《模范惩罚性赔偿金法》(Model Punitive Damages Act,MPDA),以及各州制定的《模范惩罚性赔偿金指示》(Model Punitive Damages Instructions)。纵观各州侵权行为改革法令、司法实务判决以及相关建议方案,虽然其所采用的标准不尽相同,但基本可以概括为几项重要因素①:被告行为的可非难程度及其获利、被告的财务状况、填补性与惩罚性赔偿金应具有合理比例、惩罚性赔偿金与被告所受的其他处罚相比应具有合理性。对于这些判罚惩罚性赔偿金的考量因素的妥当性,本文以威慑功能的实现为标准分析如下:

(1)被告行为的可非难程度及其获利

被告行为的可非难程度可取决于以下因素:被告不法行为的动机、目的、性质、种类、原告所受之影响与处境、原告与被告间之关系以及冒犯社会公意与大众情感之程度、被告不法行为在当时引起严重损害的可能性、被告对其不法行为引起严重损害可能性及其后果的知悉程度、被告不法行为的持续时间、被告以往是否有相类似的不法行为存在且频率多寡。被告行为的可非难程度与被告行为的应威慑性直接相关,也即被告行为的可非难程度越高就越需要对其进行威慑,而且在通常情况下,被告行为的可非难程度也决定着应当对其判罚多少数额的惩罚性赔偿金才能实现对该行为的威慑。一般来说,被告行为的可非难程度越高就越需要判罚更多的惩罚性赔偿金才能实现对该行为的威慑。至于被告的获利,就惩罚性赔偿制度的威慑功能而言,若由被告保有不法行为的获利,将无法达成损害赔偿威慑不法行为的功能,因而应当除去被告因不法行为获得的利益,并应使被告承担额外金钱的支付以使被告处于得不偿失的境地,从而实现对不法行为的威慑。因此,被告行为的可非难程度及其获利应当作为判罚惩罚性赔偿金的参考因素。

(2)被告的财务状况

对于被告的财务状况是否得为惩罚性赔偿金判罚的考量因素存在两种观点。反对将被告的财务状况作为判罚惩罚性赔偿金考量因素的观点,其理由在于:首先,被告无论财力高低,其不法行为给社会造成的伤害并没有不同,因此以被告财力作为判罚惩罚性赔偿金数额的考量因素,与其报复目的不符。其次,被告财力与惩罚性赔偿金的威慑目的无涉。只要被告需要付出比不法行为所获利益更高的赔偿,被告就会终止行为,从而达成威慑的目的。赞成将被告的财务状况作为判罚惩罚性赔偿金考量因素的观点,其理

---

① 在我国,对惩罚性赔偿数额确定的理论主张与美国大致相当。如有学者认为确定惩罚性赔偿的数额应考虑以下因素:加害人的过错程度,也即不法行为的可谴责性、被告的财产状况等,并且应对惩罚性赔偿的数额进行限制,为实际损失的2到3倍比较合适。张新宝.惩罚性赔偿的立法选择[J].清华法学,2009(4).又如有学者认为惩罚性赔偿金数额的确定应使其与补偿性赔偿的数额保持一定的比例关系,并且惩罚性赔偿的数额不宜过高。王利明.惩罚性赔偿研究[J].中国社会科学,2000(4).对于惩罚性赔偿数额的限制,在我国两个民法典专家建议稿中也有体现。王利明主持的《中国民法典学者建议稿》第1955条规定了双倍赔偿,梁慧星主持的《中国民法典草案建议稿》第1634条规定了不超过三倍的惩罚性赔偿金。

由与前一观点刚好相反,其认为:首先,在计算惩罚性赔偿金数额时,只有将被告的财务状况作为估算的因素时,才能达到惩罚的实质效力,并才符合报应正义观。其次,倘若被告财务状况不能作为惩罚性赔偿金数额裁决的估算因素,将使得富人被告承担无关痛痒的金钱处罚,从而挫败威慑的效率。对此,本文认为,将被告的财务状况作为确定惩罚性赔偿金的考量因素不论是否符合报复的目的都不能构成判断其得否作为判罚惩罚性赔偿金考量因素的理由,其原因在于应否作为判罚惩罚性赔偿金的考量因素取决于该因素是否与实现惩罚性赔偿制度的威慑功能密切相关,而与是否实现惩罚功能并没有直接联系。就被告的财务状况这一因素考察,在通常情形下如果不对富人判罚更高数额的惩罚性赔偿金将不能实现对不法行为的威慑作用。对此,可以学者提到的罗马法上的一个事例予以说明。据说一个罗马人想出一种新的自娱自乐的方法,他让一个奴隶带着钱袋跟着自己,他去拍打一些受尊敬者的脸,并吩咐奴隶向这些人支付 25 阿斯的罚金[①]。可见,对于富人来说只有对其判罚更高数额的赔偿金才能实现对他的威慑作用。至于持反对观点中的第二个理由,笔者认为由于其并没有解决"比不法行为所获利益更高的赔偿"应如何判罚的问题,也即被告财力得否作为这部分赔偿判罚考量的因素并没有涉及,所以其认为被告财力与惩罚性赔偿金的威慑目的无涉的理由并不能成立。总之,本文认为应将被告的财务状况作为判罚惩罚性赔偿金的考量因素。

(3)填补性与惩罚性赔偿金应具有合理比例

如上文分析,填补性赔偿金与惩罚性赔偿金在功能上存在根本区别,前者的主要功能是补偿,后者的主要功能是威慑,因此在赔偿数额的确定上填补性赔偿金与惩罚性赔偿金各有各的标准。填补性赔偿金以受害人的损害以为计算,而惩罚性赔偿金取决于威慑功能的实现。由此可见填补性赔偿金与惩罚性赔偿金没有直接关系,因此如果要求填补性赔偿金与惩罚性赔偿金之间需符合一定的比例,就可能造成威慑不足或过度威慑的情况,从而与惩罚性赔偿制度的目的有违。比如,在加害人所得远远大于受害人所失的情况下,如果固守填补性赔偿金与惩罚性赔偿金之间的比例,就不能实现对加害人行为的威慑,如出现威慑不足,惩罚性赔偿制度的目的就不得实现。与此相反,在加害人行为的可谴责性程度低但受害人损失巨大的情况下,如果固守填补性赔偿金与惩罚性赔偿金之间的比例,就会对加害人构成过度威慑,如此一来也与惩罚性赔偿制度的目的不符。因此,填补性赔偿金与惩罚性赔偿金应具有合理比例不应作为判罚惩罚性赔偿金的考量因素。

(4)惩罚性赔偿金与被告所受的其他处罚相比应具有合理性

惩罚性赔偿金与被告所受的其他处罚相比应具有合理性这一参考因素的具体内容包括两个方面:一是如果法律上已经通过其他处罚如行政处罚、刑事处罚明确规定了被告行为应受处罚的程度,那么在对与此些案件相类似的案件确定惩罚性赔偿金时,就应

---

① 巴里.尼古拉斯.罗马法概论[M].黄风,译.北京:法律出版社 2010:200.

该参考现有的处罚的上限,不得判罚过度的惩罚性赔偿金。二是在被告因不法行为已受其他处罚的情况下,此时应减低惩罚性赔偿金的数额。由于其他处罚在主要功能上与惩罚性赔偿金的主要功能具有一致性即对不法行为实现威慑,因此在判罚惩罚性赔偿金时可以参照被告所受的其他处罚加以确定。同时,由于惩罚性赔偿金与被告所受的其他处罚都是以对不法行为的威慑为其主要功能,被告所受的其他处罚在一定程度上已经实现了对不法行为的威慑,因此考虑到惩罚性赔偿金与被告所受的其他处罚对被告行为的整体威慑力,所以应相应减少惩罚性赔偿金以免造成过度威慑。

综上所述,基于前文对惩罚性赔偿制度主要社会功能即威慑功能的确认,惩罚性赔偿金判罚的参考因素应当包括:被告行为的可非难程度及其获利、被告的财务状况、惩罚性赔偿金与被告所受的其他处罚相比应具有合理性。而由于生活的复杂化,如何才能实现对不法行为的威慑因案件具体情况的不同存在较大差异,因此,对上述判定惩罚性赔偿金的参考因素应当综合、灵活掌握。

(二)对现行有关惩罚性赔偿金判罚立法的检讨

在我国,明确采用"惩罚性赔偿"一词立法的《消法》第五十五条第二款和《侵权责任法》第四十七条对惩罚性赔偿金的判罚采用了两种方式,前者采用了具体的倍数规定,即"受害人可以要求其所受损失二倍以下的惩罚性赔偿";后者采用了抽象规定,即"被侵权人有权请求相应的惩罚性赔偿"。对于这两种规定试检讨如下:

1. 规定具体倍数。规定具体倍数的好处在于其具有较强的可操作性便于司法实践者判罚,但其妥当性有待商榷。首先,对惩罚性赔偿金进行倍数限制不具有正当性。惩罚性赔偿金的数额是否应当受到限制只能以是否是达成惩罚性赔偿制度目的和实现惩罚性赔偿制度社会功能的需要来判断。据此,如果对惩罚性赔偿金的数额进行限制,由于加害人完全可以在核算可能的惩罚性赔偿金数额后在其可接受的范围内继续从事不法行为,就不能起到对加害人及他人的威慑作用,因此对惩罚性赔偿金的数额进行限制的做法与惩罚性赔偿制度目的的达成和社会功能的实现有违,不具有正当性。其次,以"受害人损失"作为倍数计算的基础也不具有合理性。除"受害人损失"外,我国有关倍数赔偿的立法中还采用过"价款"①,但不论采取"受害人损失"还是"价款"都不具有合理性,因为惩罚性赔偿金的判罚如上文所述只能以威慑功能的实现为依据,"受害人损失"和"价款"都与威慑功能的实现无关,因此以"受害人损失"或"价款"作为倍数计算基础都不具有合理性。综上,由于"受害人损失"与惩罚性赔偿制度的威慑功能无涉,更由于对惩罚性赔偿金进行数额限制与惩罚性赔偿制度威慑功能的实现有违,因此,对惩罚性赔偿

---

① 《食品安全法》第一百四十八条第二款规定,"生产不符合食品安全标准的食品或者经营明知是不符合食品安全标准的食品,消费者除要求赔偿损失外,还可以向生产者或者经营者要求支付价款十倍或者损失三倍的赔偿金;增加赔偿的金额不足一千元的,为一千元。但是,食品的标签、说明书存在不影响食品安全且不会对消费者造成误导的瑕疵的除外。"

金判罚进行具体倍数规定的做法不具有正当性,所以具体倍数不应作为规定惩罚性赔偿金判罚的方式。

2.进行抽象规定。由于抽象规定未能给司法实践者一个明确的判罚惩罚性赔偿金的标准,因此缺乏可操作性,司法实践者往往适用《消法》第五十五条第二款的倍数规定来判罚,如此一来,《侵权责任法》第四十七条关于惩罚性赔偿金的判罚就形同具文。那么,能否据此认为抽象规定也不应作为规定惩罚性赔偿金判罚的方式?本文认为不然,由于惩罚性赔偿制度的主要功能在于威慑,而如何实现威慑在个案当中需要参考多种因素,不能一概而论,因此,抽象规定恰因其原则性而具有较强的适应性,以便于司法实践者自由裁量,恐怕《侵权责任法》第四十七条规定的初衷也在于此。但是,过于原则又恐会造成自由裁量权的滥用和司法的不统一,为此,司法实践者在适用惩罚性赔偿时如履薄冰,最终不得不转而适用《消法》第五十五条第二款的倍数规定,对此,本文认为,在进行抽象规定的同时,可列举以实现威慑功能而在判罚惩罚性赔偿金时需要参考的因素以给司法实践者具体指导,如此一来惩罚性赔偿金的判罚就既具有可操作性,又有利于司法的统一。

结　语

本文通过梳理惩罚性赔偿制度的历史和对惩罚性赔偿制度在两大法系的比较法考察,认为惩罚性赔偿制度的确立和具体制度的构建需要以惩罚性赔偿制度的社会功能为依据。在此基础上,本文通过分析惩罚性赔偿制度的目的对学者提出的惩罚性赔偿制度的社会功能进行厘清,指出其要么属于重复定义,要么非为独立功能,并进而提出惩罚性赔偿制度的社会功能为惩罚、补偿和威慑,同时指出威慑功能是为惩罚性赔偿制度的主要功能。在明确惩罚性赔偿制度的社会功能及进行功能的层次区分后,本文提出应以威慑功能的实现来构建惩罚性赔偿金的判罚机制,即以威慑功能的实现为标准,同时以与威慑功能实现相关的因素为参考。最后,文章指出基于威慑功能实现的考虑,惩罚性赔偿金的判罚不应设有限制,也即应摒弃现行的倍数赔偿。

The Social Functions of Punitive Damages
—The Criterion of the Amount of Punitive Damages

Abstract：This article insist that the legitimacy of punitive damages and the design of punitive damages are decided by the social functions of punitive damages through carding the history of punitive damages and investigating the punitive damages in civil law and common law comparatively. Then, this article clarify the social functions of punitive damages through analyzing the goal of the punitive damages, and put forward that the social funtions of punitive damages are punishment, compensation and deterrence, and the function of deterrence is the mainfunction. On the basis of it, this article set up a system of deciding the amount of punitive damages according to the realization of deterrence, and point that the stipulation of multiple compensation should be abandoned.

Key Words: punishment compensation deterrence

制度分析

- ◎ 古代民间借贷关系及其法律调整
- ◎ "城中村"改造与合作治理
- ◎ 刑事和解中民间规范的困与思
- ◎ "你的姓名谁做主"
- ◎ 自治县的自治权在城市化进程中的困境与出路
- ◎ 法律原则的民间法论辩
- ◎ 环境侵权赔礼道歉责任探究
- ◎ 从女性地位的变迁看"彩礼"性质与规则的流变

古代民间借贷关系及其法律调整[*]
——以广西史料为基础分析样本

卢明威[**]　汤伶俐[***]

摘要：借贷是不同主体之间互通有无的经济现象，经历了无偿给予、有偿最后出现高利贷的过程。古代社会普遍使用借贷契约来约束双方权利义务，地处偏远的广西地区亦然，其契约载体有木契纸契，也普遍请中作保，其客体不仅有金钱借贷，而且有谷贷、肉贷、牛贷，大多约定流质绝押。历代中央政权都曾对借贷颁布律令进行规范，然而由于历史地理政治原因，国家法令力有不逮，中央政府关于借贷的律令难以贯彻实施，因此高利贷盛行。借贷作为一种经济现象，有其经济规律所在，无法运用法令人为禁绝，发展生产力，改变供求关系，运用制度加以规范才是解决之道。

关键词：古代；广西；借贷；法律调整

借贷是人类社会经济关系的一种互通有无的常见形态，随着生产力的发展，在我国早期历史阶段就已经出现，并载于史籍。贷，原意为给予他人，其含义经历了从无偿到有偿的变化。正如刘秋根所指出的，古代借贷经历了从有无相济到有借有还，再到有息借贷，最后出现高利贷的过程。[①]《说文解字注》载：贷，施也。谓我施人曰贷也。[②] 如西汉韩婴在《韩诗外传》中说，"古者八家而井田……八家相保，出入更守……疾病相忧，患难相救，有无相贷，是以其民和亲而相好"。[③] 韩婴所指的春秋之前的井田时期"贷"应为无偿相助之贷。到了春秋时期，贷逐渐变为有偿出借。如《管子·问篇》曰："问邑之贫人，债而食者几何家？""问人之贷粟米，有别券者几何家？"意为治内依靠借贷过日子的有穷人几家，借出粟米而掌握借券的有几家。到了战国时期，《史记·货殖列传》曰："吴楚七国兵起时，长安中列侯封君行从军旅，赍贷子钱。子钱家以为侯邑国在关东，关东成败未决，莫肯与。"所谓"赍貣子钱"，颜师古注曰："行者须赍粮而出，於子钱家貣之也。貣谓求假之也。"因此，魏悦认为，原先人们并没有私观念，贷是一种无

---

[*] 基金项目：2016年度重庆市社科规划重大委托课题"中小企业创新发展的财税扶持政策研究"（课题编号：2016ZDWT42）经济制度史阶段性成果。

[**] 卢明威，法学博士，西南政法大学博士后流动站研究人员，广西师范学院政法学院研究员。

[***] 汤伶俐，经济学博士，长江师范学院管理学院副教授，硕士研究生导师。

① 刘秋根.试论中国古代高利贷的起源和发展[J].河北学刊,1992(2).
② 段玉裁.说文解字注[M].成都:成都古籍书店,1991:297.
③ 韩婴.韩诗外传（卷4）[C]//文渊阁四库全书本.线装书局,2014.

偿给予,互助支援,到了战国时期,贷已变成举物生利之意。先秦借贷经历了无偿施舍、无息借与和高利贷三个过程。① 陈敏研究了秦简、楚简和汉简中关于借贷的记载,指出借贷关系经历着一个逐渐演化的过程,多种性质的借贷活动经历了一段长期的并存阶段。最终,以利他为导向的无偿给予走向了消亡,而以利己为导向的高利贷开始逐渐活跃并成为主流。②

至于借贷产生的历史原因,徐祗朋认为借贷活动是生产力水平提高,私有制和贫富分化的必然产物。③ 而借贷确是古代农业社会有利于生产生活的经济现象。《管子·国蓄》载:"春赋以敛缯帛,夏贷以收秋实。是故民无废事,而国无失利也。"意为春季养蚕放贷以收丝帛,夏季放贷以收秋粮,借贷是一种利国利民的行为。再如宋代叶适在《故昭庆军承宣使崇国赵公行状》中说:"民业耕者,田主借贷之。"对农民的借贷做了描写,意为农民从事耕种,田地的主人给予其借贷。《金史·熙宗纪》载:"(皇统四年)十月壬辰,立借贷饥民酬赏格。"借贷这些典籍中记载的借贷行为都与生产生活密切相关。对于借贷对社会政治经济的影响,法史学界也做了大量研究,如张晋藩先生主编的《中国法制通史》第七卷和第八卷及其《清代民法综论》对明清借贷立法及其社会影响中有所论及④,刘秋根则重点研究了明清高利贷资本及其经济影响。⑤

法史学这些研究主要针对的是中原地区的借贷法律关系及其影响,较少专门就边疆少数民族地区的借贷关系产生及其具体内容进行研究。本文以广西史料为研究样本,结合国家法关于借贷关系的调整对壮族地区民间借贷进行样态分析,以期探究其基本特征以及国家法律对借贷关系调整的效果。

一、普遍使用契约,载体有木有纸

自从清末修律,中国接受了西方法学的基本术语及框架,尤其在中国现代法学教育中,由于广泛采用西方法学理论相关概念,导致许多人产生一种错觉,那就是契约精神来源于西方法学,往往忽视契约在中国历史传统中的重要作用。然而,正如霍存福教授所说的,中国一直有广泛而频繁的契约实践,传世的大量实契可为证明;中国也一直有契约知识的传承,起源于唐朝后期的契约样文,其后绵延不绝,是订立契约的参照或遵循;中国古法典尽管留存不完整,但仍能看到其中有关契约制度的大量规定。⑥ 按

---

① 魏悦.先秦借贷活动探析[J].中国社会经济史研究,2004(2).
② 陈敏.从简牍记录探析中国古代借贷关系与性质[J].财会月刊,2015(12).
③ 徐祗朋.周代借贷性质的演变[J].松辽学刊,2000(2).
④ 张晋藩.中国法制通史[M].北京:法律出版社,1999.张晋藩.清代民法综论[M].北京:中国政法大学出版社,1998.
⑤ 刘秋根.明清高利贷资本[M].北京:社会科学文献出版社,2000.
⑥ 霍存福.中国古代契约精神的内涵及其现代价值—敬畏契约、尊重契约与对契约的制度性安排至理解[J].吉林大学社会科学学报,2008(5).

杨国桢先生的说法,"中外学术机关搜集入藏的明清契约文书的总和,保守的估计,也当在1000万件以上"。① 这些契约不仅广泛见诸各类明清史料,而且广泛存在于边疆少数民族地区。如在广西,中华人民共和国成立初期进行的广西壮族社会历史调查就收集了大量的古代社会契约。虽然古代中国社会不同阶级存在政治等级的区别,但在普通借贷关系而言,不仅普通民众之间存在借贷关系,甚至在官与民之间也存在借贷关系,这一类的借贷契约是约束古代中国社会主体权利义务的一种重要方式,有约有必更是一种社会道德的要求,为此,将古代中国视为一个契约社会并不为过。换言之,民间契约的大量存在又弥补了国家法的不足,共同维系了社会秩序的稳定,正如俞江所言,中国古代之所以不需要那么多国家法去干涉民间秩序的奥妙就在于存在如此大量和成熟的契约活动。②

这一基本判断也为部分日本学者所认可,如京都大学寺田浩明认为清代社会并不是一个单纯的未开化社会,在日常社会生活上远远超过面对面的范围,而是一个大规模的社会。而且在那里有相当程度分化了的民事契约诸多类型同时并存,并在起作用。③

在广西,古代壮族地区的借贷关系在史籍中早有记载。如《大明一统志·恩明府郡志》中载:"蓬头跣足,畏官法,无医乐,如有假贷则刻竹比指信若契书。"就是说,在明朝时,壮族先民就通过在竹片上刻画标示来记录双方的借贷关系,而"刻竹比指"的效果相当于订立了契约文书。

在清代改土归流前的广西河池地区南丹土州,壮族先民借贷的手续各有不同,形式也不相同,数目较大的须立契约。契约又分两种木契和纸契两种,较早出现的一种是"木契",以长约4寸的小木或竹子一段,上刻坎痕以记数目,剖而为二,各执一片为据;另一种则是用约书写的借约。但木刻与约契有同等效力。④

在中华人民共和国成立初期进行广西壮族社会历史调查并出版的《广西少数民族地区碑文契约资料集》及《广西壮族社会历史调查》收集了大量的借贷契约,以下略列举几例。此两份清代存于广西南部地区安平土司管辖的崇左大新县雷平镇安平村托村屯⑤:

吴英全借钱约书

立约借钱人吴英全,系五处托村住。今因急需无钱应用,夫妻商议,不已,凭中间到同村农叔甫田处,实借取出本铜青钱三十四千文正,即日亲手领钱回家使用。

---

① 杨国桢.明清土地契约文书研究[M].北京:人民出版社,1988:3.
② 俞江.是"身份到契约"还是"身份契约"[J].读书,2002(5).
③ (日)寺田浩明.关于清代土地法秩序"惯例"的结构[M]//刘俊文.日本青年学者论中国史(宋元明清卷).上海:上海古籍出版社,1995:673.
④ 广西壮族社会历史调查(二)[M].北京:民族出版社,2009:13.
⑤ 广西少数民族地区碑文契约资料集[M].北京:民族出版社,2009:71-72.

当面言定:其钱行利三分,限至本年十月内就将本利还清,不敢少欠。如有越限少欠者,钱主从到家追同原本,借主亦不敢生端反悔异言。如有之,钱主将上城田那彭一召大小共七片发卖赔清是实。恐口无凭,人心难信,实钱实约,立约存证。

保人　妻赵氏
立约借钱　吴英全
证人　族内赵武
请人代笔
咸丰十一年(1861)三月十五日

赵云借钱约书

立约借钱人赵云,系五处托村住。今因急中无钱应秀,母子商议,不已,问到同村堂伯农甫田处,实取出本铜钱十千文正,即日新手领钱回家应用。当面旨定:其钱每千每月行利三分正。限至本年十月内本利还清,不敢过其少欠。如有越限悬欠者,钱主作从到家追问,拖缚物件牛只赔还,借主不也狂言诐语,异论生端,反悔是实。恐后靡凭,世俗多讹,人心不古,立约一纸交与钱主手执存证为据。

中保胞弟:赵武
立约借钱人:赵云
咸丰十一年(1861)七月二十日

此两份借贷契约的贷方都是农甫田,在《广西少数民族碑文契约资料集》中,还收集有同村农勤慈向农甫田借钱的《立约书》,可见在该村,农甫田很可能是专门从事借贷获利的"钱主"。上述两份契约借方分别是同村的吴英钱和赵云,两人借钱的理由都是家中急用无钱,分别借了三十四千文和十千文,两份契约都分别提供了担保,吴英钱的担保是田地,即上城田那彭一召大小共七片,赵云则家中物件和耕牛作保。稍有区别的是,吴英钱以田地作保,但未约定无法还钱即归钱主所有,需要发卖赔清,而赵云的担保则可直接到借主家中牵牛取物作为赔偿,而无需变卖作赔,两份借贷契约的利率也是相同,都是月息三分,折算之后年息达36%。需要注意的是,两份契约中的保人,第二份契约保人的赵云的胞弟,而第一份契约吴英钱的保人则为其妻赵氏。以现在的民主主体法律制度看来,由于同胞兄弟是两个不同的民事主体,胞弟以其财产作保,可以保证钱主的利益,而吴英钱则以其妻赵氏作为担保人,以今天夫妻共同财产的规定来看,钱主农甫田的利益难以得到保证,但农甫田作为经常放贷谋利的人,自有其出于自身利益判断,为何出现允许借主以其妻为保人,值得深究。此外还需要注意的是,农甫田与赵云所签的契约中,赵武使用的是"中保"而与吴英钱的契约使用的则是"保人",其中可能存在细微差异,即赵云借钱,不仅由其弟作担保人,而且赵武还作为中间人起了牵线搭桥的作用,是为中人,亦为保人。

在广西中部地区武鸣县邓广乡,立契约的格式大概如下:①

---

① 广西壮族社会历史调查(六)[M].北京:民族出版社,2009:12.

立写契约人□□□,因无钱,借□□□若干元,每年要利息若干元,限若干年还,另要每年帮□□□做若干工,到某年全部还清,若不得还清,帮他做长年长工,同时房屋(或土地)全部归他所有,一笔下纸,三家言定,山石不移,后无反悔。

立契约人　□□□
邻近 (左)□□□
(右)□□□
□年□月□日

以下是广西西部百色地区的隆林委乐乡韦卜全所立的借钱契约①:

　　立借约钱,北楼六我村韦卜全,因中无钱使用,只得请中上门求借到三来村黄先生号永昌阁下,借出本净钱千四百文足,即日三面言定,其钱每千六斤重,行利加肆,照算,本年十一月内凑足交清,不敢少欠。若有少欠,中保一力承担,今恐空口无凭,立引存照,一纸为据。

中保　韦八万
依口代笔　范超文
光绪二十一年五月二十五日立

　　在广西,古代壮族先民大多分布在西北部和南部,笔者选取这几个方向的地方收集到的借钱契约,翼以说明,在古代壮族先民居住的广大地区,不管是木契还是纸契,人们早已普遍使用契约作为规范借贷双方权利义务的工具。根据对这些借贷契约的内容分析,壮族村民之间的借款行为基本上都是应急使用,有的是生活困难急需粮钱,有的是亲属死亡,无钱无粮办丧事,凡此种种。其契约的构成内容基本相同,借贷契约基本上都包括借款人、出借人、借款原因、借款本金、利息、还款时间、抵押财产、违约后果、中保人等,最后是借款人、证人签字。

二、无中不契约,普遍设保人

　　人类社会交往能力与范围与生产力发展水平密切相关,在古代,人们囿于交通工具和道路的限制,生产生活往往都限制在特定范围之内,长此以往,逐渐形成费孝通先生所说的熟人社会。在熟人社会中,借贷契约的订立,是一种许诺与信赖。冯海洋对清代借贷契约的分析,指出这些借贷契约大多数是借贷双方当事人在中保人的"凭中说合"下达成的合意。②

　　关于契约关系中的"中人",一些学者进行了深入研究,如李祝环系统论述了中人在其中出现的历史原因和价值。③ 吴欣以徽州契约文书为研究对象,指出明清时期当地出

---

① 广西壮族社会历史调查(一)[M].北京:民族出版社,2009:36.
② 冯海洋.伦理道德在清代借贷约中的约束力[J].法律史评论,2015(8).
③ 李祝环.中国传统民事契约中的中人现象[J].法学研究,1997(6).

现了"无中不契约"的情形,认为中人是秩序的维护机制,其在契约中就是一种信用。① 中人在许多契约中有各种不同的称谓,有的称为凭、中见、居间、中证人,在壮族地区,借贷契约中多以"中人""中保人"的名义出现。梁治平则从"面子"的角度考察了社会精英充当保人时在民间社会秩序维护过程中所扮演的角色和作用。②

在古代壮族地区,由于地处偏远,交通闭塞,社会经济较为落后,其经济活动的范围应该小于经济活动较为活跃的中原地区,借贷关系的熟人社会特性更为明显,借贷关系中涉及的借方、钱主、中人、保人等,许多都是宗族、外戚或同村之间,借钱的对象也往往出现由亲至疏的现象。如在同治四年(1865),广西崇左大新县宝圩乡,下渌村村民季超荣因无钱救急,"先通族内无人承应",无奈只能向邻村堪圩村埠新屯的黎卡代了一千文钱,按月息一百文计。③ 在广西武鸣县邓广乡,借债者须找中人作保,而中人须由有钱人来充任。中人向债主负责,借者如期不能归还,中人根据契约规定,把借者抵押物割给债主。中人既然负有催债的责任,因而对于中人的报酬,债主与借方都要给予。④ 在广西那坡县,借钱或借谷需要抵押,抵押品一般是牛、猪或鸡,写字据,找中人。⑤ 而清代的南丹土州,无论是以木契还是纸契,借贷关系都要凭中作保,还以田地、房屋、耕牛抵押。如到期不还,则由中保负责清偿。如不能清还,不管抵押品是田地还是牛马,均可折算抵债。对于还债不取回借约的,俗语云:"还债不结约,留到马生角。"⑥

当然,中人也不是都不获取利益,在武鸣县清江乡,村民借贷时要写契约或请有钱人担保。借者要用家产(如田地、房屋等)抵押,并要中人作证。中人费由借主负担,一般是2毫白银(约合9斤大米),并招待一餐酒饭。⑦

既是一个范围较小的熟人社会,在契约中还要求中保人签字确认必有其深刻的社会原因。中保人是借贷双方之外的第三方,除了为借贷双方提供信息沟通外,更重要的功能是,伴随着借贷活动的增多,借贷双方,尤其是贷方,存在强烈的风险意识,虽然多数契约约定了担保物,仍然担心单凭借方无法偿还本息,而中保人的出现恰好满足了借方需要增加自身信用度,而贷方需要提供更好偿还能力承诺的需要,换言之,中保人对双方来说是一种信用,也是借贷秩序的保障,在"国权不下县,县下惟宗族,宗族皆自治,自治靠伦理,伦理造乡绅"⑧的大背景下,中保人可以弥补国家法律刚性秩序的不足。由于中保人往往不是来自亲族就是熟人社会中较有影响贤人或是意见领袖,往往能够通过道德情感和价值认同来施加压力,从而促进借贷契约的履行,约束违约行为的产生。可以说,中

---

① 吴欣.明清时期的"中人"及其法律作用与意义——以明清徽州地方契约为例[J].南京大学法律评论,2004(春季号).
② 梁治平.清代习惯法:社会与国家[M].北京:中国政法大学出版社,1996:161.
③ 广西少数民族地区碑文契约资料集[M].北京:民族出版社,2009:77.
④ 广西壮族社会历史调查(六)[M].北京:民族出版社,2009:12.
⑤ 广西壮族社会历史调查(三)[M].北京:民族出版社,2009:139.
⑥ 广西壮族社会历史调查(二)[M].北京:民族出版社,2009:13.
⑦ 广西壮族社会历史调查(六)[M].北京:民族出版社,2009:51.
⑧ 秦晖.传统十论——本土社会的制度、文化及其变革[M].上海:复旦大学出版社,2005:3.

保人的产生在经济学上减少了双方的交易成本,在社会学上满足了相对封闭的环境下人际交往的需要,顺应了社会经济发展的需要。

三、客体类型多,普遍高利贷

自从私有制出现后,借贷已由最初的无偿给予变为有偿获利,从经济学角度看,通过低出高入获得利润是资本运行的原始动力,如果没有外来的约束,高利贷必然会产生,但利率的高低仍受市场供给关系的影响。从史料记载看,广西壮族地区的借贷契约普遍都约定了较高的利息。

在广西大新县,清代安平土官管辖之下,借贷关系的客体不仅涉及金钱,而且根据需要有谷子、耕牛三种。当地村民如果出现生活困难,只能寻求高利贷的帮助。放贷者从借方家中的田地、劳力或其他财产判断是否具有偿还能力。一般钱和粮的年利率为50%至100%,且计算复利。如在安平土官管辖下的科桥庄,放高利贷者都是土官和富户,放谷子从三月至同年九月,利率达100%,借钱则年利率50%,一般5年为期,到期不还者,则以田地割卖给债主。因为土官不要零星的一两块田地,则要借债者的女儿为奴。[1] 又如七腊庄,有一年因大旱,七腊庄全屯的人都得向土官借钱度日,利率高达100%。[2] 上思县那坡屯的钱主江泰然每年放贷的铜钱达100万枚,每千钱50斤谷利息。[3]

借贷之物在不同地方还有所区别。在武鸣县清江乡,除货币借贷以外,还有实物借贷,借贷物主要是烟、谷子,其次是猪、花生等,所收利息如下:(1)每借100斤烟草,一年后连本带息还150斤,有的地方甚至要还180斤烟草;(2)借钱年利息一般为20%至30%,最高达70%;(3)借米的利息一般是30%,有的达60%至70%。(4)借生猪100斤,利息为20斤,但不计年限。[4]

光绪末年,安平土官的在下索村的管田赵生六放高利贷,每年放谷子500至600斤(一石左右),每60斤谷子要30斤利息,每年二三月借出,同年的10月归还。索村庄田的农奴黄春映、农家进、农其瑞等5户农奴还向邻村虎渡屯的富户去借贷。他们每借1000枚铜仙,要一斗(60斤)谷子作利息,3月借,年底还。如果当年未能还本钱,第二年年底照样收利息。[5]

清代上思县那荡乡壮族的借贷有银贷、谷贷及肉贷三种。

银贷。如果借贷关系获得团总或保长担保的,可不立契质押;如果没有则用自己的耕牛或田地作为抵押。一般借期年限根据需要确定,到期不还,立契者会被迫割质,未立

---

[1] 广西壮族社会历史调查(四)[M].北京:民族出版社,2009:227.
[2] 广西壮族社会历史调查(四)[M].北京:民族出版社,2009:210.
[3] 广西壮族社会历史调查(三)[M].北京:民族出版社,2009:84.
[4] 广西壮族社会历史调查(六)[M].北京:民族出版社,2009:51.
[5] 广西壮族社会历史调查(四)[M].北京:民族出版社,2009:250.

契者则以田地、牛马抵偿。一般借钱 1000 文折实物利息稻谷 36 斤，约等三分利。

谷贷。上思县到 1931 年正式出现谷物借贷。因为战乱导致货币兴废不定，贫民宁借谷物不借货币。农民借谷千斤，契约上得写连本带利年限内还清 2000 斤，否则田地、耕牛将被割质。

肉贷。在战争年代，谷物生产受到极大破坏，缺粮严重，农民只能借猪肉换粮食，借百斤猪肉须偿还本利 200 斤，否则割质。①

在广西武鸣县双桥镇，高利贷利息一般达到 50%～60%。② 在武鸣县邓广乡，地主放债的期限多半以半年为期，利息分为 20%、80%、100%，甚至达到 200%，其中以 100% 最为普遍。

在广西那坡县，农民因生活困难向地主借贷时，一般借 1 元，还 1.5 元；借 2 元，还 3 元。借谷子时，一般借 50 斤，还 100 斤；借 100 斤，还 200 斤。借谷子的利息比借钱利息高。③

在南丹土州，放高利贷者多是官族、哨目、团总和地富阶级，放贷的种类有稻谷、黄豆、棉花、银元、制钱以及耕牛等；月利利率最低也在 10% 以上，半年利一般是 50%。年利率有 100% 的，也有高达 200% 的。④ 在西林县维新乡，借谷子，一般是借谷 100 斤，利息 50 斤，多在四、五月份青黄不接时，秋收后还清，半年之间利率达 50%。如果该年还不清，明年就利上加利。⑤ 在天峨县白定乡，高利贷种类有借谷子、借银元两种，一般年利是 50%。高利贷数目最大的要算是那力屯富农岑见。从高利贷者的阶级成分来看，中农占着大多数，而地主所占的比例却很小。⑥ 在隆林委乐乡，借贷时，有的放青苗为利息，即 5 元法币到年底要收利息谷子百斤，折光洋 2.5 元，利率达 50%。还有借钱还钱的，有年利 50% 的利息，限期赔还。⑦

从以上材料可知，广西壮族地区的借贷关系，其客体类型丰富多样，通常以金钱为主，还包含粮食、耕牛、肉类等；而利率普遍较高，多数情况下年利率最高达 200%，多数情况下为 30% 到 50%，由于缺乏约束，贷方的获利冲动无法遏制，借方则承受着巨大的偿还压力，到期不还，契约中约定的抵押物很有可能就归贷方所有，从这一点看，借贷关系的利弊被放大。贷方确实为借方解决了一时的困难，但贷方追求利润，获得利益的冲动被无限放大，他们从借方身上摄取了巨额利润，导致借贷获得的暂时利益被最大幅度内剥夺，套用今天"融资难，融资贵"的说法，古代社会中借贷中的高利贷导致社会生产生活成本不断扩大，影响了社会生产力的正常发展。

---

① 广西壮族社会历史调查(三)[M].北京:民族出版社,2009:87.
② 广西壮族社会历史调查(三)[M].北京:民族出版社,2009:122.
③ 广西壮族社会历史调查(三)[M].北京:民族出版社,2009:139.
④ 广西壮族社会历史调查(二)[M].北京:民族出版社,2009:13.
⑤ 广西壮族社会历史调查(二)[M].北京:民族出版社,2009:156-157.
⑥ 广西壮族社会历史调查(一)[M].北京:民族出版社,2009:8.
⑦ 广西壮族社会历史调查(一)[M].北京:民族出版社,2009:36.

四、约定流质绝押,借方难以回赎

在我国现行《物权法》和《担保法》中,都有禁止流质或绝押条款的规定。所谓流质或绝押,就是在质押或抵押合同中,双方约定债务人履行期限届满而未能履行清偿义务时,质押物或抵押物的所有权即归质押权人或抵押权人所有。禁止流质或绝押条款的原因是,合同中约定的质押物或抵押物的价值往往会大于借贷契约的价值,而流质绝押条款的存在就导致在充分市场竞争中获得相应变现价值的定价机会。由于历史的原因,我国古代法律没有禁止流质绝押的规定,流质绝押条款在多数借贷契约中广泛存在。

如在广西大新县,安平土官管辖之下,七腊庄全屯的人因向土官借钱,因为到期还不了债,利上加利,经过两三年后,只好把田割卖给土官抵债。如果没有田地,土官则要借方的子女为奴抵债。[①]

在武鸣县双桥镇,农民借贷主要以田地、牛、猪等为抵押物,到期不还,押物就归债主所有。[②] 在武鸣县清江乡,借者若不能如期偿还本息,则债主即可收其田来耕种;若以后一两年内借者再不能还,此田即可归债主所有。[③] 在广西那坡县,借贷在年底到期无力偿还时,地主要拉牛、猪抵押。[④] 无论是田地割卖抵债,还是猪、牛各种财产,借方无法到期偿还,抵押物即归贷方所有,这就是典型的绝押,而由于地处偏远,在进入封建社会后,许多壮族地区还存在将儿女作为借贷抵押物的现象。

如在唐朝,韩愈在为柳宗元写墓志铭时曾就岭南柳州以子女作为质押物进行了描述:"其俗以男女质钱,约不时赎,子本相侔,则没为奴婢。子厚与设方计,悉令赎归。其尤贫力不能者,令书其佣,足相当,则使归其质。观察使下其法于他州,比一岁,免而归者且千人。"[⑤]韩愈在为柳宗元写的墓志铭,提及当地的风俗之一是用儿女作为抵押向人借钱,如果到时间不赎回儿女,等到利息与本金相等时就会被债主没收为奴婢。而柳宗元想方设法都让父母赎回,其后将此法用于其他地方,不到一年,因未能按时偿还债务沦为奴婢被释放的达千人之多。由于契约中多数都约定了绝押的内容,一旦越限不还,抵押之物便归钱主所有,即便借方翌日有能力,也已无法赎回抵押之物。

---

① 广西壮族社会历史调查(四)[M].北京:民族出版社,2009:210.
② 广西壮族社会历史调查(三)[M].北京:民族出版社,2009:122.
③ 广西壮族社会历史调查(六)[M].北京:民族出版社,2009:51.
④ 广西壮族社会历史调查(三)[M].北京:民族出版社,2009:139.
⑤ 韩愈:《柳子厚墓志铭》。

五、朝廷限高息，法令难执行

借贷关系确实为社会经济所需，封建社会历代中央政府都有进行规范与约束，而非禁绝，规范的主要体现主要在限制高利贷方面。如唐玄宗于开元十六年（728 年）下诏："比来公私兴放，取利颇深，有损贫下，事宜厘革，自今以后，天下贫举只宜四分收利，官本五分收利。"唐朝官方已充分认识到放高利贷给平民百姓带来的危害，因此将利率限制在四分息以内，如果是官府放贷，则限制在五分息以内，可以判断的是，在唐代，很多借贷利息已经远超 50%，影响较大，政府才有必要进行限制。

宋元两朝都将最高利息限制在一倍以下，并将其纳入刑法调整范围。《宋刑统》规定："诸公私以财物出举者……每月取利不得过六分。积日虽多，不得过一倍。"意为，月息六分，即使逾期时间再长，获取的利息也不能超过本金一倍。在元代，《元史刑法志四》规定："诸称贷钱谷，年月虽多，不过一本一息。有辄取赢于人，或转换契券，息上加息，或占人牛马财产，夺人子女，以为奴婢者，重加治罪……"。其获取最高利息的限制也在一倍之内。元将利滚利，因借方无法偿还而强占他人财产，掠人子女为奴的行为都课以刑罚。

到了明朝，《大明律》规定了"违禁取利"条：私人放贷，每月利息不得超过三分，违者杖四十，禁止监临官吏放贷，违者杖八十。《大明律》不仅对放贷者有约束，违反约定，拖欠不还的行为也规定了处罚措施，基本上是以拖欠五贯、三个月为起点，每增加一个月则罪加一等，拖欠五贯以上时间达三月，鞭笞一十下，拖欠每加一月就加一等，最高为鞭笞四十下；拖欠五十贯以上，违三月笞二十，每一月加一等，最高为鞭笞五十下；如果放贷方不报官府，自行夺取借方的财物，或者强占他人妻妾子女，均以杖刑侍候，而且豁免借方的债务。[1]

因袭明朝制度，清律规定了民间借贷法定利率为年利 36%，且从清朝立国直至宣统年间未有改变。[2] 尽管《大清律例》明确规定违反民间借贷法定利率的，应予惩处，但在社会生活中很少真正执行。如清代秦世祯的《抚浙檄草·禁约兵丁》中记载"放债则八两当十两，取息则每月加二两，利上盘利，害及亲朋；动辄行凶锁吊，拳打脚踢，刀背皮鞭，血淋漓而怒犹不息"。[3] 这种放贷用现代的术语来说，就是利息在本金中扣除，不断加息，计算复利，为逼迫借方还债，运用私刑，导致借方怨声载道。清朝政府除了禁止民众向八旗子弟放贷获利之外，还禁止与边疆地区的土司交往放贷，向苗族等少数民族群众放贷同样处理。[4]

为了减轻民间借贷高利贷带来的危害，一些地方政府官员通过行政命令对当地的利

---

[1] 《大明律》卷9《户律·钱债》"违禁取利"条。
[2] 庄哲耕.我国古代民间借贷利率对法律监管的启示[J].经济与管理，2014(3中).
[3] （清）秦世祯.抚浙檄草·禁约兵丁[M]//清史资料（第二辑）.北京：中华书局，1981：173.
[4] （清）薛允升.读例存疑.卷16 户律之八·钱债·违禁取利条例[M].

率进行调整,降低利率水平。如清高廷瑶的《宦游纪略》记载,嘉庆年间,"百鞠溪先生总制两广时,为质库立约法:岁自十月朔始,至除夕止,凡质者皆减息、赎息,三分则减一分;二分息者减五厘;以一分五厘行息者,减其三。于是,赎者多迟至十月。谓其息之减也,如是已有年。"①地方官吏强行规定当地借贷减息,并明确具体减息比例,这样的约束既能不长久,也不具备普遍意义,只能一时一地起积极作用。

结　语

借贷是社会经济生活中的一种常见现象,自产生之后,经历了原始公有制时期的无偿借贷到私有制下有偿借贷最后发展到出现高利贷的过程,它既是社会生活中互通有无所必需,也满足了资本逐利的愿望,符合社会生产力发展的需要,因此只能规范,无法杜绝。古代中国社会用刑法规范民间借贷虽然一定程度上能够抑制高利贷的盘剥程度,但资本毕竟是一种稀缺资源,借贷利率的高低是由供求关系确定的,资本越少,需求越大,越容易产生高利贷,此时需要国家提供资金与制度支持,对高利贷进行规范,现代社会中国家设置银行等金融机构的产生也基于此原理。由于封建社会国家法实现社会控制力有不逮,尤其在古代广西这样的偏远蛮荒之地,民间借贷乱象重生,利率奇高是普遍现象,其原因便是,古代中央政府由于兵力与财政不足的原因,长期实行羁縻政策,历朝历代基本都因袭前朝任用当地土官土司"以其俗治"的政策,这些地方能够臣服中央,不生叛乱,无需劳师远征,社会安定已满足统治者的要求,而运用国家权力来规范高利贷已无法实现。借贷作为一种经济现象,无法运用法令人为禁绝,只能遵守经济规律,发展生产力,改变供求关系,运用制度加以规范才是解决之道。

Ancient Loan Relations and Its Legal Adjustment
——the Analysis Based on Historical Data in Guangxi

Tang Lingli　Lu Mingwei

Abstract:The loan was a economic phenomenon of the exchange between different subjects, it had gone through the process of gratuitous, and compensable and the last usury. The ancient society generally used the loan contract to bind the rights and obligations of both parties in China, even the remote Guangxi region was also the same. The carrier of loan contract were made in wood or paper, also generally requested a mediator or sponsor, its objects included money, grain, meat and cattle, and the pledge ownership would be transferred directly if the borrower default. The central government had promulgated the law of loan. However, dued to historical and geography reasons, the

---

① (清)高廷瑶:《宦游纪略》卷下。

national laws had been discontented, and the central government's law on lending was difficult to implement. As an economic phenomenon, loan could not use the law to prohibit, the solution was developing productivity, changing the relationship between supply and demand, using the system to regulate.

Key Words：ancient；Guangxi；loan；legal adjustment

"城中村"改造与合作治理*

李大勇**

摘要：基于城镇化的政治要求、土地集约化的经济刺激、城市形象的内在要求等因素，政府主导成为城中村改造的主要模式。由于存在着制度、资金、拆迁、发展困境，直接影响着城中村改造进程。故在制度设计上应充分考量政府、开发企业、村民等多方主体的利益，构建政府主导、企业实施、公众参与的城中村改造模式。通过公众参与规划制定、改造资金渠道的多元化、拆迁安置补偿中的合作治理等途径，促进城中村改造的合作治理。

关键词：城中村；合作治理；城镇化；公众参与

一、政府主导"城中村"改造

（一）城市扩张与城中村

"城中村"是我国城市在发展过程中所出现的一种特有现象，也是城市与环境、经济和社会相互碰撞、冲突的产物。"城中村"的产生取决于我国城市发展采用"摊大饼"的快速扩张模式，同时也深受土地征收、征用过程中官民博弈、城乡二元土地管理模式以及以地谋发展的模式影响。城市面积不断向四周扩张，农村土地通过土地征用转化为城市用地。当进行城市外围扩张时，政府基于拆迁安置的成本逐渐增加，再加上村民就业以及相应的社会保障很难在短时间内予以解决。基于"农地非经国家征用不得转为建设用地"的制度安排，政府优先考虑那些没有村民居住且成本较低的周边地块，形成"吃肉留骨头""征地不征村"的局面。因此，部分村民宅基地和集体用地在城市扩张过程中暂时得以幸存，成为现代建筑"钢筋水泥的丛林"拥簇下的"孤岛"。

城中村"似村非村，似城非城"的特性，使其自身成为一个巨大的各种矛盾相互交织在一起的空间场域。从地域空间上来看，城中村已经被纳入城市总体规划区的范围当

---

* 基金项目：国家社科基金青年项目"城中村改造法律问题研究"（项目编号：11CFX036）；陕西教育厅 2015 专项科研计划项目"城市管理引入第三方参与研究"（项目编号：15JK1772）。

** 李大勇，法学博士，西北政法大学行政法学院副教授。

中,但其土地属性仍然是集体所有制,管理体制仍然是农村经营管理体制,社会组织结构仍然是村民自治模式的农村聚集点。"'城中村'的外部形态是以宅基地为基础的房屋建筑的聚集,实质是血缘地缘等初级社会关系的凝结。"村民一方面享受着城市化所带来的相应公共服务设施水平,但另一方面仍然深受农业社会生活方式的禁锢,并没有完全融入城市生活当中。"城中有村,村中有城,村外现代化,村内脏乱差"就成为"城中村"的典型写照,城中村也成为基于城乡二元体制而产生的各种矛盾的汇集点。那么当城中村面临改造时,政府权力、开发商所追求的利润、村民的生存利益以及发展在这个特定的空间当中如何进行博弈、实现共赢是当下迫切需要解决的问题。

(二)政府主导"城中村"改造的因素

城中村改造是对城市规划区范围内集体土地上的房屋予以拆迁,并对被拆迁房屋的村民予以安置补偿的活动。城乡协调发展一直是政府所追求的目标,城市规划的统一性很难容忍"城中村"成为规划之外的"世外桃源"。"城中村"改造的根本目的是改善群众的居住条件,改善民生。通过改造使居住在设施不全、配套简陋、存在隐患的"城中村"的困难群众切实分享到改革带来的成果,同时也能促进城市规划和功能分区的实现。城市发展的过程就是一个不断更新、改造的新陈代谢过程。城中村改造属于城市更新的组成部分,"城中村"改造政策本质上是地方政府为谋求城市发展目标而对土地以及相关资源的权威性分配。

目前全国各地的"城中村"改造已形成政府主导、市场主导、村委会主导以及联合开发等多种模式。但无论哪一种模式,其都离不开政府所起的推动或引导作用。城中村改造目标的确定,改造规划的制定,改造方案的选择还是改造进度的实施,每一个环节都体现着政府意志。城中村改造是城市质变和城乡统筹的必然,不仅仅是对外在景观的改造,更涉及各种错综复杂的社会形态,政府主导"城中村改造"也在所难免。其主要动力来自于以下几个因素:

1. "城镇化"的政治要求

自从十六大提出了"走中国特色的城镇化道路"后,"城镇化"一直成为衡量地方政府治理的重要内容。十七大对此进一步补充为"按照统筹城乡、布局合理、节约土地、功能完善、以大带小的原则,促进大中小城市和小城镇协调发展"。十八届三中全会《中共中央关于全面深化改革若干重大问题的决定》明确"坚持走中国特色新型城镇化道路,推进以人为核心的城镇化,……优化城市空间结构和管理格局,增强城市综合承载能力。"《国家新型城镇化规划(2014—2020年)》更是明确提出"稳步实施城中村改造"。在实现"城镇化"过程中,各地地方政府正在进行着一场关于政绩的锦标赛。政府作为公共利益的代表,通过改造城中村,使城市外貌得以改善,居民生活更加舒适。使"城中村"完全融入城市生活,是政府履行职责,追求"城乡统筹、合理布局、节约土地、集约发展"的行政目标。

2. 土地集约化的经济刺激

中共中央《关于全面深化改革若干重大问题的决定》规定了"从严合理供给城市建设用地,提高城市土地利用率"。《国家新型城镇化规划(2014—2020年)》也明确规定"实行最严格的耕地保护制度和集约节约用地制度,按照管住总量、严控增量、盘活存量的原则,创新土地管理制度,优化土地利用结构,提高土地利用效率,合理满足城镇化用地需求"。当土地政策发生导向性变化时,政府更加注重城市的内涵式发展。在城市边界严格控制与基本农田保护约束不断强化的前提下,盘活存量土地资源和提高城市土地使用效率低下成为各地方政府的理性选择。城中村改造还可以增加财政收入,把一部分本应当由政府承担的公益性项目转嫁给开发商。城中村改造目标是实现土地增值,而城中村的土地利用呈现过渡性、多样性的特点。城中村所建的建筑物多是两层以上的多层楼房,容积率较低,土地开发强度不大,没有充分体现出土地的利用价值。另外由于城中村的公共服务质量较低,土地的辐射性和供求性增值也无从体现。

3. 城市形象的内在追求

政府既是城市的规划者,也是城市的经营者。一个良好的城市形象有助于提升城市的内在竞争力。从实际情况上来看,城中村的基础设施较为陈旧、消防抗震设施落后、公共服务设施不健全、居住环境污染严重,同时也成为黄赌毒泛滥、藏污纳垢、社会治安频发区域。通过城中村改造,可完善城市公共基础设施和配套设施,推动城市为社会公众公共服务能力的提高。通过改造,还可以完善城市功能、提高城市配套、改善城市环境、提升城市品位。城市形象已成为城中村改造所追求的一个重要目标。

二、"城中村"改造的困境

城中村改造是一个复杂的系统工程,其具有不同于城市房屋拆迁的特殊性:城中村改造所涉及的房屋位于城市建成区内的集体土地上,这是城中村改造与一般城市房屋拆迁的最显著区别。城中村改造除可实现一般城市房屋拆迁的目的外,还要实现四个转变,即农民转为城市居民,村庄转为社区,集体土地转为国有土地,集体经济转为混合经济。从城中村改造所涉及的法律关系来看,拆迁人与被拆迁人及拆迁人与农村集体组织权利义务内容涉及范围要比一般城市房屋拆迁更广泛,也更为复杂。目前城中村改造过程中存在的问题,可归纳为以下几个方面:

1. 制度困境

我国《土地管理法》第47条第2款、第3款对耕地征用的补偿费、安置补助费进行了规定并有具体的计算标准,但对因土地征用而引起的农民在宅基地上自建房屋的拆迁却没有补偿标准。法定补偿标准的缺失造成集体土地上房屋拆迁补偿随意性极大。赔偿没有统一的标准,同一区域内不同项目,甚至同一项目前期和后期都存在着巨大差异,钉子户漫天要价,但目前强制手段不到位,只能靠说服教育做工作,制约着拆迁的进展。申报手续烦琐,政策指导实用性不强,公开公正达不到。根据宪法第 10 条和土地管理法第 2 条的规定,征用是集体土地转为国有土地的唯一合法途径,除此之外的任何行为,均不能使集体土地所有权性质变为国家土地所有权性质。《土地管理法实施条例》第 2 条第 5 项的规定:"农村集体经济组织全部成员转为城镇居民的,原属于其成员集体所有的土地属于国家所有。"《关于对〈中华人民共和国土地管理法实施条例〉第 2 条第(五)项的解释意见》(国发函〔2005〕36 号文件)规定:"农村集体经济组织土地被依法征收后,其成员随土地征收已经全部转为城镇居民,该农村集体经济组织剩余的少量集体土地可以依法征收为国家所有"。

目前尚没有一项完善的法律制度能够为地方政府所进行的"城中村改造"提供充分的依据。一般是由政府参照国有土地房屋征收与补偿的标准进行补偿,但国有土地上的房屋和农村集体土地上的房屋在土地所有权性质、主体、管理方式以及拆迁安置对象等方面均有巨大差异,导致在执行过程中各级政府制定的补偿标准随意性很大,拆迁程序和补偿标准十分混乱。这种随意性不但造成了补偿标准不统一,也造成了补偿标准的不合理性,不可避免地产生了许多纠纷,直接影响到了拆迁的进程和效率。由此可见,"城中村"改造这所涉及的拆迁安置补偿问题是法律的盲区,地方政府为扫清"城中村改造"的制度障碍,通过行政命令作为依据来实施拆迁安置,往往会变通执行相关制度,结果造成政府、群众、开发商之间的对立,冲突多。

2. 资金困境

资金问题也是导致城中村改造陷入困境的因素之一。随着拆迁难度加大,拆迁成本节节攀升,拆迁和补偿费用是一笔巨大的费用,其范围包括拆除费用、土地出让费、土地使用费、三通一平费用、过渡费等内容。由于投资回报率低,单一的城中村改造项目很难自求平衡,社会资本进入积极性不高,有时为能达到项目资金平衡,不得不在规划容积率等方面做出让步,对后续城市建设和发展带来潜在隐患。目前城中村改造实行的模式是先安置,再拆迁,只有资金到位的情况下才进行拆迁,但由于政府财政能力有限,无法投入大量资金支持城中村改造,尤其是配套建设资金难落实。资金不足严重阻碍了"城中村"改造的进程,只能是边安置边拆迁。安置的模式是就地安置,要拆除后才能动工安置,但目前的问题是拆迁不到位,安置楼无法动工,在规定的安置时间内无法进行安置。在"城中村"改造中如何对村民实施拆迁补偿安置长期困扰着地方政府。

在城中村改造过程中,对于资金实力、地理位置较差,就地改造不影响城市整体规划,但自身无条件进行改造的,无法或不具备条件组建开发公司,政府相关部门可通过公开招标等形式,使得有资质、有实力的房地产开发商成为拆迁人。目前由政府拿出巨额资金投入改造难以实施,因此政府给政策、开发商投资,村民和投资者都获益是一条有效的出路。由于城中村改造牵扯到城市建设布局、村民利益、社会安定等问题,所以在开发商的选择上,政府可采用公开投标方法,对开发商资金实力、改造规划方案、拆迁安置方案、商业信誉等方面进行量化评估,从而提升改造档次。如果囿于财政限制,通过招商引资的方式,来组建机构,安置资金和拆迁资金不到位,对投资商的制约太少,投资商制约着拆迁的进程,政府主导难以落到实处。

3. 拆迁困境

城中村改造的最大困境在于拆迁,集中表现为村民对现有既得利益的维护和改造成本之间的紧张关系。2011年新的《国有土地上房屋征收与补偿条例》的颁布实施,在更大程度考虑到了被拆迁群众的切身利益,也更好地让拆迁群众分享了旧城改造的成果。但在执行中出现面积膨胀、过渡费增加、奖励费提高和拆迁房评估价攀升以及程序复杂、改造周期长等因素,使得拆迁成本增加50%以上,有的拆迁房价高于当地二手房价,形成"倒挂"。城中村改造不仅要补偿村集体土地产出和增值的收益,而且还要承担补偿出租收益。城中村困难群体比例较大,多是住房和经济都很困难的"双困户",住户的家庭情况也比较复杂,下岗和失业人员较多,存在许多不安定因素,稍有不慎便会引起群访事件的发生,拆迁面临很大压力。随着"城中村"改造的不断深入,群众强烈的拆迁愿望和过高的拆迁补偿期望形成强烈反差,容易出现"钉子户""难缠户",工作难度越来越大。

4. 发展困境

目前城中村整合机制则呈现出一种多元化趋势和复调性特征,即基于某一特定价值观念和实践逻辑的国家、市场、社会等多元主体和多重力量共时性作用于某一特定地域社会而形成的一种特殊整合机制,从而使得该地域类型呈现出一种未完成的社会样态。①城中村改造的终极目标在于实现真正的城市化,使得村民能够融入城市生活当中,那就要使得城中村经济结构要改变以出租屋经济为主体的单一型经济结构,生活方式也要转移到通过提供劳务参与城市经济发展过程中的分工。村民之间基于血缘、宗族关系而维系的社会结构也要向契约型的社区治理进行转化,使得村民适应城市经济社会生活方式。

三、"城中村"改造过程中的合作治理

"城中村"的改造工作是一个包括了土地权属流转、集体经济改造、村民权益保障等多个方面内容的综合性问题。城中村改造的争议焦点集中在土地增值收益再分配。"城中村"改造实质上是地方政府与村集体(基层村落社会)之间围绕"村域"土地的使用价值和交换价值的争夺过程。② 选择合作,而非对抗,无疑是一种共赢的结果。"合作要求我们关注具有适应性的问题解决方法",③合作必须建立在有效分工的基础之上的,意味着合作各方要恪守自己的本分。合作不是一味地妥协,或牺牲某一方的利益,而是在法律框架下平等协商、达成共识。政府要在城中村改造中发挥主导作用,强化政府作为决策

---

① 田鹏. 地域社会学视角下的乡村都市化与村落转型[J]. 华南农业大学学报(社科版),2016(4).
② 李怀. "组织化动员"失效的制度逻辑[J]. 中山大学学报(社会科学版),2010(3).
③ 朱迪·弗里曼. 合作治理与新行政法[M]. 毕洪海,陈标冲,译. 北京:商务印书馆,2010:13.

者、管理者、监督者等公共角色。但这种主导地位并不意味着村民对此没有发言权,更不意味着改造要完全按照政府的意志去实现。要确保城中村村民的合法权益得到足额补偿和合理安置,还要考虑到村民转为居民之后的未来发展问题。因此,必须引入一种机制,在制度设计上充分考量政府、开发企业、村民等多方主体的利益,尽可能地把对抗因素降低到最低限度。

(一)构建政府主导、公众参与的城中村改造模式

城中村改造引入治理,意味着政府、开发商、村民的共同参与,政府必须将村民与开发商提升到对等的地位,把多元主体所形成的制度合力集中在实现城市职能的统一行动上来。通过社会公众参与的范围与方式使得城中村改造的方案更加科学化。政府、开发商、村集体、村民之间利益博弈的过程,按照预设目标追求利益的最大化。"如果行政权力的膨胀是现代社会不可避免的宿命,那么为了取得社会的平衡,一方面,必须让政治充分反映民众的意愿;另一方面,在法的体系中应当最大限度地尊重个人的主体性,使他们能够与过分膨胀的行政权力相抗衡。"①

在西方国家城市治理的实践中,居民通过非政府组织、社区团体进行居住区的整治更新,已成为较为普遍的做法。在城中村改造项目中,政府通常负责改造项目的规划,而企业则负责具体实施,村民则属于城中村改造的目标群体。改造项目要想得到村民的接受和认可,必须具有广泛、真实的民意基础。与此同时,政府应当向社会公众公布城中村改造项目的细节,并提供多种方案以供选择,以听证会等多种形式广泛接受民众对城中村改造项目的质疑。参与方式的多样性可以使得村民更为便捷地参与到政府决策当中来,可以迫使城中村改造项目的决策者听取村民的意见,在决策中尽量考虑村民的利益,体现村民的意见。"参与决策的人们更有可能支持那些制定与执行那些决策的机构"②,公众参与模式强调参与是群众的权利和利益有无得到充分保护。

在城中村改造过程中,首要的问题就是规划,而这个环节恰恰也是最需要公众参与的环节。传统的城中村改造项目在规划时,通常会以政府既定的行政管理目标作为制定规划的依据,这种决策规划的做法有助于提高规划效率、增强时效,但却加大了实施中的对抗。目前也逐步认识到这种规划的局限性,因此在新的立法例上增强了公众参与的力度。《国有土地上房屋征收与补偿条例》第9条第2款规定,制定国民经济和社会发展规划、土地利用总体规划、城乡规划和专项规划,应当广泛征求社会公众意见,经过科学论证。该条例第11条规定,市、县级人民政府应当将征求意见情况和根据公众意见修改的情况及时公布。因旧城区改建需要征收房屋,多数被征收人认为征收补偿方案不符合本条例规定的,市、县级人民政府应当组织由被征收人和公众代表参加的听证会,并根据听

---

① 棚濑孝雄.纠纷的解决与审判制度[M].王亚新,译.北京:中国政法大学出版社,2004:330.
② 珍妮特·V.登哈特,罗伯特·B.登哈特.新公共服务服务而不是掌舵[M].丁煌,译.北京:中国人民大学出版社,2010:48.

证会情况修改方案。由此可见,城中村改造项目的规划过程,从单一的决策规划向参与性规划的转变,似乎是解决城中村改造过程中利益失衡的有效途径。

(二)改造资金渠道的多元化

在改造项目资金来源上,发挥政府、企业、村集体、村民等多方主体共同参与改造的方式,把政府的优惠政策、开发企业的项目运作能力和村民的闲散资金集中在一起发挥合力作用,是解决当下城中村改造过程中资金问题的有效途径。

政府除加大地方实行财政补贴、税费减免、土地出让收益返还等优惠政策,还可以通过为"城中村"改造提供贴息贷款,划拨项目改造启动资金,用作相应的配套建设补助费。还可以出台免交房屋产权、土地使用权登记费,对保障房建设的优惠政策也应该延伸到城中村改造,以调动社会资金投入城中村改造的积极性。在改造项目里,配套建设一定比例商业服务设施和商品住房,支持让渡部分政府收益,吸引开发企业参与城中村改造。另外还可以对富余的土地进行拍卖,以地生财,允许以集体土地入股,参与城中村改造项目的开发和利用。这在我国已经有了相应的政策依据。中共中央《关于全面深化改革若干重大问题的决定》提出,要建立城乡统一的建设用地市场。在符合规划和用途管制前提下,允许农村集体经营性建设用地出让、租赁、入股,实行与国有土地同等入市、同权同价。在经济条件发展较好的区域,应当允许村集体组建开发公司自行开发,鼓励各类法人或自然人以多种形式参与城中村的改造,参与基础设施和公共设施的建设与经营,既使得村民能享受到更好的公共服务,还可以缓解政府筹资压力,提高改造效率。合作同时也意味着一定程度的让步,在不违反法律禁止性规定的前提下,政府对改造项目通过发放政策性补贴,开发企业承担协调成本和开发成本,必然有部分村民在城中村改造过程要承担部分区位损失。

(三)拆迁安置、补偿中的合作治理

拆迁难、居民要价高,城区项目标准不统一,政策不一致,造成政策攀比。我国《土地管理法》第47条对土地使用权的征用补偿规定比较明确,相应的有具体计算标准。同理,对房屋等私产的征收补偿也应细化补偿项目并确定补偿计算标准。在此基础上,由各地按照规定的计算方法确定具体的补偿金额,制定统一的"城中村"改造的指导性意见,细化补偿项目,制定统一的拆迁补偿计算标准。通过制定法定的拆迁补偿计算标准,既能防止征用方克扣、压低征用补偿费用,损害农民利益,也能防止被拆迁方漫天要价、谎报和扩大面积,非法获利,加重国家用地负担的事件发生。

在城中村改造拆迁安置方案中,应当充分体现"安置",大多数村民已经没有农用地,房租成为大部分村民基本或全部生活来源,因此在改造过程中,应当充分考虑村民未来生计问题。使其在改造之后的生活不低于改造之前,既要使其安居,又要使其有业。可以允许被征用的农民私产所有人以参股的方式,参加商业性开发的利润分配。对于商业

开发的增值部分,土地与资本的所有人、劳动者都应当参与利润的分配。具体份额课由村民与开发商进行协商,这种协商带有一定的鼓励拆迁的性质。"城中村"改造所涉及的安置方式应当是多样性的。金钱安置应当是最主要的,补偿后有关部门不再给其宅基地。拆迁集体土地上的房屋实行货币补偿的,拆迁人应当向被拆迁人支付安置补偿款。安置补偿款应按照被拆除房屋的重置成新价和宅基地的区位补偿价确定,区位补偿金是房屋拆迁中对房屋所处地理位置所给予的相应补偿,这部分补偿款应给付房屋的所有人,这一补偿并未规定在《土地管理法》中。实践中的具体做法有以下几种情况:

1.安置先行,加强安置房建设。《城市房屋拆迁工作规程》规定城市房屋拆迁管理工作程序是:拆迁计划管理、拆迁许可审批、拆迁补偿安置;必要时还应当依法进行行政裁决或者强制拆迁。城市房屋拆迁管理应当严格按照上述程序进行,前一程序未进行或者未达到规定要求的,不得进入后一程序。政府可以从政府储备土地和城市旧城改造项目腾迁土地中拿出大量土地在开始实施拆迁时就集中建设安置小区,并规定安置房建设在符合方案、规划、消防、质量要求的前提下,可先行动工,打破行政界限,跨区进行安置,真正做到安置先行;同时,严把安置房建设标准、进度和质量"三关"。由信誉好、经验足、实力强的大型国有房地产开发公司负责市管项目安置房建设,同时强化市、区两级和项目单位对质量和安全的管理责任。细致周密制定回迁方案。做到工作程序、选房过程、房源数量、收费标准的"四公开",真正实现了群众"搬得走,回得来,住得安"的良性循环。

2.原地安置与异地安置并存。当原地安置无法实现时,可以实行异地安置,取决于城市建设必须符合城市规划,所以应根据城市规划对建设地区的要求和建设工程的性质,按照有利于实施城市规划和城中村改造的原则确定。适合原地安置的,拆迁人应对被拆迁人原地安置,不适合原地安置的亦可异地安置。无论是原地还是异地安置,都应由拆迁人与被拆迁人达成安置协议为前提。

在确定安置与补偿方案时,应当兼顾村民、投资者、国家三者之间的利益,找出利益平衡点。对本地未实行农村房产登记制度的,在补偿安置时,不宜以未办证为由减少经济补偿或安置面积。我国城市房屋实行房产登记制度,但并未对农村房屋完全实行该制度,因而,农村房屋无房产证的情况普遍存在。在确定拆迁安置、补偿方案时,不宜盲目参照国有土地上房屋中的安置原则。应当实事求是,充分考虑政策上的原因,不可以以无证为借口,损害村民利益。由于宅基地是为满足村民生活所需而给与批准、划拨的,因此,在安置村民住宅面积时,仍应以满足其生活要求为原则条件,实行安置房屋与经济补偿相结合,对于村民所建二层以下房屋应按其实际面积结合其他情况安置房屋。这样不仅可以保证村民现居住条件不低于原来,也保护了拆迁人的利益,对私搭乱建、闻风动土的行为也能起到一定的抑制作用。对被拆迁房屋应正确确定其用途,按照不同用途有区别地给予安置、补偿。对城中村房屋用途的认定,应坚持实事求是的原则,在改造公告贴出之前,房屋用于生产、经营,经营者有营业执照、依法纳税的,应确定为生产经营用房。未领取营业执照和未依法纳税的,则不应确认其为生产经营用房。针对拆迁难、期望值过高、阻碍城中村改造的个别群众,除了帮助解决困难,进行政策宣传和耐心说服外,要能够强有力的手段进行矛盾化解,真正实行司法介入,切实扭转"越抗到最后一定越受益"的极端认识,这既是对城中村改造长期健康发展的有力促进,也是对按政策规定实施搬迁群众的公平。

结　语

城市建筑物或许会在一夜之间拔地而起,但城市化却不可能在一夜之间来实现。城中村改造不仅是空间意义上的,也是社会形态意义方面的,这是一个多元的社会转变过程。城中村改造不仅是对建筑景观的建设、完善和更新,更涉及生产、生活方式的改善和提升。政府不仅要在地理上,更要从心理层面上消除城中村,使得城中村的村民真正按照城里人的生活方式来生活,真正融入城市生活当中,分享城中村改造带来的改革红利。

Transformation of the Urban Village and cooperative governance

Li Dayong

Abstract：Based on the political requirements of urbanization, the economic stimulus of intensive land, the inherent requirements of urban image and other factors, the government-led to become the main mode of transformation of urban village. Because of the existence of system, capital, demolition, development difficulties, a direct impact on the process of urban village transformation. Therefore, in the system design should take full account of the government, the development of enterprises, villagers and other parties to the interests of the construction of government-led, enterprise implementation, public participation in the village transformation model. Through the public participation in the planning and development, transformation of the diversification of funding channels, relocation compensation in the cooperative governance and other ways to promote the transformation of the urban village in the city of cooperative governance.

Key Words：urban village；cooperative governance；urbanization；public participation

刑事和解中民间规范的困与思*

汪家宝**

摘要:民间规范的通俗性、地方性和内在约束力决定了它在刑事和解中具有消解法律规范的抽象性、促进当事人达成和解共识、保障履行和解协议等价值,然而,刑事和解立法和司法解释在加害人的处罚方式、事实和证据的具体要求、纠纷处理流程等方面的建构挤压了民间规范的作用空间,因此,为了更好地实现刑事和解的立法目的,刑事和解程序应当在扩大案件范围、平衡和解意愿、淡化事实证据要求、平衡利益得失、处理反悔现象、承认精神损害赔偿、改变审查方式、预防权力滥用等方面回应民间规范的内在需求。

关键词:理论价值;实践困境;立法回应

在我国职权主义刑事诉讼模式中,公诉案件的处理流程一度醉心于司法权的高效运转,民众亲和性渐行渐远。现行刑事诉讼法增设的刑事和解程序,给当事人双方预留一个相对宽松的协商空间,客观上为民间规范渗入刑事诉讼程序打开了一扇窗户。然而,由于刑事和解立法及其司法解释对民间规范不仅避而不谈,并且隐约呈抵制之态,致使刑事和解中的民间规范很难像它在民间和解中那样自在自为地发挥作用。因此,在分析刑事和解中民间规范及其价值的基础上,解读民间规范在司法实践中的困境及其产生的原因,进而反思刑事和解程序如何接纳民间规范,对于更好地实现刑事和解目的来说具有现实意义。

一、刑事和解视域下的民间规范及其价值

民间规范是指那些实存于民间并且维持其生产、生活或者用于解决纠纷的"民间社会规范"①。在现代法治国家,民间规范显然很难成为官方解决纠纷的基本依据,但是民间规范"与民众日常生活息息相关,更多地体现在个人或者群体的自我利益,因而能够获

---

* 基金项目:最高人民检察院检察理论研究课题"审判中心主义下的诉辩审关系研究"的阶段性成果之一(项目编号:GJ2015D01);本文受周口师范学院"民间规范与地方立法研究中心"的资助。
** 汪家宝,法学博士,周口师范学院政法学院副教授。
① 魏治勋."民间法"概念问题辨谬[M]//谢晖,蒋传光,陈金钊.民间法:第11卷.厦门:厦门大学出版社,2013:23-30.

得广泛的认同和理解"①。就此而言,刑事和解程序允许当事人自行和解,并将和解与案件的处理结果挂钩,这无形中给民间规范隐蔽地发挥作用提供了机会。

然而,从《刑事诉讼法》第 277 条来看,公权力不介入当事人之间的和解,甚至连和解的依据都未提及,以至于人们想当然的认为当事人和解的依据是现行法律规范,导致刑事和解的"法律依据是什么"这样的问题没有被深刻地提出来。但是在实践中,影响当事人各方的诉求并且成为和解之基础的,主要是民间规范而不是或者很少是法律规范——这是立法时可以预见的,也是刑事和解程序"忽视"民间规范令人费解的地方。从《刑事诉讼法》第 278 条看,公安司法机关要对当事人和解的合法性进行审查。显然,审查的目的意味深长,它至少表明立法在隐忍民间规范发挥和解作用的同时又对之无可奈何的态度,但是这会引发矛盾:如果审查以法律规范为标准,必然是当事人自行和解时其认知能力难以承受之重;如果审查中认可民间规范的有效性,即使该民间规范不与法律规范发生抵触,司法者也很难据之说理并作出处理决定。对此,笔者以为,刑事和解程序如果既想通过当事人之间的面对面沟通,增强当事人的程序参与感以及对和解结果的认同感,又想通过司法审查顺利地平衡当事人的和解利益,更好地贯彻刑罚原则,真正的解决纠纷,就应当充分肯定民间规范在刑事和解中的正面价值。

首先,民间规范有助于消解法律规范的抽象性。法律规范是立法的产物,但是"法律首先产生于习俗和人民的信仰,""而非法律制定者的专断意志所孕育的"。② 在"刑事和解"这个特殊的司法领域内,尽管法律规范在其"现代化"的过程中会或多或少地吸收民间规范,以示其与世俗社会的某种关联,但是用立法语言"包装"的民间规范,已经不再是普通民众非经系统学习就能掌握的民间规范了,因此在解决具体纠纷时,法律规范无论是否吸收民间规范,两者在理解和运用上发生偏离都有必然性,当事人在不能熟知两套规范的情况下,刑事和解只能依赖耳熟能详的民间规范。所以,刑事和解的根本问题不是抽象的法律规范是否吸纳了民间规范,而是立法和司法是否承认那些与法律规范价值取向相一致的民间规范。

其次,民间规范有助于当事人达成和解共识。民间规范既是历史的又是民族的,最终表现为地方的。虽然地方性意味着差异性和狭隘性,但是地方性代表着真实性和可理解性,能为当事人提供"共信共行"③的伦理和道德基础。地方性的民间规范涉及面广,"婚姻、家庭、赡养、继承、债务、房屋、田地、宅基地、水利、承包以及伤害、损害赔偿等"④无所不包,这对刑事和解适用于"因民间纠纷引起,涉嫌刑法分则第四章、第五章规定的犯罪案件,可能判处三年有期徒刑以下刑罚的",以及"除渎职犯罪以外的可能判处七年有

---

① 张德淼,康兰平.国家法与民间法的法理证成和实践进路[M]//谢晖,蒋传光,陈金钊.民间法:第十六卷.厦门:厦门大学出版社,2015:15-27.
② 弗里德里希·卡尔·冯·萨维尼.论立法和法理学的当代使命[M].许章润,译.中国法制出版社,2001:11.
③ 田成有.乡土社会中的民间规范[M].法律出版社,2005:19.
④ 厉尽国.多元纠纷解决视野中的民间法[M]//谢晖,蒋传光,陈金钊.民间法:第八卷.厦门:厦门大学出版社,2011:58-67.

期徒刑以下刑罚的过失犯罪案件"来说,二者覆盖的范围出入不大,因此,民间规范若能在刑事和解获得广泛适用,有助于当事人在众多具体纠纷中达成和解共识。

最后,民间规范有助于和解协议的履行。民间规范沉淀于历史而关照于当下生活,它所承载的世俗价值观以及社会舆论所赋予它的外在伦理、道德约束力,是现代法律规范无法比拟的。刑事和解以被害人"谅解"为前提,实际上赔偿数额和赔礼道歉才是关键。然而,损失的计算方法、过错对赔偿数额的影响、赔礼道歉的种类和方式及其对当事人的心理安抚作用的大小,在民间规范与法律规范不一致的情况下,如果一方当事人选择法律规范并以"法律"之名"正当地"迫使"民间规范"就范,则不仅在履行协议时遭到对方当事人及近亲属的反弹,也可能为社会所不齿。如果双方当事人选用民间规范,则不仅有利于和解协议的促成与履行,而且也能赢得"生活圈子"的认可。要知道,民间规范中包含着"面子、关系、和气与利益"等多种价值因素,利益在其中只是技术性因素,面子充当的是价值性因素、关系充当的是事实性因素、和气充当的是目的性因素。① 以此观之,相对于国家规范来说,依民间规范促进的和解,内涵更广、效果更牢靠。

二、民间规范在刑事和解中的困境

不可否认,刑事和解在实践中存在着各种问题。表面上看,诸如办案成本变相增加、和解方式单一导致"花钱买刑"、当事人滥用"谅解"权、公安司法机关滥用权力、民族地区实践效果不佳、现行体制内部制约因素突出②之类的问题无伤大雅,实际上其结果是严重的:"一方面,在法律的轨道内,刑事和解无论从适用率还是适用范围上都呈紧缩之势;另一方面,在法律的轨道之外,刑事和解又产生扩张性适用与违规性适用的问题。"③笔者以为,刑事和解在司法实践上的颓废之势与民间规范在刑事和解中的困境密切相关,二者的出现与其说是民间和解没有被有效规制的产物,倒不如说是民间规范没有得到应有关照的并发症。

第一,民间规范的处罚方式与刑事和解发生冲突。

民间和解中,"罚了不打、打了不罚"几乎是通行的规则。其含义大致是说,纠纷中具有可罚性的一方,在向对方承担赔礼道歉、赔偿损失等"羞辱刑""财产刑"后,对方不得再施以"生命刑""肉刑""资格刑"或者"自由刑"的方式进行"报复"。否则,"连打带罚"的一方会感到"憋气""丢面子",或者认为是一种"耻辱",甚至可能引发新一轮冲突。即使因为势力单薄、"拳头不硬"或者贫困等原因不得不接受,也会在其有生之年耿耿于怀,甚至将这种"耻辱"演化为"仇恨"在代际间传递,形成"世仇"。当然,另一方也会因此定格为"难缠、不好惹的人",以致其自身甚至后代为世人所疏离。与民间和解不同,刑事和解严

---

① 谢晖.论刑事和解与民间规范[J].现代法学,2011(2).
② 魏厚钱,谢丽珍.当前我国刑事和解的现状及完善进路[J].福建警察学院学报,2016(3).
③ 秦宗文.刑事和解制度的实践困境与破解之道[J].四川大学学报(哲学社会科学版),2015(2).

格区分民事责任和刑事责任,将民事责任留给当事人和解、刑事责任保留于国家,实行"打罚分离"。这固然有利于实现国家刑罚权或者以"惩罚、教育"为名预防冲突升级,但是与民间规范的价值取向不兼容,压缩了民间规范的运行空间、影响了民间规范的运行效果。

一是民间规范的平等式利益期待在刑事和解难以实现。民间规范下的和解,当事人通常是平等的,一旦握手言和就意味着一方获得赔偿、另一方放弃惩罚,双方的利益都具有现实可期待性。刑事和解中,赔偿不一定免刑,双方利益期待不平等。从《刑事诉讼法》第 277 条来看,刑事和解的前提是获得被害人的谅解,而决定被害人是否谅解的是加害人在主观上"真诚悔过"、在客观上"赔偿损失、赔礼道歉"。根据公安部、最高检或者最高法的司法解释①,当事人达成的和解协议一般应当在签署后"及时""立即"或"即时"履行,这表明被害人的和解利益是有保障的。但是,从第 279 条看,对于达成和解协议的案件,在法庭审判之前,公安机关和检察机关"可以"提出从宽处理或从宽处罚的"建议",而是否能够实现"从宽"取决于法院,但又没有必然性,因为法院也只是"可以"依法对被告人从宽处罚。尽管最高人民法院《关于常见犯罪的量刑指导意见》照顾到了民间的感受,规定刑事和解的案件,"综合考虑犯罪性质、赔偿数额、赔礼道歉以及真诚悔罪等情况,可以减少基准刑的 50% 以下;犯罪较轻的,可以减少基准刑的 50% 以上或者依法免除处罚。"但是这与纯正的民间和解的差别仍很大,给民间规范的适用带来压力。

二是民间规范受到刑事和解中深度利益博弈的影响。民间和解中,加害人的赔偿、赔礼道歉具有抵消现代意义上的"刑罚"的功能,但在刑事和解中,这种功能消失,导致当事人利用"从宽处理"做文章,双方陷入深层次的利益博弈,以至于很多被害人并非关注对加害人的刑事处罚,而是如何使自己的物质精神损失得到补偿。通常情况下,被害人是否愿意和解以及和解的内容,很大程度上取决于犯罪的性质及其造成的物质损失,以及被害人对该物质损失的承受能力。当然,被害人的人生修养、价值观、性格倾向等因素对和解协议也有基础性调节作用。但是在刑事和解中,受立法的影响,经济条件差的被害人大多期望通过刑事和解协议获得更多的物质赔偿,甚至利用法律上的优势地位"漫天要价";经济条件好的或者非物质损害的被害人、"讲面子"的被害人,往往将和解的重心放在"精神层面"上,提出过高的精神损害赔偿或者要求过分的赔礼道歉。由于和解是从宽处理的前置条件,上述情况中的加害人为了和解几乎没有选择权,所以相对于民间和解来说,即使适用民间规范达成刑事和解,被害人的谅解也会变味、加害人认罪悔罪的效果也大打折扣。

第二,民间规范的事实观念与刑事和解发生冲突。

世人不仅"厌讼",而且在以民间规范处理纠纷时也都尽量隐蔽地进行,毕竟纠纷本

---

① 刑事诉讼法颁布后,公安部、最高检、最高法分别出台了《公安机关办理刑事案件程序规定》《人民检察院刑事诉讼规则(试行)》《最高人民法院关于适用〈中华人民共和国刑事诉讼法〉的解释》。为行文方便,本文统一称为"司法解释"。

身对双方来说都是"不光彩的事情"。在"家丑不可外扬"的心理支配下,不仅当事人双方选择"至亲好友"作为"调停人"以防泄密,而且在运用民间规范调停时,因民间规范注重"讲义理"而非"重细节",也给了调解人"斡旋""和稀泥"的空间,这恰好又能迎合当事人的保密心理。但是,刑事和解实践重视事实和证据,对纠纷的是非曲直采取"张扬"而不是"遮蔽"的态度,影响民间规范的实际应用及社会效果。

一是刑事和解对案件事实和证据的苛刻要求影响民间规范的应用。刑事诉讼法关于刑事和解程序的规定中并没有对案件事实和证据提出要求,这本来是符合民间和解的实际的,因为民间规则在具体适用时双方当事人对"事实"问题也只是讲个"大概",甚至"只看结果不讲过程",比如十年前青海藏区的一个——致人死亡案,虽然加害人没有受到刑事处罚、也"没有说明被害人死亡的真实原因",但是"受害人家属及其当地百姓也再没有过问此事"。① 在笔者生活的中原地区,虽然也讲究"杀人偿命、欠债还钱""不蒸馒头争口气",并且就事论事时也会涉及是非对错,但是对事实的认定并不像现代刑法学上那样"精致",像故意伤害之类的案件,"谁先动手谁没理",对于事情的起因并不深究,基本上没有正当防卫或防卫过当之说。在同时动手的情况下,一般认为"谁伤得重谁有理"。当然,上述情况也会受到其他民间规范的辅助评价,比如"好男不跟女斗""打狗(指小孩)还要看主人"等。司法解释中,公安部的第324条虽然要求公安机关"应当审查案件事实是否清楚",其审查方式是"听取"相关人员的意见,应该说侦查终结前通过这种方式了解情况是必要的,也符合民间和解的特点,但是最高检的第510条要求"案件事实清楚,证据确实、充分"、最高法的第496条要求"事实清楚、证据充分",如果仅是对司法机关的要求是适当的,因为它有利于预防刑事和解失败后正确处理案件,如果对当事人也这样要求,不仅难以做到,甚至没有必要,也与民间和解的保密特点相冲突。

二是刑事和解对事实和证据的要求影响当事人自行和解的稳定性。刑事和解中,被害人的谅解以加害人的真诚悔过为前提,加害人的悔过以被害人的谅解为价值导向,二者是统一的。② 但是,这种"统一"关系可能因为事实和证据的阶段性变化影响当事人和解的不稳定,因为双方当事人会根据司法机关收集的证据和认定的案件事实相应地改变和解态度。在侦查阶段,案件事实和证据都处于不稳定状态,并且具体情况当事人包括其聘请的律师都很难知晓,因此,从"事实清楚,证据确实、充分"的角度看,不具备"刑事和解"的基础。不过,这个阶段中的当事人如果愿意并且加害人有赔偿能力的话,达成和解协议的概率较高,只是其内容的合理性参差不齐。之后,随着案件事实逐渐清晰,当事人在越来越趋向理性的同时,利益博弈也会明晰化,一方面会出现司法者想看到的和解协议,另一方面也可能出现当事人的优势地位翻转的情况,导致撕毁先前的协议或者反悔。所以说,司法解释对"事实和证据"的要求对于"官方想要的和解"有帮助,但是对依

---

① 南杰·隆英强.藏族赔命价习惯法对我国刑事司法的挑战及其可能贡献[M]//谢晖,蒋传光,陈金钊.民间法:第八卷.厦门:厦门大学出版社,2011:302-324.
② 陈光中.刑事和解再探[J].中国刑事法杂志,2010(2).

照民间规范进行的和解来说弊大于利,因为它们给了各方当事人用于评价案情及其处理结果的另一把尺子。

第三,民间规范简单的程序需求与刑事和解发生冲突。

民间和解中尽管也有程度不同的利益博弈、利害关系考量,甚至经过双方家庭或者家族内部多次"磋商",但是一旦拿出最终和解意见并达成和解协议,此协议无论是书面的还是口头的、无论有无邀请双方信得过的人见证,都要遵守"一言既出、驷马难追"的朴素信条,不能轻易反悔。即便和解后一方内部有人"说三道四",那也只是"闹家窝子",一般不会影响协议的履行。当然,如果真的"毁约",自有民间规范的否定性评价。不过,总体来看,民间对于和解的过程及其效力采取的是尽量简约的态度。与民间和解相比,刑事和解中无论立法还是司法解释都考虑到民间规范可能对国家刑罚权的严肃性以及罪刑法定原则、罪刑相适应原则的负面影响,因而对刑事和解中的当事人和解设置了一些"反制"措施。从公安司法机关及其工作人员的刑事诉讼职责和司法环境来看,这些措施有一定的可理解性,但是从民间规范在刑事和解中的应用来说却乏善可陈。

一是刑事和解的苛刻而又模糊的条件阻碍民间规范的应用。从《刑事诉讼法》第277条看,刑事和解的重点是加害人"真诚悔罪"并且以"赔偿损失、赔礼道歉等方式"获得被害人的谅解。从实践中看,赔偿损失是刑事和解的核心,实际上并不比民间和解"以钱免刑""拿钱消灾"更有正当性,因为"在和解程序中,通过赔偿来获得减免刑罚的机会,对每一个犯罪人都是开放的。正是在这个意义上,法律保障了'机会意义上的平等'。而犯罪人的财产状况,则是在和解之前已经形成的基础状态,法律不能也无力予以干涉"。① 至于加害人"真诚悔罪",实践中更难认定,如果以赔偿金额来衡量则加重了和解的弊端,如果委于执法者主观判断则可能导致误断,因为"悔罪"本身尽管可以解释为一种主观见之于客观的心理状态,但是"悔罪"是否"真诚"很大程度上是主观见之于主观的问题。其实,典型的民间和解就是"私了","我们研究刑事和解的目的之一就是促使立法将一部分'私了'案件合法化,促使其从诉讼外和解转入诉讼中和解,从而进行法律规制。"② 即便如此,也应正视这样一个现实,即被害人并不关心加害人是否悔罪。将加害人真诚悔过纳入刑事和解之中,要么成为无法落实的点缀品,要么成为司法者拒绝和解的借口。

二是和解协议书的形式和内容妨碍民间规范的应用。民间和解很少写和解协议书,为了避免"扯皮""打嘴仗",常见的是找见证人或担保人,即使立个"字据"也仅针对赔偿损失,不涉及其他,简明扼要。刑事和解中,格式化的和解协议书是必备的,并且只能由公安司法人员主持制作。但是从相关司法解释看,其内容比较复杂。其中,几乎所有的司法解释都要求加害人"承认自己所犯罪行,对指控的犯罪事实没有异议",这不尽合理。因为,在审判前要求承认罪行有悖于无罪推定原则,若加害人为了获得从宽处理而认

---

① 秦玉红.刑事和解的困境与超越——以"花钱买刑"为视角[J].社会科学家,2010(8).
② 陈光中,葛琳.刑事和解初探[J].中国法学,2006(5).

罪——这可能遭到"不是真诚悔罪、不能和解"之类的反对,然而符合人之常情——则有强迫自认其罪的嫌疑。即使规定加害人反悔时其认罪行为不能作为指控的根据,但是认罪的负面影响是否能够消除,也无法探究。再者,如果加害人承认的犯罪事实与指控的犯罪事实不一致就不能和解?或者只能按照指控的犯罪事实认罪?显然,司法解释的上述规定有违民间和解的惯例,妨碍民间规范的应用。

三是刑事和解中的司法审查阻碍民间规范的应用。按照《刑事诉讼法》第278条的要求,凡是刑事和解的案件都要通过听取意见的方式对其自愿性和合法性进行审查。审查的具体内容从最高检的司法解释第515条来看有六项之多,其中的前三项即"是否自愿和解,是否真诚悔罪,是否赔礼道歉、经济赔偿数额与其所造成的损害和赔偿能力是否相适应,是否明确表示谅解"属于"自愿性"审查,后三项即"是否符合法律规定,是否损害国家、集体和社会公共利益或者他人的合法权益,是否符合社会公德"属于"合法性"审查。然而,从实践中看,在公安司法机关普遍的案多人少的情况下,自愿性审查大多只是例行公事,难以辨别当事人"唱双簧""假戏真做"现象。在和解协议中,如果包含精神损害赔偿就可能造成"经济赔偿数额与其所造成的损害"不相适应,也可能被认定为不符合法律规定,因为精神损害赔偿在民事诉讼中可以主张但在刑事诉讼中不能主张,这无疑会影响部分案件当事人的和解。总之,对刑事和解采取主动审查的模式不利于民间规范的应用,还会引发滥用权力或者司法腐败。

三、刑事和解程序回应民间规范的态度与限度

民间规范一方面根植于社会生活,不可能自然而然消失,也不可能被国家法完全同化,另一方面在定分止争、维护社会正常生活秩序方面,它既是社会自规范化的方式,又是法律社会化和日常生活化的表达。[①] 刑事和解既然容许当事人自行和解,就应当对民间规范有所谋划。然而,刑事和解程序对此不仅没有拿出应有的态度,而且出于对民间和解的一些担心所采取的措施也不尽人意。笔者以为,刑事和解立法及其司法解释应该以社会基本道德水准为人性基础、以理性经济人为制度基点,主动而适度地回应民间规范。

(一)适当扩大案件范围

依照民间规则进行和解的案件没有范围限制,刑事和解的范围是"因民间纠纷引起,涉嫌刑法分则第四章、第五章规定的犯罪案件,可能判处三年有期徒刑以下刑罚的;除渎职犯罪以外的可能判处七年有期徒刑以下刑罚的过失犯罪案件。"但是"犯罪嫌疑人、被

---

① 贾焕银.漏洞补充中的民间法——一个框架性的分析[M]//谢晖,蒋传光,陈金钊.民间法:第七卷.厦门:厦门大学出版社,2011:220-236.

告人在五年以内曾经故意犯罪的,不适用本章规定的程序"。诚然,立法上确立刑事和解的案件范围的意图是在最大限度实现国家刑罚权与最大限度保障被害人合法利益之间寻找平衡点,但是,和解范围过窄难以发挥和解制度本身的优越性,也与该程序的设立目的相左。笔者以为,我国刑事和解的案件范围应该在"五年以内曾经故意犯罪的,不适用刑事和解程序"的基础上适当扩大:首先是区分故意犯罪和过失犯罪;其次是将"因民间纠纷引起"案件性质限定为"故意犯罪",并且将"可能判处三年有期徒刑以下刑罚的"轻罪扩展为重罪,比如说"可能判处十年有期徒刑以下刑罚";最后是对于自然人的过失犯罪来说,由于我国刑罚体系中最高刑在七年有期徒刑以上的约占70%,所以应当全覆盖。当然,渎职犯罪除外。

(二)平衡当事人的和解意愿

民间和解中,当事人双方表达和解意愿没有先后之分,并且和解意愿可以包含也可以不包含和解的具体内容。但在刑事和解中,这种情形被打破。从刑事诉讼法第277条看,加害人需要真诚悔罪、赔偿损失、赔礼道歉、获得被害人的谅解并且被害人愿意和解时才能提出和解,进而获得从宽处理。这就是说,刑事和解制度中,加害人真诚悔罪并积极向受害方赔礼道歉和赔偿损失是和解的基础,受害方对加害方的行为表示谅解是和解能否成功的关键,公安司法机关将双方当事人达成和解作为刑事处罚从宽的酌定情节是推动和解达成的重要动力。① 笔者以为,这种规定对被害人的保护有矫枉过正之嫌,因为它给了被害人过多的评价标准,而事实上"真诚悔罪"在更多意义上是立法者附加的良好愿望,"获得被害人的谅解"与"被害人自愿和解"之间的关系在民间社会中是不言而喻的,无需罗列。就此而言,该条只需表明"当事人依据民间规范(风俗、习惯等)就赔偿损失、赔礼道歉达成一致意见的,视为和解"即可。当然,以威胁、引诱、胁迫等非法方法促成和解的除外。

(三)合理处置和解中的事实和证据

民间和解虽然极少要求"事实清楚、证据确实、充分",但是辨别"孰对孰错"涉及民间规范的"识别"以及相关事实和证据的"共识"问题,所以当事人商定民间规范进行和解时很难抛开共同经历的事实,对双方认可的证据进行评说也是很自然的事。刑事诉讼法没有规定当事人和解时应否对事实和证据进行评价,但是最高检的司法解释第513条要求当事人"不得对案件的事实认定、证据采信、法律适用和定罪量刑等依法属于公安机关、人民检察院、人民法院职权范围的事宜进行协商",这个规定有些强人所难,它没有考虑到以民间和解为基础的刑事和解的特殊性,即刑事和解程序与普通刑事诉讼程序对事实、证据等方面要求是不同的,司法解释应当对刑事和解中当事人双方认可的事实和证

---

① 陈学权.我国重罪案件适用刑事和解面临的挑战及应对[J].法学杂志,2015(4).

据保持克制的态度,只要不与公安司法机关掌握的证据和认定的事实有太大出入或者完全相反就行。

(四)适度平衡当事人的利益得失

民间和解与刑事和解的相同点是被害人获得物质补偿和精神抚慰,不同点在于刑事和解中的加害人不免除刑事责任,并且是以国家的名义对加害人实施的"报复"。如此一来,民间和解中各方以其所失衡量其所得的利益格局将被打破,以至于刑事和解中的被害人以其所失与加害人的所得"相加"作为自己所得的计算基础,导致加害人处于更加窘迫的地位,也为刑事和解构陷了"以钱赎刑"的骂名。不仅如此,在被害人的利益有保障的情况下,对加害人的从宽处理只是"预期利益",并且其从宽的幅度只有50%的上限却没有下限,这不但给司法腐败开了口子,也使刑事和解中的利益博弈更为复杂。如人所言,"刑事和解有限性在于,犯罪客体框定了刑事和解的边界,刑事责任为保障民事救济让步有限,民事责任填补功能,以及惩罚与预防犯罪的功能均有限,刑事和解应保持惩罚与预防总量的平衡。"①笔者据此认为,司法解释应该考虑这些情况,设立合理的从宽处理下线,或者授权和解当事人可以商定从宽处理的比例的建议等,在当事人之间营造"胜者不是全得,败者不是全输的平衡感"②,既调动和解的积极性,又利于和解协议的执行。

(五)正确对待当事人之间的反悔

通常来说,自愿状态下经过深思熟虑、充分协商的民间和解,当事人一般是守信用的,"周瑜打黄盖,一个愿打一个愿挨"。反悔是有代价的,要么招致报复、要么社会信任度降低。关于刑事和解的司法解释中,公安部的没有涉及反悔问题,有些遗憾,因为有和解就可能有反悔,特别是加害人的"不批准逮捕"或者"取保候审"的内心期待落空、被害人的物质损失扩大或者出现未曾预料严重后果时。对此,一方面可以考虑在强制措施上给刑事和解预留更大的作用空间,另一方面也可以考虑已经履行的刑事和解不得反悔,除非违反了相关的禁止性规定。最高检司法解释第521条注意到了反悔问题,其处理方法是"不起诉决定作出之前反悔的,可以另行达成和解""在不起诉决定作出之后反悔的,人民检察院不撤销原决定,但有证据证明和解违反自愿、合法原则的除外。"这表明审查起诉阶段关注的重点是和解与是否起诉的关联关系,这对于检察机关的工作重心来说是必要的,但是反悔"不撤销原决定"的规定可能造成由于被害人反悔加害人要求返还财物的新的纠纷。如果出现这种纠纷,加害人或者其亲友只能通过"和平方式"解决,一旦行为"过限"而被认定为"威胁、报复",则依照最高检司法解释第522条之规定,和解协议就应当认定为无效,并且可以撤销已经作出的不批准逮捕或者不起诉决定,这对加害人显

---

① 蒋凌申.论刑事和解中权利与权力的边界及处分限度[J].中国刑事法杂志,2016(5).
② 滋贺秀三,等.明清时期的民事审判与民间契约[M].王亚新,等编译.北京:法律出版社,1998:13.

然是不利的。因此,第521条的规定"赋予了当事人双方在和解达成后随时反悔的权利,看似平等,但由于被告人方为追求刑事责任的最小化,往往积极参与和解且几乎在和解后不反悔,因而这一权利实际上成了被害人方的特权"。① 鉴此,笔者以为审查起诉阶段应当在考虑刑事和解自身稳定性基础上,将反悔区分为被害人反悔与加害人反悔,然后分别设计其与不起诉之间的关联关系,否则的话至少应当解决反悔后已经交付财物的"回转"问题。相比之下,最高法的司法解释对待反悔的态度比较明确,其第502条规定"和解协议已经全部履行,当事人反悔的,人民法院不予支持",这有利于促进理性和解、保障和解的稳定性。但是,对于审前阶段提起附带民事诉讼又在审判阶段达成和解而加害人不能即时履行全部赔偿义务的,其第504条要求"人民法院应当制作附带民事调解书",这样规定虽然考虑到了刑事和解的民事责任与附带民事诉讼之间的关系,但是仍然面临民事调解书能否真正执行的问题,所以应该像最高检司法解释第517条那样,要求加害人对不能履行部分提供"有效担保"。

(六)将精神损害赔偿纳入刑事和解

精神损害赔偿是现代社会的产物,在民事诉讼领域早已成为常态,但是在诸如触犯了"黄历""风水""龙脉"之类禁忌规范的民间和解中也存在精神损害赔偿问题。我国按普通程序进行的刑事案件中,精神损害赔偿是不能提起的,司法解释甚至还规定在刑事案件审结后也不能另行就该案提起精神损害赔偿。② 这些做法虽然已经为人所诟病,但是目前未见松动迹象。不过,刑事和解程序对此提出了挑战,因为该程序的核心是当事人和解、司法审查与从宽处理三者之间的有机结合。其中,当事人和解虽然受公权力的制约,但在本质上仍是以民间和解为基础的,因而精神损害赔偿就成了秘而不宣、隐而不解的问题。目前实践中,一些被害人对赔礼道歉不感兴趣,时常将其纳入精神损害赔偿并"合并"到赔偿损失之中,有的用"精神抚慰金"或者"人道主义补偿款"冲抵赔礼道歉。笔者以为,刑事和解应当允许精神损害赔偿,并且本着人道主义精神、照顾被害人的不同需要,将刑事诉讼法第277条的"赔偿损失、赔礼道歉等方式获得被害人谅解"改为"赔偿损失、赔礼道歉或者支付精神抚慰金等方式获得被害人谅解"。

(七)改变刑事和解的司法审查方式

民间和解虽然不受公权力审查,但民间规范的社会性决定了它不能被当事人随意地更改、弃用或滥用,否则民间规范既不能生成也无法维持其社会功能,这本身就是一种约束。"我们更应该注意的,恰好不是各项成文的法典、法令,而是法律生长于其中的各种社会条件,包括民族的观念和心态,决定着法律的命运,它们才是支配社会的真实的法

---

① 陈斌.刑事和解中被害人反悔的情形及应对[J].中国检察官,2015(3).
② 具体内容参见最高法的"法释[2000]47号"和"法释[2002]17号"。

律。"① 刑事和解中,司法审查既是监督私人之间的合意是否符合刑法价值观的措施,又是衡量是否需要以折抵刑罚的方式对和解进行奖赏的手段。但是,《刑事诉讼法》第 278 条将司法审查作为"主持制作和解协议书"的前提,言下之意是不通过审查就没有和解协议书,而没有和解协议书就不能获得"和解待遇"。可见,司法审查在一定程度上体现了立法者对私权利的过度担心,轻视了当事人维护自身权益的能力,其可能的负面效果要么是当事人为了审查过关不敢合理主张权利,要么是司法审查被当成个别人的特权。鉴此,笔者主张将主动审查设置为被动审查,由此将第 278 条修改为"双方当事人和解的,应当制作和解协议书,送交办案机关附卷备查。已经提交和解协议书的不得反悔,但是经过审查被认定为违反和解自愿性、合法性的除外"。同时,为了方便当事人和解,可以提供格式化的《和解协议书》,也可以考虑让社会律师为当事人提供法律援助,或者吸收公职律师、值班律师参入调解、和解协议书制作等工作。

(八)加强刑事和解中的权力约束

民间和解的价值取向是"大事化小、小事化了""冤家宜解不宜结",因此纠纷发生后无论谁作为"调停人"都要本着上述价值观进行调节,不能从中作梗,不能自己附加条件,更不能从中受益。但是,刑事和解中除了必要的司法审查外,公权力还有其他形式的介入,这容易导致权力滥用或者司法腐败。根据公安部司法解释第 322 条规定,当事人同意和解的案件,即使在《刑事诉讼法》第 277 条规定的范围内,也要"经县级以上公安机关负责人批准",才"可以依法作为当事人和解的公诉案件办理",这种规定在当事人急切达成刑事和解时完全有权力寻租的空间。根据最高检司法解释第 519 条和第 520 条的规定,人民检察院对于公安机关提请批准逮捕的案件,双方当事人达成和解协议的,可以作为有无社会危险性或者社会危险性大小的因素予以考虑,经审查认为不需要逮捕的,可以作出不批准逮捕的决定;在审查起诉阶段可以依法变更强制措施;可以作为是否需要判处刑罚或者免除刑罚的因素予以考虑,符合法律规定的不起诉条件的,可以决定不起诉。众所周知,逮捕与否、起诉与否对于加害人来说很重要,但是从这些司法解释看,刑事和解只是"予以考虑"的因素,很难起到应有的作用。笔者以为,公安部的上述解释不符合刑事和解的立法意图,不能以公安机关负责人的"批准"作为刑事和解的条件,应该废止。对于最高检的司法解释,为了保障当事人的"和解利益"、减少反悔,对于"逮捕"可以增加规定:加害人要求不予逮捕的,可以不予批准逮捕;被害人要求不予羁押的,可以变更强制措施;对于"不起诉"可以增加规定:被害人要求不起诉而且加害人的罪行较轻的,可以决定不起诉。如此改动,表面上看冲击了检察机关的权力、动摇了国家的刑罚权,实际上是刑事和解作为特别程序的"特别需要"。

---

① 梁治平.法辨"中国法的过去、现在与未来"[M].北京:中国政法大学出版社,2009:161.

The Dilemma and Rethink of the Civilian Norms in the Criminal Reconciliation

Wang Jiabao

Abstract: The popularity, provincially and internal binding force of the civilian norms determines its values in the criminal reconciliation, such as digesting the abstraction of the legal norms, promoting the parties reached a settlement agreement, ensuring the implementation of the settlement agreement, and so on. However, the construct of the criminal reconciliation legislation and its judicial interpretation squeezed the space of the civilian norms in the aspects of the offender punishment mode, specific requirements of facts and evidence, the process of dispute handling, etc. Therefore, in order to achieve the legislative purpose of criminal reconciliation better, the criminal conciliation procedure should be respond to the inherent needs of the civilian norms in terms of expanding the scope of the case, balancing the intention of reconciliation, playing down the facts of the evidence, balancing gains and losses, dealing with the phenomenon of repent, acknowledging mental damage compensation, changing the way of censorship, preventing the abuse of power, and the like.

Key Words: theoretical value; practice dilemma; legislative response

"你的姓名谁做主"
——对散居少数民族姓名权保护的困惑及思考

范景萍[*]

摘要:姓名权是公民的一项基本的同时也是极为重要的民事权利,姓名权在本质上讲属于人格权,它经历了从身份权向人格权的演化,所处领域也从传统的公法范畴移位到私法范畴。随着我国工业化及城镇化进程的加快,越来越多的少数民族群众离开民族聚居地,融入各地的城市生活中,相伴随的关于散居少数民族权利之保护引发了越来越多人的关注,其中自然包括散居少数民族之姓名权的保护。本文从具体案例出发,思考分析散居少数民族权利保护之必要性及价值,同时就现行散居少数民族权益法律保障中存在的问题进行简要的分析,并提出合理化对策。

关键词:姓名权;散居少数民族;权利保

引 例

毕力格图,蒙古族,谢某,汉族,二人于 2009 年登记结婚,2012 年 4 月 9 日生育一女,取名阿拉坦花。后毕力格图到其户口所在地河北省唐山市某派出所为其女办理出生户籍登记时,该派出所认为依照婚姻法第二十二条"子女可以随父姓,可以随母姓"的规定,其女的姓氏需与父母一方姓氏保持一致才能进行出生户籍登记,不能更改其他姓氏,故未给其女办理登记。之后该夫妻在到当地公安局及民委等多处寻求解决未果的情况下,不得已在其女阿拉坦花名字之前加了"毕"字,才算登记了户籍。2015 年,毕力格图、谢某夫妻通过多方努力,终于成功为其女把名字改回最初的阿拉坦花。

与此案类似的还有诸如入选了 2008 年全国十大影响性诉讼的赵 C 姓名权案,2010 年山东菏泽 200 多名村民因姓氏生僻而被迫集体改姓事件,2016 年 8 月最高人民法院公布的 10 起弘扬社会主义核心价值观典型案例的"北雁云依"诉某派出所拒绝办理户口登记案等等。这些案件都是公民与特定行政机关之间因姓名引发的行政诉讼案件,但与所列举案例不同的是文章开头介绍的案例是少数民族群众这一较为特殊的行政相对人与行政机关在非少数民族聚居区产生的行政纠纷,本文将从姓名权的保护出发,阐释散居少数民族权利法律保障(主要以姓名权法律保护为例)的必要性及其时代价值。

---

[*] 范景萍,内蒙古工业大学讲师,中央民族大学在读博士。

一、我国姓名权的立法现状

姓名权是公民的一项基本的同时也是极为重要的民事权利,姓名权在本质上讲属于人格权,纵观姓名权的演变,它经历了从身份权向人格权的演化,所处领域也从传统的公法范畴移位到私法范畴。

从公法领域寻找姓名权的法律依据,首先必然是《中华人民共和国宪法》。但《宪法》中并没有关于姓名权的明确内容;这并不代表宪法中没有姓名权的法律依据,《宪法》作为母法、根本大法,具有高度的抽象性与概括性,不能事无巨细的穷尽所有权利内容,所以只能用法律解释学原理探寻宪法中的关于姓名权的保护内容。《宪法》第 38 条规定:"中华人民共和国公民的人格尊严不受侵犯。禁止用任何方法对公民进行侮辱、诽谤和诬告陷害。"既然姓名权属于人格权的重要组成部分,那《宪法》第 38 条必然成为姓名权在公法领域的一条重要的法律渊源,当然此处的人格权我们对其进行是广义的解读,即人格权包括公民的生命权、健康权、身体权、姓名权、肖像权、荣誉权、隐私权等,而非狭义的只涉及公民名誉权的人格权。

我国现行法律体系中关于姓名权的主要法律依据集中于《民法通则》《婚姻法》《收养法》以及 1958 年全国人大常委会通过的《户口登记条例》等,当然还有很重要的一部分内容是 2017 年 3 月 15 日发布的即将于 2017 年 10 月 1 日实施的《中华人民共和国民法总则》。具体内容如下:《中华人民共和国民法通则》第 99 条第 1 款规定:"公民享有姓名权、有权决定、使用和依照规定改变自己的姓名权",该规定赋予了公民在姓名上具有决定权、使用权以及变更姓名的权利。《婚姻法》第 14 条规定:"夫妻双方都有各用自己姓名的权利。"第 22 条规定"子女可以随父姓,可以随母姓"。《收养法》第 24 条规定:"养子女可以随养父或者养母的姓,经当事人协商一致,也可以保留原姓。"以及《户口登记条例》第 18 条的规定:"公民变更姓名,依照下列规定办理:未满 18 周岁的人需要变更姓名的时候,由本人或者父母、收养人向户口登记机关申请变更登记;18 周岁以上的人需要变更姓名的时候,由本人向户口登记机关申请变更登记。"《中华人民共和国民法总则》第 110 条(2017 年 3 月 15 日发布,2017 年 10 月 1 日实施)规定:"自然人享有生命权、身体权、健康权、姓名权、肖像权、名誉权、隐私权、婚姻自主权等。"《民法通则》作为姓名权的主要适用条款,在一定程度上稍显笼统、抽象,造成了在实际的法律运用中操作性不强的特点,《婚姻法》《收养法》在此方面的规定也并未产生实质性改善。鉴于此,我们需要特别强调 2014 年 11 月 1 日,全国人民代表大会常委员会通过的《关于〈中华人民共和国民法通则〉第九十九条第一款、〈中华人民共和国婚姻法〉第二十二条的解释》,该解释指出:"公民依法享有姓名权。公民姓氏姓名权,还应当尊重社会公德,不得损害社会公共利益。公民原则上应当随父姓或者母姓。有下列情形之一的,可以在父姓和母姓之外选取姓氏:(一)选取其他直系长辈血亲的姓氏;(二)因由法定扶养人以外的人抚养而选取抚养人姓氏;(三)有不违反公序良俗的其他正当理由。少数民族公民的姓名可以从本民族的文化传统和风俗习惯。"在此司法解释中,还可以找到之所以对"姓氏"中的"姓"如此慎重对待的原因,在于"在中华传统文化中,姓名中的"姓",即姓氏,体现着血缘传承、伦理秩序和文化传统,公民选取姓氏涉及公序良俗",从这一点我们也可发现尽管法律赋予了公民决定、使用、变更姓名的权利,但这并非是任意的,而是要在一定的范围内进行有效的权利行使。之所以对该条进行强调,是因为笔者在查阅有关涉及姓名权的案例中,尤其是具有代表性并且具有一定社会影响的案例,在其裁判评析及法律指引中均引用了该条司法解释,由此可见,此解释对当前有关姓名权引发的纠纷解决过程中所起的重要作用,诸如河南荥阳法院判决耿某诉京城路派出所公安行政不作为案,"北雁云依"诉某派出所拒绝办理户口登记案以及张某诉南京玄武公安分局行政不作为等案例。以上案例与文章开头所引的案例相同点在于都是当事人在给子女报户口时所取姓氏非父姓也非母姓,而是其他姓氏,从而引发的纷争。第一起案例即河南荥阳的耿某一案,其父夏万里,其母赵倩,祖父姓耿,故欲给其子取名耿某;轰动一时的"北雁云依"案中吕某、张某两夫妻决定为其女取名"北雁云依";最后一例张某案中其父曾某、其母刘某为报答救命恩人张某,欲让其子随恩人姓张。文章开头所介绍的案例尚未提起行政诉讼,但我们从以上的涉及姓名权的相关立法以及所罗列的案例中也可大胆推断如果毕力格图夫妇通过诉讼寻求其权利救济,也许会取得预期效果,但我们首先做的就是改变该案例发生的初始日期,使其必须发生于 2014 年 11 月之后,也就是必须发生于 2014 年全国人大颁布的涉及姓名权的司法解释之后,需要重点强调的是必须在该司法解释中最后一句即少数民族公民的姓名可以从本民族的文化传统和风俗习惯这一条颁布之后。毕力格图这一案例与我们以上所介绍的案例有其相似之处,但此文我们主要从其特殊之处进行介绍分析,首先主体为少数民族群众,这具有一定的特殊性,其次发生的地域看似普通,但对于散居的少数民族当事人而言,是发生在少数民族聚居区外,也就具有了一定的特殊性,该案例自然引出了目前有关散居少数民族权利保护这一刻不容缓,亟待解决的现实问题。

二、我国散居少数民族权利之保障

我国最早提出"散居少数"这一概念的可以追溯到上个世纪 50 年代,系统研究开始于 20 世纪 80 年代。1991 年,敖俊德等学者提出:"散居少数民族是相对聚居的少数民族而言,是居住在民族自治地方以外以及居住在民族自治地方内,但不实行区域自治的少数民族"[①]。伴随着我国工业化及城镇化进程的加快,越来越多的少数民族离开民族聚居地,融入各地的城市生活中,这其中有关散居少数民族权利的保护自然引发了越来越多人的关注。我国目前的 55 个少数民族除了 10 个人口特少的单一民族之外,绝大多数少

---

① 敖俊德.关于散居少数民族的概念.[J].民族研究,1991(6).

数民族基本都同时呈现散居和聚居两种分布状态,据不完全统计,我国目前散居少数民族人口数量已超过 3000 万,占我国少数民族人口的 1/3。

(一)散居少数民族权利保护的立法现状

对于散居少数民族权利的保护主要涉及国内法以及国际法的两个领域,国际法领域的内容主要集中于对少数人权利的保护,国内的散居少数民族权利受到侵害时或者扩大其内涵为国内少数人的权利受到侵害时,如果想要寻求国际法层面的救济,前提必须是受侵害的权利主体所在国已经加入有关国际公约或者国际协定及其他,本文对此不做过多介绍,我们主要介绍国内的情况。目前,在尚未颁布《散居少数民族权利保护法》的情形下,对于我国散居的少数民族权利保护的法律渊源,我国民族法律法规体系的六个层级都有涉及,包括宪法、《民族区域自治法》、一般性法律、国务院及其所属部门制定的行政法规和规章、调整民族关系的地方性法规和规章、民族自治地方的自制条例、单行条例、变通规定或补充规定等。以下我们选取文中开头介绍的毕力格图这一具体案例,同时进一步缩小地域范围,重点考查毕力格图案发生地河北省在散居少数民族权利保护方面的相关法律内容。

首先有必要简要介绍一下河北省散居少数民族的居住情况,目前河北省有 55 个少数民族,少数民族人口 285 万,在全国居第 9 位,占全省总人口的 4.2%,世居的少数民族有满族、回族、蒙古族和朝鲜族,其中蒙古族人口 16 万,是河北省人口数量第三多的少数民族,约占全部少数民族人数的 5.3%。从以上的内容中不难发现河北省的散居少数民族不算少数,而且其中蒙古族的 16 万人口,在一定意义上讲也可认为规模不小,但仍出现了诸如毕力格图这一案例,虽然我们不能以偏概全,但似乎也还是可以说明一些问题。

作为该案例发生地的河北省,于 1991 年 10 月 1 日颁布实施了《河北省散居少数民族权益保障条例》,此条例共七章四十一条,与案例相关的内容大体包含以下条款,条例第七条规定:"各级国家机关要保障散居少数民族公民行使宪法和法律规定的权利,任何组织和个人不得侵犯散居少数民族公民的合法权利"。第十三条规定:"散居少数民族及其公民的合法权利受到侵犯或者受到民族侮辱、歧视的时候,有向人民政府、人民法院、人民检察院申诉、控告的权利,各级人民政府、人民法院、人民检察院接到申诉或控告以后,必须依法调查处理"。第五章尊重少数民族风俗习惯和宗教信仰中的第三十二条规定:"各级国家机关保障散居少数民族有保持或者改革自己的风俗习惯的自由"等。总体而言,该条例体系较为完整,具体内容虽有欠缺,但基本涵盖散居少数民族权利保护所涉及的主要方面。仔细研究不难发现,其中存在问题也较为明显,如条文笼统抽象,作为地方规章,法律特征不够明确,将奖励与惩罚并列列于第六章,对违反该条例所承担的法律责任一笔带过,如条例第三十九条规定:违反本条例有关规定,损害散居少数民族公民合法权益,情节较轻的,由本单位或上级部门给予批评教育或行政处分;情节较重,违反《中华人民共和国治安管理处罚条例》的,由公安机关处罚;构成犯罪的,由司法机关依法追究刑事责任,其中具体权利义务不清晰,法律责任不明确,必然会产生条例在现实生活中可操作性不强、条例流于形式等问题。此外,该条例针对性不强,如果将条例中的"河北省"这一特定地域去掉,就以其中内容而言,放置于其他任何一个省份尚无违和之感,可见其在考虑地方实际方面的不足。该条例颁布于上个世纪90年代,距今已二十五年有余,2010年7月30颁布的《河北省人民代表大会常务委员会关于修改部分法规的决定》中将《河北省散居少数民族权益保障条例》第三十九条中将原来的"治安管理处罚条例"修改为"治安管理处罚法",2010年7月30日河北省第十一届人民代表大会常务委员会第十七次会议《河北省人民代表大会常务委员会关于修改部分法规的决定》对其进行修订,但对比修改前后条例的内容,只是细枝末节的修订,调整幅度有限,内容也未见大的变动。回到文中的毕力格图案,如果真正寻求司法救济的话,主要的法律依据仍然是2014年关于姓名权的司法解释中的那句有关少数民族姓氏方面要依据民族风俗习惯的规定,欠缺真正的可以作为法律依据的明确且具体的保障散居少数民族权利的法律法规、规章、地方性法规及地方性规章。

(二)对散居少数民族姓名权保护的思考

别的权利暂且不提,就拿少数民族姓名这一具体内容而言,少数民族姓名本身就和汉族有诸多不同之处,而且不同的民族之间又存在巨大差异。以蒙古族为例,蒙古族的姓和名是分开的,姓氏是祖上传下来,名字是某一个蒙语单词的汉化。蒙古族在日常生活中,姓名一般不带姓,即便在办理身份证时也不冠姓氏。如蒙古族男孩的名字多为巴特尔(英雄)、巴雅尔(喜悦)、巴图(结实)等,蒙古族女孩的名字如娜仁(太阳)、萨仁(月亮)、敖登(星星),都是其名字,其中并不含有姓氏,这是蒙古族的传统习惯,是蒙古族相沿承习的历史惯例。笔者出生长大于内蒙古呼和浩特市,身边多是蒙古族的亲戚、朋友、同学、学生等,但尚未听到任何类似于文章开头所介绍的毕力格图案中的情形,可见这种在民族聚居区解决处理的较好的有关民族的相关问题,在其他地区并非像我们想象或者以为的那样,同样能得到圆满的解决,关涉少数民族权利保障的现实也并非像"看起来的那么美"。其实类似于毕力格图案中蒙古族姓名遭遇的境地,引起更多关注的是许多公共服务系统不识别带"·"的姓名,而众所周知,在我国的很多少数民族群众姓名中都带有间隔符"·",这导致有人因此办不了身份证、办不上信用卡、买不上飞机票等等。目前的《居民身份证法》第四条规定:"居民身份证使用规范汉字和符合国家标准的数字符号填写",并规定:除依照第六条或者第十一条的规定使用民族文字或者书写、译写汉字的以外,姓名用字应当在二个汉字以上、六个汉字以下。而其实主要针对的是汉族的姓名,少数民族姓名动辄就十几个汉字,相关的例子也是信手拈来,如维吾尔族的名字,那可然·阿斯卡尔、肉孜古丽·托乎提、嘉木样·洛桑久美·图旦却吉尼玛等,尽管在《居民身份证法》中还有如下规定:民族自治机关或者民族良俗对姓名的字数有规定或约定的,从其规定和约定,但在实际操作中,这一条却往往被有关部门所忽视,这一内容也就形同虚设。也许是应目前时事所需,2016年5月,国家民委、公安部、工信部等12部门联合下发《关于在政府管理和社会公共服务信息系统中统一姓名采集应用规范的通知》,《通知》规定,对于姓名间隔符"·",要严格按照国家标准,统一采用"·"(GB13000编码为00B7,GB18030编码为A1A4)表示;在信息系统设置中,规定姓名数据项最大长度不少于50个字符(25个汉字);在信息系统设计研发工作中,要实现对国家标准编码汉字GB13000或GB18030的全覆盖。① 它带来了两大改变,其一是要求公共服务系统必须准确、完整录入公民姓名;二是确保姓名信息在各系统之间的互认,从而保障各族公民正常享有各项社会公共服务。这一通知,对于目前在现实生活中被屡屡侵犯的少数民族姓名权来说是及时且有价值的利好消息。

此外在少数民族姓名方面还存在少数民族人名音译转写等现实问题,而这一问题在散居少数民族生活地区更为突出。众所周知,每个人名代表一个人,书写的正确与否影响到他的社会生活。随着各民族间交往交流交融越来越多,使用国家通用语言文字音译转写少数民族人名越来越重要,与之相伴随的问题也很多而且情形也很复杂,有时甚至会产生令人哭笑不得的后果,以维吾尔族为例,维吾尔族文字属于拼音文字,而汉字是形、声、义结合的表意文字,而且汉字中同音字非常多,比如,因维吾尔语和哈萨克语、柯尔克孜语都是没有声调的语言,即使不算声调区别,同样发音的汉字同音字就多到令人咂舌,根据《现代汉语规范字典》,"波(bo)"的同音字有59个,"提(ti)"的同音字有34个,"普(pu)"的同音字有31个,"玉(yu)"的同音字有126个,"伊(yi)"的同音字有136个,与此类似的还有很多,如此多的同音字,都可以成为音译时对应的汉字,那么少数民族的人名需要译成汉字时,维吾尔族人名中本是一个音节却可以译出几十个甚至几百个汉字,于是一个人的名字就变成了几十个甚至几百个不同的人名来。由于汉字中同音字多,有的汉字是褒义字,有的是贬义字,有时在译写时不加区分,用贬义字译写,造成人生侮辱的情形也很多。② 这样在少数民族音译转写过程中的混乱状况,势必给诸如户籍管理、档案管理、司法办案等方面带来不便,而对少数民族群众个体而言,除了为其日常生活增添诸多不便之外,就其个人基本权利保障方面,也表现出了明显的不足,这一情况在少数民族散居地更为突出。

散居少数民族姓名权只是我们从诸多权利中选取的一种,随着各民族交流交往的增多,城市人口民族成分的增多及多样化,更要求各地区各部门深刻领会、重视、理解我国的多民族国情和文化的多样性,保障少数民族权利得以顺利实现,从各个方面尊重少数民族风俗习惯,如尊重少数民族的饮食习惯、婚俗嫁娶丧葬习惯、服饰年节习惯等。尽可能预防和纠正不尊重民族习惯的现象,切实保障少数民族的正当权益,尤其是那些易被人们忽视的散居在非民族聚居区的少数民族的权利。

---

① 宗禾.积极回应民生关切保护少数民族姓名权,国家民委将督查落实[N].中国民族报,2016-5-20.
② 陈毓贵.规范少数民族人名汉字音译转写促进语言文字规范化建设[J].语言与翻译,2003(3).

三、现行散居少数民族权益法律保障存在的问题

当前,随着我国工业化、城镇化的进一步发展,我国各民族的散居化程度有进一步加强的趋势,伴随着这种分布和居住形式的变化,势必对调整民族关系的相关法律制度提出新的要求。回看我国目前的民族法律法规体系,我们已经初步形成了保障散居少数民族权益的从中央制定的法律法规规章到地方性的法律法规规章,这其中起指导作用并且位阶最高的是1993年11月由国家民委发布的《民族乡工作条例》和《城市民族工作条例》。各地方的人大和政府也在散居少数民族权益保障方面做出了不少努力,如前文介绍的河北省关于保障散居少数民族权益的地方性行政规章,北京、上海、湖南、湖北、辽宁、河北等地也结合本地区实际制定了相应的地方性法律法规和规章,有些地方还制定了针对散居少数民族中具体问题的规章制度,如天津、陕西、吉林、辽宁、山西制定了有关清真食品生产经营管理专项制度。① 但就目前而言,在散居少数民族权益法律保障方面仍然存在很大不足,现实中的法律供给并不能有效满足实际上散居少数民族在相关方面的法律需求,此外,就目前已出台的有关方面的法律法规也存在很多问题,如原则性强、确认性条款多,缺少保障及限制条款,针对性不足,可操作性不强等等,具体如下:

(一)立法体系不完整

目前我国散居少数民族权益法律保障体系立法层次低,配套法规相对较少,该体系缺少核心法律,诸如像民事法律体系有《民法通则》,少数民族权利法律保障体系有《民族区域自治法》等,散居少数民族权益保障缺少一部类似《散居少数民族权益保障法》的一核心法律。从前文也可得知,当前在此体系中位阶最高的是1993年制定的《城市民族工作条例》,这部行政法规到2017年已经走过25年,对当今新形势下的散居少数民族权益保障的内容在相关方面表现出明显的不足及滞后,这也需要有关部门根据时代的要求做出与时俱进的,顺应新情况新问题的适时调整。此外,在散居少数民族权益保障方面的配套性法律法规体系也明显不足,个别省份至今尚未出台当地的散居少数民族权益保障的法律法规和规章。通过北大法宝的检索显示,目前出台相关条例的地方有广东省、湖北省、河北省、辽宁省、湖南省、重庆市、吉林省、海南省,北京市目前有《北京市少数民族权益保障条例》,上海市同北京一样,也出台了《上海市少数民族权益保障条例》,与此类似的还包括《浙江省少数民族权益保障条例》《江苏省少数民族权益保障条例》,其他地区是否也颁布了关于散居少数民族权益保障方面的条例,在目前可见可查询的资料中尚未找到。在有关散居少数民族权益保障的具体方面,如族籍权利、风俗习惯权利、文化、教育、科技、卫生事业方面的权利也明显表现出法律保障力度不够的特点。

---

① 虎有泽.散居少数民族权益保障探析[J].青海民族研究,2013(7).

(二)民族特点不突出,针对性不强

我国的散居少数民族分为城市散居少数民族、农村散居少数民族、民族乡散居少数民族,这些散居少数民族居住地各具特色,相互之间也存在差异,但在相关的法律法规规章中对此却并无区分,一概而论,自然会导致法律供给与法律需求不衔接的情况。以下对毕力格图案的发生地河北省的《河北省散居少数民族权益保障条例》与《湖南省散居少数民族工作条例》做一简要的对比分析。从前文所知,河北省有 55 个少数民族中满族、回族、蒙古族和朝鲜族人数最多,其中满族人口最多,为 204 万,回族 58 万,蒙古族 16 万,朝鲜族近 1 万,在散居少数民族权益保障条例的制定中,虽然要体现其所指主体的广泛性,但还是要针对实际,对散居人数较多的民族稍有偏向,就目前条文中,尚未发现具有针对性的内容。再看《湖南省散居少数民族工作条例》,首先仍有必要简要介绍湖南省少数民族的基本情况,湖南属于多民族省份,有汉、土家、苗、侗、瑶、白、回、壮、维吾尔等 50 余个民族。少数民族中世居人口比较多的有 11 个,即土家、苗、侗、瑶、白、回、壮、维吾尔、满、蒙古和畲族,因工作调动、婚姻家庭关系而迁入的少数民族有 40 余个,人口在一百万以上有的:土家族、苗族。人口在 10 万以上的有侗族、瑶族、白族。其他少数民族人口均在 10 万以下。在查看该省的散居少数民族权益保障条例的具体内容时,不会发现与其他省份的较大的区别,或者精确一点说,绝大多数条文与其他省份几乎没有区别,如将湖南与河北二者的地域互换,即把河北省散居少数民族工作条例中的地名换成湖南省,条文内容不变,也不会出现"文不对题"的现象,但从前文的比较中,不难发现两省份在散居少数民族分布方面还是存在较大的区别,这样更说明了目前可见的有关少数民族权益保障抑或是散居少数民族权益保障条例中存在的针对性不足,彼此之间雷同程度高,没有充分体现地域特征等问题。除此之外,我国散居少数民族权益保障的法律法规、规章以及地方性法规、规章之间也没有体现明显的差异性,不少地方出台的法规有的照抄《宪法》《民族区域自治法》的有关规定,有的效仿其他地区的《民族自治条例》,无地方特点可言。

(三)法律法规规范性、实用性、操作性不强

从目前可见的关于散居少数民族权利保护的法律法规规章,从整体而言,无不体现"大而全"的特点,从序言、目的、原则、正文、附则到章节条款应有尽有,这样尽管比较完善,也体现了法律法规制定的严密和完整,但是从另一方面也会产生重点不够突出,目的不明确的问题。此外,立法用语不够规范,实际操作性不强,在已颁布实施的地方法规中,存在很多不明确,伸缩性很大的法律语言,如"安排一定数额的经费""予以适当照顾""安排一定数量的人员"等,与此相类似的用语不胜枚举,而这种不够规范的法律用语往往也使相关法律流于形式。① 国内现行的有关散居少数民族权益保障的法律法规或者是有关少数民族权益保障的法律法规,多以决定、工作条例、办法等形式出现,没有体现其规范性,立法的名称也较为混乱,多用"通知""指示""批复"等,为其法律等级和法律效力的确定带来一定难度。

四、散居少数民族权益保障法律体系的完善

(一)加快立法步伐,完善散居少数民族权益法律保障体系

鉴于目前关于散居少数民族权益保护方面的位阶最高的只是一部行政法规,即《城市民族工作条例》,立法层次低,不能充分体现这一法规所保障主体的重要性,所以,需要出台一部由全国人民代表大会制定的基本法——《散居少数民族权益保障法》抑或《少数民族权益保障法》,作为该法律体系的核心,有效保障散居少数民族群众的合法权益。当前,也有专家学者提出不同的建议,认为制定一部《散居少数民族权益保障法》虽然能够有效保障散居少数民族的合法权益,但事实上散居少数民族明显分为城市散居少数民族和民族乡少数民族这两个群体,这两大群体之间存在诸多差异,这也是1993年国务院分别制定《城市民族工作条例》和《民族乡工作条例》的原因,因此,指望一部法律解决目前存在的所有有关散居少数民族权益保障的问题也是不太现实的。总而言之,适时出台一部由国家最高权力机构制定的关于该权益保障的基本法是当前的工作重点。此外,国务院及其各部委应就有关散居少数民族权益保障中涉及问题较多的方面制定具体的行政法规和行政规章,如目前关注度较高的清真食品管理以及流动少数民族权益保障等。省、自治区、直辖市和较大的市、有立法权的市的人民代表大会及其常委会应根据本地区实际,制定行之有效的地方性法规,尤其是在某些具有地方个性、中央不便立法的事项上因时因事因地制定法规,充分发挥地方立法机关的主动性和积极性。

(二)依法行政、强调监督检查

散居少数民族居住地的行政管理对散居少数民族权益保障起着十分重要的作用,针对散居少数民族群众这一群体的特性,相关的行政机关应该更要增强其依法行政意识、提升其执法水平,有效保障该群体的合法权益。陆平辉教授在他的著作《散居少数民族权益保障研究》中,根据我国行政诉讼法对行政诉讼受案范围的规定,对散居少数民族权力的行政诉讼案件作了如下列举:行政处罚案件、行政强制措施案件、侵犯散居少数民族法定经营自主权的案件、行政许可案件、不履行法定职责的案件、抚恤金案件、违法要求

---

① 徐合平.完善城市民族立法的思考[J].中南民族大学学报,2006(3).

履行义务的案件、其他侵犯人身权、财产权的案件①。如果文章开头的毕力格图案例中毕力格图夫妇提起行政诉讼的话,那就属于以上分类中的行政确认案件,所谓行政确认是指行政机关对特定的法律事实、法律关系或者法律状态做出具有法律效力的认定并且予以证明的具体行政行为,具体包括:散居少数民族成员身份确认,例如散居少数民族成员收养登记、身份证姓名确认;散居少数民族成员之间法律关系确认,例如婚姻登记;法律事实确认,如自然保护区,文物保护单位确认等,有关公安机关在确认少数民族成员户口姓名时侵犯其合法权益。有关散居少数民族权利的行政诉讼救济,从另一个方面必然要求行政机关在散居少数民族管理工作中更要做到依法行政,具体包括依法执法、严格执法和文明执法。

(三)充分尊重和照顾城市散居少数民族风俗习惯权益

文章开头提到的毕力格图案例,争议点在当事人的蒙古族姓名上,争议的产生在很大程度上是由于有关机关对散居少数民族风俗习惯不了解,正是由于对少数民族风俗习惯的不熟悉、不了解导致这一简单的问题迟迟得不到有效解决,损害了当事人的合法权益。"散居少数民族风俗习惯权益是散居少数民族权益的重要组成部分,同时,由于风俗习惯权益的实现与保障散居少数民族其他权益的实现紧密相关,因此,散居少数民族的风俗习惯权益要得到有效的实现和保障,落脚点仍然在总体上健全散居少数民族的权益保障法律制度,只有这样才能构筑起实现散居少数民族风俗习惯权益的制度环境"。② 要充分认识和尊重散居少数民族风俗习惯的重要性,因其相对政治经济的变化来讲,更具有稳定性、持久性,要保持和发扬少数民族风俗习惯中的优良传统,吸取其中的有益部分,剔除其中的落后部分以及陈规陋习,同时要健全依法处理侵害散居少数民族风俗习惯权益事件的有效机制,完善司法救济机制以及突发事件应急机制。

"Who decides your name"

——Confusion of Scattered Minority Name Rights Protection and Thinking

Fan Jingping

Abstract:Right of name is citizen's basic and extremely important civil right, it belongs to the personality right in essence. It experienced from the status right to the personality right, its field from public law to private law. With the speeding up of industrialization and urbanization in china, more and more ethnic minority people leave the ethnic enclaves and integrate into the city life, accompanied with the people pay close attention to protect of the scattered minority rights, including scattered minority name

---

① 陆平辉.散居少数民族权益保障研究[M].北京:中央民族大学出版社,2008:124.
② 陆平辉.散居少数民族权益保障研究[M].北京:中央民族大学出版社,2008:274.

rights protection. This article embarks from the specific case and analyze the necessity of scattered minority rights and value, meanwhile, analyzing the problem in it briefly and put forward rational suggestions.

Key Words: right of name; scattered minority; right protection

自治县的自治权在城市化
进程中的困境与出路[*]

李 雷[**]

摘要：在城市化浪潮中需特别关注自治县。囿于特殊的历史原因和地理环境，自治县城市化发展水平还不高，远低于全国平均水平。大力促进自治县城市化面临理论和制度层面的障碍，核心是自治权与城市化似乎存在冲突，宪法及《民族区域自治法》并未在民族地区设立城市建制的基本单位，导致自治县撤县设市之后将放弃自治地位丧失自治权。面对以上实践难题，需从理论层面找到自治权与城市化的契合点，在制度设计上探索适时设置"民族自治市"，并以法律形式明确自治县实现城市化目标后仍然能保留自治权。

关键词：自治县；自治权；城市化；民族区域自治

民族区域自治是通过赋予少数民族自治权，提升少数民族参与社会主义建设的积极性，促进少数民族地区经济社会的发展。城市是现代文明的标志，城市化水平的高低体现一个国家和地区现代化的发展水平。[①] 城市集聚了大量社会资源，是促进生产力大幅提高的主导力量，城市化则是经济社会高速发展的必然结果。由于区域经济发展水平、各地社会与自然发展环境、历史文化传统、地理位置等不尽相同，不同地区城市化模式存在一定差别。[②]

一、自治县的自治权与城市化具有共同的发展目标

从本质上讲自治权与城市化并不矛盾，二者都具有推进自治县稳步发展的内在要求，只是在自治县撤县设市过程中对二者目的统一性缺乏深刻认识，误认为二者相互冲突难以协调。自治权着重从法律层面保障少数民族实现自我管理提升当家做主的积极性，最终实现各民族平等团结和共同繁荣，城市化则是从区域经济发展层面，试图通过城市的集聚效应带动周边地区经济同步发展，二者统一于自治县设立的初衷。

---

[*] 基金项目：教育部哲学社会科学重大攻关项目招标课题（项目编号：14JZD003）的阶段性成果。
[**] 李雷，武汉大学法学院宪法学与行政法学博士研究生
[①] 戴小明，黄元姗.论城市化与自治州的未来发展[J].贵州民族研究，2012(1).
[②] 王新哲，陈田.西南沿边民族地区城镇化模式探析[J].广西师范学院学报，2016(5).

(一)自治权以促进各民族共同繁荣为根本目的

民族区域自治并不是现行宪法的专利,1954年宪法就包含民族区域自治的内容①。中国共产党在1949年前于部分地区实践过这一制度,早在1947年4月于乌兰浩特市召开内蒙古人民代表会议,成立了内蒙古自治区,可见,民族区域自治在革命战争时期就成为了一项基本政策,并在后续历史中被一以贯之地继承和完善。民族区域自治的政治意义在今天依然存在,充分体现在宪法和《民族区域自治法》中。② 民族区域自治的核心是自治权,自治权是少数民族专有的权利,没有自治权的自治是空洞的虚幻的,自治权的范围是体现少数民族自主管理内部事务的关键。

自治县作为民族区域自治的最小建制单位,因其人口规模和经济总量较小,自治政策易于贯彻调整,即使执行中出现失误,也可以将影响降到最低程度,发挥"船小好调头"的优势。在落实自治权方面自治县具有自治州、自治区无法比拟的优势,目前每个自治县都制定了自治条例,而五个自治区由于种种原因均未制定自治条例。之所以赋予少数民族自治权,不仅是为了维护民族团结国家统一,更希望借此促进各民族的共同繁荣,若没有各民族共同繁荣,自治权将失去应有的意义,民族区域自治的目标也难以实现。尊重并给予少数民族一定的自治权,使少数民族能因地制宜,采用适合本民族本地区的社会经济发展政策,以利于经济发展和文化传承,不言而喻,少数民族地区经济的持续发展又会加快该区域城市化的进程。

(二)城市化是整个中国的必经之路当然包括自治县

从文明发展的角度而言,城市的出现是人类社会走向成熟的标志,也是人类群居生活的高级形式,更是人类追求美好生活的必然产物,因此,人类社会城市化进程是不可逆转的。中国城市化率正快速提升,撤县设市成为适应这种变化的重要手段,地区经济发展使其具有必然性。③ 当下中国的城市化率已由1949年前后的10%左右,上升到如今的56.1%,④虽然城市化进程取得了可喜的成绩,但地区发展显著失衡,东中部地区城市化进程明显快于西部地区,非民族地区城市化进程明显快于民族地区,非民族地区城市

---

① 1954年宪法第53条:中华人民共和国的行政区域划分如下:(一)全国分为省、自治区、直辖市;(二)省、自治区分为自治州、县、自治县、市;(三)县、自治县分为乡、民族乡、镇。直辖市和较大的市分为区。自治州分为县、自治县、市。自治区、自治州、自治县都是民族自治地方。

② 宪法和《民族区域自治法》序言部分,对民族区域自治的政治目的有直接描述,如宪法序言:"平等、团结、互助、和谐的社会主义民族关系已经确立……国家尽一切努力,促进全国各民族的共同繁荣。"《民族区域自治法》序言:"实行民族区域自治,对发挥各族人民当家作主的积极性,发展平等、团结、互助的社会主义民族关系,巩固国家的统一……都起了巨大的作用。"

③ 李雷.依宪治国背景下完善撤县设区的宪法学思考[J].云南社会科学,2016(5).

④ 2016年1月29日在国务院新闻办举行的例行吹风会上,发改委副主任胡祖才介绍日前国务院审议通过的《关于深入推进新型城市化建设的若干意见》有关情况时表示:"2015年我国城市化率达到56.1%,城镇常住人口达到了7.7亿。"

的数量和规模也远大于民族地区。① 经济发达的地区城市化率较高,能提供更多就业机会,吸引大量农村人口进入,从而为经济发展提供较多劳动力和潜在消费人口,实现经济发展与人口迁移的良性互动。反之,城市化率较低的地区,提供的就业机会较少,难以吸引周边农村人口,陷入城市化率越低越难以实现人口净迁入的恶性循环。

城市化是民族地区发展的必然趋势,也是激发民族地区经济文化发展的内在要求。② 城市化对经济发展的促进作用有目共睹,城市化不仅是汉族地区的城市化,民族地区更须早日赶上城市化的步伐,才能增强经济实力,而民族地区经济水平和经济总量的提高,必将有助于日常生活中其他相关问题的缓解。③ 民族地区城市发展差异较大,核心城市大城市力量不强辐射能力有限,中小城市数量较少带动能力不足,大部分地区属于农村人口占优势的县,其中自治县又占有很大比例,故民族地区城市化的关键在于自治县,因为城市化本就是由乡村到城市由农民到市民的过程,而自治县正是少数民族农村区域自治的集合体。自治县内绝大部分都是农村人口,而且是相对贫穷的农村人口,自治县基础设施较差,离现代城市的要求相距甚远,如果各个自治县能实现城市化,则整个国家离城市化的目标更近了一步。

二、自治县的自治权在城市化进程中遇到困境的现实表现

自治县是少数民族历史积淀文化传承的最佳载体,数量众多包含较广泛的自治少数民族,自治成效对民族区域自治的影响最直观,当前集中在西部地区。④ 虽然自治权与城市化的发展目标具有一致性,但法律法规的滞后和模糊使不少自治县在城市化进程中,难以保留自治地位,陷入加速城市化则可能失去自治权,保留自治权则可能妨碍城市化的窘境。

(一)自治县撤县设市后被迫取消自治权

自治权的核心是自治立法权,通过制定自治条例和单行条例指导本区域的民族自治,然五大自治区仍然没有出台自治条例,使民族自治缺乏必要的宏观指导。自治州虽然制定了自治条例和单行条例,但适用范围包含整个自治州,自治立法权还牵涉自治州与所属自治县不同民族之间的竞合,如凉山彝族自治州包含木里藏族自治县,凉山州针对彝族制定的单行条例显然就不一定适合藏族地区。故自治县由于设置灵活,能充分行使自治权,在民族区域自治中发挥着不可替代的作用。城市化可能导致自治县自治权的

---

① 根据中国人民大学经济论坛的统计结果,截至 2014 年,我国城市化率最高的京沪两地远超西部民族地区,如 2014 年北京的城市化率为 86.3%,上海为 82.0%,而西藏只有 23.7%,新疆 44.5%,广西为 44.8%。
② 戴小明,黄元姗.论城市化与自治州的未来发展[J].贵州民族研究,2012(1).
③ 陈纪,攸频.城市化进程中民族地区经济发展的困境分析[J].大连理工大学学报(社会科学版),2010(1).
④ 截至 2015 年末,中国一共有 120 个民族自治县,包含中国所有大的地理区域,其中华北有 9 个自治县,东北 12 个,华东 1 个,华中 9 个,华南 21 个,西南 48 个,西北 20 个。

丧失,因为自治区作为省级地方面积广泛人口众多,可以通过境内各个城市的发展体现城市化的成果,且仅仅因为城市化而取消自治区的自治权,涉及国家基本民族政策的调整社会影响太大,在目前看来几乎不可能实现;自治州下辖市、县和自治县,可以通过自治州内部撤县设市顺应潮流体现城市化发展的趋势,且当前没有撤州设市的先例,其自治权受城市化的冲击较小。

不少自治县在撤县设市之后,因为宪法和《民族区域自治法》并没有自治市的制度设计,被迫取消自治权。如重庆市在1997年直辖之后,因宪法并没有规定直辖市能管辖自治县,故要求黔江土家族苗族自治县撤销自治成为重庆的市辖区。又如1989年辽宁省设立北镇满族自治县,后因经济发展需要于1995年3月撤销北镇自治县改设北镇市,取消了原北镇自治县的自治地位。在两自治县境内,少数民族的民族构成经济社会条件并没有发生根本变化,仅因为没有自治市的设置,就贸然取消自治县的自治地位,值得深入思考。虽然不少自治县撤县设市后发展势头良好,但大多体现在经济层面,如地区生产总值的提高人均收入的增加,这些成就的确值得肯定。但自治县发展不仅仅是经济发展,还包含对民族文化的传承和民族历史的记忆,自治县自治权被取消之后,会降低对当地传统民族文化的保护力度,可能对当地少数民族的历史情感产生一定冲击,削弱昔日的民族荣光。

(二)部分达到撤县设市标准的自治县放弃撤县设市

根据宪法和《民族区域自治法》的规定,自治县相对于县级市享有许多制度及政策优惠,具有自治立法权,对少数民族干部培养也比较有利,如中央和省对自治县实行财政补贴和部分税收返还制度。正因如此,有些自治县希望继续享受政策扶持,即使满足撤县设市的基本条件,仍然保持自治县的身份不变,人为推迟这一转变的到来,使自治县受制于身份的限制影响城市化进程。① 如贵州省威宁彝族回族苗族自治县近年来县域经济发展较快,早已成为贵州省的经济强县,有些人口经济总量不如威宁自治县的地区已成立了市。截至2014年末,威宁自治县的人口达143.5万,GDP总量已超过150亿,而贵州省福泉市在2014年末,总人口只有33万,GDP为118亿左右,② 不论是从经济总量还是所辖人口来看,威宁自治县都已超过了福泉市。这既说明自治县合理行使自治权加上国家政策的扶持能有效带动经济发展,又说明部分自治县经济实力稳步上升,初步具备了实现城市化的条件。

经过改革开放三十多年的发展,部分自治县较成立之初发生了翻天覆地的变化,适时启动撤县设市调整政府职能,将以农业发展为主转向以工业发展为主,以管理服务农

---

① 田烨.民族地区城市化发展刍议[J].成都大学学报(社会科学版),2015(4).
② 威宁自治县政府.县情简介[EB/OL].资料来源于 http://www.gzweining.gov.cn/WebArticle/ShowContent? ID=5368,福泉市政府网站.统计分析[EB/OL].资料来源于 http://www.gzfuquan.gov.cn/doc/2016/01/13/281794.shtml,2016-7-2.

村人口转向管理服务城镇人口,符合自治县城市化的基本规律。囿于较为优越的民族政策,不少自治县放弃转型为市的机会,从长远来看是一种短视行为,不利于民族地区城市化,必会阻碍自治县的进一步发展。① 当下自治权和优惠政策有逐渐演变为一种福利和特权的趋势,以继续获得优惠政策而牺牲适时转型的机会有违民族区域自治的初衷,自治权的目的绝不是妨碍或者变相妨碍自治县转型升级,随着县域经济的逐步发展,将来有必要深入探讨自治县的优惠政策是长期的还是暂时的,是附条件的还是无条件的。②

(三)强县扩权或省直管县在部分自治县无法推行

县级地方制度改革正深入推进,改革模式多样效果显著,如强县扩权、省直管县等,但碍于强县扩权有可能侵犯自治县的自治权,各地在强县扩权改革中,均谨慎行事纷纷将自治县排除在外,导致自治县错失重大改革机遇。如湖北省分别在 2003 年 6 月,2005 年 7 月,2006 年 4 月,分三批给省内各县充分扩权,但扩权范围并不包括宜昌市下辖的长阳土家族自治县和五峰土家族自治县。仅从管辖人口和经济总量等要素比较,长阳自治县与大悟县、孝昌县不相上下,③因此长阳、五峰自治县没有列入扩权县名单,很大程度是害怕省内强县扩权,导致行政权力介入自治管理与自治权发生冲突。省直管县在某些省份顺利推进并将自治县纳入直管范围,如海南省实行省直管县,不仅直接管理普通县还包含 6 个自治县,这是因为海南全省实行省直管县,不存在地级市或者自治州管理自治县。但不是每个自治县都能被省直管,现阶段自治州境内的自治县,如果实行省直管则可能虚化弱化自治州的管辖权限,最终与自治州的自治权相背离。民族区域自治的实现与自治州的纵向结构制约着自治州减少行政层级和行政区划调整改革。④ 如云南省直管南涧彝族自治县,会导致大理白族自治州管辖范围缩小,削弱自治州的地位减少行使自治权的范围。故目前各地省管县改革中,普遍存在将辖区内的自治州或自治县排除出改革序列的现象。⑤

强县扩权或省直管县原意是通过下放行政管理权力,减少管理层级提高管理效率和自主性,以推动县域经济发展,事实证明,此举的确取得了良好效果,大部分县在改革之后既提高了经济增长率,又方便日常管理为公民提供更便捷的服务。宪法及《民族区域

---

① 部分自治县为了获得短期政策扶持,而放弃顺应城市化趋势促进产业升级,目光似乎不够长远。令人想起有些县因为争取或保留贫困县的帽子而大肆庆祝的场景,如 2012 年湖南省新邵县张贴"热烈祝贺新邵县成功纳入国家集中连片特困地区,成为新时期国家扶贫攻坚的主战场"的标语,引发人们热议。

② 当前已经有学者认为优惠政策是有时间期限的,"优惠政策是为了实现民族之间的实质平等,但其实施是有时间限度的。"潘弘祥.民族自治地方行政区划变更的动因、问题与对策——城市化背景下的叙事[C]//孙青友.民族法学评论:第 9 卷.北京:民族出版社,2013:68.

③ 2015 年湖北省县域经济发展报告[EB/OL].搜狐网.http://mt.sohu.com/20160506/n448034383.shtml,2016-6-26.

④ 张殿军.自治州及其辖区行政体制改革的困境与创新[J].民族研究,2013(3).

⑤ 刘玲.省直管自治县:民族自治地方行政体制改革路径探索[J].中南民族大学学报(人文社会科学版),2015(3).

自治法》没有明确规定自治县扩权或直管,不少地方因此迟迟不敢推动自治县进行相应改革,照此看来,自治县的自治权反倒成为阻碍其扩权或直管改革的绊脚石。当然并不是说自治权本身会阻碍改革,而是因为自治权和强县扩权是从不同的维度增强县级地方的权力,自治权是从民族自治的角度增加自治县的权力,强县扩权是从权力下放的角度增加县的权力,两者都希望增加地方权力提高管理效率促进经济发展。

三、对自治权在城市化进程中遇到困境的法理分析

自治权合理行使能促进县域经济发展,加速自治县城市化进程,但目前看来当自治县发展到一定程度,初步达到撤县设市标准时,继续享有自治权似乎延缓了自治县城市化的发展趋势。自治权在城市化进程中遇到种种困惑抑或阻碍,是多方面原因造成的,笔者着重从法律层面分析宪法对自治权的定位,梳理《民族区域自治法》关于自治权的具体规定,厘清自治县民族自治权与行政管理权的异同,进而为后文的制度完善提供法律依据。保障民族区域自治制度的完整性和民族自治地方权益,成为民族法治建设的时代要求。①

(一)宪法对少数民族自治权的政治考量多于经济考量

宪法序言将民族团结置于非常重要的地位,始终将民族区域自治作为一项基本政治制度而非基本经济制度,该制度设计之初主要考虑促进民族团结国家统一,但随着时代变迁欠缺为民族地区经济发展提供配套制度。若仅考虑自治权的政治属性,自然会不计成本的用经济手段扶持自治县,这恰恰有违自治权设定的初衷,使得本末倒置,因为赋予自治权是鼓励少数民族通过自身努力促进民族发展。在城市化不断发展和向前推进中,城市结构和形式改变导致少数民族利益关系格局发生了新变化。② 自治权与其说是一项经济权力,不如说是一项政治权力,因为国家在自治权之外广泛提供各种经济扶持的优惠政策,既便于实施又能带来经济利益,对于基层来说眼前的政策似乎比庙堂的法律更实用,故各项民族优惠政策逐步冲击和稀释了自治权本身包含的经济属性。

如果单纯考虑民族区域自治当然可以视自治权为政治权力,但当其与城市化结合起来时,不得不思考自治权背后的经济效益,是否有利于自治县尽快实现城市化。从自治县成立的背景及发展脉络来看,其肩负的政治意义往往超过经济使命,习惯以民族团结国家统一压倒一切,在自治县大规模投入资金予以扶持。诚然,作为中华民族大家庭的重要组成部分,促进自治县发展提供一定程度的物质帮扶是必不可少的。但从根本上说,自治县的发展依赖于良好的制度设计,使其符合经济发展的普遍规律,经济帮扶只是

---

① 戴小明,黄元姗.论城市化与自治州的未来发展[J].贵州民族研究,2012(1).
② 张殿军.城市化进程中自治权的流失、偏离与调适——以自治(州)县改市及行政区划调整为视角[J].广西大学学报(哲学社会科学版),2012(1).

一种途径,绝不应该成为主要途径,古往今来,没有哪个地区或民族依靠源源不断的帮扶实现自身的持续发展。过多的优惠政策和帮扶力度,使部分自治县不愿通过自身努力实现经济腾飞,国家为了民族团结又持续大力扶持自治县,无形之中会削弱自治县的进取心。在自治县经济发展到一定程度,继续维持文化方面的保护政策,适时减少乃至最终取消经济帮扶政策,顺应城市化发展的潮流,不失为一项明智之举。

(二)《民族区域自治法》制定之初自治权行使范围以农村为主

《民族区域自治法》制定于1984年,正处在改革开放初期城市化刚刚起步,整个国家城市化率非常低,民族地区城市化水平更落后于全国平均水平。当时大部分少数民族都位于农村地区,因此《民族区域自治法》只有自治县、自治州而无自治市的设置,有民族乡但无民族镇的设置,凸显了当时的实际情况。① 县自然以农业发展为主,乡镇虽然都属于农村基层区域,但镇所管辖的人口和经济发展水平普遍强于同一区域的乡。可见,该法在制定之初就隐含着民族区域自治以农村地区为主,在当时的历史条件和经济发展水平下,定位自然是准确的。有鉴于此,本世纪初不少学者提出应该把民族区域自治分为农村区域自治和城市区域自治,这为深化民族城市区域自治的认识提供了可能,通过对民族城市区域自治的积极探讨,将有助于建立完整的民族区域自治理论。②

自改革开放以来,城市化率越来越高,法律自制定出来即落后于社会实际,所以才需要不断的修改完善,但2001年《民族区域自治法》修改时并没有考虑民族地区经济飞速发展,越来越多的少数民族可以由农民变成市民,更多自治县符合设市标准的实际情况,仍然没有增加自治市的设置,这不得不说是当时修法的遗憾,也间接使自治县撤县设市陷入了两难境地。前文已经论证自治县不仅涉及地区经济发展,还关系少数民族的文化认同和情感维系,若简单地认为自治县经济发展到一定程度,则可以撤县设市没有必要继续赋予自治权,明显是从狭隘的角度对自治权的片面理解,须知自治权包含了大量文化方面的权力,③这些权力并不应该随着经济实力的提升而丧失。

(三)自治权内容模糊表述抽象易与普通行政管理权混淆

自治权内容模糊抽象伸缩性较大,在不能确定自治权边界的背景下,谨慎起见为了不侵犯自治权,往往宁愿排除自治县行政扩权,也要防止随意扩权可能侵犯自治权的风险,这种做法自有某些合理性,但从根源上来说是对自治权的内涵缺乏清晰认识,也是

---

① 也有人认为:或许当初立法者不设立自治市,是认为自治县内少数民族经济物质条件较差,需要更多的政策扶持,必须授予自治权,如果物质生活条件有了较大改善,达到成立市的标准,则需收回自治权,实现各民族之间的平等。
② 鲍明.中国民族区域自治的城市制度安排与制度创新[J].民族学研究,2003(1).
③ 根据《民族区域自治法》规定的自治权范围,至少有7条涉及少数民族的文化权力,如第19条、第21条、第36条、第37条、第38条、第39条和第42条。

《民族区域自治法》对自治权的规定较为笼统造成的。自治权主要依据《民族区域自治法》，该法第三章专门规定了自治机关的自治权，从第19条到第45条都是民族自治权的范围。初看之下，自治县的自治范围非常广泛，但仔细梳理法律条文发现自治权内容模糊不利于实际执行，易与普通地方行政管理权混淆。第一，总体而言，该法政治性宣传性氛围浓厚，大多为原则性框架性规定，较少有具体细致可操作的规定。① 全文始终贯彻民族团结共同繁荣的理念，即使关于自治权的具体条文，仍体现政治属性强法律属性弱的痼疾，如该法第37条："自主地发展民族教育扫除文盲，举办各类学校普及九年义务教育"，②从严格意义上讲欠缺法律条文的构成要件。第二，自治权主要体现在文体教育方面，经济发展社会管理层面的自主权限较少。文体教育法规一共有14条，大多较为详细易于执行，这也是对自治权规定得最具体的部分。但现实中不少学者忽视了自治权包含文体教育的内容，误以为自治权仅仅是经济方面的权限。一方面当前仍然重视经济发展，将经济总量的增长视为当地社会的全面进步，还没有摆脱"唯GDP论"的思维；另一方面自治县在行使自治权时，突出强调国家应该给予资金政策扶持，借此获得中央更多拨款，而"遗忘"了自治权的文化教育权能。第三，关于经济发展社会管理方面的条文，不仅数量较少过于宏观，而且与普通地方行政管理权限相似，难以体现自治特色。③ 如该法第35条："民族自治地方可以设立地方商业银行"，目前看来这并不是民族地区的特权，普通地方也能设立地方商业银行，如东莞银行、汉口银行、南京银行等。自治权既不同于普通行政地方国家机关在中央统一领导下因地制宜的开展工作的自主权，也不同于特别行政区享有的高度自治权。④ 自治权如果不能体现出一定的优越性，与普通权力并无二致，则容易造成法律规范的重复空洞，难以体现少数民族当家作主的本质。又如该法第30条规定："民族自治地方的自治机关自主地管理隶属于本地方的企业事业。"作为单一制的特点，中央与地方的权力关系在中国主要体现为上级领导下级⑤。其他地方政府也有权依法管理本地方的企业事业，此条文仍然难以体现自治特色。

(四)对侵犯民族自治权的行为缺乏必要的惩戒措施

虽然该法对民族自治权、自治机关等都有具体规定，立法初衷是希望以法律手段保

---

① 如《民族区域自治法》第25条、第26条、第28条的规定："制定经济建设的方针、政策和计划，自主地安排和管理地方性的经济建设事业"，"合理调整生产关系和经济结构，努力发展社会主义市场经济"，"民族自治地方的自治机关依照法律规定，管理和保护本地方的自然资源。"

② 《民族区域自治法》第37条：民族自治地方的自治机关自主地发展民族教育，扫除文盲，举办各类学校，普及九年义务教育，采取多种形式发展普通高级中等教育和中等职业技术教育，根据条件和需要发展高等教育，培养各少数民族专业人才。

③ 如《民族区域自治法》第31条、第35条："民族自治地方依照国家规定，可以开展对外经济贸易活动，经国务院批准，可以开辟对外贸易口岸。""民族自治地方根据本地方经济和社会发展的需要，可以依照法律规定设立地方商业银行和城乡信用合作组织。"

④ 刘茂林.中国宪法导论[M].第二版.北京:北京大学出版社,2009:217.

⑤ 张千帆.宪法学导论——原理与应用[M].第三版.北京:法律出版社,2014:269.

障自治权实现,但该法在内容架构严谨度上还有所欠缺。如该法第 14 条:"民族自治地方及其区域界线未经法定程序,不得撤销或者合并",①但何为法定程序?成立或者撤销民族地区具体包含什么步骤,时至今日仍然没有明确的法律条文,导致民族地区的设立撤销缺乏具体的实施细则,以至于不同地方按照各自认可的程序分别实施。故《民族区域自治法》规定的法定程序、充分协商、确实需要等条款,为民族自治地方行政区划的随意变更打开了方便之门。② 自治县作为民族区域自治的基层单位,缺乏类似于自治区自治州的广泛影响力和重要地位,批准自治县撤销合并以及边界变更的主体位阶较低,自由裁量合理执行的能力有限,尤其需要明确的法律依据具体的实施办法,供其参照执行。

此外,自治权作为民族区域自治的核心,照理来说对侵犯自治权的行为会有十分严格的惩戒措施,以保障自治权顺利实施。任何一种社会规范,都有保证其实施的社会力量,既都具有某种强制性。③ 然而该法全篇强调对自治权的保护,但没有一条是针对破坏自治权的惩戒处罚条文。法律的制裁性正是区别于其他社会规范的核心要素之一,任何一部法律,若缺乏责任追究条款和惩戒措施,将成为没牙的老虎,缺乏必要的威慑力和权威性。仅凭执行者的自觉和内心道德约束遵守法律,势必增加违法的概率和风险,正因如此,才出现黔江自治县改区等涉嫌侵犯自治权的行为。如果今后在法律制定或修改中,不能对破坏自治权的行为及时予以惩戒,追究相关人员的责任,则难以在城市化进程中维护自治县的自治权。须知,自治县在整个政治结构中处于基层位置相对弱势,若缺乏明确的法律依据和惩戒措施,自治县自然难以对抗较高级别地方撤县设市的要求,从而丧失自治权,故增加对侵犯自治权的惩戒条款对自治县而言尤为急迫。

四、从法律层面化解以上困境的建议措施

自治权是维护自治地位的根本保障,城市化又是自治县的必经之路,民族自治地方行政区划是国家政治经济发展的产物,随着国家社会转型的推进,适时调整和整合是必需的。④ 从不同的维度探寻二者目标的一致性,在国家层面规划自治县的城市化发展,在具体制度设计上,通过增加自治市或保留自治权,既能促进自治县城市化进程也能切实维护少数民族的自治地位。

---

① 《民族区域自治法》第 14 条:"民族自治地方一经建立,未经法定程序,不得撤销或者合并;民族自治地方的区域界线一经确定,未经法定程序,不得变动;确实需要撤销、合并或者变动的,由上级国家机关的有关部门和民族自治地方的自治机关充分协商拟定,按照法定程序报请批准。"
② 潘弘祥.民族自治地方行政区划变更的动因、问题与对策——城市化背景下的叙事[M]//孙青友.民族法学评论:第 9 卷.北京:民族出版社,2013:68.
③ 张文显.法理学[M].第四版.北京:高等教育出版社,2011:41.
④ 罗维庆.国家转型时期民族自治地方行政区划的规范与整合[J].吉首大学学报,2007(4).

(一)努力强化自治县自治权与城市化目标的一致性

自治权的根本目的是实现少数民族地区的繁荣发展,城市化是人类社会文明发展的历史趋势,最终目的是希望通过城市强大的生产力创造更多的物质财物以造福全人类。当前自治县在城市化进程中陷入种种困境,导致城市化进程受挫,是因为各地对城市化和民族区域自治的兼容性存在不同的认识,需要进一步理清思路。① 各地没有厘清自治权与城市化目的的一致性,缺乏自治县顺利实现城市化的制度保障,导致二者表面上的差异影响了自治县在城市化进程中继续保留自治权。从法律层面将二者的目标联系起来,最简单的做法便是修改宪法或者《民族区域自治法》,但宪法作为根本大法,不宜轻易启动修宪程序,通过立法解释的方法将宪法或《民族区域自治法》的目的与城市化目的结合起来,花费的法律成本将降至最低,立法解释较之修改宪法和《民族区域自治法》,具有更强的现实性和可能性。② 通过前文对自治权范围的解读,结合宪法和《民族区域自治法》设定自治权的目的,自然可以将自治县的自治权与城市化发展有效统合在自治县繁荣富强的发展目标中。

(二)国家应从总体上规划自治县城市化发展的路径

自治权较为偏重政治因素,经济发展是为了实现民族团结和国家统一,还没有真正实现经济基础对上层建筑的反作用。在制定《民族区域自治法》时,民族地区城市化率较低,城市数量较少规模较小,没有太多经验为自治县城市化提供参考借鉴。但随着时代的变迁,民族地区城市化率相比过去有了较大提升,从整体上规划自治县城市化发展路径成为一项不容回避的话题,因此,须站在国家全局规划的高度,为自治县实现城市化提供法律和制度保障。自治权不仅要考虑民族因素即政治因素,还应该考虑区域因素即利用适宜的行政区划促进地方经济发展,由国家统一规划,既能站在更高的层面融入长远的政治考量,又能保证制度的权威性便于日后落实。民族区域自治的经济基础已经发生了变化,将过去自治以农村地区为主,适时转向同时兼顾农村和城市地区,是经济发展的内在需要。城市化发展目标事关整个国家发展方向,本就应该先由国家统一制定目标政策,再由各地在遵循国家规划的前提下有序开展,自治县是当前实现城市化的难点和关键所在,若由各个自治县单独制定城市化发展目标,缺乏国家层面的统一引领,必将导致各自为政方案各异,造成区域之间同质化竞争缺乏梯度建设,不利于自治县城市化的总体趋势。

---

① 刘玲.省直管自治县:民族自治地方行政体制改革路径探索[J].中南民族大学学报(人文社会科学版),2015(3).

② 张殿军.自治州及其辖区行政体制改革的困境与创新[J].民族研究,2013(3).

(三)适时修改《民族区域自治法》,为自治县城市化提供法律保障

《民族区域自治法》作为民族区域自治的宪法性法律,从总体上构建了民族区域自治的具体制度,为自治权充分实施提供了必要的法律依据。任何法律制度本身并不是目的,民族区域自治制度也一样,它应该服务于制度所设立的主要目标。① 针对该法政治性强、过于原则、欠缺某些制度设计的缺点,可以考虑通过以下措施完善该法:

1. 以法律形式明确自治市的地位及设立撤销程序

从长远来看,如果能明确自治市与自治州、自治县都属于民族自治地区,并规定自治市与自治县享有同样的自治权,那么自治县达到撤县设市标准时,将积极申请成立自治市,既能促进自治县城市化进程,又能保留自治县的自治权,必将迎来自治县撤县设市的小高潮。城市化中坚持和完善民族区域自治,并创新自治形式增设自治市。② 若自治市已经在法律层面得到认可,在条件允许的情况下,民政部门还应该尽快出台《自治市设立和撤销实施细则》,为自治市设立和撤销提供依据,设定具体条件明确操作步骤。这样既能严格甄别有选择的成立自治市,防止无论条件是否合格一窝蜂地申请成立自治市,又能有效保障自治市的自治权,即使撤销自治市也必须经过严格的程序,防止人为因素干涉自治市的撤废。设置自治市不是否定民族区域自治制度,而是为了更好地坚持和完善民族区域自治。③

2. 以法律形式明确自治县撤县设市后保留自治权

设立自治市涉及宪法和《民族区域自治法》修改问题,改革难度较大,短期内很难实现。④ 但当前不得不加快自治县城市化进程,若因成立自治市有悖于宪法,可在不与宪法冲突的前提下,通过柔性手段在《民族区域自治法》中明确自治县撤县设市后仍然保留自治地位,这或许是当前解决自治县城市化困境最可行的措施。撤县设市后保留自治地位虽然没有法律上的直接依据,但从立法者本意来看,并没有违反《民族区域自治法》的初衷,建议今后修改《民族区域自治法》时,增加详细具体易于执行的条文,一并完善自治权中经济、文化等各项制度的具体规定。自治县撤县设市后,从短期来看该地区的民族成分不会发生根本性变化,此时取消自治地位并不十分妥当,有可能影响民族情绪。当前因行政区划改革而取消自治县自治权的案例不胜枚举,甚至出现同一个民族因分属不同地区,而享有不同的自治权限。如 1961 年 4 月成立了丽江纳西族自治县,2003 年 4 月国务院批准撤销丽江纳西族自治县,同时成立丽江市古城区和玉龙纳西族自治县,该地区

---

① 沈寿文. 撤自治县(州)改设"市"异议之商榷——兼驳增设"自治市"主张[J]. 黑龙江民族丛刊,2013(4).
② 张殿军. 城市化进程中自治权的流失、偏离与调适——以自治(州)县改市及行政区划调整为视角[J]. 广西大学学报(哲学社会科学版),2012(1).
③ 金炳镐,田烨. 新世纪中国民族区域自治制度创新的一个亮点——"民族自治市"[J]. 西北民族大学学报(哲学社会科学版),2007(5).
④ 刘玲. 省直管自治县:民族自治地方行政体制改革路径探索[J]. 中南民族大学学报(人文社会科学版),2015(3).

的纳西族被一分为二,原本都享有自治权,现在古城区的纳西族不能享有自治权,只有玉龙自治县的纳西族才能享有自治权。这种人为因素导致一部分人继续享有自治权,另一部分人丧失自治权,显然是缺乏论证的,必然造成事实上的不公,是不尊重自治权的表现。

(四)有效落实自治权严格规范自治县享有的帮扶政策

部分自治县达到条件后不愿意撤县设市,是希望继续享有种种优惠政策,优惠政策似乎成为阻碍这一地区城市化的不利因素,客观上违反了经济发展规律。《民族区域自治法》对民族地区的优惠政策规定较为笼统,① 缺乏详细的实施标准,地方之间因政策的不确定,导致各个自治县享有的优惠幅度差别较大。解决这一问题,要有效落实自治权以法律形式明确自治县的优惠政策,笔者认为:第一,深入落实自治权才是实践民族区域自治的关键。自治权是民族地区享有的普通行政区并不具备的权力,这项权力有法律依据,只要法律没有修改自治权将永久存在,但扶持政策则不同,政策往往有时间期限内容也会发生各种变化。自治县只有充分行使自治权,依靠自身力量发挥民族区域自治的优点,才能从根本上促进繁荣发展。第二,对自治县的政策帮扶,必须由法律加以规范,应区分情况明确帮扶范围和幅度。帮扶只能作为一项辅助措施,不能无限期持续帮扶,防止所有地区无差别的实行财政帮扶,适时扩大技术帮扶的力度,灵活运用多种帮扶方式,避免帮扶不公造成需要帮扶的自治县获得帮扶力度较小。第三,自治县符合撤县设市标准时,要适时调整帮扶方向。逐步减少资金帮扶,优惠政策应重点转向保留和传承民族文化,民族地区有丰富的民族文化资源,城市化应充分挖掘本地区的资源优势和民族文化特色。②

五、结语——统一思想及时调整促进自治县城市化进程

自治县作为民族区域自治的基本单元,承担着重要使命,自治权能否得到有效落实,直接关系民族区域自治的成败。经过三十多年的实践,自治县城市化水平有了很大提高,从总体上说以自治权为基础的民族区域自治是适合国情的,在实现民族地区顺利发展时,有效维护了民族团结国家统一。任何一种文化变迁都是缓慢的,面对快速发展带来的冲出,可能会出现许多预想不到的问题。③ 由于认识上的误区,缺乏具体的制度设

---

① 《民族区域自治法》第32条、第34条规定:"民族自治地方在全国统一的财政体制下,通过国家实行的规范的财政转移支付制度,享受上级财政的照顾","对属于地方财政收入的某些需要从税收上加以照顾和鼓励的,可以实行减税或者免税"。
② 田烨.民族地区城市化发展刍议[J].成都大学学报(社会科学版),2015(4).
③ 冯雪红,王玉强.西部民族地区城镇化研究现状与走向述评[J].中南民族大学学报(人文社会科学版),2016(3).

计,导致自治权在自治县城市化进程中陷入了困境产生了不和谐因素。

在现行法律体系和政治架构中,民族区域自治只有自治区、自治州、自治县,其他行政区划都不能构成民族自治地方,①这一制度设计的缺憾,给自治县城市化进程带来诸多困扰。只有具备健全的法律体系、规范的执行程序、完善的责任追究机制,才能有章可循,走向科学化、制度化、法治化的轨道。② 当下应该及时扩宽思路,从自治权和城市化目标一致的角度求同存异,为自治县顺利实现城市化提供法律和制度保障。只有自治县城市化水平的提高,才能从根本上促进自治县的经济发展,使自治县既充分享有自治权又顺利实现城市化,促进民族区域自治达到理想的效果。

The Predicament and Outlet of the Autonomy of the Autonomous County in the Process of Urbanization

Li Lei

Abstract:In the city of the wave of particular concern the problem of Autonomous County of the city, due to historical reasons and special geographical environment, Autonomous County, city urbanization is far lower than the national average. Vigorously promote the Autonomous County of city is also facing theoretical and institutional obstacles, the core is the autonomy and the city seems to conflict, the basic unit of the Constitution and the "law on Regional National Autonomy" has not established a city construction system in minority areas, leading after Autonomous County municipalities will abandon autonomous status autonomy. In the face of these practical problems, to find a meeting point of autonomy and city from the aspect of theory, in the design of the system to explore the timely set "national autonomous city", and in the form of law can still keep clear autonomous autonomy county to realize city goals.

Key Words:Autonomous County; autonomous right; urbanization; regional autonomy of ethnic minorities

---

① 张殿军.城市化进程中自治权的流失、偏离与调适——以自治(州)县改市及行政区划调整为视角[J].广西大学学报(哲学社会科学版),2012(1).
② 李雷.依宪治国背景下完善撤县设区的宪法学思考[J].云南社会科学,2016(5).

法律原则的民间法论辩
——以离婚案件"感情确已破裂"切入

陈肇新*

摘要："民间法与国家法相对立"的研究范式存在逻辑上的缺陷,导致"规则不能—事实替代"的民间法司法适用研究框架无法回应原则论辩问题。在法律议论背景下研究原则论辩问题,能够揭示民间法与国家法的互动机制。以《婚姻法》"感情确已破裂"原则和"应当进行调解"的程序性政策为例,通过案例叙事说明民间法与国家法互动的表征,分析民间法在离婚案件的具体作用即作为议论素材,促成原则论辩,实现融贯论证。

关键词:民间法;国家法;法律议论;原则论辩;离婚;调解

当《婚姻法》第32条第2款给出离婚诉讼应当证实"感情确已破裂"的原则时,我们应作何理解?在法律未予明文、演绎推理遭遇局限的情况下,法官应当依据什么判断夫妻感情确已破裂,又如何在法律上评价这样的依据,以及这些依据将在法律推理中发挥何种功能?这些依据可能是其他法律原则,但更多的可能是传统婚姻家庭观念,道德良知,甚至是执政党的政策。这似乎是民间法所具体涉足的场域。

一、功能意义上的民间法:一个谱系性的回溯

如果我们需要对民间法在法律推理中的可能适用问题进行分析,我们将不得不首先直面"何为民间法"以及"为何是民间法"这样一些基本问题。简言之,我们应当对"民间法"一词作何种理解?如果从规范角度看,"民间法"似乎可以被认为是起源于民间的"法",并因此与国家法相对立,但这种认识难以在规范上得到圆满论证,[①]也难以从规则

---

* 陈肇新,上海交通大学凯原法学院法学理论专业博士研究生。

① 尽管"国家法和民间法相对立"的命题源自梁治平先生的法律文化说,但我们不该忽略的是,这一命题本身就不是一个规范的界定,而是一个事实的立场,二者只有功能性差异而没有规范性差异。这是因为,梁治平先生同时指出,是"民间社会"而不是"市民社会"造就了民间法的形成土壤,因此民间规范的本质在于与国家规范和意识形态相接续和同质化。首先,民间法与国家法均源自"天道"等规范性理念;其次,民间法与国家法都是社会法律秩序的一部分,呈现出相互渗透、配合,逻辑上内在关联和司法上互动的关系;再次,在形式上,民间法也具备简易的,为特定行业、区域所熟悉的,甚至是全国通用的"法语"(概念)、"法谚"(规范),甚至是交易中规定的"套语"(形式要件)。梁治平.清代习惯法[M].桂林:广西师范大学出版社,2015:15-16,17-19,35.梁治平."民间""民间社会"和"CIVIL SOCIETY"[J].云南大学学报(社会科学版),2003(1).

效力的角度去获得自洽的解释。① 从事实角度看,民间法似乎是实存于民间的"法",但我们却难以在法律实证主义场合中论证民间法与国家法在效力上存在对立的问题。② 这两种进路似乎都有各自的根本缺陷,以至于到目前为止,"国家法何以可能与民间法相对立"的问题并没有得到更为清晰而自洽的解释,反而被假定为某种大前提,在各类的田野调查和个案分析中搁置了这一追问。③ 然而,此种假定所导致的问题是,第一,拒斥国家法作为民间法影响因素的事实,隐去了民间法与国家法可能的接续和融合的面向;第二,回避了法律人类学和深描范式所需要的静态社会前提,在遭遇强大的国家权力和剧烈社会转型的背景下,纯粹依赖于文化人类学的研究方法所进行的田野调查和个案分析将指向片段式的、静态的民间法存在样态,却未能给出民间法的动态变迁机制以及民间法与国家法之间的关系描述。然而不可否认的是,民间法的动态变迁机制必须考虑国家的影响,尤其在民族国家构建和社会转型时期,这种国家的典范更为明显。换言之,搁置追问国家法与民间法关系的做法并未解决问题,反而在逐步推陈的描述性分析中引起令人担忧的后果:尽管"民间法"是一个社会学法学和法律人类学语境下的概念,但国家法和民间法的关系问题却有明显的典范外溢性,继而影响对二者的操作分析和逻辑演绎。如果我们不首先在逻辑上理顺国家法与民间法的关系问题,那么所有建立在"国家法与民间法相对立"基础上的实证研究以及可能的制度实验和文化观察要么难以逃脱成为空中楼

---

① 例如郑永流先生认为,民间法是与国家法相对的、由社会提供规范属性和强制力的行为规则,但此种说法也是将国家法与民间法相对立作为论证前提,没有说明这种对立为何在规范上是可能的。郑永流.法的有效性与有效的法[J].法制与社会发展,2002(12).

② 从法律实证主义的角度而言,法律规范源自因被实证而获得规范权威的社会事实,此种社会事实统一了事实与规范,并因此赋予法律以实效性,此时,法律即作为"制度事实"。周力.法律实证主义的基本命题[J].华东政法大学学报,2008(2).由此可见,法律规范是一种事实,该事实被社会长期实践所证实,并因此取得实效性;而这种规范被"官民所一致信奉"这样一个承认规则所鉴别出来后,即称为法律规则。易言之,"民间法"和"国家法"都是为民间自发形成的社会实践所证实的社会事实,它们主要的区别在于能否符合"官民所一致信奉"这样一个承认规则,亦即是否具有"创制规则""效力规则""终止规则"三合一结构的"制度"属性。那么,民间法似乎是民众所一致信奉但未获官方信奉的规则,然而民间法所呈现出的多元面向,以及缺乏形式性和普遍性的特征,又使得民间法难以在规范上符合"一致性"这样一个承认规则。但无论如何,如果这是一个自洽的思路,那么民间法和国家法在本质上都是来自特定的社会实践,都具有特定语境下的实效性,因而就逻辑而言,我们只能说民间法与国家法在事实的"特殊性"和"普遍性"层面上存在效力的对立(亦即民间法是一种特殊的社会事实,国家法是一种普遍的社会事实或曰制度事实),而不能说它们二者在规范上存在对立,否则我们只能通过"法律是主权者的命令"这样一种已经被宣告为理论失败的规范性陈述才能加以验证。

③ 这样的描述主要有:立足于社会学法学和法律多元主义的立场,强调民族国家的立法不能取代原本存在于乡土民间的"另一种活法",突出民间法的熟人社会属性,主张民间法存在于"十里不同风,百里不同俗"的乡土社会,具有地域性、自发性、内控性的特征,特别在现代国家改造社会过程中出现反复的多重经验,突出民间法在国家法之外的现实意义。田成有.乡土社会中的民间法[M].北京:法律出版社,2005.有的强调普遍适用的民间法分析框架和多元结论的基本立场,例如依靠"参与观察"的方法研究社会中行动对社会的具体意义,并借鉴"深描"的文化人类学方法来理顺社会中行动的系统意义,以此发掘法律演进内在机理.深描说:迈向文化的解释理论[M]//格尔茨.文化的解释.南京:译林出版社,1999.有的直面社会转型的现状,关注现代性边缘地带的地域差异和民俗现状,通过外在描述的方法记载其民族习惯法,如各类习惯法的田野调查和研究综述。高其才.中国少数民族习惯法研究[M].北京:清华大学出版社,2003.以及在影视资料和个案分析中去探索民间法在转型社会中的生存境遇。苏力.法治及其本土资源[M].北京:中国政法大学出版社,1996.

阁的宿命,要么成为"法文化帝国主义"的注脚,①因为"民间法"无法阐明与道德、自治规则、习惯甚至于"潜规则"②等社会实存的关系。例如,我们如何理解在各类村规民约中出现的"遵守国家法律法规""促进和谐"等国家法的痕迹?③ 如何理解新中国成立以来民间在婚姻问题上所关注的具体问题的转变?④ 简言之,如果我们认为民间法是完全自洽的存在,那么我们如何在现代性的叙事中追问民间法的变迁机制及其影响因素?在现代性话语不可避免地拷问着每一个意图保持独特法律文化的族群、在国家法全方位地渗透入民间日常生活时,我们又如何直面这样的现实并在民间法上给出自身的答案?显然,这一问题必须建立在我们对民间法和国家法关系的界定上。

对此,我们应当如何去开放出可能的突破?如果我们需要关注民间法与国家法之间的动态机制及其影响因素,就必须在借鉴文化人类学研究范式的同时,从规范法学的层面关注民间法的具体样态,尤其是关注国家法与民间法在法律程序中的具体关系,并以此窥视民间法的变迁机制及其影响因素。简言之,即关注功能意义上的民间法在司法运用中的基本问题。⑤

然而问题随之产生。关于民间法在司法中适用研究的问题,目前主要依据"调整不能——事实替代"的研究范式,即当国家法律规则虽有规定,但因为"水土不服"或者"语义模糊"等原因而"调整不能",且此时有功能上等同的事实性民间规范(即民间法)存在时,法官就会在双方辩论的基础上确定是否借助该民间法建构大前提,并在个案正义和价值衡量的背景下,依靠民间法进行法律论证或补充法律漏洞,使之成为证成法律决定或使国家法取得实效的根据。⑥ 可以说,此后多数讨论民间法司法适用的著作主要依循了这一研究范式,相关论述均在经验地假定国家法律规则存在外在缺陷(无法取得法律效果与社会效果统一)和内在缺陷(语义模糊或难以适用)下,就民间法在司法适用中的方法、参与法律秩序的范围、内涵及其功能等问题进行了阐述,其基本结论是民间法在司法适用中发挥补充、补强法律规则说理的作用,至多是阐述民间法促成法律规则融贯性

---

① 有学者直接提出,民间法就是民间社会规范,就是民间习惯、风俗、道德、章制、礼仪。刘作翔.具体的"民间法"[J].浙江社会科学,2003(4).
② 有学者认为,"潜规则"区别于民间法的地方的特点之一即潜规则高度依附于国家法,是国家权力滥用的结果。贾焕银.潜规则与中国法治发展[J].民间法,2013(12).周世中.潜规则的法理思考[J].民间法,2014(14).
③ 例如贵州省黎平县十洞十三寨所制定的《和谐公约》,其中第一条即规定"惩恶扬善,遵纪守法。相关村寨要以和为贵,与人为善,匡扶正义,见义勇为,遵守国家法律法规,恪守社会伦理道德";又如湖南省通道县尾寨村《防火公约》第五条规定,"任何村民不得擅自搭建临时建筑物(构筑物)……"这里的"构筑物"就是典型的物权法上的概念。吴大华,等.侗族习惯法研究[M].北京:北京大学出版社,2014:228,232.
④ 例如新中国成立初期是包办婚姻、童养媳、妻妾、彩礼问题,八十年代是彩礼和"非法"同居、事实婚姻和共同财产问题,而后是"包二奶"、家庭暴力、夫妻财产、离婚时保护子女和女方权益,以及无效婚姻等问题。全国人大常委法工委就新《婚姻法》答记者问[EB/OL].http://www.pkulaw.cn/fulltext_form.aspx?Db=lawexplanation&Gid=1090520503[25/08/2016].
⑤ 对此,已有学者在规范法学层面对此问题进行探索,指出将民间法认定为"事实性民间规范"的做法并不妨害民间法在司法上的具体适用。魏治勋.民间法思维[M].北京:中国政法大学出版社,2010:175-176.
⑥ 谢晖.法律哲学[M].长沙:湖南人民出版社,2009:241.

论证的过程。① 然而,"调整不能——事实替代"范式的前提在于存在具有形式规范属性的法律规则,亦即以演绎推理不存在大前提空缺和局限为前提。那么,在更具一般属性的原则和政策场合下,甚至在面对整个法律的演绎推理的局限时,这一研究范式就显得捉襟见肘。简言之,在法律原则的场合中,这一范式就存在失语之虞。此时,我们应当如何关注民间法在司法适用中所发挥的具体作用?显然,《婚姻法》第32条第2款所规定的"感情确已破裂"的内容,就是这一典型体现,它反映了国家法授意民间法参与司法活动并进而形成二者动态机制的具体路径。

二、法律议论下的原则论辩:民间法与国家法的互动机制

如何在规范法学背景下证成"感情确已破裂"?换言之,我们如何开展法律推理,继而使民间法参与到法律推理中?换言之,在遭遇演绎推理的局限时,我们应当如何在实践理性的视野中回应离婚调解中民间法的具体运用问题?

这可能需要法律议论,尤其是当我们试图将法律论证视为修辞运作的场域时。简言之,议论就是具有对立面和对立的基本内容,就是为了反驳对方或者进行辩解,而摆事

---

① 目前多数论文均未能突破"调整不能-事实替代"的框架。例如以下八个面向:(1)有学者直接指出该研究范式对于民间法司法适用问题的典范意义。魏治勋.事实的规范力量——论事实性民间规范及其法律方法意义[J].山东大学学报(哲学社会科学版),2009(3).(2)有学者从宏观角度观察民间法在司法场域中的具体运作模式,试图以构建民间法与法学方法论之间勾连为主要线索,分析民间法在法律方法上的法律解释、价值衡量、漏洞补充以及法律论证作用。谢晖.初论民间规范对法律方法的可能贡献[J].现代法学,2006(5).贾焕银.漏洞补充中的民间法——一个框架性的分析[J].民间法,2008(7).韦志明,张斌峰.法律推理之大小前提的建构及习俗的作用[J].山东大学学报(哲学社会科学版),2009(2).贾焕银.民间规范的性质及其司法适用逻辑分析[J].山东大学学报(哲学社会科学版),2009(4).张晓萍.在司法中民间法与法律方法的勾连[J].山东大学学报(哲学社会科学版),2010(6).(3)有学者试图在此基础上开示重构民间法研究范式的路径。李传良.我国民间法重构途径探索[J].山东社会科学,2007(9).并试图获取民间法参与法律秩序的方式。张晓萍.民间法司法运用的制度建设[J].甘肃政法学院学报,2011(9).谢晖.论民间法结构于正式秩序的方式[J].政法论坛.2016(1).(4)有学者通过概念分析的方式来限定民间法参与司法适用的具体范围并试图寻找其可能的限度。谢晖.论民间法与纠纷解决[J].法律科学,2011(6).沈宏彬.民间规则在司法裁判中的运用与限度[J].甘肃政法学院学报,2011(6).于语和,刘顺峰.民间法与国家法的关系探究——一种基于法律渊源视角的考察[J].北京理工大学学报(社会科学版),2013(5).贾焕银."民间规范司法运用"辨析[J].甘肃政法学院学报,2015(2).(5)有学者试图从实证研究和西方理论两个维度来阐述民间法进入国家法律秩序的可能性及其形态。周赟.民间法进入司法的可能性基础[J].山东大学学报(哲学社会科学版),2009(2).张斌.法官如何思考民间法:基于泰安市基层法院实地调研的分析[J].山东大学学报(哲学社会科学版),2012(5).(6)有学者试图揭示民间法参与司法程序的具体进路,例如关注法官在司法裁判中对于民间法适用的基本面向及其功能。谢晖.民间法与裁判规范[J].法学研究,2011(2).张建.民间法在司法过程中实际功能的类型化研究[J].甘肃政法学院学报,2013(6).贾焕银.民间规范司法运用程序研究[J].西南民族大学学报(人文社会科学版),2015(3).李义辉.民间法与司法中的法律续造[J].甘肃政法学院学报,2016(2).(7)关注以"公共秩序"和"善良风俗"作为民间法在司法中发挥实用、补充、转化功能的基本标准。田成有.乡土社会中的民间法[M].北京:法律出版社,2005:34-36.(8)也有学者具体讨论民间法作为证据时的举证责任与法官自由裁量问题。王林敏.论民间法的识别[J].山东大学学报(哲学社会科学版),2008(5).

实、讲道理,同时注重发言的说服力以及听众的反应,这就需要关注修辞在议论中的基本作用。① 而且,议论与严格的演绎还有所不同:尽管议论也包括诉因、主张、陈述、证据、证言、质询、辩护、法律解释、情节分析、特例处理的诉求、判决等构成因素,②但议论事实上并非严格注重遵循严谨的程序性要件,也不完全强调既定的规范条件,而发现程序性真实也并非议论的终极性价值;毋宁说,议论的核心在于,通过营造对立面及其抗辩,在说服对方的同时也说服普遍的听众,此时听众就会因其内心确信而在相互对立的立场中加以选择并据而形成特定的社会压力,从而最终取得一个议论结果。在这里我们可以看到,议论实际上是程序的延伸,与程序所具有的严谨、规范和技术性相比,议论更关注论辩的修辞属性、结果的合意性以及议论的技艺性,关键在于通过修辞实现"合意"。这就为不同实体性规范的引入提供了契机。③ 易言之,即法律议论允许把国家法程序之外的、民间的个人互动关系和社会常识纳入法律推理的视野,而民间法恰好就在这一范畴之内。④

那么,当我们明确民间法可以纳入法律议论的视野后,如何在法律规范的层面评价民间法?这可以从民间法在法律议论中的功能入手。一般而言,在存在法律规则的场合,民间法可被认为是补强法律规则、增强演绎修辞效果的智识来源,目的在于促成论辩的协调与一致性;同时,民间法能促使法官据此进行法律议论,充分发挥其目的和后果导向作用。⑤ 然而,当法律规则体现为原则和政策的形式时,情况将有所不同。作为更为一般性、合理的、有意义的规则,原则和政策是正当的、可欲的标准,它们包含着社会的价值取向。⑥ 如果一项原则被称为"法律的"原则,那么它所潜藏的制度道德将使之具有与承

---

① 此处参考了佩雷尔曼新修辞学的观点,即法律论证具有修辞功能。Perelman, Chaim. The new rhetoric: A theory of practical reasoning[C]//The new rhetoric and the humanities. Berlin: Springer Netherlands, 1979, 1-42.
② 关于法律议论的法学理论研究综述,可参见季卫东. 法律解释的真谛(上)[J]. 中外法学, 1998(6).
③ 关于议论在法律论证中的基本作用,可参见季卫东. 法律议论的社会科学研究新范式[J]. 中国法学, 2015(6).
④ 这是麦考密克用以反对德沃金"唯一正确解"的观点。N. MacCormick. Dworkin as Pre-Benthamite[J]. The Philosophical Review, 1978(87), 585-607. 当然,麦考密克的观点并非说用法律之外的实在道德直接作为裁判依据,而是将其作为法律论辩中的导向因素,尤其是在后果主义论辩和结果论辩中,他多次强调在裁判面对演绎推理的局限时,必须考虑"公共政策""正义""效率"等因素,并在此过程中寻求融贯性法律解释。麦考密克. 法律推理与法律理论[M]. 姜峰,译. 北京:法律出版社, 2005:146.
⑤ 在这里需要区分民间法对法律演绎的规则补强功能和民间法为法律规则提供解释的功能。前者是实质意义的,是指民间法在某种程度上能够对法律演绎的可能路径产生影响,促使法官依照体现民间法意向的路径为法律发现;而后者是形式意义上的,是指民间法作为法律解释方法之一种,尤其是历史解释方法。由此可见,二者可以是前后相继的关系。
⑥ 麦考密克. 法律推理与法律理论[M]. 姜峰,译. 北京:法律出版社, 2005:149.

认规则类似的法律发现功能,通过原则论辩,①法官可以获得具体的法律论证。②

以此检视《婚姻法》第 37 条第 2 款"人民法院审理离婚案件,应当进行调解;感情确已破裂,调解无效,应准予离婚"的规定,不难发现,此处"应当进行调解"的程序性规定为"感情确已破裂"的原则论辩提供了民间法入口。首先,婚姻法规定离婚应当进行调解,其原因在于"正确实行"离婚自由原则,平衡男女婚姻自由与家庭和睦、社会秩序稳定之间的关系;其次,以规定程序性原则和政策的方式规定调解机制,暗示法官要实事求是地调查研究,找到夫妻矛盾的根源,并以此寻找可能的解决方案尤其是劝和的方案,促使夫妻双方言归于好,以防止轻率离婚对社会关系带来不良影响。③ 就功能而言,在面对证成"感情确已破裂"原则时,婚姻法给出了"应当"优先于裁判的、不包含任何形式要求的调解环节,并要求法官在获取离婚案件潜藏的实质要件时应当实质地调查研究,而非纯粹作形式判断。那么,强调形式规则和演绎推理的法律思维,就显然不如时刻影响民众日常行为的民间法。这相当于将整个调解环节交给了当事人以及当事人背后的广阔社会

---

① 按照麦考密克的观点,"如果我们要问为什么类推论辩或者原则论辩在法律论证中有那样的效力,答案就是:存在一个极有价值的习惯规则,即赋予法官在现有的强制性规则未曾明文规定或者语焉不详的场合拓展法律适用范围的权力,当然这一权力的行使也要受到一些限制。看来我们可以说,那种关于法官是否能够(或者应当)'造法'或'立法'的争论,实质上是一个语言或者修辞问题,它们常常热火朝天,但也总是无功而返"。麦考密克. 法律推理与法律理论[M]. 姜峰,译. 北京:法律出版社,2005:184. 简言之,一项原则之所以能被称为"法律"原则、一项更具普遍意义的法律规则,是因为其具有发现法律规则的功能;此时,原则论辩则是法官运用自由裁量权,通过法官的具体解释,将作为事实性规则的民间法纳入法律原则的射程范围并以此获取法律的融贯论证,即典型的原则论辩。

② 泸州遗产案就是一种典型的原则论辩过程,只是当时法官直接适用原则的做法是否妥当还存有争议。葛洪义. 法律原则在法律推理中的地位和作用——一个比较的研究[J]. 法学研究,2002(6). 尹志强. 民法基本原则适用的规则——由泸州遗赠纠纷案谈起[J]. 国家检察官学院学报,2004(6). 陈坤. 疑难案件、司法判决与实质权衡[J]. 法律科学,2012(1). 林来梵. 论法律原则的司法适用——从规范性法学方法论角度的一个分析[J]. 中国法学,2006(2).

③ 有法律工作者曾就如何开展离婚调解进行过经验总结:"婚姻基础、婚后感情、离婚原因等几个方面进行全面的分析,才能得出正确的结论。婚姻基础,就是看当事人双方的结合是自主自愿的,还是他人强迫包办的;是经过充分了解、认真考虑而结合的,还是由于某种原因草率结合的,是在正确的婚姻恋爱观点和共同的革命理想的基础上结合的,还是夹杂着不纯的思想动机、为了达到某种不正确的目的而结合的;等等。婚后感情,是指夫妻共同生活期间的感情状况。影响夫妻感情的原因是多方面的,诸如双方的政治观点、思想品质、工作表现、家庭经济状况、子女抚养教育、家庭成员间的关系、各自的性格爱好等等,都会影响夫妻的感情。离婚原因,一件离婚纠纷的产生,可能有各种各样的原因。上面讲的双方的婚姻基础和婚后感情的那些情况,都可能是导致离婚纠纷的原因。但是,在诸多的离婚原因中,一定要分清主次。只有把双方矛盾的症结把握住了,才能正确地解决离婚纠纷。同时,还要估计到由于某种原因,有的当事人所申诉的离婚理由,可能不是产生离婚纠纷的真正原因,甚至是编造出来的虚假的理由,用以掩盖真实的离婚原因。这就要做到去伪存真,掌握住引起离婚纠纷的真正原因。"新婚姻法问答[J]. 人民司法,1981(1).

交互活动场域及其规则。① 法官和当事人则在此中不断进行民间法论辩,以修辞促成情理法的交涉和议论,并融合民间法与法律原则;即便最终调解无效,那么在调解过程中围绕原则所进行的议论也足以使法官在原则和民间法之间往返观照,从而获取原则上的融贯性论证。②

由此可见,对"感情确已破裂"所进行的原则论辩为民间法获得了在国家法中的运作空间,而"应当调解"这一国家法的授意则增强了民间法的参与程度。首先,国家法在价值层面上确认离婚诉讼必须首先以调解为先行程序,并以法律原则和政策的方式加以规定。其次,在法律刚性条件的范围内,国家法为民间法提供了一个论辩机制。最后,国家法依据民间法的论辩效果进行司法确认(原告撤诉、法院出具离婚调解协议书)或做出司法判决(判决准予或不准离婚)。在这里,如果调解达成协议,那么就其最终的结果而言,民间法事实上起到了一种事实证成的效果:如果调解和好,则民间法完全实现其证成效果;如果调解结果是双方合意离婚,那么即民间法作为一种事实性规则,与法律规范结合而实现其证成效果。但无论如何,这里的原则论辩说明,在某种程度上,民间法使自己成为完整的议论环节,这里的法律议论是围绕民间法展开的、寻求重叠共识的过程,进而民间法为国家法取得了实践理性下的融贯论证。

此时,我们可以发现民间法与国家法之间的动态机制:首先是民间法与国家法的接续机制,即经过国家法改造的民间法能用民间的话说出国家意志。从革命时期至今的民间法发展轨迹看,从政权合法性和稳定的角度出发,国家法具有一种"规划社会变迁"的功能,即在划分界限的基础上"积极引导"民间法,维持民间法中有利于体现政权合法性的东西,从而实现以现代国家改造前现代民间的目的。此时,经过改造的民间法就会在某种层面上用民间语言表达国家法的内涵,③例如将执政党的政策和立场作为统合民间婚姻立场的手段,并使之内化为自身的婚姻价值取向。其次是民间法与国家法的博弈机

---

① 例如,在1953年2月1日《政务院关于贯彻婚姻法的指示》中指出,"一方面需要展开一个大张旗鼓的群众性的宣传婚姻法及检查婚姻法执行情况的运动,使广大人民群众和干部与封建思想划清界限,把几千年的封建婚姻制度根本摧毁,正确地实行新民主主义婚姻制度;但另一方面在运动中又必须坚持教育的方针。对于大量的既成的包办买卖婚姻及因婚姻不自由而造成的家庭不和睦现象,基本上应采取批评教育、提高觉悟、改善与巩固夫妇关系的办法;对极少数严重违反婚姻法,夫妇关系十分恶劣,确实无法继续维持的,应该准许离婚,但必须经过认真的调解说服工作,以取得广大群众的同情",说明在长期的婚姻家庭观念中,"家庭和睦"与"劝和不劝离"是一个事实上存在且在某种程度上而言根深蒂固的民间规则。这也正是为什么,只有对于极个别的、影响较为剧烈的夫妻纠纷才选择准予离婚,而且还需要经过调解说服工作"以取得广大群众的同情"。

② 有学者综合法学诠释学和方法论诠释学的观点,将此种在法律原则与生活事实之间的往返观照概括为"法律条文只提供了一种供解释者在其中进行解释活动的结构,法律的含义最终取决于解释行动者与结构之间的互动以及解释者之间的交流与共识",郑戈.法律解释的社会构造[M]//梁治平.法律解释问题.北京:法律出版社,1998:65-87.

③ 强世功.法制与治理:国家转型中的法律[M].北京:中国政法大学出版社,2003:67.对此,有学者指出,诸如立法重视民间习惯和突出"马锡五"审判方式的做法,是为了"在制度理性化程度较低的历史背景之下,试图以人格型权威弥补制度内生型权威的不足,以尽可能消除'改造社会'的法律方案在强制推行过程中的暴力属性"。陈洪杰.人民司法的历史面相——陕甘宁边区司法传统及其意义符号生产之"祛魅"[J].清华法学,2014(1).

制,亦即民间法中较为固定的、受原有社会秩序影响较为深刻的一些内容,它们与国家法之间存在张力,在司法适用中往往引发较为激烈的反响,例如婚姻中的彩礼索取与返还问题。最后是民间法与国家法的附合机制,即民间法的行为导向符合国家法的理念,民间法的应对方式和处理符合国家法的期待,例如在家庭和睦、夫妻美满、社会稳定等观念上,民间法的适用能够产生国家法所期待的效果。

由此可见,在国家法的授意下,民间法成为贯彻国家法的一种手段,获得了国家法之外的"剩余空间"并以此参与国家法律秩序:就离婚案件的原则论辩而言,国家法通过规定"应当调解"的程序,在更大程度上赋予了民间法参与法律程序的动态机制。在这里,国家法有意识地为法律程序注入生活体验,充分调动国家法和民间法"两个积极性",有利于发挥民间法在维持婚姻稳定、重申传统家庭和睦与婚姻美满观念等方面的作用,并有利于尽可能地延长夫妻感情"冷静期",以稳定维系婚姻家庭秩序来维持社会秩序。那么,离婚案件的原则论辩过程是如何展开民间法的叙事?这一叙事体现了什么?

三、离婚案件原则论辩中的民间法叙事

前文所述,"感情确已破裂"的原则在规范上意味着离婚程序中存在演绎推理的局限;而"应当进行调解"这一表述则说明整个调解环节都是国家法故意留下空缺的诉讼过程。那么,这样立法下的离婚案件如何进行原则论辩呢?我们不妨借用三个具体的案例,观察民间法叙事如何使法律原则的论辩得以展开。

(一)法律原则为民间法披上合法性外衣:吴爱华和王广伦离婚调解案

我们不妨以1959年《人民司法》刊载的这一起典型离婚案件为例:

> 主审法官首先以党的政策来劝说坚持离婚的吴爱华:"你们不是自由恋爱结婚的吗?现在小孩也这么大了,有什么不可解决的矛盾呢?夫妻间的争吵是难免的,轻率离婚是不好的……"但吴爱华认为丈夫怀疑自己不忠,并随意吵架打骂,造成四邻不安,引发邻里议论,再也无法忍受与丈夫共同生活,坚决要求离婚。法官转而劝说:"王广伦打人骂人,法院也批评过他,他在法院也写了悔过保证书,再说为这事,他也受了处分。现在他既然已经悔改,你难道还不能原谅他吗?夫妻也要往好处想想,你过去生肺病,王广伦待你实在不错,现在你有病,他对你也很照顾,你们离婚对小孩也没有好处……"在这次调解中,法官感到吴爱华的离婚态度比较坚决,但夫妻本是自由恋爱结婚,婚后感情一直很好,只是双方的生活琐事诱发离婚争议。而此前法院的调查也说明,双方作风正派,男方对其行为也表达悔意,只要没有不可调和的矛盾,那劝导双方下定决心改进自己的态度,还是可以重归于好的。此时,法官主动到王广伦单位,动员他放低姿态,劝和妻子:"你们夫妻好不好不是决定于女方有没有办法,更不能单靠法院的一张判决来解决问题,你如真要夫妻和好的话,就应从

感情上来恢复你们的夫妻关系,……经我们了解,吴爱华是个好同志,作风很正派,过去你毫无根据地怀疑她,你们夫妻吵得这样厉害,闹到派出所,左邻右舍都知道。这是你的不对,你应该主动转变对她的态度,可是你反而不理她,她不理你,你是知道她的脾气的,现在你再这样不睬她,你们夫妻怎么和好呢?"随后,法官又积极询问群众意见,邀请调解委员会协助自己展开调解工作,自己同时走访了吴爱华的母亲和单位,动员他们一起协助调解。在多方努力之下,合议庭最后举行了家庭调解会议。最后使夫妻言归于好。①

在这个故事中,法官是怎样进行调解的呢?首先,国家法本身供给他何种资源?或许立法本身能给我们一些说法。1950年《婚姻法》第8条规定了"互爱互敬、互相帮助、互相扶养、和睦团结、劳动生产、抚育子女、为家庭幸福和社会建设而共同奋斗"的夫妻义务,第17条第2款规定了"县或市人民法院对离婚案件,也应首先进行调解;如调解无效时,即行判决",但没有规定离婚的实质要件。据1950年6月26日前中央人民政府法制委员会发布的《有关婚姻法施行的若干问题的解答》,"有正当原因不能继续夫妻关系的,应作准予离婚的判决",换言之,即把判决离婚的实质要件交予法官自由裁量;而前中央人民政府法制委员会1953年3月19日发布的《有关婚姻问题的若干解答》指出,"如经调解虽然无效,但事实证明他们双方并非到确实不能继续同居的程度,也可以不批准离婚"。换言之,判决离婚的标准是"无法继续同居"。但究竟如何判断能否"继续同居"即共同生活的问题上,国家法没有给出具体的形式要件,这就等于把相关的裁量权交给了法官。同时,立法资料说明,在审理离婚案件时应当重视调解,强调调解和好是法院在审理离婚案件时的主要任务,以便促使夫妻团结和防止草率离婚。② 在国家法同时授意离

---

① 甄忆蓉.一场风波[J].人民司法,1959(9).
② 如王明在《关于中华人民共和国婚姻法起草经过和起草理由的报告》指出,人民政府"对男女婚姻问题,采取严肃郑重的态度,……一方面规定离婚自由,同时又规定实现这种离婚自由的严肃郑重的法律程序,以便合情合理地依法处理离婚案件的问题,使离婚及其有关子女与财产和生活问题,都得到恰当解决的途径;并防止和反对轻率离婚的现象",因此在经过区政府调解无效而转介到法院的离婚案件,"更采取慎重的调解和判决的程序去解决",并指出调解的三种结果即"经过调解而双方同意不离婚了,……这是人民法院调解工作的主要任务,但这不是无原则地劝和;另一种是经过调解而双方同意离婚了,……这不能是法院调解人员强制'说服'的结果",第三种则是调解无效后"势须根据调查研究所得的具体情况材料,加以审判和判决"。同时他指出,离婚时进行调解的实效在于,"根据上海市和济南市人民法院关于离婚案件的统计,其中因法院调解而夫妻言归于好的,也约占百分之二十。这可见有一部分离婚案件,或者是出于一方或双方一时感情冲动,或者是双方夫妻感情关系并未达到确实不能再继续共同生活的地步,或者是一方要求离婚的原因经过法院调解而得到了合理的解决。由这些实际经验看来,关于离婚案件作调解程序的规定,是必要的"。此外,邓颖超在《关于中华人民共和国婚姻法的报告》中指出,"在婚姻案件的调解和判决工作上,要采取严肃慎重、调查研究、合情合理、解决问题的负责态度";而许德珩在《正确执行婚姻法 消灭封建的婚姻制度》中认为,之所以需要强调调解工作,是因为在执行婚姻法时发生了诸如"仅仅是提出对方'脸不好看''皮肤粗糙''个子太小''不认识字'等,作为离婚的借口了。也有的妇女仅因'丈夫穷,生活不好''丈夫失业'来请求离婚了",因此"人民的司法工作者,是应该从群众的和社会的利益出发,而善于去和那些借口'婚姻自由'在男女关系上的杯水主义的行为,以及那些漠视子女利益的行为,作严肃的斗争,对那些可能和好的旧夫妻关系间的纠纷,也不是简单的拆散了事,而应该进行坚忍的教育改造工作,采取慎重的负责态度"。以上参见中央人民政府法制委员会.婚姻法及其有关文件[M].北京:人民出版社,1952:43-46,109,126.

婚案件"应当调解"且以"能否继续同居"作为判决离婚的原则时,法官自然会以"能否继续同居"的原则去判断具体的夫妻生活状态,并以此结合执政党所强调的实事求是、调查研究的工作方法去开展调解工作,并在确定夫妻婚姻基础之后,围绕"互爱互敬、互相帮助、互相扶养、和睦团结、劳动生产、抚育子女、为家庭幸福和社会建设而共同奋斗"的原则展开调解工作。

换言之,原则论辩产生了。在本案中,法律原则为民间法的论辩披上合法性的外衣。首先,法官明确双方是"自由恋爱",理应有一定感情基础,那么夫妻的矛盾就基本上不会不能调和。此时,法官调解的"主要任务"即在于通过调解和说理来恢复夫妻关系。在案件中,法官先用党的政策说明反对草率离婚的做法,希望女方能够冷静而理性地认识,但女方又坚决要求离婚,纯粹依靠政策的方法失效。其次,法官开始主动走访丈夫的单位,晓之以理,动之以情,让他主动检讨自己的过错,以此为劝和女方提供条件。再次,法官通过阅卷、走访群众和双方单位,找到夫妻双方矛盾的根源,并充分发动群众和各自工作单位去做劝和工作。最后,在夫妻双方均认识到自己的不足,表示能够言归于好之后,法院再召开家庭调解会议确认结果。在这样的情况下,民间法被引入了离婚调解之中并展开自己的叙事:首先,就调解的角色而言,法官也并非纯粹的司法工作人员,而更像是隐去了公职身份的普通群众,讲究同理心,也认为在婚姻问题上不能"单靠法院的一张判决来解决问题",而是要从感情上恢复双方关系;其次,就调解的情境而言,法官的调解工作并非在法庭展开,而是移情于夫妻生活的场域,通过走访群众和主动查证的方式确证夫妻双方矛盾根源,且就在他们的生活内因地制宜,联合其他社会主体开展调解工作;最后,就调解的依据而言,法官调解时所依赖的并非只是国家法,而更多是党的政策(如"反对草率离婚"的表述)以至相互扶持、家庭和睦、夫妻和谐、抚养子女等传统的伦理观念。因此,如果国家法仅有原则而无明确的规则,民间法就会成为法官进行原则论辩的基本素材,并最终使论辩结论披上合法性的外衣。

(二)法官以民间法证成法律原则:李淑芹与韩文臻离婚调解案

1980年《婚姻法》修订时,离婚调解的规定修订为"男女一方要求离婚的,可由有关部门进行调解或直接向人民法院提出离婚诉讼。人民法院审理离婚案件,应当进行调解;如感情确已破裂,调解无效,应准予离婚"(第25条),即把"感情确已破裂"明确作为离婚的实质要件。而《关于〈中华人民共和国婚姻法(修订草案)〉》的说明指出,"在我们社会主义国家中,要提倡夫妻互相帮助,建立民主和睦的家庭,大力宣传共产主义道德,反对那种对婚姻关系采取轻率态度或喜新厌旧的资产阶级思想。但是,也不能用法律来强行维护已经破裂的婚姻关系,这对社会、对家庭、对当事人都没有好处。根据一些地方和部门的意见,草案改为'如感情确已破裂,调解无效,应准予离婚'。这样规定,既坚持了婚姻自由的原则,又给了法院一定的灵活性,比较符合我国目前的实际情况。"①而最高院在回答"人民法院审理离婚案件为什么要首先进行调解"时认为,"离婚纠纷一般地说是涉及夫妻之间的思想认识问题、是非问题或者某些实际问题。在法院审判人员的主持和帮助下,通过调解的方法让当事人摆事实、讲道理,学习和懂得有关的法律规定,以便提高认识、分清是非、互相协商、解决争议。这样做,使双方少伤或者不伤感情,容易做调解和好的工作",亦即在审理离婚案件时首先考虑夫妻双方的感情问题即"思想认识问题、是非问题",其次才是关于共同财产和子女抚养等"实际问题",因此法院在离婚案件审理和调解时也应当在"感情确已破裂"原则之下,继续遵循"三看"(看婚姻基础、看婚后感情、看离婚原因)和"两考虑"(考虑子女利益、考虑社会影响)的路径来进行具体的调解工作。②

这意味着,尽管《婚姻法》在离婚要件上无实质变化,但法律施行背景已有所差别,对法律原则的理性化判断成为司法裁判的主导。民间法因而介入此种理性化判断过程,证成了法律原则。对此,我们不妨以1983年吉林省梨树县人民法院所提供的一个案例为参考:

妻子李淑芹因丈夫韩文臻赌博未改,曾先后两次起诉离婚并调解和好。在第三次起诉离婚时,合议庭经过合议,拟判决双方离婚。在报经审判委员会讨论时,多数成员认为离婚起因和责任都在韩的身上,他又不接受教育,李坚持离婚,应予支持。后来院长对此案经过反复考虑,认为此案按原告诉讼请求,判离虽有一定理由,但是从案情来看,男女双方并不是因为感情彻底破裂而要求离婚的,主要由于女方恨男方不能决心改正错误,致使家中断炊、孩子失学,而对男方丧失了信心。现在如果判决他们离婚,一是不利于安抚丈夫情绪,可能会加剧其赌博陋习甚至诱发犯罪;二是担心丈夫会迁怒于妻子的亲属,不利于各方稳定;三是双方已婚十八年,生育三个子女,贸然判离不利于子女成长;四是丈夫虽误入赌博歧途,但从不偷不摸,还不是不堪教育的人。如能教育好丈夫安心务农,改掉赌博陋习,妻子理应与之和好,有利于家庭团结和社会安定。随后,法官主动下乡联系村、乡干部,商定由乡政府给韩贷款买化肥、种子,并联合村委会发动韩的家族亲友资助口粮、出工、出牛具,帮韩文臻把地种上。这期间,法官又到郭家店乡找到李淑芹做和

---

① 武新宇.关于《中华人民共和国婚姻法(修订草案)》的说明[J].人民司法,1980(10).
② 最高院曾就如何开展离婚调解进行过经验总结:"婚姻基础、婚后感情、离婚原因等几个方面进行全面的分析,才能得出正确的结论。婚姻基础,就是看当事人双方的结合是自主自愿的,还是他人强迫包办的;是经过充分了解、认真考虑而结合的,还是由于某种原因草率结合的,是在正确的婚姻恋爱观点和共同的革命理想的基础上结合的,还是夹杂着不纯的思想动机、为了达到某种不正确的目的而结合的;等等。婚后感情,是指夫妻共同生活期间的感情状况。影响夫妻感情的原因是多方面的,诸如双方的政治观点、思想品质、工作表现、家庭经济状况、子女抚养教育、家庭成员间的关系、各自的性格爱好等等,都会影响夫妻的感情。离婚原因,一件离婚纠纷的产生,可能有各种各样的原因。上面讲的双方的婚姻基础和婚后感情的那些情况,都可能是导致离婚纠纷的原因。但是,在诸多的离婚原因中,一定要分清主次。只有把双方矛盾的症结把握住了,才能正确地解决离婚纠纷。同时,还要估计到由于某种原因,有的当事人所申诉的离婚理由,可能不是产生离婚纠纷的真正原因,甚至是编造出来的虚假的理由,用以掩盖真实的离婚原因。这就要做到去伪存真,掌握住引起离婚纠纷的真正原因。"新婚姻法问答[J].人民司法,1981(1).

好工作,经耐心说服教育,她表示撤诉,但还要"以观后效"。在确认丈夫已经改过后,便在法官陪同下回家。此后法官还要定期走访并联系村干部密切了解言归于好的夫妻情况。①

这一案件与前面的不同,依据1980年婚姻法的规定,法官鉴于此前妻子业已两次诉请离婚且多次教育男方仍不改正的情况下,认为案情并非违背"感情确已破裂"的情况,可以判决离婚。但在审判委员会讨论时,法院院长试图明确是否的确是"感情确已破裂"而非其他原因导致夫妻关系恶化。考虑到女方虽然两次起诉离婚但均调解和好的案情,明确离婚纠纷的根源不在于夫妻感情而在于男方赌博的陋习,并结合子女抚育和可能的社会效果,决定积极开展调解工作,除主动联系村乡干部帮扶男方改过自新外,也多次做女方的思想工作,以此促使夫妻言归于好。

本案揭示,在法律已经有初步形式理性的规则指引下,民间法在法律原则的论辩中发挥了证成功能,将法律原则的面貌定为民间法的精神指向。首先,法官会把调解工作与"感情确已破裂"的判决离婚原则相互对照,遵循"三看"(看婚姻基础、看婚后感情、看离婚原因)和"两考虑"(考虑子女利益、考虑社会影响)的路径,在法律原则和政策指向上形成自己的判断;其次,通过阅卷、询问当事人、主动查证和走访群众的方法,把夫妻矛盾、社会效果、子女、家庭环境等因素纳入考量,以此判断夫妻有无言归于好的可能。如果有此可能,那么法官将发扬实事求是与调查研究的作风,并借助同理心,充分发掘背后的民间法(情理因素)来展开进一步调解说理工作,同时引入群众意见和普遍情理作为补强的情理依据,从而把民间法纳入这一原则判断中,以调解方式说明夫妻双方感情并未破裂,还能重归于好。

(三)法官以民间法补强法律原则:刘某森诉李某梅离婚纠纷案

随着法律体系的完善和司法改革的推动、法官职业化建设的深入发展,法官不再像过去强调"三看""两考虑",也不会因"宁拆十座庙,不破一门婚"等传统观念的影响而不轻易判决离婚,而是更新了坚持感情标准的认定。例如,最高院法[民]法[1989]38号《关于人民法院审理离婚案件如何认定夫妻感情确已破裂的若干具体意见》列举了"感情确已破裂"的14种事由,②法官在审理离婚案件时能够有的放矢地进行调解工作并以此判断是否符合"感情确已破裂"的情况,因此压缩了法官在离婚调解中的原则论辩空间。而且,由于司法理念的更新,法官职权主义的范围受到约束,而是把具体的考量建立在当事人的陈述和判断上,只要双方当事人就离婚问题不持异议的,不再一味地做和好工作而是充分尊重当事人的意愿。只要不违背法律、不损害他人利益,对他们达成的协议一般认定有效。此外,法官也不再强调具体的调查走访,而是把法院主动查证转为当事人举

---

① 梨树县人民法院. 他们走向新生活[J]. 人民司法,1986(2).
② 当然也有学者认为,这14项事由并非全在讨论感情是否"确已破裂"。蒋月. 改革开放三十年中国离婚法研究回顾与展望[J]. 法学家,2009(1).

证并承担举证责任,法院只负责为申请调查取证的当事人行使相应职权,这样既减轻了法院的诉讼成本,提高了诉讼效率,又强调了当事人的诉讼参与度,把法官与调解员的职能相应区分。① 而此时,民间法又将如何体现在离婚案件的原则论辩之中？我们不妨以焦作市解放区人民法院(2014)解民二初字第 567 号《民事判决书》(即"刘某森诉李某梅离婚纠纷案")为例:

原告与被告父亲原在一个单位工作,二人关系很好。1976 年原、被告经人介绍相识,并于 1980 年登记结婚,于 1981 年 12 月生有一子(现已成年成家)。原、被告在三十多年的共同生活期间,曾为家庭生活琐事吵架生气,因双方沟通不畅,处理矛盾不当,为此影响了原告对被告的感情,特别是被告对原告及原告父母的冷淡,促使矛盾更加激化,原告为此曾于 2012 年 7 月 2 日向法院提起离婚诉讼并于 2013 年 8 月 8 日判决不准原、被告离婚。2014 年 6 月 12 日原告第二次向法院提起离婚诉讼。

在法官按照诉讼程序查明案件事实后,给出了他对于案情的看法:

在庭审中,原告认为结婚 30 多年,如今却陷入离婚纠纷的原因系双方性格问题,被告没有文化,双方说不到一起。然而,如果说被告的性格及文化等方面的问题在与原告认识之前就存在,那么原、被告从相识到结婚有四年时间,原告对被告的性格、文化知识等情况均应有较深入的了解,双方的结合也正是建立在这种深入了解基础之上的,如今再以此为由主张离婚理由欠妥。如果说被告的性格和文化等方面存在的问题系结婚后才出现的,那么二人相识之时,被告年仅 19 岁,原告已有 24 岁,从相识到结婚再到一路走来,原告是否对被告的性格、文化等各方面的问题养成也存在一定的责任呢？这是原告应该考虑的一个问题。"少时夫妻老来伴",在年轻的感情逐渐淡去之时,老年夫妻之间所谓的感情更多的是对一份承诺的信守和由此演变而来的符合公序良俗的家庭责任和社会担当。30 余年相识、相守实属不易,双方感情基础良好,应珍惜多年来建立起来的感情和家庭,在今后的生活中,各自克服和改正自身存在的问题,互相体谅和关心对方,多做有利于夫妻和好的事,少说不利于家庭和睦的话。尤其是被告如能克服待人冷淡、不善沟通、脾气冲动的问题,在生活上对原告多些关心和照顾、多些体贴和理解,原告如能念及与被告多年的夫妻情分,念及对已故老人们的承诺,念及对子孙后代的影响,共同努力,克服当前婚姻家庭中出现的困难,双方还是具有重归于好的可能的。

由此可见,当法律的理性化程度大幅提升,对法律原则的论辩应当与法律规则的指向保持一致。民间法的功能则转变为补充法律规则漏洞,补强法律原则的论证效果。在这一起老年人离婚案件上,法官正是这样开展"感情是否确已破裂"的原则论辩:首先,原告没有证据证明案情符合 2001 年修订后的婚姻法第 32 条第 3 款的内容,②因此在缺乏

---

① 张明杰,郑洪清.对百件中年人离婚案件的调查分析[J].人民司法,1995(4).
② 《婚姻法》第 32 条第 3 款规定:"有下列情形之一,调解无效的,应准予离婚:(一)重婚或有配偶者与他人同居的;(二)实施家庭暴力或虐待、遗弃家庭成员的;(三)有赌博、吸毒等恶习屡教不改的;(四)因感情不和分居满二年的;(五)其他导致夫妻感情破裂的情形。"

规则的情况下,法官必须展开回归到"感情确已破裂"的原则。此时,法官转而从日常经验出发,事实上依循了"三看""两考虑"的方法去判断。从婚姻基础看,原告与被告父亲本是工友,关系很好,而且双方是在相识四年后结婚的,理应对双方各种情况有较为充分的了解,不属于草率结婚的情况;从婚后感情看,夫妻关系维系长达三十余年,难以证明不存在感情基础,因此从普通的法感和日常情感而言,实难以确认他们感情破裂;而从离婚原因看,他们的矛盾激化以至于引发离婚纠纷,主要是日常生活琐碎小事尤其是被告对原告及其父母的冷淡态度,这需要双方积极沟通,也并非无法改正。而且,"少年夫妻老来伴",就社会影响而言,老年人离婚也在一定程度上有悖于社会传统伦理观念,不利于社会稳定和谐;①老年夫妻数十年来相濡以沫,历经风浪,感情基础理应稳固,贸然谈及感情破裂,的确难以服众;而且,老年夫妻相敬如宾,不仅为子孙后代的婚姻家庭观念提供良好榜样,也能够体现家庭和睦融洽的道德观念,这种立场已经为社会所普遍期待和普遍承认,因此与普通离婚案件相比,老年人离婚将产生更大的社会影响,也不利于子女以及孙子女在婚姻家庭关系上的和睦融洽,可能引发不良反应,因此采取了慎重考虑老年人离婚的司法立场,并试图对当事人老年人在婚姻上所承担的责任命题以及理应坚持的家族观念,促使他们积极沟通和联系,尽可能消除误解,努力言归于好。基于此种论辩,法官认为案件不符合"感情确已破裂"的原则,最终判决不准原被告离婚。这样,民间法就发挥了补强法律原则论证的功能。

(四)民间法在法律原则中的叙事之归纳

在以上几个案例中,法官进行的原则论辩揭示了民间法所发挥的证成和补强功能,并建构起具体的叙事路径。首先,民间法与国家法的综合成为法官审理离婚案件时的前理解:法官的源自国家法和民间法的综合,法律和日常生活经验为法官提供了"法感"。其次,当法律处于"有原则而无规则"或"规则不能"的场合,司法裁判就必须进入原则论辩。此时,法官必须依据自己的"法感",不断追问社会的日常经验、伦理观念、惯习规则甚至是执政党的政策,试图询问它们能为案件解决提供何种回答;而法官的职业道德立场、国家政策和民间法要素,又会不断地筛选出合适的答案。最终,在此一"诠释学循环"中,符合案件事实的民间法要素被不断发现和获取,进而证成或者补强法律原则,以调解或判决的方式形成融贯的论证。

此外,民间法在法律原则论辩中的叙事路径因法律规范的理性化程度提升而有所变异,但本质上还是相似的。如在1950年婚姻法和1980年婚姻法施行时,法律对"能否继续同居"或"感情确已破裂"的原则未作具体规定,民间法是建构法律原则论辩的基本素材;加上法官职权主义和司法政策等因素,又影响着民间法在原则论辩所给出的具体回

---

① 最高院公布该案时,也指出该案的典型意义在于慎重处理老年人离婚案件的社会效果:"老年婚姻关系的解除,不能简单等同于一般离婚案件,其产生的影响牵涉至其子女,甚至于孙子女在内的多个家庭,人民法院依法裁判,具有积极的导向意义,……更加慎重的审核老年夫妻离婚案件,如此才能更好地维护社会稳定、提高社会幸福指数。"

答,从而影响论辩深度和广度。在吴爱华、王广伦离婚案与李淑芹、韩文臻离婚案中,法官立足于实事求是、走访研究、调解为主,主动调查夫妻双方离婚矛盾的情况,获取其矛盾根源,实际上是以民间法的立场去获取对法律原则的"法感",以便判断其是否符合"无法继续同居"的因素或者"感情确已破裂"的内涵。与此同时,法官扩大与民间法对话的视域,通过"走群众路线"的方式加深对"法感"的确信。这样的背景下,法官积极动员群众参与调解工作,并引入党的政策、日常生活经验、夫妻家庭的伦理道德观念,促使夫妻双方认识到自己的缺点和不足,进而批评和团结他们,努力使之言归于好。而在刘某森诉李某梅离婚纠纷案中,尽管法律规范的理性化程度大幅提升,但由于原告的举证不足以证明本案事实切合法律规则,案件落入了原则论辩的场域。此时,法官同样是从民间法的立场去获取并加深自己对法律原则的认识,进而把维系婚姻关系对其子女的影响和对社会的意义纳入叙事范畴,从而获取为当事人和社会所认同的裁判结果。换言之,就法律论证而言,法官试图从民间法中获取国家法实效性的根基,并以民间法的口吻开展原则论辩。①

四、结语

既然法官在国家法的原则论辩必须依赖民间法,而且像离婚案件般要求"应当进行调解",这至少说明,在离婚案件的原则论辩展开了民间法剧场中的叙事。此时,司法的过程必须同时体现司法程序现代化与司法为民的平衡,在司法裁判中主动关照群众立场,必须以法言法语的形式说出群众的价值取向、观念认知和利益期待,必须重视社会呼声和民众诉求,体现民间话语并尊重民意。而且,当我们提及以"民间法"进行原则论辩的时候,说明此时将不再存在规范意义上的"司法""合议庭"或者"法官",也不是用一种高高在上的言辞说教和超出两造的司法姿态。毋宁说,此时,"民间法"以移情的方式在诉说着其叙事:生活语言取代规范语言,家长里短取代法律论辩,平易近人取代高高在上,中立调解取代司法裁判,司法也暂时隐去了国家法的形式面向,而是有意识地凸显民间法的多种面孔,在调解的场域下营造某种情境。此时法官搁置裁判者的身份,而是某个双方认可的纠纷缓和者与协调者,法官此时也根据案情调查、法律规范和他对生活事实的理解,设身处地地代入纠纷双方的冲突中,用温润的人情劝导和火热的集体情怀取代冰冷的法律条文,促使当事人自我反思,从而实现调解的目的;如果调解无效,那么调解时进行的议论也能够为法官进行法律上发现提供足够资源,并在此基础上取得最终的结论。由此可见,以民间法进行国家法的原则论辩,其基本叙事是:当事人依靠国家法维护其权益,而司法机关必须以国家法来回应其诉求,但其中的论证过程或议论结果不是

---

① "制度道德"就是指类似于法律的制度事实品性,以某一行为方式获取特定后果的道德规范。麦考密克,魏因贝格尔.制度法论[M].周叶谦,译.北京:中国政法大学出版社,2004:27.

形成于抽象的法言法语和规范的司法程序中,而是形成于民间法与国家法的互动之中;民间法进入国家法场域,通过其意义术语扩展国家法的语域,以民间法的事实性证成代替国家法的规范性证成,用民间所能识别的语言为国家法增强说理能力,同时为司法过程的法律议论提供了事实性根基。

这一叙事如何可能?似乎可以得出几个观点:第一,在某种程度上,我们可能需要承认关于民间法的定义是多元的,"民间社会"的叙述范式与"市民社会"的研究框架是可以多元共存的,否则我们将无法自洽地回应,在国家对前现代民间进行现代改造的背景下,民间法的动态变迁机制及其可能的多元走向、无法回应国家法的意志性因素及其背后对于制度道德的可欲与社会压力立场,也将无法融贯地解释民间法的乡土性何以可能与"潜规则"等具有现代面孔的社会规则并行不悖、和平共存的局面。① 第二,就法律推理尤其是法律议论而言,民间法能够在原则论辩上补强国家法规则,在一致性和协调性论辩上促成法律体系的自洽解释,此时获取法律决定的规范原因尽管来自国家法对民间法的认可,但事实性原因则是民间法内部围绕杂糅情理法的论辩清单所开展的议论,因此可以说,民间法在国家法的授意下完整实现其事实性证成的功能。第三,民间法作为事实性民间规则的立场并不减损其规范意义上的功能,否则我们将无法准确描述为什么有的民间法能够具备证成而不是挑战国家法的功能,也将无法解释民间法既有体现国家法和执政党的意志的面向,②又有与国家法相背反的情况。③ 由此可见,如果我们确定要从实证描述的路径关注民间法,并试图给出一个符合"民间生活"的规范回应,那么民间法的法律原则论辩就是一个具体的入口。此时,民间法的"田野"就不只局限在真正的乡土田野和现代性的边缘地带,也不只局限在影视作品和历史章回小说的叙事,而恰好就在我们的脚下。

The Arguments of Legal Principles by Folk-Law:
in Viewpoint of "Mutual Affection No Long Exists" in Divorce Cases

Chen Zhaoxin

Abstract: the framework of "opposition of folk-law and state-law" has logical weakness and fails to respond the issue on arguments of general principles of law in legal reasoning through the approach of "fail-to-adjust-and-factual-alternate". Discussion of arguments of legal principles in background of legal argumentation reveals the

---

① 贾焕银. 潜规则与中国法治发展[J]. 民间法,2013(12).
② 比如前述贵州省黎平县十洞十三寨在制定《和谐公约》时所提到的,"我们的政府行动起来了,我们的村干、我们的寨老们也行动起来了。2009年的'六月六','十洞十三寨'的村干、寨老,县里的文化专家,乡镇的党政领导,齐聚岩洞,效仿祖先,在现有的法律框架下制定了《十洞十三寨》共创和谐社会公约"。吴大华等. 侗族习惯法研究[M]. 北京:北京大学出版社,2014:228.
③ 比如目前为民间法学界所重视的少数民族习惯法。高其才. 当代中国少数民族习惯法[M]. 北京:法律出版社,2011.

interacted mechanism of folk-law and state-law. Setting "mutual affection no long exists" and "should carry out mediation between the parties" on *Marriage Law of the People's Republic of China* as example can clarify modality of that interacted mechanism of folk-law and state-law by cases study, then realize the main function of folk-law in divorce cases as basic materials of legal argumentation and comprehensive reasoning.

Key Words: folk-law; state-law; legal argumentation; arguments of legal-principles; divorce; mediation

环境侵权赔礼道歉责任探究

黄娅琴[*]　邹　瑶[**]

摘要：环境侵权赔礼道歉责任表达的不仅仅是一般侵权意义上对受害者的抚慰与心理补偿，其更重要的意味在于人类对作用于自然的自身错误行为的反思与检讨，对自然的敬畏与尊重。它有助于弘扬人人保护环境的优良美德、和谐人与人之间因为环境污染而恶化的关系、树立人民对环境正义的信仰与追求。在适用情形上，应以公益诉讼为主但不仅限于公益诉讼；适用主体不限于自然人；但适用的案件必须为影响恶劣后果严重的案件。在执行上，应尊重当事人意愿，不能强制；同时法官根据相关因素来裁判公开的范围与程度。

关键词：环境侵权；赔礼道歉；适用；执行

通俗意义上的赔礼道歉属社会道德范畴，加害人基于自向性的负罪感和他向性的忏悔情感向受害者作出的认识自身行为错误与请求对方谅解的愿望与表示，其为道德之救济手段。赔礼道歉成为民事侵权责任承担的方式之一最早源于1980年全国人大常委会法制委员会民法起草小组完成的民法草案（征求意见稿）第68条，明确将责任赔礼道歉作为了一种民事制裁方法。之后的《民法通则》《民法总则》《侵权责任法》及相关的民事立法与司法解释中均认可赔礼道歉为法律上的责任承担方式。由道德到法律的身份转变并非偶然，它是司法实务经验总结的结果，按照参与《民法通则》起草制定工作学者的解释，"民事纠纷有些就是一口气，赔礼道歉也就解决了，作为民事责任，提高到法律高度，有利于解决实际中存在的这种问题，基本上是调解解决，赔礼道歉，对方气消了，也就完了"[①]。可见，赔礼道歉成为一种民事责任承担方式有其内在的合理性。作为道德范畴的赔礼道歉，于个人层面，它能帮助受害人重新获得自我价值的意识以及尊严感；于社会层面，它有利于树立与提升社会整体的公德文明，激励人们对正义与善的追求。然而，道德自觉协调力的不足与非强制的软弱性注定了其自身无法对破坏它的行为给予严惩，这就需要法律来弥补其缺陷。正如庞德所言："当道德对应受保障的利益无法维持，则就会

---

[*] 黄娅琴，南昌大学立法研究中心研究员，南昌大学法学院副教授，法学博士，主要研究方向：民商法。
[**] 邹瑶，南昌大学2016级民商法研究生。该文为江西省高校人文社会科学重点研究基地2016年度项目（批准号：JD16139）部分成果。
[①] 顾昂然，王家福，江平.中华人民共和国民法通则讲座[M].北京：中国法制出版社，2000：244.

诉求于法律形式,致使相关的道德理念和原则融入法律。"①

赔礼道歉是侵权责任之一,而由于当下环境问题的日益严峻,环境侵权成为侵权责任中的焦点,赔礼道歉责任亦被作为环境侵权的责任之一。本文试图从环境侵权赔礼道歉的相关规定与特点入手,然后探讨其意义,最后对其适用情形与执行等具体问题作细致阐述。

一、环境侵权相关法律中的赔礼道歉责任

虽然2014年修订的《环境保护法》并没有规定赔礼道歉,但2015年最高人民法院发布的《关于审理环境民事公益诉讼案件适用法律若干问题的解释》《关于审理环境侵权责任纠纷案件适用若干法律问题的解释》和最高人民检察院发布的《人民检察院提起公益诉讼试点工作实施办法》等法律文件明确了赔礼道歉作为环境侵权责任承担方式,特别是在环境公益诉讼中。2015年1月7日实施的《关于审理环境民事公益诉讼案件适用法律若干问题的解释》第18条规定:对污染环境、破坏生态,已经损害社会公共利益或者具有损害社会公共利益重大风险的行为,原告可以请求被告承担停止侵害、排除妨碍、消除危险、恢复原状、赔偿损失、赔礼道歉等民事责任。紧随其后的6月3日实施的《关于审理环境侵权责任纠纷案件适用若干法律问题的解释》第13条明确人民法院应当根据被侵权人的诉讼请求以及具体案情,合理判定污染者承担停止侵害、排除妨碍、消除危险、恢复原状、赔礼道歉、赔偿损失等民事责任。同年12月实施的《人民检察院提起公益诉讼试点工作实施办法》第16条又规定人民检察院可以向人民法院提出要求被告停止侵害、排除妨碍、消除危险、恢复原状、赔偿损失、赔礼道歉等诉讼请求。同时,最高人民法院在2015年公布了十起环境侵权典型案例,其中在中华环保联合会诉德州晶华集团振华有限公司民事公益诉讼案件中,法院判决被告污染企业所承担的民事责任之一就是在省级及以上媒体向社会公众公开赔礼道歉,这表明赔礼道歉在环境侵权的司法实务中亦得到应用与确认。

上述司法解释与判例体现出环境侵权中赔礼道歉民事责任具有以下特点:其一,环境公益诉讼案件可以请求赔礼道歉,但非公益诉讼也不能排除适用。无论是最高院的有关公益诉讼的解释还是检察院公益诉讼的实施办法都确立了赔礼道歉的民事责任,起诉与审判都有了明确的法律依据,代表原告的检察院有权提起,而行使审判权的法院也可以支持。而最高院的《关于审理环境侵权责任纠纷案件适用若干法律问题的解释》显然将赔礼道歉的适用延伸到了公益诉讼之外,这个针对所有环境侵权纠纷案件的司法解释成为法官判决环境侵权非公益诉讼案件被告承担赔礼道歉责任的法律依据。因而无论公益诉讼与否,赔礼道歉都一样可以在案件中适用。其二,赔礼道歉与其他责任方式并

---

① 罗斯科·庞德.法律与道德[M].陈林林,译.北京:中国政法大学出版社,2003:155.

列规定,处平等地位。如果仔细对比不难发现,两个司法解释所规定的民事责任类型并无二致。六种责任方式并列规定,无主次之分,换言之,赔礼道歉在民事责任的适用中并非处于补充地位。如前所述,损害赔偿责任的扩张使得赔礼道歉逐渐弱化,甚至有被取代之势,但是法律的制定不能只使用经济手段而忽视伦理和教育功能;民事纠纷的解决也不是只靠金钱,还需要有对人深层次情感的慰藉。赔礼道歉无关金钱,但其关系着人的尊严,昭示着"人是目的"①而非手段的崇高性与无价性,"人的价值不可能以任何量的标准来衡量,不可能仅仅凭借另一种价值或增或减就可以得到补偿"。② 现代法律的赔偿制度中精神或许可以赔偿,但我们不能忘记以萨维尼为代表的一些学者就对以金钱赔偿精神损害的观点持反对态度,坚信人格利益是无价的,是不能用金钱交易的,因此以金钱赔偿非财产上之损害,则有损受害人,甚至不道德之嫌③,我们也不能忘记在 20 世纪 80 年代初期我国民法理论界仍坚持着"对于人身造成的损害是无法补偿的,更不能用金钱赔偿"④的看法,精神损害赔偿得以认可在于其补偿、抚慰受害者加之惩戒加害者的功能与特性。承认并支持精神损害赔偿并不等同于承认人的尊严与精神可以用金钱来衡量与计算,恰恰相反其表达的是对人自身的尊重程度高于对物质价值的珍视程度,因为金钱只能抚慰人之精神痛苦而不能等价于它。精神损害赔偿无论何时都无法替代甚至凌驾于赔礼道歉之上,因为再完美的金钱规则也永远无法取代道德在社会调整中的地位与作用。在环境侵权案件中是否判决赔礼道歉主要是依据原告的请求与具体案情,在原告请求的基础上,如果赔礼道歉能够起到道德弘扬与教化或对当事人有着重要的精神抚慰作用,则法官就应该考虑支持原告的请求。同时,根据《侵权责任法》的规定,民事责任可以单独也可以同时适用,那么在环境侵权案件中,赔礼道歉也应可以独立适用或与其他责任形式一起适用。其三,赔礼道歉的具体方式没有限制。通过什么方式在什么媒体上予以赔礼道歉在法律中没有明确,这给予了法官与当事人更为广泛的选择。对于非公益诉讼的案件,当事人可以通过书面或者口头的方式赔礼以解决纠纷,而涉及社会公共利益的案件,则多数要采取在公共媒体上发布的方式,而且媒体的范围针对与涉及公共利益的范围也有所不同。在民间,甚至还有一些结合地方风俗赔礼道歉的做法。例如江苏省姜堰市人民法院在执行赔礼道歉案件时,如果双方认可,可采取燃放鞭炮、发香烟或者端茶等行为作为赔礼道歉的方式,执行员将行为过程记录在案并由双方签字确认,即视为执行结束。⑤

---

① 康德提出的"人是目的"的思想也成为尊重人格尊严的哲学基础。伊曼努尔·康德.道德形而上学原理[M].苗力田,译.上海:上海人民出版社,2005:53.
② 西美尔.货币哲学[M].陈戎女,耿开君,文聘元,译.北京:华夏出版社,2002:282.
③ 王利明.侵权行为法研究:上[M].北京:中国人民大学出版社,2004:16.
④ 佟柔.民法概论[M].北京:中国人民大学出版社,1982:307.
⑤ 汤建国,高其才.习惯在民事审判中的应用——江苏省姜堰市人民法院的实践[M].北京:人民法院出版社,2008:37,71,74.

二、环境侵权赔礼道歉责任的意义

侵权责任中的赔礼道歉是民事责任方式的一道独特风景,其对人性的提升、对社会环境的净化、对社会公德的维护有着特别的作用,而在现代愈演愈烈的环境侵权中,这些作用也有着特殊的意义。

首先,就环境保护而言,赔礼道歉有利于和谐人类与自然的发展,它是对破坏环境者的惩戒,同时也是激起社会公众保护环境、监督环境保护的热情和动力的有效方式。人类与环境的关系是个古老的哲学议题——即天人关系,天即为自然界,人是为人类。中国传统"天人关系"思想的哲学内涵包括"天人合一"和"人为贵"思想。"天人合一"规定了人源于自然的基础性地位,"人为贵"规定了人异于自然的主体性地位。"天人合一"的理论核心在于人与自然的关系:人源于自然,是自然的一部分。《管子》有云:"人之生也,天出其精,地出其形,合此为人。"①老子把"道""天""地"置于"四大"之先,主张"人法地,地法天,天法道,道法自然"。② 可见,在人与自然的关系上,中国传统的朴素天人观注重"天人一体",人与自然的相辅相成、和谐统一,强调对自然的尊重与依存。"人为贵"的理论核心是在人与自然的关系上注重人异于自然之物的主体能动性。《尚书》有云:"惟天地万物父母,惟人万物之灵。"③《荀子》还对人何以为贵进行了深入探讨,认为人之所以特立于万物而为贵者,原因有二:一曰有辨;④二曰能群⑤。能思辨,有理性,富智慧,能形成社会群体使人成为"超然异于群生"的万物之灵,成为能认识自然、改造自然的主体存在。人类能通过主观能动性改造自然,但大规模地征服、改造和利用大自然,人与自然的关系日益失衡,特别是工业革命以来,人类以牺牲生态环境为代价的功利性飞速发展偏离了人与自然和谐统一的正确轨道,加剧了人与自然的对立和冲突,人类陷入了全球性生态危机的深层困境之中。环境侵权中的赔礼道歉责任既是单个主体对污染环境、破坏环境行为的纠正,更是人类对自身与自然界关系的反思与检讨。对于赔礼道歉的执行,虽然法律并没有限定赔礼道歉是在何种级别上的媒体进行,也没有限定是公开进行还是私下进行,但实务中法官认为在环境侵权案件特别是公益诉讼中应公开甚至在一定级别的媒体进行⑥,有法官撰文直接指出:"环境公益诉讼中赔礼道歉的方式应以在相应影响的公

---

① 管子·内业[M]//诸子集成.上海:上海书店,1986:272.
② 老子(25章)[M]//诸子集成.上海:上海书店,1986:14.
③ 荀子·王制[M]//诸子集成.上海:上海书店,1986:104.
④ "人之所以为人者,非特以其二足而无毛也。以其有辨也。"荀子·非相[M]//诸子集成.上海:上海书店,1986:50.
⑤ "(人)力不若牛,走不若马,而牛马为用,何也?曰:人能群,彼不能群也。"荀子·王制[M]//诸子集成.上海:上海书店,1986:104.
⑥ 见三峡库区首例跨行政区域环境公益诉讼二审宣判:http://ex.cssn.cn/fx/fx609/t20160929_3221655.shtml,2017年9月24日查阅。

开媒体上进行书面道歉为主。"①这种公开的高级别媒体的道歉无疑在舆论上对侵害者具有极大的警示和督促作用,而相对于仅限于特定网站的法院判决,受众广泛的媒体道歉显然更能为公众所知悉,进而促使公众监督、举报身边的环境污染行为与生态破坏行为。

其次,就人类关系而言,赔礼道歉有利于修复环境污染破坏的人与人之间的关系。污染者的侵害行为不仅导致人与自然之间的关系受损,同时还使得污染者与受害者之间的关系恶化,甚至是人类群体关系的恶化。"环境法上的主体是将侵权法上的个人主体与环境法上的人类主体——人类相组合,形成新的主体,使其主体具有了二元性,即私法意义上的'人'和环境法意义上的'人类',但此人非彼人,其内涵是完全不同的。"②换言之,环境污染不同于一般的民事侵权,涉及的不仅仅是特定主体之间的利益恢复与关系修复,其对应的是整个生态环境意义上的人类共同体,是突破了特定民事法律关系语境下的人与人之间的关系。由于侵害主体——"人"有不同于一般侵权的定义,那么其所保护的利益有相应的变化,即既有个人主体的人身、财产、精神利益同时还有人类共同的利益环境或生态利益。各种污染和生态破坏的背后,是人类的共同利益受害,或者说是人类的共同权利受害。公开赔礼道歉这种向对方表示歉意而请求原谅的情感表达对受害者的精神痛苦具有金钱无法衡量的平复和弥补作用,更重要的是这种良心或自向性的负罪感和他向性的悔恨情感。这种悔罪式心理所作出的忏悔有助于化解人类群体对侵害人、对相关机关、责任人的义愤,修复人与人之间的关系。

最后,就道德层面而言,赔礼道歉有助于保护环境的社会公德与正义的弘扬与维护。"赔礼道歉的法律化对于防止市场规则在市民法中过度膨胀,从而造成民法去道德化的恶果实属必要"③。环境问题涉及所有人的生存空间和生活质量,属于公共利益范畴,赔礼道歉既是过错方向受害方承担的一种个人民事责任,也是向社会公德承担的一种社会民事责任。在省级范围甚至国家范围公开道歉的同时亦意味着民众对污染破坏环境行为的抵制与抨击的胜利,其是对维护环境、爱护环境这种社会与法律正义的宣誓。正义是法学的基本原则,也是法律永远追求的目标和秩序。"正义是人类灵魂中最淳朴之物,社会中最根本之物,观念中最神圣之物,民众中最热烈要求之物。它是宗教的实质,同时又是理性的形式,是信仰的神秘客体,又是知识的始端、中间和末端。人类不可能想象得到比正义更普遍、更强大和更完善的东西。"④而正义最初来源于自然,正义就是自然的意思,自然法学派的正义观为当代环境正义或绿色正义的兴起提供了条件和理论源泉。⑤世界环境与发展委员会在其研究报告《我们共同的未来》中也指出:"环境是社会正义的问题。"⑥社会正义离不开公众的参与,环境正义的实现亦是如此。通过公益诉讼,环境污

---

① 万挺.环境民事公益诉讼民事责任承担方式探析[J].人民法院报,2014(12).
② 吕忠梅.环境侵权的遗传与变异[J].吉林大学社会科学学报,2010(1).
③ 黄忠.赔礼道歉的法律化:何以可能及如何实践[J].法制与社会发展,2009(2).
④ 佩雷尔曼.正义、法律和辩论[M]//翁文刚.法理学论点要览.北京:法律出版社,2001:175.
⑤ 蔡守秋.环境正义与环境安全——二论环境自愿法学的基本理念[J].河海大学学报,2005(2).
⑥ 王之佳,柯金良等译.世界环境与发展委员会.我们共同的未来[M].长春:吉林人民出版社,1997:394.

染者向代表公众的原告致歉使得公众利益得以维护,环境正义得以伸张,环境保护的道德得以弘扬。

三、环境侵权赔礼道歉责任的适用

如上所述,赔礼道歉在环境侵权案件中具有惩戒环境污染行为、宣扬保护环境的理念与公德、和谐人与环境、人与人关系之功能,那么是否在所有环境侵权案件中皆可请求呢?我们认为,赔礼道歉并非适用于所有环境侵权案件,而是针对符合下列情形的案件:

第一,赔礼道歉的适用以公益诉讼案件为主,但不限于公益诉讼。在最高人民法院2015年公布的十起典型环境侵权案件中,原告提出赔礼道歉主张并得到支持的是中华环保联合会诉德州晶华集团振华有限公司民事公益诉讼案件。但我们认为不能就此认为只能适用于公益诉讼。首先,公益与私益不是区分责任承担方式的标准。众所周知,公益诉讼是为了维护公共利益而提起的诉讼,我国环境侵权公益诉讼主要解决的是在公共利益或者国家利益受损的情况下,由谁来充当原告的角色。① 因为公益与私益诉讼的不同在于其保护法益的区别与主张权利的主体的差异,与被告承担民事责任的方式没有任何关系。其次,实践证明私益诉讼的赔礼道歉也有适用的空间。比如,2016年王小孩与中国铝业股份有限公司中州分公司噪声污染责任纠纷案,原告因长期处于被告排放的超过国家规定的噪音标准之中而导致身体受到损害,要求被告赔礼道歉并赔偿损失,而法官支持了原告的书面赔礼道歉请求以及身体损失、精神损失的赔偿费用。② 法定的将赔礼道歉限制于公益诉讼中意味着剥夺受害者的正当权益,而在某些案件中,赔礼道歉对于受害者的精神安抚与平复的作用不能用金钱来替代,其代表着受害者应受到的尊重与正义。当然,我们并非主张私益案件都要求赔礼道歉,对于影响小、后果轻微的案件没有大肆公开赔礼道歉的必要。例如最高法院公布的一起典型案例——袁科威诉广州嘉富房地产发展有限公司案,原告认为住宅电梯临近其房屋,电梯设备直接设置在与其住房客厅共用墙之上,且未作任何隔音处理,致使电梯存在噪音污染,最终法院判决嘉富公司60日内对案涉电梯采取相应的隔声降噪措施,逾期未达标准,按每日100元对袁科威进行补偿;支付袁科威精神抚慰金1万元。③ 该案显然不适合赔礼道歉。被告的行为并非恶意,且无较大范围的恶劣影响,不需要大范围的警示与惩戒,精神损害抚慰金的赔偿就可以对原告的精神痛苦起到良好的抚慰作用。综上,我们认为,对于并非造成生态破坏,而只是对特定范围主体的环境污染案件,给原告长期造成较为严重的精神痛苦的,比如噪音污染、光污染等,原告可以提出赔礼道歉请求。

---

① 别涛.环境公益诉讼立法的新起点——民诉法修改之评析与环保法修改之建议[J].法学评论,2013(1).
② 见(2016)豫0821民初715号,王小孩与中国铝业股份有限公司中州分公司噪声污染责任纠纷案民事判决书。
③ 见 http://www.chinacourt.org/article/detail/2015/12/id/1777820.shtml,2017年9月15日查阅。

第二，请求赔礼道歉的主体不限于自然人，法人和其他组织也可以提起。有学者认为，在侵害人格权的场合，赔礼道歉与精神抚慰金的意义相同在于弥补精神痛苦，而法人人格权实质为财产权，因而不能主张赔礼道歉。① 我们认为，环境侵权中要求侵害者赔礼道歉并不仅是为了抚慰受害者，更重要的是宣扬保护环境的公德，使公众认识到保护环境是我们大家共同的义务，任何破坏环境的人都应受到社会公众的谴责和法律的制裁。而且，公益诉讼的原告为检察院及一些公益性组织，若限制法人、其他组织要求赔礼道歉则公益诉讼案件将无法适用赔礼道歉。因而，无论是法人、其他组织还是个人都有主张赔礼道歉的权利。比如，上述提到的王小孩与中国铝业股份有限公司中州分公司噪音污染责任纠纷案件即是个人主张赔礼道歉并获得支持的例证。

第三，适用的案件应是环境污染行为社会影响恶劣且后果严重的案件。所谓社会影响恶劣且后果严重主要是指污染案件的社会影响极大，至少为省级范围甚至全国范围所知悉，且产生的危害后果广泛且深远。这类型的案件多涉及公益，因而以公益诉讼居多，但也不限于此。比如2011年发生的康菲溢油案件，由于康菲公司在作业过程中违反了油田总体开发方案，在制度和管理上存在缺失，导致发生井涌事故，造成渤海部分海域遭受污染同时也导致周边渔民的巨额损失。该案影响较大，国家海洋局、国土资源部、环境保护部、交通运输部、农业部、安全生产监督管理总局、能源局等组成事故联合调查组对该溢油事故进行了调查，农业部与国家海洋局先后与康菲公司、中海油公司达成了10亿元的损失赔偿补偿协议，大部分渔民接受了，但有21名养殖户不接受赔偿，向法院提起环境侵权诉讼。② 虽然该诉讼中养殖户并未提出赔礼道歉的请求，但如果他们在此案中提出，则该请求应该得到法院的支持。原因在于，其不等同于一般的危害小、影响范围窄的个人环境侵权案件，类似这种污染严重、行为恶劣的环境破坏案件，赔礼道歉才能真正发挥其区别于金额赔偿的独特警示与道德教化作用。在非公益诉讼中采用赔礼道歉是否会导致赔礼道歉的滥用呢？事实证明这种担心毫无必要。根据学者的调查，在环境污染中非公益案件原告提出赔礼道歉并获得支持的比例非常低③，通过北大法宝检索到的案例显示，私益诉讼赔礼道歉主张的支持率仅为7.1%。而我们在查阅相关案例时发现，私益环境侵权赔礼道歉主张不能获得支持有部分原因是法官对赔礼道歉责任适用认识存在偏差，如陆耀东诉永达公司环境污染损害赔偿纠纷案，法官认为被告的侵权行为没有给原告造成不良的社会影响所以不予支持④；有的法官狭隘地认为赔礼道歉主要系针对人格权被侵害而导致受害人精神上痛苦、名誉评价下降等情形，而对于物权的侵犯，不

---

① 葛云松.赔礼道歉民事责任的适用[J].法学,2013(5).
② 见 http://www.360doc.com/content/15/1101/07/22741532_509797899.shtml,2017年9月25日查阅.
③ 唐芒花.赔礼道歉在环境侵权责任纠纷中的适用[J].学术论坛,2016(8).
④ https://sslvpn.bnu.edu.cn/case/,DanaInfo=www.pkulaw.cn+pfnl_1970324837042025.html?keywords=%E8%B5%94%E7%A4%BC%E9%81%93%E6%AD%89&match=Exact,2017年9月28日查阅.

宜适用赔礼道歉。① 作为司法人员尚且如此理解赔礼道歉,那么普通公众理解和适用情况可见一斑。故在私益的环境侵权领域,赔礼道歉的适用还存在较大的空间。

四、环境侵权赔偿道歉责任的执行

民法中的责任是当事人违法义务所承担的后果。法律判决当事人需承担的责任具有强行性,否则对方可申请法院强制执行以保障自己的权益,但赔礼道歉的执行是例外。

(一)应由当事人自愿执行

之前曾谈到赔礼道歉的强制执行在一些国家涉嫌违反宪法所保护的言论自由,这主要是针对侵犯名誉权案件中要求当事人赔礼道歉的情形,而不涉及言论自由的环境侵权是否能请求法院强制执行呢?我们认为赔礼道歉的执行不同于一般民事责任可采取强制措施,而"强制执行赔礼道歉"本身就是伪命题。

有学者指出,"我国法院已经找到了一些执行赔礼道歉的有效手段。例如,先要求侵权人事先写出赔礼道歉的内容,然后作出判决,判决后再予以公开;或由法院代被告刊登道歉声明,然后由被告支付此费用。此外还可以对拒不履行赔礼道歉责任的被告进行处罚。显然,司法实务部门已经通过其创造性工作而赋予赔礼道歉以强制力。"②此段引用文字里的赔礼道歉"强制"方式值得商榷。侵权人事先写出赔礼道歉的内容在判决后公开,显然赔礼道歉是侵权人自愿而非强制且道歉的时间更早而非判决之后。法院代被告刊登道歉声明然后付费这在诉讼法上类似于代执行。"代执行措施,是指法院所采取能够实现执行根据所确定内容,但又不同于执行根据所要求方式的执行措施。例如侵权人拒不履行生效判决,不为对方恢复名誉、消除影响的,人民法院可以采取公告、登报等方式,将判决书的主要内容及有关情况公布于众,费用由被执行人负担。"③在《最高人民法院关于审理名誉权案件若干问题的解答》第11条规定了被执行人拒不履行消除影响、恢复名誉的,人民法院可以采取登报费用由被执行人负担的措施,但没有提到赔礼道歉可以这么做。换言之,将代执行措施用之于赔礼道歉,甚至是非名誉权案件的赔礼道歉是移花接木的做法,没有法律依据。对拒不履行赔礼道歉的被告进行处罚被认为是一种间接执行的方式。暂且不说为了迫使当事人赔礼道歉而采取罚款、拘留甚至刑罚的执法成本有多高,执行成功率会有多高,我国到目前为止尚没有一例采用间接执行的办法来执行赔礼道歉的。就法律目的而言,用法律上之力束缚当事人之内心,而迫使当事人作出违背真意的行为是与法律目的相背离的。因而,"强制赔礼道歉"在我国是个实实在在的

---

① 见(2016)皖0222民初2563号安徽省繁昌县人民法院民事判决书,李世文诉安徽省泽乾冶金科技有限公司环境污染责任纠纷案。
② 黄忠.赔礼道歉的法律化:何以可能及如何实践[J].法制与社会发展,2009(9).
③ 张卫平.民事诉讼法[M].北京:法律出版社,2009:455.

伪命题,执行机关无论是对道歉人的心理还是行为都无法予以强制。

其实,赔礼道歉的执行难并不应是难在如何强制不履行赔礼道歉的当事人履行而应是如何让当事人能自愿履行。法官如果在判决之前和当事人充分沟通,可以将赔礼道歉与环境侵权的经济赔偿联系起来,对于愿意赔礼道歉的予以减少赔偿或者减轻责任,以此来引导当事人自愿赔礼道歉,由此赔礼道歉不太可能出现执行难的问题,更不可能需要强制执行。此种做法在一些国家有规定,比如英国在 1996 修订后的《毁损名誉法》将"赔罪提议"作为一种新的抗辩,这里的赔罪提议也包括对受害人的道歉,并且规定法院可以道歉是否充分来增减相应的损害赔偿金。在现代美国法上,为保护报纸和电信媒体发行人不因在其无辜的发行中所含的贬低性言辞而承担责任,至少有 30 个州在制定法中,规定了"撤回"和"纠正"两个减少影响的方式,其中有 7 个州明确提到赔礼道歉是减轻责任的适当证据。①

(二) 在一定范围内的媒体或者向原告公开

环境侵权案件侵害人公开赔礼道歉有利于发挥道歉在道德层面的渲染作用,侵害者对自身错误行为的认知一方面对其他违法者是警戒,另一方面对守法者亦是鼓励。但在何种范围媒体的公开在实务中似乎并无固定标准。从当事人的请求来看,主要有三种类型:第一是在全国范围内公开,比如最高人民法院指导案例 75 号——中国生物多样性保护与绿色发展基金会诉宁夏瑞泰科技股份有限公司环境污染公益诉讼案中②,针对被告在生产过程中违规将超标废水直接排入蒸发池,造成腾格里沙漠严重污染,甚至在起诉时仍然没有整改完毕,原告提出要其在全国性媒体上公开道歉等诉求;再如 2016 年重庆绿色志愿者联合会诉湖北省恩施州建始县磺厂坪矿业有限责任公司环境污染责任案,被告违法生产导致千丈岩水库水体污染,破坏了该地区水体、地下水溶洞以及排放污水洼地的生态环境,造成周边四个乡镇居民生活饮用水困难,损害了公共利益,法院判令停止侵害、制定修复方案修复并在国家级媒体上道歉;③第二是在省级以上媒体公开,像之前所提到过的案例——中华环保联合会诉德州晶华集团振华有限公司民事公益诉讼案件,振华公司的两个烟囱长期超标排放污染物,造成大气污染,严重影响周围居民生活,原告主张在省级及以上媒体公开道歉④;第三是只要求公开向原告道歉。如郑娃等诉海口长信房地产开发有限公司等相邻损害纠纷案,被告在施工过程中采用重锤强夯地的方法严重破坏周围建筑及严重干扰原告工作、学习和生活,被要求向原告公开赔礼道歉。⑤

---

① 望月礼二郎.英美法[M].郭建,王仲涛,译.北京:商务印书馆,2005:213;徐爱国.英美侵权法[M].北京:北京大学出版社,2004:187.
② 见 http://www.court.gov.cn/zixun-xiangqing-34322.html,2017 年 8 月 20 日查阅。
③ 见 http://www.sohu.com/a/129593523_480225,2017 年 8 月 20 日查阅。
④ 见 http://dyzy.sdcourt.gov.cn/dyzy/372897/372898/1660870/index.html,2017 年 8 月 25 日查阅。
⑤ 见海南省海口市秀英区人民法院《(2003)秀民一初字 401 号民事判决书》。

当然,当事人的主张并不一定都得到法院的支持,我们认为,法院在判决赔礼道歉公开的范围时应考虑如下因素:(1)环境污染或者生态破坏的程度与范围;(2)污染者的主观恶性程度;(3)环境污染或生态破坏所造成的社会影响程度;(4)环境污染或者生态破坏的持续时间;(5)污染者有无采取相关补救措施等。对污染者屡教不改、主观恶性大且造成较大范围污染或者全国范围恶劣影响的,应在国家级的媒体上公开道歉;而相对小范围内的污染可在对应范围内要求原告赔礼道歉;仅因环境侵害造成原告单个主体的损害,可通过书面的方式或者原告可接受的方式进行而无须采用刊登媒体的方式。

赔礼道歉是道德的法律化,环境侵权适用赔礼道歉在惩戒环境破坏者的同时有助于弘扬保护环境的美德。但是从现行立法来看,赔礼道歉的适用情形、适用方式还有待进一步完善。值得一提的是,就在前不久,我国香港地区立法会通过了《道歉条例草案》,草案指出适用的"道歉"包括口头、书面,表达歉意、懊悔、遗憾、同情或善意。草案确立了"全面道歉"的精神,意思是不能一句"对不起"就完了,还得讲出所以然,因为全面道歉除了让道歉表达更为充分和更显诚意之外,根据学者的研究其能增加和解的机会。① 除了我国的香港地区,加拿大在 2006 年不列颠哥伦比亚省议会以成文法专门通过了《道歉法》,继之萨斯喀温、马尼托巴和安大略等省也对道歉问题作了专门规定。不仅如此,立法者们还在酝酿通过一部《统一道歉法案》,以期适用于全加的民事法领域。② 可见,道歉是纠纷解决的重要途径和渠道,但如何通过立法规范道歉,如何让道歉的实施发挥其真正的效果还值得细细研究。我国目前在侵权包括环境侵权的赔礼道歉责任相关法律呈现原则化、碎片化的特点,因而实务中对赔礼道歉的理解、适用与执行存在差异,今后的立法可以进一步加强赔礼道歉可操作性的规定,使其能真正发挥定分止争的效果。

五、结语

让环境污染者公开赔礼道歉表达的不仅仅是一般侵权意义上对受害者的抚慰与心理补偿,其更重要的意味在于人类对作用于自然的自身错误行为的反思与检讨,对自然的敬畏与尊重。它有助于弘扬人人保护环境、维护环境的优良美德,帮助和谐人与人之间因为环境污染而恶化的关系、树立人民对环境正义的信仰与追求。从司法实践看,环境诉讼中的赔礼道歉责任主要适用于污染范围广、影响恶劣的公益诉讼案件,但也不能排除私益诉讼的适用。赔礼道歉的执行也应尊重当事人自身的意愿,并且根据案件的实际情况判罚相应的公开媒体与方式。

---

① 见 http://www.chinanews.com/ga/2017/07-20/8282732.shtml,2017 年 8 月 30 日查阅。
② Jennifer Henderson,Pauline Wakeham,*Reconciling Canada:Critical Perspectives on the Culture of Redress*,University of Toronto Press,pp. 47-62.

Research on the Responsibility of Apology in the Environmental Tort

Huang Yaqin　Zou Yao

Abstract：The responsibility of apology in the environmental tort is not only expressing comfort and psychological compensation to the victims in general significance of tort, the more important is that human reflection and review of its error behaviors that act on natural, and to awe and respect for nature. It helps to promote the good virtues of protecting the environment, harmonize the deteriorative relationship between people because of the pollution of the environment, and establish the belief and pursuit of the environmental justice. In the execution, we should respect the wishes of the parties without forcing; at the same time, the judge will judge the scope and extent of the public verdict according to the relevant factors.

Key Words：environmental tort ；apology；application；execution

从女性地位的变迁看"彩礼"性质与规则的流变

孙梦娇*

摘要：2003年,最高人民法院颁布《关于适用〈中华人民共和国婚姻法〉若干问题的解释(二)》,首次以官方正式法律文本的形式对"彩礼"进行了认定与规制,在理论界引发了不小争论,其"一刀切"的模式因更加照顾彩礼给付方的利益,也在司法裁判领域引发了一场实践与文本的背离。透过考察与分析中国不同时期内婚约、彩礼规则制定的主导性力量,不难发现浓重的男性革命思维始终没有褪色,其一以贯之的延续性也深深影响了当代彩礼返还规则的构建,而最终促成了合理性上的缺失。因而,彩礼规则制定的关键在于修正与摒弃浓重的男性革命思维,切实兼顾男女双方的利益,以最终确立在区分过错、综合考虑多种因素的情况下,由法官自由裁量返还与否及其返还额度的彩礼返还规则。

关键词：婚约；彩礼；女权主义；父权家长制；革命思维

最高人民法院在《关于适用〈中华人民共和国婚姻法〉若干问题的解释(二)》(2003年12月25日)[以下简称《婚姻法解释(二)》]中,首次以官方正式法律文本的形式对"彩礼"进行了认定与规制,其第10条第1款规定："当事人请求返还按照习俗给付的彩礼的,如果查明属于以下情形,人民法院应当予以支持：(一)双方未办理结婚登记手续的；(二)双方办理结婚登记手续但确未共同生活的；(三)婚前给付并导致给付人生活困难的"；第2款规定："适用前款第(二)、(三)项的规定,应当以双方离婚为条件。"

自新中国成立以来,官方对于彩礼这种古代中国延续至今的婚嫁习俗,始终持消极的否定态度,将其视为旧中国"买卖婚姻、包办婚姻""侵犯婚姻自由""侵犯妇女权益"的一种具体表现形式,从建国以来相关法律文本的表达上便可见一斑。① 而2003年出台的《婚姻法解释(二)》虽然首次采用了"彩礼"这种文字表达形式,其相关规则却恰恰是对彩礼合法性一种更强意义上的否定。通过确立无过错归还彩礼的原则,以"一刀切"的模

---

* 孙梦娇,吉林大学法学理论博士生。
① 详情参见最高人民法院、司法部《关于婚姻案件中聘金或聘礼处理原则的指示》(1951年10月8日)第1条；最高人民法院《关于聘金或聘礼的几个疑意和早婚如何处理问题的复函》(1951年12月3日)第3条；最高人民法院《关于贯彻执行民事政策法律的意见》(1979年2月2日)(三)买卖婚姻问题第4段；最高人民法院《关于贯彻执行民事政策法律若干问题的意见》(1984年8月30日)第17条、第18条；最高人民法院《关于人民法院审理离婚案件处理财产分割问题的若干具体意见》(1993年11月3日)第19条。

式,即以"是否登记结婚,所诉争之财物是否基于婚姻目的而发生并且是否将婚姻目的落到实处"①作为判断彩礼是否返还的唯一原则,其合理性的缺失也在裁判领域引发了一场司法实践与法律文本的背离。②

究其原因,一方面在于其对彩礼合法地位的否定,将之与买卖婚姻联系起来,忽略了婚约、彩礼的性质在历史的涤荡下已经发生了翻天覆地的变化;更为重要的一方面,所谓"制度的躯体可一日荡弃,而观念的尘封却可永久留存,长达几千年的男权主义文化……在潜移默化中支配着我们立法者的行动,于是一些本来是为保护女性权益的立法却在无意间打上了男权主义的印记。"③因而从女性主义的视阈下,这种本旨在废除买卖婚姻、实现女性婚姻自主、保护女性权益的彩礼返还规则却在无形中忽略了对女性话语、女性权益的维护,是男权主义思维在法律领域的又一次实践与表达。

彩礼产生于古代中国纯正的"聘娶婚"当中,在经历了清末民初的"婚姻改良"、革命时期的"志愿婚"以及现代中国的"自主婚"之后,其相关规则的流变却始终没有摆脱男权主义色彩,一直笼罩在父权、夫权的交互更迭之中,而学界关于彩礼返还规则的合理性讨论与研究却始终对这一特点鲜少关注。④ 从古代中国的"家文化"盛行、解构到打破,从现代中国的"个人权利"忽视、建构到张扬,彩礼在这一历史浪潮的涤荡之下,其性质已经从家族与家族间的契约更多得转向个人与个人间情感关系的维系上来,然而脱离了"宗法制父权"影响下的彩礼返还规则却又陷入了"夫权、男权"的话语统治之中。透过女性地位的变迁,从不同时期内男权社会对女性主体身份的建构、规训与运行机制这一发展脉络上来考察彩礼性质与规则的流变,对反思与讨论当代中国现行彩礼返还规则的合理性、解决司法实践当中的困惑、消除性别等级下的法律男权文化将颇有助益。

一、古代中国"聘娶婚"下"彩礼"的性质与规则

《礼记·曲礼》有云:"男女非有行媒,不相知名;非受币不交不亲,故日月以告君,斋戒以告鬼神,为酒食以召乡党僚友,以厚其别也。"这正是对古代中国聘娶婚的完整写照,

---

① 黄小筝.彩礼返还纠纷司法裁判的"法"与"理"[J].湘潭大学学报(哲学社会科学版),2015(3).
② 笔者通过对中国裁判文书网上涉及婚约解除、彩礼返还的一审民事案件的随机调查,在选取的由男方提出解除婚约的20个案例中,法院综合考虑过错方、地方习俗、彩礼数额、有无共同生活以及婚约解除原因等情况下的酌定有比例返还占总案件的七成之多,以未办理结婚登记为由判决一律返还的案件仅少于三成。详细案例参见www.wenshu.court.gov.cn,访问时间:2016/10/28.甚至某些地方法院已将有比例返还上升为通行的审判规范。张宽明.7件彩礼案零上诉——姜堰法院引入善良风俗处理彩礼返还纠纷调查[C]//汤建国,高其才.习惯在民事审判中的运用——江苏省姜堰市人民法院的实践.北京:人民法院出版社,2008:246-251.
③ 李拥军.掀开法律的男权主义面纱—对中国当代性犯罪立法的文化解读与批判[J].法律科学(西北政法大学学报),2007(1).
④ 笔者查阅到的相关文献:李洪祥.彩礼返还之规定的社会性别分析[J].法学杂志,2005(2).汪火良.我国女性"法律失语"现象及成因解构[J].广州大学学报(社会科学版),2011(1).其中有一部分从女权主义视角对彩礼返还规则的合理性进行了相关讨论。

男女之间以媒妁往来成婚姻之好,以收受纳币成婚约之实,以斋戒、告鬼神、款亲友成婚姻之礼,一个纯正的聘娶婚至此达成。

革命时期,官方对婚约、彩礼的抵制态度主要就是建立在将聘娶婚的性质界定为包办婚姻、买卖婚姻这一基础理念之上,但其实"聘娶婚虽以买卖婚为其渊源,且留有买卖婚之痕迹甚强。然既以'聘'与'买'分,并依'礼'而成之,即不得再以买卖关系解释聘娶婚之性质也。"①而这种纯正聘娶婚下婚约、彩礼的性质则更多得偏向为宗法制度下两族或两家的一种契约,"纳征所以证婚约之成立而已,玄纁束帛非身价也……观于唐宋明清各律对于婚姻之请求,以曾否设定婚书或接受聘财是断,而所谓聘财者,并不拘多少,即受绢帛一尺以上亦然,可知其更远于买卖形式,而未纯正的婚约关系矣。故纯正的聘娶婚所异于现代志愿婚者,不过属于两族或两家之契约,非尽以男女两方之意志为主已耳。"②在这场契约关系中,事实上的婚约主体即男女两造"被置于契约客体的地位",③而男女两方家族却成为真正的契约主体,"作为契约之主体的当事人即男女两家,各自都有'主婚'、'媒人'在两者之间斡旋,并且也成为契约成立的证人"。④

在相关规则的制定方面,因官方将给付彩礼视为婚姻行为的必备部分之一而非仅仅为预备行为,所以古代中国关于彩礼规则的制定大多带有强制性色彩,且这种强制性规则对女性的要求更甚,多将其视为"财产""附属物"置于被选择、被执行的客体地位,如"依唐律,诸许嫁女已报婚书及有私约,或但受聘财而辄悔者,杖六十,婚仍如约;然男家自悔者竟无罪,仅不追聘财而已!若女方悔约更许他人者,则杖一百,已成者徒一年半,后娶者知情减一等,女归前夫;前夫不娶,还聘财,后夫婚如法。元,悔约者笞三十七,男家悔者不坐,不追聘财;更许他人者笞四十七,已成婚者五十七,女归前夫,惟已生有子女者,则有追还聘财与前夫别娶之例。明、清律,女家悔者,主婚人笞五十,女归本夫;再许他人者杖七十,已成婚者杖八十,后定娶者知情与女家同罪,财礼入官,不知者不坐,追还财礼,女归前夫;前夫不愿者倍追财礼给还,其女仍从后夫。男家悔而再聘者,罪亦如之,仍令娶前女,后聘者听其别嫁,以罪不在女家,故不追财礼;若夫男家再聘而已娶者,则后娶之女既已失身,无所归着,惟有听原聘者另嫁耳。"⑤由此可知,中国古代律法对悔婚以及彩礼返还的相关规定,以对女方要求更甚为主,女方悔婚或又许他人者,多科以笞刑、杖刑,且需退还所受彩礼;而男方悔婚或又聘他人者,多无罪,仅不追还所付彩礼而已。

古代中国婚约作为家族式契约的性质以及女性在返还彩礼方面所受到的苛责待遇,一方面来源于我国传统的宗法制度,一方面则归因于这种宗法关系下的父权家长制。

《昏义》有云:"婚姻者合二姓之好,上以事宗庙,下以继后世。"由此不难看出,古代中

---

① 陈顾远.中国婚姻史[M].北京:商务印书馆,2014:73.
② 陈顾远.中国婚姻史[M].北京:商务印书馆,2014:73.
③ 滋贺秀三.中国家族法原理[M].张建国,李力,译.北京:法律出版社,2003:468.
④ 滋贺秀三.中国家族法原理[M].张建国,李力,译.北京:法律出版社,2003:468.
⑤ 陈顾远.中国婚姻史[M].北京:商务印书馆,2014:124-125.

国处于宗法社会下的婚姻目的仅在于保证其宗族血脉的延续与传承,这种意义上的婚姻"完全是以家族为中心的,不是个人的,也不是社会的。"①而作为婚姻一部分的,给付彩礼的要义也当然在于家族与家族间合意的达成,而非男女双方的个人合意。宗法社会的精神,乃"尊尊亲亲,男女有别",早在宗法制形成和确立之初,国家和社会就肯定了"男尊女卑"的性别模式,这其中的基本原理是由血亲体系中的类别设定来决定的,在这个体制中,父子关系才是核心,他们的血缘关系是嫡系亲属,同属一个姓氏,可以追溯到一个祖先,而母子关系则是非嫡系的,他们并不享有同一个姓氏,因家族的建立是由依照父系血缘关系推出的直系九代和旁系五代组成,这也就决定了古代中国所有相关的亲属制度都是一种以父系为核心的血缘制度,这从根本上奠定了女性的从属地位以及在婚约失效、彩礼返还方面更受律法苛责的基调,其透过男权色彩对女性的主体身份达到了确定与规制,进而促成了对女性权益的漠视与侵蚀。

在此需要明确的是,影响古代中国彩礼性质认定以及规则制定的男权色彩并非是一种横向的夫权制,而是一种竖向的父权制。正如费孝通先生所言,"我们的家是个绵续性的事业社群,它的主轴是在父子之间,在婆媳之间,是纵的,不是横的。夫妇成了配轴。"②古代中国作为宗法社会,其核心制度在于"尊祖、敬宗和收族"③,清人倪元坦认为:"亲亲故尊祖,尊祖故敬宗,敬宗故收族。凡宗族离散,皆由不设义田、宗祠之故。"④"万物本乎天,人本乎祖。"⑤"祖"作为古代中国人、家庭、国家能够产生、发展以及繁荣的根源性力量,一直受到崇拜、尊敬和维护,而古代中国人也始终被笼罩在这样一种祖先权威的统治和光环之下。个体乃至一个小家庭在生活、生产中的所作所为并不能完全由自己决定,依靠的多是祖先留下来的家规、遗训,也绝对听从在世的祖父、父亲们的督导、管教。这种"父权家长制表明了家族中的一切权力都掌握在父祖手中,他控制着家族和家庭中的所有成员,包括妻妾子孙、未婚的女儿、孙女,同居的旁系和家中的奴婢。他也掌管着家族和家庭中的经济权、法律权、宗教权以及子女的教育权、婚姻权和择业权。"⑥由此我们不难看出,宗法父权制社会统治下具有家族契约性质的给付彩礼行为,其所违背与侵犯的不单是女性单独一方的意愿与权益,也是对一个家族中年轻男性婚姻自主权的一种侵蚀,其核心要义在于维护家族利益,绵延家族香火,落实父权对家族事务的绝对管控。这也奠定了在清末民初时期,在解放女性的口号和目的之外,男权主义对改良彩礼制度的积极推进与响应。

---

① 瞿同祖.中国法律与中国社会[M].北京:商务印书馆,2015:103.
② 费孝通.乡土中国[M].北京:北京大学出版社,2015:66.
③ 陶希圣.中国社会之史的分析[M].沈阳:辽宁教育出版社,1998:13.
④ 转引自徐杨杰.中国家族制度史论[M].武汉:武汉大学出版社,2012:33-34.
⑤ 礼记·郊特牲.
⑥ 翟学伟.中国社会中的日常权威——关系与权力的历史社会学研究[M].北京:社会科学文献出版社,2004:92.

二、革命时期"婚姻改良"与"志愿婚"下"彩礼"的性质与规则

整个十九世纪末到二十世纪中叶,中华民族都沉浸在跌宕起伏的蜕变与革命当中,婚姻家庭方面也当然不能例外。在不同的革命时期:清末的百日维新、民初的民主革命、以及建国前的新民主主义革命,"男女平权之说"一直被认为是婚姻家庭改革包括废除婚约、彩礼的理论基础与鲜明旗帜。将妇女从传统宗法制父权之下解放出来,达到真正的妇女解放,实现妇女权益的维护,完成实质上的男女平等,被奉为革命时期改良彩礼制度,废除买卖婚姻乃至整个婚姻家庭改革的动力与目标。然而,如果我们对这一历史阶段内彩礼制度设计的相关社会背景与规则流变进行细致得考察与品位,便可以发掘其中蕴含着更深层次的内涵,即强烈的男权主义色彩——先进的年轻男性群体对脱离父权制、实现自身解放的热切追求,以及为满足革命需求、实现革命目标、巩固革命成果而"对女性性资源进行的一种重新分配"。[①]

(一)清末民初"婚姻改良"下"彩礼"的性质与规则

前文对主导古代中国彩礼性质与规则的父权制宗法社会进行了简要描述,其作为传统中国的核心力量,所确立的"家本位"思想,以及"亲亲""尊尊"的政治、伦理秩序一直主宰着古代中国人的思维与行动,而清末民初对婚姻文化与制度的改良则主要建立在对这种礼俗社会、宗法社会、父权社会传统的祛除上。在此时期,先进的知识分子作为变革的主力军对传统的婚姻习俗进行了系统性批判,提出革除"婚礼通弊六条:男女不相见之弊、父母专婚之弊、媒妁之弊、聘仪奁赠之弊、早聘早婚之弊、繁文缛节之弊",[②]矛头直指宗法父权制。

在力图以政治改革实现救亡图存的晚清知识分子的积极推动下,《大清民律草案》问世,然未付诸实践,清朝便遭遇覆灭,民国政府建立。资产阶级革命分子在传统婚姻习俗的改良上,相比晚清知识分子对宗法父权制的妥协与沿袭[③]更为全面、彻底,以求完全摆脱宗法父权制统治,力主建构公民的独立人格、实现男女平权、提升女性地位、维护女性权益,在《社会改良章程》中也对此进行了相关规定:"1.不狎妓;2.不置婢妾;3.提倡成年以后有财产独立权;5.实行男女平等;6.提倡废止早婚(男子19岁以上,女子17岁以上

[①] 李拥军.自私的基因与两性博弈:人类婚姻制度生存机理的生物学解释[J].法律科学(西北政法大学学报),2012(3)

[②] 陈王.论婚礼之弊[C]//高旭,高燮,高增,原编.高铦,谷文娟,整理.《觉民》月刊整理重排本.北京:社会科学文献出版社,1996:27-29.

[③] 在此时期修订的中国第一部民法草案——《大清民律草案》虽然吸收了西方近代民法自由、平等的价值理念,有关婚姻制度的设定上,在体现男女平等的亲属、继承法律方面有诸多进步,但同时也深受伦理纲常及男尊女卑观念的影响,保留了固有身份法的主要内容,维护了宗法制父权社会的基本特点。徐静莉.男女平等原则在近代中国民法中的确立——以女性法律地位的变迁为视角[J].妇女研究论丛,2012(4).

始得嫁娶)及时病结婚之习;7.提倡自主结婚;8.承认离婚之自由;9.承认再嫁之自由。"①

在彩礼的性质上,激进的女权主义者将其定义为"卖婚之弊,急宜改革也。"②认为"今流俗之结婚姻,必要索聘钱,为父母者多居其女为奇货。……不宁惟是,约婚之际,既存一博取金钱之心,则其择婿之标准,必不在于学问才能,惟问资产而已。……今世文明各国,其婚姻之制已入于自由结婚时代,独中国之婚姻尚在卖婚时代。"③由此可知,此时期女权知识分子对彩礼婚俗的坚决抵制态度,将其定性为买卖婚姻,认为是旧中国对女性权益、人格的侵犯,亟待革除。在这一点上,也的确得到了整个先进知识分子群体的声援与响应④,然而如果我们细细考察这场革除买卖婚姻、进行家庭改革的浪潮,就不难发现一些细枝末节的男性色彩,只是这些男性色彩在特定的历史时期,与女性解放运动达成了某种程度的契合,往往难以分辨。

先进知识分子关于彩礼制度提出的改革要求多以反抗父权制为核心,其要点在于作为家族的年轻男性渴求脱离父权统治,为拥有独立人格以及财产所有权所做的积极努力。他们一方面对订立婚约中男女双方的主体地位、主人翁地位、独立地位提出诉求,以期消除年轻男性在传统家族中对父祖辈的依附性与服从性,实现完全的人格独立,认为"非有自立之资格者,不得约婚。……必使确有职业,独立不倚,又必于其岁入之余,足以畜养子女,夫然后可以言婚。而婚约由于男女之自由,至其父母则仅有裁度之责,而无阻止之权。"⑤进而,将自己从婚约的客体转变为婚约的主体,肯定自身完整的独立人格,且享有完整的结婚自由权。另一方面,在彩礼给付方面,他们也没有将其定义为纯粹的买卖婚姻而予以彻底否定,认为"聘仪夌赠之制,殆为组织新家室之预备乎。第宜互相斟酌,称其有无,且勿使出之父母耳。"⑥由此可见,其将彩礼定性为男女双方的个人契约,是二者成婚后以成立新家室的绸缪,应该由男女双方自行商议给付,且完全用于日后小家庭的建设,而民间因彩礼给付所产生的悲剧,则被认为非聘仪夌赠之制所致,皆因后人误其本意,所谓"竞事纷华,互相凌驾。富者竭其脂膏,贫者亦思步武。相穷以力,相尽以财,不至于犬竭兔毙不止。以此诸因,逐生诸果。往往庆贺未终,丧吊已至,爱情未结,怨讟旋生者,多不可以数举焉。……溯厥由来,非分居之致不行,误解此问题所致乎。故聘

---

① 邱远猷,张希坡.中华民国开国法制史[M].北京:首都师范大学出版社,1997:473.
② 履夷.婚姻改良论[C]/张枬,王忍之.辛亥革命前十年间时论选集:第3卷.北京:三联书店,1977:840.
③ 履夷.婚姻改良论[C]/张枬,王忍之.辛亥革命前十年间时论选集:第3卷.北京:三联书店,1977:840.
④ "其中梁启超《禁早婚议》、陈王《论婚礼之弊》堪称重要文献;另外,《中国婚俗五大弊说》《自由结婚议》《文明婚姻》《婚姻自由论》《禁早婚以强人种论》《论婚姻之弊》《再论婚姻》《婚姻自由》《婚姻篇》《婚假改良》《婚姻问题》《说中国之婚姻》《婚姻改进说》《文明结婚》《自由结婚》《婚姻改制论》等均为专门论述变革婚姻习俗的力著;《女界钟》《女界泪》《秋瑾集》中对婚姻习俗的批判亦着力非浅。"梁景和,廖熹晨.女性与男性的双重解放:论清末民初婚姻文化的变革[J].史学月刊,2012(4).
⑤ 军毅.婚制——约婚之部[C]//高旭,高燮,高增,原编.高铦,谷文娟,整理.《觉民》月刊整理重排本.北京:社会科学文献出版社,1996:98-99.
⑥ 陈王.论婚礼之弊[C]//高旭,高燮,高增,原编.高铦,谷文娟,整理.《觉民》月刊整理重排本.北京:社会科学文献出版社,1996:28.

仪奁赠之制,若与分居之并行,则有利而无弊"。① 由此提出,聘仪奁赠若建立在分居制的基础上,则属于有利无害的婚俗,至此完成传统中国宗法父权制统治下的年轻男性对脱离大家庭、组建小家庭、拥有独立财产权的迫切诉求。

规则制定层面,虽然民国初年沿用了前清《大清现行刑律》中的民事法律规范,即《现行律民事有效部分》对婚约问题进行规制②,但是在司法实践上,大理院在婚约成立以及撤销的具体案例中并没有以其为标准,而是顺应了年轻男女对拥有婚约主体地位以及完整独立人格、独立财产所有权的时代要求与革命主张:一方面,认为订立婚书、收受聘财,都必须出自订婚当事人双方的合意,婚约才能成立。③ 以此在规则层面肯定了彩礼的个人契约性,肯定了年轻男女的独立人格以及婚姻自主权,在一定程度上也顺应了当时的妇女解放运动。另一方面,在女子悔婚再嫁情况下婚约履行以及彩礼返还规则的适用上,《现行律民事有效部分》延续了传统宗法制社会在婚约执行方面的强制性色彩,在女方悔婚的前提下,仍然承认第一个许婚男方有权利选择娶该女或抛弃该女收回彩礼,但在男方悔婚的前提下,其对古代律法仅不收回彩礼的规则进行了修改,将处罚方式变更为与女方相同。这种强制性婚约执行条文也激起了广大革命分子的不满和抵制,大理院迫于社会压力,在具体案件的审理中④,背离了《现行律民事有效部分》的规定,采纳了独立人格、人格平等、身份义务不可强制履行的进步理念,否认了婚约的可强制执行性,也赋予了女方悔婚再嫁时,在返还彩礼、赔偿损失情况下拥有婚姻自主选择权,维护了女性的主体性权益,顺应了当时的妇女解放运动。在后来的《民国民律草案》当中,也以正式的法律条文确认了男女双方在婚约订立上的主体地位以及婚约的不可强制履行性。

清末民初浩浩荡荡的家庭改革浪潮对彩礼的性质认定、规则制定和相关司法实践都产生了巨大的冲击。在这场浪潮中,彩礼的性质从家族与家族间的契约转变为个人与个人的合意,将男女双方从被动的客体附属地位转变为独立的主体决定地位。透过前文的考察,我们不难看出传统的中国社会是父权社会,家族中的年轻男性也多是处于被压抑状态,这场改革正是他们对脱离父权制、实现自身解放的一场热烈追求,虽然也的确在无形中顺应了妇女解放运动的浪潮,但实质上仍充满浓重的男权话语色彩,从这场年轻男性对自身解放的热烈追求也及于脱离"妻之界"便可见一斑:"吾言妻之界说而吾不得不

---

① 陈王.论婚礼之弊[M]//高旭,高燮,高增,原编.高铦,谷文娟,整理.《觉民》月刊整理重排本.北京:社会科学文献出版社,1996:28.

② "对于婚姻,《现行律民事有效部分》规定,'婚假皆由祖父母、父母主婚,父母俱无者,从余亲主婚。'按照这一规定,婚约以父母、祖父母(尤其父、祖父)或尊长为主体,婚约成立以父母之意愿为实质要件。在这样的法律制度下,女性和男性一样没有意愿自由,仅是婚姻中的客体,只能被动接受父母的安排而没有丝毫权利。"徐静莉.由客体到主体:民初女性婚姻权利的变化——以大理院婚约判解为例[J].妇女研究论丛,2011(1).

③ 大理院民国二年上字第 2 号判例、民国三年上字第 432 号判例、民国七年上字第 972 号判例、民国八年上字第 284 号判例、民国十一年上字第 1009 号判例、民国十五年上字第 962 号判例。徐静莉.由客体到主体:民初女性婚姻权利的变化——以大理院婚约判解为例[J].妇女研究论丛,2011(1).

④ 大理院民国三年上字第 838 号判例、民国四年上字第 638 号判例、民国九年上字第 295 号判例。徐静莉.由客体到主体:民初女性婚姻权利的变化——以大理院婚约判解为例[J].妇女研究论丛,2011(1).

为吾国民耻也。谓吾中国女权不发达,何以闺房之内,具有一王刑政之功,默化潜移,比条杀号令为速。……总之闺房威化之力,实较父母兄弟为多。"①然而无论如何,清末民初这场对彩礼制度的改良运动,的确在客观上也促成了妇女地位的提高以及对妇女权益的维护。

(二)建国前新民主主义革命时期"志愿婚"下"彩礼"的性质与规则

经历了清末民初的婚姻改良运动之后,彩礼的性质认定与相关规则制定又迎来了新的时代背景与革命诉求。20世纪20年代开始,在马克思主义、社会主义和共产主义的交互影响下,新民主主义革命成为新时代中国的主流基调。从1927年第一个革命根据地建立,到1949年中华人民共和国成立,这场新民主主义革命下的婚姻改革,改变了前一革命时期以知识分子为主导、以城市为重心的改革理念,转而投入农村婚姻伦理的革新上,这场旨在打倒土豪劣绅、废除封建宗法思想的婚俗革新,在实现解放妇女、提升妇女地位、保护妇女权益之外,也为开展深入的农民运动、土地改革乃至新民主主义革命奠定了广泛的群众基础和社会基础。为了适合这一时期不同阶段的革命需要,彩礼制度的改革与实行都不可避免得带有浓重的男性革命话语色彩。

清末民初浩浩荡荡的婚俗改革,如前文所述,是先进的青年知识分子旨在反抗传统父权家庭的束缚,追求精神上与经济上的双重独立而引起的一场深刻的社会性变革,同时也顺应了女性解放运动的浪潮,客观上改变了女性在家庭中乃至整个社会中的地位。但遗憾的是,这场变革无论在波及广度还是深度上都受到了极大限制,其作用主要局限在先进的发达城市以及先进的知识分子群体当中,中国广大的农村地域以及农民阶层在缔结婚姻时仍多恪守传统婚约、婚俗的规定。而此后共产党领导的新民主主义革命则打破了这一局面,将婚姻改革的浪潮带至广大的封闭乡村以及平凡的贫苦大众中间,在一个与城市完全不同的社会、文化、地理环境中开展了一场轰轰烈烈的婚姻理念重塑。

在共产党将追求"婚姻自由"的话语和理念带来之前,乡村的婚姻缔结模式多是遵循传统的善良风俗,婚约与其他契约一样,受到了乡民们的高度重视,是婚姻的必备前提要件,其性质受传统父权家长制的影响,仍然维持了其家族与家族间的契约性,任何一方违反契约都需要向另一方进行赔偿,而彩礼作为男方家庭给予女方家庭的一种变相保证与补偿,也多象征着婚约的有效性以及双方家庭对婚姻的满意程度。在这种情况下,作为因家中十分贫困而无法支付起彩礼的年轻男性,为了实现完婚及其生育的需求,甚至会选择将自己典当出去,充当已婚妇女在丈夫外出、失踪期间的临时丈夫,或者入赘进富足的女性家庭打工、出卖劳力,等待未来新娘长大以完婚。② 因此,在农村甚至出现了

---

① 家庭立宪者.家庭革命说[C]//张枬,王忍之.辛亥革命前十年间时论选集:第1卷(下).北京:三联书店,1960:836.
② 张志永.华北抗日根据地妇女运动与婚外性关系[J].抗日战争研究,2009(1).

少数的一妻多夫现象,而五四运动中所描述的那些一夫多妻的情况也只出现在富人男子家中,这就促使"女性性资源集中在少数强者手中,而多数弱者则处于资源匮乏状态"。①

1931年《中华苏维埃共和国婚姻条例》(以下简称1931年《婚姻条例》)颁布,其中第1条、第2条、第9条分别规定:废除一切封建的包办、强迫和买卖的婚姻制度;实行一夫一妻,禁止一夫多妻;男女一方坚决要求离婚的,即行离婚,至此中共在革命根据地奠定了绝对"婚姻自由"的改革基调。与土地革命将田地从富农手中分到贫下中农手中一样,这场废除买卖婚姻、废除婚约彩礼、隔绝婚姻与物质联系的改革也"把老婆送上了孤苦贫农的炕头,使革命的队伍更加稳固了"。② 在这个过程中,"喜钟始终并非为妇女们而鸣,无论是提交决策层的工作报告,还是当时的统计数字,都表明买卖婚姻并没有因此而绝迹。妇女仍然像以往一样被看作男权主义的附属物,惟一的变化只是'价钱便宜了而已'。"③

然而最让革命者始料未及的是,这场否认彩礼合法性的婚改措施,本应因为隔绝了婚姻与物质的联系而受到广大贫下男性中农的热烈拥护,可是自1931年《婚姻条例》颁布后,在离婚率上升的同时,退婚案件的数量也在大大增加,且绝大多数都是来自女方及其家庭提出的要求终止婚约的诉讼。由于对彩礼合法性的否定,因此在1931年《婚姻条例》及其各革命根据地婚改条例中对退婚案件彩礼返还的规则都未做涉及,这反而激起了贫困男性农民的强烈反对。因为依据婚改条例,已经在缔结婚约时支付彩礼的男性农民在面对女方提起的解除婚约的诉讼时,是无论如何也难以赢得官司胜利的,往往最后落得人财两空。从表面上看,这种现象很容易被解读为妇女权益通过争取绝对的婚姻自由而获得了维护,妇女地位通过绝对自主意愿的表达而获得了提高,但实际如果细细考察我们便会发现一幅完全不同的景象。

上文提到,婚改的初衷是使年农村贫困的年轻男性都能在不花巨额彩礼的情况下娶上老婆,然而事实情况是,由于革命队伍的到来,附加带来了大量的单身男性,加之之前本地未讨媳妇的贫困男青年,男女比例失调的情况在革命根据地愈发严重起来;此外,由于外来人口的急剧增多,以及多年战乱、自然灾害、通货膨胀等情况的影响,彩礼非但没有绝迹反而在数额上还大大提高了。且碍于传统农村家长权力(主要是父权)的操控,对彩礼的大额需求通常不是来自女方自己,而是来自于女方的家庭或者父亲,彩礼甚至成为他们资助、维持自己家庭的一种经济来源。在这种情况下,因为彩礼的持续上涨以及

---

① 李拥军.自私的基因与两性博弈:人类婚姻制度生存机理的生物学解释[J].法律科学(西北政法大学学报),2012(3).
② 朱晓东.通过婚姻的治理——1930—1950年革命时期的婚姻和妇女解放法令中的策略与身体[J].北大法律评论,2001(2).
③ 朱晓东.通过婚姻的治理——1930—1950年革命时期的婚姻和妇女解放法令中的策略与身体[J].北大法律评论,2001(2).

货币通货膨胀,不少女方家庭都对之前收受的彩礼不满意,产生了强烈的悔婚动机,以寻求能出得起更高彩礼的未来女婿,这时候对彩礼返还规则未做涉及的婚改方案就成为女方家庭而非妇女本人攫取利益的一种合法途径,也当然激起了贫困男性农民的强烈不满。

于是,针对这一情况,在彩礼的相关改革上,党的策略发生了重大转换,悔婚原则从最初的绝对自由开始转向相对自由,政府也出台了相关条例来遏制女方家庭借由女方实施的变相牟利行为,以稳定革命根据地的婚姻家庭生活,"巩固革命胜利时对妇女身体的重新分配"①。如在陕甘宁边区,与其1939年的《婚姻条例》相比,经过修正的1944年《修正陕甘宁边区婚姻暂行条例》和1946年《陕甘宁边区婚姻条例》都照顾了当地男性农民的不满情绪,对彩礼问题进行了涉及,规定"已订婚男女在结婚前如有一方不同意者,可向政府提出解除婚约,并双方退还互送的订婚礼物"。② 更对买卖婚姻和彩礼的界限数额进行了区分,以此达成对现实生活中传统彩礼行为的法律规制,也在一定程度上遏制了女方家庭的变相牟利行为。

这场新民主主义志愿婚下的彩礼改革措施,将清末民初的先进革命思想带入了广大的农村、边区,其最初坚持了绝对的婚姻自由原则,废除买卖婚姻,坚决否认彩礼的合法地位,在条例中避而不谈。后又将彩礼纳入法令条例当中,并对彩礼和买卖婚姻的界限进行了数额上的严格区分,规定了相关的彩礼返还规则,这一措施对1949年之后的彩礼规则都产生了深远影响。这一改革的策略性转换,在力图实现妇女解放的同时,如前文所述,也蕴含了深深的男性革命色彩。在这场革命期间,"争取妇女权利这项事业在妇女自身中间就没有得到优先考虑,她们主要是为了适应本阶级的需要而没有适应她们作为女性的需要"。③

三、现代中国"自主婚"下"彩礼"的性质与规则

1949年中华人民共和国成立,1950年《中华人民共和国婚姻法》(以下简称1950年《婚姻法》)颁布,所有建国前各革命根据地、解放区颁布的有关婚姻问题的一切暂行条例以及法令均被废止。1950年《婚姻法》延续了建国前革命地区的婚改策略,以婚姻自主为基调,提出"废除包办强迫、男尊女卑、漠视子女利益的封建主义婚姻制度。实行男女婚姻自由、一夫一妻、男女权利平等、保护妇女和子女合法利益的新民主主义婚姻制度"。

---

① 朱晓东.通过婚姻的治理——1930—1950年革命时期的婚姻和妇女解放法令中的策略与身体[J].北大法律评论,2001(2).
② 张炜达.陕甘宁边区法制创新研究[D].西安:西北大学,2010:170.
③ 美国历史学家L. S. 斯诺福利阿诺斯曾经对近现代世界各国革命中妇女解放的共同弱点进行了深入分析。L. S. 斯诺福利阿诺斯. 远古以来的人类生命线——一部新的世界史[M].北京:中国社会科学出版社,1992:199.转引自朱晓东.通过婚姻的治理——1930—1950年革命时期的婚姻和妇女解放法令中的策略与身体[J].北大法律评论,2001(2).

"禁止重婚、纳妾。禁止童养媳。禁止干涉寡妇婚姻自由。禁止任何人借婚姻关系问题索取财物。"①

关于彩礼问题,在遵循1950年《婚姻法》的原则之上,1951年最高人民法院、司法部做出批示,即《关于聘金或聘礼的几个疑意和早婚如何处理问题的复函》以及《关于婚姻案件中聘金或聘礼处理原则的指示》,分别做出规定:"男女双方均以婚姻为目的而给付的聘金或聘礼,依其性质可分为以下三类:(1)公开的买卖婚姻性质的聘金或聘礼;(2)变相的买卖婚姻性质的聘金或聘礼;(3)赠与性质的聘金或聘礼。"②"在婚姻法施行后给付的聘金或聘礼具有以下法律效力:(1)对于公开买卖婚姻性质的聘金或聘礼原则上均应将其因此所得财物没收,并得酌情处罚;(2)对于变相的买卖婚姻性质的聘金或聘礼,得斟酌具体情况及情节轻重予以没收,并得予当事人以教育或必要的惩处;(3)对于赠与性质的聘金或聘礼,原则上均不许请求返还。但如给付之一方在经济上特别困难而收受之一方又有返还能力者,则在确保婚姻自由的前提下,得对给付之一方酌予照顾,判令收受之一方返还全部或一部。"③

不难发现,这些涉及彩礼的条例规定是对1949年前革命根据地策略转换模式的一种延续。正如前文所述,在坚持破除买卖婚姻、隔绝物质与婚姻的联系之后,婚改状况并没有如革命者预期的那样乐观,退婚案件的数量持续攀升,妇女本人在此过程中也多受父权及其家庭权威的裹胁,利用党和政府对婚约和彩礼的合法性否认,通过退婚以牟利,这也激起了广大年轻男性农民的不满。1949年后,婚姻自由的浪潮在全国范围内兴起,掀起了新一轮的离婚、退婚热④,这一现象甚至激起了许多党内干部,主要是基层干部的不满⑤。于是,1949年之后,在对彩礼的法律规制上,党和政府延续了建国前的策略转换模式,通过立法上对彩礼问题严格的技术性区分⑥以解决司法实践在退婚案件中彩礼返还无法可依的现实问题。

值得我们注意的是,这一时期党和政府关于否认彩礼合法性的初衷也与1949年前的革命时期发生了很大变化。通过长期的革命实践,其敏锐地意识到只有瓦解中国的传

---

① 1950年《中华人民共和国婚姻法》第1条、第2条。
② 1951年《关于聘金或聘礼的几个疑意和早婚如何处理问题的复函》第3条,转引自张学军.彩礼返还制度研究——兼论禁止买卖婚姻和禁止借婚姻索取财物[J].中外法学,2006(5).
③ 1951年《关于婚姻案件中聘金或聘礼处理原则的指示》第3条、第2条、第4条,转引自张学军.彩礼返还制度研究——兼论禁止买卖婚姻和禁止借婚姻索取财物[J].中外法学,2006(5).
④ 建国初期是中国社会离婚、退婚率较高的一个时期,据中南军政委员会司法部的不完全统计,1951年1月到5月间,各区各级司法部门共受理婚姻案件达32881件,占全区民事案件的60%以上,到了1953年全国的离婚、退婚案件高达117万件,总离婚率比1950年增加了好几十倍。中南军政文员会民政部,司法部.关于贯彻执行婚姻法的通报[N].中南政报,1951(17).转引自李飞龙.社会变迁中的中国农村婚姻与家庭研究(1950—1985)[D].北京:中共中央党校,2010:197.
⑤ 政务院政治法律文员会宣传组.婚姻法带来的幸福[M].北京:人民出版社,1953.转引自朱晓东.通过婚姻的治理——1930—1950年革命时期的婚姻和妇女解放法令中的策略与身体[J].北大法律评论,2001(2).
⑥ 有学者表示这种最为细致的区分当属1984年最高人民法院发布的《关于贯彻执行民事政策法律若干问题的意见》中对退婚案件中所涉彩礼返还问题的相关规定。李拥军.亲属法的表达与实践,草稿.

统大家庭才能瓦解盘踞在上面的封建意识形态和财产私有制,才能实现真正的社会主义革命。因此其在态度和原则上始终坚持废除彩礼,废除买卖婚姻,提倡年轻男女的自由恋爱、反对父母包办婚姻,希望以此来鼓励年轻男女在婚姻、家庭问题上人格与经济的双重独立,隔离妇女与父权、家庭权威的统一战线,破除传统父权、家庭权威对妇女的统治,消融与重构作为基层社会控制渠道和空间的"传统家庭生态和婚姻制度"①,并最终达到瓦解中国社会"家国同构"的理念以及传统大家族封闭格局的目的,以实现原有社会权力结构的重组。

正如赖因哈德·西德尔所说,"生产方式产生了不同社会阶级的家庭生活特殊性。"②中国古代传统家庭中的父权制度就是小农生产方式的产物,因此在建国后的很长时间内,因广大农村的小农生产方式未曾改变,父权家长制就当然没有得到消弭。作为家中的男性家长——父亲始终有掌控家庭各种财物、资源的权力,并与家庭成员间形成了主从关系。在面对女儿结婚索要彩礼的问题上,父亲和家庭的利益始终占据主导地位,从这一时期的陪嫁数额远远小于彩礼数额便可见一斑③,而受父权家长制的影响,这一时期彩礼的功能也主要局限于实现对女方家庭的一种经济补偿。

这种情况自改革开放之后在全国范围内出现了变化。20世纪80年代以来,我国加剧城乡一体化的发展进程进入黄金时代,伴随着现代市场交易模式的深入发展,传统农业社会那种自给自足的小农生产方式开始逐渐萎靡。而正是由于非农化的发生,"传统的小农小生产的生产方式被改变,从而导致了中国农村家庭的家庭制度发生变迁"。这种家庭制度的变迁促使农村的家庭越来越核心化、小型化,"核心家庭、夫妻家庭与单亲家庭所占比例日益增长,在联合家庭趋于消失的前提下主干家庭的比例逐渐降低"。④ 年轻男女在结婚后即行分家这种情况的出现也越来越普遍化⑤,分家的时间与传统中国农村相比,被大大提前了。婚约几乎完全成为年轻男女之间个人意愿的表达,而彩礼在保留原有部分功能的同时(体现和代表了男方对女方的重视以及满意程度等)开始逐渐演化为男女双方家庭对新婚男女、未来小家庭的一种经济资助,这一点从女方嫁妆数额上的逐年上涨⑥便可见一斑。大部分女方家庭已经不再将男方给予的彩礼留作自己家庭支

---

① 杨丽萍.新中国成立初期上海贯彻婚姻法运动[J].中共党史研究,2006(1).
② 赖因哈德·西德尔.家庭的社会演变[M].王志乐,等译.北京:商务印书馆,1996:1.
③ 下岬村1950—1993年间婚事开销的调查统计表,其中女方提供的间接嫁妆和直接嫁妆的总和都远远低于女方收到的彩礼数额。阎云翔.礼物的流动——一个中国村庄中的互惠原则与社会网络[M].李放春,刘瑜,译.上海:上海人民出版社,2000:182.
④ 杨善华.改革以来中国农村家庭三十年——一个社会学的视角[J].江苏社会科学,2009(2).
⑤ 家庭联产承包责任制的广泛推行以及非农化生产方式的逐渐扩展,都促使分家成为更为自利的选择,可以在减少劳作时间的同时又增加自己的收入。婚后单过这种分家形式在70年代开始受到年轻人的欢迎,80年代已经逐渐演变为主要形式。阎云翔.礼物的流动——一个中国村庄中的互惠原则与社会网络[M].李放春,刘瑜,译.上海:上海人民出版社,2000:188.
⑥ 辽宁省清原镇20世纪80年代女方家庭的婚姻支付表,从表中可以看出嫁妆的数额和种类随着时间的推移在逐年上涨。吉国秀.婚姻礼仪变迁与社会网络重建[M].北京:中国社会科学出版社,2005:185.

配,而是连同自家的一部分财产一并以嫁妆的形式交与新娘,以此来达到资助小家庭的目的。

20世纪以来,彩礼已经越来越偏向于实现婚姻资助、完成代际传承的功能,在婚约和彩礼的性质认定上,妇女也终于开始完全摆脱持续数千年的父权色彩。然而在法律、法规的制定上,2003年出台的《婚姻法解释(二)》,其对彩礼一以贯之的否定态度以及对无过错彩礼返还规则的确定,一方面忽略了彩礼的性质与功能在历史的涤荡下已经发生了翻天覆地的变化,另一方面则维持了浓重的革命话语色彩以及男权主义色彩,否认彩礼的合法地位,并在不区分过错以及具体情况的前提下,以"一刀切"的模式确立彩礼一律返还原则。因其女性话语的缺失以及对女性权益的忽视,才在司法实践中引发了一系列实践与立法相背离的矛盾情况,其合理性需要引发我们进一步的思考。

四、结语

20世纪中后期,受后现代思潮对启蒙思想深刻反思的影响,当代女权主义也开始逐渐对统一的女性主体身份的确定展开了批判性思考,开始逐渐意识到对统一的女性主体身份的固化可能会抹杀处于不同时期、不同地域、不同男权运作模式下女性主体的差异以及对女性权益诉求上的差异。面对后现代理论的冲击,当代女权主义开始主张深入历史发展的不同阶段中,考察不同时期内男权对女性主体身份的建构过程,以此来完成具有差异性的女性主体身份构建,最终达到平衡女权主义内部差异、消弭现代社会男权色彩、解决现代社会诸多矛盾的目的。正是基于以上启发,在对《婚姻法解释(二)》中彩礼返还规则的男权主义嫌疑进行论述时,笔者采取了对此问题在中国不同时期内的存在情况进行历史性考察,最终展现出了一幅以父权、夫权话语为主导,以革命思想为核心的彩礼流变图。然而需要指出的是,这样一场彩礼性质与规则的流变也的的确确顺应了妇女解放运动的开展,妇女地位的提高、妇女权益的维护已经体现在社会生活的方方面面、法律文本的字里行间以及司法实践的细枝末节上。然而,受传统的男权主义以及革命思维的影响,《婚姻法解释(二)》中的彩礼返还规则,笔者以为,在某些方面缺乏一定的合理性,主张应褪去浓重的男权、革命话语色彩,正视彩礼作为一种善良的民间风俗在当代社会中所发挥的重要作用,肯定其合法性,以此来确立在区分过错、综合考虑多种因素的情况下,由法官自由裁量返还与否及其返还额度的彩礼返还规则,最终完成真正兼顾男女双方利益、兼顾法治与善良风俗的彩礼制度构建。

**The Development of Nature and Rules of the Engagement
and Folk Betrothal Gifts from Feminism Perspective**

Sun Mengjiao

Abstract:In 2003,the Supreme People's Court issued explanation of the application of the marriage law of the People's Republic of China. It's the first time to make the folk betrothal gifts mandated by law. And there is a lot of debate in the theoretical circle. Because the folk betrothal gifts return rule takes more care of the interests of the payer. And it also creates a contradiction between the practice and text. If we try to survey and analysis the leading force of making engagement and folk betrothal gifts rules in different periods, we can find that male revolutionary thinking always exists. And it influences the present folk betrothal gifts rule deeply. And ultimately it makes the rule unreasonable. So we must correct and reject the male revolutionary thinking, balance the interests of both sexes. And we must consider the multiple factors in the premise of distinguishing the fault, give the judge a judicial discretion to examine whether the bride's side should return the folk betrothal gifts and how much money to pass back to the bridge's side.

Key Words: engagement; bride-price; feminism; patriarchy; revolutionary thinking

社会调研

◎地方知识与地方立法
◎村规民约在民族地区基层社会治理中的作用研究
◎转型时期农村社会的纠纷解决机制研究
◎生活中的《婚姻法》：藏族骨系等级内婚制研究
◎穆斯林习惯法在青海人民调解中的价值与调适
◎游牧社会如何化解债务危机？
◎司法裁判文书中商事习惯的实证研究
◎藏族青少年文化认同及其与藏区社会治理关系的实证研究

地方知识与地方立法
——从地形和地质条件看《消防法》与《防洪法》之立法目的在兰州市区的实现问题

王 勇* 贾 晨**

摘要：地方立法的关键使命是阐明中央立法在具体地方实施中的"局限条件"或"约束条件"。这个局限条件其实就是一种"视而不见"的"地方知识"。被狭窄的条状地形所决定的城市地下自来水支状管网（而非环状管网）布局结构，使兰州市区尤其是城关区的水压不稳定、不可靠，由此迫使《消防法》之"消防水源"条款在兰州市区的实施需要进行"目的性重组"，即需要优先考虑黄河这个天然水体，而不是城市给水管网上设置的消火栓。由黄土沉积而成且易出现滑坡和泥石流的南北两山的存在，迫使《防洪法》之"洪道违建"条款在兰州市区的实施需要进行"目的性限缩"，即《防洪法》第二十二条之一般规定，在兰州市区的实施中需要作严格解释（限制性解释）。有鉴于此，中国宪制架构中的地方立法与中央立法之间的关系需要理性重构，使中央立法彰显其"主权"目的，使地方立法尽享其"事权"功能，分工制约，良性互动，这也许就是一种明智的选择。

关键词：兰州市区；地方立法；地方知识；消防法；防洪法

> 法学家所假定之抽象的法律，从未在时、空任何一点上存在过。抽象的法律，系属于本质的范围，并非存在于真实的世界。在真实的世界，除了有此和彼特殊个别的法律外，别无他法。每一个别特殊的法律，均具有三度，即时间度、空间度、事实度。
>
> ——吴经熊

一、地方立法的关键使命是阐明中央立法在具体地方实施中的"局限条件"

孟德斯鸠认为，"气候的权力强于一切权力"。① 《黄帝四经》开篇第一句话就是"道生法"。这说明，自然规律、环境和气候因素乃是约束人类行为的一种刚性条件，是真正的

---

* 王勇，法学博士，西北师范大学法学院教授。
** 贾晨，西北师范大学法学院2015级硕士研究生。
① 孟德斯鸠.论法的精神：上册[M].许明龙，译.北京：商务印书馆，2013：321.

"硬法"。忽略特定的环境气候和地理因素而进行的人类立法,其实是很晚近的事情。伯尔曼认为英国普通法是与具体地域脱离的。这是近代以来,随着人类科技的发展和人类主观能动性力量的增强,而出现的一种"致命的自负",使"自在法"几乎完全被"人域法"所替代,最初的"人道"本来是对"天道"的模拟,但是,后来却反而僭越了天道而取而代之。

近现代"民族国家"的建构,也为主权者的"意志"全面渗入立法提供了契机。但是,无论如何,一项在文本上省却了具体场景的抽象立法,如果要在一个具体的时空背景中加以实施,则必然会受到当时、当地的刚性条件的约束,这是不以立法者的意志为转移的。目前,中国的许多中央层面的成文立法,便属于省却了具体场景的抽象立法,从文本上我们已经看不到这部立法的具体的"原产地",而只有抽象的"国产地"。但是,现实中的国家却是一个广土众民、差异显著的存在,任何抽象的中央立法在进入特定的地方时,都要受到当地"地性"的过滤。这个能够过滤中央立法的"地性",我们要么有意"视而不见",要么真的"视而不见",于是就出现了完全抄袭中央立法的地方立法,这样做,表面上确实做到了忠于中央立法,不抵触于中央立法,但实质上却是中央立法的目的在地方被落空。

地方立法"装饰主义"的出现,原因很复杂,其中之一便是中央集权体制的阴影遮蔽了中央立法与地方立法之间的良性互动和分工制约。现在到了适时进行理性重构的时候了。相对于中央立法,过去常有人把地方立法分为创制性地方立法和执行性地方立法。我认为,这种分类也没有把握中国地方立法的要领和关键使命。中国地方立法的要领和主要使命是阐明中央立法在地方执行中的刚性约束条件,比如气候,地形,海拔,地理,历史文化传统等等。将这些约束条件在地方性立法中表达出来以后,还要明确规定这些条件如何具体约束中央立法,如何重构中央立法等。这样的地方立法,便具有了实质性的内容,当然有特色,可操作了,怎么可能与其他地方的地方立法相雷同呢?

从国家宪制的视角来讲,地方立法,是相对于中央立法而言的,指特定的地方国家机关依法制定和落实不超过本行政区域范围的规范性法律文件的活动。在新修订的《中华人民共和国立法法》中,国家赋予设区的市立法权,扩大了地方立法主体的范围。国家之所以赋予地方立法权,一方面是为了解决地方特殊问题,另一方面是提高地方管理当地问题的积极性。"正因为单中央立法不足以解决地方的特殊问题,不足以反映各地不平衡的状况,才在中央立法之外,再辟地方立法的蹊径。"

因此,制定地方性法规是完善我国法律体系的重要组成部分。然而,我国的地方立法似乎走向了一个畸形的发展趋势。"照搬照抄""拿来主义"似乎成为地方立法的一大特色。目前,我国各地的地方立法形形色色,但多体现为对上位法内容的抄袭,对各地实际问题并未提出切实可行的具体解决方案。各地为完善本地区的管理,制定了一系列的地方法规。这样看上去似乎完善了当地的立法体系,然而却没有任何的实际用处,仅仅成为了该地的"面子工程"而已。地方立法机关似乎将地方立法看成了一项"任务",仅仅做到有就可以了,而不管该法规的内容如何。

如何将地方立法落到实处,似乎成为了现今地方立法亟需解决的问题。所谓地方立法应当符合该地的具体情况和实际需要,应体现针对性强、地方特色鲜明、不照抄照搬上位法条文、不搞多部法律、行政法规条款的汇编的特点。作为地方立法,首要目标是创造性地解决只有地方能够解决的地方性问题,主要使命是阐明中央立法在地方执行中的刚性约束条件。因此,阐明作为这样一种作为约束条件的"地方知识"便成为地方立法无法回避的关键性问题。这里的"地方知识"是指中央立法在地方执行时所必须尊重和顺应的当地的刚性约束条件。

在参与甘肃省和兰州市的地方性法规和规章的评估和立法论证过程中,笔者发现地方立法中面临的特殊问题是大量存在的,这为地方立法的宪制重构,以及立法特色和相关法律问题的经验研究提供了可能。以下从地形和地质条件来谈谈《消防法》与《防洪法》之立法目的在兰州市区的实现问题,并借此探讨本文设定的核心论题:阐明"地方知识"是地方立法的关键使命。

二、条状地形与支状管网——《消防法》之"消防水源"条款在兰州市区实施需要进行"目的性重组"

《消防法》对消防水源的一般排序:城市给水管网上设置的消火栓→消防水池、水井、喷水池、水库等人工水体→河流、湖泊、海洋、池塘、溪沟等天然水体。《消防法》对消防水源的一般排序在兰州市区需要因地制宜,需要优先考虑黄河这个天然水体——河流(黄河)、湖泊、海洋、池塘、溪沟等天然水体→城市给水管网上设置的消火栓→消防水池、水井、喷水池、水库等人工水体。

由于兰州市的城市布局(呈东西狭长分布,黄河穿城而过)是一个典型的"冰糖葫芦串",由此导致了地下供水管网呈枝状结构,这就决定了兰州市的消防取水将不能单纯依赖于地下供水管网及消火栓(由于枝状管网的可靠性不高,且水压不均衡),而必须同时借助黄河这个天然水体以及在其两岸设置的消防取水口和消防通道(因为上位法即《中华人民共和国消防法》规定消防取水可以因地制宜,消防水源可以多样化)。这些地方性的特殊情形原本是凭借常识就可以认识的,但立法者却忽视了这些情形,而是不加选择地"照搬"了其他城市的立法,在消火栓的数量上"不遗余力"地向其他城市看齐,并将其视为最主要的消防水源。《兰州市消火栓管理办法》的优先制定便体现了这样一种意图(2014年3月26日由兰州市人民政府颁布实施)。早期的一篇相关文章中,曾有这样的记述:

城市消防水源匮乏。水是最廉价而灭火中又最普遍使用的灭火剂,消火栓又是向火场供水时不可缺少的基础设施,是灭火战斗中的"弹药"储备库。因此,国家在防火规范中规定城市道路两侧以间距不超过120米为宜设置一个消火栓,其保护半径不应超过

150米。按照这个标准,我省在已建成的城区面积(420平方公里)内应设消火栓4930个,而现在仅有674个,占应有数的13.7%。其中堪用的只有453个,还不同程度地存在着流量小压力低等问题。兰州市按城区面积应设2360个,目前完好数只有321个,占13.6%。在安宁区只有4个公共消火栓,其中2个经常无法使用。① 消防水源主要依靠城市给水管网上设置的消火栓,这在西安和北京这样的平原地区城市可以,但是,兰州市则不行。因为,平原地区的大城市的地下自来水管网基本上都是环状结构,各处是水压是相对均衡的,是可靠的。按消防水压要求分类,一般将消防给水管网分为三类:高压消防给水管网;临时高压消防给水管网;低压消防给水管网。消防给水系统,按用途分类,一般分为四类:生产、生活、消防合用给水系统;生活、消防合用给水系统;生产、消防合用给水系统;独立的消防给水系统。理论上讲,兰州市城关区建筑密度大(20世纪80年代以前,兰州市的建筑密度并不大,城市建筑还没有大规模向南北两山靠近),起火后灭火难度大,因此,至少要有临时高压消防给水管网或独立的消防给水系统,但这个要求估计也无法保证。

现行《消防法》第45条规定:"公安机关消防机构统一组织和指挥火灾现场扑救,应当优先保障遇险人员的生命安全。火灾现场总指挥根据扑救火灾的需要,有权决定下列事项:(一)使用各种水源……"从相关配套规章和实施细则来看,城市消防水源主要有三类:①城市给水管网上设置的消火栓;②消防水池、水井、喷水池、水库等人工水体;③河流、湖泊、海洋、池塘、溪沟等天然水体。② 其中第一类水源通常被视为是最主要的消防水源,其他水源是辅助水源。目前,我国的多数欠发达地区城市给水系统一般采用统一给水系统,即生活、生产、消防用水共用同一管网输送。随着城市建设的迅速发展,缺水问题一直困扰相当一部分城市,有些城市甚至生活用水有时都得不到保障,更谈不上消防用水了,如西北、华北地区。缺水将直接导致城市消防用水没有可靠的保障,一旦发生重大火灾事故,往往因消防用水不足使消防部门陷于被动,大大增加了扑救难度。

从技术上讲,管网的输水能力不足,无法保证消防用水所需的水压、水量,管道的布局不合理,给水管网大多为枝状,且管径较小,管网内调水灵活性很差,存在水量不足或停水现象,给水管网结构不合理,安全性差,调度困难,爆管事故频繁,不利于消防供水。从理论上讲,城市应采用环状管网供水方式,并进行合理供水分区,分区间以连通干管连接,提高各分区的供水可靠性。但是这一方案在兰州市实施的难度和成本很大。初步估计,由于地形特点,兰州市的供水管网可能是一种线性的串联耦合系统,而不是网状的并联耦合系统,因此,可靠性可能很低。

所以,替代的消防水源可能很重要。兰州天然水体——黄河,应是城市消防用水重要的备用水源,应该加以重视这方面的建设管理。在有的天然水体沿岸一般都没有修建

---

① 孙荣国,等.居安思危方能防患未然——我省城市消防基础设施的现状与思考[J].甘肃消防,1996(7).
② 现行《中华人民共和国消防法》,于1998年4月29日第九届全国人民代表大会常务委员会第二次会议通过,2008年10月28日第十一届全国人民代表大会常务委员会第五次会议修订。

通车道路和消防取水设施,消防队扑救火灾时取水困难。城市消防用水主要依靠城市供水系统,因此应尽快完善城市给水管网及消火栓、加压泵站和消防水池等消防供水设施的建设。另外,要充分江河湖泊等天然水体作为补充备用水源,建设通车道路和取水设施。从而形成各具特色的城市消防供水体系,为火灾扑救工作提供充足的水源。天然水体这些水源往往被忽视,没有被充分利用起来,是一种资源的浪费。江河湖海在城市给水管网的消防水源不足时予以补充,是不可或缺的补充水源。尤其在战争或强烈地震等自然灾害发生的情况下,城市供水系统可能受到破坏而中断,此时天然水源的作用就显得特别的重要了。由此可见,规划兴建完善的天然水体取用设施具有极其重要的战略意义。

为了充分利用天然水源,必须修筑一定的取水设施才能将天然水源抽取用于火场。规划建议首先利用现有通车码头,建设固定的消防取水口和加压设施,保证枯水期最低水位时消防用水的可靠性,并设立明显标志,严禁违章占用或堆放物品,保证不小于5m的消防通道以保证消防车可以驶近取水。消防取水口的建设应与城市景观很好地结合。因此,对兰州市来讲,消防水源问题,应两方面考察:其一,既然只有东西方向的城市主干道,所以可以集中资金建设宽口径的供水管网;其二,注意利用黄河这一备用的消防水源。另外,多建消防水池,在城市规划和开发建设过程中,消防水池宜结合城市广场或大型公建前的喷水池、公共绿地和公园内的水池等设置、建设,这样既可美化城市环境又可作为一种消防补充水源。

三、南北两山与黄土沉积——《防洪法》之"洪道建筑"条款在兰州市区实施需要进行"目的性限缩"

《防洪法》第22条之一般规定:"河道、湖泊管理范围内的土地和岸线的利用,应当符合行洪、输水的要求。禁止在河道、湖泊管理范围内建设妨碍行洪的建筑物"。《防洪法》第22条之一般规定,在兰州市区的实施中需要作严格解释(限制性解释):尽管原则上不占用沟内行洪断面,但将河道上面覆盖,并在洪道两岸的平地构造建筑物,进而变相地将泄洪沟改造成商业街的做法,亦属"在河道、湖泊管理范围内建设妨碍行洪的建筑物"。

如前所述,地方立法的关键使命是阐明中央立法在具体地方实施中的"局限条件",比如特殊的气候、地形、海拔、地理、历史文化传统等因素。为了更好地分析这一问题,作者将从《中华人民共和国防洪法》(以下简称《防洪法》)在兰州市区如何具体执行的问题加以论述。

兰州市位于黄河中上游,处在大陆腹地,城市布局因地形限制南北狭窄,东西延伸长,黄河自西向东穿城而过,市区陆地多为黄河冲击而成的大片河谷盆地。南北起伏的山地和沟壑纵横的黄土梁铸构了兰州特殊的"V"字地形。仔细观察似乎同排洪沟的构造基本重合,假设将亚欧大陆比作人体,那么兰州市好比血管,市区的排洪沟则为毛细血管,看起来细微,但一旦出现问题,也必将导致疾病的发作。作为"排洪沟"的排洪沟,对于兰州市区的安全有着不可忽视的存在。然而根据《防洪法》第10条第2款的规定:"其他江河、河段、湖泊的防洪规划或者区域防洪规划,由县级以上地方人民政府水行政主管部门分别依据流域综合规划、区域综合规划,会同有关部门和有关地区编制,报本级人民政府批准,并报上一级人民政府水行政主管部门备案;跨省、自治区、直辖市的江河、河段、湖泊的防洪规划由有关流域管理机构会同江河、河段、湖泊所在地的省、自治区、直辖市人民政府水行政主管部门、有关主管部门拟定,分别经有关省、自治区、直辖市人民政府审查提出意见后,报国务院水行政主管部门批准(地方政府可对防洪规划进行改造)。"对于兰州市区地形地貌的特殊情形原本可以凭借常识就可以认识。但立法者却忽视了其中的关键性因素,照搬照抄其他省市的立法,对排洪沟进行商业改造。

针对这一问题,具体一点来讲主要涉及地方立法对上位法在地方执行过程中是否遵循了刚性的约束条件。我国《中华人民共和国水法》第65条规定:"在河道管理范围内建设妨碍行洪的建筑物、构筑物,或者从事影响河势稳定、危害河岸堤防安全和其他妨碍河道行洪的活动的,由县级以上人民政府水政管理部门或者流域管理机构依据职权,责令停止违法行为、限期拆除违法建筑物、构筑物……"《中华人民共和国防洪法》第22条规定:"河道、湖泊管理范围内的土地和岸线的利用,应当符合行洪、输水的要求。禁止在河道、湖泊管理范围内建设妨碍行洪的建筑物"《中华人民共和国河道管理条例》第16条规定:"城镇建设不得占用河道滩地";第2条规定:"本条例适用于中华人民共和国的河道(包括湖泊,人工水道,行洪道,蓄洪区,滞洪区)"。这些法律条文都严格地限制了城市建设开发对河流沿岸及滩地占用的限制。

兰州市区某排洪沟改造为商业街区的治理项目,在立项论证时,据说有这样的支持理由:原则上不占用沟内行洪断面,将河道上面覆盖,并在洪道两岸的平地构造建筑物,进而将泄洪沟改造成商业街是一举多得,多方共赢的做法,不是违法的。但是,通过调查和实证研究,我们认为,《防洪法》第22条之一般规定,在兰州市区的实施中需要作严格解释(限制性解释)。兰州市政府将排洪沟改造为商业街区,实为立法的擦边球。因此,作者认为,就《防洪法》而言,兰州市地方立法就这一法律规定应做严格的解释。为什么这么说?主要有以下三方面的考量。

1. 地形因素。兰州市群山环绕,东西长,南北狭窄,海拔高度为1500～2200 m,地形崎岖,黄河穿城而过,年平均气温11.2 ℃,年均降水量327 mm,属干旱少雨的大陆性气候。因季风气候的影响雨水又大多集中在7、8、9三个月,市区可分为基岩山地区、黄土梁区、黄河河谷盆地区和黄河丘陵区,形成峡谷与盆地相间的串珠形河谷。这极大地限制了城市的建设用地,由于南北两面都被山脉阻断,城市只能东西横向扩展,形成了典型的条带状布局,南北两山方向地势高,山体相对高差400～600 m,黄河流经处地势最低,而绝大部分的城市建筑就分布在南北两山朝向黄河的坡地上。这将导致兰州市区仅能在"盆"中建城。因相对集中的降水加之较高的山体高差必将使雨季泥石流时常发生。

泥石流是暴雨、洪水将含有沙石且松软的土质山体经饱和稀释后形成的洪流，它的面积、体积和流量都较大，在适当的地形条件下，大量的水体浸透流水山坡或沟床中的固体堆积物质，使其稳定性降低，饱含水分的固体堆积物质在自身重力作用下发生运动，就形成了泥石流。泥石流是一种灾害性的地质现象。通常泥石流爆发突然、来势凶猛，可携带巨大的石块。因其高速前进，具有强大的能量，因而破坏性极大。然而泥石流的形成有三个基本条件：有陡峭便于聚水集物的适当地形；上游堆积有丰富的松散固体物质；短期内有突然性的大量流水来源。兰州市本身依南北两山倾斜山坡地势而建，城市内外地形崎岖，皋兰山、五泉山、白塔山、许家山等山丘组成南北两条山脉，将城市和黄河夹在中间，市区内南北向纵坡很大，符合泥石流形成的第一个条件；南北两侧的山坡由于植被稀少表面大多是裸地和黄土层，又因为甘肃省本身处在地震带上，山坡很不稳定，再加上人为的开发，山坡表面可移动且松散的固体物很多，为泥石流创造了第二个条件；兰州市虽处半干旱地区，年间水量仅310毫米左右，但是城市被群山环绕，中央有黄河穿城而过，如果强烈的东南季风携带大量水汽侵袭市区，就极有可能在短时间内形成强烈的地形雨，带来大量降水，满足泥石流形成的第三个条件。

这些地理要素使兰州市成为全国泥石流地质灾害最为严重的省会城市之一。据2014年7月11日的《兰州晚报》报道，兰州市被勘察出滑坡、崩塌、泥石流等地质灾害重大隐患点4809处，洪水等灾害，并没有因为兰州地处内陆而有所"收敛"，相反，在暴雨集中时，兰州市区由于沟谷分布密度高，坡陡谷深，水土流失使泥石流具有普遍性，广泛性，泥石流严重程度远远超出人们想象。所以排洪沟不光要承担排洪的职能，还要承担削弱泥石流破坏力的职能。排洪沟的改造会极大削弱市区对泥石流的防御能力，如果工程继续大面积扩展，将会把市区的防御能力削减到零，一旦泥石流爆发，将对排洪沟上的商业街，和沿沟地区造成毁灭性的破坏。如此看来单纯将排洪沟改建为商业街区，究其本质到底是政绩工程，民生工程，形象工程，还是隐患工程？

2. 地质因素。为何要对《防洪法》在兰州市区做严格的解释，还需要对以下几方面内容加以理解。一方面，兰州地处祖国地理中心，黄土高原之上。是一座黄土高原腹地的城市。全城四周山脉多为黄土堆积而成，尤其是风成黄土堆积厚度较大，堪称世界之"最"，兰州九州台和皋兰山黄土厚度达330～340 m，所谓黄土，是指在干燥气候条件下形成的多孔性具有柱状节理得黄色粉性土。"黄土"的特性不在颜色，而在其物理结构。"黄土"英文loess（"漏死"你），根义是疏松的、多孔隙的、易渗透的、易垂直崩塌的，是一种介于沙土和黏土之间的颗粒状岩石。因此黄土具有多孔性、透水性较强、沉陷性等主要特征。另一方面，兰州市处在祁连山地震带同天水兰州地震带交汇处。因土质疏松，山面坡度大，兰州市区植被覆盖率较低，因此兰州市位于自然灾害的多发地区。现在，针对兰州的地质特点，我们做一种假设，如果兰州市区地震和瀑雨同时发生的话，兰州城区可能会遭遇灭顶之灾——南北两侧的黄土山体会滑向黄河谷地。

有国外学者曾用这样一个标题——"走动的大山"——描述了发生在1920年的甘肃

海原(现归宁夏)8.5级强震:这里是黄土王国的腹地……黄土丘陵大面积滑坡……吞噬河谷中的万物……次生灾害……瞬间毁灭了23万条生命。① 然而,即使如此,兰州市政府却依然将排洪沟进行改造。短时间内,我们可以看到,一方面,洪道覆盖对常年排污和垃圾倾倒可以起到抑制作用;另一方面,将洪道开辟为道路,有利于改善城市交通状况;在洪道上建造商业用房也可以增加社会经济效应。但,长久来看,却唯独忽视了排洪沟作为泄洪清淤的重要通道,肩负着一座城市抗御水灾的重要职责。可以说,排洪沟对于兰州已经不仅仅是"城市呼吸通道"那么简单。兰州市区地处河谷川地,谷地坡陡沟狭,洪道多横向切入黄河,一旦排洪沟排洪不畅,将失去对洪水的拦蓄和控制调节作用。泄洪主通道的排洪沟正在受到覆盖、挤占,倘若大规模洪水袭来,失去了畅通的泄洪通道,我们将何去何从?

3. 黄河穿城而过。黄河举世闻名,为我国第二大河。兰州市区位于黄河中游段,距发源地1800公里。兰州市是我国唯一一座黄河在城市中心流过的城市,由西固达川流入兰州市,全长约152公里。黄河是中华民族的母亲河,但它同样也是一条灾难性河流。据统计,自秦汉至今的2000年间,黄河流域兰州段时有洪水泛滥,仅1848年至今的140多年间,黄河流域兰州段就发生洪涝灾害十余次,其中1904年、1946年和1981年三次洪涝灾害,造成了严重的灾害,给兰州人民造成了极大的损失。分析其原因则为,黄河流域兰州段上游雨水丰沛,加之兰州市区降雨时间集中。因此,在每年兰州雨季之时都很容易造成洪涝灾害。然而,兰州市地处盆谷,市区建设为延黄河分布,形成条带状,一旦洪涝灾害发生,排洪沟则为兰州市区最为重要的泄洪渠道。覆盖排洪沟相必会带来难以预料的后果,排洪沟的功能就是排洪泄水,确保城市和人民群众的生命财产安全。兰州总降雨量虽少,但降雨强度逐渐走强,局部突发性暴雨频率越来越高,覆盖、挤占排洪沟,势必会严重影响泄洪。

因此,对兰州市来讲,将《防洪法》在做严格解释之时,我们应当考虑到地方知识的限制性因素,其一,地方知识反映的是一个地区生存、发展的自然禀赋,地方立法毫无顾忌地照搬、照抄上位法,有的法律、法规、条例和实施办法不外乎是从头到尾,把法律法规摘抄下来,再结合几句利于本地经济发展的条文。例如兰州市排洪沟改造,在经济发展的驱使下,不去考虑地区的安全因素。这样一来,法律、法规好比天上的太阳、月亮,始终高高挂于天空。进而将立法变为"自动转程序",纯粹是为了立法而立法。其二,在对上位法做理解时应当充分,也就是说《防洪法》的形式在兰州市的贯彻要体现因地、因时制宜的原则。我们认为,如果地方性立法未能将本地与地域性的优势结合起来,立法不但不能凸显、利用、引导这一优势,而且可能会自我限制了手脚。法律的要旨其实不在于追求更好,而在于避免最坏的结果,防范最大的风险。

总之,《防洪法》第22条之一般规定,在兰州市区的实施中需要作严格解释(限制性

---

① 王兰民,等.黄土动力学[M].北京:地震出版社,2003:2.

解释):尽管原则上不占用沟内行洪断面,但将河道上面覆盖,并在洪道两岸的平地构造建筑物,进而变相地将泄洪沟改造成商业街的做法,亦属"在河道、湖泊管理范围内建设妨碍行洪的建筑物"。重庆市可以建成"山城",但是兰州市则不能。因为重庆市区的山体大都是石质山体且植被覆盖良好,沿排洪沟流下的也多是清澈的水流,很少会携带泥沙而拥堵河道。如果在重庆市进行排洪沟的商业化改造,只要能留出沟内行洪断面,那么,《防洪法》第22条之一般规定在重庆市区就可以不必严格解释或限制性解释。

四、余论——重新审视中国宪制架构中的地方立法与中央立法

"不抵触、有特色、可操作"这一由江苏省人大常委会最先提出的"九字"三原则,道出了地方立法的精髓。不少地方虽对此有不同的表述,但这三原则依然是其核心内容。"不抵触"是地方立法的一项基本原则,"有特色"是地方立法的灵魂。如何正确认识和处理两者的关系,在不抵触的基础上做到有特色,是搞好地方立法的关键所在。我国一度在重视地方立法数量、规模的理念导引下,全国各地制定了数量惊人的地方法规,虽然不乏有特色的地方法规,但比例较低。说句实话,除了数量多、大而空、相类似这些共同的特征外,尤其共同的一点就是无特色。需要甄别的是,这里的相类似绝不是因为遵循了地方立法共性特征的结果,而是互相抄搬使然。这种"拿来主义"直接导致地方立法的趋同性,导致"水土不服"而被作为摆设予以闲置。有些地方法规干脆做成了"大杂烩",将兄弟省市的相关法规拼接起来,根本就没有特色。

如何在地方立法中将有特色真正落到实处呢?王斐弘教授认为,关键还在于地方立法要充分体现本地经济水平、地理资源、历史传统、法制环境、人文背景、民情风俗等状况,适合本地实际。地方立法的首要任务,就是以立法的形式创制性地解决应由地方自己解决的问题,以及国家立法不可能解决的问题。也就是说,地方立法体现的是对国家法律、行政法规的"拾遗补阙",重点解决地方经济、社会发展中无法可依的问题,并把改革和发展的决策同地方立法结合起来,使地方经济、社会发展以及社会稳定建立在法制的轨道上。对此,笔者深有同感。

还比如在 2004 年制定的《甘肃省村务公开条例》中也同样存在着无视地方特殊性的问题。没有规定能够体现地方特色的村务公开的基本原则。众所周知,甘肃省的基本省情是幅员狭长而辽阔,地貌复杂多样,山地、高原、平川、河谷、沙漠、戈壁类型齐全,交错分布,东西长 1655 公里,南北宽 530 公里,边界线长 8700 公里,最窄处仅 25 公里。山地和高原占总土地面积的 70% 以上,戈壁和沙漠约占 14.99%。复杂的地貌形态在一定程度上提高了甘肃农牧民的交通成本和交易成本。另外,甘肃还存在着少数民族众多、人群居住分散、人口密度小的现实状况。同时,少数民族在语言、风俗、生活习惯等方面同汉族有根本的差异,文化教育、科技信息和交通通信等都比较落后。

鉴于这一特殊省情,在《甘肃省村务公开条例》中应该确立这样一个村务公开的基本

原则:"村务公开应当坚持全面、真实、及时、规范和简明的原则"。其中,简明或通俗原则是考虑到甘肃农牧地区文盲人口众多的现实,同时也考虑到甘肃农牧地区交通和通讯不便从而可能导致的村民获得村务信息的成本较高的现实。客观地讲,有些地方在村务公开栏中张贴的诸如《收益及收益分配表》《年终资产情况公布表》《债权债务明细公布表》《现金银行存款明细表》等财务报表,不要说是一般的不识字的农民,就是连具有一定文化程度的非会计专业的人士也不一定能看懂。因此,在甘肃农牧地区,强调村务公开的简明原则尤为重要。

也就是说,村务公开的形式在甘肃省要体现因地、因时制宜的原则。甘肃农牧地区的基本背景是:自然禀赋最差(故以农牧交错经营以防范风险);农村类型结构差异明显;村级组织的结构及其运行机制也有较大差异;民族众多;贫困人口分布最多;基础教育最为薄弱;传统性与现代性冲突最为激烈、鸿沟巨大,前现代、现代、后现代因素全体同时登场,具有空前的"社会实验"的景观和效果。人文地理学和农村社会学的相关研究也说明,甘肃农牧地区能够基本反映中国农村的非均衡状况和结构差异,可视为中国农村的一个缩影。这一典型个案的选取应该说具有重要的学术和实践意义。这是因为,现有的对中国农牧民问题的研究忽视了中国农村的非均衡状况和结构差异,在制定政策和进行相关立法时往往不能充分注意到那些外观差异虽不明显但却仍然重要的农村非均衡状况的影响,从而可能会导致有关中国农牧民地区立法中的"一刀切"现象和不同制度资源的无效率配置。

这就是说,过去将中国农村分为东部发达农村、中部地区农村和西部边远农村的做法是值得商榷的。因为这样的划分忽视了那些外观差异虽不明显但却仍然重要的农村非均衡状况。为了说明村务公开制度在甘肃农牧地区的不同实践效果,我们有必要在理论上将甘肃农牧地区划分为贫困或边远农牧地区、一般或普通农牧地区和城郊或发达农牧地区三种类型。根据这一分类,甘肃省村务公开原则和形式可能会体现出以下的特色及其"差序格局"。比如在甘肃的一些贫困或边远农牧地区,尤其是在山区,由于居住分散,加之交通不便,很少有村民为了专门获知村务信息而走很远的山路去看村里的村务公开栏。但是,我们发现,这些地区现在仍然流行着诸如"赶集"和"赶庙会"等风俗,这种风俗实际上是交通和通讯不便地区的人们为了降低搜寻某种信息的成本而进行公共选择的产物。如果将"赶集"或"赶庙会"的日期确实为"村务公开日",效果岂不更妙?这比一些形式主义的村务公开栏效果肯定要好。所以,我们认为,如果地方性立法未能将本地与地域性的优势结合起来,立法不但不能凸显、利用、引导这一优势,而且可能会自我限制了手脚。

由于甘肃省存在着许多边远民族山区村落,这些地方山大沟深,交通不便。因此在相关立法中就不能单纯地规定在村委会驻地设置"村务公开栏",还要灵活地规定"村务公开日",因为一些山区民族村落目前仍然存在着"赶集"和"赶庙会"的习俗,而当村民基于这些习俗而自发地集中起来的时候公布村务岂不更好!既能方便于村民,也能对村干部形成实质上的制约和监督。但是令人遗憾的是立法者也同样忽视了这些特殊的省情。①

诸如此类,不胜枚举。其结果是制造了许多无效的立法,甚至出现了一些严重的"立法事故"。地方立法之所以重在阐明"地方知识",不只是地方性立法机构需要这样做,还因为这个"地方知识"其实正是中央立法所有意"释出"的,是留给特定的地方进行阐明的。中央立法不可能面面俱到,而只能是不在场的目标性宣示。要求中央立法只可创设"抽象规则",其实是中央立法的自我约束,是中央立法谦抑的表现,唯有如此,才能防止中央立法者以立法之名为自己"设租"。如果说中央的立法权属于"抽象立法权",那么,地方的立法权便属于"具体立法权",这样的思路下,才会有中央立法与地方立法之间的事实上的分工制约和良性互动。

由此,我们需要重温吴经熊先生的法律的"三度论"。吴经能先生认为,法学家所假定之抽象的法律,从未在时、空任何一点上存在过。抽象的法律,系属于本质的范围,并非存在于真实的世界。在真实的世界,除了有此和彼特殊个别的法律外,别无他法。每一个别特殊的法律,均具有三度,即时间度、空间度、事实度。② 地方性法规和规则尤其如此。因此,我们首先要做的工作是——正如福柯所言:"我努力使那些仅仅因其一目了然而不为人所见的东西为人们看见"。③ 关注我们身边的立法实践,从法社会学和法经济学等社会科学的视角对地方性法制实践进行研究,既能发现地方性立法中的特殊问题,从而保证地方立法特色的实现,也能为西北地区法学研究工作者提供一个重要的学术生长点。

Local Knowledge and Local Legislation: Realization of Legislative Purpose on Fire Prevention Laws and Flood Proofing Law from Perspectives of Topography and Geological Conditions in Lanzhou City

Wang Yong　Jia Chen

Abstract: The critical mission of local legislation is to elaborate the limitations and constraints of central legislation in the process of specific local implementation. In fact, the essence of this limitations and constraints reflects the ignorant local knowledge. The layout structures of underground water branch-shaped pipe-net (not looping network) that are confined by narrow strip of terrain make the water pressure in Lanzhou city, es-

---

① 王勇."三农"立法的宪政之维——关于《甘肃省村务公开条例》立法质量的初步评价报告[M]//华中师范大学中国农村问题研究中心(Center for Chinese Rural Studies,Huazhong Normal University).村民自治与新农村建设暨纪念《中华人民共和国村民委员会组织法(试行)》颁布二十周年国际学术研讨会论文集.华中师范大学中国农村问题研究中心(Center for Chinese Rural Studies,Huazhong Normal University),2007:21.
② 吴经熊.法律哲学研究[M].北京:清华大学出版社,2004.
③ Michel Foucault. The Archeology of Knowledge[M]. Foucault Live, trans. John Johnson, Semiotext(e) Foreign Agent Series,1989:46.

pecially in Chengguan district, unstable and unreliable, thus causing the clauses of Fire water source in Fire Prevention Laws to be purposefully reorganized in the process of implementation in Lanzhou city. It is not fire hydrant established in water supply network but Natural water body, namely Yellow River, that should be taken into prior consideration. Because the existence of two North-South mountains that were deposited by loess, landslides and mudslides are prone to occur, which causes the clauses of illegal buildings in flood channel in Flood Proofing Law to be purposefully restricted in the process of implementation in Lanzhou city. According to the general stipulation of clause 22 in Flood Proofing Law, Flood Proofing Law needs restrictive interpretation in the process of implementation. Considering this, the relationship between local legislation and central legislation should be rational reconstructed in Chinese constitutional framework, which makes the central legislation demonstrate its sovereignty and local legislation demonstrate its powers or authority of office. Local legislation and central legislation are mutually restricted and positively interactive, which is an advisable choice.

Key Words: Lanzhou; local legislation; Flood Proofing Law; Fire Prevention Law

村规民约在民族地区基层社会治理中的作用研究*
——以郎德上寨为例

田 艳**

摘要：基层社会的治理应充分调动当地人民参与其中，在这一方面，郎德上寨有着丰富的实践经验，这体现在其在发展过程中制定的一系列符合自身生产实践要求的村规民约中。在苗族地区有着集体议事的传统，综合这一历史传统以及习惯法内容，自改革开放之后，郎德上寨已经制定了有关文物保护、旅游接待、防火制度、山林田土管理以及环境卫生方面的村规民约对村民的行为进行规制，并设有配套的纠纷解决机制和处罚方式。这一基层治理方式对其他地区有着积极的借鉴意义。

关键词：村规民约；基层社会治理；民族地区；郎德上寨

20世纪80年代初的农村急需一种与家庭联产承包责任制相适应的乡村治理模式进行公共管理，发端于广西北部的宜州地区的村民自发组织管理村庄公共事务的模式开始进入我国政府的政治视野。经过几年的试点和调研，《中华人民共和国村民委员会组织法》于1988年6月1日起试行，1998年11月4日正式通过，2010年10月28日修订。自该法颁布实行开始，我国通过法律手段，以村委会形式推行乡村治理的基层民主实践，开始了新一轮改变村庄治理的传统模式的尝试。至今，这一尝试已经纷纷扰扰进行了20多年。据民政部发布的2009年民政事业发展统计公报显示，截至2009年年底，全国共有村委会59.7万个，我国的村委会制度在全国各地的农村已经日渐成熟，并开始发挥其公共管理职能，村委会发挥公共管理职能的重要手段之一就是村规民约的制定与执行[①]。村规民约的内容主要涉及村风民俗、公共道德、社会治安等方面，其目的在于调整村落内部关系，维持村落秩序，维护村落的共同利益。村规民约在村落公共管理方面的重要作用已经得到肯定，因而很多学者提出的新农村建设的若干标准中都包括"一份文明进步的村规民约"或"村民自治章程和村规民约建设"的相关内容。由于村规民约功能与价值

---

* 基金项目：本文系教育部人文社会科学重点研究基地中国少数民族研究中心"十三五"重大项目"少数民族文化传承发展与中华文化建设研究"（项目编号16JJD850019）的阶段性成果之一。

** 田艳，中央民族大学法学院教授，博士生导师。

① 李滔.寻找"最基层"：民族村寨村民自治研究[D].北京：中央民族大学，2011：27.

的趋同性,因而各地的村规民约在内容上必然有一定的相似之处,但是毕竟各个村落的自然条件、人口构成、发展方式、文化基础等有着很大的不同,这就在客观上要求各地的村规民约在具有一定的共识性的基础上还应突出地方特色①。

一、郎德上寨村规民约的发展历史

(一)苗族传统的"榔规"与"议事规约"

包括郎德上寨在内的苗族聚居的雷山、台江、剑河、榕江、从江五县,位于清水江流域和都柳江流域之间,地处雷公山区和月亮山区。由于其特殊的地理环境,这里是贵州建省三百余年后才设立行政建制的地区,也包括了一部分传统上所讲的"生苗"地区。所以,清朝末期,在中央集权制度和苗族"议榔"制度的共同作用下,形成"榔社"的共同地缘关系,依然自成一体,共同管理,使苗族社会内部实现有机的运作。"议榔"是对苗语"勾夯"即盟誓会议的意译,它是苗族社会中一个寨或若干个寨集体会议或联合集议,制定共同遵守的某种公约的议会组织形式。这种共同制定的规范大家行为,共同管理地方的公约就是苗族所称的"榔规"。立榔规时,由榔头或精通乡规的理老、鬼师身着新装主持仪式,宰牛杀鸡,以每人喝一口生鸡血酒,每家分一小块牛肉吃,表明每人都参与了榔规的盟誓,必须共同遵守。②

还有的苗族地区将类似的这种形式叫作"栽岩""埋岩""栽岩议事""埋岩议事"等。凡举行会议而议决之事,都要"栽"或"埋"一块自然石,后来改为"立石碑"。一般来说,按照议事所涉区域而表现为四种形态:一是一个大寨的栽岩议事;二是几个小寨的联合栽岩议事;三是几个大寨的联合栽岩议事;四是片区间"耶吉兄"和"耶吉究"的联合栽岩议事。一般的程序是:由寨老或头人先念诵"议事词",让大家知道历来的议事是鼓励什么,反对什么,也就是重申历届议事的宗旨;然后再讲述这次议事的目的,重申和补充历届"议事规约",要大家更好地遵守,最后宣布违犯"议事规约"者的人名、案情,惩罚和处理的具体办法,并指示执行者办理;然后以吃稀饭和串串肉的形式,让此次议事的内容家喻户晓③。"议事规约"的内容一般包括维护社会秩序,维护集市交易,维护婚姻、家庭,维护边界的安定团结等方面,以此达到"以草捆草""以柴捆柴"的治理目的。④

从以上两种形式的苗族传统治理规范可以看出,"榔规"与"议事规约"都是现代村规民约的前身,也可以从一个侧面说明,苗族社会的自治是有历史传统的,现代社会的村规民约与历史上的治理规约一脉相承,它与苗族社会不是割裂的,进而也比较适合苗族社

---

① 董迎轩,周真刚.黔东南少数民族村规民约对其传统建筑的保护[J].贵州社会科学,2013(3).
② 顾久.中国地域文化通览·贵州卷[M].北京:中华书局,2014:324.
③ 文新宇.苗族习惯法的遗留、演变[J].贵州民族学院学报,2008(2).
④ 顾久.中国地域文化通览·贵州卷[M].北京:中华书局,2014:325.

会的情况,能够体现村寨的特点,发挥民众的主观能动性和首创精神,苗族民众对其有一种天然的亲切感。

(二)旅游开发需要村规民约规范社会治安

80年代的郎德上寨苗族社会,传统的社会力量依旧发挥着强有力的作用,民族的风俗习惯、民间信仰以及榔规等约束体系都深深植根于村民们的心中,对村民们的行为和内心起着巨大的约束和规制作用。1987年,郎德上寨打开寨门搞起了民族旅游开发,村民们与外界社会的交流逐渐频繁,传统的规制力量已经无法满足新的社会关系对社会秩序的要求了。于是,由村两委和旅游小组开始牵头制定新的规则体系,实现对新出现的社会关系的调整。

在旅游开发的初期,为了约束在旅游开发过程中村民们的行为,村委会要求全村以户为单位签订《郎德上寨旅游工艺品销售秩序公约》和《郎德上寨旅游区卫生公约》,要求每一位参与旅游开发的村民都能够在自己的职责范围内遵守工艺品销售现场的秩序、维护好景区内的环境卫生。没有遵守规定的,按照公约的相关条款处罚。随着郎德旅游开发的持续火热,进入郎德参观旅游的游客越来越多,对新的社会关系进行规制的内容也越来越详细和丰富。修订后的公约不仅对村民在旅游开发中的行为提出了要求,还对旅游接待小组的工作人员的权利和义务进行了规定,并且对村民与游客之间的关系进行了规定。

2001年,全体村民一致商议决定,郎德上寨的旅游接待施行分组承包管理制度,设立郎德上寨旅游管理委员会,设主任1名,下设6个工作职能组,维护秩序治安组,旅游管理委员会主任在村委会主任的领导下开展工作,并对村委会主任负责;各职能小组组长在旅游管理委员会主任的领导下开展工作,并对管委会主任负责,签订责任状明确职责;各职能工作组的管理实行组长负责制,通过考核并报经村旅游管理委员会同意确定各组成员。这种分组承包管理制度,不仅明确了每个人在旅游接待中的职责,还建立起了自上而下和自下而上的监督管理体制,保障了公约在郎德上寨的有效实施。2008年,郎德上寨对公约进行了一次大的修订,其中新增加了有关旅游接待管理和卫生管理的规定,更加丰富和细化了公约的内容。

郎德上寨村规民约在2013年修订之后,其内容涉及基本生活秩序中的社会治安、环境卫生、防火交通安全、山林土地管理、田间养鱼和水资源保护、偷盗处罚、计划生育等,并结合本村的实际情况,制定了一些适合本村发展的规定。新版的村规民约将文物保护管理和旅游接待方面的内容删除了,并不是因为这些内容在村民的日常生活中不再重要,而是因为这已经成为村民的自觉行动,没有必要再次写入村规民约。

苗寨的村规民约的表现形式除成文的外,也包括不成文的。只是现在的村规民约多是成文的,在村委会、村干部及当地的老人协会手中保留,有的村寨把村规民约打印出来,发到每家每户,郎德上寨就是这样做的。但是据当地村民介绍,他们的村规民约"自祖辈以来就有,只是没有打印的文稿而已"。由此可知,如今村规民约的发展趋势正在逐步由不成文向成文转变。

二、村规民约对传统治安风险的调控

(一)关于偷盗的处罚规定

郎德上寨村规民约对偷盗的处罚比较严厉,正是因为如此,在苗族村寨很少发生偷盗事件。村规民约对偷盗的处罚主要如下:每偷别户一尾鱼,缴纳违约金30元,每次缴纳不低于100元(不管得与否);凡是在行政村河流区域内炸鱼(含炸药、雷管、爆竹)、电鱼、闹(毒)鱼每次缴纳资源补偿费2000—5000元,并没收机子和所得的鱼。凡进到他人户内实施偷盗行为,不论得与否,须缴纳违约金500元;凡偷家畜、家禽按市场价的六倍缴纳违约金;凡偷他户中药材、水果、粮油、蔬菜等作物的按市场价六倍缴纳违约金;偷捞别户浮漂,每次缴纳违约金20元;偷电器、摩托车、胶轮车等按市场价十倍缴纳违约金。在郎德上寨就发生过运用该类条款处理纠纷的典型案件,如下所述。

郎德上寨四组村民(原告)陈正昌、潘不金告二组村民(被告)陈者送、杨琴珍偷被告地中的玉米。原告发现自家玉米被盗后顺着脚印找到了被告的(养先)基地,便将看到的三袋玉米挑回家,并向镇司法所报案。之后,被告陈者送夫妇有两次向原告方道歉均被拒绝,原告方要求被告赔偿所有玉米损失。被告不承认原告所述事实,并诉称原告到被告的(养先)基地挑回的那三袋玉米地下的8000元人民币不见了。被告陈者送对原告对自己的过激言论不满,酒后用柴刀砍坏陈正昌家门口的木板凳和村委会墙上的一个电表塑料盒等物品,并对陈正昌妻子潘不金进行威胁,未造成严重后果。此案经郎德上寨调解委员会处理后无法达成一致意见,交由郎德镇司法人民调解委员会予以解决,无法达成调解协会后又交与雷山县公安局调解,后达成调解协议,内容包括:第一,公安机关对陈者送持刀损坏物品及威胁他人的行为给予批评教育,陈者送当场向潘不金及其家人赔礼道歉;第二,陈者送一次性赔偿潘不金木板凳及电表损坏费用共计人民币280元,其中由潘不金家人转交陈玉用于电表盒的维修;第三,当事人双方达成互相谅解,不再因此事再起任何纠葛,不再追究对方其他任何责任,以上协议当场履行。

(二)关于山林田土的规定

在素有"八山一水一分田"之说的黔东南地区,山林土地资源是比较匮乏的,这些又是当地群众生产生活最重要的基础,因而村规民约中对山林田土管理方面的规定就是必不可少的,也是有地方特点的。如对田边地脚的规定,是对相邻田土一小部分所有权的划分,也就是对细微性利益的调整,田边土头的划分,田坎主上按水面三丈(11米),下按田基一丈五尺(5.5米),田两头按水平线5.5米(上按11米,下按5.5米)管理使用(按老尺度计算)。同时,在田坎主上下,都属田主管理使用,在未分田到户前人家已经挖土耕种了的,土地由土主继续耕种,但不能在土四边栽树蓄草。如土户荒芜三年以上无耕种者,土属于田主所有,土主无权种树蓄草;对于坟山管理的规定主要有:坟山界线的划分,在原有老坟墓,按九脚掌丈量,山主和田土无权侵占;关于浆田坎用土,原已挖的场地,就在原地挖,但不能影响坟墓和田土。

村规民约中对违反山林田土管理规定的处罚如下:凡进入他人自留山,集体保管山砍柴,按每挑缴纳违约金60元;偷扛他人堆草树,偷砍他人直径10公分以下的松杉木,每根缴纳违约金50至300元;偷竹子的每根缴纳违约金30元;偷盗大径材、棺材木,按现市价五倍罚款;偷割别人草、绿肥,每次缴纳违约金30元,偷拾干稻草一挑缴纳违约金100元;不许在他户保管山或集体公山内新开田土,若需要在集体山内开荒的需由村两委审批;本户的土地已荒芜有三年,但土内已种上树或杂草,属该户经营使用只能享用5.5米的界线内;偷开田水,无论时间长短,每次缴纳违约金100元,在枯水季节,轮流灌水时,故意偷用别人的田水,每次缴纳违约金100元,故意开水冲坏路、田等,除修复原状外,每次缴纳违约金100元;故意将石头或影响耕作的危险物抛入别人田中,除捡拾抛物外,每次缴纳违约金100元。

(三)关于环境卫生管理的规定

随着生活水平的提高和人们环保意识的发展,郎德上寨越来越重视村寨的卫生状况。这种意识在旅游开发之后得到进一步加强。从一定意义上讲,可以说,环境卫生同样是进行旅游开发的前提之一。关于环境卫生方面的规定在村规民约中有如下的一些规定:

1. 村庄道路分段保洁。老公路和寨门停车场由保洁员负责清扫,村步道和村内公共场所根据全体村民划定各户的责任范围由各户负责清扫,对举家外出的农户可以委托相邻分段的农户进行清扫,回家后自己清扫。

2. 农户将生活垃圾每天早上八点以前或晚上八点以后投放到公路边规定的垃圾池或垃圾桶里,配合保洁员做好垃圾集中处理工作,不乱倒、乱扔、乱放垃圾,杜绝向水沟、河道、公共场所、空闲地等处抛弃垃圾,发现一次缴纳违约金50元。

3. 不准在公路两旁及村内公共场地堆放建筑材料和晒粪,发现一次缴纳违约金50元。建筑材料按指定地点堆放,并限期清运,逾期15天后视为无主材料进行处理。

4. 凡是办红白喜事农户,所产生燃放鞭炮、摆桌吃饭等产生的生活垃圾由该户在办完喜事后必须及时清理干净,不按要求清理一次的缴纳300元罚款。

5. 村委会和村民代表成立环境卫生监督小组,负责督促检查各家各户及公共场所卫生情况,每季度不定期检查一次,对环境卫生较差的进行张榜公示,连续公示3次以上的缴纳违约金100元。

6. 凡是拉牲畜在村内主步道拉粪便的由主人清理干净,如不自觉清理的缴纳违约金30元。

在很多传统的村规民约中,对前述的"违约金"的表述都是"罚款",这就涉及罚款的法律性质以及村民自治组织是否具有"罚款权"的问题,也正是由于这样一些问题,传统的村规民约被认为是"越权"行使本应由各级政府执法部门拥有的"行政处罚权",从而游走在法律的边缘。郎德上寨的人认为,村规民约是全体村民的共同约定,违反规定的人侵犯了全寨人的公共利益,理应向其他村民支付"违约金",这就有效地化解了"罚款"表述所带来的法律风险。

郎德上寨在《上郎德村环境卫生管理办法(试行)》中还规定了村委会和村民代表成立环境卫生监督小组,负责督促检查保洁员责任区、公共场所卫生及各家各户环境卫生情况。环境卫生监督小组由村两委及村小组长组成,拥有环境卫生"处罚权",对屡教不改或严重危害公共环境卫生的行为可以代表村集体做出"处罚"。将庭院内的环境卫生情况纳入年度"文明户"的考评范围,并作为对住户进行环卫评价的依据。除了制定有关村寨环境卫生保护的村规民约之外,郎德上寨还在村寨中举行卫生评比制度,检查评比由评比办公室负责组织落实,定期或者不定期地进行,凡每次检查评比得分在80分以下者扣发当月季度旅游接待工资20元。具体的评比标准如下:

卫生区	满分	卫生情况	得分	备注
主要道路	20分	有尘土、杂物,涂写痕迹,摆放杂乱		每项扣5分
房前屋后	15分	有尘土、杂物,摆放杂乱		每项扣5分
墙面、窗户	20分	有污迹,乱拉线,乱张贴,有蜘蛛网		每项扣5分
地面、楼梯	25分	有尘土、纸屑、杂物,痰渍,地面有泥印		每项扣5分
室内外卫生区	20分	有尘土、纸屑、杂物,痰渍,蜘蛛网		每项扣4分
总分				

可以看到,郎德上寨不仅在村规民约中规定了有关保护环境卫生的具体规则和条款,还制定了监督保护环境卫生的实施细则即评比制度,这一系列的规定和配套措施在村寨的环境卫生保护方面扮演了重要的角色。

三、村规民约对新型治安风险的治理

自被评为国家重点文物保护单位并且在1987年进行旅游开发以来,郎德上寨基层社会的治理迎来了一些新的治理风险,即文物保护管理工作以及旅游接待管理工作。

(一)关于文物保护的规定

郎德上寨进行的旅游是依托苗族特色的民族文化和历史文化,因此对传统文化的保护是关系着郎德上寨旅游开发能否可持续发展的重要保障。2008年上郎德村制定的村规民约,将文化保护管理作为一个章节单列出来,其中做了细致的规定,包括吊脚木楼建筑物、杨大陆故居、杨大陆风雨桥、花街路、寨门、水沟、水井,保护范围的风景树木等[①],这体现了郎德上寨全体村民对于传统文化和文物保护的重视。规约具体内容主要包括:(1)关于保护原则的规定,郎德上寨村民要认识和正确处理经济建设,社会发展与文物保护的重要关系,确保本寨的历史文化风貌和自然风光的真实性、完整性。(2)关于保护对象的规定,各民居的吊脚木楼建筑物、杨大陆故居、陈列室以及陈列的重要文物资料等、杨大陆风雨桥、花街路、寨门、水沟、水井,保护范围的风景树木等;构筑成古建筑群体的历史风貌和自然风光和民风民俗及其他依法应当保护的文物。(3)关于新建房屋的规定,在郎德上寨重点保护区和一般保护区内不得修建新的以砖代木砌装,木楼建筑物和与文物保护无关的建设工程。在本寨重点保护区和一般保护区内不得进行爆破钻探、挖掘等作业,不得建设污染文物及其环境的活动,因特殊需要进行的建设工程,必须事先征得国务院文物行政部门同意,由省人民政府批准。违反本规约的视其情节严重情况予以警告,责令改正或限期恢复原状,赔偿损失,并处五百元至一千元的罚款,超出本规约的,由执法部门追求其法律责任。(4)关于禁止事项的规定,在郎德上寨重点保护区和一般保护区内禁止在文物、建筑物、构筑物、保护设施上张贴、涂写、刻画;不得采砂、采石、开荒、放牧、焚烧、野炊;不得设置广告,乱倒垃圾,不得进行其他损毁或者破坏文物、建筑物、构筑物以及环境风光的活动。违反本约的处以五十元至五百元的"罚款","罚款"所得的50%奖励报案人,50%上交村委会。(5)关于奖励的规定,对郎德上寨长期关心维护和保护管理村寨文物建筑的并与损毁破坏本寨古建筑群文物等违法犯罪行为作坚决斗争的村民和个人给予支持奖励。每年奖励1—2人,奖金100元至300元,视表现确定奖励数额,各村民组推荐、村民评议、村委会决定公示。

(二)关于旅游接待管理的规定

接待游客时,一般在歌舞表演结束后,当地的妇女向游客兜售各种手工艺品。据当地寨民介绍,曾经一段时间,当地妇女会蜂拥地向游客兜售手工艺品,甚至有因为抢占摊位而发生口角。这样,既扰乱了旅游的正常秩序,又破坏了郎德上寨的整体形象。后来,经村委会研究,在表演开始前,村委会给妇女们发放号码牌。这样,在歌舞表演结束后,妇女们会按照号码牌的顺序在各自的摊位,等待游客们自己上前欣赏和购买。另外,一些更加细致而又具体的规定在2008年上郎德村制定的村规民约中有记载,包括寨民接待游客的态度、穿戴、销售工艺品的要求和农家乐的食品安全问题。

2015年,郎德上寨在征集了村民意见的基础上,经过村两委连同旅游接待小组共同决定,修订了旅游工艺品销售公约,成功地化解了实践中发生的争抢游客的矛盾。更主

---

① 董迎轩,周真刚.黔东南少数民族村规民约对其传统建筑的保护[J].贵州社会科学,2013;3.

要的是,在民族歌舞表演过程中,为了维持良好的现场秩序,不允许村民在整个表演期间出售工艺品,工艺品的出售必须在表演结束之后。

四、村规民约中的救济方式

(一)关于损害赔偿

郎德上寨村规民约对损害赔偿的规定主要集中在村民日常生活中经常出现的一些损害上面,主要包括:(1)关于牲畜禽损坏庄稼的规定,如损坏别人庄稼,则对鸡、鸭、鹅的户主每只每次缴纳违约金10元,对猪、牛、羊的户主每头缴纳违约金20元并赔偿损失。对进入种植区造成庄稼损失的,耕地主人不能伤害牲畜,但放牧畜禽连续两次经警告和缴纳违约金后还继续放养为害的,庄稼主人可以对牲畜禽进行留置,超过3天不来处理的,庄稼主人可进行处置;对寨子居住区内的零散农土,农土主人有义务用木栏围之以防牲畜禽进入,但不能投毒危害牲畜禽。(2)凡是自家养狗,如果狗咬伤别人,一切后果由养狗主人负责。(3)不经过村民委员会和镇政府批准,乱搭乱建,涉及违法用地和违法建设的,村两委组织人员会同有关部门对搭建物强制拆除,产生费用由搭建者负责。(4)新开的耕地或宅基地,在三年内垮塌掩埋别人的田、土、房子、路等,由新开者撮除或砌护坎,如造成损失的按合理价款赔偿。

(二)关于处罚方式

村规民约作为基层村民组织实现自我管理、自我监督的一种普遍形式,它体现的并非一种对抗性关系,而是以契约的形式建立起来的约束关系,每个村民的行为都直接对村集体和每一位村民负责。在郎德上寨的村规民约中,对于各种违反村规民约的行为,对违约人的处罚方式有:违约金、赔礼道歉、没收违约所得等。其中,大多采取违约责任都是以违约金的形式进行,对违约人所处的"罚款"一般情况下交到村委会用来进行全村公共事务的维护和管理,在特定的违约行为中,"罚款"的一部分要拿出来奖励举报人或报案人。另外,2013年修订的《村规民约》中,对"处罚事后处理"进行了单章详细的规定,其中规定:缴纳的违约金,受害人享受40%,检举人和捉拿人享受50%,处理单位享受10%。另外,凡是发生争议的案子,移交到村委会处理的,双方必须交受理费100元,如有一方不交受理费,此案不予受理,事后退还胜诉方受理费。但是在调研的过程中发现,处理村民之间的纠纷案件都是本着恢复社会关系的目的进行的,收取的案件受理费是作为对纠纷处理人员误工的一种补偿,或者是当作餐费,大家在饭桌上就把矛盾解决了。再者,村规民约中还规定了:对违约者除了"罚款"和采取强制措施以外,通过广播和张榜的方式通报其违约行为,对拒不缴纳违约金或缴款不足数的取消其所有享受国家惠农政策的资格,村委会将限制为其提供诚信服务。

郎德上寨中，纠纷矛盾的解决渠道是多元并且层层递进的。发生在村民之间的矛盾，村民们首先会选择让家中的长辈或者寨老去帮助调解纠纷和矛盾，小的矛盾一般都会在长辈的调解下得到很好的解决。如果是寨老不能解决的矛盾，村民们会诉诸村委会帮助解决。在郎德上寨，由于一直以来的团结和集体主义的思想，村委会的领导们在村民心目中的地位都是很高的，逐渐有传统社会寨老的社会功能向村委会组织职能过渡的趋势，村民们信任村委会的领导，并且村委会的领导也都本着尽职尽责的心态为村民们尽心服务。如果在村委会处不能解决的矛盾，由当事人提出申请，经村委会介绍，请求郎德镇人民调解委员会派人到村子里面进行矛盾的处理，处理结果仍然由村委会负责监督执行。

现代社会管理体制，迫切要求加大社会参与力度，构建政府与社会合作、多元社会治理的新格局。党的十八届四中全会通过的《中共中央关于全面推进依法治国若干重大问题的决定》强调推进多层次多领域依法治理，提高社会治理法治化水平。深入推进基层组织和部门、行业等多领域依法治理，支持各类社会主体自我约束、自我管理，深化基层组织依法治理，并将村规民约、团体章程等也作为全面推进依法治国的重要抓手。习近平同志指出，"社会治理的重心必须落实到城乡社区，社区服务和管理的能力强了，社会治理的基础也就实了。"2017年6月，中共中央和国务院发布的《关于加强和完善城乡社区治理的意见》也强调，推动各地立足自身资源禀赋、基础条件、人文特色等实际，确定加强和完善城乡社区治理的发展思路和推进策略，实现顶层设计和基层实践有机结合，加快形成既有共性又有特色的城乡社区治理模式。郎德上寨的村规民约体现的正是广大群众通过共同参与实现自我治理、自我服务、自我监督，并且注重共同团结、注重公平平等的实现，在搞旅游开发的同时保护和传承民族传统文化，真正起到了维护广大人民的利益，促进传统文化的继承与发展的作用，无疑对我国基层社会治理具有良好的借鉴意义和价值。

The Effect of Village Rules on Grassroots Social Governance in Ethnic Minorities Region: as an Example of Langde Shangzhai

Tian Yan

Abstract: Governors should fully mobilize the local people to involve in the process of grassroots social governance, Langde Shangzhai has a wealth of practical experience in this field. These villagers formulate village rules in the development process, which meet their own practice requirements. There is a tradition of collective proceedings in Miao area. Depending on this tradition and customary law, Langde Shangzhai has formulated a series of regulations since the reform and opening up. These regulations include cultural relics' protection, tourism reception, fire prevention system, mountain forest management and environmental health to regulate the behavior of the villagers, and supporting the dispute settlement mechanism and punishment. This grassroots governance has a positive reference for other regions.

Key Words: village rules; grassroots social governance; ethnic minorities region; Langde Shangzhai

转型时期农村社会的纠纷解决机制研究
——基于青岛莱西夏各庄镇调研的分析

李 鑫** 多丽平***

摘要：本文从四个方面来探寻转型时期农村纠纷的解决机制：第一，随着农村经济、政治以及文化等各个方面的转型，对于农村社会的纠纷现状具有深刻的影响。第二，社会经济的迅猛发展使得现阶段农村社会内部的利益关系趋杂化，因而其内部的纠纷与矛盾也呈现出多样化的趋势。第三，对于农村传统的纠纷解决机制和转型期的纠纷解决机制进行了分析。第四，转型时期农村社会纠纷的多样化，意味着必须要整合多种纠纷解决的方式与模式，构建多元化纠纷解决机制。

关键词：转型时期；农村纠纷；多元化纠纷解决机制

一、转型期农村纠纷的现状

农村社会的转型表现在经济、政治以及文化等各个方面，而随着社会的转型，农村纠纷出现了一些不同于传统社会的特点，主要的纠纷类型也在发生着变化。基于此，转型期的农村社会的纠纷处理机制相较于传统社会来说，也在潜移默化中发生着变革。

(一)经济上的转型

课题组的调查地点为莱西市——在全国百强县中其经济指标位居前列，截至2012年，其农村居民人均纯收入达到10154元。随着工业发展模式的转型，农村经济必然或多或少会受到影响，因而其作用力为传统农业向现代农业的转变提供了契机。具体表现在产业结构有所调整。种植苹果、草莓、大蒜等农副产品渐渐取代了传统的仅种植农作物的农业发展方式，且葡萄园、樱桃园等果蔬种植不再仅供食用，更多的是作为观赏娱乐用途，为农民带来了更多除销售农作物以外的收入；工业方面逐渐形成了城建、加工制造、农村、旅游、服务六大产业，[①]多样的企业为农村剩余劳动力提供了丰富的就业岗位，

---

* 基金项目：山东社科规划项目"司法语境中的法律原则适用问题研究"(项目编号：13DFXZ02)；青岛市社科规划项目"青岛市生态文明建设的法治保障问题研究"(项目编号：QDSKL50471)阶段性成果。

** 李鑫，青岛科技大学法学院副教授，硕士生导师。

*** 多丽平，青岛科技大学法学硕士研究生。

① 王韵洁.转型期农村纠纷处理机制的法理学思考[M].北京：中国检察出版社，2015：16-17.

增加农民收入,使其不再重复"靠天吃饭"的传统农村经济发展模式,形成了产业发展反哺农村,利用企业盈利为城乡一体化建设提供资金保障的道路。随着越来越多的村民转变就业模式,其因从事生产生活而引发的纠纷类型必然呈现多样化,随之而来的纠纷解决机制的选择也自然受到影响。同时,个体经营者和私营企业主的激增,使得经济主体的多元化带来了利益表达的多元化,因而必然导致纠纷形式的多样化。伴随非农业生产而来的是处事方式的改变即"等价交换""功利实用"的原则也渗透到日常人际交往中来。[1] 城市的价值观念、行为逻辑与处事策略逐渐侵蚀农村社会旧有行为模式,使得人们惯常的人际交往方式产生深刻变化,传统乡土社会的"差序格局"已经逐渐模糊,现今利益得失已代替过去的"亲疏远近"成为人们选择纠纷解决方式的衡量标准。

换言之,随着社会主义市场经济的蓬勃发展,不仅使得转型时期农村社会的人际关系趋于陌生化,更使得农村家庭内部结构呈现异化。这集中体现在家庭结构的单一化以及原子化。大家族的解体,姻亲关系日益密切,理性计划的生育子女,父辈与子辈分室而居,血缘关系逐步让位于利益关系,亲友之间旧有的关联度逐渐降低,上述变化均促使着农村缓慢的由"熟人社会"向"半熟人社会"过渡,乡村人际关系越发趋于理性化,城乡社会纠纷的内容越发趋同化。

(二)政治上的转型

经济基础的变革也带来了上层建筑的变化,家庭联产承包责任制将个体付出与收益挂钩,因而其生产经营的主体必然是村民,随着农民主体地位的获得,其对于权利的享有及保障也愈加重视,因而农村治理模式必然发生转变。由此观之,村民自治是上层建筑面对经济基础变革适时作出的调整,而不仅仅是农村社会发展的结果。在二十世纪七十年代末至八十年代,即家庭联产承包责任制度施行初期,因为是建立在土地集体所有制的基础上,生产资料归集体所有,并施行按劳分配,村集体内部高度统一,很少发生纠纷,一旦发生其解纷方式也伴随着浓重的政治色彩。但经过改革开放的洗礼,农村现代化进程的加快,城乡自治的理念逐步得到落实,尤其在国家取消农业税以后,国家权利对农村发展的管制逐步放松,基层组织的功能由过去的收缴"皇粮国税"为主演变为现在的民主自治为主。[2] 这种后农业税时代基层政府的治理能力与公共服务功能的弱化对乡村的纠纷的产生以及纠纷的处理机制产生了直接的影响。这意味着村干部不再具有绝对的权威。[3]

课题组在调查中发现,夏各庄镇辖属的很多村集体中的调解机构并未发挥其应有的作用,更有甚者呈现瘫痪状态。不但基层民主没有得到切实的保障,村干部作为基层自治组织的代理人,其个人行为更是难得获得组织内部成员的信服,且有时更是纠纷产生

---

[1] 王韵洁.转型期农村纠纷处理机制的法理学思考[M].北京:中国检察出版社,2015:17-18.
[2] 罗峰,王刚.村民自治:对家庭联产承包责任制的政治回应[J].探索与争鸣,1998(1).
[3] 柴子文.专家眼中的后农业税时代[J].南方农村报,2005(2).

的导火索。此时,村庄精英治理中的一元——党政精英自然就衰落了。① 农村基层自治的不断发展使得国家权力在农村权力结构中逐渐退却,随着《中华人民共和国村民委员会组织法》的颁布与实施,使得农村社会在组织层面不再属于国家行政体系,村干部由全体村民通过村民大会选举产生在全国范围内得到落实。② 村民通过村民大会行使权力,参与政治决策促使农村基层选举趋于民主化,更有助于培养农民的公民意识。反观之,在此情况下村干部行使委托权力必然受到制约与监督,其"权威"大打折扣,所以在日常的纠纷解决过程中其话语权也必然得到削弱。随着传统的精英治村模式发生改变,现代农村存在的权威主体主要包括党政、经济、社会精英三类。③

(三)文化上的转型

随着市场经济的发展,农村经济生活的变革,城乡一体化趋势日渐显现,农民的生产生活方式和思想价值观念也日趋多元化由,旧时的传统外在因素(风俗礼仪、天纲伦常、道德理念)对于农村发展的约束力日渐式微,内部高度集中统一村集体也因为村民从事非农产业而形成的多元经济发展模式呈现出日趋分散的状态。在日常人际交往过程中,随着生产生活交叠部分的减少,村民之间便出现了因利益冲突而产生的信任危机与彼此否认。城市发展模式及价值观对于农村文化的冲击与渗透,使得农村传统文化逐步散落,村民信仰缺失,残存的传统风俗习惯的影响力日渐减弱,而这些是维系农村人际关系以及乡村共同体的重要纽带。信仰的缺失使人们失去生产生活的主方向,偏向于追逐名利,更进一步导致功利主义和实用主义的盛行。当前,村民价值观大多以利己主义为中心,来寻求自我利益最大化,同时借助日常交往来谋求最优的生存模式,在面对纠纷与争议时自然也是遵循这一原则。

因为传统的外在约束力丧失其应有的效力,所以现代法律对于农村纠纷的解决呈现出空前的实力,村民对于法律重视程度也日益加深。据问卷调查显示,除少数村民因自身经历所需而主动了解法律法规,当下我国村民对于法律知识的接受来源大多是被动的来自媒体的宣传,如手机新闻推送、电视法制节目等。随着网络信息技术的日益发达,村民的日常沟通更多的是借助通信工具进行远程信息的输送,面对面的交流日趋减少,网络在扮演者通讯桥梁角色的同时,也阻隔了人们通过当面沟通解决纠纷的道路,村民们在意识到通过网络也可以解决争议时必然会选择这种低成本的途径,尽管这种方式的效果是未知的。

从文化角度看,作为传统乡村村民的三大精神支柱——祖先荫蔽、自然崇拜、宗教信仰被一一瓦解。少数人的救赎方式拯救不了集体信仰的严重缺失,更难以抵制金钱至上

---

① 刘红旭.功能分析与角色整合:村庄治理中的村庄精英——以甘肃定西市 Z 村为例[J].农村经济,2009(11).
② 张静.基层政权——乡村制度主问题[M].杭州:浙江人民出版社,2000:125-127.
③ 叶本乾.村庄精英:村庄权力结构的中介地位[J].中国农村观察,2005(1).

的观念冲击。① 文化心理层面的这种变革,对传统农村社会的人际关系带来的冲击是显而易见的,更是对纠纷的解决产生了直接的影响。

通过对转型期农村经济、政治、文化状况的全景扫描,我们可以看到社会转型对农村社会纠纷产生的影响:经济利益的多元化和功利主义的盛行;民主政治的推进和村庄共同体的松散;传统道德观念的退化和价值观念的"利己化"。这一切都促使农村社会纠纷发生了新的变化,同时对纠纷处理机制的影响更是全面而深远的。

二、转型期农村纠纷的特点与类型

随着市场经济的高速发展,工业化与城镇化不可避免地会在农村发展转型的蓝图上画下浓墨重彩的一笔,村民不再似往昔仅单纯地追求农业收成的利润,其利益追求随着从业领域的拓宽呈现多元化趋势。因为农村旧有的风俗规则的约束力日渐衰弱,必然导致了村集体内纠纷数量的激增以及纠纷种类的异化。村民间人际交往随着利益驱使复杂化,因而随之产生的矛盾与纠纷也就会呈现新型化与周期化。过去的争议主要局限于村民的琐事和小的经济纠纷,而当下争议发生在诸多新兴领域,如基层政府和司法机关的腐败、乡镇企业改组过程中的资产损失、环境污染等,涉及范围广泛,内容复杂多元。在此情形下,整个农村转型期的纠纷呈现出数量增多,内容繁杂,主体多样化的发展趋势。

(一)转型期农村纠纷整体特点

1.纠纷数量急剧增加。调研组成员对莱西市辖的夏各庄镇的法庭、司法所、派出所等机构历年案件信息的调查统计显示,随着该市农村发展趋于城镇化,其诉讼案件的数量逐年呈上升趋势。造成此现象的主要原因在于村民间争议与纠纷的数量与日俱增,尽管纠纷最终选择公权力机关控制下的法院作为解纷机制的占比并不大。因为诉讼所需时间成本较高,村民们对于争议及纠纷会更多选择私力救济,有的依靠自身权势对对方产生压力迫使纠纷解决,但和解和村集体内部人员促成调解绝大多数。只有涉及大额的经济纠纷或人身权益的纠纷,村民在无法通过或不信服私力救济时会主动选择诉讼最为解纷机制。据统计莱西市内人身权案件中 90% 为人身损害赔偿案件其立案大厅甚至出现了排队等立案的情形。②

2.纠纷内容复杂化。随着经济发展模式的转变以及农村产业结构的调整,现今村民间人际往来由过去的密切沟通转为"距离性交往",而利益得失是其主要衡量标准,因而

---

① 李鸿君,张小莉.一个新型移民社区的村治模式——吉林枣子河村调查[M].济南:山东人民出版社,2009:38.
② 赵春兰,周兴宥.新农村建设中农村纠纷及其非讼化解决机制[J].法治研究,2008(1).

所产生的多样化新型纠纷不再是像小农经济社会,依靠旧时传统的风俗民约所能调整。①因为利益关系呈现多元化趋势,且生产生活的往来不再局限于熟人社会内部,因此必然决定了转型时期农村的纠纷内容由单一向复杂过渡。随着网络通信技术的蓬勃发展以及国家普法运动的进行,近年来村民对于自身权益的了解及保障要求越来越高,其中人身权保护作为新兴案件逐步出现在法院案件审理过程中,这在某种程度上就要求村政府及其司法机关提高其自身业务素质,切实为村民权益行使权力,真正实现村民的自治权利。此外,经济纠纷的内容也由简单的金钱债务往来转变为形式多样类资金纠纷,如股权争议、房屋拆迁等。

3. 纠纷主体的变化。在传统的小农经济社会,简单的农作物售卖与生活必需品的交换这种自给自足的经济模式决定了农村内纠纷普遍发生于村民之间,而村民的交际圈往往局限于邻里乡亲(村集体内部)所以纠纷主体自然村民。但随着城乡一体化进程的有序进行,农村纠纷内容复杂化必然使得纠纷主体发生改变。据调研组成员收集的莱西市夏各庄镇的法庭、司法所、派出所及人民调解委员会在2009—2011年所调解的民事纠纷的内容显示:纠纷发生于村民外,与企业法人、政府机构、社会组织间的纠纷呈上升趋势,如2009年为35件,占纠纷总数的20.55%;2010为59件,占纠纷总数的22.4%;2011年89件,占纠纷总数的32.35%。这些数据只是人民调解组织的数据,还有一部分纠纷时走向了诉讼途径解决。莱西市法院的收案类型统计也显示,村民之间的纠纷占绝大多数,同时村民与法人甚至基层政府的诉讼也在增多。这些都反映了转型期农村纠纷主体在不断发生着变化。

(二)转型期农村纠纷主要类型

随着传统农村向城镇化发展的过程中,村民间纠纷主要类型不再仅仅局限于婚姻家庭、继承、抚养和相邻关系等人际交往内圆范围内,尽管其仍然是农村纠纷的"大头",但其纠纷模式由单一向复杂化转变,且随着工业化、城镇化对传统农村发展模式的渗透,纠纷内容更是逐步向科技、工矿、知识产权、外贸等领域扩展。②

1. 土地纠纷。在城乡一体化建设发展进程中,农村中不可避免地出现了大量的土地流转及土地权利变动,而随之所产生的利益博弈和冲突,是现阶段农村转型时期不可忽略的一大问题。③ 此时基层政府在土地纠纷解决机制的体制内扮演着至关重要的作用,正因如此,村民与政府之间有关土地征收补偿等问题会愈演愈烈,甚至发展为群体性事件,该现象在调研地莱西市也是大量存在的。

近几年,随着经济建设全面深化和新农村建设的逐步推进,涉及土地补偿的矛盾纠纷越来越多。政府为规划农村长远发展而对农民土地进行征用这无可厚非,但土地作为

---

① 苏力.法治及其本土资源[M].北京:中国政法大学出版社,1996:130-137.
② 赵春兰,周兴宥.新农村建设中农村纠纷及其非讼化解决机制[J].法治研究,2008(1).
③ 赖丽华.城镇化背景下农村土地纠纷法律解决机制的困境与出路探析[J].农业考古,2013(1).

农民安身立命之本,其重要性不言而喻,因此政府在征收土地时理所当然地应该对土地被征收的农民予以补偿和安置,使其能够另谋出路自食其力不致成为社会负担。但当下因为我国没有制定完善的土地征收制度以及土地纠纷的争议裁决机制,在土地征收补偿过程中,部分村民本着利己主义的思想,在得到应有的土地征收补偿款后,为"大赚一笔"让政府为自己的私欲而妥协,就采取上访、游行、示威等方式企图最大程度扩大自己的收益,并且往往置社会安定和政府信誉于不顾。① 2007 年,莱西市引进对江山水库整体旅游开发项目,涉及西曲村的部分土地。该项目总投资 30 多亿元,是市委市政府的龙头项目。由于有关部门对其承包地上的附着物核实有误,补偿不合理引发了矛盾纠纷。西曲村苏某因征地补偿问题一直不让施工,多次强行阻止施工人员进入,并让自己年迈、患有重病父亲住在应征地的小房中,声称不给 100 万元补偿坚决不干,谁赶就和谁拼命。随后,苏某又连续向上级部门写信,到镇、市上访。

2. 婚姻家庭纠纷。随着市场经济的发展,农村的物质文化水平不断提高,在物质条件日益优越的情况下,旧有的婚姻家庭纠纷没有得到解决,新型纠纷又如雨后春笋般层出不穷,使得原本单纯安逸的家庭生活备受"考验"。在婚姻家庭纠纷中突出体现的是彩礼纠纷、离婚财产分割纠纷,以及子女的抚养和老人赡养纠纷。

调研组所选择的调研地点——莱西市属于我国沿海农村中经济发展水平较高的地区。因此在缔结婚姻前期,下聘送彩礼所涉及的金额较普通农村更大,而这就为婚姻家庭纠纷的扩大化埋下导火索,一旦一方悔婚,涉及聘礼或彩礼的退换问题就成为双方争议的焦点,而对于该争议的解决究竟是遵循传统的乡规民俗还是适用现行法律法规也成为法庭必须考量的一大问题。因为农村经济发展模式的转型,从事非农产业的村民数目大幅增长,而青壮年外出打工或举家搬迁成为现代农村社会中时常发生的状况,但老人无论是对现代生活节奏的抵触还是对故土的难舍之情,都使之大多不愿离开农村老家,这就出现了留守老人无人赡养的问题。随着这种现象的长期存在,伴随着子女为追求扎根繁华城市远离贫困农村的步伐,空巢老人的赡养问题就会逐步演化为家庭纠纷。

3. 干群纠纷。随着村民自治程度的不断深化,国家权力逐渐为农村自治权让步,与此同时作为村集体权利的"代理人"——村干部的权力也就与日俱增。农村基层自治作为我国基层政治制度是国家为适应农村经济体制改革与转型而做出的创举,其应最大限度的保障社会主义民主和农民的利益。② 根据《中华人民共和国村民委员会组织法》的规定,村委会由村民通过村民大会选举产生,村干部作为村委会权利的行使者应该从广大村民的利益出发,切实保护村民利益。但据调查显示类似莱西市,当下我国农村的基层自治某种程度上是村干部自治,村干部与村民之间因为权力行使不当或越权谋私等问题冲突不断,为防止自身权利被剥夺更有村干部私自组织暴力力量对上访者围追堵截。种

---

① 王晓敏,邓春景,王雪钢.论我国农地土地征收就分的化解与城镇化建设[J].农业经济,2014(1).
② 冯涛.新农村建设与村民自治制的完善[J].科学社会主义,2007(1).

种作为无不加深了村民大众与村干部之间的矛盾,纠纷愈演愈烈难以调和,这与国家政治制度的初衷背道而驰。①

4. 邻里纠纷。网络通信技术的蓬勃发展除了使人与人之间沟通交流不再受地域限制,还造成了人们对通信工具的依赖,这种普遍现象所带来的结果就是村民间面对面沟通交流的频率大幅降低,邻里关系陌生化,传统的"远亲不如近邻"价值观念在人们脑海中逐步淡漠,但经济往来与利益驱使所造成的相邻关系纠纷并不会因此减少,并且其解决过程中也不再似往昔会掺杂着邻里间因熟络而相互包容和妥协的因素,反而随着利益至上理念的唆使矛盾会更加激化。如该镇马福庄村因村民江某因建南小房与邻居万某发生纠纷,从而引发了流血冲突,其事件起因仅仅是江某因正在建的南小房比邻居万某已建的平房的房檐高出30厘米。

5. 环境污染纠纷。农村经济发展趋向城镇化,随之而来的环境问题不容忽视,如何在经济发展与生态保护之间寻求平衡是当下转型时期农村要面对的问题。传统农村种植业与养殖业的发展过程中,为追求高产长期采用的化肥、饲料,以及过去没有环保意识随意丢弃、填埋垃圾所埋下的恶果如今成为村民生活环境和生活质量的提高的一大障碍,就此产生的环境污染纠纷是一时难以解决的。而新时期农村其他产业迅猛发展,其经济发展模式应受到重视,不能再是以往城市中普遍采用的粗放型发展模式,并且值得注意的是环境污染问题往往同干群关系以及土地问题相联系。因此转型时期的农村发展过程中对环境污染问题应高度重视,防止其演变成复杂的新型纠纷。

6. 其他突发事件。现今农村虽然处于转型时期,其物质文化水平较过去都有了很大的提高,但不可否认其内部仍然存在着诸多或大或小的冲突与矛盾,其中许多性质恶劣的群体性突发事件,其实仅仅是由日常冲突导致的各种矛盾堆积而成,久而久之得不到解决便在一些琐事的引导下综合爆发。② 例如2007年,镇上一韩国独资企业拖欠职工80多万元工资、负责人下落不明引发矛盾。3月14日下午,该厂的300多名职工聚集在镇政府大门前,要求政府出面解决工资问题。最终在基层政府与之进行长时间的沟通下承诺提出对策解决工资问题后,民众情绪才得以缓解。此事例不难看出,村民是利用基层政府谋求社会稳定人民安居的心态,胁迫政府出面解决问题。这种劣性心理不断助长着农村村民为达目的不择手段的气焰,更是对国家法律的亵渎以及对司法权威的破坏。农村群众由于法律意识淡薄,处事冲动而感性,易受他人挑拨煽动,在纠纷发生后往往为了一己私利失去理性,不计后果,这种转型时期的农村群体性纠纷应该备受重视。

---

① 陈斯喜.中国基层群众自治制度[M].北京:中国民主法治出版社,2009:131.
② 孙必胜.农村群体性突发事件形成原因及对策探析——基于安徽某市良村之间群体冲突思考[J].学理论,2010(1).

三、转型期农村纠纷处理机制的分析

转型时期农村的纠纷解决,呈现出了传统纠纷解决机制与新纠纷解决模式并存的局面。① 因此对先后两个时期农村的纠纷解决机制进行类型化分析与比较是兼具理论与实践意义的,其既可以展示纠纷处理机制伴随时代变迁所呈现的革新轨迹,又为我国农村构建转型时期纠纷处理模式提供了借鉴,规划了蓝图。

(一)对于传统纠纷解决方式的分析

传统的农村社会是依礼制建立的熟人社会,相较于今日其更具有封闭性。当时普遍存在的小农经济的生产及生活方式制约着人们的活动空间及范围,也就必然导致了共同体之间高度的依存关系。基于此,传统农村社会的纠纷便大多属于邻里间的熟人纷争,其解决方式也就相应的比较简单。

1.民间权威的裁判。所谓民间权威,主要指的是宗族的族长,或是德高望重的老人以及士绅。② 作为调研地的莱西市由于地处平原且交通便利,加之人口流动性较大,所以当地居民为多姓氏杂居,因而宗族势力并不发达。即使存在个别村庄是大姓氏聚居,历史上也并没有形成理论意义上所谓的族长。可以说莱西市本地居民的家族意识较其他地区来说比较淡薄,但经宗族内德高望重的老人裁决本族内部纠纷的情形还是时有发生,且其裁决结果的可接受性还是比较高的。

传统的农村社会普遍存在着这种精英治村的模式,且精英类型丰富多样:有的是宗族族长,有的是社交能人,有的则是富甲一方的乡绅。这种由当时特定生产力发展水平和生活方式所衍生的纠纷处理方式,因为其解纷主体的区域性使得其成本较为低廉。但在现今的农村社会,尤其是朝着现代化转型的农村,其过去存在的许多"大家族"已逐步解体或者没落,他们渐渐失去了话语权,且主观上也不再愿意"趟这个浑水",这就导致精英治村解纷的盛况已不复存在。这种精英人物正如马科斯·韦伯所描述的卡马斯里型的统治,是依靠个人魅力所形成的统治,当个人魅力不再时,这种统治模式必然日渐势微。

2.自治组织的调解。自治组织这种基层的群众性调解组织,其工作虽然是在官方指导下进行工作,但其组成人员全部来自民间——一般由村支部书记、大队队长或者妇女主任担任。③ 这种由村庄当家人和政府代言人共同组成的调节组织因其身份的双重性所发挥的作用是不容小视的。调解组织成员自身对纠纷双方十分熟悉,即使他们同时肩负

---

① 邓禾.自然资源纠纷解决机制研究[D].重庆:重庆大学,2004.
② 鞠春彦.论传统生活的社会管理[R].南昌:2011年中国社会学年会——社会建设的理论与实践:社会管理体制的改革与创新.
③ 李昌道.司法调解与和谐社会.复旦学报(社会科学版)[J].2007(2).

"国家干部"的职责,但这与"纯官方"——"外人"的裁决效果是不能等同的。凭借这种"双重"身份,村干部在进行纠纷调解时,一方面能够晓之以理、动之以情,对纠纷双方进行劝导,且因为熟知纠纷症结,通常这种劝导都能对症下药,达到止争效果。另一方面,在面对个别固执己见的"自私者"时,"温言细语"的劝导如若不奏效,村干部就可以动用他们"国家干部"的身份,援引相关法律法规对纠纷双方进行"教导",使之知晓纠纷扩大或长期僵置的后果,让各纠纷主体因惧怕国家强制力而选择遵从他们的调解结果。

近年来基层民间调解机构的具体设置随着国家政治经济体制的改革也在发生着变化,其地位和作用有所下降,但是农村的这种基层调解制度在我国法律制度中仍然是不可或缺的。

(二)对于转型时期纠纷解决方式的分析

随着政治、经济体制改革的深入,农村社会转型的步伐也逐步加快,其日趋城镇化的现状使得农村社会的经济、政治和思想文化也随之发生深刻变革。利益主体的多元化、基层民主的推广普及以及个人利己主义价值观念的弥漫,都使得"熟人社会"逐渐演变为"半熟人社会",随之而来的纠纷数量的增加,以及纠纷内容的复杂化都导致也要求着转型期的农村社会的解纷方式必然不同于传统农村社会。其间传统与现代,农村与城市,民间与官方,各种解纷方式发生着激烈的碰撞,呈现出传统的解纷方式与现代法治模式并存的现状。[①] 虽然从类型划分角度出发,其与传统社会的解纷方式没有明显区别,依然是村民自行解决,第三人调解,基层组织调解,或最终进入诉讼程序,但转型期的农村社会在人民调解和诉讼程序的抉择与进行中都呈现出一些独特情形。

1.基层人民调解。根据国家公布的数据及学者们的调查显示人民调解,尤其是农村人民调解自上世纪九十年代以来呈现逐步衰落的趋势。转型时期的农村社会中民间调解对于纠纷解决的作用随着现代化进程以及人口的大幅度流动变得越来越小,它也表明了以居住地为基础的纠纷解决方式的重要性正在降低。尽管如此,但人民调解作为我国纠纷解决体系当中至关重要的一环,依然是不可或缺的。虽然现代化因素杂逐步渗透这农村社会,但农村长期以来存在的经济发展水平的局限以及交通闭塞等诸多因素,使得农村缺乏有效的现代司法认可的证据保留和重现的技术和制度条件,同时也缺乏律师等支持现代司法运作的专业人员,更遑论法学家们口中那种高度专业化和职业化的法官。[②] 正是因为这些条件的限制,调解作为农村社会纠纷解决手段的比较优势才得以凸显,并且具有很大的实践意义和理论意义。

2.司法解决方式。司法作为保障公民权利的最后一道防线,在纠纷无法凭借村民自身力量解决时就起到了至关重要的作用。当然转型期的农村社会也会出现无需调解或

[①] 吴卫军,范燕萍.现状与走向:和谐社会纠纷解决体系的构建.四川师范大学学报(社会科学版)[J].2007(2).

[②] 刘娜.能动司法的价值分析和实践进路探讨[D].太原:山西大学,2012.

者拒绝调解而径直进入司法程序的情形,这就使得法院在农村社会的地位更为显著了。与民间调解和行政调解不同,法院的诉讼程序对于定纷止争在纠纷解决机制中是处于绝对的权威地位,其审判的中立性、程序性、权威性都凸显了基层法院在解决农村社会重大纠纷以及基层调解组织无力解决的新型纠纷时具有较大的所具备的优势。现今随着法律法规的普及以及违法必遭惩治观念的加深,逐渐陌生化的乡村社会借助法律建立起了生产生活的基本秩序。一种村民与村民间,村民与国家之间以契约来约束彼此责任和义务的关系体系也在逐步建立起来,而通过当地司法部门的法律宣传依法治国的观念也逐步地成为乡村社会中解决日常纠纷的主要依据。①

农民对于进法院打官司也习以为常,所谓的"耻讼"观念在笔者所调查的莱西市的农村也中已经不多见了。尽管农民对于打官司的态度有所改变,但其对诉讼角色的分配还是十分在意的,大家更愿意做原告,而耻于当被告。在村民的舆论中,被人告了肯定是因为理亏,因此审判前被告就已经戴上了败诉的帽子。按照村民的逻辑,"没做亏心事,怎么会被人告了呢?"原告已经占据了道德制高点,进行诉讼程序仅是为了获得国家强制力的支持并保证判决可被执行。争做原告,就是争得了脸面。

笔者在莱西市基层法院调查了解,因国家宏观上宣扬构建社会主义和谐社会,及我国历史上弘扬了几千年的和为贵思想使然,法院在审理民事案件时,尤其是农村内部村民间纠纷,十分重视调解的作用。据某法官介绍:"上级甚至规定了每年调解结案占总收案的比例,这属于硬性指标,必须完成,最好能做到零判决。"这与我国《民事诉讼法》规定的"能调则调,当判则判"的精神相违背的。基于此必然会出现法官为了完成所谓的指标而对不适宜调解或当事人不愿调解的案件强行进行调解,因而必然会影响案件审结的速度,既违反效率又有违公正。因为当事人不是出于自愿进行的调解,所以一些案件在调解结案后,时常进入再审程序,上访的比例也不在少数。由此观之,带有政治强制色彩的法院调解曲解了调解本身所应发挥的作用,并对司法资源造成了极大的浪费。

通过对既存的农村纠纷解决机制的分析,不难看出转型时期的农村存在着不同的纠纷解决方式与机制。为充分解决该时期农村复杂的纠纷类型,势必要对既有的纠纷解决方式和机制进行整合,而建立多元化的纠纷解决机制则是势在必行的。

四、多元纠纷处理机制的建构

农村社会纠纷类型的多元化决定了其解决机制的多样性,伴随着现代农村经济发展模式的转变以及社会结构的转型,村集体内各种新旧利益关系相互冲突,这些矛盾于问题的凸显要求着多元纠纷化解机制的产生。所谓多元纠纷化解机制,是指社会通过文化

---

① 董磊明,陈柏峰,聂良波.结构混乱与迎法下乡——河南宋村法律实践的解读[J].中国社会与科学,2008(5).

建及制度建设,为人际交往中的矛盾及纠纷的化解提供有利的环境,构建多种解纷组织及机构为社会生活中可能发生的社会矛盾或纠纷提供多种化解渠道和途径。①

尽管缩小城乡差距,消除城乡区别对待,促进城乡一体化建设高速发展是当下社会的主旋律,但是当前,转型时期的农村与城市之间依然存在着不可忽视的差异,我国固有的城乡二元结构并没有实质改变,因此在农村建立多元纠纷化解机制时要充分考虑农村区别于城市所特有的纠纷特点,使之与我国现代化进程及法治社会的发展相协调。调查组成员在莱西市夏各庄镇所采集到的信息显示,村民们对于解纷机制的选择更多的是关注该机制对于纠纷解决是否成本最低,无论是时间成本还是金钱成本,他们更希望用最低的成本获得最大的效益,在此过程中他们甚至可以做出些许让步。所以整个农村纠纷解决机制还是以调解为主,而司法的强制力作为最后的保障。

(一)培育民间纠纷解决机构,发挥公民和社会自治功能

社区居民自治和基层村民自治的发展使得现今公民对于自我管理,民主监督的认知愈加深刻,随之民间自治组织日渐发展并壮大。当下农村虽然不存在类似城市业主委员会的自治团体,但这种民间自治团体自我管理、自我服务的形式值得借鉴。

现今我国存在人民调解委员会作为依法设立的调解民间纠纷的群众自治性组织在农村纠纷解决中的作用是无可替代的。人民调解委员会在农村以村民委员会为单位而建立,起到了面对纠纷及时解决、抑制矛盾激化、预防犯罪的重大作用,在当下农村经济体制改革的进程中人民调解委员会为稳定社会秩序、宣传法治观念做出了巨大的贡献。但值得注意的是人民调解委员会的工作是在基层政府和法院的指导下进行,因此其调解工作或多或少的在某种程度上受到行政权的影响,所以行政权对于人民调解委员会自治权行使的干涉现象普遍存在,想要在二至之间划清界限,是未来解纷机制体系构建需要努力的方向。

因为政府行政权的过度行使对村民自治造成了一定的侵犯,且当下村民对于基层政府的履职能力认可度和政治信服力并不高,但因为并不存在可供选择的其他备选项,所以村民仍然不得不依赖政府作为其纠纷解决的主力军。据研究显示:虽然农民对政府的工作效率满意率仅为29.9%,对政府表示信任的也仅为33.56%,但遇到事情不能解决时肯找政府解决的却高达67%。② 这其中的矛盾心理实际上在我国农村社会中普遍存在,其恰恰反映了农村解纷机制中村民自治组织的缺位,没有能够真正为村民利益而奋斗的组织,同时更反映了农民对外界的依赖心理,尤其是对基层政府的惯性依赖。③

因此,我们应当将培育民间纠纷解决机构作为当下新时期农村经济模式和社会结构转型中的一个重点,在村民自治情形下,发挥村民的主动性与积极性,为化解农村纠纷,

---

① 孙玉娟,丁宁宁.农村社会治理视域下纠纷多元化解机制探析[J].知与行,2016(1).
② 闵琦.中国政治文化[M].昆明:云南人民出版社,1998:72-73.
③ 田成有,王鑫转.型期农村法治资源的发现、重组与良性互动[J].现代法学,1999(1).

解决社会矛盾,维护社会稳定做出贡献。

(二)提升村委会在人民调解体系中的作用

村民委员会作为村民通过选举产生的基层群众自治性组织,其在基层农村管理、教育以及公共服务方面均发挥着至关重要的作用,《中华人民共和国村民委员会组织法》规定村委会办理本村公共事务,调解民间纠纷。由此可见调解纠纷是村委会众多职能的一个分支,众所周知村委会成员大多为三至七人,他们要承担本辖区众多公共服务职能,因此有效履行调解职能的可能性就很低。随着基层群众自治的发展以及农村社会的变革,村委会的职能分工可以更细化,在村民选举村委会成员的同时,应对其职权承担进行详细分工,承担调解职能的村委会成员可以协同当地的基层法律服务工作者对本村集体内的纠纷进行前置调解,一旦纠纷调解成功将减少基层法院及政府的工作压力,缓解社会矛盾;但村民若不满村委会调解,则可将纠纷转移至乡政府进行行政调解或至法院进行裁判。之所以选择村委会成员作为调解前置程序的一员,首先是因为村委会成员是由村民行使选举权选举产生,村民对于自己信赖的村干部在行使调解职能,试图进行沟通说服解决矛盾过程中也就不会抵触,这样有利于村民接受调解结果,有利于纠纷的解决。其次,村委会成员作为村集体内部成员对于本地的风俗习惯,人际关系最为清楚,这有利于其了解纠纷,寻求解决途径。而选择基层法律服务工作者作为协同人员,是希望借助其具备的专业法律知识,随着农村经济发展模式的转变,村民间纠纷内容形式的复杂化,单纯的风俗旧约已经不能完全解决和约束新型纠纷,因此基层法律服务工作者的加入,会让现行法律在村委会前置调解程序中会发挥强制作用。

(三)提高行政方式解决纠纷能力

行政调解作为一种民事纠纷的解决方式,不同于法院调解,其属于诉讼外调解具有诉讼所不具有的优点:行政机关在调解其职权管辖范围内的民事纠纷时讲求效率,因此相对于法院诉讼,其调解手续简易且即时性高;其次从成本角度考虑,行政调解是政府服务职能的体现,因此其所需费用相较于诉讼来说低廉很多。综上从村民成本利益角度考虑,涉及行政机关管辖范围的民事纠纷应采用行政调解去解决;从行政机关的权威信服度考虑,行政调解对于行政机关和行政相对人的之间关系的改善作用显著,行政机关的工作人员在调解过程中通过与村民沟通交流,使村民能够知晓行政机关工作人员的工作热情和作风,体现行政机关为人民服务的形象,借此来增强村民对于行政机关的信任,提高行政机关的权威性,建立良好的群众与政府密切信赖的关系,为社会主义民主建设奠定基石。"对行政机关来讲,管理的目的和宗旨不能再像以前那样仅限于指挥和命令,更重要的在于协调各种利益关系。具体地说,行政机关要把解决市场经济下各社会团体、法人、公民之间的纠纷作为重要的行政目标之一,否则行政管理秩序便难以理顺。"① 当前行政机关对于行政调解功能的发挥并没有实现其应有的效力,政府工作人员应该认真履行自身职责,使行政调解在解决行政争议,维护社会安定中发挥实效。转型时期的农村基层政府更应该根据本地的实际情况,利用行政调解方式解决纠纷,增强政府的权威性,借此与村民形成良好的互动关系。

(四)对司法解纷方式的重新定位

司法机关作为行使国家司法权的国家机构,其职权和地位决定了其在多元纠纷解决机制中的作用:法院不仅要发挥诉讼定分止争的效力,还要利用其前置的调解程序来满足村民对多元解纷机制的要求,同时作为公权力机关的法院,因为先天具备国家提供的最完备的制度体系与规定,因而也要通过对人民调解协议和行政调解结果的审查来解决民间纠纷和行政纠纷。人民法院秉承能动司法理念,使司法方式主动的与其他诉讼外纠纷解决方式实现整体联动和功能互补。②

发挥法院解纷能力的过程中,应重点关注农村基层法院在各乡镇的派出法庭的作用。当纠纷进入村一级调解组织内部时,在调解过程中,可邀请乡镇司法所及法官旁听,适时发表法律建议,使乡镇司法所和派出法庭建立联动机制。

河北省廊坊市法院在这方面可以说起到了模范带头作用。廊坊法院充分调动社会各界力量,发挥市民作用,鼓励各个社会组织参与人民调解,以此来弥补人民陪审员参与调解制度的不足。因为市民参与权得到了保障,其对于调解结果的信服度自然大幅提高,这种动员社会力量的联动制度能够有效地从源头上杜绝和减少涉诉上访,从而实现了解决纠纷稳定社会的目标③

(五)完善不同类型纠纷处理机制之间的衔接

丰富的纠纷解决机制的建立对于当下转型时期农村社会中出现的内容复杂、形式多样的纠纷起到了显著的作用,多元化的纠纷解决体系能够从不同角度,不同层面为各类纠纷的解决提供多重保障。社会的安定有序是各项制度制定的初衷,因此多元化的纠纷解决体系最终目标也应该是保障社会秩序。所以诉讼必然不会成为纠纷解决的基础,应充分发挥人民调解的力量,争取实现争议圆满解决,人际交往依然存续,同时发挥法院调解和行政调解的补充作用,形成一个以司法权威为保障的有序衔接的纠纷解决体制。对于各种纠纷解决机制相互衔接的具体方式,最高人民法院发布的《关于建立健全诉讼与非诉讼相衔接的矛盾纠纷解决机制的若干意见》提供了指导意见。简言之,纠纷依次经过村一级调解组织的调解,镇一级调解组织的监督,法院的调解和审理,使争议公开透明

---

① 关保英.行政法教科书之总论行政法[M].北京:中国政法大学出版社,2005:487.
② 吴杰.能动司法视角下民事审判权运作机制定位与反思[J].现代法学,2011(3).
③ 杨帆.廊坊经验:东方经验的奇葩[J].中国审判,2009(1).

的得到妥善处理。法院在接收案件后,应听取先前调解人员的意见,并就争议当事人对于纠纷的态度及解纷机制选择意愿进行充分了解,从而对争议的重心做到心中有数,只有在此基础上才能发挥其纠纷解决的最终保障作用。这样就实现了人民调解,行政调解和司法的有效衔接。

综上,科学的纠纷分流机制应该是农村多元化纠纷解决机制建立的前提,只有各种解纷机制能够满足村民所需,能够充分应对复杂多样的纠纷形式,才是实现了其应有的效用。

(六)完善多元纠纷处理机制的保障体系

农村多元化纠纷解决制度的建立不仅取决于政治经济的发展,还要求我们积极建立纠纷处理机制的安全保障体系,以确保建立和发展多元化的纠纷解决制度。

1.加大对农村调解人员的队伍建设。农村纠纷有其特有的形式和内容,而调解作为纠纷解决机制中的重中之重应该备受重视,眼下农村社会内部的调解人员主要是法院法官或村委会成员,没有专门从事调解解决纠纷的队伍,因为上述两者均在自己的工作领域也有着更加繁重的工作任务,所以其调解所发挥的效力远未达到纠纷所需。因此建立一个了解农村本土信息,具备相应的法律知识的专职调解组织是当下农村社会所急需的,而组织内部成员最好能够吸收村集体内外一切对纠纷解决有效的人才。

2.加强对各个纠纷解决机制的外部监督和问责机制。专职的调解组织成立之后,在其职权运行过程中难免会出现疏漏,权力会产生恣意,为防止权力滥用保障调解的解纷效力,对调解组织进行监督和追责就显得合情合理。[1] 镇一级的调解组织可以针对村一级的调解组织的调解进行监督,这是所谓的上下级监督。我们通常所说的法院对于人民调解的监督是指其对调解协议的司法审查,这是一种事后监督。除了专职的调解组织对纠纷进行调解,基层政府的行政机关也可以针对其职权管辖范围内发生的纠纷进行调解,村民对于调解结果有争议的可采用行政复议的方式实现监督目的。此外,众所周知检察院的一大职责就是监察,在司法体系内部检察机关对法院的工作可进行监督建议,那么在调解领域,检察院毋庸置疑可在外部监督的上发挥其专长,因此发挥检察机关的外部监督作用对多元纠纷解决机制的建立与运行至关重要。

3.发扬优秀传统文化对纠纷解决的作用。《周易》中涉及的我国传统的法律文化价值观念——"无讼"为当下转型时期的农村社会中矛盾的解决提供了价值引导,可见吸收传统文化的优秀价值理念,对于构建多元化的纠纷解决机制存在指导意义。因此,在社会主义法治社会的发展过程中要借助传统文化、民族心理习惯对广大村民进行法律知识的宣传,促使其形成法律意识,进而产生法律信仰,形成良好的法律素养,能够知法、懂法、守法,在纠纷出现时能够援引"无讼"理念,充分发挥调处制度的优点,将矛盾争议的

---

[1] 雷蕾.浅谈农村纠纷多元化解决机制的完善[J].学理论(下),2015(1).

破坏力降到最低,树立友爱团结的价值观念,为和谐社会、和谐乡村做出贡献。

4.建立纠纷反应反馈机制。根据统计不难看出,虽然我国农村的纠纷类型复杂多样,但各类纠纷有其固有的产生原因及表现形式,而村民们对于常见的纠纷所采用的解决方式也是惯常的,据此基层政府可以组织调解人员深入村民内部,倾听村民呼声,了解村民所需,借助村民力量对当地常见的纠纷进行分析总结,形成详细、体系化的农村纠纷信息共享平台,为政府部门或调解组织解决当地纠纷提供借鉴。在现存纠纷得到妥善处理的情况下,要分析纠纷产生的背后原因,揭露其本质,对症下药,争取做到纠纷未生成就被遏止,所以建立预警和问责机制对于防范纠纷发生有至关重要的作用。

总之,面对当前转型期出现的一系列社会矛盾和问题,更应该采取积极的态度,以多元思维建构符合社会实际情况的纠纷解决机制。只有这样,才能应对现代化过程中出现的种种问题,实现社会发展的目标,构建和谐社会。

A Study on the Dispute Settlement Mechanism of Rural Society in the Transition Period
—Based on the Analysis of the Investigation of Xiagezhuang in Laixi Qingdao

Li Xin　Duo Liping

Abstract:The article tries to find out the solution mechanism of rural disputes in four aspects:Firstly,with the transformation of rural economy,politics and culture,it has profound influence on the current situation of rural social disputes. Secondly,the rapid development of social economy makes the internal interests relationship of rural society at the present stage complicated. So its internal disputes and contradictions also showed a diversified trend. Thirdly, it analyzes the traditional dispute resolution mechanism and the dispute resolution mechanism in the transition period. Fourthly,the diversification of rural social disputes in the transition period means that it is necessary to integrate the ways and modes of dispute settlement and construct a mechanism of diversified dispute resolution.

Key Words:transition period;rural disputes;mechanism of diversified dispute resolution

生活中的《婚姻法》：藏族骨系等级内婚制研究
——以当代安多藏区的田野调查为例

刘军君[*]

摘要："骨系等级内婚制"作为藏族社会一以贯之的婚姻习惯法在当代安多藏区仍然替代国家法发挥着民间婚姻治理的作用——划分社会阶层、稳固社会地位、实现社会分层以及阶层的上下流动，因而具有研究意义。本文从骨系分层的标准出发，结合田野个案，从"禁止洁净骨系与不洁骨系通婚"、反对跨阶级通婚、限制与"污秽"手工业者通婚三个方面说明骨系等级婚制如何运行，展现出当代藏区骨系等级婚制的真实面貌，为学界提供一场新的视听。

关键词：骨系；内婚制；安多

一、楔子

"等级婚制"作为阶级社会婚姻关系的重要特质在维护社会分层、区分地位贵贱、规范婚姻秩序等方面发挥着难以替代的重要作用，两个世纪以前就引起学界关注。已故人类学家林惠祥更是以印度的"种姓内婚"[①]为好例反复论证。然而在印度之外，藏族的"骨系等级内婚制"同样典型却未被充分研究。在旧西藏，人们奉行"土门对土门、木门对木门""麻雀配不上朗鹰，狐狸赛不过雪狮"的内婚制准则；在当代安多，这一准则不仅被保存完好还兴盛不衰、展现出不竭的生命力，因而具有探究价值。

通过观察我们发现：藏族对社会等级的划分是以"日居"（rus rgyud[②]）为准。"日居"汉译为"骨系"，是藏族对人种遗传优劣的一种认知。划分骨系高低的方法有三：一是根据个体有无狐臭体味遗传，将人分为洁净、中间、不洁三个大致等级——无狐臭者骨头干净，称为"日巴（rus pa，骨头）桑（bzang，好）"，有狐臭者骨头不干净。干净者为优，不干净为劣，介于二者之间的为中间层。一个具有基本社会意义的事实便是：这样的优劣区分，被不可避免地打上阶级烙印——后代在继嗣骨头的遗传性特质时还继承着先祖骨头上

---

[*] 刘军君，民族学博士，陕西师范大学中国西部边疆研究院·民族学博士后科研流动站博士后。
[①] 林惠祥.文化人类学[M].北京.商务印书馆,2011:204-205.
[②] 本文的藏语转写采用威利拉丁转写规则。

的"阶级性身份",①由此推衍出第二种分层方法,即根据族源是否悠久、当事人是否掌握宗教或世俗权力判定骨系高下。在传统社会中拥有政治、经济、社会地位者无疑是高等骨系。三是根据当事人从事的职业进行划分,旧社会将铁匠、屠夫、天葬师/背尸人认定为"污秽"职业者,宣称他们的骨头是黑的,从而将这类手工业者划入社会最底层。所以可以说,第三种分类法是第二种分类法的补充。

上述分类为藏族骨系等级婚制的开展提供了基础。因循这条线索,笔者阅读了大量文献记载,选取了安多藏文化醇厚的青海热贡(reb gong,同仁)藏区、卓仓(gro tshang)藏区、甘肃拉卜楞(bla brang)藏区、卓尼(co ne)藏区为田野点,进行多点考察,试图在文献稽考与资料互证的道路上勾勒出当代安多藏族"骨系等级内婚制"的图景。

二、纯洁骨系与不洁骨系之间的禁婚法则

禁止洁净骨系与不洁骨系间通婚是藏族骨系等级内婚制最严格的部分,前提是对骨头是否"干净"的判断。

(一)骨系的洁净度与高低

一般而言,打听骨系好坏就是在询问对方有无狐臭。传统上以家族有无狐臭体味遗传将骨系分为"洁净""不洁"和"中间"三个等级。处在骨系阶层顶端的显然是那些绝无狐臭体味遗传并且在起源时就没有狐臭体味、代代身世清白不曾受过玷污的群体。在安多大部分地区,这个群体被统称为"日巴桑",意译为"骨头干净"。他们在与人交往中往往表现出明显的优越感,认为自己骨头高、人根子好、巧言善辩、会办事情,还常常将自己的成功与骨系的纯洁联系在一起,并不时表现出对不洁骨系的鄙视。生活在乐都县蒲台乡的报道人格桑②(男,藏族,56岁)就是这样。访谈时他告知笔者:"我们藏族人骨头好就可以压倒一切!我骨头好,你骨头不好,我就看不起你,你在大家面前就没有发言权!像我们卓仓哇都有姓,我们沟里的 L1 家③、B 家、L2 家、J 家根子上骨头就高,那就是'四大家族'(指骨系纯洁)!反过来,沟里的 L 家根子上骨头就不干净,他的后代一出生就'判了死刑了'!不管他能挣上钱还是当上官,人们还是会说:那又怎么样?你还不是姓 L?"④

一如天平的两端,处在骨系阶层底端的是具有狐臭体味的不洁群体。因为在藏族的传统观念中,狐臭是从骨头中散发出的气味,是一种病。这种病不光治不好,有遗传,还

---

① 南希·列维妮."骨系"与亲属、继嗣、身份和地位——尼泊尔尼巴(nyinba)藏族的"骨系"理论[J].格勒,赵湘宁,胡鸿保,译.中国藏学,1991(1).
② 为保护当事人隐私,本文中的人名按照学术规范进行化名处理。
③ 卓仓藏人有将自己的藏族姓氏音译为汉姓的情况。
④ 资料来源:2014 年 7 月乐都县蒲台乡田野访谈。

会传染。所以,民间就有了"穷不扎根,臭扎根"的俗语,这个群体也因此被统称为"骨头不干净""骨头不好""有味道"。在卓仓藏区,当人们评论某人时使用"袖子长""力气大"等暗语,便指此人身染狐臭;在卓尼藏区,当事人被直斥有"骨子病"。通常情况下,狐臭者会被骨头干净的人嫌厌、排斥,只能在社会底层活动却又无可奈何。对于这点,来自青海省同仁县的报道人环贡加(男,藏族,28岁,未婚,日本某大学人类学博士研究生)表达了自己的看法:

"我们藏族人觉得这就是个传染病,皮肤接触了就会传染!我个人对于这种人非常嫌弃!他和正常人是有一定差别的!所以,这种人的家里我们不去;这种人的衣服我们也不穿。我小的时候村上一个小伙伴夏吾卡先就是这个病,当时我们不懂,另一个小伙伴穿了他的衣服,被他阿妈当着好多人的面骂得简直颜面扫地。再后来慢慢长大了,我就不和夏吾卡先来往了。但是夏吾卡先的阿爸是我们村上做藏服的,我一直就很纳闷人们的衣服给他阿爸拿去做,不会弄脏吗?有一次我的擦日(tsha ru,羊羔皮藏服)皮面子坏了,需要换个皮面子,我的阿爸当时说:那就拿给他们家去换吧。可是我听了后特别不愿意把我的衣服给他阿爸,总感觉心里怪怪的(担心被传染)。"①

当然,还有一个非黑非白的中间阶层,介于洁净与不洁之间,属于骨头上"有说法"的。这类人也许并不一定真有狐臭体味,却有狐臭的家族遗传史或者曾因自身的不当行为玷染了骨头。如穿了狐臭者的衣服、盖了他/她的棉被或者与之发生过性关系。民间对这类群体亦存在区分:第一种是本人其实并没有狐臭体味,但因上述原因而被形成歧视性认识。田野访谈中,卓仓地区的报道人王太久(男,藏族,51岁)坦言:"这种人可能不是真正的'有味道'。但是他的家族有,那就世世代代有;要么就是他被有狐臭的传染过。我们说他'有味道'是一种观念上的'臭'。"②所以这类人在卓仓藏区被贴切地比喻为"麻核"(普通杏核被砸开时,杏仁有甜有苦,还有一种不甜不苦的杏仁被当地人称为"麻核");第二种人就没有第一种人幸运,他肯定身染狐臭,但携带程度却比纯粹的不洁骨系轻微。对此,卓尼县的报道人杨尼布(男,藏族,50岁)称:"这一种人最麻烦!你一块劳动着,天气大(天热),他汗淌着'味道'就特别显;天冷下,'味道'就出不来。这只有熟悉的人才能掌握。"③青海省卓仓地区的一位资深媒人薛桑吉(男,藏族,56岁)表示:"这一种人平常闻起来像是'没味道',你夏天光膀子和他喝酒,他的'味道'一下就出来了。"④面对如上特殊情况,扎洛研究员认为,"中间骨系"是个笼统的概念,在其内部又分为若干亚阶层,各个亚阶层之间也彼此区分。其中,较高的亚阶层很容易晋升纯洁骨系,较低的亚阶

---

① 资料来源:2014年8月青海省同仁县隆务镇JSJ村田野访谈。为保护当事人隐私,本文对访谈中出现的村庄作出了首字母大写的处理。
② 资料来源:2014年7月青海省乐都县瞿昙沟访谈。
③ 资料来源:2013年8月甘肃省卓尼县拉力沟访谈。
④ 资料来源:2014年7月青海省乐都县瞿昙沟访谈。

层则与不洁骨系差别不大。① 对于这类"有说法"的阶层,本村人都心知肚明,只是不放在台面上评价罢了。

鉴于这种分层方式的"遗传性"与"先赋性"特质,不同阶层的当事人又是自出生时就被列入特定的世袭层,没有选择的余地和当辈僭越的可能,"骨头干净"无疑就相当于拥有了一张在传统社会畅行无阻的"身份证"。这对婚姻而言则构成了"洁净者"与"不洁者"之间难以逾越的通婚障碍。

(二)禁止洁净骨系与不洁骨系通婚

如是禁忌与阿吉兹笔下定日藏人对雅娃(ya wa,贱民)与非雅娃间的禁婚极其相似。在定日,雅娃就是那种"居"(rgyud)受到过无可救药的玷污的人,一如安多社会的"不洁"骨系。如果雅娃与非雅娃发生两性关系,非雅娃将承受被自己的社会集团除名的后果。② 在安多藏区,如是禁忌同样奏效——狐臭是在通婚中难以跨越的障碍。人们在思想上歧视这个群体,不愿与之通婚,就连相关的俚语都层出不穷。在青海省热贡藏区,谚语常叹:"树不好的有结子,人不好的有味道"(mi ngan na dri ma,shing ngan na mdzer ba);在青海省卓仓地区,人们认为"穷不扎根,臭扎根";"宁叫光阴穷,不叫骨头穷"。所以不洁骨系的人家哪怕在当代再有权势,他的子女依然会在择偶市场中屈居劣势。因为传统观念认为:"人穷总有翻身时,骨头坏了黄河水也洗不净。"③对此,报道人刀吉本(男,藏族,44岁)直言:"一个骨头不干净的人看上了一个骨头干净的姑娘,他根本就没有胆量去提这个亲! 除非是特殊时期。"④与之相辅相成地,"不洁骨系"之家的姑娘再能干、相貌再迷人,依然婆家难寻。因为老人们说了:"臭牡丹(暗指有狐臭的姑娘)不叫漂亮!"对此,报道人格桑也表示:"一个骨头不干净的姑娘长得又漂亮,脑子又好使,手脚又勤快,但我就是不能找! 我哪怕找一个'囊'(邋遢)一点的,骨头要好。"⑤

在安多藏区,最通常的情况便是"不洁者"自成通婚圈。不成文的村规民约限定他们只能在本集团内通婚,而不允许其对洁净骨系有非分之想。骨头干净的人家为了维护自己血统的纯洁一般也不愿"冒天下之大不韪"与其结亲。安多民谣对此亦加附会,有道是"宁叫人丑,不叫肉臭";"木门对木门,土门对土门,圆门对圆门";"门对门、户对户"。这种思想在老辈人中尤为突出,一位来自卓尼的父亲贡布次力(男,藏族,50岁)非常坚定的告知笔者:"对于这种'不干净'的人,我们的丫头就给他不给!"⑥说到"不给"时,发音格外有力。另一位来自热贡的父亲才华太(男,藏族,60岁)也坦言:"你跟这种'不干净'的婚

---

① 扎洛.卓仓藏人的骨系等级婚制及其渊源初探[J].民族研究,2002(4).
② 巴伯若·尼姆里·阿吉兹.藏边人家——关于三代定日人的真实记录[M].翟胜德,译.拉萨:西藏人民出版社,1987:61.
③ 羊措.从族群边缘看族群认同——以卓仓藏族内婚制为个案[J].青海民族学院学报,2006(1).
④ 资料来源:2014年7月青海省西宁市访谈。
⑤ 资料来源:2014年7月青海省乐都县蒲台乡访谈。
⑥ 资料来源:2013年8月甘肃省卓尼县拉力沟访谈。

结下,会毁了后代!"①所以,命运对于这类"不洁者"最坏的安排便是失婚。

1. 失婚的"不洁者"。因骨系不洁而失婚者在田野中并不常见,笔者在拉卜楞地区访到了一位。

案例1:来自拉卜楞镇的失婚者②

报道人冷本(男,藏族,34岁)是拉卜楞镇WF村的土著居民,早已娶妻生子,目前在兰州市某高校攻读研究生学位。尽管接受了现代化教育,冷本却坚持认为狐臭者得的是"骨子病",坚决抵制洁净骨系与之通婚,还表示这类"不洁者"极有可能面临失婚的局面,怎谁都挽救不了的,因为他的一位初中同学就是这样。

这位不洁者是拉卜楞镇下TW村的村民,与冷本同岁,就职于乡上某政府部门,有着令当地人羡慕的一份工作,至今却仍是孑然一身。为此,冷本解释说:"就这么大点圈子,就他一个'骨子病'有呢,(人们)基本都知道。我们藏族人对这个病有看法呢!谁也不愿意和他结婚,谁家的丫头也不愿意给他给。所以他也34岁,我也34岁,我儿子3岁了,他还一个人坐着呢(生活)。有了这个病,周围又没有同样有'骨子病'的就很难找到对象,也很难结婚!"

2. 父母对子女与"不洁者"恋爱的阻挡。不似年长者那般经验丰富,当一两个不谙世事的年轻人在自由恋爱时忽略了这个问题,而恋人恰好又骨头"不干净"时,家长会第一时间出面阻止这场恋爱。

案例2:刀吉本(男,藏族,44岁)被父母扼杀的恋爱③

报道人刀吉本是土生土长的瞿昙镇人。他的初恋女友便是出生于当地的"不洁骨系"家庭。在这场骨系与感情的博弈中,他抉择了前者,与女友分手。而逼迫他与恋人"一刀两断"的是他的亲长。

刀吉本的初恋女友是他的初中同学,和他生活在同一个村庄。两人的恋情从上初中起延续到了大学毕业。在刀吉本看来,女孩之所以"出身"不好,是因为"她的爷爷是个汉族,她的父亲起想娶我们藏族。但是我们卓仓哇④是族内婚,骨头好的人家根本不可能把丫头给一个汉族。她父亲骨头好的娶不上,只好娶了一个骨头上有点问题的。所以说,她的骨头就也有问题。"

然而,女孩本身却是贤良淑德、无可挑剔。自中学时代起,就对刀吉本格外关心,常给他送吃送喝,上学放学叫他同行;入大学后,考上医学院的女孩又常去刀吉本所在的学校探望他,每次前来总少不了感冒药、创可贴之类的慰问品,还常常劝他少喝酒。两人就这么"心有彼此"地过着大学生活。直到有一次女孩约刀吉本去上学,被刀吉本的父母看出端倪:"我们那会要到乡上坐班车来西宁,车不好坐,必须早早走。有一天早上天还没

---

① 资料来源:2014年8月青海省同仁县隆务镇SHJ村访谈。
② 资料来源:2013年8月甘肃省夏河县拉卜楞镇WF村访谈。
③ 资料来源:2014年8月青海省西宁市访谈。
④ 卓仓藏族自称卓仓哇。

亮,她来叫我搭班车,在院子外叫我的名字叫了好几声!结果是我的爷爷、父母亲都听见了。再我回家以后,我父亲就开始说我:'你不能跟她来往!我看出你的矛头有点不对劲,你爷爷说着,你要是不小心,你肯定要娶她!她的爷爷是汉族,她的母亲骨头上有问题你不知道吗?'"

刀吉本当时痛苦极了:"她人品好,脾气也好,把她娶进来以后,是对谁都好的那种人!可是反过来,我又觉得父母亲很辛苦。'骨头'是我们藏族世世代代的观念,谁逃脱不了!如果我违背父母亲娶了她,那我的父母亲后半辈子在这个社会上就都抬不起头了!"

一番挣扎之后,刀吉本最终决定服从父母、服从社会、放弃初恋,从那以后疏远恋人。大学毕业之际,女孩寄来了一张明信片,询问二人的将来。料想到终究没有结果,刀吉本没再回应。然而人到中年,每每感怀年轻时的刻骨爱恋,刀吉本都黯然神伤:"我后来听说,她最终嫁了个跟她对等的,就是骨头上有说头的这么个男人。我娶了现在的媳妇,家里面同意的这个。我这一辈子就是忘不了她!"

在刀吉本的个案中,我们看到感情终究没敌过世俗。尽管他声称"忘不了"对方,却在选择终身伴侣的时候遵从了父母之命,遵从了"骨系"标准,遵从了传统社会的评判体系。"骨系等级内婚"的控制力之强大可窥一斑。

案例3:金姆(男,藏族,40岁)被父母阻止的感情①

报道人勒毛吉(女,藏族,32岁)来自乐都县蒲台乡。据她描述,自己的大哥也曾有过一段与"不洁者"交往的恋情,最终被父母阻拦:"我的大哥当年就是自己谈的一个我们这骨头不太好的姑娘。那个女孩特别优秀,他们俩也相亲相爱。可是这桩婚事家里根本不可能同意!我特别清楚地记得我父亲当时骂我大哥的话,说着你又不是丫头,丫头一旦给出去就跟这个家里关系不大了,大不了我们再不来往。你是娶媳妇,一旦娶上一个不好的不光自己的后代到'下面'去了,对兄弟姐妹都有影响,人家看你娶了不好的,会觉得其他兄弟也好不到哪去!大哥听了家里的话,只好和那个女孩分手了。"

在父亲的安排下,勒毛吉的大哥最终迎娶了一位骨头好又门当户对的姑娘。可洁净的骨系未必能带来幸福的生活。勒毛吉无奈地表示:"现在的嫂子除了骨头好,不贤惠、性格也不好,和家里人都处不到一块,和婆婆的关系特别紧张,和大哥的感情也不好。"可即便如此,在骨头"干净"的观念支撑下,这桩婚姻仍在继续。

3."盘根子"与盘查失败的后果。如上年轻人"不审慎"的恋爱经历往往令父母劳心伤神。田野访谈之际,一位来自卓仓的母亲云措(女,藏族,48岁)颇感无奈:"以前娃娃的婚姻都是父母做主,我们就不可能和那种'不干净'的人家结亲,现在的年轻娃娃们不听话,自己一挂'不干净'的找下,家里都没办法。"②

---

① 资料来源:2014年8月青海省西宁市访谈。
② 资料来源:2014年7月青海省乐都县蒲台乡访谈。

为了杜绝这类情况,只要儿女成长至适龄,父母总会事先筹谋,为其物色对象,并在说亲前托人竭尽所能地打听对方的"骨头"。在安多青海藏区,此查访被称为"盘根子";在甘南藏区,人们谓之"推亲戚"。在"盘根子"时,当事人的父母双方都要追溯。因为民谚有云:"父系的骨头像黄金一样,母系的骨头像海螺一样(pha rgyud rus pa gser, ma rgyud rus pa dung),"寓意父母双方骨头的"洁净度"对子女都有影响。具体的计算代数也因地而异。在青海藏区,人们对父方骨系的查访要上溯7代,通过一连串相同的父系环节寻根;对母方骨系的查访则要上溯4代,通过查访母亲的父亲与兄弟来确定她的骨头是否洁净。① 在甘南藏区,人们遵循"问亲问着四辈子"的规则。计算方法是自己一代看兄弟姐妹,还要向上追溯三代。对母亲的盘查则同样是追溯她的父兄。

如是盘查在农区相对容易实现,因为农民世世代代被固定在土房中,他们的骨系洁净度往往与居住形态挂钩。打听者来询时,哪怕有重名者,只要以庄口为界,问清所访之家是居住在"贡玛"(gong ma,上部),"哇尔玛"(bar ma,中间平行的位置),还是"秀玛"(zhol ma,下部),那家骨头干净不干净便一目了然。尽管人们在日常的交往中形成了保密守则,不议论狐臭人家,但在对待"盘根子"的来访者时还是认真负责的。一位德高望重的媒人暗示了一条底线:知情者不乱说,说闲话者要负责任。但如果是私交好的人来打听必须如实相告,否则会害了人家,招惹骂名。②

在一个村庄,一般90%的人家都是骨系洁净的人家,没有"哪家特别干净哪家一般干净"之说。值得注意的有两点:一是在骨系是否洁净的判定上,父系的不洁特质占据上风。这是指当父母一方为狐臭者时,父亲在对子女骨系的遗传上具有最高影响力。报道人万玛(男,藏族,27岁)坦言:"如果一个人自己'没味道',但是他/她的爸爸骨头干净,妈妈骨头不干净,人们可能对他/她有点说法;但如果反过来,那他/她的骨头就是不干净。"③这一规则与定日藏人完全相同。④ 二是当被询问者是"私生子"时,他/她的骨头干不干净则无从考据。对此,不太讲究的人家会说:"干净不干净,味道不能大,只要你没味道,通婚上还是有点允许的。"⑤恪守传统的人家还是会坚持不婚。

案例4:被"拦截"在求亲之路上的"私生女"⑥

报道人格桑经营虫草生意,走南闯北、见多识广,是乡上的"能人",乡亲们都乐于请他做媒。一次格桑受村上骨头干净的一户人家委托,为其物色儿媳,又刚好打听到CT沟有家姑娘"初长成",便急急托朋友引荐,赶去了那里。

---

① 资料来源:2014年7月青海师范大学藏学院扎保教授访谈。
② 资料来源:2013年8月甘肃省卓尼县拉力沟访谈。
③ 资料来源:2014年12月青海省同仁县麻巴乡田野访谈。
④ "男性世系在带来不洁特质方面显然占着上风。在贱民与非贱民通婚中,那些父亲是贱民的人和那些只有母亲是雅娃的孩子相比,前者具有更多的不洁素质。"巴伯若·尼姆里·阿吉兹.藏边人家——关于三代定日人的真实记录[M].翟胜德,译.拉萨:西藏人民出版社,1987:129.
⑤ 资料来源:2014年7月青海省乐都县瞿昙镇王太久访谈。
⑥ 资料来源:2014年8月青海省乐都县蒲台乡HBJ村访谈。

在当地,盘查骨系是一件非常审慎又隐秘的事。进了知情者家后,媒人话中一定不能透露是来问"骨头"的。所以,格桑没有说明来意而是不慌不忙地与主人聊起天来。在聊天的过程中,格桑慢慢切入话题打听起了那家姑娘:"她的爷爷是阿扎(哪里)的?她的奶奶是哪个沟的谁家的?她的妈妈阿扎的?"姑娘的爷爷、奶奶、妈妈骨头都干净,一切看似顺利时,"知情者"话锋直转,警醒了格桑:"她的妈妈进门没多长时间肚子已经大着!"话语一落,格桑立即意识到"这个丫头不是这家的种!她是个来路不明的丫头。骨头也不一定干净。"紧接着将亲事作罢。用格桑的话来说:"这个事情是关系到人家血脉后代的大事,一点差错都不能出!这个丫头是这么个情况,肯定再不能给骨头干净的那家人说。"

在骨系的盘查上,人们之所以如此较真,是因为一个具有纯洁骨系的人若与一个不洁骨系的人通婚,不仅会损害自己的骨系,还会使得整个家族受辱,无法与外界正常来往。[①] 而这在传统社会无疑是一件"天大"的事。所以即便万般小心,当骨系查访失误,双方已经完婚后,骨头干净的那家往往会要求儿女离婚或者干脆将不孝子逐出家门。当事人则要承担起被所在社会集团除名的危险。

案例5:娶了骨头"不干净"的媳妇,父亲与儿子断绝来往[②]

报道人才华太是隆务镇SHJ村的前任大队书记。他在谈起侄子的婚姻时显得痛心疾首:"我们那个尕娃'有味道'的娶上了,再我兄弟把儿媳妇赶出去了,侄子也跟着走了,再没回来过!"

才华太的侄媳来自加吾乡,是经媒人介绍与侄儿相识。当初,自己的兄弟托人给侄儿说媳妇,媒人介绍了侄儿媳,本着对媒人的信任,兄弟就手操办起婚事,也没再托人盘查侄媳的骨系。可是结婚不久,公公发现儿媳身上"味道没对着"!他几经辨识,终于确认儿媳骨头"不干净"。羞愤的公公随即辱骂并赶走了儿媳,已与媳妇产生感情的儿子却也紧随其后去了岳丈家。岳丈为了维护这段婚姻,不惜出钱出力,给小两口在外盖起了新房、添置了家用、划拨了田地。小两口继续生活在了一起。期间公公几次托人带话要求儿子离婚,可侄儿却始终无视父亲的诉求。就这样,侄儿与父亲断绝了往来,也被家族除了名。

在才华太看来,这桩失败的婚事完全归责于自己那个不称职的兄弟!他无比气愤地告诉笔者:"我就说他(指兄弟)脑子有毛病呢!你结婚前庄子上打听一挂嘛!原来好好不打问,你娶了以后是才发现是,把自己的尕娃毁了呀!"

案例6:三姨娘的丫头没给对,姨娘与丫头断绝来往[③]

报道人王太久是瞿昙镇的一名公职人员。在他的家族中,也有一位因"嫁错了人"被除名的表妹。这位被除名者是王太久的三姨娘之女。

---

① 羊措.从族群边缘看族群认同——以卓仓藏族内婚制为个案[J].青海民族学院学报,2006(1).
② 资料来源:2014年8月青海省同仁县隆务镇SHJ村访谈.
③ 资料来源:2014年7月青海省乐都县瞿昙镇访谈.

事情发生在上世纪90年代,卓仓即将开放之际。一些头脑灵活的年轻人不甘心在家种地而更愿意出门打工。表妹就是其中一员。在这批"打工潮"中,表妹结识了卓仓老乡并与之喜结良缘。妹夫"人根子"上有问题,本人却不是那么明显。因此从提亲到结婚,姨娘一家都没有发现,也就疏于打听了。稀里糊涂地完婚后,一位远亲的到访捅破了"天机"。

可是木已成舟,能怎么样呢?三姨娘共有五个女儿,管不过来是造成这次事件的主要原因。表妹也仿佛铁了心要和那人生活下去。为了家族的脸面,姨娘一家只有不认这个女儿,断绝了往来。

4. 特殊的"跨阶级"通婚。如前所述,洁净骨系与不洁骨系之间的禁婚规则是传统社会最为严格的通婚禁忌。通常情况下,洁净之家鲜有愿意与不洁之家通婚的。然而,随着时代的变迁或者是在一些特殊情况下,事实上的"跨阶级"通婚也偶有发生。

案例7:"权势"压迫下,高低骨系间的结亲①

在社会分层极为显著的青海卓仓,报道人刀吉本向我们讲述了建国以前发生在瞿昙沟的一件轰动当地的大事:"在我爷爷的父亲那辈,我们庄(LY村)上有个汉族,是汉族人里面骨头干净的人家。他喜欢藏族,他想通过几代人的努力把他的后代变成藏族。可是,我们卓仓哇是'族内婚'呀!我们不和汉族通婚。所以当时那个汉族想娶藏族,骨头好的他根本娶不上!他自己只好娶了个骨头上'有说头'的。娶上以后,他们生下了个儿子。这个儿子和我爷爷差不多年纪。这个儿子长大了又要娶藏族。这一回他勾结上县太爷,'娶'上了骨系高的人家。"

在刀吉本的描述中,这场婚姻的缔结与其说是"娶",不如说是"抢"!因为那位娶了不洁骨系做妻子的父亲是当时县太爷的拜把子兄弟,家中势力了得。在县太爷的帮助下,他们"抢"来了高骨系人家的一位姑娘,将"生米煮成熟饭"才去提亲。姑娘家迫于无奈答应了婚事。可是婚礼当天,新娘的阿舅却耍了很大威风——先是到了新郎家门口时迟迟不下马;迎亲者一套仪轨做完,好不容易将阿舅请下马要敬酒了,阿舅却将酒杯砸向了男方家的大门,一边砸一边骂,最终把酒杯、酒碟都砸碎了。男方全家只能低着头,什么都不敢说。婚后不久,这家媳妇就出了意外,成了瘫子。人们说这都是因为阿舅大闹婚礼触怒了家神带来的灾祸。

在报道人看来,阿舅的行为却是合情合理:"一来,你根子上是个汉族人家;二来,你的儿子怎么来的?是你娶了个骨头上有说头的这种人家得来的。你把两条不好的都占上了。我们骨头高的人家,怎么能下嫁给你这样的人家?"

本例中的"跨阶级通婚"属于学界所称"下嫁婚",指女性从地位较高的阶层流入地位较低的阶层。在扎洛先生的研究中,"下嫁婚"通常发生在骨系较高、经济贫寒的家庭,父母为赢得高额彩礼给儿子娶到同等骨系的女子答应亲事;相应地,提亲者往往身居不洁

---

① 资料来源:2014年8月青海省西宁市访谈。

骨系,正值家业兴旺,其男性成员如能连续三四代与高等骨系的人家通婚,骨系就会提升,这个家庭就能成功摆脱原来的骨系,进入新的婚姻阶层。[1] 这对于双方家庭乃至社会而言都具有重要意义。

三、"麻雀配不上朗鹰,狐狸赛不过雪狮"的内婚法则

"麻雀配不上朗鹰,狐狸赛不过雪狮"的谚语是藏人对婚姻"门当户对"的隐喻。其前提依然是对骨系等级的确认。

(一)骨系的名称、社会地位与高低

这种分层方法是将构成人体的每一块骨骼进行命名并且在命名时就根据当事人/家族的宗教、世俗权力分出高低贵贱。

一是不少历史久远的骨名本身就是一个血缘系统的名字,相当于汉族人的"姓氏"。骨系的名称被认为源自猴魔婚媾衍生的神话。根据藏族社会历史调查提供的线索,藏族始祖猕猴与岩魔女婚后初产六雏猴,彼此繁殖发展起来,形成塞(bse)、穆(rmu)、党(ldong)、敦(stong)、扎(sbr,由赛氏族分支)、噶(sga,又穆氏族分支)、朱(vbru,由敦氏族分支)七大部。许多年后,来了一个名叫长松(drang srung)的仙人对猴魔后裔说:"你们以后每个人都应当用自己不同的骨头来计算自己的亲属关系。"众人回问:"我们都是一个父母生的,怎么会有不同的骨头呢?"仙人回答:"我身上的骨头,可以全部分给你们,以后你们就可以把这些不同名的骨头,分别算作自己的骨名,表示各自的血统关系。"[2]然而仙人身上的骨头有限,一说有 120 个,一说有 360 个,不够众人命名,只好采用动物名来补充。所以在人们的意识中,以仙人骨命名的骨头自然比动物名高贵;以人体骨命名的骨名位置越高越高贵,如"左则"(tsho rtse,顶骨)比"木雅"(mi nyag,眉骨)高贵;再如传说中"古格"(gu ge)的骨头高贵,高贵的原因据说是"官骨",有了古格骨系才具备做总管的条件。另有牧民反映:古格骨头高贵是因为他们政治上有势,经济上有钱。[3] 由此可见社会地位对骨系高低的深远影响。

二是对上一条规则的衍生,即在僧俗两套体系下人为地划分出一个特权阶级。

1."俗官系统"。将所辖区域内社会上层——嘉波(rgyal po,土司)、董宦(stong dpon,千户头人)、洪波(dpon po,土官、百户或大部落头人)、隆波(blon po,洪波的辅佐

---

[1] 扎洛.卓仓藏人的骨系等级婚制及其渊源初探[J].民族研究,2002(4).
[2] 西藏社会历史调查资料丛刊编辑组,《中国少数民族社会历史调查资料丛刊》修订编辑委员会.藏族社会历史调查(三)[Z].北京:民族出版社,2009:189.
[3] 西藏社会历史调查资料丛刊编辑组,《中国少数民族社会历史调查资料丛刊》修订编辑委员会.藏族社会历史调查(三)[Z].北京:民族出版社,2009:191-195.

者,措哇或者曰科尔头人)①、格波(rgan po,老民,族内的长老会成员)的骨头依次划定到高等骨系的范畴,他们占有大面积的耕地、森林、牧场以及大部分的牲畜、房屋、生产资料,身份世袭,父死子继。调研中可见:原卓尼地区的"国王"——杨土司家、原卓仓七沟的土主——三罗喇嘛的家族梅家(gro,麦子)、贵德县尕让乡原土地所有者——洪波多杰隆珠、玛曲县原头人"阿秀"(dbal shul)、"党牛"(stag myon)、"切宦"(khyi dpon)及其后裔②是绝对的高贵骨系并且沿袭至今。因家族势力大小程度不同而形成的社会分层与社会结构显而易见:嘉波→董宦→洪波→隆波→格波→平民百姓。

2."僧官系统"。地方宗教领袖及其亲族皆属骨系高贵之家。田野中所见,宗喀巴大师母亲的后裔青海省湟中县共和镇苏尔吉村杨家、青海省果洛州久治县白玉寺活佛尕让隆保(ka ring lhon po)家族都是当地公认的骨头高。

(二)反对跨阶级通婚

根据清末轶事录对彼时藏人通婚的记载:"王室及阀阅之家,其女不适下级人民,苟不得相当之偶,宁送其女于僧院尼庵。"③可见"等级内婚制"之严格。晚近一些,英国驻藏官员柏尔在其著作《西藏志》中言:"拉萨贵族,恒遣其女与管理西藏内部及边境之亲王结婚,"④亦是表达了这种通婚等级。建国初期,李有义先生的研究也显示:"西藏在婚姻上表现出了严格的阶级内婚制,世家只和世家通婚,平民只和平民嫁娶,甚至在同一阶级内亦要论门当户对,大世家只与大世家结亲,富人只和富人通婚。超越阶级的婚姻几乎找不到。"⑤

在卫藏,人被划分为三等九级,⑥历辈法典皆有记录;在安多,阶级分化尽管不似卫藏那般细致森严,却也把握着以政治、经济、宗教地位为依托的总体原则,以"骨系高低"甄别人等。高等骨系者除需具备血统纯洁、没有狐臭的身体素质外,还必然坐拥政治、经济、社会、宗教势力之一。简单来说,不是头人族属,就是活佛亲戚。这一点在部分赞词中表现得淋漓尽致:"活佛是人间的高贵人,是人们幸福的根源";"红保是在京的皇子授予的官位,活佛祝福他们长命百岁,不捧红保,红保就在高空旋转,一捧红保,红保就会比

---

① 隆波一般是洪波的辅佐者,即辅佐红保管理一个直属部落。"措哇"或称"科尔"意思是一个放牧圈子或帐房圈。
② 在甘肃省玛曲县,阿秀头人的后裔现在仍然分布在各个乡村,成为当地的头人。如:齐哈玛乡的头人是阿秀塔旺与阿秀彭考(父子),阿万仓乡的头人是阿秀达冒。
③ 徐珂.清稗类钞(第五册)[M].北京:中华书局,1986:2011.
④ 柏尔.西藏志[M].付家勤,董学之,译.北京:商务印书馆,1936:217.
⑤ 格勒,张江华.李有义与藏学研究[M].北京:中国藏学出版社,2003:429.
⑥ 五世达赖喇嘛时期制定的《十三法典》将依据血统之尊贵、地位之高低、职能之大小人分为上、中、下三等,各等再分为上、中、下三级,共计九个等级。喜饶尼玛.十三法典[M]//周润年,译注.西藏古代法典选编.北京:中央民族大学出版社,1993:96.

天还高。"①在部分民谚中亦见形貌:"麻雀配不上朗鹰,狐狸比不过雪狮";"穷找穷配,富找富合。"②此外,在人们的价值判断中,高贵骨系的人"能说会写""巧言善辩""本事超群""敢于在众人之前讲话";低贱骨系的人"在众人面前讲话就会颤抖","容易染上狐臭"。③这无疑又构成了等级婚制的一大理由。

基于此理,有别于卫藏贵族—世家的联姻,安多藏族婚姻中反映出的"首领与首领联姻,头人与头人婚配,富户在富户中择偶,赤贫户与赤贫户成亲"④的界限严格的内婚制准则便自然地犹如空气和雨露一般,各大小部落均以习惯法加以约束。如三果洛部落习惯法规定:"违反阶级内婚制者,没身为奴。牧民家的男子与头人家的女儿恋爱、通奸都被视为严重罪行,要罚长期苦役、终身为奴或处死;"海南州阿曲乎部落习惯法规定:"牧主、头人与贫苦牧民之间不通婚,即使同一个阶级也要门当户对;"⑤嘉绒藏族习惯法规定:"土司与土司、守备与守备、千总与千总或大头人之间才互相保持着婚姻关系。土司的女儿嫁给头人,土司便认为降低了身份'资格不要了'。"⑥

正是有了如上社会运转法则和意识形态倾向,婚姻市场中的双方才因循"阶级内婚制"之路,为自己和子嗣寻找适格的婚配对象。在史料与地方志的记载中,不论是远在宋时,唃嘶啰纳李立遵的两位女儿为妻,⑦还是近代以来甘南藏族头领黄正清将大妹、二妹嫁予果洛部落首领康万庆、康克明,⑧卓尼土司杨积庆迎娶阿拉善末代亲王的二公主等,头领们的政治联姻皆反照了安多社会的阶层划分、通婚圈与通婚秩序。即便沿革至现当代,门风淳厚的高等骨系之家依然将这项通婚制度完好地保持。在笔者所识不多的安多贵族中,甘肃省甘南藏族自治州某高级别政要将自己的小弟入赘给甘肃省某副省级领导的女儿,是玛曲草原上人尽皆知的事;笔者的好朋友,"当代贵族"娘毛措(女,藏族,38 岁)也是与另一权贵之家的世子联姻。

案例 8:"官家后裔"的联姻⑨

报道人娘毛措目前在西宁市政府机关工作,她祖籍青海省海南州兴海县,祖上就是当地响当当的权势之家。建国初期,她的爷爷曾担任某县县长,后升迁至青海省 HN 州

---

① 青海省编辑组,《中国少数民族社会历史调查资料丛刊》修订编辑委员会.青海藏族蒙古族社会历史调查[Z].北京:民族出版社,2009:28.
② 蒋永菊.以谚语为视角看藏族部落习惯法——以青海藏区为例[J].知识经济,2009(7).
③ 西藏社会历史调查资料丛刊编辑组,《中国少数民族社会历史调查资料丛刊》修订编辑委员会.藏族社会历史调查(三)[Z].北京:民族出版社,2009:196.
④ 牛绿花.对藏族部落习惯法中妇女地位及财产继承权问题的探讨[J].西北民族大学学报(哲学社会科学版),2004(6).
⑤ 青海省编辑组,《中国少数民族社会历史调查资料丛刊》修订编辑委员会.青海藏族蒙古族社会历史调查[Z].北京:民族出版社,2009:86,27.
⑥ 四川省编辑组,《中国少数民族社会历史调查资料丛刊》修订编辑委员会.四川藏族蒙古族社会历史调查[Z].北京:民族出版社,2009:225,344.
⑦ 齐德舜.唃嘶啰家族世系史[M].北京:民族出版社,2011:77-79.
⑧ 邢海宁.果洛藏族社会[M].北京:中国藏学出版社,1994:21.
⑨ 资料来源:2014 年 8 月青海省西宁市访谈。

担任副州长。年幼的娘毛措便随爷爷与父母举家迁居,生活在州委大院里。同在州委院内长大的才让当舟,也即娘毛措的丈夫比她年长5岁,他的爷爷早年入赘了HN州一大户之家并先后担任了HN州副州长与HN州副州长等政府要职。

由于存在年龄差异,童年的娘毛措与才让当舟并不是很好的玩伴,甚至连话都没说过。直至娘毛措大学毕业回到西宁才在一次聚会上重逢了才让当舟。此时的才让当舟已经是仪表堂堂的棒小伙了。可才让当舟并没有对娘毛措主动展开攻势,反倒是才让当舟的爷爷拨通了娘毛措爷爷的电话,询问这位千金是否单身?透露出婚约的意向——两家算是世交,骨头又都干净,都是上等人家,门户相当,彼此还知根知底,如果能再结成儿女亲家不是更好?言谈间,仿佛姻缘已定,这对新人俨然是佳偶天成、珠联璧合了。

随后的交往果然向着老人们预想的方向发展,接受过高等教育的才让当舟无论在家教、修养还是谈吐方面都给娘毛措留下了不错的印象,双方的家世、门第又是这般般配。二人因此进展神速,几个月就发展到谈婚论嫁的地步,顺利完婚。

娘毛措告诉我们,时至当代,家长在自己的婚事上已经算是很开明了。至少给了她和才让当舟相处、相知的机会。放在过去,不是这个"圈子"①里的人,妄图通过婚姻挤进这个圈子,是件希望极其渺茫的事;而这个圈子的人也极不愿意耗费精力去打听其他圈子的适龄青年。婚姻带给这些既得利益集团更多的期冀是它能带来多少资源而很少关心小儿女的情感。绝不仅仅是娘毛措,她身边大多数家世显赫的同学、朋友,如:原青海海南州尖扎县AL千户的后代也在潜移默化间遵从着如是通婚守则,谋求将贵族的血统传承下去。

由此,我们也窥见安多"阶级内婚制"的另一层纵深:如是通婚"法则"绝非仅仅是今日视域所限的关乎新人的声誉、家族的名望、骨血的延续、乡土的舆论;其更加实质的意义在于:在传统部落制社会互不统属、时有征战的年代,"扩大联盟、抵御外敌;增加资本、富贾一方"的需求才是此婚制延续的资本和沃土。

四、象征"污秽"的职业者及其通婚限制

在等级划分明确的传统藏族社会,最后一类遭到严格限制的内婚集团即是身处社会等级结构最底层的"污秽"职业者:铁匠、屠夫、天葬师/背尸人。铁匠,安多藏语谓之"葛日"(mgar ba),卫藏(dbus gtsang)称作"那索"(nag bzo),被认为骨头是黑的(rus nag)②,故俗称之"黑铁匠";屠夫,藏语称作"汗巴"(shan pa);背尸人,藏语称作"惹甲巴"(ro bskyl pa)。统称"不干净的贱人"。

为什么视他们污秽?马长寿先生给出答案:屠夫不但屠牛羊,有时兼为刽子手,在一

---

① 此处指上层社会的交际圈。
② 黑在藏民的意识中是丑恶的。

个以仁慈为本的佛教地域里,自然会让人深恶痛绝。铁匠以择术不慎为渔者造钩,为屠夫造刀,为战士造枪矢镞,一切恶的工具俱由彼兴,所以便成为罪恶之母了。助葬者穷如乞丐,溷如犬豕,或背尸弃河,或碎脑饲鹰,或剥皮献巫,凡此皆为慈悲为怀之藏族所不忍,故亦黜之于下层阶级。① 所以他们的骨头是"黑",是"脏的"的,理应为社会所不容,受到经济、宗教、通婚等诸多方面的不公正待遇。

有鉴于此,在旧西藏的法律中,他们身处最底层,命价如草芥,不仅卑贱还与麻风病患同属"不得与人分享唾液"的集团。第悉·噶玛丹迥旺布(sdi srid krma bsdan skyong dbang po)时期制定的《十六法典》规定"人分三等九级,一切工匠、屠夫、天葬师为'下下级',地位低于平民,不能与平民平起平坐,也不能同他们共碗饮食"。② "若是杀了猎民或铁匠或屠夫等下等人,只须给一条捆尸的草绳。"③在旧西藏的戒律中,藏政府在派僧尼差的通知上特别注明"屠夫、铁匠、陶匠等'贱人'均不得派人入寺庙为僧尼。"④寺院也在僧尼出家受戒时问当事人"你是铁匠、屠夫、天葬师的儿子吗?"如果是,就不能受戒。⑤ 在旧西藏的民谚中"杀鼠吃者和铁匠,送尸人为下贱人","欺诈者和铁匠,乞丐为下等人。"⑥在旧西藏的生活中,"铁匠没有土地也无权耕种土地;不能担任村长或头人的职务;在社交上,铁匠户与非铁匠户不能用一个杯子喝茶饮酒;在婚姻上,铁匠户和非铁匠户的婚姻则受到严格禁止。铁匠户的人与非铁匠户的人相爱被说成是'白人头上扣黑帽子',如果这两个不同阶层的子女有了性关系,受罚者是铁匠户的子女。"⑦对于这一点,流传已久的藏族民间故事《铁匠明珠托央》也讲道:朗若老爷将铁匠视为恶魔,告诫女儿"铁匠的灵魂是黑的,骨头也是黑的,铁匠的影子映在谁的身上,谁就要倒一辈子霉,接近他的人的骨头也会是黑的",宁可打死明珠托央,也不准女儿与其爱恋。⑧

这样的规定不仅代表了社会分工,更加象征着社会分层——三类职业者被归入"三等九级"的最底层并划定了一条生生世世都黑白分明的社会分界线,形成血统传承的继嗣群,将"低劣人种"的社会身份传递下去:铁匠的儿女即便不当铁匠也是"铁匠户"家的种,骨头依然是"黑"的,自出生起就被列入"贱民"(dman rigs)阶层。既然是这样一群世

---

① 马长寿.康藏民族之分类体质种属及其社会组织[M]//周伟洲.马长寿民族学论集.北京:人民出版社,2002:258.
② 《西藏自治区概况》编写组.西藏自治区概况[M].拉萨:西藏人民出版社,1984:177.
③ 周润年.藏巴第悉噶玛丹迥旺布时期制定的十六法典[C]//周润年.西藏古代法典选编.北京:中央民族大学出版社,1993:39.
④ 西藏社会历史调查资料丛刊编辑组,《中国少数民族社会历史调查资料丛刊》修订编辑委员会.藏族社会历史调查(二)[Z].北京:民族出版社,2009:78.
⑤ 多吉杰布.五部遗教(藏文版)[M].北京:民族出版社,1986:112-113.转引自:扎嘎.西藏传统手工业五金工匠的历史、行会组织及其社会地位[J].中国藏学,1992(特刊).
⑥ 多吉杰布.五部遗教(藏文版)[M].北京:民族出版社,1986:112-113.转引自:扎嘎.西藏传统手工业五金工匠的历史、行会组织及其社会地位[J].中国藏学,1992(特刊).
⑦ 格勒.阿里农村的传统土地制度和社会结构[J].中国藏学,1992(特刊).
⑧ 廖东凡,等.西藏民间故事(第一集)[M].拉萨:西藏人民出版社,1983:1-7.

代卑贱的"不可接触者",何谈与平常人同餐共饮?更何谈与平常人缔结婚姻?传统规则既然已将其排斥在主流社会的结构之外,就无可避免地要增加婚姻与性接触方面的限制,这是显而易见的社会控制。

如是风气在卫藏尤盛,在安多则有所差异。青海果洛民谚说:"尕日巴①不是牛,铁匠不是人",②隐喻其社会地位低下;热贡藏人亦对此认同:隆务寺的出家人也要在入寺之前接受是否"铁匠之后"的身份询问。所以,求佛心切者即便出身铁匠、屠夫之家也谎称不是;对此,卓仓藏人提出反证:打铁人给大家制造了镰刀、锄头等劳动工具,经济又比一般人富裕,故而地位颇高;在其他地区,如甘肃玛曲,历史上就鲜有铁匠,民族记忆泯然,可知的是当地金匠较有地位。所以安多传统社会并未达成对于铁匠的看法的共识,一地一异,差异显著。鄙视者不与之通婚;艳羡财富者则无此讲究。

对于屠夫,安多藏族的态度与卫藏无异,认为其双手沾满血腥,不愿与之结亲。

五、结语

建国以来,我国《婚姻法》从未禁止跨阶级通婚,但在现实生活中,骨系等级内婚制作为根深蒂固的藏族习惯法仍然替代国家法在藏区发挥着对择偶通婚的治理作用。

综观全文,骨系的产生本就是代表藏族社会的阶级划分。民主改革之前,高等骨系者绝对身居上流社会,拥有纯洁的血统、富足的经济、崇高的地位;低等骨系者自然是"不洁与贫寒"的代名词。那么无论是骨系等级内婚制对"洁净骨系与不洁骨系通婚的禁止"、对跨阶级通婚的反对还是对"污秽"手工业者通婚的限制皆反映出习惯法在社会控制和社会分层方面的作用——他使得贵族永远是贵族、贱民永远是贱民,无论你怎样奋斗,你出生时的阶层便是你死去时的阶层。即便藏人在生活上已步入现代化,在精神还是多少受制于传统。这也是骨系等级内婚制沿用至今的理由所在。

Marriage Law in Life:A Study of Endogamy of Tibetan "rus rgyud"
—An Example of the Field Study among Amdo Tibetans

Liu Junjun

Abstract:Endogamy of rus rgyud has more influence among Amdo Tibetans than national marriage law, since it has been a common-law tradition in Tibetan society. It has help divide social walks, stabilizes social status, ranks the social members, and enables the flow between social ranks, which endows it value for research. Starting from the standards of rus rgyud division, combining with the field cases, this paper analyzes

---

① 母犏牛所产犊,一般不能成活。
② 青海省编辑组,《中国少数民族社会历史调查资料丛刊》修订编辑委员会.青海藏族蒙古族社会历史调查[Z].北京:民族出版社,2009:85.

how this system works—it runs by forbidding intermarriage between clean and unclean rus rgyud, objecting inter-ranking marriages, and restricting marriage to "filthy" craftsmen. This reveals the situation of modern Tibetan rus rgyud system, and aims to provide a new perspective to relevant research.

Key Words: rus rgyud; endogamy; Amdo Tibetans

穆斯林习惯法在青海人民调解中的价值与调适[*]
——基于海北藏族自治州的调研

宋海彬[**] 郑志泽[***]

摘要：穆斯林习惯法作为民间法，在广大穆斯林聚居地区发挥着调节与维系社会秩序的作用。国家司法资源不足和穆斯林习惯法的现实功能，是穆斯林习惯法在当地盛行的原因。从法律多元主义视角出发，穆斯林习惯法在穆斯林群众的人民调解中的正当性可以获致理论证成。经过适用地域、启动程序、法源、调解员身份界定、案件范围等方面的调适，穆斯林习惯法能够在避免宗教干预司法的情况纳入穆斯林聚居地区人民调解制度之中，实现习惯法与国家法的良性互动，促进西部民族地区的法治社会建设。

关键词：穆斯林习惯法；人民调解；法律多元；政教分离

一、问题的提出

习惯法来源于民间，由代表特定人群或组织（如民族、家族、行会）的权威（如宗教领袖、族长、行业公会及其领袖）加以确认和维持，对其内部成员具有约束力的社会规范。在现代司法制度进入中国之前，习惯法曾经长期与中国传统法律制度共同存在于中国社会中，一些习惯法还被吸纳入封建王朝的法典之中。穆斯林习惯法是指独立于国家制定法之外、依据《古兰经》与圣训而产生的，对穆斯林社会中的全体成员具有约束力的行为规范。我国穆斯林习惯法的渊源多种多样，除直接来源于《古兰经》与圣训之外，还包括各族穆斯林在生产生活过程中，因地域特色和民族特色而形成的民族习惯与文化传统。穆斯林习惯法与伊斯兰教关系密切，具体运作依赖伊斯兰教法学家作用的发挥，调整范围广泛覆盖伊斯兰教的内部社会关系，在我国民间法和习惯法当中独树一帜。

---

[*] 基金项目国家社科基金项目"遏制宗教极端主义法律机制研究"（项目号：16BFX014）。本文写作基于西北政法大学民族宗教研究院学生寒假调研小组于2017年2月间赴青海海北州开展的调研活动，特向组织此次调研的穆兴天教授（藏族）、古丽那尔副教授（维吾尔族），以及调研小组的切吉俄日（藏族）、张海燕、朱海瑜、曹艺、祁明君（回族）等同学，表示感谢。

[**] 宋海彬，西北政法大学民族宗教研究院常务副院长、副教授、硕士研究生导师。

[***] 郑志泽，西北政法大学民族宗教研究院民族法学专业2016级硕士研究生。

随着中国在近代被卷入世界化大潮之中,传统的农牧业社会逐步被改造为近现代的工业化社会。社会关系发生了巨大的变化,很多传统习惯法或随之改变,或由于不能够调整新的社会关系而隐退。清末修律开始的法律近代化运动,使得新的国家制定法迅速渗入基层社会,更是加剧了习惯法的消失。与我国中东部制定法高歌猛进、习惯法被压缩至边缘的境地不同,在西部地区习惯法仍然普遍存在。

海北藏族自治州地处青海省西北部,汉族约占当地总人口的33%,藏族人口约占28%,回族人口约占32%,蒙古族人口约占5%,土族人口约占3%,青海省超过总人口数1%的民族中只有撒拉族在此没有分布。海北州经济发展水平处于青海中游,产业结构上既保留了传统的农牧业,也有三线建设时建立的工业基础和改革开放以来建立的新工业及第三产业,既有民间法保存较为完整的地区,也有民间法完全被国家法取代的地区,可以作为了解青海省情的一个典型样本。2017年2月笔者所在的调研团队在青海省海北藏族自治州进行调研时发现,少数民族习惯法在当地不仅仍然存在,而且具有较强的约束力。如在藏族人口较为集中的刚察县和海晏县,藏族习惯法如"董嘉哇"制度①仍然有着广泛的生命力。而在回族人口较为集中的门源县和祁连县,穆斯林习惯法则在民间有着较大的影响。民族习惯法与制定法呈现既相互冲突又互相建构的关系,如"董嘉哇"制度过去与现行刑事法律制度的冲突非常严重。果洛州推广的将董嘉哇与现行刑事司法制度相结合,就在当地起到了协调藏族习惯法与国家制定法的良好效果。

青海法学界虽然在习惯法研究和实践领域取得了优秀的成果,但是仍然存在着一些空白。当地在习惯法研究上偏重于藏族习惯法,而对穆斯林习惯法的研究稍显不足。在民间穆斯林习惯法调解盛行,甚至出现私下调解刑事案件的情况。因此,结合少数民族聚居地区的特殊情况,探讨穆斯林习惯法应用于人民调解中的正当性和实践途径,不仅具备学理价值,而且是亟待解决的现实问题。

二、穆斯林习惯法的需求原因

(一)司法资源不足

尽管目前海北州的司法资源相较于过去已经取得了较大的进步,但是与其他地区相比还存在着司法资源不足的情况。这主要体现在三个方面:首先是法律职业者数量少。以海北州法院为例,海北州目前有一所中级人民法院和四所基层人民法院,五所法院编制共有209人,实际在岗173人,仅与西安一所基层法院的在岗人数大体持平。海北州

---

① "董嘉哇"制度即俗称的赔命价制度,该习惯法的形成受到藏族政权法典、藏传佛教教义和藏族人口稀少现实的影响,具有向被害者家属悔罪并进行物质补偿的含义,在实际运作中常常以物折算,与赔命价字面上花钱买命的含义截然不同,因而本文以藏语音译来表述这一概念。资料参见穆兴天.藏族习惯法"回潮"问题研究[J].法律科学,2011(3).穆兴天."活法"密码——藏族习惯法"董嘉哇"制度生命力探究[J].民间法,2013(1).

缺编比例达到 18％,也略高于其他地区法院。如果再考虑到行政人员占编达 30％以上,那么实际参与一线办案的法官数量就更加稀缺。其次是法院法官的素质有待提高。由于海北地区自然地理环境较为恶劣,经济发展还处于起步阶段,对高素质人才的吸引力较低,硕士博士学历的基本没有,本科学历的不足 60％,一线审判人员大多来自青海本地高校,非法学专业出身的法官占比偏高,全州法官除两名年轻法官持有 A 证以外,其余法官均持 C 证办案。再次是司法成本高。第一是由于海北州平均海拔达到 3654 米,人在高原上生活身体负担比较大,因而当地法官退休年龄较其他地区提前,当地往往面临经验丰富的老法官退休后年轻法官还没有成长起来的尴尬局面。第二是由于当地还有大量少数民族不会说汉语,因此需要培养懂得汉语和少数民族语言的法官或者翻译。青海本地只有一所双语法官培训基地,且培养周期长,不足以满足需求。而且很多双语法官被遴选至省高院或州中院,基层法院双语法官缺乏的状况更为明显。第三是海北州地广人稀居住分散,全州人口 29 万,面积 3.47 万平方公里,约 8 人/平方公里,基层民事案件中有 70％的案件需要靠流动法庭巡回审理。过去流动法庭需要借助马匹代步,交通不便,2015 年才开始普及专属的巡回法庭车。

(二)穆斯林习惯法在当地认可度高

在基层司法资源不足的情况下,各种民间纠纷解决手段纷纷补位。这其中则良莠不齐,除了一些优秀的习惯法能够起到解决纠纷稳定社会秩序的效果外,还有一些纠纷解决方式则破坏了社会秩序,如门源县就曾经出现过回族家族械斗的先例。在这样的背景下,穆斯林习惯法由于三方面的优势而在当地流行:首先是人口因素。海北州回族数量较多,是全州人口数量第二多的民族,也是全州人口最多的少数民族。据 2013 年数据全州有回族 95083 人,占总人口的 32.49％。当地的回族大多都是穆斯林,相对庞大的人口基数为穆斯林习惯法在当地打下了受众基础。其次是地理因素。围寺而居的传统使当地清真寺星罗棋布,乘汽车十至十五分钟即可路过一座清真寺,在一些大的乡镇可能会有多座清真寺。青海人口密度较低,很多村镇距离基层法院所在的县治有半天以上车程,为诉讼而耗费的时间和经济成本较高,而本村的清真寺往往就能起到调解纠纷的作用。再次是宗教因素。穆斯林习惯法的内容大量来自于经训。正如伯尔曼所言:在即使是最富神秘色彩的宗教里面,也存在并且必定存在则对于社会秩序和社会正义的关切。任何一种宗教都具有并且必定具有法律的要素……没有法律的宗教将失去其社会性和历史性,变为纯粹个人的神秘体验。①《古兰经》和圣训当中包含的习惯法内容,除直接以经训明文的形式存在外,还包括根据经训进行类比、创制的结果,既与现实有密切联系,又和教义融为一体,因而受到穆斯林族群的认可。

---

① 伯尔曼.法律与宗教[M].梁治平,译.北京:中国政法大学出版社,2003:68,70.

三、穆斯林习惯法应用于人民调解的正当性

(一)法律多元主义视角下的正当性证成

"法律多元"一般被用来指称多种法律规范、法律体系或法律秩序等共存与统一社会领域的现象。① 法律多元主义以法律多元为研究对象,反对法典化运动以来的国家中心主义法律观。法律多元主义的直接源头是20世纪70年代法人类学家在前殖民地国家观察到沿袭殖民政府的欧美法律体系与土著文明的原生法律体系并存,理论来源则可以从埃里希的"活法"概念上溯至18世纪的胡果和维柯。法律多元主义研究从早期的前殖民地国家的双重结构,扩展到欧美国家权力社会化状态,在20世纪90年代受法律全球化影响又产生了全球法律多元论。

日本法学家千叶正士在《法律多元》中提出了法律多元主义的"三重二分法",较为完善地总结了移植西方法律制度地区的法律多元特点。中国虽然在近代没有沦为西方殖民地,但是在半殖民过程中新社会建构受到西方近现代文明的深刻影响,尤其反映在法律制度中。具体到青海地区,带有现代性和西方性特点的现行法律制度与当地各民族沿用的民间习惯法间的互动,可以通过三重二分法比较合适地表现出来。首先穆斯林习惯法具有明显的民间法特点,而现行法律制度具有明显的国家法特点,这是以是否具有国家授权来认定的,也是法律多元主义中最基本的所谓双重结构。其次是穆斯林习惯法具有明显的固有法特点,而现行法律制度具有明显的移植法特点。穆斯林习惯法基于青海本土文化,而现行法律制度则反映了移植自西方的现代法律文化。最后是穆斯林习惯法的相对原理性和现行法律制度的相对规则性。穆斯林习惯法依靠伊斯兰法理学在一定程度上实现了原理性到规则性的转变。但是由于中国伊斯兰法理学尚在现代性转变过程中,因此穆斯林习惯法从原理性转变到规则性是不完全的,相对于现行法律制度,穆斯林习惯法仍然更多地表现为依赖法律原则进行推演的原理性。

穆斯林习惯法的三重特点在司法过程中为其带来一定的优势。首先是穆斯林习惯法作为民间法更加注重当事人之间的沟通过程。特别是在人民调解制度中应用穆斯林习惯法,其ADR②方式更有助于当事人协商解决纠纷,实现案结事了,达到法律效果与社会效果的统一。其次穆斯林习惯法的固有法特点反映了文化中的法律多元。相比于接受藏传佛教文化的藏族和蒙古族,以及接受西方现代文化和传统儒家文化的汉族,穆

---

① 杨静哲.桑托斯的法律多元论:解读、溯源与批判[J].清华法治论衡,2012(1).
② ADR即Alternative Dispute Resolution,直译为选择性/替代性纠纷解决机制/方式,实质上指非诉讼纠纷解决方式。ADR这一概念源于美国,包括调解、仲裁、建议陪审团审判等,因其具有高度自主性、灵活性、快捷的程序和相对诉讼低廉的成本而在欧美得到推广。资料参见袁泉,郭玉军.ADR——西方盛行的解决民商事争议的热门制度[J].法学评论,1999(1).刘晓红.构建中国本土化ADR制度的思考[J].河北法学,2007(2).

斯林作为一种异质文化族群,对青海本地的社会秩序产生了独特的影响。青海社会,特别是穆斯林社会的社会秩序与中东部汉族地区相比有着不同的特点,因此也需要特殊的法律秩序,即穆斯林习惯法来调整。再次,穆斯林习惯法的原理性在实践运行中表现出适应性强的特点,作为价值与原则之法的穆斯林习惯法弥补了作为规则与结构之法的现行法律制度在青海缺乏可执行性的问题。作为一种地方性知识,穆斯林习惯法的法律原则能够根据地方实际演变为操作性较强的具体规则,更好地填补司法裁判的漏洞并改变其死板的结果,实现情理法的统一。

法律多元主义并不局限于对多元并存状态的描述,而强调多元间协调与冲突并存的互动。穆斯林习惯法与国家法在互相竞争的同时,也存在着互相建构的关系。在司法活动中,青海很多地区都聘任阿訇作为人民陪审员,在司法调解和裁判中发挥作用。而在民间的阿訇调解中,国家法规则也进入穆斯林习惯法中来,弥补了其在很多新兴社会纠纷中的规则空白。另外在当事人通过穆斯林习惯法"私了"的过程中,"公了"被当作讨价还价的筹码。一旦穆斯林习惯法得出的结果不能使一方当事人满意,纠纷又会进入司法制度当中去。可见在这一过程中,制定法并没有被完全抵制和替代,恰恰是通过这种规避的过程渗透入穆斯林习惯法中。

(二)穆斯林习惯法的内部正当性

穆斯林习惯法中最重要的部分即《古兰经》、圣训以及衍生的类比、创制和公议等,这些内容共同构成了具有伊斯兰特色的法学学说,即"斐格海"(Figh)。尽管"斐格海"中包含有诸多不同的派别,但是多数派别都继受了法学家沙推比(Shatibi)有关三层次法原则(maqasid,也译为宗旨)的划分。沙推比将"斐格海"中不同的法律原则,依据重要性的不同划分为三层。第一层为"必要性原则",是指一些对于实现世俗和宗教利益最重要的原则,缺乏这些原则将使世俗和宗教权利彻底不可能实现。必要性原则依次包括宗教自由、生命安全、社会延续、理性、财产安全,也有部分学派认为财产安全的重要性高于理性。第二层为"需求性原则",这一层次的原则是为了避免不适和困难的必要手段。这一层次的原则如果不能实现,那么尽管不会使必要性原则的实现化为泡影,但是会给人们带来困难,干扰正常的生活,例如政治权利的保障被视为需求性原则。第三层为"改良性原则"。改良型原则所包含的权利虽非人类生存所必需,也不会给人类生活造成巨大的困难,但这一层次原则得到保障可以创造实现前两种原则的条件,完善前两个层次原则所保护的权利。如妇女离婚权的保障有助于促进妇女政治权利的实现[①]。"斐格海"中的三层次原则与我国现行法律体系中的法律原则并不冲突,存在与国家实定法相兼容的可能性。

[①] Musfir bin Ali al-Qahtani. Understanding Maqasid al-shari'ah: A Contemporary Perspective[M]. The International Institute of Islamic Thought,2015:17-26.

《古兰经》中有多处经文肯定调解的正当性。如《古兰经》第 49 章（寝室章）第 9、10 节即明确提出了将调解作为解决纠纷的方式："如果两伙信士相斗,你们应当居间调停。如果这伙压迫那伙,你们应当讨伐压迫的这伙,直到他们归顺真主的命令。如果他们归顺,你们应当秉公调停,主持公道,真主确是喜爱公道者的。信士皆为教胞,故你们应当排解教胞的纷争,你们应当敬畏真主,以便你们蒙主的怜恤。"① 这段经文的背景是奥斯和赫兹勒吉两部落之间发生了冲突,安拉降下了这段经文,先知派人调解了他们间的纠纷。② 这段经文后来将调解内容进行了扩展,成为利用穆斯林习惯法调解纠纷的教义依据。另外《古兰经》中还有对具体纠纷进行调解的记载。如第 8 章（战利品章）第 1 节："他们问你战利品（应该归谁）,你说:'战利品应该归真主和使者,你们应该敬畏真主,应该调停你们的纷争,应当服从真主及其使者,如果你们是信士。'"③ 这节经文的背景是在白德尔战役后三支军队就战利品分配发生矛盾,穆罕默德在三部分军队间进行了调解,为其分配了战利品。再如第 2 章（黄牛章）第 182 节："若恐遗嘱者偏私或枉法,而为其亲属调解,那是毫无罪过的"。④ 由于穆斯林习惯法的遗产分配有独特的要求,同时也尊重立遗嘱者的意愿。因而当立遗嘱者的意愿与穆斯林习惯法的遗产分配制度发生冲突时,就需要通过调解使遗产得到合理的分配。

(三)符合政教分离原则

由于穆斯林习惯法与伊斯兰教教义有着紧密的联系,因而在过去的讨论中,一旦言及穆斯林习惯法的现代化转化或司法制度吸纳,"破坏政教分离"似乎总是避不开的软肋。然而通过严肃的法理学分析,可以认识到穆斯林习惯法应用于人民调解经过有意识的制度建构是可以避免宗教渗透司法的问题的。

政教分离是我国在内的世俗国家所坚持的一项重要的宪法原则,该原则虽然未在我国宪法中明文规定,但是通过第 36 条保护宗教信仰自由条款有所体现。政教分离指国家和宗教各自在自己的领域内活动,即国家调整国民的世俗生活,宗教影响国民的思想信仰。然而实践中行为与思想往往交叉在一起,因而政教分离主要依靠两个特征来认定:一是国家的宗教中立性。这意味着国家全面无区别地对待各个宗教及无宗教信仰者,给予每种宗教信仰及无神论平等的发展空间,不以建立国教等方式使部分宗教取得优势,也不妨害教徒及无宗教信仰者的自由实践。二是宗教的有序政治参与。法律保障拥有宗教信仰的个人通过政党等社会团体参与到政治活动中来,而将宗教组织的排他性政治诉求屏蔽在政治参与外,反对宗教组织或个人无序乃至暴力的诉求表达方式,避免宗教干政。

---

① 古兰经[M]. 马坚,译. 北京:中国社会科学出版社,2013:263.
② 伊本·凯西尔. 古兰经注[M]. 孔德军,译. 北京:中国社会科学出版社,2010:1260.
③ 古兰经[M]. 马坚,译. 北京:中国社会科学出版社,2013:86.
④ 古兰经[M]. 马坚,译. 北京:中国社会科学出版社,2013:13.

在司法领域,政教分离原则体现为:不通过司法活动使宗教信徒或无宗教信仰者承担额外的负担,不通过司法活动宣传或贬损特定的宗教或无神论,不通过司法活动阻碍宗教组织和信徒以及无宗教信仰者的思想和实践。特别是在引入穆斯林习惯法这样一种有着一定宗教色彩的民间法,在坚持司法的宗教中立性的同时,更重要的是防止宗教在司法活动中的渗透。通过有意识的制度建构,可以在发挥穆斯林习惯法作用的同时保证司法领域的政教分离。

首先是将穆斯林习惯法的适用限制在人民调解范围内,而不扩展到司法裁判中。人民调解制度作为一种 ADR 方法,尽管其调解协议经过法院确认具有法律强制力,但是这属于 ADR 的制度性转化成果,调解协议的效力来源实际上来自于当事人的合意。因此人民调解制度并非严格意义上的司法活动,而只是一种准司法活动。通过司法裁判与准司法活动的分割,可以最大限度地屏蔽宗教在司法裁判的渗透。其次是在人民调解内部进行适当的制度建构。通过将传统的人民调解方式与穆斯林习惯法调解区分开,可以避免伊斯兰教渗透入传统的人民调解中。传统的人民调解方式可以满足非穆斯林群众的非诉讼纠纷解决需求,人民调解制度的自愿性和可选择性还可以使当事人通过诉讼的方式解决争议。通过适用地区、启动程序、人民调解员的选拔培训及身份界定、对穆斯林习惯法的革新和发展,都可以避免非穆斯林在司法活动中承担额外的负担,避免在人民调解中对伊斯兰教的宣扬和对其他宗教及无神论的贬损,避免司法活动妨害非穆斯林的正当思想和实践。

四、穆斯林习惯法在青海人民调解中的调适

现行人民调解制度存在吸纳穆斯林习惯法的可能性。如《人民调解法》第 22 条规定"人民调解员根据纠纷的不同情况,可以采取多种方式调解民间纠纷",《最高人民法院关于人民法院特邀调解的规定》第 17 条规定"特邀调解员应当根据案件具体情况采用适当的方法进行调解,可以提出解决争议的方案建议"。另外,《青海省人民调解工作条例》在第 5 条第 1 款中规定"(人民调解委员会调解民间纠纷,应当)依据法律、法规、规章和政策;法律、法规、规章和政策没有明确规定的,依据公平、公正原则和社会主义道德规范"。所谓社会主义道德规范,我们认为或许在一定意义上可以包括穆斯林习惯法,当然这需要进一步地明确。而将穆斯林习惯法作为青海人民调解制度的一种依据,除了现有法律法规的规定外,还需要进行如下几个方面的调适。

(一)地区与程序的调适

青海人民调解制度吸纳穆斯林习惯法,首先应当进行适用地区与启动程序的调适,这既是同时方便穆斯林群众与非穆斯林群众的需要,也是在司法领域内维护政教分离原则的需要。

与国家法律法规在整个青海范围内适用不同,穆斯林习惯法只在青海的部分地区流行。如笔者调研所在的海北州,门源县回族约有 7 万人,占全县人口的 45.8%。尽管并不是所有回族都是穆斯林,但是回族大多是穆斯林的现实情况让我们能以此作为参考得出当地穆斯林数量众多的结论,在这样的社会中穆斯林习惯法保持着旺盛的生命力。而海北州政府驻地海晏县总人口共计 3.6 万人,信仰伊斯兰教的基本上只有回族、撒拉、东乡三个民族,根据海晏县统计数据只有阿訇一人,穆斯林不足千人。当地穆斯林在长期与其他民族共同生产生活的过程中,穆斯林习惯法融入当地的民间法中,不再自成体系。较为典型的就是在海晏县哈勒景乡哈勒景村,蒙古族、藏族、汉族和回族的民族习惯法相互融为一体而不再区分。应当在青海省内以县为单位开展详细的田野调查,穆斯林习惯法仍然独立存在的地区应当将其吸纳入人民调解中,反之则不宜在人民调解制度中强加穆斯林习惯法调解。

在人民调解过程中使用穆斯林习惯法,应当根据双方当事人合意申请。即使当事人双方都是穆斯林,也有可能希望使用其他法律规则来解决纠纷。不能因为当事人中有穆斯林,人民调解员就主动在调解过程中使用穆斯林习惯法。也不能因为是在适用穆斯林习惯法的地区,就未经非穆斯林当事人的申请在调解中使用穆斯林习惯法,否则容易形成对政教分离的破坏。对于当事人来说在一套不情愿使用或陌生的法律规则下解决纠纷,也很难达到人民调解预期的效果。

(二)法源的调适

尽管穆斯林习惯法的法律原则和规则与制定法有契合性,但是穆斯林习惯法所体现的伊斯兰宗教法律文化、青海地域法律文化和民族法律文化与制定法所体现的现代法律文化间仍然存在一定的差异。相对于陌生的现代法律文化,穆斯林族群更倾向于选择同一话语体系下的穆斯林习惯法。因而将穆斯林习惯法移植到人民调解制度时,要充分做好穆斯林习惯法与现行法律体系的对话,特别是现行法律原则、规则在穆斯林习惯法语境下的表述。其次是要注意穆斯林习惯法的革新。在肯定穆斯林习惯法的先进成分的同时,我们不能否认穆斯林习惯法当中还保留着一部分前现代内容。穆斯林习惯法内部当然也在进行革新,如过去将"花儿"(穆斯林民歌)视为淫词艳曲加以禁止,现在则逐渐将其视为传统文化进行保护。但是这种缓慢的内部革新对于穆斯林习惯法是远远不够的。应当组织专业力量对青海各地的穆斯林习惯法进行梳理,在剔除掉其中前现代的、违反基本人权和与现行法律禁止性规定相悖的内容后,再将其作为人民调解的依据。再次还要注意穆斯林习惯法的发展一定要在保障国家安全和统一的轨道上。由于穆斯林习惯法依托于经训,对经训的解读一旦错误,可能使原本良善的习惯法转变成滋生宗教极端主义的土壤。青海门源等地是新疆动车通往其他地区的重要节点,在门源就曾出现过新疆宗教极端分子利用礼拜等宗教活动宣扬宗教极端思想的案例。因此对穆斯林习惯法的整理和发展一定要在国家安全上保持足够的警惕性,不能使穆斯林习惯法滑向宗教极端主义。

(三)人民调解员的调适

在调解人员的调适上,需要解决的问题有以下三个方面:首先是将阿訇纳入人民调解委员会中。根据《青海省人民调解工作条例》规定,人民调解员的产生方式有选举产生和基层自治组织、企事业单位聘任两种途径,基层自治组织成员或企事业单位负责人可以兼职人民调解员。从实际运行结果来看,目前选举产生的调解员少、聘任产生的调解员多,专职的调解员少、基层自治组织和事业单位兼职的调解员多[①],阿訇很少进入人民调解员队伍中。应当扩大选举调解员的比重,使有名望的阿訇能进入人民调解员队伍。其次是阿訇在获聘后,应当以人民调解员的身份而非神职人员的身份开展调解活动。穆斯林习惯法固然因其宗教性而具有属人性,它的最终效力来源是神职人员的解经活动。但是其现实正当性则来自其法律规则的逻辑自洽、实质合理和社会认可,并不必然依赖神职身份。再次是要对获聘调解员的阿訇予以充分的法律知识培训。将制定法通过穆斯林习惯法的形式表达出来,就要对穆斯林习惯法和制定法两部分都有深入的了解。阿訇等穆斯林尽管对穆斯林习惯法有深入的了解,对制定法的了解通常则局限于普法活动中接触到的一些皮毛,相比于专业司法人员来说,其法学素养还有待进一步的提高。因此要对获聘人民调解员的阿訇进行充分的制定法培训,在考核后才能上岗从事调解工作。考核内容除了制定法和穆斯林习惯法的掌握程度外,还应注重考查对我国宗教政策的理解把握程度,避免在调解工作中出现宗教干预司法的现象。最后是传统的人民调解方式应当和穆斯林习惯法的调解方式同时存在,不能忽略非穆斯林群众的调解需求。掌握穆斯林习惯法的调解员可以以传统的人民调解方式调解普通纠纷,非经双方当事人一致申请不能够主动采用穆斯林习惯法。

(四)案件范围的调适

笔者在海北调研时发现,民间穆斯林习惯法的调解内容非常广泛,除了常见的民商事纠纷外,还包括宗教行为、民族风俗、甚至于治安案件和刑事案件。如过去当地穆斯林归真之后,葬入家族墓地后不刻字立碑,仅以砖石等物标记。由于当地清真公墓较小,家族墓地边界往往数代之后无法辨识,引发家族间的纠纷乃至械斗。当地司法部门对此除了处理相关涉事人员外也并无良策,有时还保持民不举则官不究的态度。后来当地阿訇对《古兰经》进行研究,得出了为逝者立碑不违背经义的结论,并且在各冲突家族间调解矛盾,划定了各家族墓地的界线,此类纠纷也就很少再出现了。将穆斯林习惯法纳入人民调解中来,要注意对穆斯林习惯法的调整范围进行一定的规制。除了单纯的民商事纠纷外,其他纠纷不宜纳入穆斯林习惯法调解的范围。宗教行为属于宗教自由的范畴中,

---

① 青海省司法厅课题组.深化人民调解工作研究[J].中国司法,2017(3).

因为宗教行为引起的纠纷，应当分离为两部分对待：教义冲突应该由神职人员和信教群众共同解决。表现出的民事纠纷，应当以诉讼或各种ADR方式解决，如果演变成治安案件或刑事案件则应当由公安机关处理。尽管现实中穆斯林习惯法确实在治安案件乃至刑事案件中发挥着重要的作用，但是目前人民调解制度作为一项民事调解的非诉讼纠纷解决方式，仍然应当限制在现有的民事范围内。穆斯林习惯法中固然包含着恢复性司法的要素，具有极大的借鉴价值。但是为了明确界分刑事案件与民事案件，穆斯林习惯法人民调解目前不宜将治安案件和刑事案件纳入调解范围。穆斯林习惯法调解治安案件和刑事案件作为司法改革中恢复性司法在民族地区的改革，将其纳入全国恢复性司法建设的整体运动中，可能是一种比较好的解决方法。

五、结语

通过在海北州的调研可以发现，由于自身优势和国家司法资源不足，穆斯林习惯法在解决纠纷、维护社会秩序方面发挥着重要的作用。盲目强调"软法不软则硬法不硬"，夸大制定法与习惯法的冲突，对于解决当地司法资源不足的问题并无益处，反而会人为激化习惯法与制定法间的对立，削弱事实上已经建立起来的良性互动。

从法律多元主义视角出发，穆斯林习惯法的存在具有其正当性，其法律原则与规则在诸多方面与现行法律制度一致的。人民调解作为一种准司法制度，与诉讼活动的明确界分天然起着阻挡宗教之手伸入司法的作用。通过人民调解制度内部适用地区、启动程序、适用法源、调解员身份和案件范围等方面有意识的制度设计，完全可以在充分发挥穆斯林习惯法优势的同时最大限度地屏蔽宗教干预司法的副作用。特别是在宗教极端主义泛滥威胁国家安全的现状下，盲目打击宗教的正功能，恰恰为宗教极端主义者在宗教灰色市场中大显身手提供了其求之不得的空间。

在人民调解制度中引入穆斯林习惯法时，我们尤其应当注意继续加强基层司法资源。青海这样的西部地区司法资源尚处于待丰富阶段，需要继续加大政策和资金的倾斜力度，加强流动法庭的建设，提高其数量和频率，增强法官的业务能力，特别是注重培养掌握当地少数民族语言的双语法官。当基层司法资源能够满足人民群众的需求，使习惯法成为人们的自愿选择而非无奈之举，习惯法和制定法的良性互动方能发挥出更巨大的能量。承认穆斯林习惯法在当地的效力，通过人民调解制度实现制定法与习惯法的良性互动，增强人民群众的法律意识和法治观念，这既是吸纳本土资源促进中国法理学建构的过程，也是在欠发达民族地区促进现代社会发育的弯道超车之举。

The Value and Adjustment of MuslimCustomary Law in the People's Mediation in Qinghai
—Based on the Survey of the Haibei Tibetan Autonomous Prefecture

Song Haibin Zheng Zhize

Abstract: The Muslim customary law plays a important role in regulating and maintaining social order in the Muslim areas. The lack of national judicial resources and the realistic function of Muslim customary law explain the reason Muslim customary law prevails in the region. From the perspective of legal pluralism, the legitimacy of the Muslim customary law in the people's mediation can be proved. The people's mediation system can absorb the Muslim customary law in Muslim community, and avoid religious judicial intervention by adjustments of suitable areas, startup program, method of source, mediator's identity, and scope of case, etc. Thus, it can achieve the benign interaction between customary law and national law and promote the construction of the rule of law society in western minority areas.

Key Words: Muslim customary law; people's mediation; legal pluralism; the separation of state and church

游牧社会如何化解债务危机？
——藏族"偿债宴"习惯法的现实社会背景及其机理*

多杰昂秀**

摘要：藏族游牧社会深受各类社会债务的困扰。为化解游牧社会中的债务危机，他们发明和遵循着一种为大家所普遍认可和接受的习惯法规则——"偿债宴"(bu-lon-ston-mo)习惯法。"偿债宴"习惯法在理念上突破了一般债务的偿债规则，通过灵活的方式给予那些由当地文化所宽宥的欠债行为免于偿债的法律关怀。但作为对债务人的潜在惩罚方式，该习惯法不免对宴会举办人带来社会地位和声望下降的后果。藏族"偿债宴"习惯法具有深厚的宗教观念基础，它涉及当地人关于债务如何在圣俗世界生成意义的神学安排。不仅如此，该习惯法在预防和化解社会债务，以及最大限度地促进社会团结、修复社会关系等方面亦发挥了重要的社会整合功能。从藏族"偿债宴"习惯法提供的这种借鉴意义来看，我们当下正在酝酿中的一部分法律，如我国的个人破产制度，必须认清并立足于"现代性社会"的发生机理，使其既体现繁荣市场经济的发展理念，同时又能够有效地应对现代性的债务危机。

关键词：藏族"偿债宴"习惯法；负债资本主义；现代债务危机；个人破产

我国自 19 世纪开始现代化之路。在经历计划经济体制之后逐步过渡到市场经济的发展行列，社会方方面面出现新的变化。伴随这些变化，社会债务也呈现出新的特点，如信用卡过度消费、从事证券、期货交易等导致的新兴债务的出现。① 面对新形势下的社会债务问题，我国却迟迟没有出台完善的用以应对社会债务的法律制度，尤其是个人破产立法存在不足。毋庸置疑，在风云变幻的国际经济形势下，我国市场经济一方面需要向纵深方向发展，另一方面也必将受到全球资本主义经济的持续影响。而应对这一国际大环境，我国市场经济的法治建设也相应地面临两大任务，即进一步繁荣市场经济发展，以及防范由资本主义的发展逻辑在结果上必然带来的债务危机。此时，如何深刻理解这种

---

* 司法部 2016 年度国家法治与法学理论研究项目专项课题"藏族'偿债宴'习惯法对我国个人破产立法的启示"（项目编号：16SFB5029）。

** 多杰昂秀，中央民族大学法学院 2016 级博士研究生。

① 国际清算银行于 2016 年 9 月 18 日公布的季度报告中称，中国等国家和地区"债务增长迅速"。据政府顶级智库中国社会科学院的估算，2015 年底，中国包括房贷、金融债和政府债在内的整体债务为 168.48 万亿元人民币（合 25 万亿美元），相当于国民生产总值的 249%。其中，中国家庭债务已经从占国内生产总值的 28% 飙升至超过 40%。对于中国的债务问题，既不能过分乐观，也不能太过悲观，应当做到将各项措施落到实处，防患于未然才是当务之急。数据来源：http://news.hexun.com/2016-12-19/187410222.html。访问时间：2017 年 1 月 16 日。

新兴债务危机的产生机制,以及个人破产制度在其中所扮演的重要作用,对于我们更好涉足现代性社会特别是市场经济活动具有认识论与实践论上的重要意义。在这方面,藏族"偿债宴"习惯法以现实生境中鲜活的法律实践和独到智识,于游牧社会系统中扮演了类似个人破产制度的法律机制,其不仅较好地呈现了一个完整且有机的社会概貌,同时也为我国当前正在酝酿中的一部分法律提供了一个有益的比较视角。本文以藏族"偿债宴"习惯法为考察对象,通过管窥藏族"偿债宴"习惯法的现实社会背景及其机理来揭示出游牧社会系统是如何预防和化解债务危机的,进而来"观照"我们当下的现代社会及其债务危机的基本特征。

一、藏族游牧社会中的债务困扰

已故的草原文化之父孟驰北先生谈道,自原始社会发生牧农业分工之后,游牧民族便继承和发扬了原始初民生命中的活性精神元素,譬如冒险、进取、拼搏、坚持、创新、对抗、勇敢、无畏等精神特质。这些活性精神元素使人类在万物竞争中立于不败之地。然而,历史促成这一分工以来,游牧民族的生存环境与原始初民相比却并未发生质的变化;换言之,牧民被大自然摆布的程度依然没有得到根本性的改变。[①] 直到今天,"亚洲腹地"的各游牧民族,依然经受来自险恶环境的侵扰。青藏高原地区作为亚洲腹地海拔高、空气干燥、土壤贫瘠的地理单元,遭受大自然环境的侵扰尤为明显和突出。宗教文化尽管为青藏高原游牧社会中人提供了应对自然环境的控制机制,[②] 但面对自然灾害与人为祸患的威胁,牧民们依旧无法逃脱来自现实物质消费方面的压力。这使得面临险恶自然环境中的牧民,不得不通过大量的社会借贷,背负起沉重的债务负担。从历史中的游牧社会形态来看,这种债务困扰的影响随处可见。譬如在欧亚草原上,土地所有权被贵族长期垄断,促使贫穷牧民将个人财产与徭役服务联系在一起,从而高度依附于他们的封建主。[③] 西藏历史同样表明,广大牧民长期承担着各类贡税和服役的债务负担。为此,牧民逃亡和寻找其他生存手段的事例时有发生。[④]

纵观古代藏族财产法史,大量债权形式的存在,也从侧面反映了青藏高原游牧社会深受社会债务之困扰。韩雪梅在其博士论文《雪域高原的财产法——藏族财产法史研究》中,梳理和总结了藏族历史中存在的不同债权形式。总结游牧文化视角下藏族古代财产法的特点,可以得出如下结论:历史上的团体性主体如部落、寺院和政府等,是藏族财产法史的主要民事主体。在民主改革前,他们不仅拥有独立的财产,而且可以自己的名义从事借贷、畜租、买卖等民事法律行为。其中,吐蕃王室、西藏地方割据政权和西藏

---

① 孟驰北.草原文化与人类历史:上卷[M].北京:国际文化出版公司,1999:31-41.
② 克利福德·格尔茨.文化的解释[M].韩莉,译.江苏:译林出版社,2014:43-68.
③ 兹拉特金.游牧民族社会经济史的几个问题[J].蔡曼华,译.民族译丛,1981(5):30-34.
④ 石泰安.西藏的文明[M].耿昇,译.北京:中国藏学出版社,2012:114-129.

地方政府具有特别的独立人格,可独立作为权利义务的主体从事借贷、买卖、租赁等法律行为。这说明,这些主要民事主体之外的大部分直接从事牧业生产的牧户,从结果上承受了创设这些债权的法律后果。也就是说,债作为一种流动性财产,其流动方向是从富裕的一方流向贫穷的一方的。① 从实际结果来看,一般牧户长期负债的历史局面也是客观存在的。譬如,围绕土地使用权和收益权以及牲畜的使用和支配,藏族古代财产法创设和衍生出较为丰富的契约类型和发达的契约法律关系。这说明民间债务的流行,也是构成游牧社会长期经受债务困扰的一个事实。

藏族古代财产法的内容从产生之初一直延续到民主改革之前。直到如今,藏族社会中仍然存在这种历史遗迹。② 从藏族游牧社会的相关资料考察来看,其社会债务情况经常达到无以复加的地步。以青藏高原腹地果洛藏族地区为例,有关记载表明,果洛牧民经常遭受来自天灾人祸的袭击。为成功度过生产与生活危机,他们不得不背负大量债务,从而成为长期的负债者。果洛地区的社会债务过去主要来自各类差税和高利贷。仅以差税为例,牧民曾经需要向部落红保(头人)承担的差税有牲畜税、羊羔皮税、酥油税和青盐税等,这些税目经红保派定后,若交不出,家产的全部或一部便会被没收。③ 为此,牧民常常通过举债来缴纳差税;高利贷的盛行也是造成果洛社会债务的一个重要原因。从高利贷的形式来看,牲畜贷牧和钱物借贷占据果洛社会债务的主要形式。当贫牧在遇到严重的天灾人祸时,他们不得不以很高的利率向寺院、头人、牧主借债。以寺院借贷为例,其利息方式又分为以下几种:白利息(每年缴纳十分之四限额的利息)、黑利息(两倍利息)、花利息(利息的二分之一),还有接息(子息),培息(经过两年之后,本钱的培息连同以前的子息都算成本钱,收取利息,这叫作"母生子息,子息生孙息")等;④此外,买卖经商如贩卖牲畜、茶叶以及由婚丧嫁娶和开展各类宗教活动等落下的债务也是导致藏族游牧社会债台高筑的重要成因。据统计,新中国成立之前,果洛地区的债务牧户就已经占到全部总户数的60%左右。⑤

二、作为破产法律机制的藏族"偿债宴"习惯法

游牧社会主要不是靠威猛无比的君王统治,也不是靠成套的官僚体制,而是依靠习

---

① 王德强.藏族寺院经济发生发展的内在缘由[J].民族研究,1993(4):35-40.
② 韩雪梅.雪域高原的财产法——藏族财产法史研究[D].兰州:兰州大学法学院学位论文,2013:223-262.
③ 中国少数民族社会历史调查资料丛刊[Z].修订编辑委员会编,青海省藏族蒙古族社会历史调查(修订本).北京:民族出版社,2009:81.
④ 邢海宁.果洛藏族社会[M].北京:中国藏学出版社,1994:167.有关果洛地区名目繁多的债务,请参考此书。由于篇幅所限,不在文章中一一列举。
⑤ 请详细参见中国少数民族社会历史调查资料丛刊[Z].修订编辑委员会编,青海省藏族蒙古族社会历史调查(修订本).北京:民族出版社,2009:87;中国少数民族社会历史调查资料丛刊[Z].修订编辑委员会编,藏族社会调查(3).北京:民族出版社,2009:105-149.

惯法来管理社会。① 以青海果洛地区(青藏高原典型的游牧社会)为例,历史上一直以部落制为其基本社会组织架构。而部落成员之间的大量社会交往,往往是通过制定具有普遍社会效力的习惯法规则来完成的。在藏区游牧社会,习惯法对于约束部落成员的行为具有广泛的法律制裁效力。不难想象,面对果洛地区大量存在的社会借贷关系,其法律纠纷的调整也必然涉及习惯法力量的介入。"从藏族古代财产法的法律渊源可看出,总体上成文法、制定法虽为国家或地方政府制定的法律规范,效力最高,但是,实际生活过程中民事财产活动往往以习惯法、民间法为法律依据。"② 就民事类的财产债务纠纷而言,"欠债还钱,天经地义"这一朴素的道理构成当地社会对于偿债规则的基本认知,为所有果洛社会所信奉。据当地人讲,在过去,欠债不还,会告至"阿什姜的法",也即受到《红本法》的约束。③ 由于《红本法》早已失传,我们已经不能肯定这部成文的习惯法当中,是否规定了有关债权债务关系的法律纠纷解决方式;然而,实际的现实生活中,人们为克服各种社会债务的困扰,发明和遵循一种为大家所普遍认可和接受的习惯法规则——藏族"偿债宴"习惯法。

"偿债宴"习惯法在理念上突破了一般债务的偿债规则,通过灵活的方式给予那些由当地文化所宽宥的欠债行为免于偿债的法律关怀。但作为对债务人的潜在惩罚方式,该习惯法不免对宴会举办人带来社会地位和声望下降的后果。当地人称这一习惯法为"吾兰道沫"(bu-lon-ston-mo),藏文意思为"清偿债务之宴会",本文试将这一习惯法称作"偿债宴"。从笔者曾经所调查的一个具体个案来看,藏族"偿债宴"习惯法的法律过程体现如下:(1)债务人以口头或书面形式向各债权人诚挚地发出宴会通知;(2)待债权人按照规定的时间到达后,由债务人向大会说明其破产事由与基本情况,此过程中债务人通过起誓以及第三人作证等方式来证明其剩余财产的真实性(如没有转移、藏匿财产);(3)由债权人商定按照一定的原则公平地对破产人的剩余财产进行清算和折价(一般根据债权比例来分割财产)。当然,整个宴会过程伴随相当复杂的文化现象,在此不予详述。但可以肯定,这一习惯法在游牧社会构成一种"禁忌"而为人所不齿。藏族"偿债宴"习惯法在青藏高原游牧地区④盛行已久,是当地社会契合一定的自然环境和文化背景而自觉遵循

---

① 孟驰北.草原文化与人类历史:上卷[M].北京:国际文化出版公司,1999:761-772.
② 韩雪梅.雪域高原的财产法——藏族财产法史研究[D].兰州:兰州大学法学院学位论文,2013:261.
③ 大约18世纪初,继承了阿什姜康赛仓部落头人职位的丹增达杰,为统治全果洛,参照西藏历代藏王制定的法律,结合当地的社会情况和群众习惯,制定了这部部落法规。
④ 据了解,藏族"偿债宴"习惯法不仅存在于青海果洛藏族自治州六县和青海省内其他牧区,甚至广泛存在于甘肃、四川等藏族牧区社会。近年来,已有学者注意到这一有藏族特色的习惯法。参见桑杰侃卓."吾兰道沫":青海省果洛藏族地区的一种特殊破产形式[J].攀登,2002,21(6);淡乐蓉."藏族夸富宴"习俗的法律功能[J].民间法:第15卷[M].谢晖、陈金钊、蒋传光主编.厦门:厦门大学出版社,2015;淡乐蓉:古罗马法自然人破产制度和藏族"夸富宴"习俗——兼谈对我国建构个人破产制度的启示[J].中西法律传统:第10卷[M].陈景良、郑祝君主编.北京:中国政法大学出版社,2014;陈亮.藏族"夸富宴"习俗对我国个人破产制度的启示[J].海南广播电视大学学报,2014(3);熊征.安多藏区"债务庆祝"的法人类学初探[J].广西民族研究,2015(6);多杰昂秀.原生的法:青海果洛藏族地区"偿债宴"调研报告[J].青藏高原论坛,2016,4(1);多杰昂秀:法律人类学视野下的藏族"偿债宴"习俗[D].青海:青海民族大学法学院学位论文,2016.

的一种用以化解社会债务的地方性知识。①

以法律多元主义的视角来看,藏族"偿债宴"习惯法体现出破产法律的诸多核心要素:首先,从宴会举办的形式上来看,"偿债宴"均以公开的方式举办,且宴会上解决的事务对当事人产生实际的约束力。自宴会举办结束之日起,债权人自愿放弃了债权而不得再向债务人要求履行债务;其次,宴会的举办受到一定条件和规模的限制:从人数上来讲,"偿债宴"以债务人存在多个债权人为基本发起条件。从债务规模来看,也以较大的债务作为发起宴会的条件之一,且往往以牧户家庭完全濒临破产为现实条件。如若不能达到必要的和紧迫的情况,"偿债宴"便无从办起,这使得"偿债宴"区别于一般性的社会债务;再者,"偿债宴"对债务人的财产进行分割与清算,并按照债权比例来划分债务人的剩余家产,体现"清算主义"的精神;最后,"偿债宴"的举办往往伴随巨大的社会代价,它会招致举办人身败名裂。在一个存在诸多债务困扰的游牧社会当中,藏族"偿债宴"习惯法无疑充当了解决社会债务的重要(破产)法律机制。

三、藏族"偿债宴"习惯法的意义生成与法律功能

藏族"偿债宴"习惯法反映了游牧社会中的个人破产形式(具体表现为家庭破产),它在预防和消化债务风险方面发挥了独到的法律功能。当地社会之所以允许这一破产法律机制的存在,必然是以"偿债宴"习惯法为社会带来重要意义为背景,同时克服了由社会债务引发的诸多现实困扰。通过法律社会学的考察发现,这一地方性知识深深地根植于当地的社会结构与共同意识之中。

若以马克思·韦伯"观念之于社会经济"的经济伦理观②来审视,藏族"偿债宴"习惯法首先涉及当地人关于债务如何在圣俗世界生成意义的神学安排。具体来讲,藏族"偿债宴"习惯法所体现的债务伦理,同当地社会的宇宙观念深深地联系在一起。依其社会观念,人因前世今生之因缘而背负着各种债务,这些债务无穷无尽,难以根本消除。但是在宽恕和代为偿付的条件下,亦将发生改变。宽恕(也有怜悯、谅解、赦免之意)与代偿(往往伴随代价)起到双面的效用:一方面使债务人从现实的债务泥潭中解救出来,在法律上表现为破产;另一方面也使得一个有宗教信仰的人,从因果业报的负罪感(实为负债感)中得着救赎,在宗教上表现为超脱。它们都共同起源于"债"的原始概念。藏族"偿债宴"习惯法具有深厚的宗教观念基础,对佛教轮回的信念,并没有让债务伴随一个人此生的结束而使其归于消灭,而是直到偿还所有债务,债务人才能得以摆脱债的束缚;轮回既然没有终点,债务也不会停止。因此,对债权人而言,宽恕也是一种以积善行德,换取将

---

① 多杰昂秀.原生的法:青海果洛藏族地区"偿债宴"调研报告[J].青藏高原论坛,2016(1):35-43.此文中,笔者通过分析一个新近发生的个案,揭示了藏族"偿债宴"的具体法律程式,并对藏族"偿债宴"习惯法作了来自法律人类学的评价。

② 马克思·韦伯.新教伦理与资本主义精神[M].马奇炎,陈婧译.北京:北京大学出版社,2012.

来因果业报的宗教性动机。藏族"偿债宴"习惯法揭示出佛教经济①关于宗教性债务与世俗性债务既相互联结又相互分离的一面。但是将两者的功能明显地区别开来。② 很显然，对藏传佛教的信仰保障了信徒积极偿还债务的义务。而这种义务在涂尔干那里就是对世俗"社会"本身所负担的义务。③

  与此同时需要说明的是，对声望与荣誉的角逐也促进了藏族"偿债宴"习惯法在游牧社会中发挥其应有的社会功能。譬如，"欠债还债"作为公认的偿债规则，由于为游牧社会中人从心理和认知上认可而具有了道德上的正当性。这带来如下显著影响：当债务人不能偿还债务时，首先遭受损失的是他的道德荣誉，因为他违反了"欠债还债"的基本道德原则；当他向公众暴露出他在道德上的这种缺点时，也即不能偿还债务时，他也面临丢掉另一种荣誉的风险———一种作为社会交换主体的荣誉资本———社会荣誉。事实上，正是为了挽回道德上的荣誉，一个濒临破产边缘的牧户才不得不舍弃社会的荣誉；这又反过来对其道德荣誉构成一种约束，也即不敢轻易宣告"破产"（以及潜在的恶意破产）。也就是说，借出债务或者不被债务缠身，意味着荣誉自身存在着。而一旦背负债务，不能抵偿债务时，这个人就不得不以折抵荣誉的方式来换取生计的权利。这种特殊的荣誉规则从另一个层面反映了游牧社会发达的社会信用体系对于其破产习惯法所起的规制作用。可以说，以这一社会信用体系为背景，举办"偿债宴"招致的诸多后果促使那些债务人对此避而远之。但是，对于现实中已经宣告破产的家庭，藏族"偿债宴"习惯法并没有使这些破产家庭进一步走向破裂，而是通过债权人自愿回赠部分财产的举动来照顾到破产家庭的基本生计。④

  综上所述，藏族"偿债宴"习惯法在法律功能上最大限度地促进了社会团结与一体化，降低了由债务可能引发社会分崩离析的风险。从社会学的整体视角来观照，藏族"偿债宴"习惯法以修复社会关系为视野，发挥了法律的社会功能：游牧社会深受社会债务的困扰，这决定了债务本身具有熵增（entropy increase）的性质。人们因为债而发生彼此间的关联，也因为债务纠纷使社会关系遭受潜在性的破坏。藏族"偿债宴"习惯法突破"欠债必要还债"的守旧思维，通过宴会形成的地方性知识，在债权人与债务人之间实现了双赢，最终以回归社会为目的，阻却了社会团结来自债务熵增方面的侵扰；而从（局部的）个体视角来看，藏族"偿债宴"习惯法体现以人为本的价值理念，其不仅解决了债务人由固守偿债规则引发的现实困境，并且通过债权人自愿回赠部分财产的方式，阻止了破产家

---

① 宗教经济假设宗教活动中，存在一个现在的和潜在的信徒市场，以及一个或多个寻求吸引或维持信徒的组织以及这些组织所提供的宗教文化，它是所有社会系统中的一个子系统。它不仅研究宗教的经济行为，而且研究包括经济行为在内的所有宗教行为。宗教经济的前提是宗教本身是"理性"的，也就是说，它是建立在"付出—回报"的人性逻辑基础之上。罗德尼·斯达克，罗杰尔·芬克.信仰的法则———解释宗教之人的方面[M].杨凤岗，译.北京：中国人民大学出版社，2004：93.转引自王玥玮.礼物交换与佛教经济学———一个西藏"寺院—村落"共同体的互惠与团结[J].青海民族大学学报，2015(3).
② 多杰昂秀.原生的法：青海果洛藏族地区"偿债宴"调研报告[J].青藏高原论坛，2016(1)：35-43.
③ 爱弥尔·涂尔干.宗教生活的基本形式[M].渠东，汲喆译.上海：上海人民出版社，1999：576-584.
④ 多杰昂秀.原生的法：青海果洛藏族地区"偿债宴"调研报告[J].青藏高原论坛，2016(1)：35-43.

庭进一步走向破裂,使其在窘迫当中获得"重生"的希望。

四、代结语:从游牧社会到现代社会

不同社会系统在应对债务危机中所采取的措施,是由该社会本身的运作逻辑所决定的。藏族游牧社会作为一个风险社会,为避免债务具有的熵增趋势,通过遵循"偿债宴"的习惯法来处理其特殊类型的社会债务问题,其根本上体现了游牧社会化解债务危机的独特方式。然而,与藏族"偿债宴"习惯法所在的礼物经济形态不同的是,现代商品经济同样作为一个风险社会,却以相当不同的运作逻辑和前所未有的力量改变着我们的生产生活方式。譬如,金融经济与信贷经济引发的新兴债务端赖于负债资本主义所赐。所谓负债资本主义的兴起导源于线性历史(linear history)[①]的生长逻辑,它以货币作为完全性替代,通过债的运作方式将所有人变成债务的奴隶。也就是说,只有产生源源不断的债务,才能从根本上维持此类资本主义的持续运转。负债资本主义的生产方式从结构上蕴含着无法克服的矛盾,即资本主义生产能力的无限增长与有支付能力的需求不足之间的矛盾。[②] 同以往自生自长的社会形态相比,负债资本主义正在从结构上引来异化,它在本质上是一个要求持续、无止境的增长体系。[③]

早先时期,日本法学家我妻荣就从民法当中敏锐地洞察到,资本主义的要素从法律中影响到物权和债权两者原来的关系。债权已经不是达到物权的手段,尤其是在股份公司资本、集中银行资本兴起的条件下,金钱债权成为独立的经济力量构成对所有权效力的限制。金钱债权已经超出了债权法的范围,并且已经超出了私法的范围。我妻荣认为,对于支持全部经济组织、占据优越地位的债权的最高指导原理(包括纯私法上的个别问题的指导原理),应该仅依对现代社会组织的根本态度来决定。[④] 处理资本主义金钱债权,在法律上已然成为了一个显著的困难。对此,我妻荣进一步主张,"触及依金钱债权得以支持、发展的现在的经济组织的运行,可以说是顺应了潮流,以不会从根本上破坏运行之虞为限,来限制其专制,逐步废除以剩余价值名义实现法律理想。"[⑤]

实际上,资本社会及其债务现象有着深刻而复杂的原因。此类全球资本市场的灾难性风险引发于社会子系统的扩张导致的功能分化。这是现代性社会不同于以往社会形态的一个鲜明特征。仅以经济系统为例,资本主义业已在全球范围之内跨越了民族国家的边界和制度化的政治领域,这种社会领域的扩张带来两方面的影响。一方面释放了生产性的能量,另一方面也带来了破坏性的能量。正如当代德国社会学家贡塔·托依布纳

[①] 杜赞奇.全球现代性的危机:亚洲传统和可持续的未来[M].黄彦杰译.北京:商务印书馆,2017:73-81.
[②] 梅家周.负债资本主义的终结[M].北京:经济科学出版社,2013年:序2.
[③] 大卫·格雷伯.债——第一个5000年[M].孙碳,董子云,译.北京:中信出版社,2013:325-334.
[④] 我妻荣.债权在近代法中的优越地位[M].王书江等译.北京:中国大百科书出版社,1999:225-229.
[⑤] 我妻荣.债权在近代法中的优越地位[M].王书江等译.北京:中国大百科书出版社,1999:227.

所言,"在全球涡轮增加资本主义(turbo-capitalism)的背景下,经济系统正在赢得自己的胜利,同时也遭遇自己的失败。"①我们认为,面对资本规模不断增长的现实背景及其运作机制,如果不加以系统性的限制措施,那么,各类庞大的自然人参与经济活动所引发的债务问题便无从得到系统内部的解决,而其社会交往本身的基础也有可能同犯罪和邪恶勾连起来,债的(或者同一性的)社会本质就会被看作是犯罪。②换言之,负债资本主义的发展逻辑造成的这种新的、"现代的"的非人格债务的概念,若放任其自我发展则无疑会进一步释放其破坏性的力量,③继而加剧一种不可持续的现代性危机。除非,全球经济系统引发的系统性失序,如同藏族"偿债宴"习惯法一般得到其社会系统内部建构的自我限制。从藏族"偿债宴"习惯法所在的游牧社会系统来看,我们的社会所欠缺的这种建制正是个人破产制度。④

市场经济即法治经济,在祛魅宗教的世俗世界(secular world)和民族国家(nation state)时代,欲克服由经济系统功能分化而导致的现代债务危机,必然需要构建完备的破产法律制度对其予以必要限制。如此,我国作为一个后发性的现代化国家,才能在现代性社会尤其是市场经济的发展道路中越走越远。也是在这个意义上,我们正在酝酿中的一部分法律,如我国的个人破产制度,必须深刻认清并立足于"现代性社会"(modernity society)的发生机理,使其既体现繁荣市场经济的发展理念,同时又能够有效地应对现代性的债务危机。

How Does a Nomadic Society Resolve the Debt Crisis?
—The Realistic Social Background and Mechanism of the Tibetan Customary Law of "bu-lon-ston-mo"

Duojie Angxiu

Abstract: The Tibetan nomadic society is plagued by social debt. In order to resolve the debt crisis in the nomadic society, they invented and followed a customary law called "bu-lon-ston-mo". The Tibetan customary law of "bu-lon-ston-mo" breaks through the debt repayment rules of the general debt in a conceptual manner, and it removes the debtor's debt in a flexible way. However, as a potential punishment for debtors, the customary law also results in a decline in social status and reputation of the debtor. The Tibetan customary law of "bu-lon-ston-mo" has a deep religious foundation, which

---

① 贡塔·托依布纳.宪法的碎片化:全球社会宪治[M].陆宇峰,译.北京:中央编译出版社,2016:98.
② 大卫·格雷伯.债——第一个5000年[M].孙碳,董子云,译.北京:中信出版社,2013:315.
③ 大卫·格雷伯.债——第一个5000年[M].孙碳,董子云,译.北京:中信出版社,2013:337.
④ 当前,由于我国破产法律体系不尽完善,导致不同的市场经济参与主体在资本主义风险社会之中面临着完全不同的命运安排:对于法人而言,当遭遇经济活动的失败时,可以宣告企业破产(例如,揭开公司的面纱)以摆脱现代债务的困扰,甚至在必要之时,直接从市场竞争中淘汰掉,其本身并无生命可言;但对于自然人而言,在市场经济的竞争中如果遭遇失败和债务危机,则容易酝酿成众所周知的社会性悲剧。

involves the theological arrangement of "debt" in the spirit and secular world. It has played an important role in social integration in preventing and resolving social debts, promoting social solidarity and restoring social relations. The important revelation of the Tibetan customary law of "bu-lon-ston-mo" is that some of the laws we are currently brewing, such as China's personal bankruptcy system needs to be recognized and based on the mechanism of the "modernity society", so that it can not only reflect the concept of the prosperity of the market economy, but also effectively deal with the debt crisis of modernity.

Key Words: Tibetan customary law of "bu-lon-ston-mo"; debt capitalism; modern debt crisis; personal bankruptcy

司法裁判文书中商事习惯的实证研究
——以《民法总则》第 10 条中"商事习惯"的适用为视角[①]

王伟臣[**]

摘要：商事习惯在商事交往中天然地具备强大的说服力与执行力，故常出现在商事纠纷的裁判文书中以为司法适用之辅佐。质言之，商事习惯的具体运用表现为构成案件事实认定的基础以及作为行为的规范标准，但缘其此前不具法源地位致使在司法适用中出现理念困局、证明困局与运用困局。《民法总则》第 10 条明定习惯为民法法源，此"习惯"应界定为习惯法，法官认可是事实之习惯与习惯法之本质差异。我国奉行民商合一立法例，故第 10 条中"习惯"自然地包括商事习惯法，同时亦要求在司法实践中法官对习惯法的认证应注入商事因素。商事习惯法作为裁判依据须满足具体条件，即制定法出现法律缺漏、商事习惯法不得严重违背公序良俗及制定法强行性规范以及当事人不排斥适用。为避免商事习惯法在诉讼程序中的任意性，要求其遵循启动、证明及确认程序后尚可作为裁判依据。基于商事习惯的商事习惯法经个案积累，以及通过对商事习惯的类型化研究、体系化汇编与案例指导，至条件成熟时可由立法机关采纳升格为制定法，此亦是对世界商事法的发展做出自足贡献。

关键词：商事习惯；商事习惯法；商事独特性；司法适用；《民法总则》第 10 条

商法是习惯法的代名词。近代西方商法的基本概念和制度的形成得益于查士丁尼法律文本中的万民法，万民法本质是诸民族的习惯法，而习惯法大都"可以在威尼斯——它在整个这个时期都是一个兴旺发达的贸易活动中心——的商人习惯中找到"[③]。商事习惯之所以顺畅地支配着商业交易，源于其是商人在长期的商业交易中逐渐形成的一套规范并被广泛地接受、认同和信守，使得商事交往中的信号传递更加简便，[④]从而实现其对商人之间权利义务的高效分配、对商事交往中利益冲突的高效解决之功能。既然商事习惯在商事交易中天然地具备强大的说服力和执行力，那么我国司法实践中实务部门对

[①] 基金项目：国家法治与法学理论研究项目"商法规范的独特性与我国民法典编纂"（批准号：16SFB1006）；法治湖南建设与区域社会治理协同创新中心项目及 2018 年中南大学研究生自主探索创新项目"《民法总则》生效后商事习惯的司法适用研究"。

[**] 王伟臣，法学博士，上海外国语大学法学院副教授。

[③] 哈罗德·J 伯尔曼. 法律与革命——西方法律传统的形成[M]. 贺卫方、高鸿钧、张志铭、夏勇，译. 北京：中国大百科全书出版社，1993：414.

[④] 埃里克·A. 波斯纳. 法律与社会规范[M]. 沈明，译. 北京：中国政法大学出版社，2004：46；罗伯特·C. 埃里克森. 无需法律的秩序——邻人如何解决纠纷[M]. 苏力，译. 北京：中国政法大学出版社，2003：219.

商事习惯持如何态度？会不会运用以及如何运用商事习惯裁决案件？运用商事习惯裁决案件呈现出的司法规律、特征和效果如何？理论界和立法者需要对之提供哪些积极反馈？这些是在《民法总则》第 10 条首次确立习惯的法源地位之后所迫切需要解决的问题。

一、整理的结果与具体的分析

笔者根据对 200 份裁判文本中商事习惯被运用的情况，作如下相关性整理：

（一）以商事习惯提出主体为标准的整理

以商事习惯的提出主体为标准进行整理的初衷是试图发现商事习惯对某方主体的心理地位和重要程度，亦符合法学的思维逻辑。通过对裁判文书的梳理得出，在司法实践中主动提出商事习惯的主体主要有两类：一是当事人，二是法官。

当事人提出商事习惯的目的主要有三种：第一种是将商事习惯作为自己的行为或所主张的事实成立、合法的依据。比如在"邹某诉金华市婺城区罗埠镇敬老院等人身保险赔偿纠纷案"中，第二被告保险公司、第三被告金某共同辩称："因叶某不符合投保条件，第二被告不予承保的行为，完全符合法律规定和商业惯例。在叶某未通过核保后，叶某与第二被告不存在任何法律关系，因此双方未建立保险合同关系。"本案中，两被告主张保险公司根据叶某的实际情况作出的不予承保的行为是符合商业惯例的，一审法院经审理也认为："第二被告作为商业保险公司，其对身体健康状况存在问题的叶某作出拒保决定，符合经营规范和商业惯例。"① 第二种是将商事习惯作为对方当事人的行为或所主张的事实不成立、违法的依据。比如在"杭州邦达装饰工程有限公司与芜湖富春染织有限公司票据纠纷上诉案"中，上诉人邦达公司在面对被上诉人富春公司主张涉案汇票为其合法所有时称"票据背书必须加盖背书人在银行预留的财务专用章（或公章），这也是票据流转的基本商事习惯和基本要求，但本案票据流转的第一次背书并没有加盖博奥公司的财务专用章或公章，因此该票据背书外观已明确显示博奥公司的背书不成立"。本案中，上诉人欲以按照商事习惯主张博奥公司不成立背书而导致被上诉人持有的票据背书不连续，以此否定被上诉人的主张，但二审法院未认可上诉人声称的此种商事习惯的存在。② 第三种是将商事习惯作为当事人反对或支持法院认定的事实的依据。比如在"赵友良、赵玉民与王建村、滨州北海建筑工程有限公司等承揽合同纠纷复查与审判监督案"中，赵友良、赵玉民申请再审称："欠条载明的事实非常简单，债权债务关系异常明确，根本无第三方来证明，更无必要在欠条出具数月后来由第三方来签字证明其真实性。原生

---

① 浙江省金华市婺城区人民法院(2008)婺民一初字第 4398 号民事判决书。
② 浙江省杭州市中级人民法院(2014)浙杭商终字第 2119 号民事判决书。

效判决对案件基本事实的认定仅来源于推断,不仅没有证据证明,也违反了经验法则。而且这种推断违背了基本的商事习惯和生活准则。"本案中,二审法院认定被申请人在欠条上签名是为了证明借款真实存在,但再审申请人主张根据商事习惯可以认定除非有证据证明被申请人有其他目的,否则被申请人在欠条上签名的行为可推定其自愿加入债务人的序列,最后再审法院根据被上诉人在欠条上签字的位置驳回了再审申请人的主张。①

法官在双方当事人均未援引商事习惯时,为便于查明案件事实或增强说理亦会主动提出商事习惯,主要有两种情形:第一种是在合同约定不明确时,法官结合商事习惯对条款加以解释,使之确定具体。如在"海擎重工机械有限公司与江苏中兴建设有限公司、中国建设银行股份有限公司泰兴支行建设工程施工合同纠纷案"中,当事人在合同书中仅约定建设单位应当为施工单位提供三通一平条件,并未具体约定是否包含施工场地内的道路,双方争执不下。法官认为:"根据工程建设合同的行业惯例,施工用道路系工程施工所用的临时性道路,在合同没有明确约定的情况下,应由施工单位自行承担";②第二种是以商事习惯作为当事人过错的推定,从而分担相应的法律后果。如在"陆永芳诉中国人寿保险股份有限公司太仓支公司保险合同纠纷案"中,法官认为:"人寿保险合同未约定具体的保费缴纳方式,投保人与保险人之间长期以来形成了较为固定的保费缴纳方式的,应视为双方成就了特定的交易习惯。保险公司单方改变交易习惯,违反最大诚信原则,致使投保人未能及时缴纳保费的,不应据此认定保单失效"。法官据此认定保险公司中止合同效力并解除保险合同的行为存在过错,所以当由保险人太仓人寿保险公司对造成投保人陆永芳两年未能缴费的后果承担律责任。③

(二)以商事习惯的具体类型为标准的整理

1. 商事习惯

在"上海浦东发展银行股份有限公司贵阳分行与贵阳华中房地产开发有限责任公司、罗丹等金融借款合同纠纷案"中,一审法院经审理后认为:"华中房开在资金紧缺的情况下自愿无偿地向美益公司支付高额的服务费和补偿费违背常理,且不符合商事习惯"。④

2. 商业惯例

在"'360扣扣保镖'软件商业诋毁纠纷案"中,最高院认为:"……该相关证据仅能证明互联网行业存在屏蔽广告的相关软件,并不能证明屏蔽他人广告、对他人互联网产品进行干预符合商业惯例,因此本院对该组证据与本案的关联性不予认可,对其内容真实

---

① 山东省滨州市中级人民法院(2015)滨中商终字第296号民事判决书。
② 最高人民法院(2012)民提字第20号民事判决书。
③ "陆永芳诉中国人寿保险股份有限公司太仓支公司保险合同纠纷案",《中华人民共和国最高人民法院公报》2013年第11期。
④ 贵州省高级人民法院(2016)黔民终272号民事判决书。

性亦不再评论"。①

3. 行业规范

在"大地财产保险股份有限公司宁波分公司诉宁波剡界岭高速公路有限公司保险人代位求偿权纠纷案"中,被告宁波剡剡界岭高速公路有限公司辩称:"已尽到了养护责任,不存在任何过错。道路巡查管理办法规定一天进行一次巡查,被告按高于国家行业标准的要求每天进行二次巡查,对路面抛洒物进行尽快清理,行业规范并不要求随时清理"。②

4. 行业习惯

在"李金华诉立融典当公司典当纠纷案"中,上海市静安区人民法院一审认为:"《典当行管理办法》是我国政府有关部门针对典当行业专门作出的行政规章,在目前处理典当纠纷中应当参照适用。另外,典当行业也有自己的一些行业习惯,这些行业习惯在不违反现有法律、法规禁止性规定的前提下,也应当作为处理典当纠纷时的参照。"③

5. 交易习惯

作为最典型的商事习惯,交易习惯在《民法总则》颁布前便被立法者写入法律文本。如《合同法》在规范商事交易的整个过程中都设置了关于适用交易习惯之规定,其中第22条、第26条规制合同之成立,第60条、第61条及第62条调整合同之履行,第92条规定后合同义务,第125条规范合同之解释。《合同法》第136条、第293条、第368条亦分别在买卖合同、客运合同以及保管合同中强调交易习惯之适用;《物权法》第116条规定法定孳息无约定或约定不明确时依交易习惯取得;《买卖合同司法解释》第1条、第17条、第18条与《民间借贷纠纷司法解释》第3条、第16条、第25条以及《物权法司法解释(一)》第17条、第19条,均为交易习惯在法律文本中的具体体现。须注意,上述的交易习惯均为事实之商事习惯,并不当然地都具有法律效力。

在"洪秀凤与昆明安钡佳房地产开发有限公司房屋买卖合同纠纷案"中,一审法院云南省高级人民法院认为:"双方当事人上述一系列行为明显不符合房屋买卖的一般交易习惯,故应认定双方所签《商品房购销合同》名为房屋买卖实为借款担保,双方之间系名为房屋买卖实为借贷民事法律关系"。④ 交易习惯作为被我国合同法肯定的唯一的商事习惯,其在司法实践中被运用地最为广泛。

6. 部门规章

部门规章非属《合同法》第52条第5项"违反法律、行政法规的强制定规定"的内容,当然不构成合同效力判断之依据。⑤ 最高人民法院1999年印发的《全国民事案件审判质

---

① 最高人民法院(2013)民三终字第5号民事判决书。
② 浙江省奉化市人民法院(2014)甬奉溪商初字第179号民事判决书。
③ "李金华诉立融典当公司典当纠纷案",《中华人民共和国最高人民法院公报》2006年第1期。
④ 最高人民法院(2015)民一终字第78号民事判决书。
⑤ 许中缘.商法的独特格与我国民法典编纂(下)[M].北京:人民出版社,2017:692.

量工作座谈会纪要》以及《合同法司法解释(一)》第 4 条均对此作出强调。① 实务中,法官亦保持此法律遵循。如在"樊宾昆与富源县大河镇祥兴煤矿、叶跃祥执行纠纷案"中,最高人民法院处理争议焦点"案涉《协议》是否因合作经营合同违法而无效"时,指出"从法律位阶来看,国土资源部《矿业权出让转让管理暂行规定》属部门规章,不属于合同法及其解释中可作为认定合同无效依据的法律、行政法规",从而作出案涉《协议》合法有效之认定。② 其后的法理基础主要源于数量繁杂的部门规章被植入部门利益,有损合同自由以及法院对部门规章不享有司法审查权,合法性监督缺位。③

事实上,尽管部门规章不构成合同效力的否定性评价的依据,但若合同内容与部门规章相悖,且在合同解释亦存有争议时,不排除可将部门规章作为行业性自治法规,解释为商事习惯之内容。④ 此系有些部门规章重视商事习惯并将其内化其中,如国家工商行政管理总局《工商行政管理机关禁止滥用市场支配地位行为的规定》第 6 条规定:"禁止具有市场支配地位的经营者没有正当理由搭售商品,或者在交易时附加其他不合理的交易条件:(一)违背交易惯例、消费习惯等或者无视商品的功能,将不同商品强制捆绑销售或者组合销售"等。⑤ 基于此,有学者提出"可从部门规章中寻找我国实质意义之商法或商法法源"。⑥ 在"韶关市曲江佳兴矿产品加工厂与永安财产保险股份有限公司潍坊中心支公司海上保险合同纠纷案"中,最高人民法院认为交通部《海运精选矿粉及含水矿产品安全管理暂行规定》系当时有效的部门规章,具体规定了货方、船方与港方的防止货物超过可运含水率的运输安全保障义务,在法律没有具体规定的情况下,可予参照适用。根据该规章,铅锌矿含水率不得超过 8%,否则会在海运途中造成危险,此亦为海运行业之惯例。故,最高院指出涉案铅锌矿过高的含水率,属于《中华人民共和国海商法》第二百二十二条第一款规定的被保险人"知道的或者在通常业务中应当知道的有关影响保险人据以确定保险费率或者确定是否同意承保的重要情况",佳兴矿产品加工厂未履行如实告知义务存在过错。⑦ 因此,依部门规章对合同内容进行解释,属于依据商事习惯对此进行解释,遵循习惯解释规则。⑧

---

① 最高人民法院 1999 年 11 月 29 日印发法的〔1999〕231 号指出:"根据合同法的规定,判断合同效力的依据是全国人大及其常委会制定的法律和国务院制定的行政法规,地方性法规和部门规章不能直接作为确定合同效力的依据。"《中华人民共和国合同法》若干问题的解释(一)第 4 条规定:"合同法实施以后,人民法院确认合同无效,应当以全国人大及其常委会制定的法律和国务院制定的行政法规为依据,不得以地方性法规、行政规章为依据。"
② 最高人民法院(2015)执申字第 67 号民事裁定书。
③ 谢鸿飞.论法律行为生效的"适法规范"——公法对法律行为效力的影响及其限度[J].中国社会科学,2007(6).
④ 许中缘.商法的独特品格与我国民法典编纂(下)[M].北京:人民出版社,2017:693.
⑤ 高其才.尊重生活、承续传统:民法典编纂与民事习惯[J].法学杂志,2016(4).
⑥ 雷兴虎.商法的独立与独立的商法[M]//王保树.中国商法年刊创刊号.上海:上海人民出版社,2001:102;任先行.商法原论(上).北京:知识产权出版社,2015:167-168.
⑦ 最高人民法院(2015)民申字第 1502 号民事裁定书。
⑧ 许中缘.论商事习惯与我国民法典——以商主体私人实施机制为视角[J].交大法学,2017(3).

(三)商事习惯在裁判文书中的具体应用

裁判文书中的"本院认为"集中体现了法官作出判决的裁判理由,主要包括权威理由和实质理由,其本质是一种法律论证,即法官通过阐述法律理由与事实理由证立判决结论。法律理由指权威理由,即可直接援引的法律渊源;事实理由指实质理由,一种通过内容来支持判决结论合理性的理由。① 法官在司法文书中运用商事习惯即是体现法官对法律论证中实质理由论述的展开,反映法官关于法理情的司法正义价值观。通过文书梳理,法官均视商事习惯为一种事实,在司法文书的运用情况主要分为两种类型:

1.商事习惯构成案件事实认定的基础②

案件事实认定是法律适用的前提,是分配法律责任的依据。司法裁判是在纠纷发生之后介入,时空的迟滞性不可避免地会造成事实认定的困境,特别是对于法律关系复杂、纠纷类型新颖者尤甚,典型如商事案件。商事交往的庞杂性、灵活性决定了商事纠纷单一凭靠证据进行事实认定的困难性。商事习惯作为"法律规则运作背景中的一项重要内容",因其在当事人之间或特定区域、行业间的反复适用性,多为法官置之为案件事实认定的逻辑起点,在一定程度上简化了还原商事纠纷法律事实的工作难度,由此"兼顾司法的公正与效率"。③

2.商事习惯作为商事主体行为的规范标准

商事习惯代表着特定群体对特定商业秩序的一般规律性认识,是特定群体在长期的商事交往中逐步地自发形成的相对固定的行为方式,当然地可作为检视当事人行为真假对错的参照标准。在处理案件事实棘手的商事纠纷时,法官可将商事习惯作为形成内心确信的价值判断的裁量工具,作为认定当事人行为是否规范的衡量准尺,符合规范标准者易得法官支持其主张,以此方便法官厘清法律关系、责任分配等。

二、商事习惯司法适用的问题分析

商事习惯在我国司法实践中的运用情况主要见诸以下几点问题:

(一)理念困局:商事习惯的独特性的缺失

1.商事程序规则不足

我国实行民商合一立法体例,但"现有法律体系并没有考虑商法规则的独特性",④商

---

① 雷磊.法律论证中的权威与正确性——兼论我国指导性案例的效力[J].法律科学,2014(2).
② 彭中礼.习惯在民事司法中运用的调查报告——基于裁判文书的整理与分析[J].甘肃政法学院学报,2014(6).
③ 吴庆宝.民事裁判标准规范[M].北京:人民法院出版社,2006:80.
④ 许中缘.商法的独特品格与我国民法典编纂(上)[M].北京:人民出版社,2017:6.

法独特品格的缺失也反映在诉讼程序方面。我国不区分民商事纠纷统一适用《民事诉讼法》,但《民事诉讼法》制定于1991年,彼时我国正处于计划经济被市场经济取代的变革初期,因此不可避免地带有计划经济时代的烙印,调整的经济关系简单,强调政府干预下的个人权利救济,以满足纠纷当事人对生存权利的期待为价值追求。虽然2007年我国对《民事诉讼法》进行了修改,但其结构性框架在制定之初被固定了下来,①在复杂不定的市场环境下调整灵活多变的商事纠纷不免有些苍白。典型如证据制度对商事习惯在司法审判中的运用。现有证据制度强调当事人之间的对抗,比如举证责任的分配、证据的证明力、举证期限的限制等,这些程序规则设计固然初衷是案件事实的查明,但反复的证据对质下的成本消耗于商人是一种利坏的制度安排,商事习惯的司法效能降低。这与商事交往的迅捷性相违背,不利于商事活动的开展。

2.公平原则被司法滥用

法官将民法意识代入商事纠纷的案件审理,忽视商法理念与商主体精神。商事纠纷的处理有别于民事纠纷的价值寻求,相对于民事审判,商事审判更应追求效率价值,法官更应倾向于从营业、营利等维度审视纠纷的裁决。但在司法实践中,法官囿于民法观念的根深蒂固,不自觉地带上公平原则的"紧箍咒",以公平原则为衡尺审理商事纠纷,裁判结果往往是忽略商事习惯存在的基础,否定商事习惯的正当性。如法官不加区分地否定"保底条款"的效力,在"杨中伍与赵继成民间委托理财合同纠纷案"中,原告基于被告作出的本金保本、年化收益不低于40%的保留条款而委托被告理财,然被告因投资失败未能兑现保留条款的承诺,原告遂起诉被告。法官指出:"关于委托理财合同的保底条款是否有效,因保底条款违背民法的公平原则,故应认定为无效条款。因此应由双方共同承担投资亏损的后果,可参照双方约定的收益比例来确定双方的损失分担份额。"②本案中,法官以公平原则为由认定保底条款无效,不可谓是一次丧失法律理性的裁判。被告为创造更多收入而给原告作出收益承诺,原告之所以选择与被告签订价值180万的委托理财合同,源于被告作出的保底条款的吸引,原被告的市场行为符合理性经济人的投资选择,而法官单凭公平原则否定原被告双方基于自愿和追求利润考量而签订的保底条款的效力,违背资本市场的商事习惯。③ 除了保底条款,还出现了法官以公平原则否定公交行业中的"恕不找零"条款、服务行业中的"最低消费"及"开瓶费"条款、宾馆行业中的"过中午12点加收半天房租"条款等,严重不计商事习惯存在的正当性基础和商人逐利的本性。④ 这种以民法中的社会公平取代商法中的经济公平的裁判思维有碍商品经济的发展。

---

① 徐学鹿.商法总论[M].北京:人民法院出版社,2001:16.
② 吉林省长春市中级人民法院(2016)吉01民终306号民事判决书。
③ 我国上世纪90年代,证券市场逐渐活跃,委托理财业务中常见"保底条款",高风险与高收益并存,是证券市场的商事习惯。但随着证券市场的持续低迷,委托理财业务也现颓势,许多签订保底条款的受托公司损失严重,委托理财合同纠纷骤增。国家基于此陆续出台法律法规否定保底条款的效力。这也从一个侧面反映出国家制定法对商事习惯的态度转变。
④ 樊涛.论我国的交易习惯——商法的视角[C]//王保树.中国商法年刊.北京:法律出版社,2013:145-146.

(二)认定困局:商事习惯的界定难

1. 认定标准模糊

法官对商事习惯的界定没有确切的认定标准。商事习惯的场域转换——从市场到法庭,不可避免地会牵涉司法认定问题。商事习惯认定标准的模糊性主要系商事习惯具有地域性、行业性的特点,非处在特定环境中无从知晓商事习惯的有无、内容,不得知晓特定商事习惯存在的情理基础等,客观地导致法官在商事习惯的认定标准上把握不清。相对于文本中的法条,商事习惯多靠口耳相传,存在形式的非规范性也使得法官在界定商事习惯时会出现认识歧义之现象。如在"曾意龙与江西金马拍卖有限公司、中国银行股份有限公司上饶市分行、徐声炬拍卖纠纷案"中,一审法官指出拍卖界存在流拍[①]后拍卖师继续主持拍卖的实践惯例,因此不能以拍卖师未停止拍卖而否定此后拍卖行为的效力。而在二审中,法官指出:"参照金马公司向各竞买人提供的《拍卖规则》以及拍卖行业的习惯做法,金马公司拍卖'正大商厦'部分产权过程中,拍卖师在2670万元和2740万元价位上的两次落槌均为无效。"二审法官认为流拍无效是拍卖行业的习惯做法,从而认定买卖师后面的两次落锤行为均不发生法律效力。[②] 同样对于流拍,不同法官的认定标准不同甚或相反,法官内心形成的法律确信不同从而产生不同的认定结果,有损司法的公信力和权威性。

2. 确立法源地位难

在《民法总则》第10条颁行之前,现有的民事法律并未赋予商事习惯法律渊源的效力。实务界通识是商事习惯"只有具备了法律渊源的地位,才具有被法官得以适用的资格,才能成为法官作出裁判的依据之一"。[③] 因商事习惯不具法源地位,法官在认定商事习惯时内心不可避免地存在客观障碍。对商事习惯的法律信仰的缺失,直接导致法官主动界定并认可商事习惯的能动意识不强。主要表现为商事习惯在裁判中不轻易被认定,但在调解中得以广泛运用;商事习惯在民商事纠纷中容易被认定,在刑事纠纷、行政纠纷中被认定的情况罕见[④];商事习惯在层级高的法院容易被认定,在级别较低的法院不易被

[①] 此处的流拍,意指出价最高的竞买人的竞价仍未达到拍卖委托人的保留价。我国《拍卖法》第50条第2款:"拍卖标的有保留价的,竞买人的最高应价未达到保留价时,该应价不发生效力,拍卖师应当停止拍卖标的的拍卖"。
[②] 最高人民法院(2005)民一终字第43号民事判决书。
[③] 陈建华.论习惯在民事司法适用中的现状、困境与出路——基于我国司法实践的视角[J].民间法,2016(6).
[④] 商事习惯出现在刑事纠纷裁判文书中的情况:"李征琴故意伤害案",见江苏省南京市中级人民法院(2015)宁少刑终字第19号刑事裁定书;"余刚、曹志华等侵犯著作权犯罪案",见上海市徐汇区人民法院(2011)徐初字第984号刑事判决书;"陆国金利用其他国家工作人员职权受贿案",见江苏省常州市天宁区人民法院(2011)天刑二初字第229号刑事判决书。商事习惯出现在行政纠纷裁判文书中的情况:"黄璟诉江苏省教育厅不履行教育行政协议案",见江苏省高级人民法院(2015)苏行终字第00282号行政判决书;"伊尔库公司诉无锡市工商局工商行政处罚案",见《中华人民共和国最高人民法院公报》2006年第3期。

认定。① 尽管《民法总则》赋予习惯法律渊源的效力,但如何确定商事习惯的适用还需要进一步明确。

(三)适用困局:商事习惯运用的非规范性

1. 论证缺乏法律理性

司法实践中法官就商事习惯的论证不甚清晰,有些判决书中都未言明商事习惯的具体内容,这与提高裁判文书的社会接受度背道而驰。在一些法官否定商事习惯的案件中,诉讼文书中不见法官的说理,仅以"不符合商事习惯"简单而过,严重影响司法和谐。如在"上海浦东发展银行股份有限公司贵阳分行与贵阳华中房地产开发有限责任公司、罗丹等金融借款合同纠纷案"中,二审法官认为:"华中房开在资金紧缺的情况下自愿无偿地向美益公司支付高额的服务费和补偿费违背常理,且不符合商事习惯。据此,并综合案件事实,应认定《服务合同》《补偿合同》系案涉借款合同的一部分。"②本案裁判文书中通篇不见法官关于此处提到的商事习惯的论证,且在体系解释下仍不知法官意指的商事习惯是什么。能否适用商事习惯、为何要适用商事习惯、商事习惯的内容是什么,法官就商事习惯不展开上述论证的乱象在裁判文书中是一个普遍性的严重问题。

2. 适用方法混乱

我国对商事习惯缺乏程序性的规范,导致其在司法适用中出现方法的非规范性。由于我国对商事习惯不作事实性商事习惯和规范性商事习惯之区分,实践中法官就商事习惯的举证便产生了分歧。③ 典型如商事习惯当由当事人举证证明抑或法官查明、法官在何种情形下享有调查取证的权利、法官对商事习惯如何进行认证等等④之类的诘问,都是我国当下司法实践中不可回避的问题。表现在裁判文书中,突出表现为当事人提出某一商事习惯作为对自己有利或对对方不利的主张时,但凡当事人不提供关于该商事习惯的证明时,法官大多以"其当事人无就商事习惯进行举证"为由否定商事习惯的存在,进而对该当事人的主张不予支持。如在"重庆帝华广告传媒有限公司与四川美术学院、周宗凯委托创作合同纠纷上诉案"中,帝华公司向法官提出"动漫行业有一个约定俗成的行业规范,即受委托创作完成的动画片制作成果,不仅包括动画片制成品即动画片成片文件,还包括动画片源文件",一审法官认为帝华公司未能举证"交付动画片源文件系动画行业约定俗成的行业规范"的事实,因此不予认可该商事习惯。⑤

---

① 广东省高级人民法院民一庭、中山大学法学院.民俗习惯在我国审判中运用的调查报告[J].法律适用,2008(5).
② 贵州省高级人民法院(2016)黔民终 272 号民事判决书。
③ 前者将商事习惯定性为事实,按照证据规则,须由主张习惯的当事人举证。后者将商事习惯归属为法律,法官作为法律的代言人,当需法官查明商事习惯。
④ 王庆丰.民俗习惯的司法适用研究——以民事诉讼为视角[D].重庆.西南政法大学,2011.
⑤ 重庆市高级人民法院(2012)渝高法民终字第 00115 号民事判决书。

三、《民法总则》第 10 条中"习惯"之解释

(一)国家认可是区别习惯与习惯法的根本性要素

坚持从国家与法的视角厘清习惯与习惯法是必要且必然的分析路径。国家制定与国家认可是法生成的两种普遍模式。学者们选择不同的维度界定习惯与习惯法,基于其不同的专业背景或立场。一般而言,法理学者、法社会学者以及法人类学者们偏爱选择社会与法的视角,而选择国家与法视角的往往是民法学者和法官,且因前者讨论者多,"法不是国家的独占物",故其观点成为学界的主流声音。笔者认为,注意到社会中另有制定法以外的秩序形式于社会规范与治理而言值得肯定的,但强调法的国家强制性是我国法律体系建构的基础,不同的视角考察习惯与习惯法于学术理论发展大有裨益,于法律适用却会造成困惑甚至混乱。如台湾地区学者刘政所言:"习惯法系指一般人就某一事项,长期反复为同一行为,一般人确信应加遵守,并由国家予以认可,使具有法的拘束力。"①故,习惯法不仅"须以多年惯性之事实及普通一般人之确信心为其成立基础",②还要求"经国家承认时方为习惯法"③。

需要注意的是,国家承认仅指法官认可,不包括习惯入立法。王利明教授指出:"习惯法是指长期和恒定、获得特定群体内心确信为行为规则,且具有合法性的习惯……由此,习惯要转化为习惯法,必须要经过合法性的评价。"④此处的合法性评价的主体应理解为法官。梁慧星教授也认为:"习惯经法院承认并引为判决依据,即成为习惯法。"⑤国家承认之所以排除习惯入立法,源于习惯一旦被立法机关吸收,则升格为制定法,自不再属习惯法的探讨范围。故,笔者认为,习惯法=惯行的习惯+民间的"法的确信"+法官认可。

(二)第 10 条中"习惯"应解释为习惯法

1. 第 10 条中"习惯"为民法渊源

《民法总则》第 10 条:"处理民事纠纷,应当依照法律;法律没有规定的,可以适用习惯,但是不得违背公序良俗。"第 10 条被学者表达为"法律适用"条款,即明示法官在审理案件时可引之为裁判依据。而裁判依据者,必得是法律渊源,故第 10 条也被称作民法法源的规定。通俗地讲,法即法律渊源,法律渊源即法的表现形式。因此,第 10 条中"习

---

① 刘政.法学绪论[M].台北:新学林出版社,2012:11.
② 王泽鉴.民法总则[M].北京:北京大学出版社,2009:63.
③ 梁慧星.民法总论[M].北京:法律出版社,2007:24.
④ 王利明.中华人民共和国民法总则详解:上册[M].北京:中国法制出版社,2017:56.
⑤ 梁慧星.民法总则立法的若干理论问题[J].暨南学报,2016(1).

惯"不是指作为事实上的习惯,而是升格为法的习惯法。

法有制定法和习惯法之分。"法是无漏洞的整体,唯有制定法有漏洞。"①制定法万能主义随着社会经济的发展而破产,与此同时,司法对公平正义的追求愈加强烈,因此在制定法之外寻找其他法律渊源成为一种迫切的需求。在这一背景下,现代法治理念强调并非仅制定法是唯一的法律渊源。② 我国学者大多认可应拓展法律渊源的外延,将习惯纳入其中,以此缓解制定法难以周延地对日益发展的社会以规范的漏洞,以法律的多元性满足司法对公平正义的追求。作为法律渊源的"习惯"必然不能是事实上的习惯,事实上的习惯因具有民间自治性,其产生、发展的过程伴随着不确定性、非规范性,甚或违背公序良俗及制定法,因此并非所有的习惯都适宜作为裁判依据中的素材,非得经过国家承认环节方可。而经过法官认可上升为习惯法,以文本的方式固定化,利于法官内心形成法律前见,符合公众对法的稳定性的要求。

2.比较法视域下将民法渊源的"习惯"界定为习惯法

《民法总则》关于民法渊源的条款设定是参照域外立法确定。从规范意义上讲,最先以习惯作为民法法源的立法例源自《瑞士民法典》。《瑞士民法典》第一条被称为"著名的第一条",其部分规定:"(1)凡依本法文字或释义有相应规定的任何法律问题,一律适用本法。(2)无法从本法得出相应规定时,法官应依据习惯法裁判"。③《瑞士民法典》否认制定法的自主性,直言习惯法同为法源。《瑞士民法典》关于法源的规定不可谓是一种开创性的立法理念及立法技术,对后世影响深远。典型如《日本民法典》第2条、《韩国民法典》第1条、《意大利民法典》第1条等,均是直接将习惯法规定为法源,或虽条文中表述为习惯,但解释为习惯法。我国台湾地区"民法"第1条规定:"民事,法律所未规定者,依习惯;无习惯者,依法理。"台湾地区学者也是将此处的"习惯"界定为习惯法。我国《民法总则》第10条关于民法法源的立法体例也是仿自《瑞士民法典》,加之域外其他民法典的法源规定,确证我国《民法通则》第10条中"习惯"亦宜被解释为习惯法。虽然在习惯法的内涵上确定不同,但无疑问各国民法典中规定为法源的"习惯"均不是指事实之习惯。

(三)民商合一视角下对第10条法释义"习惯法"之检视

历史地看,民商合一理念占据着我国私法学界的话语体系。在民商合一体例下编纂民法典已为我国立法机关及理论学界的普遍性共识,④《民法通则》作为民商合一体例下民法典的"开篇之作"⑤也实现了此一基本遵循。值此情景下,从民商合一视角再度审视第10条中"习惯"一词是必要且必然的需要。

---

① 卡尔·恩吉施.法律思维导论[M].郑永流,译.北京:法律出版社,2014:170.
② 孙宪忠.民法总则制定需要处理好的若干重大问题[J].河北法学,2017(1).
③ 李敏.《瑞士民法典》"著名的"第一条——基于法思想、方法论和司法实务的研究[J].比较法研究,2015(4).
④ 许中缘.商法的独特品格与我国民法典编纂(上)[M].北京:人民出版社,2017:2.
⑤ 张谷.从民商关系角度谈《民法总则》的理解与适用[J].中国应用法学,2017(4).

1. 仅将第 10 条"习惯"解释为习惯法无法满足商事审判的独特需求

承上述,习惯法的构成要件有三:事实之习惯、民间的"法的确信"及法官认可。此种界定兼具形式性与实质性构成要件,对习惯升格为习惯法作出了严苛规定,为法官将习惯引入司法裁判作为裁判依据提供了明确的思维指导。不可否认,这番严格的认证过程在民事案件的定分止争中是对公平正义的有力追求,但于商事纠纷而言,却是一种不经济的法律安排。

2. 对民事审判中习惯法的认证标准注入商事因素

商事审判不仅应意指公平正义,更应偏侧商人自治与商事效率。同是对习惯质变为习惯法,商事审判的认证过程无疑应体现商人的自治性与效率性。质言之,相比民事审判,商事审判需要在民间的"法的确信"以及法官认可两个环节重视考察商事因素。

第一,民间的"法的确信"宜修改为当事商主体间的"法的确信"。民间的"法的确信"寓指处在特定地域或团体中的人将某一习惯看成"真正的法"或"实际的法",即看成是其生产生活中的法律。[①] 由是可知,习惯达到民间的"法的确信"并不容易,与此伴随的是证明习惯符合民间的"法的确信"的举证困难。众所周知,商人为寻求交易的方便迅捷,其设计的商事交往规则可能较为灵活,甚至两个商人间即可形成长期稳定的仅适用于此两商人间的商事习惯。此时若要严格按照民事审判中对习惯法的认证标准,则可能陷入明明事实如此却举证不能的尴尬境遇。此既拖延审判效率,又增加商人商事活动的时间成本。同时,亦无端升高举证不能一方因证据规则而败诉的司法伦理风险,实损司法公正。而当事商主体间的"法的确信"的举证责任自是合理且轻便,哪怕仅仅是两个商人间的商事习惯,也可通过提交双方当事人之间的合同、往来邮件、转账记录等,以此证明该长期固行于双方间的交往规则于二人内心形成了"法的确信",不必限于非得是某一行业间这一更加宏观性的条件。

第二,法官认可的内容与程度应有所减负。在民事案件对习惯法的认证中,主要考虑其合理性与合法性。合理性的考察内容即是以公序良俗为标尺,要求上升为法源的习惯不得与社会的公共秩序和善良风俗相违背。进一步讲,民事习惯多源于民族传统的长期积淀,反映群体所共享的生活经验和行为模式,[②] 对合理性的程度要求更高;对合法性的考察,要求其与制定法保持一致,尤其不得违反法律的强制性规定。因此,在民事案件中对习惯法的认证的内容与程度均较为严格。故,倘若对民事习惯的合理性与合法性的考察标准不区别地适用到商事习惯的认定中,那么诸多在经济生活中有充沛生命力的商事习惯在法律领域则失去存在的根基,不能满足商人共同体的利益与效益的追求。基于此,同样是对合理性与合法性的考察,在商事纠纷中对习惯法的认证标准宜降低"门槛",灵活运用。具言之,在考虑公序良俗此标准时,反对一刀切地以社会公共利益为由

---

① 张镭.论习惯与法律:两种规则体系及其关系研究[M].南京:南京师范法学出版社,2008:19.
② 赵万一.民法概要[M].武汉:华中科技大学出版社,2014:62.

否定商人共同体间为追求利益最大化而形成的商事习惯,尽管这种商事交往规则可能与社会共同体的传统认知有所出入。在合法性认定环节,并非商事习惯与制定法冲突即为无效,有些与制定法不一致的商事习惯反而更符合商主体的心理预期,取得更佳的法律效果与社会效果。当然,不得违反法律的强制性规范是基础共识。

因此,在习惯上升为习惯法的认证中,宜应在民商合一视角下区别民商事纠纷而作不同认证标准。即在民事纠纷中,习惯法＝事实之习惯＋民间的"法的确信"＋法官认可;在商事纠纷中,习惯法＝事实之习惯＋当事商主体间的"法的确信"＋法官认可,其中法官认可环节,较之民事裁判中,应当降低其合理性与合法性的审查标准。

四、商事习惯法司法适用的规范表达与具体规则

(一)商事习惯法司法适用的规范表达

在市场经济蓬勃发展的当下,商事交往创造了巨额财富的同时,层出不穷的商事纠纷也相伴而生。《民法总则》赋予商事习惯法以法源效力,实为对经济生活需求的一种及时回应。制定法与商事习惯法应在商事裁判中相契合地共同服务于司法实践,①但商事习惯法得被法官援引并作为裁判依据的条件必须符合法律意义上的规范表达:

1. 制定法出现法律缺漏

《民法总则》第10条规定"法律没有规定的,可以适用习惯",言明民法法源及其适用位阶。由此推知,"发生争执而诉请或声请法院裁判时,其陈述(主张)之事实有法律依据者,应适用法律裁判之,不得依习惯……裁判之"②,即制定法作为第一顺序的法源得最先适用,仅当制定法存在法律漏洞时,第二位阶的习惯法方可适用。所谓制定法出现缺漏,包括两个构成要件:一者法条出现规范缺位;二者在法条缺位时,通过法律解释仍无法将作为案件事实的小前提涵摄到作为法条的大前提中。比较地看,瑞士联邦法院"在判决中将制定法的漏洞区分为真正漏洞与不真正漏洞,认为真正的制定法漏洞在于立法者本应规定但因疏忽未予规定之处,无论是根据其字义还是解释都无法推断出制定法规范的内容……填补真正的漏洞是法官的职责",③瑞士司法实务界亦是秉持仅当通过法律解释仍未能提供裁判依据时尚可适用习惯法的观点。"在方法论上,适用习惯法填补法律漏洞,后于探求模糊规范确切内涵的法律解释。"④故,《民法总则》第10条具体到商事习惯法的入法适用,要求法官在制定法中寻找不到合适的法条时,不得径行选择习惯法,需要

---

① 闫志勇.习惯适用法定化及其对司法实践的意义[J].怀化学院学报,2017(7).
② 姚瑞光.民法总则及第一条释论[J].法令月刊,1990(11).
③ 李敏.《瑞士民法典》"著名的"第一条——基于法思想、方法论和司法实务的研究[J].比较法研究,2015(4).
④ 彭诚信.论《民法总则》中习惯的司法适用[J].法学论坛,2017(4).转引自[瑞]贝蒂纳·许莉蔓—高朴、[瑞]耶尔格·施密特.瑞士民法:基本原则与人法[M].纪海龙,译.北京:中国政法大学出版社,2015:63-64.

法官运用裁判技术和司法经验在案件事实与法条间来回互动以对法条进行科学解释,在法律解释下仍不能映射案件事实时,法官方得以适用商事习惯法。

然而,尽管"法律已设规定时,即无适用习惯的余地"①为一种普遍性的认知,但关于制定法与习惯法的适用关系仍有学者提供了不同的法律表达与反思:"不承认习惯法的法律规范地位则已,既以习惯法为现行法律规范的一种,则在'找法'过程中硬性规定其地位次于制定法,并不符合实际的方法论"②。法条并不能结合成一种没有漏洞的价值秩序,而与人类共同生活相关的价值可推得伦理性规范,其于个案中应否得优先考量则需视具体情况确定,③其中习惯法之价值应属与人类共同生活相关的价值范畴。循着这种法律表达,倘若适用某商事习惯法可大幅提高司法效率,取得更好的法律效果和社会效果,且获法官的合理性与合法性审查,此时商事习惯法得否优先适用尚可继续研究。

2.商事习惯法不得严重违背公序良俗及制定法的强行性规范

第一,商事习惯法不得违背严重违背公序良俗。《民法总则》第10条规定习惯不得违背公序良俗,在比较法上亦是普遍性设定。公序良俗系从民族共同的道德感和道德意识中抽象出来,其内涵由社会公共秩序以及社会全体成员所普遍认可和遵循之道德准则构成,是保证社会秩序井然的基础。④ 我国台湾地区"民法"第2条规定:"民事所适用之习惯,以不背于公共秩序或善良风俗者为限。"公共秩序与善良风俗是一个民族隐形的秩序要求,作为民法法源的习惯倘若有悖公序良俗,则会在司法适用的过程中对民法体系造成冲击,产生民法秩序混乱的风险。

着眼商事习惯法,考虑商事活动的目的与追求,对商事习惯法违反公序良俗宜有一定的包容。如前论及,商人出去对利益的追求及效率的需要,形成诸多若以公平正义原则为衡尺则界定为无效的行业习惯,如金融业的"保底条款"、公交行业中的"恕不找零"条款、服务行业中的"最低消费"及"开瓶费"条款、宾馆行业中的"过中午12点加收半天房租"条款等。这些条款在一定程度上超出社会普通人的心理预期和内心接受度,与公序良俗的基本精神相出入,但于商主体而言,这些商事习惯的形成有其存在的正当性基础,经"市场的手"筛选出来的规则自有其合理性,消费者增加的支出必然以市场的力量分配到经济生产的各个环节,其产生的经济福利自然会惠及消费者。因此,肯定商事习惯法对违背公序良俗的一定容忍是符合市场经济自然规律的理性选择。当然,这种容忍的程度是以法律正义与经济正义之间利益博弈的结果而定,对轻微容忍的把握需要法官凭借职业素养作出合理的自由裁量。需要注意的是,在多元开放的社会中,公序良俗会

---

① 王泽鉴.民法总则[M].北京:北京大学出版社,2009:62.
② 苏永钦."民法"第一条的规范意义——从比较法、立法史与方法论角度解析[C]//杨与龄.民法总则争议问题研究.北京:清华大学出版社,2004:16;类似表达还有"习惯法与制定法有同样之权力基础,它与制定法之区别只在于制定的程序。至于他们之间的关系在必要时,应依竞合的理论去解决。"黄茂荣.法学方法与现代民法[M].北京:中国政法大学出版社,2001:291.
③ 卡尔·拉伦茨.法学方法论[M].陈爱娥,译.北京:商务印书馆,2003:7-8.
④ 王利明.中华人民共和国民法总则详解(上册)[M].北京:中国法制出版社,2017:53.

随着社会情势和时代潮流而自觉修正、更新,需要法官以发展的眼光审度之。

第二,商事习惯法不得违背制定法中的强行性规范。《民法总则》第10条对此并未明确予以限制,而是通过法释义学的阐释得出。一般而言,习惯法作为辅助性法源自当与第一位阶法源的制定法保持一致性,不得与制定法相冲突。但循着法律逻辑会发现一个吊诡的问题,即商事习惯法适用的前提是无制定法以征引,既然不存在相关法条则适用商事习惯法时自然不会出现与制定法相冲突之情形。可能的解释是该商事习惯法与法律的基本原则相佐,但紧接着产生另外一个疑惑,实践中并非直接援引法律原则以裁判,而是选择根据法律基本原则的解释寻找最贴切的法条适用之,而这又与适用商事习惯法的逻辑前提相矛盾,陷入循环的诘问中。

基于此,商事习惯法不得违背制定法的理解思路可能在于民法法律渊源的适用位阶问题。"在强调制定法的环境下,习惯法的功能往往被定位为填补制定法的漏洞。此亦《瑞士民法典》第1条前段之观念基础……这并不表示,制定法的效力等级必定高于习惯法。"① 学者指出,虽然制定法是民法规范最常见的形式,但不能据此认定其便为立法者专断意志的产物,毋宁说,其仅是立法者对民族习惯的抽象概括,因而制定法的本质是被"发现"而非被"创造"。由是可知,制定法与习惯法的区别在于是否被立法者以文字形式固定之。因而,制定法位于第一位阶得最先适用源于相较习惯法有着更高的法的稳定性和预见性,并非归于法的效力的高低。质言之,倘若对法律安全无妨碍,优先适用习惯法未为不可。② 也有学者通过对《瑞士民法典》第1条发表的法律见解来提供可能性的解决方案:"把第一条单纯化为有关造法(漏洞补充)的规范,而无涉如何在现行法中找法"。③ 关于对民法法源条款的此种解读不占学界主流,且果真适用须得满足诸多限制。

笔者认为,商事习惯法在条件满足时可得任意性规范优先适用,但不可违反制定法的强制性规定。法律的强制性规定是指"当事人所不可排除适用的规范",是"私法权利运行的基础,是私法得以自治的保障,是私法实现社会正义的桥梁……强行性规范是民法得以自治的真谛和最可靠的保障"。④ 强制性规范是一种国家管制,国家管制与自治虽手段有异,但在功能与目的方面亦可实现旨趣归一,共同维持私法秩序。有学者提出:"按照更一般更客观的定义,所有的法律规范都是戒律,赋予强制力以及对他调整的客体——不仅是后果——创造权利以及与之相应的义务。"⑤ 故言之,强制性规范究其本质

---

① 朱庆育.民法总论[M].第二版.北京:北京大学出版社,2016:41.
② 朱庆育.民法总论[M].第二版.北京:北京大学出版社,2016:41.
③ 苏永钦."民法"第一条的规范意义——从比较法、立法史与方法论角度解析[C]//杨与龄.民法总则争议问题研究[M]北京:清华大学出版社,2004:16.
④ 许中缘.民法强行性规范研究[J].法学家,2009(2);许中缘.民法规范类型化之反思与重构[J].人大法律评论,2010(1).
⑤ J. MASQUELIN,La formation de règle de droit,Ch. PERELAN,la Règle de droit,BRUXELLES,1971:21.

是从另一个角度来支持私法自治。① 因此,作为商主体自治产物的商事习惯法虽表现出独特的品质,但也必须遵行法律的强制性规范,此既符合国家刚性之意志,亦契私法自治之精髓。对于任意性规范而言,不同于民事习惯法,商事习惯法应有其优先适用的空间。任意性规范的目的在于意思自治原则充分地实践,而商事习惯法则更可能趋于符合商主体的主观意图,这些主观意图正是以意思自治为基础的合同法理论所要尊重的。② 如此立法设定实有先例,如《韩国商法典》第1条规定:"关于商事,本法无规定时,适用商事习惯法;无商事习惯法时,适用民法。"

3.当事人不排斥适用

制定法与习惯法虽本质同为民法法源,但其分属两种秩序规范,在法律实践中宜有所区别。不同于制定法,习惯法的国家强制性宜具有一定的灵活性。南非《习惯法适用法(草案)》中规定:"在决定是否适用习惯法时,法院可以给予当事人之间明示或默示的适用习惯法的协议以效力,除非法院确信这样做是不适当的。"③可看出,在习惯法的司法适用上有尊重当事人选择权之先例。《民法总则》第10条"没有法律的,可以适用习惯"之规定,其中立法机关采用的立法术语是"可以",而非"应当"或"必须",或亦为在没有法律时,当事人得拒绝适用习惯法留下解释空间。故,在法官援引商事习惯法时,当事人可得拒绝之。当然,为保证法的可预见性与稳定性,宜给当事人拒绝适用商事习惯法时设置严苛条件,如必须是双方当事人合意排斥适用、双方当事人应陈述充分且合理的理由等。并且,如果当事人在审判中根据商事习惯法自愿达成和解协议,且不违背公序良俗和法律强制定规范,法官宜认可之。

(二)商事习惯法司法适用的具体规则

司法必然排斥任意性,而排斥任意性的最佳路径即是构建合理的司法程序。严格、正当的司法程序,是国家司法权力得以高效有序运作的坚实保障。④ 故,商事习惯法的司法适用亦需遵循科学合理的运行图示及程序。需要注意,因我国之前并未肯定"习惯"的法源地位,因此并无真正意义上的商事习惯法。《民法总则》生效后,我国商事习惯法须经从无至有的积累过程,故商事习惯法司法适用的具体规则的研究需分两种进路,一是商事习惯升格为商事习惯法的司法适用,一是商事习惯法的司法适用。鉴于两种情况发生的时序性以及前者规则的复杂性,笔者主要探讨第一种情况,即商事习惯在司法程序中首先作为一种事实继而经法官认可升格为商事习惯法予以运用。

1.启动程序

---

① 苏永钦.私法自治中的国家强制——从功能法的角度看民事规范的类型与立法释法方向[J].中外法学,2001(1).
② 李建华、彭诚信.民法总论[M].长春:吉林大学出版社,2000:30.
③ 高军.试论习惯法及其适用[J].山东科技大学学报(社会科学版),2009(5).
④ 公丕祥.法理学[M].上海:复旦大学出版社,2008:292-293.

商事习惯的启动是商事习惯法进入司法程序的开始。从启动程序的主体看,当事人与司法机关均有启动商事习惯司法适用之主体资格。司法实践中,主张商事习惯者最常见的主体是当事人。当事人欲启动商事习惯法的司法适用程序,需要主动向法院主张某商事习惯,既可在起诉状或答辩状中援引,也可在法庭质证环节或辩论环节中提出。司法机关指的是法院和检察院,检察院抗诉时提出某商事习惯的情形虽罕见但亦存在。在双方当事人均未主张商事习惯且商事习惯于案件确有必要时,法官一般有两种选择,第一种是根据《关于民事诉讼证据的若干规定》法官可行使释明权以提醒当事人,第二种是法官依职权主动提出商事习惯。前者已有法院在民事审判中所实践,典型如泰州市中级人民法院,其制定的《关于民事审判运用善良风俗的若干意见(实行)》要求法官应就善良风俗所蕴含的规则从法律上向当事人释明,积极引导当事人运用民俗习惯及相关规则予以攻防抗辩。①

2. 证明程序

(1)举证责任分配。厘清商事习惯的举证责任的逻辑前提是确定商事习惯在司法程序中是首先作为一种事实还是直接作为一种法予以应用,这关系着商事习惯是否需要以及如何举证。对于后者,即是商事习惯法的司法适用,发生在完成商事习惯法的积累之后,既然已为法则法官便可直接适用之且无需当事人举证。但如前述,笔者主要论述商事习惯升格为商事习惯法的司法适用。当商事习惯作为一种事实进入司法领域中时,其首先面临的追问是该商事习惯是否确实存在以及若存在其内容为何。既然是事实,则根据谁主张谁举证之证据规则由提出商事习惯的一方当事人负担举证责任。我国民国时期的最高法院曾于1924年在其判决书中指出:"习惯法规之成立,以习惯事实为基础,故主张习惯法则,以为攻击防御方法者,自应依主张事实之通例,就此项多年惯行,为地方之人均认其具有约束其行为之效力之事实,负举证责任;如不能举出确切可信之凭证,以为证明,自不能以为有此习惯只存在。"②至于是否具备当事商主体间的"法的确信"是为法律价值的判断,宜由法官结合经验认定之。正如学者王伯琦之见解,习惯法"须有经久的惯性"为事实问题,当由当事人举证,"法的确信"关涉法的效力,法院应当依职权调查。③

法官亦有依职权对商事习惯查证之义务。由主张商事习惯之当事人进行举证是经济的、理想的司法选择,但虑及当事人之诉讼能力及商事纠纷之复杂性,分配法官在特定条件下的查证义务于实质意义上的公平公正确属必要。④ 在当事人确实无能举证且商事习惯对案件事实认定起着关键作用的情况下,法官为查明真相,有义务对商事习惯的存

---

① 类似文件还有姜堰市人民法院通过的《关于将善良风俗引入民事审判工作的指导意见(实行)》(姜法〔2007〕12号)。
② 王泽鉴.民法总则[M].北京:北京大学出版社,2009:63.
③ 王伯琦.近代法律思潮与中国固有文化[M].北京:清华大学出版社,2005:310.
④ 田平安.民事证据初论[M].北京:中国检察出版社,2002:136.

在与内容进行查证并将次在裁判文书中阐释说明。历史地看,我国早于民国时期便强调法官对习惯的依职权查证义务。如1922年颁布的《民事诉讼条例》第三百四十三条规定:"习惯法、自治法及外国之现行法为法院所不知者,当事人有举证之责任。但不问当事人举证与否,法院得依职权为必要之调查。"①王泽鉴亦持此观点:"习惯法存在与否,除主张之当事人依法提出证据外,法院应依职权调查。"②毫无疑问,此种观点是对法官调查取证责任之强化。

事实上,不排出存在某些商事习惯免于举证之情形。典型者有两种,第一种是当事人自认,指一方当事人以言语认可或行为默示之方式承认他方在诉讼中主张的商事习惯,接受对自己不利之法律后果。当事人自认对法官与当事人均产生法律效力,只要被主张的商事习惯内容明确,即可进入下一环节,法官不必再行查证其是否存在;第二种情形是司法认知,指法官就众所周知之事实以及属于职务上已为显著之事实,不再要求当事人举证以证明,甚或就此商事习惯可由法官直接援引无需经过法庭辩论环节。③《关于民事诉讼证据的若干规定》第9条已具体列举了若干事项,加之受《民法总则》第10条的影响,将后的司法实务中商事习惯免于举证之情形应会增多。

(2)质证及证明强度。质证既是诉讼当事人维护合法权益的实体权利,亦是法官查明案件事实的法定环节。《关于民事诉讼证据的若干规定》第47条规定:"证据应当在法庭出示,由当事人质证。未经质证的证据,不能作为认定案件事实的依据。"就商事习惯的司法适用而言,对商事习惯的举证亦是作为证明案件事实的证据,需在法官的当庭主持下,就证据的真实性、关联性及合法性进行质疑与辩驳。质证环节,允许证人出庭作证。考虑商事习惯运用场域的特殊性,有时仅凭法官的认知或当事人的举证仍不能确证时,可允许行业协会等商事组织查证后出具书面材料,发挥类似于专家证言之作用。④ 质证过程中,商事习惯必须满足一定的证明强度方可,非仅仅主张存在某商事习惯而不加以辅助任何实际证据。一般而言,证明强度的主要参考因素是考虑商事习惯是否为当事人所长期遵守以及是否在当事人间形成"法的确信"。通过质证,最终确定当事人主张的事实之商事习惯是否存在及其内容与案件的关联度。

3. 确认程序

当事人向法官主张某商事习惯且经过质证满足"长期性"与"法的确信"后,需要法官审查其"合理性"与"合法性"且此两套标准须能在"司法实践中达成妥协"⑤,均符合后法官方得认可该商事习惯。经过法官认可的商事习惯上升为商事习惯法,自此,法官可以之作为裁判依据适用之。需言明,确认程序环节中的司法论证过程最后应当在裁判文书

---

① 郑爱诹.民事诉讼条例汇览[M].上海:世界书局,1923:244.
② 王泽鉴.民法总则[M].北京:北京大学出版社,2009:63.
③ 毕玉谦.民事证据原理与实务研究[M].北京:人民法院出版社,2003:88.
④ 王庆丰.民俗习惯的司法适用研究——以民事诉讼为视角[D].重庆:西南政法大学,2011.
⑤ 哈贝马斯.在事实与规范之间[M].童世骏,译.北京:生活·读书·新知三联书店,2003:244.

中充分体现,内容翔实,逻辑清晰,如学者所言:"如果法官无需在其判决结果与案件事实之间建立合理的说明与论证过程,非但不能有效提高法官的审判水平,增强其裁判文书制作能力,反而会使判决的制作成为掩盖其专断行为的合法载体,进而滋生枉法裁判和司法腐败。"①

五、商事习惯法的立法指引

基于商事习惯的商事习惯法为立法机关采纳而升格为制定法之范畴,既是保证立法生命力与活动力的重要手段,亦是尊重人民首创精神之表现。②商事习惯经法官认可升格为商事习惯法,再经大量案例积累以及商事习惯法在个案中的反复适用与修正,商事习惯法最终得以规范内容相对明确、适用机制相对稳定,符合"法的稳定性"之要求,条件成熟时可经由国家立法者承认形成制定法。有学者称之为习惯法向制定法的转化。③

习惯立法是人类立法史上普遍之情形。"一个国家的成文法典,其内容或多或少都应包含有由习惯法上升到成文法的转化,这不仅是习惯的运行规律,也是成文法的社会基础使然。"④习惯法暗合群体的心理预期与行为模式,在调节社会关系、维护社会秩序方面起着促进作用,其蕴藏的法律文化与法治精神是构建和衡平我国法秩序的至关重要的本土资源。商事习惯法首先来自事实之商事习惯,事实之商事习惯内生于社会,凝结着特定社会的物质生活条件与文化传统。商事习惯法无疑问地可作为民商事制定法资源池中的有益立法原料。比较地看,商事习惯法被立法机关吸收为制定法的现象已有之,典型如日本的"入会权制度"、德国的"善意取得制度"、我国台湾地区的"典权制度"等。⑤

(一)商事习惯法的立法准备

商事习惯法在其条件成熟时方可实现成文化的转变。在此过程,商事习惯法须做好事前的立法准备。

1.商事习惯的类型化研究

商事习惯在司法中的适用难题之一即如何以公序良俗对其进行价值判断从而正确筛选。公序良俗本就是无精准刻度的裁判标尺,其衡度由法官根据生活常识、裁判经验等自行把握,故对公序良俗之内涵很难作统一界定。基于此,可另辟蹊径地转对公序良俗尝试类型化研究。⑥类似研究进路在我国已有先例,不同点在于其研究对象为民俗习

---

① 龙宗智.刑事判决应加强判决理由[J].现代法学,1999(2).
② 马太建、焦丽萍.和谐社会视野下立法与习惯的关系问题探讨[J].南京财经大学学报,2010(4).
③ 彭诚信.论《民法总则》中习惯的司法适用[J].法学论坛,2017(4).
④ 李建华,许中缘.论民事习惯与我国民法典[J].河南省政法管理干部学院学报,2004(2).
⑤ 艾围利.商事习惯研究[D].武汉:武汉大学,2012.
⑥ 梅迪库斯.德国民法总论[M].邵建东,译.北京:法律出版社,2000:514.

惯,如梁慧星教授将违反公序良俗之民俗习惯抽象为 10 种类型①,于飞教授将其归纳为 8 种②,学者的探讨于民俗习惯在我国的司法实践多有助益。

具体到商事习惯,研究路径即是学者或法官立足现有的运用商事习惯之裁判文书,对其运用同类商事习惯者加以收集、整理与分析,梳理出运用某类商事习惯以裁判所取得的社会效果、经济效果与法律效果,进而对某类商事习惯的判断标准以归纳,构建一套商事习惯司法适用的类型化体系,为商事习惯为法官裁判时提供具体的可操作性强的借鉴程式。考虑商事习惯的特殊性,以及商事审判的复杂性,我国对商事习惯的类型化研究任重道远却又实属必要,亦是商事习惯法走向成熟的路径之一。

2. 商事习惯的体系化汇编

商事习惯司法适用的另一法律障碍即是对商事习惯以体系化地汇编的缺位。商事习惯汇编是一项广泛且庞杂的编撰工程,需要法院与人大的通力完成。质言之,法院可组建专门之部门,以审判实践中得以运用的商事习惯为基础,在所辖地域内展开商事习惯之调查,并对其进行规范化地梳理、抽象与总结。在此基础之上,按照周延的编例对其进行体系化的成文汇编。其中,对存有疑问之商事习惯,同级人大常委会应引导当地的行业协会、商会等组织机构参与对该商事习惯的调查论证,提供专业性意见,确保筛选出真正意义上的事实之商事习惯。需要注意,在商事习惯的汇编过程中,既应充分地发挥法院与人大间的联动关系,亦要保证人大对法院的监督地位。

通过商事习惯的成文化汇编,经人大常委会审核后对外公布,一方面有益于商主体得以规范商事交往,减少商事纠纷,提高商事效率;另一方面,在司法实践中可降低当事人的举证难度,减轻法官的查证责任,为司法机关提供参考。对商事习惯以汇编并不是孤例。历史地看,我国分别于清末和民国时期就民商事习惯进行过两次大范围的调查,且收获颇丰,最终集成《民商事习惯调查报告录》。比较地看,有些非洲国家允许法官借助于被当地人认为具有权威性的书籍或手册作为案件之补充证据,判断事实上的习惯是否存在及其内容如何。③ 实践地看,姜堰市法院对民商事习惯的规范化整理已经得住司法的检验。自 2004 年来,姜堰市法院在其辖区内展开民商事习惯之调查并形成成文化的汇编,出台了诸如《关于将善良风俗引入民事审判工作的指导意见》一至六,涵盖彩礼、赡养、商事及保密等民商事习惯,取得了社会、经济及法律的三位一体之效果。商事习惯对商事交往的利好与促进,决定了总结并汇编商事习惯是一种必然的法律选择。

3. 商事习惯的案例指导

商事习惯的案例指导制度是商事习惯进入商事司法的重要途径。我国虽不属判例法国家,但为同案不同判现象之规避与法官自由裁量权之限制,构建并完善商事习惯的

---

① 梁慧星.市场经济与公序良俗[C]//梁慧星.民商法论丛.北京:法律出版社,1994:56-60.
② 于飞.公序良俗原则研究——以基本原则的具体化为中心[M].北京:北京大学出版社,2006:134-143.
③ Robet B. Seidman. Rules of Recognition in the Primary Courts of Zimbabwe: On Lawers' Reasonings and Customary Law[J]. The International and Comparative Law Quarterly,1983(32):887,896.

案例指导机制不失为一种合乎理性的法律选择。商事习惯的案例指导制度是指最高人民法院通过选择典型性与指导性均较强的商事纠纷案例，在事实认定、证据采信、法律适用及裁判方法等方面形成供下级法院处理同类纠纷时可资借鉴的参考或指导。事实上，我国早自改革开放初期便意识到案例指导制度的重要性。从1980年起的四年里，最高人民法院便以内部文件之形式下发诸多典型案例，要求下级法院重视并参考。1985年，最高人民法院创办《最高人民法院公报》用以规范下级法院的审判实践。2005年，最高人民法院将建立案例指导制度明确为我国司法改革之重要举措。至2010年，最高人民法院出台《关于案例指导工作的规定》并成立专门的案例指导工作办公室，标志着我国案例指导机制迈向规范化之轨道。

须注意，案例指导制度构建之目标并非照搬英美法系建立判例法制度。案例指导制度中"指导"的价值追寻是为下级法院的法官提供审判之参照，而非遵循先例。最高人民法院颁布的指导性案例不是立法规定的法律渊源，对同类案件之裁判不产生法律上的约束力，但法官审理类似案件应当参照而拒绝之时，应在裁判理由中予以阐明。指导性案例虽不是裁判依据，但得被法官援引入裁判理由部分，增强文书之说理功能。为商事习惯的案例指导形成良性运作，必须配套建立退出机制。随着经济社会的多元快速发展以及立法成熟化的必然进程，之前被最高人民法院纳入商事习惯案例指导体系中的案例可能失去其典型性、普遍性或指导性，抑或指导性案例所确立的裁判原则等被新出台的法律或司法解释吸纳，因着司法资源的效率性导向应引导上述案例从商事习惯之指导性案例中合程序地退出。

（二）商事习惯法的立法要件

制定法以商事习惯法为立法原料，自然会使制定法内容更加符合市场经济的商事交往需要。但并非所有的商事习惯法均有发展成为制定法之资格，须满足若干标准：

第一，适用范围广泛。商事习惯法一旦被立法机关转换为制定法，便为全国的司法机关所援用，调整的法律关系也不再局限于某一行业、某一地域甚或某若干商主体间。全国的普遍适用性决定了作为立法的商事习惯法具备突破行业性、地域性等边界的适应能力，满足不同阶层、不同行业的商主体的客观需要。当然，该商事习惯法纵有通行于各行业各地域的适用能力，也并非说该商事习惯法在不同行业及地域间的表现形式完全相同，强调的只是其本质相同，仍需要立法机关通过立法技术加以抽象、加工，最终实现立法化。

第二，规范性较强。一般而言，法律条文都可以从行为规则与审判规则两方面理解。[①] 制定法的首要表现作用为规范功能，既规制行为人的行为，亦规范法官的裁判。因此，成为制定法的商事习惯法宜需要对商事权利义务关系有着较为清晰的分配。同样，

[①] 徐国栋.民法通则规定的民法法源[J].法学研究,1991(1).

此处的商事习惯法的规范功能亦非已如制定法般明确、标准,立法者的进一步加工实属必要。

第三,立法后不致僵化。商事习惯法发轫于灵活且实用的商事习惯,可方便地处理商事纠纷,此亦商事习惯法优越于制定法的功能表现。倘若商事习惯法上升为制定法后,丧失其灵活便捷的属性,则实为对司法资源的浪费,也是立法的失败。① 因此,立法机关在吸收商事习惯法时应考量何者可实现规范功效的最大化,并谨慎地均衡后方得作出立法选择,拒绝盲目立法。

(三)我国商事习惯法的立法对世界商事法的贡献

商事习惯法立法在国际上已有成功范例。国际统一私法协会于1994年制定的《国际商事合同通则》(UNIDROIT)被视为一部具有现代性、普遍性与实用性的国际商事合同统一法,其成功的真谛在于商事习惯在该法律文本中的充分表达,尊重商主体自治,故其亦被称为一部商事的"国际惯例"。商事习惯法的另一典范立法还有《欧洲合同法通则》(PECL),亦是将商事习惯入法后发展成为新商人法代表之例证。② 我国形成的商事习惯极为丰富,经由商事习惯的类型化研究、汇编以及案例指导机制的建立,我国商事习惯法在司法实践中的成熟适用是一种必然的发展趋势,最终可制定诸如《国际商事合同通则》之类的规范性文本。无疑,在经济全球化日益紧密的当下,传统以国别法为核心的商事法体系建构无法有效规范跨国商事交往,而我国商事习惯法的立法转向势必会丰富并完善世界商事法的内容,③推动世界商事法的纵深发展,在世界商事法的版图中留下中国的法律印记。

An Empirical Research of Commercial Habits in Judicial Adjudicative Documents
—From the Perspective of the Application of "Commercial Habits" in Article 10 of the General Provisions of Civil Law

Gao Zhenkai

Abstract:Commercial habits naturally have strong persuasion and execution in commercial intercourse, therefore, it often can be found in judgment documents of commercial disputes as assistance to the judicial application. In other words,the specific application of commercial habits displays in two aspects: the basis for cognizance of cases' realities and the normative standard of behavior. However, its previous lack of status in the origin of law has led to the dilemma of idea、proof and application. Article

---

① Jean G. Zorn and Jennifer Corrin Care,"Barava tru: Judicial Approaches to the Pleading and Proof of Custom in the South Pacific ",The Internaltional and cornparative Law Quareterly,Vol. No. 3,Jul,2002,p. 631.
② 罗季奥诺夫・安德烈.新商人习惯法初论[J].中外法学,2007(1).
③ 夏小雄.从"立法中心主义"到"法律多元主义"——论中国商事法的法源建构逻辑[J].北方法学,2014(6).

10 of the General Provisions of Civil Law clarifies that the habit is the source of civil law, and this "habit" should be defined as legal origin of civil law. Judicial recognition is the essential difference between the factual custom and the customary law. Our country adopts the style of Combination of Civil and Commercial Laws, therefore, the "custom" in Article 10 naturally includes the commercial customary law. At the same time, it also requires that judges should incorporate commercial factors in the certification of customary law in judicial practice. As a referee basis, the commercial customary law must meet the specific conditions, namely there is a legal omission in the statute law, the commercial customary law should not seriously violate public order and good custom and binding norm in the statue, and the parties do not exclude its application. In order to avoid the arbitrariness of the commercial customary law in the proceedings, it should follow the procedure of initiation, certification and confirmation, and then can serve as a basis for refereeing. The commercial customary law based on commercial custom accumulates in individual cases, and it resots to typed research, systematic compilation and case guidance. When the condition is ripe, legislatures can adopt it as statue law, which also makes self-sufficient contribution to the development of the world commercial law.

Key Words: commercial habits; the commercial customary law; commercial uniqueness; judicial application; article 10 of the General Provisions of Civil Law

藏族青少年文化认同及其与
藏区社会治理关系的实证研究[*]

王 爽[**] 傅 敏[***]

摘要:了解藏族青少年的文化认同对于加强青少年的心理健康教育、构建和谐社会有重大意义。本研究采用实证研究的方法,调查藏族青少年对本民族文化认同和汉族文化认同的实质、现状和影响因素。研究结果表明:藏族青少年的文化认同处于对自我身份的不断"追寻"和对汉族文化的反思阶段。性别和年级对藏族青少年的本民族文化认同产生影响;家庭所在地、性别、年级、学习汉语时间对藏族青少年的汉族文化认同产生影响。基于此,本研究提出从微观层面建构直接接触与想象群际接触、中观层面加强公民教育、宏观层面以社会主义核心价值观为导向三个方面促进藏区社会治理。

关键词:藏族青少年;文化认同;藏区社会治理

时至今日,全球化给任何一个国家和民族都带来了巨大影响和挑战。西方学者承认,它不仅引发的是经济和生活问题,而且还意味着人类思维和认知方式的改变。[①] 按照斯大林的观点,民族是人们在历史上形成的一个有共同语言、共同地域、共同经济生活以及表现在共同文化上的共同心理素质的稳定的共同体。全球化伴随而来的是语言、地域和经济、生活等多个领域上的冲突、交往和融合,对于民族人的影响是对民族文化的认同危机,最直接的表现是产生对"我是谁"和"我们是谁"等的彷徨、反思和质疑。与全球化相伴而生的是现代性的彰显,社会现代性以制度文化的理性变迁为前提,而文化现代性却以精神价值上的"解放性诉求"为基础,更唤醒了民族人进一步思考在现代性带来的文化断裂中如何保持自我形象、塑造文化认同,并界定自身在世界文化群体中的地位问题。按照乔治·齐美尔的论断,"现代性的本质是心理主义,是根据我们内在生活的反应来体验和解释世界"。[②] 这种现代性催生的特定体验是对民族生存的时间和空间、自我与他

---

[*] 基金项目:国家社科基金项目"西北少数民族地区青少年社会主义核心价值观认同与培育研究"(项目编号:17BMZ075)
[**] 王爽,西北师范大学教育学院博士生。
[***] 傅敏,西北师范大学教育学院教授,博士生导师,教育部西北师范大学基础教育课程研究中心主任。
[①] 尼克·奈特,刘西安.对全球化悖论的反思:中国寻求新的文化认同[J].当代世界与社会主义,2007(1).
[②] 戴维·弗里斯比.现代性的碎片——齐美尔、克拉考尔和本雅明作品中的现代性理论[M].北京:商务印书馆,2003:51.

者、生活的可能性与危难的体验。文化认同（cultural identity）是民族成员对本民族文化和他文化的承认、认可和赞同，由此产生归属意识，进而获得文化自觉的过程。文化认同包括客观存在的相似性和相同性，指向心理认识上的一致性和由此形成的社会关系。随着全球化进程，文化认同成为处理和解决冲突与融合问题的核心概念，冲突可以通过认同进行沟通来化解，融合也可以通过认同而保持多样性。由此，文化认同的研究已经从心理学领域进入社会科学各领域，受到哲学、社会学、文化学、民族学、历史学、政治学等学科的普遍重视。

一、相关研究综述

文化认同是"对人们之间或个体同群体之间的共同文化的确认"。[①] 20世纪90年代，霍尔提出以族裔散居论为支点的文化认同理论，认为在后殖民语境中，认同不是作为永无止境的重复解读，而是作为变化着的动态"变量"进行解读，文化认同不只局限于"我是谁"，"我们是谁"的问题，而是"我们会成为谁"，"我们如何受影响"，"怎样去重现我们"等问题。从这个意义上来说，文化认同包含了"本文化的主体承载者对文化现实的历史与现状有意识的话语建构。"[②]生活在特定文化环境下的个体不仅需要对自我进行界定，同时含有对他人的审视和区分，文化认同的形成过程包括在"自我"和"他者"之间进行想象。如果"自我"足够自信，个体会坚定当下的"自我"，但是如果"他者"持续性地介入更加强势，"自我"可能会动摇，转向"他者"。所以，文化认同对内表现为该文化内的个体对自己文化的一种归属意识，对外表现为一种文化与另一种文化的区别，即"自我"与"他者"的分界。文化认同的核心就是对自我的身份以及身份的合法性、正当性，对自己生活世界的必然性，对特定的文化理念、思维模式和行为准则等的价值认同和价值观认同。[③]通过文化认同，个体或群体将某一文化系统（价值观、信念等）内化为自我人格结构的一部分，并自觉地来规范与约束自我行为。文化认同是一个与人类文化发展相伴随的动态概念，它是一种文化区别于另一种文化存在和发展的意义所在。文化认同包含两层含义：一，它是某个文化群体成员对自身文化的接受及理解的过程和结果，它使该群体成员拥有共同的价值观和行为习惯，能够顺利地生活于社会。同时这种认同也起着区别"自我"与"他者"的作用；二，文化认同不仅指对本文化的认可，还指在与外来文化进行交流的过程中对外来文化的接受与认同。

文化认同与民族认同有交叠部分，而且人类文化产生于不同的群体而扩散并交融于一体的过程，即文化认同的过程，民族的形成、发展及变迁也伴随着民族人员对自身族群

[①] 崔新建.文化认同及其根源[J].北京师范大学学报（社会科学版），2004(4).
[②] 周宪.中国文学与文化的认同[M].北京：北京大学出版社，2008.
[③] 姜华.全球语境下文化自觉与文化认同的哲学思考——韦伯关于德国文化问题研究的启示[J].求是学刊，2012，39(3).

及其文化的动态的认同过程,在这个意义上,民族认同与文化认同是同一个过程,同一种意涵。文化认同作为一个群体的概念存在着,是一种对本民族集体归属的认知、情感和行为状态。莫妮卡和福兰克在2005年关于白人文化认同的研究里指出文化认同从社会学角度来说是一种情境性(situated)的认知状态。[①] 国内研究者从心理学的视角提出了文化认同的基本要素包括群体认识、群体态度、群体行为和群体归属感。[②] 综合以上所述,本研究认为文化认同是对民族文化的倾向性(tendness)或态度(attitude),包括对民族关系的认同和对民族文化成分(语言、生活方式、宗教、习俗等)在认知、情感、行为倾向方面的认同。

国内关于藏族学生文化认同的实证研究主要以大学生为研究样本,如万明钢认为藏族大学生民族文化认同的影响因素包括汉族朋友的数量、父母的民族身份、学习汉语的时间以及汉族的可接受性等。[③] 雍琳的研究发现社会文化环境、家长文化程度、语言、即时情景等因素影响藏族大学生的文化认同,并且指出藏族对汉族文化的情感因素比较复杂,需要进一步研究。[④] 也有研究者在藏族大学生民族与文化认同的实证研究中,发现民族文化认同受宗教、语言、身份、风俗等潜在变量的影响。[⑤] 总之,以上研究主要涉及民族和文化认同的类型和要素等方面,而且多从单一的角度探讨藏族大学生对本民族文化认同的影响因素,不仅缺少对他民族尤其是汉族文化认同的研究,也缺少以青少年作为研究对象的研究。青少年的文化认同具有可塑性、社会建构性和动态的相对可变性,它产生于特定民族多元的社会情境,需要借助外在因素来完成自身的建构,也是在有关社会的历史、文化、权力"重述"中被"生产"。"无论是针对人类整体,还是针对特定的人群,文化都充当了生存维系、慰藉获取、凝聚人心的策略系统和精神担当。当文化的价值注脚提供了行为准则和社会规范时,个体成员对文化模式的承认、认可和遵从决定了社会秩序的形成和政治制度的构建。"[⑥]

本研究以藏族青少年为研究对象,主要探索藏族青少年对本民族文化认同和汉族文化认同的实质和现状如何?藏族青少年对本民族文化认同和对汉族的文化认同影响因素有哪些?并且基于此提出对藏区社会治理的建设性意见。了解藏族青少年对本民族和对汉族文化认同的实质、现状特点以及影响因素,对于把握藏族青少年的心理特点,加强青少年心理健康教育,促进社会稳定,巩固和发展平等、团结、互助、和谐的社会主义民族关系,构建和谐社会,都具有重要的现实意义。

[①] Monica M. & Frank L. S.. White Racial and Ethnic Identity in the United States[J]. Annual Review of Sociology,2005,31(1).

[②] 王亚鹏.少数民族认同研究的现状[J].心理科学进展,2002,10(1).

[③] 万明钢,王亚鹏.藏族大学生的民族认同[J].心理学报,2004,36(1).

[④] 雍琳.影响藏族大学生藏、汉族文化认同要素的研究[D].兰州:西北师范大学,2001.

[⑤] 耿军军.和谐社会背景下藏族大学生民族与文化认同实证调查研究[J].西南民族大学学报(人文社会科学版),2012,33(6).

[⑥] 詹小美,王仕民.文化认同视域下的政治认同[J].中国社会科学,2013(9).

二、研究方法

(一)研究对象

本研究选取甘南藏族自治州800名藏族青少年。调查对象为初一到高三学生,回收有效问卷765份,有效率为96%。有效的研究样本数如表1所示。

表1 样本选择来源

		家庭				合计
		牧区	农村	乡镇	城市	
年级	初一	54	48	5	8	115
	初二	71	45	6	14	136
	初三	59	58	5	10	132
	高一	62	53	3	11	129
	高二	66	44	8	10	128
	高三	46	61	8	10	125
合计		358	309	35	63	765

(二)研究工具

本研究采用菲尼(Phinney J. S.)于1992年开发的民族文化认同问卷,该问卷包括对本民族文化认同和对他民族文化认同两个因子,这两个因子各分为三个维度:民族认知过程、归属情感和民族行为实践。问卷具有较高的信度和效度,可应用于各个族群。[①]本研究由精通藏、汉语的两位大学老师将问卷翻译成藏语,并对语句进行了适当修改。从民族认知过程(简称认知)维度、归属情感(简称情感)维度、民族行为实践(简称行为)维度考察藏族青少年对本民族(藏族)和他民族(汉族)的语言、日常习俗、文化、宗教等的认同情况。其中认知维度考察藏族青少年对本民族和汉族的语言、宗教、风俗和文化的看法以及民族身份的认识,用于测评藏族青少年对民族身份的认识达到"认同过程连续体"的何种状态;情感维度考察藏族青少年对本民族和汉族文化的情感归属倾向,用于评价藏族青少年对族属是否有积极的情感,能否以归属于族群的一员而感到快乐;行为维度考察藏族青少年的日常生活交往等行为与本民族和汉族群体一致的程度,用于测评民

---

① Phinney J. S.. The Multigroup Ethnic Identity Measure: A New Scale for Use with Diverse Groups[J]. Journal of Adolescent Research,1992,7(2).

族成员是否作为民族人的身份在特定的时间、空间背景下参加社会实践和日常活动。藏族文化认同问卷内部一致性系数 α 为 0.720;汉族文化认同问卷内部一致性系数 α 为 0.819,问卷整体信度较好。藏族文化认同问卷 KMO 值为 0.795($df=210, p<0.01$),汉族文化认同问卷 KMO 值为 0.891($df=120, p<0.01$),都达到显著性水平,表明两者因素分析适切性良好。因素分析采用最大方差旋转法,得到三个因素,与设想一致。所有问卷均采用 Likert 五点计分方式,"非常符合"计 5 分,"非常不符合"计 1 分,问卷采用集体现场作答,所有数据采用 SPSS16.0 完成统计分析工作。

三、研究结果与分析

(一)藏族青少年对本民族及汉族文化认同及其各因素间的相关分析

采用皮尔逊相关分析探讨藏族青少年对本民族和汉族文化认同及各因素间的情况,见表 2,藏族青少年对本民族文化认同总分高于对汉族文化认同,说明藏族青少年对本民族的文化认同是积极认可的。藏族文化认同与对汉族的文化认同总分呈 0.01 水平显著负相关($r=-0.109$),相关值显示弱相关;藏族青少年对本民族文化认同的认知维度与汉族情感和行为维度呈 0.01 水平负相关;对本民族文化认同的情感维度和汉族认知维度呈 0.05 水平相关;对本民族文化认同的行为维度与汉族行为维度呈负 0.01 水平负相关。汉族认同总分及其各个维度之间都呈 0.01 水平正相关,且相关较高;藏族认同总分及其各个维度之间也呈 0.01 水平正相关,且相关较高。

表 2 藏族青少年藏、汉文化认同相关系数

	藏族认同	藏族认知	藏族情感	藏族行为	汉族认同	汉族认知	汉族情感	汉族行为
藏族认同	1							
藏族认知	.824**	1						
藏族情感	.677**	.313**	1					
藏族行为	.714**	.414**	.242**	1				
汉族认同	−.109**	−.063	.049	−.243**	1			
汉族认知	.053	.080*	.088*	−.067	.813**	1		
汉族情感	−.099*	−.095*	.060	−.188**	.812**	.515**	1	
汉族行为	−.198**	−.122**	−.015	−.322**	.859**	.548**	.529**	1

** 表示在 0.01 水平上显著(2-tailed)

* 表示在 0.05 水平上显著(2-tailed)

(二)不同家庭所在地对藏族青少年对于本民族和汉族文化认同的影响

将家庭所在地分为牧区、农村、乡镇和城市四个组别,以藏族认同及其各维度以及汉族认同及其各维度为因变量,单因素方差分析结果如表3所示,牧区、农村、乡镇和城市的青少年在藏族认同和认知、情感、行为维度上的差异不具有显著性($p>0.05$)。汉族认同、汉族认知、行为维度的F值分别是 $5.100(p<0.01)$、$4.377(p<0.01)$、$5.834(p<0.01)$,均达到显著水平,表示不同家庭所在地在这三个变量上均有显著差异,需要进行事后比较。

表3 不同家庭所在地的ANOVA结果

	F	显著性
藏族认同	.941	.420
藏族认知	.319	.812
藏族情感	.757	.518
藏族行为	2.445	.063
汉族认同	5.100	.002
汉族认知	4.377	.005
汉族情感	1.669	.172
汉族行为	5.834	.001

表4为Scheffe法的事后比较检验结果。结果表明,在对汉族文化认同上,牧区和城市的藏族青少年的得分存在显著差异($p<0.01$),牧区的青少年对汉族认同显著低于城市的青少年;在汉族认知方面,牧区和城市的青少年得分也存在显著差异($p<0.05$),牧区的青少年对汉族的认知显著低于城市青少年;在汉族行为上,牧区和农村的青少年与城市的青少年得分存在显著差异($p<0.01$),城市的青少年在对汉族的行为维度得分上显著高于牧区和农村的青少年。但在汉族情感维度上,不存在地区性的得分差异。

表4 不同家庭所在地的多重比较(Scheffe法)

因变量	(I)家庭	(J)家庭	均值差(I-J)	标准误	显著性	95%置信区间	
						下限	上限
汉族认同	牧区	城市	-3.838**	1.082	.006	-6.868	-.807
汉族认知	牧区	城市	-1.288*	.396	.015	-2.398	-.178
汉族行为	城市	牧区	2.018**	.492	.001	.639	3.398
		农村	1.592**	.498	.001	.196	2.988

**表示在0.01水平上显著(2-tailed)

*表示在0.05水平上显著(2-tailed)

(三)性别对藏族青少年对于本民族和汉族文化认同的影响

以性别为组别变量进行独立样本 T 检验,经方差齐性检验,如表 5 所示,发现男生和女生在藏族认知维度($t=2.304, p<0.05$)和汉族认同总分($t=-4.116, p<0.01$)以及汉族情感维度($t=-5.392, p<0.01$)和汉族行为维度($t=-3.389, p<0.01$)上均达到显著水平。而在汉族认知维度上,男女两性得分差异不显著($p>0.05$)。女生对汉族的文化认同以及汉族情感和汉族行为得分均要显著地高于男生。表明女生对汉族文化的情感态度和行为接纳上都非常显著地高于男生。男生在藏族认知维度得分显著高于女生,表明男生对本民族的认知显著高于女生。

表 5 性别与藏、汉族文化认同的独立样本 T 检验

	性别	N	均值	标准差	t	Sig.
藏族认同	男	323	90.328	6.973	1.051	.294
	女	442	89.819	6.326		
藏族认知	男	323	27.799	3.471	2.304	.021
	女	442	27.209	3.513		
藏族情感	男	323	26.561	2.849	-1.674	.094
	女	442	26.897	2.660		
藏族行为	男	323	35.968	2.646	1.337	.182
	女	442	35.714	2.571		
汉族认同	男	323	43.015	8.645	-4.116	.000
	女	442	45.456	7.297		
汉族认知	男	323	11.539	3.219	-1.561	.119
	女	442	11.882	2.672		
汉族情感	男	323	13.559	3.164	-5.392	.000
	女	442	14.761	2.876		
汉族行为	男	323	17.916	3.851	-3.389	.001
	女	442	18.813	3.429		

(四)不同年级对藏族青少年对于本民族和汉族文化认同的影响

以年级为自变量,以藏、汉文化认同问卷总分及各个维度为因变量,进行单因素方差分析,结果如表6显示,各个年级的藏族青少年在藏族文化认同问卷及各维度,和汉族文化认同问卷及各个维度上的得分均存在显著差异,并且显著性水平均达到0.01水平。表示不同年级的藏族青少年在这两个问卷以及各自维度上均有显著差异,需要进行事后比较。

表6 不同年级的青少年在藏 Z、汉族文化认同的 ANOVA 结果

	F	显著性
藏族认同	18.936	.000
藏族认知	15.935	.000
藏族情感	7.197	.000
藏族行为	7.902	.000
汉族认同	14.368	.000
汉族认知	8.070	.000
汉族情感	13.727	.000
汉族行为	10.430	.000

为进一步确认各个年级在文化认同总分及各个维度上的差异情况,采用Scheffe法事后比较,结果如表7所示。在藏族文化认同总分及藏族认知和行为维度上,初一年级的青少年得分都显著低于其他五个年级;在藏族情感维度上,初一年级除了和初二年级不存在差异外,和其他四个年级也都存在显著差异,且都是初一年级得分低于其他年级,说明藏族青少年对本民族认同随着年级的增加在增强。在汉族认同总分方面,初一年级的青少年得分显著高于初二、高一和高二年级的青少年;初二年级的青少年和初三、高三年级的存在显著差异,并且低于初三和高三年级得分;初三年级高于高二年级得分,而高二却低于高三年级得分。在汉族认知和情感以及行为维度,年级的差异依然具有统计学上的显著意义。具体而言,在汉族认知维度,初一高于高二年级,初二得分低于初三和高三年级;初三年级得分高于初二和高二年级;高二年级得分显著低于高三年级。在汉族情感维度,初一显著地高于初二和高二年级,初二又显著地低于初三、高一和高三年级;初三高于高二年级得分,高一高于高二年级得分。在汉族行为维度上,初一年级的藏族青少年得分显著地低于初二,初三,高一和高二年级。可以看出,藏族学生对汉族文化认同总体上随年级增加而增强,但在汉族认知和情感维度上,初一和初三阶段处在相对较高的状态。

表7 不同年级在藏、汉族文化认同上的多重比较(Scheffe)

因变量	(I)年级	(J)年级	均值差(I-J)	标准误	显著性	95%置信区间	
						下限	上限
藏族认同	初一	初二	-3.949**	.792	.000	-6.591	-1.308
		初三	-6.234**	.797	.000	-8.894	-3.574
		高一	-6.251**	.802	.000	-8.925	-3.577
		高二	-6.318**	.803	.000	-8.997	-3.639
		高三	-5.753**	.808	.000	-8.448	-3.059
藏族认知	初一	初二	-2.003**	.424	.001	-3.416	-.589
		初三	-3.060**	.427	.000	-4.484	-1.637
		高一	-3.263**	.429	.000	-4.695	-1.832
		高二	-3.058**	.429	.000	-4.492	-1.624
		高三	-2.472**	.432	.000	-3.914	-1.029
藏族情感	初一	初三	-1.463**	.343	.003	-2.608	-.318
		高一	-1.500**	.345	.002	-2.652	-.349
		高二	-1.505**	.346	.002	-2.658	-.352
		高三	-1.768**	.348	.000	-2.928	-.608
藏族行为	初一	初二	-1.150*	.323	.027	-2.227	-.074
		初三	-1.711**	.325	.000	-2.795	-.627
		高一	-1.488**	.327	.001	-2.578	-.398
		高二	-1.755**	.327	.000	-2.847	-.663
		高三	-1.514**	.329	.001	-2.612	-.416
汉族认同	初一	初二	6.181**	.969	.000	2.947	9.415
		高一	3.858**	.981	.009	.583	7.132
		高二	6.723**	.983	.000	3.443	10.003
	初二	初三	-4.296**	.935	.001	-7.415	-1.177
		高三	-3.732**	.948	.009	-6.895	-.568
	初三	高二	4.838**	.949	.000	1.671	8.005
	高二	高三	-4.273**	.962	.002	-7.484	-1.063

续表

因变量	(I)年级	(J)年级	均值差(I-J)	标准误	显著性	95%置信区间 下限	95%置信区间 上限
汉族认知	初一	高二	1.465**	.367	.007	.242	2.688
	初二	初三	-1.325*	.349	.014	-2.488	-.162
		高三	-1.313*	.354	.018	-2.493	-.134
	初三	初二	1.325*	.349	.014	.162	2.488
		高二	1.634**	.354	.001	.453	2.815
	高二	高三	-1.623**	.359	.001	-2.819	-.426
汉族情感	初一	初二	2.441**	.372	.000	1.199	3.683
		高二	2.322**	.377	.000	1.063	3.581
	初二	初三	-1.911**	.359	.000	-3.109	-.714
		高一	-1.351*	.361	.016	-2.556	-.147
		高三	-1.303*	.364	.026	-2.517	-.089
	初三	高二	1.792**	.364	.000	.577	3.008
	高一	高二	1.232*	.366	.047	.009	2.455
汉族行为	初一	初二	2.584**	.4473	.000	1.092	4.076
		初三	1.524*	.450	.044	.022	3.026
		高一	1.999**	.453	.002	.488	3.509
		高二	2.936**	.454	.000	1.423	4.449

** 表示在 0.01 水平上显著(2-tailed)

* 表示在 0.05 水平上显著(2-tailed)

(五)学习汉语的时间对藏族青少年对于本民族和汉族文化认同的影响

表 8 为藏族青少年学习汉语时间对本民族和汉族文化认同的单因素方差分析结果,学习汉语的时间长短,不影响对本民族文化的认同($p>0.05$),但却影响藏族青少年对汉族文化的认同。在汉族认同总分及汉族认知、情感和行为维度上,单因素方差分析结果分别为($F=4.948, p<0.01$),($F=4.041, p<0.01$),($F=2.862, p<0.05$),($F=3.646, P<0.05$)。

表8　学习汉语时间对藏、汉族文化认同的单因素方差分析结果

	F	显著性
藏族认同	1.181	.316
藏族认知	.508	.677
藏族情感	1.693	.167
藏族行为	1.037	.376
汉族认同	4.948	.002
汉族认知	4.041	.007
汉族情感	2.862	.036
汉族行为	3.646	.012

为了进一步明确学习时间长短对文化认同的影响,进行事后多重比较,发现学习汉语时间的不同的藏族青少年在汉族文化认同总分上有显著差异。具体而言,在汉族文化认同总分上,学习汉语时间在5年以下的青少年显著低于学习时长在11~15年的藏族青少年($P<0.05$)。表明随着学习汉语时间的增加,语言与文化的紧密联系,藏族青少年对汉族文化越来越认同和接纳。

四、基本问题的讨论

(一)藏族青少年对本民族和汉族文化认同的实质

在对藏族青少年文化认同研究的过程中发现,文化认同实质上是对民族关系及其文化内容的态度,它是一种随情境变化的心理倾向性,也是个体随社会情境不断内化的过程。态度按照心理学的解释,是"在特定的情境下,对特定事物,以特定方式进行反应的比较稳定的倾向,包括认知、情绪和行为意向三种成分。"[1]文化按照最一般的广义上来理解,它包括物质文化、制度文化和心理文化。而从最初文化的产生过程来说,文化一直以民族为载体,是和民族的衍生、发展相伴始终的。认同体现为接纳和包容的过程,它是个群体概念,认同一旦形成,就发展为一个可以支配个体行为观念的体系,从个人到群体的文化整合是文化认同和个人人格特征形成必然经历的一个重要阶段。而相对于个人来说,这种文化认同必然是个动态的随机变量,处于不断发展的过程。因此,对民族文化认同的考量在不同时期结果也不同。民族的认同必须包括这对民族这一概念的归属并体现所属民族的文化特征。因此,按照文化的直接表现因素和对态度三种成分的划分,可

---

[1] 黄希庭.简明心理学辞典[M].合肥:安徽人民出版社,2004:367.

以理解文化认同是指民族成员对民族历史起源、宗教、语言文字、生活习俗和科技艺术等方面在认知、情感和行为三个维度上的认同情况。

(二)当前藏族青少年对本民族和汉族文化认同的现状

文化多元一体的多民族国家,随着时代的变迁,不同民族文化之间必然发生接触和不同程度的碰撞和融合,面对主流文化的浸洗,少数民族文化面临深刻的嬗变。藏族青少年在不断的成长过程中,接触和了解汉族文化不可避免,在这种文化移入的时代下,藏族青少年在保持自身民族文化,适应主流汉族文化上面临着挑战。菲尼研究的文化认同过程是民族成员个体不断寻求民族身份的探索过程(exploration),他把民族认同过程分为三个阶段,一是盲从于主流民族文化的混乱期,这是民族人员初次接触主导文化的必经阶段,这一时期往往失去对本文化的积极判断,陷于对他文化的崇拜而失去自我的迷茫分裂中;二是对主流文化的多方面接触,不断调整自我,对自我民族身份的"寻求"期,这一时期民族人员停止对主导文化的盲从,转向对自身文化的审视,逐渐以积极的心态寻求自我身份和对民族文化的认同;三是文化认同的"内化"期,这也是文化认同的最高阶段——"成就"期(achievement),[①]民族成员能十分投入并理性地保持自我民族文化并良好地适应主流文化,找到了自我归属感和民族自信。

在调查研究中发现,藏族青少年对本民族的认同超过了汉族认同的得分,这说明藏族青少年对本民族文化的认同态度是积极的,能够区分并承认自己的民族身份,对自身民族文化能找到自己的归属并以各种民族行为的方式表现出来。对汉族的文化认同不是停留于菲尼所说的民族认同混乱期,不是一味地以汉族文化为自己行动的准则和信奉的教条,从藏族青少年对本民族和汉族文化认同相关系数为负相关,且为弱相关,可以看出藏族青少年对汉族文化在认知、情感和行为上的反思。由于青少年期年龄跨度大,个体经历不同,每个人的文化认同经历必然停留在不同的阶段,因此,在对本民族认同和汉族认知,本民族情感和汉族情感,对本民族情感和汉族认同方面,都没有表现出显著的不同,当然,这也是文化适应和文化融合的必然结果。从文化认同的相关数据里,可以看出藏族青少年对民族文化和汉族文化的认同停留在菲尼所研究的文化认同的第二阶段——对自我文化身份的"探寻"期,和对汉族文化的反思。

(三)藏族青少年本民族和汉族文化认同的影响因素

1.家庭所在地。家庭所在地对藏族青少年文化认同的影响很大,牧区、农村、乡镇、城市的青少年对本民族的文化认同没有显著差别。可以认为,这些地方青少年对自身民族关系的认可和对民族文化要素的认识、情感是趋同的,没有实质上的区别。而这几个

---

① Phinney J.S.. Stages of Ethnic Identity Development in Minority Group Adolescents[J]. Journal of Early Adolescence,1989,9(1).

地方的学生对汉族及汉族文化要素的认识和行为明显不同,特别是牧区青少年在这几个方面显著低于城市青少年。城市青少年会接触更多的汉族人和汉族文化,对汉族人和汉族文化有更强烈地认同和接纳的态度。乔纳森·弗里德曼在《文化认同和全球性过程》一书中,提到了文化认同发生的前提在于和他族群的接触,即当人群全部或部分被整合进更大体系中,认同依赖一套共同象征的地方来再次建构。① 藏族青少年在城市深受汉族和汉族文化的影响,在牧区由于交往的时间和空间限制,藏族青少年接触了较少的汉族人和汉族文化,因而新的文化认同建构的基础和内容也不同,其经历的阶段更加不同。参考赫姆斯(Helms J. E.)的民族认同过程理论可以更好地理解这一现象。赫姆斯认为,民族成员的文化认同发展过程也是个体不断接受刺激自我成熟的过程,在对个体有意义的族群环境下,特别是个体难以应付的环境或时期,个体的民族文化认同"腺体"受这种情境的激活,就表现出对本民族文化的高度认同,对他民族文化的抗拒,牧区的藏族青少年对汉族及其文化的低度认同充分说明了文化认同的激活现象的存在。而城市青少年民族文化认同"阈限"没有受情境变量的突破,停留在赫姆斯研究的认同接触(contact status)期,表现出对主流文化的向往,从而对汉族及其文化要素有很高的认同和情感依附。同时由于牧区青少年的人数在整体样本中占了较大样本量,这可能也会对藏族青少年对本民族和汉族文化认同差异显著的一个原因。在汉族情感维度,不同地区之间差异不显著,也一定程度上解释了藏族青少年总体上对汉族情感和藏族情感的差异不显著。这说明了藏族青少年对本民族和汉族文化同时具有较好的情感归属。

2. 性别。藏族青少年在对汉族认同、情感和行为上存在性别上的显著差异,女生相对男生而言表现出对汉族及其文化的高度认同,在情感和行为上要更容易接纳汉族及其文化要素,而在对汉族的认知方面不存在显著差异。一项关于男女人格特征差异性的元分析研究认为,男性比女性更坚强、更高的自我荣誉感,女性表现出较多的情绪化并信任别人,该研究还特别指出,这一人格性别差异不会因年龄、教育水平和国籍的不同而改变。② 从对男女生的访谈也得到,藏族女生相比男生对事物更具有包容和接纳的态度,在和汉族的接触中,对汉族表现出更多的积极情感,行为上也向汉族靠拢,愿意学习汉族的语言文字,了解汉族的历史风俗。这即是赫姆斯所说的对他文化认同的初期消解(disintegration)和后期重塑(reintegration)阶段。男生表现出更加自信坚毅,特别是高中男生对自己的民族和历史更表现出怀有一颗赤子之情,对本民族的认同感愈加强烈,对他民族的认同趋于弱化,从而在对汉族的情感和行为认同上低于女生。

3. 年级。考察年级差异对藏族、汉族认同的影响时,发现藏族青少年对本民族和汉族文化认同总体上随年级增加而增强,这说明藏族青少年随年级或年龄的增长,与外界接触事务的增多,特别是对汉族人和汉族文化的交流增加,个体认同发展经过不断的对

---

① 乔纳森·弗里德曼. 文化认同和全球性过程[M]. 北京:商务印书馆,2003:131.
② Paul C. Jr., Antonio T. & Robert R. M.. Gender Differences in Personality Traits across Cultures: Robust and Surprising Findings[J]. Journal of Personality and Social Psychology,2001,81(2).

自我身份的理性寻求,对自身民族关系及民族行为浮现出了高度认同的阶段。但初一和初三是两个特殊的阶段,在对汉族认知和情感维度上,初一和初三年级表现出相对较高状态。赫姆斯认为,在民族认同发展的"浮现"阶段,一方面表现出对本我的身份确认(identification),对所属民族的全身心地投入,另一方面表现出对他民族的理性选择,当他民族处于主流强势地位时,出现对他民族的理性评判,或许采取积极的态度,最终结果是试图取得本民族认同和他民族认同的平衡,这样就越来越靠近民族文化认同的最高"内化"阶段,成为个体人格特征的稳定因素。① 初一学生从小学进入中学,处在青春期,自我意识快速发展,生理、心理和价值观上都经历着巨大变化,往往处在自我探索的状态。初三年级面临的升学和就业压力造成的期望与现实的矛盾,对未来生涯的抉择和自我概念的重塑,使初三学生在心理上更加敏感和焦虑。可以说初一和初三年级的藏族青少年对汉族文化及自己所处情势的特殊体验造成了他们在汉族认同情感维度上与其他年级的显著差异。

4.学习汉语的时间。文化认同的目的是寻求民族存在方式的稳定性,而其出发点在于民族成员社会生活的变异性,从历史和社会发展的长河来看,与他者的互动是民族成员文化认同形成的基础,只有与他者接触时,才能进一步认清自己属于哪个群体以及他群体于自我的意义,并开始探寻自我在我族和他族中的稳定地位,这也是个体认同发展的漫长过程。语言一方面是文化要素和思想传播的媒介,另一方面其本身就作为文化要素的一部分,它在促进民族成员和他民族接触的过程中,起着重要的沟通桥梁作用。

研究结果显示学习汉语时间对于藏族青少年汉族认同有显著影响。学习汉语5年以下的青少年对汉族认同显著低于11~15年的藏族青少年。学习汉语时间越长的藏族青少年对本民族和汉族的认同也越高。学习汉语的时间越早,藏族孩子接触汉族和汉族文化的时间也越早,这种早期和长期的对汉文化的接触,会唤起他们对汉族和本民族文化的比较,对本民族文化的高度认同会较早的激发出来。同时,对两种文化的比较使藏族青少年较早地意识到本民族文化和汉族文化的差异。当然,从菲尼和赫姆斯的民族认同发展理论可以推断,自藏族青少年从小学开始学习汉语算起,他们就经历着对汉族文化和本民族文化的比较的过程,藏族青少年在这一时期自然是经历了太多的抉择和探索。

五、数据分析结论

根据对采样数据的分析,可以得出以下的结论:

第一,民族文化认同是指民族成员对民族历史起源、宗教、语言文字、生活习俗和科

---

① Helms J. E. An Update of Helm's white and People of Color Racial Identity Models[M]. Handbook of Multicultural Counseling,1996:186-198.

技艺术等方面在认知、情感和行为三个维度上的认同情况。

第二,藏族青少年对本民族文化认同和汉族文化认同是自我身心发展过程中的两个方面,在对汉族文化的体验中加深对本民族文化的高度认可。藏族青少年的藏族文化认同处于对自我身份的不断"追寻"探索阶段,对汉族文化认同反思阶段。

第三,藏族青少年对本民族和汉族文化认同的影响因素非常复杂。家庭所在地对藏族青少年对于本民族文化认同没有显著影响;男生对本民族认知显著高于女生;随着年级增加,藏族青少年对本民族的文化认同在显著增强;学习汉语时间的长短对于藏族青少年本民族文化认同没有显著影响。家庭所在地为城市的藏族青少年对汉族认同显著高于牧区的青少年。女生对汉族认同显著高于男生。随年级的递增,对汉族认同都越来越高,初一和初三年级因其特殊性,对汉族认知和汉族情感维度上显著超过其他年级。学习汉语时间越长对汉族认同越高。

六、青少年文化认同对藏区社会治理的启示

我国各民族经过接触、混杂、联结和融合,逐渐形成一个我中有你、你中有我,而又各具个性的多元一体,称之为"中华民族多元一体格局"。我国正处于社会快速发展和转型过程中,民族之间的接触日益频繁,各民族成员不断地在建构着独特的民族文化认同。藏族青少年的文化认同处在对自我文化身份的"探寻",和对汉族文化的反思期,体现着多元一体的格局的特点。青少年的民族文化认同受到家庭所在地、性别、年级、学习汉语时间的影响,在这些影响因素背后,体现着接触以及教育对藏族青少年文化认同的深刻影响。促进藏族青少年和汉族文化接触、加强公民教育,以社会主义核心价值观为价值导向,加强藏族青少年民族文化认同教育促进藏区社会治理。通过培育藏族青少年对民族文化和社会主义核心价值观的双向认同,让青少年在审思本民族文化的基础上,积极了解和接纳他民族文化的优点,不断激发民族文化在新时代的生命力,使民族文化发展呈现出内容上的多元并举和价值精神上的文明进步之态,推动藏区发展,最终促进国家稳定繁荣。

(一)微观层面建构直接接触与想象群际接触

接触可以改善群际关系。从本研究也可以看出,城市青少年有更多接触汉族文化的机会、藏族青少年越早接触汉族和汉族文化,不仅对本民族的高度认同会被较早激发出来,也会提高对汉族文化的认同。青少年在文化交往和文化碰撞中,从对方文化的历史渊源、文化特征、文化价值中找到彼此的共同点或相似点,从而加强彼此的亲和和凝聚。也有研究者提出一般性接触反而会加剧对外群体的偏见。Allport 提出接触假说,认为两个群体成员因为缺少对方的信息,或者产生了错误信息而导致群体偏见,群际双方通过最佳接触条件,比如群体间地位的平等、共同的目标、群际合作、权威、法律上的支持,来促进群际关系。

但是在现实生活中往往没有这样直接进行群际接触的机会。如本研究结果所示,牧区的藏族青少年由于地域等因素较少接触到汉族人,他们对汉族文化认同显著低于城市青少年。在这种情况下,群体双方很难产生群际接触的积极效果。有研究者提出了想象群际接触,该理论认为通过想象内群体成员与外群体成员之间展开积极的社会互动,通过心理模拟产生一种积极的群际接触经验,以此达到改变自己对外群体成员的印象,从而进一步提高与外群体成员接触的目标。安德森在《想象的共同体》里提到民族共同体是想象的共同体,影响人们态度和行为不是事实如何,而是人们想象中的事实是什么样的。民族文化认同是由于产生了共同的身份意识,这种身份意识不是自然产生的,是有人自觉得对社会文化进行了加工、提炼,进行了建构。从这个角度来说,对于藏族青少年来说,通过直接接触交往,或者想象积极的群体接触,来促进对群际关系,以及本我文化和他文化的探索和反思。

(二)中观层面加强公民教育

民族文化认同要促进民族团结,涂尔干提到促使社会由机械团结向有机团结转型,唯一的办法就是接受教育。教育是建设各民族精神家园的基础工程。民族文化认同和民族团结教育需要通过公民教育实现,公民教育要使公民具备容忍差异、开展理性对话、重视个人自由、不同价值主张者之间的相互尊重、自我批评和反省能力。现阶段公民教育主要通过系统的公民教育课程规范教学和参与学校公共生活这两种正式途径实现。在公民教育课堂教学的角度,一方面通过专设的公民教育课程将含有民族文化认同等有价值的资源传授给学生,增强公民权益感。另一方面在具体的学科课程方面,以及双语教学中,寻找结合点,挖掘课程教材和教学方法的价值取向,增强青少年的认同感。除了课堂教育以外,学校的公共生活也对民族成员的文化认同的塑造有重要影响,包括各种歌咏比赛、社团活动、体育比赛等。

除了正式途径之外,公民教育的途径还包括各种非正式途径。非正式的途径包括社会中所有的公共生活和文化生活领域,其发挥作用的地点也是多样的,既有社区、政府机构等组织化形态体系,也有大型公共活动等公共场所。认同并不在于民族文化的共同性,而在于公民积极运用其参与权利和交往权利的实践。青少年在积极参与和紧密互动中,基于本民族的文化传统和历史习惯所形成特有的地方性知识会发挥很重要的作用。在藏区进行公民教育时,各级党委和政府应该扮演决定性角色,为各种公民教育活动提供积极支持和有力指导,并且根据需要挖掘某些传统文化,不断丰富藏区公民教育活动的内涵。同时不断创新公民教育所蕴含的宣传教育形式,把难懂的、技术性的而且常常是朦胧混乱的哲学转变为通俗易懂的语言,尽量体现简单、明了和易记的原则。同时要避免将其当作单一的文化宣传工具,要发挥现代媒介的传播和拓展功能,丰富公民教育的载体和平台。引导藏区各种力量共同关注公民教育、宣传公民教育,从结构层面加强藏区青少年及民众的文化认同,形成自觉维护国家统一和民族团结的长效机制和社会氛围。此外,在进行公民教育的同时,要通过恰当的公共政策引导,保障藏区文化平等权利的实现,当行动者就他们的境况或定位达成相互理解和相互承认的程度时,他们就共享了一种文化传统,从而最大限度地寻求重叠共识。

(三)宏观层面以社会主义核心价值观为导向

文化认同的本质是要有共享的价值,共享价值是必备条件,而不是充分条件。文化认同是人们通过他者来确认自我身份并进行自我反思的过程,在确认自身文化身份的同时,也体现着文化间的理解与接纳,体现着对当代多元的文化生态的尊重。社会主义核心价值观展现了宏阔的历史视域,它使人们在传统与现代的对话中感受社会主义文化在现代语境中的价值理念,从而确立对自身文化历史和价值的肯定性体认,使人们在追求普遍认同的价值秩序和文化理想的过程中,结成一个具有强大凝聚力的有机整体。

文化认同是社会成员对民族文化发展走向的自觉定位,它不仅停留于对自我文化和他文化优长与不足的认知、感受或决断上,更重要的是激发和孕育社会成员善于向一切美好事物学习的精神态度与行为自觉,使自我能与外界环境之间保持积极的适应和调节的关系。因此,民族传统文化精神和社会主义核心价值观共同作为文化发展的历史积淀和时代普遍价值,二者在民族文化认同中融合统一,以社会主义核心价值观为导向,促进民族文化发展迈向更文明的层次。在多元价值观念和文化影响下,以社会主义核心价值观为主导,继承和发扬中国传统文化,丰富藏族青少年价值观念,增强对国家主流文化和主流意识形态的认同。同时,培育社会主义核心价值观,继承民族文化中蕴含着的追求民主、平等、公正,崇尚自省、自律,重视道德、风俗约束作用的人文精神;培养藏区民众对不同文化的包容、理解和尊重,形成社会主义核心价值观所倡导的自由、平等、尊重、宽容等政治理性,促进以尊重和信任为前提的文化交流沟通,减少民族偏见,从而维护藏区的长治久安。

其建设的主要路径是建立主流价值形态与各少数民族伦理规范的对接通道,把社会主义核心价值诉求融入藏区人民的价值诉求中。通过完善传播途径、加强社会引导、保障机制建设方面,注重结合民族优秀传统文化,寻找主流文化和多远文化之间的契合点。

第一,完善传播途径。着力加强校园文化建设,营造包容、谦和、开放、理性的校园氛围,使青少年在日渐熏陶的过程中,自觉内化民族文化和社会主义核心价值观。充分利用图书馆、广播站、校园网络等多种渠道,结合优质的信息资源,避免宏大叙事,重点依靠生活故事,增加学生的吸引力、感召力,注重互动性,通过开展多种丰富多彩的实践活动,能够使学生更好地理解社会主义核心价值观,并且将其旨趣与民族文化结合起来。

第二,加强社会引导。充分发挥传统媒体和新媒体的合力,运用科学化、艺术化、形象化的表达方式述说社会主义核心价值观,将其渗透到藏区青少年及民众生活的方方面面,营造积极向上的社会舆论氛围。高度重视文化产品对社会主义核心价值观传播的有效作用,创造形式多样、题材丰富的文化产品,将社会主义核心价值观融入其中。结合藏区传统文化,发挥民间文化对社会主义核心价值观传播的引领作用,充分发挥当地物质文化遗产与非物质文化遗产对人的潜移默化作用。

第三,保障机制建设方面,要建立和健全有利于社会主义核心价值观传播效度提升的法律法规体系。充分发挥法律的规范、引导、保障和促进作用,用法律的权威来增强民众培育和践行社会主义核心价值观的自觉性,形成有利于培育和践行社会主义核心价值观的良好法治环境。要运用政府职能来保障社会主义核心价值观的传播。发挥政策导向作用,使社会生活的方方面面政策都有利于社会主义核心价值观的传播。

除了以上三点,还要积极推动和加快藏区发展进程。在藏族牧区传统的生产生活方式变化过程中,如何正确引导避免少走弯路,如何提高科学性和自觉性,减少自发性和盲目性,是学术界和政府各部门应倍加关注的问题。在推动城镇化进程中,要把牧民定居和城镇建设结合起来;把经济发展和社会进步结合起来;把提高和改善牧民生活水平与政府公共投资效益和服务能力结合起来;把城镇化和民族的社会化、现代化结合起来。要确保藏区社会发展在渐进的进程中展开,不是突飞猛进式地将牧区卷入城镇化发展中,造成传统文化的断裂,继而影响藏区青少年一代的文化认同。

An empirical Study on the Zang Ethnic Adolescents' Cultural Identity and the Relationship with the Zang Ethnic Region Social Governance

Wang Shuang, Fu Min

Abstract: It is of great significance to understand the ethnic cultural identity of the Zang ethnic adolescents to strengthen their mental health education and build a harmonious society. In this study, an empirical study was conducted to investigate the Zang ethnic adolescents' cultural identity and Han cultural identity. The results show that the cultural identity of the Zang ethnic is constantly searching for self identity and reflecting on the Han culture. Gender and grade have an impact on the Zang ethnic identity of the Zang ethnic adolescents. . Family location, gender, grade, and learning Chinese time have influence on Han cultural identity of the Zang ethnic adolescents. Based on this, it is proposed to construct the social governance from three aspects: constructing direct contact and imaginary intergroup contact from the micro level, strengthening civic education from the meso level, guided by the socialist core values from the macro level.

Key Words: the Zang ethnic adolescents; cultural identity; the Zang region social governance

域外视窗

◎ "旷世新政"与"天佑国事":论美国宪法政治的宗教之维
◎ 罗马法与伊斯兰法婚姻制度之比较

"旷世新政"与"天佑国事":
论美国宪法政治的宗教之维

钱锦宇* 吴佳芮**

摘要:美国宪法政治的建构和发展的历程与基督教(尤其是加尔文教)的政治文化传统密切关联。加尔文教对于多数人统治的正当性论证、人的权利和尊严的高扬,基于性恶论而强调的权力制约观念,以及将理性等同于"高级法"的理念,为美国宪法的制定和宪法政治的建构提供了丰富的智识资源。摒弃新教主义,只凭借洛克式社会契约论和古典自然法学说,难以全面理解美国宪法政治的本质和渊源。

关键词:美国宪法;宗教;殖民地;宪法政治

作为世界上第一个成文宪法国家,美国的政治治理主要是以宪法文本为基础,经由司法机关的宪法解释和司法审查,并与立法机关、行政机关之间展示的一种互动性宪法对话而得以塑造。美国以成文宪法为基础而展开的宪法政治的建构,创设了世界政治治理模式中的一种全新类型。对于多数的美国社会知识精英而言,宪法政治不仅是法哲学家罗纳德·德沃金(Ronald Dworkin)所谓的"美国历史对全球政治理论所做出的一个最伟大的贡献";[①]而且也是美国国玺中"旷世新政"这一铭言映照下的政治实践的发展成果。在 1782 年设计并沿用至今的美国国玺背面,其组成图案中的金字塔下端,有一条彩带上写有大写的拉丁字母"NOVUS ORDO SECLORUM"("旷世新政"),其含义就是美国人民正在接受一项崭新的命令,即世代美国人民要建设自己的政治新秩序。但是值得注意的是,金字塔顶部是一只眼睛,表示的却是"与上帝同在"这一《圣经》主题。眼睛上部,按弧形排列的是两个极具宗教意义的拉丁文单词"ANNUIT COEPTIS"("天佑国事")。按照通常的理解,美国国玺标示的建构政治新秩序的义务,根本上是源自于上帝的意旨的。

尽管以好莱坞为主的美国娱乐界竭力编织着世俗化美国的外衣,但它仍然遮掩不了美国弥漫着浓厚的宗教氛围这一事实。尤其是冷战后期和后冷战时期,以基督教右翼和

---

* 钱锦宇,法学博士,西北政法大学教授。
** 吴佳芮,西北政法大学 2015 级刑法学研究生。
① Ronald Dworkin, Freedom's Law: The Moral Reading of the American Constitution (Cambridge, Mass. Harvard University Press), 1996, p. 6.

新保守主义者为核心的"保守主义运动成为美国政治与社会生活中的新图景"。① 不仅在司法领域,前联邦最高法院首席大法官曾在判决中写道:"我们是信仰宗教的人民,我们的公共机构需以上帝的存在为前提",② 而且在立法领域,20 世纪末期的美国国会在其第 97 号联合决议中,曾正式宣布"《圣经》,亦即神的话语在塑造我们的国家形式上贡献卓越……《圣经》的教导启示了独立宣言和美国宪法所采用的政府架构"。③ 而在行政领域,历届总统中的大多数都是基督教教徒,如华盛顿、亚当斯、杰弗逊、林肯、艾森豪威尔、卡特、里根、小布什和奥巴马等。里根在其第 5018 号声明中也表达了与上述的国会联合决议相同的观念和看法。时至今日,美国依然声称自己是"上帝统治之下的国家"。因此,有论者明确指出,虽然"教会和国家权力的范围是分离的,但都来自于上帝。在这个意义上,美国同以色列一样是神权国家。"④ 因此,如果未能深入考察和理解美国宗教(主要是基督教)文化在其宪法运行过程中的建构性力量,则难以全面和正确地考察其政治治理的建构和运行机理。

鉴于宪法政治是以人民主权为政治基础、以人权保障为实施目标、以法治为运行条件的政治治理的结构性状态和模式,笔者将从以上三个要素入手,力图揭示它们各自与基督教文化可能存在的内在关联,进而展示美国宪法政治的宗教之维。

一、人民主权:美国宪法政治的政治基础与基督教文化

宪法政治的政治基础是国家主权归全体人民所有,政府应由人民的同意而产生并服从人民的意志,人民有权反抗暴政的理念和原则。人民主权要求人民践行民主,行使最高统治权。美国总统林肯将美国的民主内涵界定为"民有、民治、民享"。然而在北美殖民地初期,一种被统治者人人参与政治治理的自治模式的出现,并非是无根之木、无源之水。在艾兹摩尔看来,殖民地牧师约翰·科顿所倡导的"人民,作为一切权力的基础"的理念源自于社会契约论,但其根脉还最终在于加尔文教的政治文化观念。

(一)加尔文主义对民主统治的支持

首先,加尔文教并不否认世俗政治统治存在的必要性。加尔文曾在其《基督教要义》中写道,人类处于上帝的统治和世俗政权统治之下。虽然世俗政府的权柄是上帝创设的,但"只要我们生活在人类中间,政府就必然始终存在,必须关怀和保护外在的敬拜上帝的自由,维护正当的交易和教会的地位,调整我们的生活以形成人类社会,塑造我们的

---

① 白玉广.美国基督教锡安主义及其对美以关系的影响[J].美国研究,2011(1).
② Marsh v. Chambers,463 U. S. 783 (1983).
③ 97th Congress Joint Resolution,[S. J. Res. 165] 96 Stat. 1211,Public Law 97-280—October 4,1982,available at: http://www.firstchurchoftheinternet.org/studies/reagan.htm.
④ 约翰·艾兹摩尔.美国宪法的基督教背景:开国先父的信仰和选择[M].李婉玲,等译.北京:中央编译出版社,2011:350.

行为以形成公正的统治,使人们可以彼此和睦,促进普遍的和平与安宁。"①而 1776 年的《独立宣言》则沿袭了加尔文主义这一关于政府职能的理念,宣称为了保护造物主赋予人们的那些确定不移且不可剥夺的生命、自由和追求幸福的权利,"政府便在人们之间得以建立"。在承认"权柄源自上帝"的同时,北美殖民地的政治理念肯定了世俗政权和政府存在的价值和意义。这种认识在《联邦党人文集》中也是清晰可见的。其次,加尔文反对独裁统治这种政权组织形式。他认为,人类的原罪特质使得人会滥用不受监督和制约的权力。因此,邪恶统治者的独裁的统治或滥用法律者的统治并不可取。应当由若干人来组成政府,行使政府职权,这将会是更安全、更稳妥的一种做法,因为"他们可以彼此帮助,彼此教导,彼此劝告。如果有人不正确地坚持己见,那么就可能有许多监察者和官员站出来制约他的意愿。"②因此,在政治统治模式的选择上,加尔文趋向于主张由多数人去制约个人对于权力滥用的偏好和可能性。这就为民主统治的建构在宗教文化中留下了发展空间。最后,对于多数人的统治如何产生这一问题,加尔文在对《弥迦书》第 5 章第 5 节的注释中指出了民主投票选举的理念,即:"民众用大众投票的方式选出自己的牧羊人,通过这种方式来达到自己最想达到的目的。当有人用暴力篡夺最高权力时,这就是暴政……因此先知说:我们将为自己设立君王;这就是说,上帝不仅让教会自由的呼吸,而且让他的子民有自由建立一个明确的、治理良善的政府。建立这一切的基础是全民都具有选举权。"③由此可见,在加尔文看来,在基于民众享有选举权而建构的代议制共和政体中,被统治者本身依照上帝的授权而有权选任并组建善良的政府,这是理想的政府类型。加尔文教胡格诺派的哈特曼(Hotman)则进一步主张,人民始终是国家的所有者,而政府要受到明确的制约。哈特曼的这种观念进一步巩固了人民主权这一现代宪法原则的智识基础。

而在北美殖民地的政治实践中,最早来到新英格兰的清教徒是坚信"教会的治权属于全体会众"的公理会教徒,同时,加尔文主义对于"公议会至上"的强调,客观上有助于代议制民主自治统治模式在北美殖民地和随后建立的美国得以确立。独立战争前各殖民地的自治机构,独立战争期间的大陆会议,1787 年的制宪会议的代表,均有各殖民地的选举而产生代表,组成会议行使职权。而 1787 年宪法更是将代议制民主上升到了宪法的高度,为美国宪法政治的建构奠定了基础。

(二)加尔文主义强调"被统治者的同意"是政权正当性的前提

在加尔文教派的"圣约"理论中,存在着两个神圣契约:一个是上帝和君主所签订的

---

① 加尔文在其《基督教要义》的第 4 卷第 20 章中,对于世俗政府的职能和正当性,以及世俗统治与上帝统治之间的关系进行了详尽的阐释。
② 道格拉斯·F.凯利.自由的崛起:16—18 世纪加尔文主义和五个政府的形成[M].王怡,李玉臻,译.南昌:江西人民出版社,2008:25.
③ 道格拉斯·F.凯利.自由的崛起:16—18 世纪加尔文主义和五个政府的形成[M].王怡,李玉臻,译.南昌:江西人民出版社,2008:27.

契约,约定君主或国王必须按照上帝的律法对世俗社会进行统治;另一个是上帝与人民之间的契约,赋予了人民以权力,以确保世俗社会按照上帝的律法获得统治。根据圣约观念,人们在上帝之下联合成为政治共同体,且上帝通过人民来任命政府。政府的正当性就源自被统治者的同意。《圣经》曾记载以色列的君主政体就是民众要求上帝的结果。以色列的国王和官员都经由人民的同意而得以获得统治权。而加尔文教的胡格诺派则更为直接地强调,政府只有当它建立在人民的同意的基础上,其统治才具有正当性。作为加尔文在日内瓦的教义继承人,西奥多·伯撒(Theodore Beza)不仅主张政治权力必须通过人民的同意予以确认,而且还指出尽管君王在最终意义上是由上帝来设定,但仍应该受到特别的法律约束,并由人民进行选举。不是"人民由统治者而产生",而是"由人民产生统治者"。无论是胡格诺信徒,还是伯撒,都将作为被统治者的人民的同意视为是政治统治事实获得正当性的必要条件。在艾兹摩尔看来,正是约翰·洛克的社会契约论和加尔文教的"圣约"观念,成功塑造了"被统治者的同意"这一现代政治观念。①

正是在这样的宗教政治观念的影响和推动之下,北美殖民地的自治性政治统治模式才得以充分而有效地建立和运行。弗吉尼亚公司认可弗吉尼亚殖民地的居民选举代表而参加政府,马里兰、宾夕法尼亚、南卡罗来纳和新泽西殖民地的特许状都规定,全部的立法均须获得"自由民的同意"。马萨诸塞、纽黑文、罗德岛和康涅狄格殖民地据此理念而组建自治政府。殖民地人民直接参与或者通过选举而间接参与政治,使得自治政府的政治治理获得了高度的政治正当性。这种正当性的获得是通过被统治者的政治行为而得以证明的,因为被统治者的肯定性政治参与就是政府行动的正当性源泉。在《独立宣言》中,就明确将加尔文主义的上述观念转换成了现实。它明确规定"政府的正当权力则源自于被统治者的同意"。而1787年《宪法》则在序言中就宣布:"我们美利坚合众国人民……制定本宪法",并以此证明制宪的正当性。

(三)加尔文主义创制反抗暴政的权力

如前所述,在加尔文教看来,圣约的观念设定了两个契约,君主依据其与上帝的契约而按照上帝的律法对世俗社会进行统治。君主的权力永远置于上帝的意志和上帝的永恒律法之下,置于君主与上帝的契约之下。相对于绝对君主制而言,这就意味着君主的权力并非是绝对的和不受限制的君主制即所谓的"正当君主制"(或"合法君主制")。加尔文认为:"君王的权力很大,但他们必须认识到他们是上帝和人民的臣宰和仆人。"②"一

---

① 约翰·艾兹摩尔.美国宪法的基督教背景:开国先父的信仰和选择[M].李婉玲,等译.北京:中央编译出版社,2011:342.
② 道格拉斯·F.凯利.自由的崛起:16—18世纪加尔文主义和五个政府的形成[M].王怡,李玉臻,译.南昌:江西人民出版社,2008:43-44.

个政府如果过度地滥用权力,它就可能丧失公共权力。这样,人民就可以不再服从于它"。① 反抗亵渎其职分的君主,恰恰是人民顺服于上帝而承担的神圣职责。而加尔文教的胡格诺派则更为强调人民享有推举或废除君主的权力。哈特曼就指出,当君主不能恪尽职守,则人民有权废除他。伯撒也引用信义宗的《奥斯堡信条》,指出人民的职责是废黜滥用权力的统治者,一旦君王违背了上帝的永恒律法,则人民得以将其废黜。世俗政权的目的是维护上帝授予人们的自然权利,如果世俗统治者无法履行此职责,漠不关心人民的幸福,这样的君王就违背了他与上帝的圣约,成为了上帝的敌人。而人民就要执行他们与上帝之间的那份圣约,行使权力推翻暴君统治,以维护上帝律法对于世俗社会的神圣统治。因此,加尔文主义认为,反抗暴政的权力根本上是源自于圣约的。而信奉加尔文教的苏格兰的诺克斯,也指出上帝与人民的圣约直接赋予了人民反抗一切不尊崇上帝主权的权力。可见,圣约已经成为一个具有鼓动性政治力量的理念,并指导着北美殖民地革命的进行和宪法政治的建构。

当北美殖民地人民被迫武装反抗英国时,他们就在践行着加尔文教关于人民享有天然反抗暴政之权力的教义。而北美革命意识的形成,和新教牧师的作用也密不可分。在殖民地传道布教的过程中,加尔文教的牧师仍然继承着加尔文教的一贯特色,往往将宗教性和政治性主张相糅合而宣道。例如"无代表不纳税"的政治主张就是牧师乔纳森·梅林(Jonathan Mayhew)在波士顿布道时首先宣讲的。当杰弗逊在 1776 年的《独立宣言》中宣布"当任何形式的政府违背了这样的目的时,人民就有权改组或者推翻这个政府,并且重新组建一个新政府"时,他不仅是在表述着洛克在《政府论》中阐述的社会契约论,而且更是在复述加尔文教的反抗权观念。而第二宪法修正案对于人民持有和携带武器之权利的规定,就是为了保障人民按照圣约的观念而享有反抗专制政权的神圣权利和宗教义务。

至此,加尔文教通过反对独裁而支持多数统治的观念、政权正当性源自被统治者的同意的理念和反抗暴政的论点,与英国的社会契约论一道,为北美殖民地和后来的美国奠定了人民主权这一宪法原则和政治信条。

二、规制权力:美国宪法政治的运行条件与基督教文化

囿于清教徒对于权力的恐惧和怀疑的心理传统,美国知识精英反复强调用法律制约权力的必要性。杰弗逊就明确提出要用"宪法的锁链"把政府牢牢地捆绑住的观念。规制权力是法治的核心要义。北美殖民地的经验是通过法律统治,要求法律不仅向个人授权并限制个人权利的行使,同时也要求法律向政府授权并限制政府权力。而限制政府权力,恰恰就是宪法政治的本质特征和要求。这是因为如此,S. M. 格里芬等学者才用法治

---

① 道格拉斯·F.凯利.自由的崛起:16—18 世纪加尔文主义和五个政府的形成[M].王怡,李玉臻,译.南昌:江西人民出版社,2008:46.

来定义宪法政治。

作为一项宪法原则,规制权力的逻辑起点是人性恶的假定。亚里士多德在谈到法治和人治孰优孰劣时,就指出人难以免除兽性,而人治必然会在政治中混入兽性的因素,法治则是用体现免除情欲影响的神祇和理智的法律来治理。主张法治之人必然主张神和理性的统治。因此,法治应当优于一人之治,法律是最优良的统治者。① 与霍布斯以主张人性恶为逻辑起点来建构其社会契约理论的进路不同,洛克在其《政府论》中,并未清晰的阐述关于人性的观点,倒是在他所描述的自然状态中倾向于一种人性善的描述。因为洛克认为,在自然状态中,人们平等地享有自然权利。自然状态是和平、善意和互相的帮助的状态,并非"永久的战争状态"。但是,加尔文教对于人性定位的信条,却给北美殖民地人民留下了深刻的印象。北美殖民地的移民构成主要有三类,即失地农民与失业工人构成的寻求生存空间的移民、逃避宗教和政治迫害的清教徒移民和作好犯科而受到流放的罪犯。上述三类移民从其自身经历中都不难体悟人性的善恶。而美国革命前,13个殖民地的总人口(300万)中三分之二是信仰某种加尔文主义或清教徒教义的,加尔文教关于人性恶的信条,则更是强化了北美殖民地移民的这种普遍感悟。加尔文教秉承基督教义,承认人类从亚当和夏娃开始就违背了上帝的诫命因而获罪,人类作为亚当夏娃的后代便"生而获罪"。正如《罗马书》所宣示的"原罪"论,即"世人都犯了罪,亏缺了上帝的荣耀"。当贪欲、妒忌、怨恨导致了人类的堕落时,宗教的救赎也就不可或缺。当身负原罪的人们组建政府,权力的滥用完全可能。加尔文曾指出,由于人类的罪孽和过犯,由一些人来组建政府并行使权力,则会滥用其权力,因而必须对之予以制约。当统治者滥用权力以至于违背他与上帝的圣约时,加尔文教则主张人民便按照人民自己与上帝的圣约和上帝的律法,行使反抗权以推翻暴政。无论是加尔文教的创始人加尔文、还是信奉加尔文教的苏格兰的诺克斯,以及法国加尔文教的胡格诺派,都持有这样的相同观点。这就能在一定程度上解释为什么在美国的制宪过程中,制宪者们基本上就持有着一种政治怀疑主义的立场,并将这种亚里士多德式的人性怀疑论发挥到极致。汉密尔顿在撰写文章阐释新宪法时曾指出:"人是野心勃勃、心存报复之念而且贪得无厌。"②而"美国宪法之父"麦迪逊则更加精辟地指出政府是一种必要的恶,以压制人性的恶。在他看来,人类的"野心必须用野心来对抗……政府本身若不是对人性的最大耻辱,又是什么呢? 如果人都是天使,就不需要任何政府了。如果是天使统治人,就不需要对政府有任何外在的或内在的控制了。在组建一个人统治人的政府时,最大的困难在于你必须首先使政府能够规制被统治者,然后就是迫使政府自身得到规制。"③尽管制宪者们按照加尔文教的政治

---

① Aristotle, The Politics of Aristotle[M]. Oxford: Oxford University Press, 1946: 145-149.
② Alexander Hamilton, James Madison, John Jay, The Federalist Paper[M]. New York: The New American Library of World Literature, Inc, 1961: 54.
③ Alexander Hamilton, James Madison, John Jay, The Federalist Paper[M]. New York: The New American Library of World Literature, Inc: 322.

观念、社会契约论和殖民地的自治实践,承认组建政府和选择多数统治的必要性,即政府的职责和任务就是通过压制人类的贪婪和妒忌等兽性因素来维系社会的和平与安宁,从而保护上帝所赐的自然权利不受侵害,但是出于这种政治怀疑主义的考量,制宪者们意识到既要依赖于多数人组成政府进行统治,又对不受限制的多数人统治表示怀疑。因此,他们并没有承袭英国的议会至上的宪法原则,而是否认议会万能,在美国宪法中设置了分权制衡这一重要的宪法性原则。1787年《宪法》文本在前三条就规定了立法权、行政权和司法权分属于三个不同的部分,并且通过赋予它们各自制衡性权力来相互监督与制约,尤其是当时最为强势的作为代议制机关的国会,进而实现规制政府的目的,凸显了用宪法来制约政府权力的法治理念。因此,新教影响下的美国,不仅在宪法中确定了分权制衡的宪法原则,意图通过公权力之间的分立和相互制约,从而控制政府的权力滥用,同时还通过《权利法案》来确认公民权利不受侵犯,尤其是第2宪法修正案肯定了人民持有和携带武器的权利不受侵犯。在加尔文主义看来,只有当人民享有持有武器的自由权,人民才能得以武装起来反抗专制政府,这是人民履行圣约的不可或缺的条件。

  另外值得注意的是,美国宪法政治得以塑造成型,是离不开法院对于违宪审查权的有效实施的。而以"保护个人免于多数人的专制"的司法审查制度的建构,和基督教文化也有着某些内在的关联。司法审查之所以重要,是因为只有当司法审查获得宪法性认同,分权制衡的体制才得以健全。而司法审查的最大意义就在于通过宪法的司法运作来制约民选的国会和总统,防止立法者和执法者本身的权力不受控制,违反法治主义。只有当以民主为制度性基础的政治统治受到宪法的制约(即立宪民主制),才能实现既保证政治统治经由被统治同意而获得正当性,又防止民主的绝对化导致的多数人暴政的潜在可能性。因此,借用麦克文(C. H. McIlwain)的表述,没有司法审查,宪法政治就根本不可能实现的。而司法审查的运行机理,就是通过司法权的行使,来监督国会和行政机关的行动是否与作为"高级法"的宪法相保持一致。如相违背则宣布前者为无效,并以此来维护宪法至上这一法治理念的内在要求。而"高级法"的理念就源自于基督教教义。中世纪教会法学集大成者托马斯·阿奎那(Thomas Aquinas)就将法律分为体现上帝理性的永恒法、上帝用来统治人类的自然法、由《圣经》展示的神法和作为世俗法的人法。人法源自于作为高级法的自然法和永恒法,前后二者必须保持一致。如果人法违背了高级法或永恒法,则它就不再有效。① 英国法学家布莱克斯通(William Blackstone)则进一步发展了这种观念,他强调"造物主的意志就是自然法。自人类存在之日起,便有上帝亲自制定的自然法,其所具有的约束力理所当然地高于其他任何法律。这种约束力无时不在也无处不在,所有与之相抵触的人类法律都归于无效。至于那些有效的人类法律所具有的全部的强制力和权威性,也都直接或间接地源自于自然法"。② 而布莱克斯通的普通法

---

① 托马斯·阿奎那.阿奎那政治著作选[M].马清槐.译.北京:商务印书馆,1963:111-116.
② 布莱克斯通对于自然法的神圣渊源的讨论,可参见 William Blackstone, Commentaries on the Laws of England[M].facsimile of 1769 ed. ,4 vols. Chicago:University of Chicago Press,1979.

式的"高级法"理念,在北美殖民地的司法实践中得以创造性转换,即殖民地法院将普遍的正义和理性等同于"高级法",又将"高级法"等同于体现普遍的正义和理性的殖民地宪法。其逻辑结论就是宪法是高级法,而与宪法相冲突的制定法为无效。这就为司法审查制度在殖民地的创设奠定了理论基础。

三、权利与自由:美国宪法政治的目标定位与基督教文化

新英格兰地区的清教徒对于个人权利和自由的关注和重视,是其政治哲学中的核心理念。欧洲近代发展史表明,欧洲移民向北美的迁徙和北美殖民地的广泛建立,与人作为人所应当享有的尊严和权利有着深刻的关联。欧洲移民向北美的迁徙主要有如下两个原因:其一,一方面,由于产业技术的改进以及对外战争与殖民而获得不断的资本积累,英国资本主义经济高速增长,而毛纺业过度发展却带来的圈地运动的"羊吃人"现象,失地农民不得不将目光转移到英国政府鼓吹的"土地富饶而充满机遇"的北美新大陆;另一方面,1620年至1635年,英国经济危机导致了普遍的失业现象,失业工人也被迫重新寻求就业机会。因此,为了能够维系自身的生存,很多英国人不得不通过移民新大陆的方式以寻求生存空间,即力图获得足够的食物、衣着、住房,以维持有一定尊严的、享有相当水准的生活之生存权。在这个历史时期,通过移民而摆脱贫困危机,使人获得能在社会生活中为确保自我尊严的最低限度生活,则是英国乃至欧洲社会的重要历史现象。其二,基于宗教原因的移民,是北美殖民地得以迅速建立的又一重要原因。据史学家考证,早在16世纪30至40年代,坎特伯雷大主教洛德的政治迫害就使得大量清教徒从英格兰移居北美新大陆。而当17世纪在詹姆斯一世执政时,宗教迫害进一步升级。为了获得尊奉新教教义的自由,英国的部分清教徒在威廉·布拉德福德(William Bradford)的带领之下,经由荷兰的阿姆斯特丹和莱顿,最终于1620年登陆北美,建立了普利茅斯殖民地。清教徒们按照基督教"圣约"的观念,以上帝的名义签订了移民清教徒之间具有宗教契约和自治法规性质的《五月花号公约》,并以此为基础展开奠定殖民地政治秩序的契约型自治。同时,17世纪的30至40年代,约翰·温思罗普(John Winthrop)力主获得并执行英国国王所颁发的特许状,并以此为法律基础而奠定殖民地政治秩序的特许状自治。清教徒移居北美的目的就是要建立一个纯粹的基督教共和国,正如温思罗普指出的那样,建立一个如同《圣经》所言的"山巅之城"。在一个马萨诸塞殖民地的清教徒看来,"上帝已经选出了一个国家,他将保佑那颗精选的种子在这片荒野生根发芽"。① 而其他一些殖民地,如宾夕法尼亚的建立,则是因为大贵族威廉·佩恩(William Penn)及其所属教友派教徒不满英国的宗教现状。塞西尔·卡尔弗特(Cecil Calvert)建立马里兰殖民地是因

---

① 加里·纳什,等.美国人民:创建一个国家和一种社会(上卷)[M].刘德斌,等译.北京:北京大学出版社,2008:82.

为他对英国天主教徒的处境极为担忧。而很多北美的殖民地也居住着为了寻求信仰自由而移民北美的德国、爱尔兰的清教徒和法国的胡格诺派新教徒。清教徒移民将英国自由大宪章和英国普通法所确立的"英国臣民的权利与自由"的理念，融入了殖民地的特许状和自治章程和宪章之中。殖民地的宪章往往确认，殖民地的英国臣民，和英国本土臣民一样，仍然享有着全部的权利、豁免权和特权。总体而言，早期欧洲移民远赴北美，建立殖民地，有着深刻而显见的争取生存权、寻求宗教信仰自由权的动机和目标。在某种意义上，这也是一个争取人的权利和尊严的政治运动和社会现象。

然而，殖民地的自治仍受到英国的干涉。英国的殖民政策以重商主义为指导，强调殖民地作为单纯的原料产地和商品销售市场，否定殖民地与母国之间的贸易竞争。自1651年开始，英国政府时常制定一些法律，对殖民地的政治和经济予以限制。为了解决英法争霸带来的财政赤字，英国议会颁布了《印花税法》等一系列法律，以及应对殖民地人民抗争而颁布的五项"强制法令"，最终导致了殖民地人民的起义。1776年，北美殖民地宣布了包含着美国宪法精神的《独立宣言》。当时，北美殖民地的文化现状是主张"权柄源自上帝"的基督教为主流，这就决定了《独立宣言》必须体现极为浓烈的宗教色彩，否则任何政治文件的效力就会缺乏正当性基础。强调"坚定地依靠神的护佑"的《独立宣言》，开篇就宣布"人人被平等地创造"这样一种平等理念的不证自明性。这种观念是"上帝之下人人平等"这一基督教信条的另行表达。《圣经·使徒行传》就记载"彼得就开口说，我真看出神是不偏待人"。而在基督世界，"并不分犹太人、希腊人，自主的、为奴的，或男或女。因为你们在基督耶稣里都成为一了"。[①] 而美国第14宪法修正案更是明确确立了法律的平等保护原则，而不去区分受保护者的国籍、肤色和身份等因素。《独立宣言》随后宣布的包括生命、自由和追求幸福在内的"造物主赋予的确定地、不可剥夺的权利"，则更是彰显出人的自然权利的神圣性。

《圣经》的一大主题就是，人是按照上帝的形象得以创造的。正是由于人具有着与上帝相接近的自由意志、道德良知和理性思维，人才获得了人格和尊严。在清教徒看来，人权与宗教的内在逻辑就是，人的特定的权利源自于人的尊严，而人的尊严源自于上帝的形象。为了保护这些源自于上帝的神圣权利，上帝通过摩西而立法，其《十诫》就要求保护人的生命权、财产权、人身自由权等。尽管很多学者主张托马斯·杰弗逊的《独立宣言》所阐释的理论是洛克在其《政府论》中描绘的社会契约论的翻版，但是追根溯源，曾经为基督教的合理性而极力辩护的洛克，其政治思想难以完全摆脱基督教政治观的话语和范式，这也反映出他的清教徒家庭的文化背景以及作为辉格党人的政治立场。

华盛顿在其告别演说中指出："理智和经验都告诉我们，没有宗教的原则，国家的道

[①] 《圣经》"加拉太书3:28"。

德就不可能得以盛行。"①而没有道德的社会是难以存在和保全真正的权利和自由。天赋人权和对于人权的保障,是"自然法和创造自然的神法"重要的组成部分。为了落实这种宗教和道德上的价值目标,美国1787年宪法及其修正案,便在不同程度上对此予以规定。例如宪法前三条对分权制衡体制的确立,就是通过公权力之间的制衡来保障个人权利的制度设计。而宪法第1条第9款规定"不得终止人身保护令的特权","不得通过公民权利剥夺法案或追溯既往的法律",第3条第3款关于"无论何人,除根据两个证人对同一明显行为的作证或本人在公开法庭上的供认,不得被定为叛国罪"的规定,第4条关于"每个州的公民享有各州公民的一切特权和豁免权"等规定,以及《权利法案》对于政教分离和表达自由、持有和携带武器、人身自由和住宅不受非法侵害、正当法律程序、未列举权利的保留、废除奴隶制、法律的平等保护、公民的平等选举权等的规定,都与《独立宣言》中的宗教理念和社会契约思想保持着内在的统一脉络。

总体而言,正如美国宪法史学家唐纳德·鲁兹(Donald Lutz)不无精辟地指出的那样,以限权为特征的美国宪法政治传统,以及以契约方式表述这种政治见解的观念,既不是英国普通法的产物,也不是17世纪自然法思想的产物,更不是18世纪的启蒙运动。在洛克的《政府论》出版之前的半个多世纪,北美殖民地的宪法政治建构就已经在一系列早期的宪章、社会契约和协约文件的基础上得以展开了。② 因此,只凭借洛克等思想家的社会契约论和古典自然法学说,无论如何是难以全面理解美国宪法政治的。美国的宪法传统应该有三个渊源,即英国当局颁发的特许状、殖民地政策指导,殖民地自身制定的公约、契约、宪章和法令,以及基督教新教传统。"在新教(学说),特别是在富于进取的新英格兰新教(学说)中,可以找到民主、个人主义、自由放任主义、出版自由和红色小校舍的源头。"③美国宪法政治中的民主、人权和法治要素有着深刻的宗教渊源,必须要进一步考察基督教(主要是加尔文教)政治文化对于北美殖民地政治的理想与现实的塑造,才能较为全面地理解美利坚民族"根据自己理想和热情肆意挥洒,用包含自由、平等和自治理想的所谓'美国精神'缔造所谓的'新政体'(New Polity)"的本质所在。④

The Religion Dimension of American Constitutional Democracy

Qian Jinyu Wu Jiarui

Abstract: The construction and development of American constitutional democracy were associated firmly with political culture of Christianism. Genevan political culture which

---

① George Washington,"Farewell Address (1796)", George Washington Papers at the Library of Congress, 1741—1799, available at: http://lcweb2.loc.gov/cgi-bin/query/P? mgw:2:./temp/~ammem_ySTH.
② Donald S. Lutz, Colonial Origins of the American Constitution: A Documentary History (Liberty Fund, Inc.),1998. "Introductory Essay".
③ John Crowell & Stanford J. Searl, Jr. , eds. , The Responsibility of Mind in a Civilization of Machines: Essays by Perry Miller[M]. Amherst: University of Massachusetts Press,1979:38.
④ 倪世雄,赵可金.美国政治的逻辑:一项研究议程[J].美国研究,2009(3).

included the justification of majoritarian rule, the protection of human rights and dignity, the concept of keeps and balance and the view of "higher law" contributed the framing of American constitution and the construction of American constitutionalism.

Key Words: American constitution; Christianism; constitutional democracy

美国部落法庭刑事判决记录在联邦法庭程序中适用的争议
——基于美国联邦最高法院2016年United States v. Bryant案的分析

曹兴华* 王 亮**

摘要：2016年,美国联邦最高法院在United States v. Bryant案中认为部落法庭的裁判没有违反联邦宪法第六修正案和正当程序原则,可以作为惯习家庭暴力罪的前提要件。但Bryant案深层反映的是美国印第安法律整体理念中部落自治与联邦治理之间的根本性冲突关系,需要重新审视部落自治与联邦治理,从根本上厘清部落与联邦的司法关系。

关键词：United States v. Bryant案；部落法庭；联邦法庭；印第安家庭暴力；惯习家庭暴力罪

美国当前有250万印第安人生活在部落保留区,共有567个印第安部落得到联邦政府认可,①这些部落拥有高度自治权(Self-Determination),②但同时也仍旧系属于联邦和州,联邦将这些部落称之为"国内独立国"(domestic dependent nations)。根据美国法律,印第安部落所拥有之权力包括有限制的自治、界定部落成员资格、管理部落财产、规范部落商业和家庭关系等。联邦政府应保护部落的这些权力,并给部落生存和发展提供必要的空间。这导致印第安人身份特殊,即同时受联邦政府和自治部落的管辖。而部落法和联邦法的同时存在,也产生了二者之间如何协调的问题。近些年来,关于部落法庭判处的家庭暴力轻罪判决是否可以作为联邦法中所规定的惯习家庭暴力罪前提要件的争议经常诉诸联邦法院,美国联邦第八、九、十巡回法院2011年来都曾就此问题作出过判决,但意见并不统一。2016年,美国联邦最高法院在United States v. Bryant案中对此问题进行了比较全面的审视,首次回应了联邦巡回法院之间的争议。该案判决结果出来后,

---

* 曹兴华,西南财经大学法学院博士研究生。
** 王亮,中共湖南省委直属机关党校讲师。
① 郑勇.美国印第安部落博彩业及其法律规制[J].民间法,2017(1):391-401.
② 针对印第安部落的自治权,也有学者直接称之为部落主权。(详细论述可参见郑勇.美国印第安部落博彩业及其法律规制[J].民间法,2017(1):391-401)本文将之译为高度自治权,而没有采用部落主权,是因为正如本文正文部分所论述,尽管有争议,但联邦实质上也管辖着部分部落事务,例如本文所论述的专门规制部落家庭暴力的惯习家庭暴力罪就属于联邦司法管辖。

引起大量关注,美国重要法律杂志上讨论该案判决的文献迅速增多。[①] 本文基于 United States v. Bryant 案,对美国部落法庭刑事判决记录在联邦法庭程序中适用的争议进行梳理,以求窥见美国印第安法理论领域对该问题的争议实质。

一、2016 年 United States v. Bryant 案概要与争议问题

1. 案情概要

美国印第安人家庭暴力发生率非常高,本案就发生在家庭暴力盛行的印第安县。被告 Bryant 是北 Cheyenne 印第安部落的注册成员,生活在蒙大拿州印第安部落保留地内,有超过 100 项部落法庭判决记录,包括多项家庭暴力轻罪判决。特别是在 1997 至 2007 年间,Bryant 在北 Cheyenne 部落法庭因为违犯北 Cheyenne 部落法而构成家庭暴力犯罪的认罪至少五次以上。其中一次,Bryant 用啤酒瓶敲打同居女友头部,并企图掐死该女友。还有一次,Bryant 伤害另外一位女友,用膝盖撞击对方面颊,弄烂对方鼻子,将对方打得血肉模糊之后弃之不顾。对于 Bryant 一系列家庭暴力行为,部落法庭都判处了不超过一年的监禁刑。那些判决确定时,Bryant 属于贫穷人士且没有获得安排律师帮助。由于他刑期很短,部落法庭判决没有给他免费指定律师,不过这符合 1968 年印第安公民权利法规定,因而判决均为有效。Bryant 也从来没有诉诸联邦法院通过 1968 年印第安公民权利法的人身保护条款来审查过部落法庭判决的合法性。

2011 年 Bryant 又因为侵犯妇女而被捕。2011 年 2 月,Bryant 殴打他当时的女友,将她从床上拖下,拉扯她的头发,对她拳打脚踢。在执法人员的讯问中,Bryant 承认曾经家暴过该女友五六次。3 个月之后,Bryant 殴打当时和他一起同居的另一位女友,先是因为找不到卡车钥匙而对她大声吼骂,然后掐着她脖子直到她几乎失去知觉。Bryant 后来供述和这个女友谈恋爱的两个月期间,殴打她了三次。基于 2011 年的这些家庭暴力犯罪行为,蒙大拿州联邦大陪审团以他构成两项美国联邦法典第 18 U. S. C. 117 条(a)款的惯习家庭暴力罪在联邦地区法院起诉他。在联邦法庭程序中,Bryant 获得了免费律师帮助。Bryant 认为,根据美国联邦宪法第六修正案,可以排除他先前没有获得律师帮助的部落法庭轻罪判决作为惯习家庭暴力罪的前提要件,因此申请法院驳回起诉。联邦地区法院驳回了他的申请,而后 Bryant 做了附条件认罪答辩,保留了就联邦地区法院驳回决定进行上诉的权利。在两项惯习家庭暴力罪中,Bryant 均被判处 46 个月监禁,并附加

[①] 类似文献例如 LINDSAY CUTLER. Tribal Sovereignty, Tribal Court Legitimacy, and Public Defense[J]. UCLA Law Review,2016,63(6):1752-1816;NICHOLAS LETANG. United States v. Bryant and the Subsequent Use of Uncounseled Tribal Court Convictions in State or Federal Prosecution[J]. Montana Law Review 2016,77(1):211-229;M KREISMAN. United States v. Bryant,Federal Habitual Offender Laws,and the Rights of Defendants in Tribal Courts: A Better Solution to Domestic Violence Exists[J]. Campbell Law Review, 2017, 39(1): 205-234; ALEXANDER S. BIRKHOLD. Predicate Offenses,Foreign Convictions,and Trusting Tribal Courts[J]. Michigan Law Review Online,2016,114(1):155-163.

3年监管释放。

该案上诉到联邦第九巡回法院后,联邦第九巡回法院推翻了联邦地区法院的判决,直接驳回了起诉。联邦第九巡回法院认为:因为宪法第六修正案规定的获得律师帮助权并不包含部落法庭程序,因此 Bryant 没有获得律师帮助的部落法庭判决是有效的,但是这些判决不能作为惯习家庭暴力罪的前提要件,因为假若之前这些判决是由联邦或州法院做出的,则其已经违犯第六修正案。

该案上诉至美国联邦最高法院之后,美国联邦最高法院认为 Bryant 的部落法庭判决在审判程序中没有违犯联邦宪法第六修正案,其在惯习家庭暴力罪的诉讼中也依然维持效力,因此推翻第九巡回上诉法院的裁决,要求根据美国联邦最高法院的观点重新审理。美国联邦最高法院认为,Bryant 的部落法庭判决程序符合1968年印第安公民权利法所规定的程序,由此产生的判决是有效的,采用这些判决作为惯习家庭暴力罪前提要件并不违宪。Nichols 案认为判决时程序合法有效的判决结果在随后的程序中依然合法有效,"加重刑罚的成文法⋯没有改变之前判决所施加的刑罚",惯犯法"仅只是就被告最后的犯罪行为进行惩罚"。① 根据惯习家庭暴力罪判处被告 Bryant 刑罚只是针对他最近一次家庭暴力犯罪行为的刑罚承担,并不针对之前在部落法庭判决中的犯罪行为。在部落法庭程序中,被告的获得律师帮助权利并没有受到侵犯,在联邦法庭中的他的获得律师帮助权也得到了保障。也就是说,Nichols 案允许基于没有获得律师帮助但只是判处罚金的部落法庭判决作为惯习家庭暴力罪的前提要件。在惯习家庭暴力罪问题上,没有理由区分"有效但没有获得律师帮助权而结果只是罚金的部落法庭判决"和"有效但没有获得律师帮助权的刑期一年以下的部落法庭判决",他们都不违反联邦宪法第六修正案。Burgett 案确立的不能援引没有获得律师帮助权判决的裁判规则对 Bryant 并无助益,其获得律师帮助权在之前的部落法庭程序中并没有受到侵犯,因此在之后的联邦法庭中他也无法再一次遭受因先前判决剥夺其获得律师帮助权而带来的不公。此外,Bryant 还认为将部落法庭判决结果运用于惯习家庭暴力罪的审理侵犯了美国宪法第十五修正案规定的正当程序原则。但是1968年印第安公民权利法保障了"法律的正当程序",其给予了被告其他程序保障,并且允许被告在联邦人身保护令程序中质疑部落法庭的基本公平性。由于符合1968年印第安公民权利法的程序能够确保部落法庭判决的可靠性,因此在联邦诉讼中使用这些判决并不会侵犯被告正当程序权利。

该案判决书由美国联邦最高法院大法官金斯伯格执笔,大法官托马斯发表了协同意见书。

2. 争议问题

美国关于印第安自治与联邦法律之间的关系向来争议颇多。基于 United States v. Bryant 案,所存在争议主要有三个方面:第一个问题是美国国会为何制定法律惩罚印

---

① Nichols v. United States 511 U.S. (1994).

第安县领域内部落成员之间的家庭暴力犯罪？这也是 Bryant 案讨论的实体性基础，否则就没有 Bryant 案存在余地。第二，美国联邦宪法第六修正案通常禁止在后来程序中使用侵犯获得律师帮助权产生的判决，而 Bryant 案又何以允许使用先前没有获得律师帮助权的判决？第三，部落法庭在不符合宪法的程序中起诉部落成员是否违犯正当程序原则？下面本文基于 United States v. Bryant 案——就这三个问题具体展开分析和讨论。

二、美国联邦为何制定保护土著印第安妇女的惯习家庭暴力罪？

与其他群体相比，印第安妇女遭受家庭暴力的概率要高很多。按照美国疾病控制与预防中心《2010 年全国亲密伴侣与性暴力调查报告》的数据，46％的美国印第安妇女和阿拉斯加土著妇女曾有过被亲密伴侣身体伤害的经历。[①] 根据美国司法部 2014 年《关于美国印第安/阿拉斯加土著儿童暴力风险：终结暴力以促进儿童成长》的调查报告数据，美国印第安和阿拉斯加土著妇女被强奸和性侵犯的比例是美国普通妇女的 2.5 倍。[②] 印第安妇女遭受暴力的比例为 23.2‰，而白人妇女则为 8‰；印第安妇女遭受性侵犯的比例为 7‰，而与之相对白人妇女为 3‰，黑人妇女为 4‰，西班牙裔妇女为 2‰，亚裔妇女为 1‰。[③]

印第安妇女受到家庭暴力伤害的结果非常严重。土著美国妇女受到家庭暴力的严重程度要高于其他种族妇女：印第安和阿拉斯加妇女受到家庭暴力的事件中有 70％为身体伤害，有 56％需要治疗；亚裔美国妇女受到家庭暴力的事件中，有 63％为身体伤害，有 49％需要治疗；白人美国妇女受到家庭暴力的事件中，有 60％为身体伤害，有 38％需要治疗。[④]

与此同时，家庭暴力加害者的再犯率也非常高，而且他们的"暴力行为会随着时间愈加严重"。[⑤] 根据美国司法部 1993—2010 年统计数据显示，全美超过 75％亲密伴侣暴力

[①] MICHELE C. BLACK, KATHLEEN C. BASILE, MATTHEW J. BREIDING, SHARON G. SMITH, MIKEL L. WALTERS, MELISSA T. MERRICK, JIERU CHEN AND MARK R. STEVENS. National Intimate Partner and Sexual Violence Survey 2010[R]. Atlanta：Centers for Disease Control and Prevention, National Center for Injury Prevention and Control, 2011.

[②] US SENATOR BYRON L. DORGAN. Attorney General's Advisory Committee on American Indian/Alaska Native Children Exposed to Violence：Ending Violence so Children Can Thrive[R]. Washington：U. S. Department of Justice, 2014.

[③] M KREISMAN. United States v. Bryant, Federal Habitual Offender Laws, and the Rights of Defendants in Tribal Courts：A Better Solution to Domestic Violence Exists[J]. Campbell Law Review, 2017, 39(1)：205-234.

[④] RONET BACHMAN, HEATHER ZAYKOWSKI, RACHEL KALLMYER, MARGARITA POTEYEVA, CHRISTINA LANIER. Violence against American Indian and Alaskanative Women and the Criminal Justice Response：What is Known[R]. Washington：National Institute of Justice, 2008.

[⑤] United States v. Castleman, 572 U. S. (2014).

的女性受害者都曾经受到过同一加害人侵犯。① 美国国家司法中心的《亲密关系暴力的范围、性质和结果报告》也指出,亲密伴侣之间的暴力行为往往是多次发生,受到亲密伴侣身体伤害的妇女受到同一加害人伤害的平均次数高达6.9次。② 这种暴力犯罪往往不会自动终止,经常会造成极端后果。在1979至1992年间,杀人罪是15至34岁印第安妇女第三死亡原因,其中75%都是死于家庭成员或熟人杀害。③

由于联邦、州和部落法之间的衔接不畅,导致很难阻止针对土著妇女的家庭暴力高发现象。④ 尽管部落法庭可以针对印第安被告实施部落刑法,但是国会对部落法庭的量刑权力限制在了很小的范围内。1986年时,部落法庭只能最高判处六个月监禁刑。在包括惯习家庭暴力罪规定的《2005针对妇女暴力和司法部再授权法》通过的时候,部落法庭最高量刑权力只有一年监禁刑。国会目前已经扩张了部落法庭量刑权力,允许其最高判处三年监禁刑,但要依情况赋予额外的程序保障,其中最重要的就是贫穷被告不受限制的获得律师帮助权。但时至今日,很少有部落会实施这种经过扩权的量刑权力。实际上,部落政府早期对于在印第安县内实施犯罪的非印第安人并不具备刑事司法管辖权。⑤ 在《2013年针对妇女暴力犯罪再授权法》中,美国国会修改了1968年印第安公民权利法,允许部落法庭拥有特殊情况下家庭暴力犯罪刑事管辖权,即可以管辖那些非印第安人对印第安人实施的家庭暴力犯罪案件。但是部落法庭管辖此类案件需要采取与那些量刑超过一年的印第安被告相类似的程序保障,其中就包括贫穷被告不受限制的获得律师帮助权。⑥

对于这种法律衔接不畅,美国各州无力也无意改变。在早期,大多数州对于印第安县内发生的针对印第安人的犯罪行为不具备司法管辖权。⑦ 1953年,美国国会立法授权六个州对于其州内印第安县进行司法管辖,并允许其他州自愿管辖。⑧ 这就为各州管辖印第安县内刑事案件提供了可能,特别是那些获得授权的州就可以将其州刑法运用于本州所有印第安县境内发生的针对印第安人或由印第安人实施的犯罪行为。但尽管已经获得授权管辖,各州也不愿将有限的刑事司法资源过多投入印第安县内的犯罪行为规制上。⑨

于是联邦政府不得不对此作出回应。尽管在一般意义上联邦法律同样适用于印第安县内,但是刑事案件司法管辖需要美国国会立法明确授权表达,而美国国会对此缺乏

---

① SHANNAN CATALANO. Intimate Partner Violence(1993—2010)[R]. Washington:Bureau Of Justice Statistics,2012.
② PATRICIA TJADEN, NANCY THOENNES. Extent, Nature, and Consequences of Intimate Partner Violence[R]. Washington:National Institute of Justice,2000.
③ M KREISMAN. United States v. Bryant, Federal Habitual Offender Laws, and the Rights of Defendants in Tribal Courts: A Better Solution to Domestic Violence Exists[J]. Campbell Law Review,2017,39(1):205-234.
④ Duro v. Reina,495 U.S. (1990).
⑤ Oliphant v. Suquamish Tribe,435 U.S. (1978).
⑥ 美国法典第25 U.S.C. §1304条规定。
⑦ United States v. John,437 U.S. (1978).
⑧ California v. Cabazon Band of Mission Indians,480 U.S. (1987).
⑨ S. DEER,C. GOLDBERG, H. VALDEZ SINGLETON, M. WHITE EAGLE. Final Report:Focus Group on Public Law 280 and the Sexual Assault of Native Women[R]. West Hollywood:Tribal Law and Policy Institution,2007.

明确授权,于是实质上长期将很多印第安人之间的犯罪行为排除在联邦法院体制的管辖之外。① 在1885年《重大犯罪法》(Major Crimes Act)中,美国国会以列举的方式授权联邦法院管辖印第安人之间的重大犯罪行为,包括谋杀罪、普通杀人罪和重伤罪。在2005年惯习家庭暴力罪立法的时候,重伤罪属于联邦起诉的范围,要求必须有"严重的身体伤害",包括"实质的死亡危险""极端的肉体痛苦""永久和明显的毁容""身体组成部分、器官或精神官能的永久损失或损害"。虽然美国国会2013年立法已经扩大了重伤罪的范围,将"对配偶、亲密伴侣、约会对象的实质身体伤害"和"对配偶、亲密伴侣、约会对象的窒息行为或未遂窒息行为"也包括在内,在一定程度上有利于对家庭暴力犯罪的规制,② 但不可否认的是,在惯习家庭暴力犯立法之前,印第安家庭暴力侵害人只有在其严重伤害或杀害他人的情况下才会被以重罪起诉,这极其不利于打击频繁发生的家庭暴力犯罪的和保护印第安妇女。

由于部落法庭、州和联邦在印第安县司法管辖问题上的不协调,使得在惯习家庭暴力罪立法之前的类似连续多次家庭暴力犯罪最多只能得到一年监禁刑,无法对重复性和连续性家庭暴力犯罪形成有效威慑。为了提高对连续性家庭暴力犯罪的惩罚,美国国会2005年通过《2005针对妇女暴力和司法部再授权法》创设了这项适用于印第安县内的家庭暴力联邦重罪,即惯习家庭暴力罪。而根据美国法典18部分第1151条规定,印第安县包括所有联邦司法区下的印第安保留地(Indian reservation)、所有独立的印第安社区(Indian communities)、所有印第安划拨地(Indian allotment)。

具体而言,2005年规定惯习家庭暴力罪的联邦法典18 U.S.C.§117条(a)款最初内容为:"任何人在……印第安县实施家庭暴力犯罪,且之前在联邦、州或印第安部落法庭至少有两项针对配偶或亲密伴侣性侵犯或严重暴力犯罪的独立的确定有罪判决……应当判处罚金……,或判处5年以下监禁,或并罚之……"。后来为了更好地保护妇女和儿童,惯习家庭暴力罪的前提犯罪扩大为"针对配偶、亲密伴侣或实施家庭暴力者自己的孩子或受其照顾之儿童实施的伤害、性侵犯或严重暴力犯罪"。③ 联邦法典18 U.S.C.§117条(b)款中还专门对家庭暴力的范围进行了规定,构成家庭暴力的侵害人的范围非常广泛,包括"受害人当前或之前的配偶、父母、子女或监护人""与受害人共同抚育子女的人""作为配偶、父母、子女或监护人与受害人正在同居或曾经同居之人""与受害人具有类似配偶、父母、子女或监护人关系的人"。从18 U.S.C.§117规定的文字内涵上可以看出,惯习家庭暴力罪的前提要件中包括部落法庭判决在内。

---

① Ex parte Crow Dog,109 U.S.(1883).
② 但实际上尽管扩大了重伤罪范围,仍然很难满足重伤罪"实质的身体伤害"要件要求,其要求"暂时但实质的毁容"或者"身体组成部分、器官或者精神官能暂时但实质的损失或损害"。美国法典第18 U.S.C.§113条(b)款(1)项的规定。
③ 美国法典第18 U.S.C.§117条第(a)款第(1)项的规定。

三、部落法庭判决作为惯习家庭暴力罪前提要件是否侵犯获得律师帮助权?

被告方在 Bryant 案中认为,将部落法庭判决作为惯习家庭暴力罪的前提要件,与美国联邦宪法第六修正案确立的获得律师帮助权冲突。美国联邦宪法第六修正案规定:"在一切刑事诉讼中,被告有权由犯罪行为发生地的州和地区的公正陪审团予以迅速和公开的审判,该地区应事先已由法律确定;得知控告的性质和理由;同原告证人对质;以强制程序取得对其有利的证人;并取得律师帮助为其辩护。"这项权利要求政府应当向贫穷被告安排律师服务。① 但美国联邦最高法院在 Scott 案中认为,如果被告只是被处以罚金或者其他非监禁刑罚,则尽管被告非常贫穷也不拥有安排律师帮助的宪法权利。② 在适用地域上,美国联邦最高法院认为,"由于部落自治独立性早于美国宪法存在,历史上一般认为部落并不受宪法条文的约束,特别是那些用于限制联邦或州政府权力的部分。"③因此,包括第六修正案在内的美国宪法权利法案,不适用于部落法庭程序。

不过,1968 年印第安公民权利法赋予部落法庭一系列"与权利法案和第十四修正案中所包含的程序保障相类似但又不完全相同"的程序保障权利,④但对权利法案中规定的一系列权利保障进行了修改,以适应部落自治政府的特殊政治、文化和经济需求,其中规定的获得律师帮助权并不完全与第六修正案一致。按照 1968 年印第安公民权利法的规定,如果部落法庭判处的刑期超过一年,则法庭需要保障被告获得律师的有效帮助,至少应当等同于联邦宪法规定的保障,包括由部落法庭出资为贫穷被告安排律师;如果刑期不超过一年,部落法庭应当允许被告自己出资聘请律师。因此,与联邦或州法院不同,即在部落法庭程序中,贫穷被告可能会在没有获得免费安排律师帮助情况下被判处一年以下监禁。

问题由此产生:是否允许采用没有获得律师帮助但完全符合 1968 年印第安公民权利法的部落法庭判决作为惯习家庭暴力罪的前提要件? Watford 法官认为,"这是一个没有侵犯第六修正案权利的判决运用于被告的获得律师帮助权得到充分尊重的后来案件所引发的侵犯第六修正案的问题。"⑤

毫无争议的是:一般情况下侵犯被告获得律师帮助权的判决不能在后续另外一项犯罪行为的审判程序中使用,既不能用以支持有罪,也不能用以加重刑罚。这是美国联邦

---

① Argersinger v. Hamlin, 407 U. S. (1972).
② Scott v. Illinois, 440 U. S. (1979).
③ Santa Clara Pueblo v. Martinez, 436 U. S. (1978).
④ Santa Clara Pueblo v. Martinez, 436 U. S. (1978).
⑤ 详细论述可参见 United States v. Bryant 769 F. 3d(CA9 2014)中 Watford 法官的协同意见书。

最高法院1967年Burgett案确立的规则,被称为"排除规则"。在Burgett案中,联邦最高法院认为,州法院在被告没有获得律师帮助情况下作出的重罪判决,侵犯了被告的获得律师帮助权,不能在后来的审判程序中作为累犯法律所要求的前提要件。① 如果允许使用先前违宪的判决结果,将使被告再一次经历先前剥夺获得律师帮助权所带来的痛苦。② 因此,无效的、没有获得律师帮助的先前判决也不能在后来的判决中作为加重刑期的依据。③

在1994年Nichols案中,联邦最高法院对Brugett案所确立的排除规则进行了限制。在该案中,Nichols对一项联邦毒品重罪进行了认罪交易。而在此之前几年,他曾在没有获得律师帮助的情况被定为毒品驾驶罪,这属于一项州法规定的轻罪,判处了250美元罚金,没有监禁。在当时还属于强制性效力的量刑指南规定中,④Nichols之前的毒品驾驶罪记录会影响到他本次联邦毒品犯罪被加重两年刑期。Nichols认为,后来之联邦毒品犯罪的量刑中使用了之前没有获得律师帮助权的毒品驾驶罪判决记录来加重量刑,这违犯了联邦宪法第六修正案规定的获得律师帮助权。联邦最高法院持相反观点,认为"根据第六和第十四修正案的规定,一项没有获得律师帮助的轻罪判决,在Scott案确立的规则下因其没有判处监禁从而是有效的,则其结果在后来的判决中用以加重刑罚也是有效的。"⑤

在Bryant案上诉中,联邦第九巡回法院认为Bryant的部落法庭判决本身并没有违宪,因为宪法第六修正案规定的获得律师帮助权并不适用于部落法庭程序。但他们认为,如果同样的判决是在联邦或州法院作出的,则会违犯联邦宪法第六修正案规定,因为Bryant被判处监禁刑的同时却没有获得律师帮助。在遵循联邦第九巡回法院自己1989年United States v. Ant判决的基础上,他们认为部落法庭判决只有在保障至少与联邦宪法第六修正案相同的获得律师帮助权的前提下才能在后来的联邦法院诉讼中使用。在United States v. Ant案中,联邦第九巡回法院禁止没有获得律师帮助的部落法庭认罪判决作为后来联邦诉讼中基于同一事实提出有罪证据,他们认为部落法庭的认罪判决是在违犯同样应该适用于部落法庭程序的联邦宪法的情形下做出的。⑥ 因此,联邦第九巡回法院驳回了控方基于Nichols案提出的反对结果,认为Nichols案只有当先前判决符合联邦宪法第六修正案的情况下才能在后来之判决中适用,例如先前判决没有做出监禁刑罚的情况等。⑦

---

① Burgett v. Texas,389 U.S. (1967).
② United States v. Tucker,404 U.S. (1972).
③ Loper v. Beto,405 U.S. (1972).
④ 美国联邦最高法院在2005年Booker案中将量刑指南的效力有强制性改变为建议性。
⑤ Nichols v. United States,511 U.S. 738 (1994).
⑥ United States v. Ant,882 F. 2d 1389 (CA9 1989).
⑦ NICHOLAS LETANG. United States v. Bryant and the Subsequent Use of Uncounseled Tribal Court Convictions in State or Federal Prosecution[J]. Montana Law Review 2016,77(1):211-229.

但是联邦第九巡回法院不允许没有获得律师帮助的部落法庭判决作为惯习家庭暴力罪前提要件的观点,与其他联邦巡回法院相左。美国联邦第八巡回法院2011年在United States v. Cavanaugh案中认为,"部落法庭判决在判决时就是有效的,不能因此被认为不可靠,应可以构成惯习家庭暴力罪的前提要件",并强调先前的部落法庭只要符合1968年印第安公民权利法就是合宪的,不能"仅仅因为'假设其是来自于州或联邦法院就是无效的'而排除先前判决的使用"。① 美国联邦第十巡回法院2011年在United States v. Shavanaux案中也认为,先前没有获得律师帮助的部落法庭判决可以作为惯习家庭暴力罪的前提要件,因为第六修正案并不适用于先前的部落法庭程序,从而在联邦法庭中适用这些有效判决就不会再次侵犯第六修正案。②

联邦最高法院在Bryant案中认为,应当允许采用没有获得律师帮助但完全符合1968年印第安公民权利法的部落法庭判决作为惯习家庭暴力罪的前提要件。且联邦最高法院之前于2008年Rodriquez案中认为,加重量刑的法律并没有改变先前判决所确定的刑罚,相反,惯习犯法律仅仅针对被告实施的最后一个犯罪行为进行惩罚。也就是说,"当被告在累犯法律下被处于更高量刑的时候……刑罚量中的100%是针对这次判决中的行为。没有任何部分是针对先前判决或者被告的累犯身份而做出的。"③联邦最高法院因此在Nichols案中也指出,判决时有效的判决——即在判决时没有违反宪法规定,当其在后来之诉讼程序中被援引的时候依然应当持续有效。按照Nichols案和Rodriquez案的逻辑,被告Bryant被以惯习家庭暴力罪判处46个月监禁,惩罚的是其最近实施的家庭暴力行为,而非之前在部落法庭起诉的犯罪行为。Bryant在部落法庭中并没有被剥夺任何获得律师帮助权,因为按照1968年印第安公民权利法规定,他在部落法庭的案件中并不具有获得安排律师的权利;同时,当他在联邦法庭上被以重罪判处监禁的时候,他的获得律师帮助权也得到了尊重,法庭免费为他安排了律师。根据Nichols案确立的规则,应允许将部落法庭的这些没有获得律师帮助的判决作为惯习家庭暴力罪的前提要件。

联邦最高法院认为,也没有理由在惯习家庭暴力罪的适用中将"有效但没有获得律师帮助的罚金判决"和"有效但没有获得律师帮助的不超过一年刑期的判决"进行区分对待。"Nichols案和Bryant案的情形实际上类似,这些案件中没有免费安排律师并不'侵犯'宪法第六修正案,且理由相同:宪法第六修正案规定的获得律师帮助权不适用于这两个案件。"④正是基于与Nichols案保持一致的法理,美国联邦最高法院拒绝就部落法庭判决创设一种新的判决类型,即"赞同其实际上已经判处的刑罚但却不能让其在以后的诉讼中运用于量刑加重"。Nichols案的理念已经很明显,在惯习家庭暴力罪审判中使用

---

① United States v. Cavanaugh,643 F. 3d(CA8 2011).
② United States v. Shavanaux,647 F. 3d (CA10 2011).
③ United States v. Rodriquez,553 U. S. (2008).
④ NICHOLAS LETANG. United States v. Bryant and the Subsequent Use of Uncounseled Tribal Court Convictions in State or Federal Prosecution[J]. Montana Law Review 2016,77(1):211-229.

Bryant 之前没有获得律师帮助的部落法庭判决，并不会将其先前有效的部落法庭判决转变为新的无效联邦法庭判决。并且因为在 Bryant 的部落法庭判决中被告并没有遭受剥夺律师帮助权的不公，因此，在后来的诉讼中适用部落法庭判决也无法就同一案件事实再一次遭受剥夺第六修正案规定的获得律师帮助权。

被告方在 Bryant 案中也指出，获得律师帮助权的设置是立足于可靠性考虑，而如果第六修正案不能保护被告权利，那判决可靠性是否还存在就值得质疑。实际上，Scott 案和 Nichols 案都反对将没有获得律师帮助的轻罪判决归于不可靠类型，无论是在判决当时还是在以后判决程序中援引使用。联邦最高法院进一步指出，被告方承认判处罚金的部落法庭判决可以作为惯习家庭暴力罪的前提要件，这实际上已经自我削弱了他基于可靠性基础的论证。简言之，并没有理由认为部落法庭程序在判处一年以下监禁时比仅仅只是判处罚金时的可靠性更弱，因为在这些过程中，证据标准或者程序标准并没有根据判处一年以下监禁还是判处罚金而发生任何改变。联邦第九巡回法院认为部落法庭判决不可靠的观点，没有考虑到调和传统价值责任的部落法庭的现实性和多样性，不仅破坏了北 Cheyenne 部落法庭的权力，也在实际上破坏了整个部落法庭制度的权力。①

四、部落法庭判决在联邦法院程序中使用是否符合正当程序原则？

在 Bryant 案中，被告 Bryant 也援引正当程序条款来支持他的论断，认为使用部落法庭判决作为惯习家庭暴力罪的前提要件侵犯了正当程序条款。而对于这个问题的分析还要回到部落法庭的法律适用现状这个问题上来。

如今美国印第安部落法庭实际上属于传统司法和美国法的混合体，尽管殖民历史和联邦体制形塑了印第安部落法庭制度，但人们对部落法庭的实际运作范围仍然知之不多。虽然由联邦政策形成，但是部落政府并不属于联邦管制，这就造成对部落法庭相关数据的普遍缺乏。在 2010 年《部落法与命令法》中，国会已经认识需要部落司法数据来解决印第安县的刑事司法需求问题，并随后提升部落利用联邦资源的效率，最后的结果就是《部落法与命令法》授权司法部数据局收集部落法庭数据。而在此之前，最近一次对部落法庭的全面调查是 2000 年美国印第安法律中心的《印第安犯罪的部落司法系统和法庭调查》，发现总共接近 246 个部落司法系统的需求和结构差异甚大，并不存在所谓典型的部落法庭。许多部落法庭采取恢复性司法或替代纠纷解决机制，而不是美国法典型的对抗制诉讼制度。并且部落法庭在基础设施、人员培训和技术支持等方面非常缺乏资金，不仅需要支持其建设标准化司法功能，还要支持检察官、公设律师、缓刑官、假释官等

---

① NICHOLAS LETANG. United States v. Bryant and the Subsequent Use of Uncounseled Tribal Court Convictions in State or Federal Prosecution[J]. Montana Law Review 2016,77(1):211-229.

行政功能建设。① 一般的刑事法庭需要平衡被告和被害人的权利,但是部落法庭往往不仅平衡被告和被害人的权利,还要平衡整个社区的权利。奥康纳大法官曾经将部落法庭的状态称为"第三类主权",作为部落政府的重要组成部分,部落法庭理应成为要求同时尊重部落社区和非部落社区(包括法院、政府和当事人)的论坛。部落法庭使土著民族传统法和美国法在司法中相互融合,造就了适应于部落社区特殊需求和传统的独特理论。② 但是正是由于忽略部落法庭多样性和强自治性,很多人在整体上认为部落法庭不合理和专制的观点并不能站得住脚。

有美国学者指出,美国联邦最高法院过去三十年来的刑事诉讼实践已经逐渐显出了一个重要问题:部落自治能在多大范围管辖那些受到法律和宪法保护的人们。由于部落是先于宪法和外于宪法(preconstitutional and extraconstitutional)的自治体,其特殊身份会让很多人迷惑。而1968年印第安公民权利法的实施是属于国会"绝对权力"实践,为部落法庭内的个人权利保护设置了底线。③ 部落对待1968年印第安公民权利法的做法也并不相同:一些部落法庭将1968年印第安公民权利法看作联邦法,还有一些部落则将其内容纳入本部落的宪法、法律和命令。部落对待1968年印第安公民权利法的不同做法及其对该法保留的部落自治特权,对部落正当程序理论产生了复杂影响。部落法庭并非普遍复制美国法领域的正当程序理论,因此对被告权利的保护更适合运用更宽泛的基本公平标准来评判。例如一些部落法庭并不采取对抗制诉讼模式,而是在与1968年印第安公民权利法中的正当程序似乎无关的环境下采取传统法和调解来解决纠纷。④

所以一个重要的问题就是,要基于一个真实前提上就部落法庭的基本公平问题展开对话,而这个真实的前提就是1968年印第安公民权利法和Bryant案确立的部落法庭有能力保护他们成员的公民权利。基于这个目的,部落法庭判决应当通过用于国际间的礼让原则来确认。礼让原则就是一个主权国家给予其他主权国家的行政、法律和司法决定的互惠法律肯认,只要符合基本公平的标准即可。由于美国一般通过礼让原则确认外国司法判决,而作为特殊自治体或者可称之为"第三类主权"的部落法庭判决也应当得到类似对待。⑤ 美国通过United States v. Wilson案来确立了应当通过礼让规则基于基本公平的标准来肯认其他国家法院的判决。由于其他主权国家与美国不同,其他国家的判决

---

① LINDSAY CUTLER. Tribal Sovereignty, Tribal Court Legitimacy, and Public Defense[J]. UCLA Law Review,2016,63(6):1752-1816.
② SANDRA DAY O'CONNOR. Lessons From the Third Sovereign:Indian Tribal Courts[J]. Tulsa Law Review,1997,33(1):1-6.
③ REBECCA TSOSIE. Separate Sovereigns,Civil Rights,and the Sacred Text:The Legacy of Justice Thurgood Marshall's Indian Law Jurisprudence[J]. Arizona State Law Journal,1994,26(2):495-533.
④ MATTHEW L. M. FLETCHER. Indian Courts and Fundamental Fairness:Indian Courts and the Future Revisited[J]. University of Colorado Law Review,2013,84(1):59-96.
⑤ DAN ST. JOHN. Recognizing Tribal Judgments in Federal Courts Through the Lens of Comity[J]. Denver University Law Review,2012,89(2):523-548.

应当通过礼让原则来确认而不是通过美国联邦法标准。① 由于不受联邦宪法的限制,部落法庭似乎是独立于保证基本公平的宪法正当程序限制的存在。尽管部落法庭受到1968年印第安公民权利法的限制,但是他们应然有平衡习惯法和以部落方式认识正当程序的自治裁量权,这并不意味着强制部落法庭在传统和美国正当程序之间做出选择。确切地说,由于部落实际上是在和联邦政府协商,所以应当通过"礼让原则"(principles of comity)来判定部落判决的基本公平,将部落看作是类似主权的存在。基本公平标准将有助于避免类似 Bryant 所质疑的部落理论,可以在国家间法律视野内合理化部落法庭,尊重部落法庭对美国正当程序观念的超越。

与1968年印第安公民权利法在部落法中的地位和吸收程度在不同部落之间差异甚大的情况相类似,不同部落法庭之间保障基本公平的机制也大不一样。有些部落依靠习惯法与传统法,而其他一些部落则依靠联邦和州的正当程序理论。Fletcher 教授还提供了证据理由,认为通过纳入部落成文法和判例法原则,部落有能力保证部落法庭当事人的基本公平超过1968年印第安公民权利法的最低标准。例如 Cheyenne River Sioux 部落认为被告享有1968年印第安公民权利法规定的正当程序权利,但是应当尊重传统 Lakota 社会结构,因此,Cheyenne River Sioux 部落法庭的正当程序以 Lakota 习俗为基础。而在其他一些部落,1968年印第安公民权利法则是保障基本公平的基础,但更大程度上只是最低标准,部落会采取更高的标准保障公平。② 又如美国最大的印第安部落之一 Navajo 国的部落法庭就有着自己独特地解读正当程序的方法,"在正当程序的概念上,Navajo 国没有全盘照搬联邦的改变,而是形成了一种联邦概念和 Navajo 理论相结合的综合体。Navajo 部落法庭允许被告拥有发表意见权,但并非源自1968年印第安公民权利法和其他联邦法,而是源自 Navajo 基本法。"③

不少美国州和联邦法院已经认为甚至在缺少职业律师帮助的情况下,部落法庭程序也可以保持基本公平。在 State v. Spotted Eagle 案中,蒙大拿州最高法院认为基于礼让原则,部落法庭判决符合基本公平。"基于 Blackfeet 部落法,Spotted Eagle 的部落法庭判决是有效的。换言之,案件当事人在一开始就认可这些判决的有效性。没有任何记录表明这些程序不符合基本公平或者 Spotted Eagle 是无辜的。"因为 Blackfeet 部落法庭同时符合了1968年印第安公民权利法和其自己的部落法,因而是有效的。法院认为部落法庭判决和外国判决一样都应当采取礼让原则。④ 后来,美国联邦第十巡回法院2011年在 United States v. Shavanaux 案中也认为,应当衡量判决是否基本公平来考量类似主权的部落自治体的判决是否有效,而不是采取美国联邦宪法确定的正当程序标准。

---

① United States v. Wilson,556 F. 2d (CA4 1977).
② MATTHEW L. M. FLETCHER. Indian Courts and Fundamental Fairness: Indian Courts and the Future Revisited[J]. University of Colorado Law Review,2013,84(1):59-96.
③ LINDSAY CUTLER. Tribal Sovereignty, Tribal Court Legitimacy, and Public Defense[J]. UCLA Law Review,2016,63(6):1752-1816.
④ State v. Spotted Eagle,71 P. 3d (Mont. 2003).

其认为礼让原则提供了部落法庭判决效力最好的分析框架,因为这是一个主权支持另一主权司法活动的原则。① 因此,作为一种前宪法的类似主权的部落自治体,在部落法庭判决符合基本公平且符合部落法和1968年印第安公民权利法的条件下,也应当采取礼让原则。

实际上,美国联邦最高法院在Bryant案中也肯定了礼让原则。美国联邦最高法院认为,"1968年印第安公民权利法中已经要求部落确保刑事诉讼的正当程序,也为被告设置了与权利法案和第十四修正案要求类似的特殊程序保障措施。1968年印第安公民权利法还对那些被部落法庭判处监禁的被告设置了人身保护审查程序,通过该程序,被告完全可以质疑部落法庭程序的基本公平性",也就是说,符合1968年印第安公民权利法的程序完全可以确保部落法庭判决的可靠性。因此,在联邦诉讼中使用部落法庭判决不会侵犯被告的正当程序权利。② 虽然Bryant案确定了部落法庭有做出可靠判决的能力,但这或许并非对于部落正当程序问题的最后一次联邦最高法院裁决。

五、结语:部落自治与联邦治理关系的反思

美国联邦最高法院虽然通过Bryant案解决了巡回法院之间对于部落法庭刑事判决记录可否在联邦法庭中适用的争议,但这仅是表层问题,真正的深层问题并没有实质性触及。实际上,从Bryant案中我们可以看到美国印第安法律整体理念中所包含的部落自治与联邦治理之间的根本性冲突关系,这才是深层的决定性问题。正如Thomas大法官在Bryant案协同意见书中所指出,"一方面,部落法庭有权力在Bryant没有获得律师帮助权的程序中审判他的唯一原因,是因为这些诉讼属于部落自治的功能。③ 在判例中,根据部落法律是'先在于宪法的独立制度'理论,部落诉讼没有必要符合那些专门设计用来限制联邦和政府权力的宪法条款。④ 另一方面,Bryant的联邦案件判决有效性是建立在与部落自治相反的观点上。国会一般缺乏权力制定防止家庭暴力的一般性联邦刑法。⑤ 但是美国联邦最高法院在Ante案中认为国会必须对部落保留地进行干预,以确保大量存在的家庭暴力犯得到足够的惩罚。联邦最高法院没有解释国会制定该项法律的权力来源,后来的判例对此也毫无质疑。国会能够将Bryant的家庭暴力作为属于联邦诉讼的联邦犯罪,仅只是由于判例赋予了国会一项覆盖部落自治所有方面的'全括'权力。因

---

① United States v. Shavanaux,647 F. 3d (CA10 2011).
② United States v. Bryant 579 US (2016).
③ United States v. Lara,541 U. S. (2004).
④ Santa Clara Pueblo v. Martinez,436 U. S. (1978).
⑤ United States v. Morrison,529 U. S. 598,610-613 (2000).

此,尽管部落成员之间的诉讼应该属于部落自治,国会还是能够根据其对印第安部落的'绝对权力',来掌控部落如何起诉部落成员之间在部落保留地内发生的家庭暴力犯罪。"①近年来,虽然国家提升了对部落的管理,印第安部落法庭在工具和机制方面都有所进步,而且部落法庭数量增加的同时,部落法理论也在扩张,但是部落法庭实际上一直在抗拒联邦法的实施。在 Bryant 案中的典型冲突就是一方面要求国会在家庭暴力领域进行干预,另一方面却又实际上拒绝联邦宪法第六修正案等联邦法律在部落法庭中的实施。那么如何解决印第安法律整体理念之中这一根本矛盾?

对此,有学者认为联邦最高法院判决"逻辑是正确的,但对被告不公平"。② 于是,该学者基于被告、被害和部落三方考量提出了三条解决方案。方案一:既然认为惯习家庭暴力罪这一规定对于打击印第安县境内的家庭暴力行为是最为有效的方式,则保留该罪的规定;与此同时,修改印第安公民权利法,规定所有家庭暴力犯罪都有权获得律师帮助,这就使其与联邦宪法第六修正案的要求相符,就不会再发生起诉惯习家庭暴力罪时存在与宪法第六修正案冲突的问题。方案二:首先取消惯习家庭暴犯罪的条款,修改印第安公民权利法,允许在部落法庭中判处超过三年以上的刑罚,使得部落法庭可以根据具体犯罪事实判处与联邦和州法庭同样程度的刑罚;其次,规定所有家庭暴力犯罪都有权获得律师帮助,并且同时安排联邦资金用于支持部落法庭中的贫穷被告安排律师,以缓解部落法庭资源紧张问题。方案三:尽管实施了方案一或者方案二,部落法庭的管辖权限仍然非常有限,部落司法是根据被告和被害人的身份以及案件性质来确定管辖权,部落法庭甚至不能管辖非部落成员在部落领地内针对部落成员犯罪的情况,因此,应该在方案一或方案二的基础上,扩张部落司法的权限,允许部落法庭审理非部落成员在印第安县实施的家庭暴力犯罪。③ 这些方案都或许有利于表面问题的解决,但并不能照顾全面,方案一对部落不公平,部落的自治特性要求部落应该有权自己决定给予被告什么权利,而这种统一规定所有被告都有权获得律师帮助的做法会摧毁部落的自治特性。方案二对被害方不公平,因为不能保证部落法庭实际上能够给予惯习犯与当前惯习家庭暴力罪一样严厉的刑罚。方案三似乎比较公平,但是这种方案仍然依赖于联邦对部落司法资源和财政资源的政治支持,否则实际效果难以彰显。

也有学者将 Bryant 案背后问题的原因归结于部落法庭体系中公设辩护律师资源的缺乏,因而需要联邦政府与部落法庭合作推动联邦资源在部落法庭的实现,形成联邦公设律师部落联络支援模式。这种支援模式应基于部落法庭的差异性采取多样化的具体措施,以实现公设辩护在各部落法庭中的落实。部落法庭在与联邦法统交流的同时,还

---

① United States v. Bryant 579 US (2016).
② M KREISMAN. United States v. Bryant, Federal Habitual Offender Laws, and the Rights of Defendants in Tribal Courts: A Better Solution to Domestic Violence Exists[J]. Campbell Law Review,2017,39(1):205-234.
③ M KREISMAN. United States v. Bryant, Federal Habitual Offender Laws, and the Rights of Defendants in Tribal Courts: A Better Solution to Domestic Violence Exists[J]. Campbell Law Review,2017,39(1):205-234.

应当基于他们传统部落法和部落习俗以构建独特的部落正当程序法理。在总结当前部落法庭实践基础上,该学者提出提升部落法庭辩护资源的路径,包括培养受训良好的部落律师、在部落政府设置公设辩护人、构建志愿法律服务模式、建立公费合同制辩护律师体制、与法律服务基金合作、与法学院开展部落法律诊所教育。①

但是这些反思都没有正面回应部落自治与联邦治理关系的根本问题,也就是如何看待部落自治体的地位。美国联邦最高法院字十九世纪时期就把部落自治体看作"明显而独立的政治团体,"这在 1832 年 Worcester v. Georgia 案②和 1885 年 Utah & N. Ry. Co. v. Fisher 案③中都有明确表达。但印第安部落有多种多样的起源,与联邦有单独的条约,以及存在不同的同化和征服模式。考虑到部落的历史差异性,很容易理解所有的部落都有必要保持成员之间诉讼的自治特权。但是联邦最高法院将所有部落都看做持有统一的自治因子,因此无法准确把握每个部落自治权的最终来源以及其是否拥有自主权。同时,国会为印第安领地内发生的印第安人之间的犯罪行为制定法律也没有坚实的宪法权力基础。美国联邦最高法院在 1886 年 United States v. Kagama 案中的论证成为国会制定法律的直接来源,即"普通政府对这些种族后代的权力曾经很强大,现在变得很弱且在数量上也减少了很多,但这项权力对于他们的保护是必要的……它必须存在于政府,因其从不曾存在于其他地方"。④ 但这项论证仍然缺乏宪法列举权力范围的根据。所以,必须重新审视部落自治与联邦治理的关系,才能从根本上厘清部落与联邦的司法关系,而这就需要美国联邦最高法院在未来的判例中进一步明晰。

Debate on the Tribe Court Conviction Used in Federal Court
Cao Xinghau Wang Liang

Abstract: In United States v. Bryant, the Supreme Court held that it is permissible to use uncounseled tribal court convictions as predicate offenses. This case illustrates how the American Indian-law treats the relationship between tribe self-regulation and federal governance, and the America needs reexamine this relationship to clarify the judicial relationship between the tribe and the federal.

Key Words: United States v. Bryant; tribal court; federal court; indian domestic violence; habitual domestic assault offense

---

① LINDSAY CUTLER. Tribal Sovereignty, Tribal Court Legitimacy, and Public Defense[J]. UCLA Law Review,2016,63(6):1752-1816.
② Worcester v. Georgia. ,31 U. S. (1832).
③ Utah & N. Ry. Co. v. Fisher,116 U. S. (1885).
④ United States v. Kagama,118 U. S. (1886).

学术评论

◎民间法的域外经验
◎追寻法治建设的本土资源

民间法的域外经验
——评《一个泰国府立法院的法典与习惯》

王伟臣 *

摘要：1978 年出版的《一个泰国府立法院的法典与习惯》是一部以东南亚为研究对象的法律民族志。作者大卫·恩格尔是一名深谙人类学研究方法的法律博士。他花费了 8 个月的时间在清迈府立法院系统阅读了过去 10 年间的案件卷宗从而完成了这部作品。此书展现了泰国在法律现代化的过程中移植的西方法律同本土传统法律文化之间的互动关系。作为美国法律人类学黄金时代的"非典型代表"，这是一部尤其值得我国法学研究者仔细研习的海外法律民族志。

关键词：法律人类学；泰国；法院；法律文化

美国法学家大卫·恩格尔（David M. Engel）于 1978 年出版的《一个泰国府立法院的法典与习惯：官方与民间司法体系的互动》（Code and Custom in a Thai Provincial Court: The Interaction of Formal and Informal Systems of Justice）（以下简称"《法典与习惯》"）[①]是一部以东南亚为研究对象的法律民族志。它以泰国清迈法院的卷宗材料为切入点，展现了泰国在法律现代化的过程中移植的西方法律同本土传统法律文化之间的互动关系。笔者希冀通过对本书写作背景、结构框架以及主要观点等内容的梳理，对其在西方法律人类学的谱系中进行定位，并且期待发现其对于当下中国民间法研究的借鉴意义。

一、旨趣与背景

1970 年代是美国法律人类学的黄金时代。不仅以劳拉·纳德为核心、琼·斯塔尔（June Starr）与芭芭拉·英韦松（Barbara Yngvesson）为骨干成员的人类学"伯克利学派"

---

* 王伟臣，法学博士，上海外国语大学法学院副教授。
① DAVID M. ENGEL. Code and custom in a Thai provincial court [M]. Tucson: University of Arizona Press, 1978.

开始大放异彩,①而且理查德·埃布尔(Richard L. Abel)、简·菲什伯恩·科利尔(Jane Fishburne Collier)②、大卫·恩格尔等法学院的法律人类学家也有重要作品问世。尽管恩格尔主要的职业背景都在法学院,③但是自从他迈入学术圈的那一刻起,自始至终都与人类学有着千丝万缕的联系。

　　恩格尔1967年毕业于哈佛大学,获美国历史和文学专业学士学位。翌年,他以教育总监的身份成为了和平队(Peace Corps)派驻泰国宋卡(Songkhla)的一名志愿者。这是恩格尔首次接触作为异文化的泰国社会。他所供职的和平队是美国政府于1961年建立的一个从事国际性志愿工作的机构。它以美国青年学生为核心,以发展中国家为对象,通过派遣志愿人员直接深入外国民间,向当地老百姓进行面对面、手把手的技术援助服务,帮助他们提高教育水平、促进农业、医疗保健及社区的发展和进步。④ 正是在和平队的工作期间,恩格尔结识了他一生的伴侣——泰国人嘉茹婉(Jaruwan)。在她的帮助下,恩格尔不仅熟练掌握了泰语,而且对于泰国的风土人情也有了较为深刻的认识和理解。这也为后来的研究奠定了基础。1971年,恩格尔结束了为期三年的志愿者生活,返回美国进入密歇根大学法学院攻读法律博士学位。此外,在泰国的经历使他对东南亚产生了浓厚的研究兴趣,所以他在学习法律的同时也选修了密歇根大学东南亚研究中心的相关课程,系统地学习了人类学的研究方法。

　　1974年顺利毕业之后,恩格尔获得了美国社会科学研究会(Social Science Research Council)"外国区域高级学者基金项目(Foreign Area Fellowship Program)"的资助,决定于第二年前往泰国进行调查研究。众所周知,战后的泰国长期实行军政府独裁统治。可是恩格尔于1975年抵达泰国时,该国恰好处在他侬·吉滴卡宗与江萨·差玛南两个独裁军政府的间歇期。1973年10月14日,以学生为主体的数万群众在民主纪念碑前集会游行,提出保护宪法,反对独裁的口号,这场历史上著名的"10·14事件"导致吉滴卡宗独裁政府垮台。法学出身的讪耶·探玛塞出任第34届临时政府总理。执政伊始,讪耶就宣布要召开更具广泛代表性的国民大会,制定新宪法。1975年2月15日,泰国临时宪法颁布,根据宪法规定将举行大选。⑤ 就在这段时间,恩格尔第二次抵达泰国。当时泰国全民的焦点都围绕着新宪法而展开,那么作为一名深谙人类学研究方法的法律博士,⑥恩格

---

　　① 1965年至1975年的10年间,在纳德的指导下,共有14名研究生完成了他们关于法律人类学的博士论文。主要作品有:KLAUS-FRIEDRICH KOCH. War and peace in Jalemo:the management of conflict in highland New Guinea[M]. Cambridge:Harvard University Press,1974;JUNE STARR. Dispute and settlement in rural Turkey:an ethnography of law[M]. Amsterdam:Brill,1978.
　　② JANE FISHBURNE COLLIER. Law and social change in Zinacantan[M]. Stanford:Stanford University Press,1973.
　　③ 关于法律人类学家的学术背景请参见王伟臣.法律社会学与法律人类学的边界[J].思想战线,2016(2).
　　④ 王慧英.评述美国和平队计划的建立[J].南华大学学报(社会科学版),2003(4).
　　⑤ 段立生.泰国通史[M].上海:上海社会科学出版社,2014:254-255.
　　⑥ MICHAEL MOERMAN. Reviewed work(s):code and custom in a Thai provincial court by DAVID ENGEL[J]. American Anthropologist,1979,81(4):944-945.

尔顺理成章地开始关注泰国的法律文化。

在恩格尔看来,泰国法律文化是一个非常宏大的题目,他不可能也不打算在全国进行撒网式的调查,必须要选择一个可以进行个案研究的切入点。于是他找到了清迈。清迈是一个府级单位,属于一级行政区。首府所在地清迈市,是泰国北部政治、经济、文化的中心,其发达程度仅次于首都曼谷,乃泰国第二大城市。不过这并不是恩格尔选择清迈的主要原因。

清迈在地理位置上位于泰国北部边陲,北面与缅甸接壤,距离首都曼谷约 700 公里。在历史上经常受到缅甸的侵袭,甚至从 16 世纪中叶开始被缅甸占领了 200 多年的时间。18 世纪末当地的贵族武装成功打败了缅甸军队,随即建立了一个半独立的王国。他们定期向南方的曼谷暹罗王朝进贡以换取武力上的支持来对抗北面的缅甸。但是经过 1852 年的第二次英缅战争之后,缅甸已经逐渐丧失了主权和独立性。英国在大规模入侵缅甸的同时,已经把触角伸到了泰国北部的清迈。而泰国东南部的柬埔寨在 1863 年也成为了法国的保护国。在英法的两面夹击之下,国王拉玛四世开始调整国策,对外开放,对内改革,努力维持着国家的独立。[①] 1873 年,20 岁的朱拉隆功(拉玛五世)登基后立刻与英国就清迈问题签订了一项司法条约,规定凡是涉及英国人的案件,应该由一位清迈的司法专员(Judge-Commissioner)会同来访的英国官员一同审理。从表面上看这几乎与中国晚清租界的会审公廨制度如出一辙,但是和中国不同的地方在于,当时的清迈并非控制在曼谷中央政府的手里。在朱拉隆功看来,由中央政府派驻清迈的"司法专员"是"得寸进尺的开端",可以起到一石二鸟的效果。首先,可以排挤清迈的地方权贵,加强中央政府对清迈的控制;其次,通过推动司法体系和制度改革来规避英国继续主张"治外法权"的借口。于是乎,清迈又被称为"现代泰国司法体系的诞生地"。[②] 从朱拉隆功开始,此后泰国历代统治者都试图通过自上而下建立统一的司法体系来形成一个现代的民族国家。这也是《法典与习惯》得以立论的一个基本前提。

二、田野与方法

清迈虽然人口只有 100 余万人,但是面积却有 2 万平方公里,在泰国的一级行政区中名列前茅。这么大的一个行政单位,具体究竟怎么开展田野实践呢?按照当时主流的法律人类学的研究模式,恩格尔应该从清迈府下辖的 25 个郡(amphoe)中挑选出一个郡,然后再从这个郡下辖的众多次郡(tambon)中挑选出一个次郡,接着再从这个次郡下辖的众多行政村(muban)中挑选出一个行政村,最后再从这个行政村中挑选出一个规模适中的自然村作为田野调查的地点。在当时的法律人类学看来,只有这种"偏远"的遵守乡规

[①] 戴维·K.怀亚特.泰国史[M].郭继光,译.北京:东方出版中心,2009:170-173.

[②] DAVID M. ENGEL. Code and custom in a Thai provincial court [M]. Tucson: University of Arizona Press, 1978:32.

民约而不是国家法的乡村才是标准意义上的"田野"。恩格尔的前辈以及同行们的作品几乎无一例外都是这种套路。但是恩格尔之前已经有了在泰国乡村做志愿者的经验,这次的学术调查他打算剑走边锋,从乡村回到被同行们忽视的城市。因为在恩格尔看来,和其他国家一样,泰国的社会、政治以及法律改革的最终目标是实现"现代化",所以泰国的教育体系、佛教僧侣、政府和行政机构、经济制度都在改革,都有学术上的研究,但是几乎没有人研究过泰国的法律现代化。① 于是他选了一个在当时不为人类学家所重视的调查对象——法院。

恩格尔最初的研究目标是,弄清楚府立法院以及泰国中央司法系统的实际功能,借此可以对泰国法律现代化的进程予以评判。但是他很快发现,如果不能将官方的司法制度与泰国传统的法律文化结合起来,那么不管怎样研究,结论都不会有太高的学术价值。换言之,必须要在整体的清迈府的社会和文化背景中去研究清迈府立法院的实际作用。② 那么具体怎么开展研究呢?

首先,在研究前期,他在美国的图书馆收集并整理了拉玛五世执政期间所颁布的所有正式的法律法规。拉玛五世统治期间,随着与西方国家贸易的大量增加,加之殖民主义者远东扩张政策的推行,西方殖民者不愿意在泰国法院适用泰国法律来处理贸易争端,而要求通过领事裁判权按照其本国的法律来审判。为了捍卫国家主权,维护泰国法律和法院权力,拉玛五世下令进行了一场全面的法制改革,大量引入西方的法律制度。这是一场由最高统治者发动的自上而下的法律改革运动,成为了泰国法制"脱亚入欧"的转折点,也是泰国法律由印度化迈向西化的开端。③ 恩格尔着重考察的是,在西化的开始阶段,这种来自西方的现代化的法律体系同泰国乡村地方司法体系之间的互动关系。

其次,田野调查。1975年,恩格尔花费了8个月的时间在泰国开展实地调查。其中大部分的时间,他都待在清迈法院的档案室中阅读、整理卷宗材料。从泰国的司法审级上看,泰国审判组织可分为初审法院、上诉法院与大理院(最高法院)3个级别。其中初审法院较为复杂,可分为曼谷特别初审法院、各府普通初审法院(即府立法院)、专门法院(派出法院、少年法院)以及治安法院。其中,府立法院虽然是初级法院,但是权限很大,民事案件不受最高标的额限制,刑事案件可以审理直至判处被告人死刑的案件。④

所以虽然清迈府立法院是初级法院,但是却有权力审理府区内所有的民、刑案件,由此导致卷宗材料异常庞杂。因而在时间上,恩格尔截取了过去十年即1965年至1974年的材料。在类别上,恩格尔主要挑选了两种档案:法庭立案登记和单独的案件卷宗。前

---

① DAVID M. ENGEL. Code and custom in a Thai provincial court [M]. Tucson: University of Arizona Press, 1978:2.
② DAVID M. ENGEL. Code and custom in a Thai provincial court [M]. Tucson: University of Arizona Press, 1978:6.
③ 何勤华,李秀清.东南亚七国法律发达史[G].北京:法律出版社,2002:603.
④ 何勤华,李秀清.东南亚七国法律发达史[G].北京:法律出版社,2002:645.

者可以从数量对清迈法院所审理过的案件有一个总体的概观,后者则可以从质量上审视案件事由和诉讼方式。① 法庭立案登记按照年代排列,包括:当事人姓名、登记时间、开庭时间以及法院登记编号、案由、判决结果以及主审法官姓名。单独的案件卷宗则包括:诉讼双方提交到法庭的所有文件、法庭针对该案件所发布的所有文件、证人证言的手写材料、法庭编号、判决、上诉材料以及最终的执行情况记录。恩格尔一共仔细阅读了222份完整的案件卷宗。

那么接下来,如何从这些官方司法系统的卷宗里发现泰国真实的法律文化呢?恩格尔设定了挑选、分析案件的"三步骤"。第一步,着重考察的是当事人的行为方式,分析其法律策略,而不去具体判断案情的是非曲直;第二,如果案件材料中提到了双方当事人曾寻求通过法庭之外的其他官方途径进行过调解,那么将重点予以分析;第三,具而言之,重点分析之前调解的细节问题以及导致提起诉讼的原始冲突。此外,针对重点案件,恩格尔还按图索骥地采访案件的当事人、村长、代理人或律师以及法官。通过这种方式,他得以完整地回顾了整个案件的来龙去脉。② 在此基础之上,恩格尔完成了这部非法律人类学典型研究的法院民族志。

三、内容与观点

恩格尔在导论中开宗明义地指出,他通过对清迈法院的分析和考察,试图讨论关乎泰国法律现代化的三个基本问题:第一,移植自西方的这套崭新的法律体系对于泰国社会的影响,比如它对国家、国家与个人以及个人与个人之间的关系都重新进行了定义。相较于传统,新的泰国法典对于普通个人、家庭、社会团体以及行政机构,乃至整个国家的认识都发生了根本的改变。所以首先需要研究这些变革以及新法律体系在功能和作用上是如何努力地推动一个崭新的泰国民族国家建立的。第二,回到泰国府级层面,已经存在的由传统法律原则和法律程序组成的地方法律文化如何面对从首都扩散开来的新法律体系?1970年代的泰国仍然是一个倾向于息讼的社会。对于很多泰国人而言,遇到纠纷的首要选择依然是调解,而不是直接面对或者诉诸法院。第三,在前两个问题的基础上讨论新法典同传统法律习俗的互动关系,移植自西方的现代法典摧毁了很多传统的纠纷解决方式,但与此同时,地方习惯也开始利用现代法典和司法程序来实现传统的目标。这种法典与习惯之间的互动关系在一个变迁的社会秩序中,才是泰国法律"现代

---

① DAVID M. ENGEL. Code and custom in a Thai provincial court [M]. Tucson: University of Arizona Press, 1978: 6.
② DAVID M. ENGEL. Code and custom in a Thai provincial court [M]. Tucson: University of Arizona Press, 1978: 7.

化"的真实故事。①

全书共分4编12章。第一编"法院、部门与省府:设置"包括三章的内容,前两章"法院与司法部""法院与清迈府"分别对泰国司法体系的发展及现状进行了大致的介绍,对清迈与泰王国的历史纠葛也做了交代。第三章"法院及其功能"则重点讨论了过去十年间提交到清迈法院的案件类型,并且以表格的形式进行了统计和分析。其中最为明显地可看出泰国仍然是一个息讼的国家,很多侵权案件最后都达成了妥协,被告往往会支付给原告一笔费用来要求后者撤诉。②

第二编"侵权、调解以及传统法律文化"同样分为三章。第四章"正义的意涵"探讨了泰国传统的正义观念以及纠纷解决方式;③第五章"义务等级制——协商渠道"揭示了泰国社会的等级制本质,与法律相关的就是,在双方当事人调解的过程中,"上层人物(superiors)"起到了较大的作用。第六章"调解的不同层次"对这些上层人物进行了展示,从德高望重的村民与村长到郡级的官员、警察以及私人律师,他们都在不同层次上主持着调解。

第三编通过"法院审理的侵权案件"考察"传统文化与现代因素之间的互动关系"。第七章"民事与私人刑事诉讼"着重分析现代泰国法律的典型特征——个人有权提起刑事诉讼。根据恩格尔的观察,私人提起刑事诉讼同国家提起刑事诉讼在目的上有着本质的不同。检察机关提起的刑事诉讼最后往往以法官的裁判作为结果,但是私人起诉一般走不到最后一步,因为原告提起刑事诉讼的主要目的并非希望被告受到应有的刑事惩罚,而是通过提起刑事诉讼来"逼迫"被告提供赔偿并达成和解。如此一来,法院与法典这种现代化的法律制度就被泰国人当成了实现传统法律纠纷解决方式的有效途径,第八章"法院中法典与习惯的互动"对此进行了深入的分析。第九章"作为调解员的法院"也在提醒我们,现代司法程序并不完全排斥调解,所以这就是为何现代与传统会在调解这一问题上实现互动的根本原因。④

第四编"冲突的领域:旧世新法"分析了法律变革引发激烈冲突的三个领域:第十章"土地权"、第十一章"女人与男人"以及第十二章"个体公民与政府官员"。三个领域都展现了在改变社会结构过程中法律的作用,以及沟通新旧法律观念与程序中法院的重要意义。

在结论中,恩格尔认为,不论是20世纪初的拉玛五世还是当时刚刚从独裁军人手里

---

① DAVID M. ENGEL. Code and custom in a Thai provincial court [M]. Tucson: University of Arizona Press, 1978:2-4.

② JEREMY H. KEMP. Reviewed work(s): code and custom in a Thai provincial court: the interaction of formaland informal systems of justice. by DAVID M. ENGEL[J]. Journal of Asian Studies,1980,39(4):871.

③ DAVID M. ENGEL. Code and custom in a Thai provincial court [M]. Tucson: University of Arizona Press, 1978:63.

④ JEREMY H. KEMP. Reviewed work(s): code and custom in a Thai provincial court: the interaction of formaland informal systems of justice. by DAVID M. ENGEL[J]. Journal of Asian Studies,1980(4).

接过政权的文职总理,在他们的观念中,法律并不仅仅只是现代社会的组成部分,而是推动整个社会实现现代化的引擎。所以百余年来,法律在泰国就被当成推动社会改革的一项重要工具,这其中蕴含了一个神话观念——通过现代法典、法规、宪法的颁布就可以或多或少地打造一个现代泰国。这个神话也是来自西方,起源于近代由法德开创的成文法编纂运动。西方国家顺利实现包括法律在内的各种基本制度的现代化,但是泰国却没有也不可能重复这种神话。因为这种来自西方的法律体系受到了泰国乡村传统文化的强烈抵制和改造。尽管中央统治精英不断地试图通过法律变革来实现理想中的"现代"国家,但是地方市民和权贵阶层却不以为然,他们始终坚定地捍卫着传统价值,传统生活方式,以及传统的法律文化。①

此外,根据著名法律人类学家萨利·福尔克·摩尔(Sally Falk Moore)的观察,《法典与习惯》在理论建构上有两大亮点:第一,使用恩庇侍从理论(Patron-Client Theory)来研究调解和协商;第二,村民如何依靠府立法院来对抗政府官员从而保护自己的权益。恩庇侍从理论首先由美国康奈尔大学学者卢恩·汉斯(Lucien Hanks)提出。所谓恩庇侍从制,即泰国人日常生活的一种伦理法则,人们会因各种血缘、乡缘或学缘相互结合成不同的群体,比如同姓、老乡、校友等等,形成裙带关系网。圈子之内的庇护制关系非常牢固,甚至被认为是人与人之间在道德层面上的责任与义务。处于上位者(师兄、长辈)必须对下位者(师弟、晚辈)进行一定程度的庇护、帮扶,如不完成将受到整个圈子的唾弃;而下位者则对上位者百般尊敬、崇拜。②

根据这一理论,《法典与习惯》展示了,在侵权案件中,调解比诉讼更受欢迎。因为调解的成本更低,更符合谦逊敬让的传统价值观,更为重要的是,申诉方可以主动地控制调解的过程。所以当个体因侵权案件而陷入困境之时,他们往往会寻求恩庇者(Patron)的保护和帮助。而调解和安抚本身就是恩庇者对于侍从者(Client)提供的一项重要服务。恩格尔认为,这种方式形成并强化了泰国社会结构中的等级关系。③ 与此同时,恩格尔还发现,现代法院也在不断地破坏和消解这种等级关系。当地方官员滥用职权,对于侍从者没有尽到"父母官式"的义务时,老百姓(侍从者)就会诉诸法院。这样一来,传统的恩庇侍从制度以及地方的权力体系就开始重组。所以就普通个体而言,对"传统"和"现代"并没有绝对意义上的喜好和厌恶,在不同的情况下都可以为己所用。

四、评价与借鉴

首先,从谱系脉络来看,《法典与习惯》堪称美国法律人类学黄金时代的"非典型代

---

① DAVID M. ENGEL. Code and custom in a Thai provincial court [M]. Tucson: University of Arizona Press, 1978:205-210.
② 马立明.泰国:死机后的重启[EB/OL]. (2014-05-25)[2017-03-17]. http://dajia.qq.com/blog/398828055273126.html.
③ SALLY FALK MOORE. Litigation and mediation in Thailand[J]. Michigan Law Review,1979,77(3):364.

表"。"非典型"体现在研究对象和研究方法上。关于研究对象,上文已经指出,曾几何时,法律人类学被认为是"乡村习惯法研究"的代名词,在恩格尔之前,从没有学者想到依照国家法进行判决的法院也能进行人类学式的研究。从此以后,只要条件允许,法律人类学家的研究视野可以深入任何官方机构当中。关于"研究方法",恩格尔为写作此书所花费的 8 个月的田野调查期显然也不符合一般标准。自马林诺夫斯基之后,两年就被认为是人类学田野调查最为基本的时间段。第一年学习语言,熟悉环境,培养人际关系,第二年按照计划就目标对象的文化进行深入的调查和研究。可是对于恩格尔而言,由于他之前曾经在泰国工作过,早就熟练掌握了泰语,所以第一年的语言学习期可以省略。而且 8 个月的时间已经足够他系统调阅所需的全部卷宗,并且保证了此书的顺利完成。不过,尽管研究对象和研究方法并不典型,但是此书在研究范式上与纳德等人的乡村研究如出一辙。20 世纪 50 年代,格卢克曼与博安南关于法律普适性与特殊性的争论[①]对法律人类学最大的影响在于,使得新一代的年轻学者逐渐从规则中心转移到过程主义。过程主义与规则研究不同,它并不关心具体的法律定义或者法律规则,而是试图观察法律的实际运行状态。尽管此书的研究对象是国家法的官方适用与裁判机关——法院,但是正如上文所指出的,恩格尔的目的在于展示泰国现代法典在实践中的运行状态及其与传统法律文化之间的相互关系。

其次,《法典与习惯》在研究对象和研究方法等方面对于中国当前的法律人类学以及民间法研究有着"即插即用"的借鉴意义。泰国近代法律文化是西方先进法律制度与泰国传统法律制度相结合的产物,是一种东方式的西方化,并且主要受法国法律影响,其法律应属于大陆法系。[②] 这种法律文化的传统表现、形成方式与我国颇有相似之处,甚至可以说,此书所展现的西方法律同本土法律的互动场景在很多的发展中国家都会产生共鸣。不过,恩格尔创新之处在于,研究传统法律文化不一定就要扎根乡土,与其大费周折去进行田野调查,还不如发挥法学专长,研究地方立法与地方法院,对于法学出身的民间法研究者而言,这无疑是个较有启发的学术建议。在研究方法上,出身法学的恩格尔并没有进行长时间的田野,8 个月的时间也主要待在法院,阅读一般只能由法科学者才能"看懂"的卷宗材料,而后直接采访这些书面材料的相关者,由他们根据各自的经历来解说这些材料。[③] 这种研究方式也很容易为法学院的法学研究者所复制。总而言之,《法典与习惯》是一部尤其值得我国法学研究者仔细研习的海外法律民族志。

---

① 王伟臣.法律人类学的困境[M].北京:商务印书馆,2013.
② 何勤华,李秀清.东南亚七国法律发达史[G].北京:法律出版社,2002:588.
③ SALLY FALK MOORE. Litigation and mediation in Thailand[J]. Michigan Law Review,1979,77(3):364.

Extraterritorial Experience of Folk Law
—On *Code and Custom in a Thai Provincial Court*

Wang Weichen

Abstract: Code and Custom in a Thai Provincial Court: The Interaction of Formal and Informal Systems of Justice, which was published in 1978, is a legal ethnography of Southeast Asia. The author, David M. Engel, as a Juris Doctor who is well versed in the methods of anthropology, spent nearly eight months studying the case files during the past decade in the legislature of Chiengmai to finish this book. This book revels the interaction between the western law transplanted and the traditional legal culture in the process of modernization of law in Thailand. As an 'atypical representative' of the golden age of American legal anthropology, this is a legal ethnography of overseas law especially worthy of careful study by Chinese law researchers.

Key Words: legal ethnography; Thailand; court; legal culture

追寻法治建设的本土资源
——当下民间法研究评述和反思

谢冰莹[*]

摘要: 民间法作为一门边缘学科,在其发展过程中历来具有明显的跨界性和强大的开放性。总的来看,当下民间法学界对民间法研究的认识呈现出深化并扩展的趋势。本文由研究范式、研究方法、研究风格、研究对象这四种角度对民间法的近期研究成果进行了梳理和评述,并对未来民间法研究方向进行展望。

关键词: 民间法;法律方法;法学方法论

自从"民间法"概念提出后,中国法学研究的视野逐渐投向了广袤的"日常生活世界",法学研究的重心从"纸面中的法"走向"行动中的法",这使中国学者更为关注对中国法治建设"本土资源"的挖掘。而随着中国学界本土问题意识对不断增强,"民间法"这一具有包容性的学术概念,逐渐为不同学科的学者所瞩目,民间法研究成为一种典型的跨学科研究。因此,立足于跨学科的学术视野对民间法研究进行评述、总结与反思,显得十分必要。本文意在通过对民间法前沿研究进行文献爬梳,从而对民间法研究现状作出整体性评价,以期为学界同仁提供借鉴。

一、研究范式:从反思批判走向理性建构

当今中国,国家与社会范式已经成为民间法研究流行的思想路径。通过这一研究范式,国家法之下广袤的日常生活世界进入法学研究的视野,国家法与民间法的互动关系得到了前所未有的关注。比如,在 2017 年民间法学术年会上,朱爱农教授运用该范式研究土地纠纷、婚姻纠纷等纠纷解决过程中国家法与民间法的冲突与协调问题。[①] 杨振宁教授通过对一部电影的叙事分析,分析中国社会差序格局中二元规则的互动关系。[②] 韦

---

[*] 谢冰莹,南开大学法学院 2017 级法学理论专业硕士研究生。
[①] 朱爱农.民间法与国家法的冲突与协调[J].民间法学术研讨会论文集,2017:870-876.
[②] 杨振宁.少数民族地区司法困境启示——基于《马背上的法庭》的叙事[J].民间法学术研讨会论文集,2017:637-642.

志明教授则以农村坟地拆迁纠纷为例,力图挖掘国家法与民间法背后不同的逻辑。① 这些都是对该范式进行具体运用的极好范例。

西方国家—社会研究范式的产生建立在十九世纪欧洲社会发展背景之下,随着资本主义和商品经济的发展,社会物质条件极大改善,市民社会随之崛起。在启蒙运动中,苏格兰思想家亚当·弗格森认为市民社会是理想化的斯巴达式社会,并通过对于古希腊、罗马政治制度的研究并结合其所处的国家中自私逐利、道德腐化的时代背景,对当时的商业社会进行了批判。② 此后黑格尔发展了弗格森的理论,提出市民社会是社会、经济、法律关系的一种指代,是一种基于市民的生活、福利和权利而产生的,透过市场高度自律而完成的社会体系。虽然黑格尔承认市民社会是"外在国家"的社会体系,但同时又认为由于市民社会无法完全自足因此仍存在"国家高于社会"的现象,市民社会仍是国家的附属物。③ 黑格尔对于市民社会的讨论首次确认了市民社会与国家之间的区分,而以洛克为代表的启蒙思想家基于"社会契约"的古典自由主义政治观点,论证了原始环境下市民社会先于国家、高于国家的理性假说。该理论进一步说明了在市民社会与国家分立的情境下二者的权力层级和互动关系,由此为西方法治社会传统奠定了理论基础。同样在国家与社会研究范式基础上,马克思对黑格尔的市民社会理论作出了批判,并提出市民社会提出市民社会与政治国家相对立,是私人利益关系的总和。自国家由市民社会分离出来后,就具有了其强烈的阶级性和偏私性。④ 但是,这一研究范式是政治学和社会学以西方为理想类型所提炼出来的分析框架,正如刘旺洪教授所言,市民社会成为法治国家的本土根基,存在国家法和社会规范的同一性。⑤ 虽然西方市民社会崛起并与政治国家形成对立和制衡,但社会规范与国家法之间并未脱节,事实上,西方政治国家的建构、法治秩序的形成,离不开市民社会自下而上的良性推动,这导致了西方政治国家层面所形成的大传统与市民社会层面形成的小传统存在同构性和同质性。

而中国社会的情况则不尽相同。自秦至清中叶,中国一直处于专制主义皇权社会内部相对封闭的发展过程中。费孝通先生认为,中国社会的结构特点总结为"差序格局",社会关系体系"由己到家,由家到国,由国到天下",是一个逐级包含的同心圆。相对西方社会的"团体格局",中国传统社会中的国家是个人关系层级中的一环,而不是利益分立的关系。⑥ 同样,梁漱溟先生在其著作《中国文化要义》中提出,中国缺乏阶级对立,以至于不知国家"何所来""何所去",缺乏市民社会与国家的清晰分野,传统上更多将中国表达为"天下"的模糊概念。⑦ 梁治平先生进一步强调封建专制制度下代表国家的"君权"同

---

① 韦志明.论农村坟地征迁纠纷中民间法与国家法的调适[J].民间法学术研讨会论文集,2017:542-551.
② 弗格森.文明社会史论[M].辽宁教育出版社,1999:289.
③ 黑格尔.法哲学原理[M].商务印书馆,1961:68.
④ 马克思,[德]恩格斯.马克思恩格斯全集[M].人民出版社,1956:428.
⑤ 刘旺洪.国家与社会:法哲学研究范式的批判与重建[J].法学研究,2002(6):15-37.
⑥ 费孝通.乡土中国[M].北京出版社,2004:29-35.
⑦ 梁漱溟.中国文化要义[M].上海人民出版社,2011:140-149.

代表家庭这一社会基本单位的"父权"的利益同质性,"为了保持社会的稳定,社会利益的分化,尤其是有组织地去主张不同的社会利益以及任何结党的努力,从来都受到政府的压制和打击"。① 从而在历史上形成了建立在宗法制基础上由血缘和伦理思想组成的"家国同构"的政治建构,因此中国不存在西方概念上的"市民社会"。

但同时,包括梁治平先生在内的众多中外学者也承认,中国传统社会中"家国不分"和"家国分离"同时存在。以家庭和家族为主体的宗法制度在巩固了封建皇权的同时,也为社会的自我治理留下了空间。马克思韦伯在《儒教与道教》中认为,在中国社会中宗族是一种高度自治的"经济联合组织",这种以血缘维系社会单位:"抵制统治体系上层的世袭制政府,并导致了冲突的发生"。② 此外,根据杜赞奇"权力的文化网络"理论,在中国地方社会中统治权威依赖于象征性的规范体系和组织体系的结合,国家政权在历史上不断通过将自己的权威和利益融入这一"文化网络",将文化控制作为对地方社会关系进行深入渗透的方式。杜赞奇同时指出,如若国家"将其意志强加于其所有的文化网络结构上,尤其是在二十世纪初现代化过程中试图建立独立于文化网络的新的政治体系,导致地方社会与国家的撕裂越来越大"。③ 谢晖教授则基于"大小传统"理论,探讨了中国作为大传统的国家法和作为小传统的民间法分离的必然性。首先,谢晖认为虽然"皇权国家"和"宗法社会"具有仿照性的组建结构,但同时也存在社会治理结构上的分野。另外,聚合、普遍的国家利益和分散、个别的社会利益间也具有逻辑上二分性。最后,人性中的个体性和社会性分别产生了要求权利支持的个体化需求和权力保障集中性诉求。"人的本性是社会性和个人性统一体"的观点决定了由此产生的大小传统间诉求中存在的内在冲突。④ 虽然中国传统社会存在"家国分离"的现象,但西方封建制度下的专制王权国家与中国皇权国家存在很大差别,基层社会的自治方式比起商品经济下的市民社会自治,更准确的表述应为乡土自治。

可以看出,虽然中国传统乡土社会与国家间存在结构的一致性和治理方式的同质性,但在普通民众很大程度上根据其所在的社会组织的习惯和规范规制自己的行为,具有民间社会规范同国家法并行的二元结构,二者存在一定程度的脱节。而西方国家法治内生于其市民社会,二者在适用上具有同一性。因此西方政治国家与市民社会的分析框架未必适合对中国法律与乡土社会二元结构的分析,也不能根据该范式将民间法都认为是中国社会的法治资源,对这种范式的适用应保有一定限度或经过适当调整后适用。可见对研究范式的反思与整合、批判与重构十分必要。

对此,张福坤博士以皇权国家与乡土社会为分析框架,论证了绅士这一阶层在传统

---

① 梁治平."民间"、"民间社会"和 CIVIL SOCIETY—CIVIL SOCIETY 概念再检讨[J].云南大学学报(社会科学版),2003(1):56-68,95.
② 马克苏·韦伯.儒教与道教[M].江苏人民出版社,1993:349.
③ 杜赞奇.文化、权力与国家[M].江苏人民出版社,1996:245-248.
④ 谢晖.论当代中国官方与民间的法律沟通[J].学习与探索,2000(1):84-90.

社会与国家权力的互动关系,以及其利用精英文化在社会基层间的治理模式。张福坤博士认为,在儒家文化传统主导的封建社会中,绅士在国家权力的监督下获得了基层中对于社会伦理支配性的垄断,进而以教化的方式成为了国家统治沟通社会基层的桥梁。①这种对于中国古代绅士主导下的地方自治实践进行的研究是对社会—国家研究范式进行本土转化的尝试。曾令健教授则对民间法研究的方法论展开了系统反思,主张构建一种实践主义的研究范式,结合"行动者—结构"框架的微观视角和"国家—社会框架"的宏观视角,试图沟通民间法研究的各种方法,从而追寻一种更全面、更具有开放性的理论建构,实现对传统研究范式的调整和创新。②

二、研究方法:从多元发展走向平等对话

从国内对民间法的发展历程来看,民间法研究主要建立社科法学的框架上,从而对传统的教义派进行了一些创新和补充。由于社会科学研究目标和范式具有复杂性,民间法作为具有开放性的交叉边缘学科,在发展过程中广泛吸收了社会学、人类学、经济学、文化学、哲学、法学、人权等各学科研究方法,呈现出各研究方法百花齐放、百家争鸣的态势。

因此,民间法研究路径也出现了多元化的特征,大体而言,研究路径可分为三类。第一类为解释性研究,其中法经济学是解释性研究的典型表达。法经济学试图利用经济学数理模型的严密性和逻辑关系的清晰性对民间法本身进行解释性的研究和论证,回答民间法"由何而来"的问题。如罗伯特.埃里克森在其对夏斯塔县实证研究的基础之上,发现在人们身份平等、关系紧密的社会中,往往不依靠法律,而是由合作的形式解决纠纷,构成了一个"无需法律的社会"。埃里克森进而运用经济学的"囚徒困境"和"博弈模型"对"社会规范如何形成"和"为何人们会遵守社会规范"作出了科学化的解释。③从研究进路上弥补了传统经济分析法学未能充分解释动态的策略行为和民间规范的形成问题,迈出了建构经济学和法学间的逻辑关系的重要一步。

埃里克森对的民间规范的研究超越了传统上人文科学研究的范畴,而进入社会科学论证层次,而埃里克·A.波斯纳进一步拓展、深化了经济分析法学理论。在其著作《法律与社会规范》中,波斯纳提出了信号传递模型,将研究范围从埃里克森对相对封闭的小社区内部熟人社会成员的行为扩展到信息时代整个人类社会陌生人间的交往,信号传递模型运用数理逻辑将法学概念"编程""建模",试图构建出能够解释所有法律现象的模型,从而进一步推进法学解释性研究的理性化和系统化,加强了解释力和自治性。④

---

① 张福坤.中国古代绅士主导下的地方自治及其实践[J].民间法学术研讨会论文集,2017:746-752.
② 曾令健.实践主义法学研究范式[J].民间法,民间法学术研讨会论文集,2017:692-705.
③ 罗伯特·C.埃里克森.无需法律的秩序:邻人如何解决纠纷[M].中国政法大学出版社,2003:354.
④ 埃里克·A.波斯纳.法律与社会规范[M].中国政法大学出版社,2004:6.

王彬教授据此从信号传递博弈理论出发,利用这一研究框架对我国彩礼习惯作出了研究,主张应突破文化解释和社会实证的研究进路,跳出传统民间法研究二元对立的思维模式,纯粹从人的理性选择出发对彩礼习俗的成因和国家法律与该社会习俗的互动关系的作出解释。① 同样,桑本谦教授也在理性选择理论基础上对社会中私人间的监控和惩罚和与国家的现象作出了模型构建,从而用一种新的分析工具对私人惩罚和公共惩罚在社会治理中的作用和运行机制提出新的见解。② 范景萍则以了博弈模型中的零和和非零和两种结果视角,分析了国家法与民族习惯法的互动模式。③

第二类为描述性研究,法社会学与法人类学是运用这类研究最典型的范例。法人类学作为交叉学科,在研究中采取人类学典型的田野调查和参与观察研究路径,研究者在浸入研究对象社会的同时又保持一定脱离性。法人类学往往秉持"法律多元"的先见,并多致力于在消减政治国家存在的情况下对未开化社会和小型社区的研究,以从中获取国家法之外的地方性规范,即小传统。周相卿教授通过田野调查、撰写民族志的方法,对对贵州黔东南地区侗族习惯法内容和实施进行了实地考察。④ 其中特别是采用了法人类学中常见的"田野调查"方法,即对由文字资料和当地民众口述而总结出的典型案例进行总结,并作出"同情式理解"的深度描述,以期为未来法律变迁、法律移植等问题提供原始资料。而法社会学则基于价值上的中立,根据社会学基本框架进行经验观察或者数据分析上的解读。根据哈特的观点,这种描述性的解读理应"在道德上是中立的,也不存在正当的目标"。⑤ 田艳教授据此对苗族村寨运用法社会学研究方法对其"工分制"社会治理进行了考察。⑥ 其中更多以数据统计的形式对该社会现象进行了说明,以期在最大程度上保持描述的客观性。法人类学与法社会学二者作为交叉学科虽然存在分野,但均具有开放性和互补性。法人类学对小传统的深入考察为法社会学的本土研究提供了更切实的法治样本和民间逻辑,同时,法人类学注重文化心理的立场缓和了法社会学过度规范化的发展趋向,反之亦然。

第三类则是以规范性为进路的民间法进行研究。规范性研究方法以法学方法论为代表,这一研究往往注重于民间法在国家法运行过程中的出场,如立法过程中对民间法的吸收和选择,司法过程中民间法的适用,民间法的规范结构等,以此丰富我国的法律渊源理论,以民间法支撑国家法,从而实现对法治的贡献。对此,谢晖教授通过对民间法规范结构的逻辑分析论证了民间规范对法律方法的可能贡献,指出民间规范被认可为国家

---

① 王彬.信号传递、彩礼习惯与法律边界——一个法律经济学的分析[J].政治与法律,2013(9):76-85.
② 桑本谦.私人之间的监控与惩罚[D].山东大学,2005.
③ 范景萍,俊霞,吴凡文.从零和博弈到正和博弈——国家法与民族习惯法在民族地区的互动分析[J].民间法学术研讨会论文集,2017:94-98.
④ 周相卿.洛香村侗族习惯法田野调查民族志[J].民间法学术研讨会论文集,2017:849-857.
⑤ 赫伯特·哈特.法律的概念[M].中国大百科全书出版社,1996:182.
⑥ 田艳,胡曼,孙超,萨蠡荣贵.民族地区基层社会治理的"工分制"研究——以郎德上寨为例[J].民间法学术研讨会论文集,2017:488-499.

法的渊源,实现了对国家法的完善和补充;同时,民间规范也可借助法律方法进入司法领域,成为司法论证的基础、前提和桥梁。① 周俊光博士同以规范法学视角对民间法到民间规范的概念转换作出了解读,探讨了民间法的规范性定位和秩序结构的建构问题。对民间规范在法治语境下的规范性话语、理论体系作出了逻辑上具有清晰性,结构上具有一致性的精致分析。② 张效平教授则在法律方法基础上对民间法在国家司法体系中的出场作出了理论论证,为民间法成为一种法律渊源提供了方法论上的支持。③

上述研究路径既存在对话和争鸣,也存在分工和协同。民间法作为一门跨域性强的边缘学科,其研究路径和方法也自然根据其交叉学科各有侧重。如法律人类学研究采取"价值参与"的立场,通过田野调查和文学叙事,对民间法所蕴含的意义进行"同情理解";而法律社会学则采取"价值无涉"的立场,通过经验观察和数据统计,对民间法在社会中的因果关系进行"客观说明"。法律经济学则试图运用简单的理论模型解释复杂的生活世界,对法律与社会规范的互动关系呈现出强大解释力。而规范法学视野下的民间法研究则为社科法学和法律教义学提供了沟通平台。许娟认为,社科系统的复杂性和解释力的广博性导致多学科糅合式的研究方法和路径易于出现混乱,缺乏自洽性,反而针对性地使用单一方法体现的解释力更为纯粹、精深和显著。因此,在民间法研究中应该将田野交给法律人类学,将问题交给法律社会学,将解释交给法律经济学,将对策交给规范法学。④

三、研究风格:从理论建构走向经验实证

在很长一段时间里,民间法研究局限于分析范式的理论建构,经验实证的研究相对缺乏。但是,目前经验实证研究逐渐成为民间法研究的主流趋势,民间法的正当性问题、民间法称谓的规范性问题等基本理论问题逐成共识,民间法在社会领域的经验观察大放异彩,民间法中所蕴藏的真实生活逻辑成为学者所关注的重心。然而正如许娟所言,"任何经验实证不可避免地在分析综合材料过程中的观念先入"。⑤ 经验实证的最重要的作用即在于在其中提取理论逻辑,从而提高民间法理论的解释力和自洽性。在经验实证研究中,又以定性研究和定量研究为经验实证研究的两种基本方式。

定性研究旨在对事物的性质、特征进行编码化的考察和判断,从而揭示事物内在规律,该类研究是对法律规则实质性的内部关系、运行情况、价值实现进行判断的重要方法。法学实证研究中的定性研究首先将法社会学、法人类学等研究结论作为其定性分析

---

① 谢晖.初论民间规范对法律方法的可能贡献[J].现代法学,2006(5):28-37.
② 周俊光.规范视野下的民间法研究[J].民间法学术研讨会论文集,2017:823-840.
③ 张晓萍.论民间法的司法运用[D].山东大学,2010.
④ 许娟.比较与解释:社科法学方法在民间法研究中的运用[J].民间法学术研讨会论文集,2017:611-625.
⑤ 许娟.比较与解释:社科法学方法在民间法研究中的运用[J].民间法学术研讨会论文集,2017:611-625.

的质性资料,在此基础上进一步对这些初始资料进行整理、阅读、编码、建档,并最终作出针对研究问题的"分类分析"或"事件分析"。例如,朱政博士通过对既有规范性理论、田野调查资料以及经验观察等质性资料的整合和比较分析,利用分类分析方法,对基层信访工作中的"开口子"现象根据其特性进行了分类。在这基础上又进而对信访"开口子"现象背后不同的行动逻辑和偏好进行了精到分析,最终总结出该现象的影响因素。在法学实证研究中,通过对质性资料的定性分析,往往能够归纳出较为清晰的理论架构,形成结构完整的理论模型。① 定性分析最大的挑战是如何从繁杂、琐碎的质性资料中,提炼出与研究对象本质相关性最强的部分并作出高度概括的精准定性。因此,在定性研究中对研究者的耐心和严谨性提出了更高的要求。

法学实证中的定量研究则是在数学方法的基础上,通过对法律现象数量化表达和数理统计学分析,确定法律现象特征和关系并预测其变化和发展。目前定量分析的实证研究方法多来自于经济统计学,研究者通常通过数据库或文件调查的形式对数据进行收集,进而利用 SPSS 等各类数据分析软件进行数据的梳理和分析,以探索数量化的法律现象中真实而精确的内在逻辑。彭中礼教授便以该种方法对数据库内司法裁判文书进行了检索和整理,并结合典型案例对交易习惯在民事司法中的运用进行了研究。在文章中彭中礼教授也阐明了运用该方法的缺陷,认为当下中国司法案例数据库内裁判文书数量较少,典型性和代表性存疑。② 可见定量分析首先要求是原始量化资料的准确、真实和完整。张巍教授认为国内现有的法学定量研究中,存在着过于看重数据的统计而忽略了对数据准确性代表性的验证,法学定量研究理应加深对数理统计分析理论的认识和应用,掌握回归分析等基本方法。③ 同时由于影响法律现象的因素较多,对于原始数据资料在准确性和代表性的要求外,还需利用逻辑、经验和价值判断等方法对量化资料进行深入的挖掘和修正。当今法学界存在着对数据的疑虑,认为通过定量分析得出的结论往往不符合人们的常识和生活经验,这归根究底是缺乏真实可靠的数据和细致周全的分析方式的问题。

定量分析与定性分析各有其优势,随着数理统计学在社会学领域的应用日益成熟,定量分析从描述较少变量间的有限关系到揭示复杂的社会关系并对其进行预测,对精确性提出了极高的要求。与传统认知中的定性研究偏重主观性不同,定性研究愈加范式化的倾向也相应体现了其客观化、科学化的倾向。二者之间并非是冲突关系,而存在着辩证统一。有学者认为"定性是定量的基础,定量是定性的精确化"。④ 王启梁教授也同样

---

① 朱政.基层信访工作中的"开口子":信访困局的郁结与疏解[J].民间法学术研讨会论文集,2017:877-885.
② 彭中礼.交易习惯在民事司法中运用的调查报告——基于裁判文书的整理与分析[J].民间法学术研讨会论文集,2017:387-396.
③ 周尚君,尚海明.法学研究中的定量与定性[M].北京大学出版社,2017:6.
④ 陈波.社会科学方法论[M].中国人民大学出版社,1989:112.

提出"好的定量研究是以好的质性分析为前提"。① 定性研究有利于我们从经验现象中提炼生活逻辑,而定量研究则在既有定性研究基础上设计变量,有利于对分析模型的拓展适用并对其进行检验和修正。没有定性的定量研究就无法实现对有限数据的有效梳理和确定因子,没有定量的定性则可能会偏离实证,出现过度主观化的趋向。因此这两种研究都不可偏废,不能对其进行厚此薄彼。

四、研究对象:从边缘地区走向中心地带

长期以来,乡土社会一直是民间法研究的当然前提。从梁治平先生的对清代习惯法的多元文化分析到苏力教授对法治本土资源的研究,再到谢晖教授对大小传统的探索,少数民族习惯法、家族法、宗教法、村规民约等边远地区的研究是民间法的主流研究对象。如刘军君教授通过田野调查的方式结合典型案例,描述了藏族是如何根据"骨系等级婚"这一传统婚姻习惯法实现社会阶层的划分,以及在民主改革后该习惯法在当今社会的表达以及演进。客观解释了骨系等级是如何由改革前的固化等级到改革后通过打破内婚制而实现阶级流动的。② 李向玉教授则对黔东南苗族侗族"因俗触刑"进行了个案研究,例如苗族民众为了保护当地"护寨树"而采用过激手段组织基础设施建设工程,最终被判处扰乱交通秩序罪,苗族民众为建设耗材较多的传统木制吊脚楼而引发的滥伐林木罪等。作者由个案进而引出对民间规范和刑事司法碰撞时的适用界限的探讨,指出应慎用刑事司法并正确引导国家法与习俗的互动。③ 而彭红军博士以禁酒为例对宗教法规的边界作出了辨析,认为个体对自身的宗教立场和社会角色存在着差异化的认同,宗教生活和法治逻辑难免出现冲突。作者利用"滑坡论证"的逻辑论证了"清真泛化"的对法治社会建设的危害可能性,并呼吁社会的警惕。④ 此外,阿迪力阿尤甫对维吾尔族婚姻习惯法的研究,探讨总结了由维吾尔族婚姻由原始社会的盟誓到传统宗教盟誓,最终发展为当今登记和宗教仪式结合的发展历程。⑤ 梅中伟博士对少数民族地区纠纷解决机制中纠纷的特征、机制现存问题以及法治化引导的路径作出了规范化的说明。⑥ 由上述研究可见对边缘地区"乡规民约"的探索在当今仍为民间法研究的主流。

诚然,偏远地区和基层社会存在着对传统文化的惯性和对民间习俗的遵守,道德价值观,血缘关系和地方性意义上的习惯法等方式在其社会治理中往往更具有实际效果。

---

① 周尚君,尚海明.法学研究中的定量与定性[M].北京大学出版社,2017:158.
② 刘军君.古法新论——当代藏族骨系等级内婚制研究[J].民间法学术研讨会论文集,2017:303-316.
③ 李向玉,徐晓光."习俗"与"司法"——黔东南苗族侗族"因俗触刑"若干司法个案分析[J].民间法学术研讨会论文集,2017:243-251.
④ 彭红军.国法与教规之间——以禁酒为例[J].民间法学术研讨会论文集,2017:378-386.
⑤ 阿迪力·阿尤甫.结婚效力的确认模式及其演变:聚焦维吾尔族的习惯法[J].民间法学术研讨会论文集,2017:1-6.
⑥ 梅中伟.少数民族地区民族宗教纠纷解决的法治化路径新探[J].民间法学术研讨会论文集,2017:360-365.

因此在法治信仰难以触及的边远基层地区,甚至存在国家权力真空的地区,对其民间规则的研究能够为如何实现国家治理和社会自治的整合,以及民间法如何对国家法进行补充等问题作出回答。然而,这并不意味着中国现代市民社会中对民间规则的研究没有其存在意义。相反,中国正经历着由乡土社会向现代化市民社会全面、剧烈而深刻的转型,商品经济和现代科技的发展对中国传统的社会结构进行了持续性的改造,成为推动现代社会结构构建的动力。在这过程中产生了数量可观的社会自发秩序和规范,并形成了大量由小群体构成的子社会和社群,这些新生的民间法在相应群体中有其针对性的规范价值。尤其是当今科学技术和商业模式日新月异、发展速度史无前例、制定法难免出现缺位的情况下,现代市民社会中"体制外"规则的研究对于法治现代化建设的意义更为凸显,转型社会也应当作为民间法研究的背景并加以重视。近来民间法学者的目光逐渐由边缘转向中心,城市社会、市民社会的自发秩序和社会规范开始受到关注。这种研究对象转向的内在含义不只是地域上由偏远基层地区和少数民族聚居区向城市和发达地区的转向,同时也指向由传统文化和乡土社会生活方式中长期形成的规则向现代文化和商业化、信息化生活方式中自发产生的新生规则的转向。

在这种研究对象逐渐转向的背景下,郭春镇教授以经济学和社会学为研究方法,以X大法学院这一小群体奖学金分配中的自发秩序和制度逻辑作为研究对象进行了分析。① 郭教授认为,在制度变迁的历程中,立法者所指定的制度往往会被一些必然或偶然的因素所扭曲。作者利用罗尔斯的"无知之幕"理论,结合对法学院奖学金分配的经验观察,证明了法学硕士群体由于奖学金评选标准更为多元化,对奖学金的取得有着更强的不确定性,处于一种类似"无知之幕"的环境下。因此该群体呈现出明显的对风险的厌恶和规避,群体内较为一致地倾向于对奖学金进行平均化再分配;而法律硕士奖学金评选结果较为确定,不存在法学硕士间的强"同门关系"和"同辈压力",因而对风险的承受能力较强,倾向于选择差序分配的形式。作者同时指出无论何种分配模式,根据实证研究,群体间普遍认为分配存在底线标准,而风险厌恶和底线标准是分配制度被扭曲的必然性影响因素。此外,类似"克里斯玛型"的超凡魅力人士的推动是奖学金分配制度变迁中存在的外部因素。进而,作者将上述作为理性人的法学院同学在分配中的普遍心理需求映射到转型期的当前中国,对社会财富的分配正义和公平作出了探索。指出社会分配正义除了满足物质底线外,民众现今更需要满足心理底线,同时关注具有复杂性的外部影响因素,实现公平、人际关系和谐和社会效率的统一。这类研究挖掘了社会"中心地带"小群体内部自发规则蕴含的普遍性价值,以小见大、见微知著的民间法研究令人耳目一新。

此外,另有学者将关注点转向飞速发展的互联网社区下的民间规则研究。张朝霞教授对互联网背景下民族纠纷作出了研究,以个案分析的形式总结了线下民族纠纷延伸至

---

① 郭春镇.自发秩序的制度逻辑与分配正义——对X大学法学院研究生奖学金再分配事例的深度分析[J].民间法学术研讨会论文集,2017:149-167.

线上的情形下,以网络为载体的民族矛盾的特点以及针对其线上和线下调解规则的思考。① 吕廷君教授则重点关注了微信社群中的规则。作为一款已吸纳数亿用户的社交工具,微信社群中存在所属企业基于技术权力制定的民间规范和由社群用户制定的民间规范,以保证"微信帝国"内部权利衡平的实现。然而,吕廷君教授指出,为了构成一个更为系统科学的微信规范体系,还需要国家法参与并通过立法、行政执法和司法引导的途径对腾讯公司具有无限扩张风险的技术权力进行规制,此外微信内部规范制定的民主化和互联网行业内部监管的加强也是微信规范体系建设的重要环节。② 随着信息化生活逐渐成为民众普遍接受的生活方式,对网络社群内部民间规范的关注增多也表现出民间法由"边缘"向"中心"的发展。

可见,在当今中国以城市地区为代表的"中心地带",同样也是商品经济、科学技术发展的"焦点地带"。这些领域的发展使城市市民社会也面临着剧烈而持续的转型,在这过程中在国家法难以及时规制所有飞速变化的社会现象,因此在这些领域成为了民间规范快速成长的"摇篮"。因此,无论是居"江湖之远"的村规民约与宗教法规,还是居"庙堂之高"的宪法惯例和规则都应当成为民间法研究的对象,无论是历史积淀中形成的处于边缘地区的少数民族习惯法,还是现代化发展中新生的处于中心城市的自发秩序,都作为国家法体系外的社会规范,应当被民间法研究所关注。因此,从研究对象来看,民间法研究始终是法学研究的一座"富矿"。

结　语

随着当代中国民间法研究的稳步推进,学界对民间法的研究呈现了多方位的突破,对研究中各要素的内涵进行了不同程度的拓展。从研究范式角度看,民间法学者不再满足于对西方国家—社会范式的批判,而试图在中国语境下实现研究范式的本土化构建。在研究方法上,解释性、描述性、规范性三大方法突破了以往立场分立的思维方式,转而出现各尽其长、各归其位的发展趋势。而在研究风格方面,民间法研究更多地将目光投向了经验实证领域,表现出对客观性和科学性的追求。此外,随着经济社会高速发展,城市和经济发达地区为民间规范的发展提供了新鲜土壤,当今民间法领域对研究对象的范围和涵义也进行了由"边缘"至"中心"的扩展和深化。可见,民间法研究在包容、多元、务实的态势下逐步向纵深迈进,实现了系统化、科学化的发展。

---

① 张朝霞.网络背景下的涉民族因素纠纷调处规则研究——以2015年来发生的若干起涉及民族因素的矛盾纠纷为研究范本[J].民间法学术研讨会论文集,2017:732-745.
② 吕廷君.微信社群及其规制[J].民间法学术研讨会论文集,2017:338-349.

Pursuing the Local Resource of Rule of Law
—The Commentary and Reflection on Contemporary Studies of Folk Law

Xie Bingying

Abstract: Folk law, as a marginal subject, is characteristic of its interdisciplinarity and openness in the course of development. Generally speaking, The understanding of research tend to be deepened as well as broadened in the field of folk law. This article attempted to offer prospects for future research basing on the organization and analysis of current study in respect of the research paradigm, method, style and object.

Key Words: folk law, methodology of jurisprudence

征稿启事

《民间法》系以书代刊学术刊物,现为 CSSCI 来源学术集刊,每年出版两卷。本刊旨在反映民间法研究最新学术动态,在理论研究上探索法治秩序的多元化关照和自发型秩序的描述及其制度性反思,在实践中针对民间规则、民族习惯法、民间法文化等进行研究,鼓励从法社会学、法人类学等学科角度反思各种自发行为,以促进法治建设的民族精神阐发、体现法治的人文关怀,从而繁荣哲学社会科学,推动中国法治建设。《民间法》论文集主要栏目有:学理探讨、经验解释、民间法与法律方法、民间法与地方立法、制度分析、社会调研、域外视窗、学术评论。凡属以上成果,如能资料翔实、论证充分、逻辑严密、语言规范、注释准确,本刊都热忱欢迎。

一、关于文章的具体注释规范

(一)注释体例及标注位置

文献引证方式采用注释体例。注释放置于当页下(脚注)。注释序号用①,②……标识(上标),每页单独排序。正文中的注释序号统一置于包含引文的句子(有时候也可能是词或词组)或段落标点符号之后。

(二)注释的标注格式

1. 专著。责任者.题名[M].出版地:出版者,出版年:引文起止页码.
2. 期刊。责任者.题名[J].刊名,年,期(卷).
3. 学位论文。责任者,责任者[D].保存地点:保存单位,年份.
4. 专利文献。专利所有者.题名:专利国别,专利号[P].公告或公开日期.
5. 电子文献。责任者.电子文献题名[文献类型标志].出版地:出版社,出版年[引用日期].访问路径.

二、来稿注意事项

(一)凡来稿必须为作者原创尚未刊发的稿件,字数 1 万字以上为宜;优秀稿件,篇幅不限。

(二)稿件要求版面整洁,校对准确。引文务请核清,并详细注明出处。

（三）来稿请勿一稿多投。来稿一律不退，过1个月未接到用稿通知，作者可另投他处。

（四）来稿请作者于稿件末注明自己的通讯地址、邮编、联系电话、电子信箱等，以便于联系。

三、来稿联系方式

来稿请投电子邮箱:mjfbjb@163.com

《民间法》编辑部

2017年12月6日